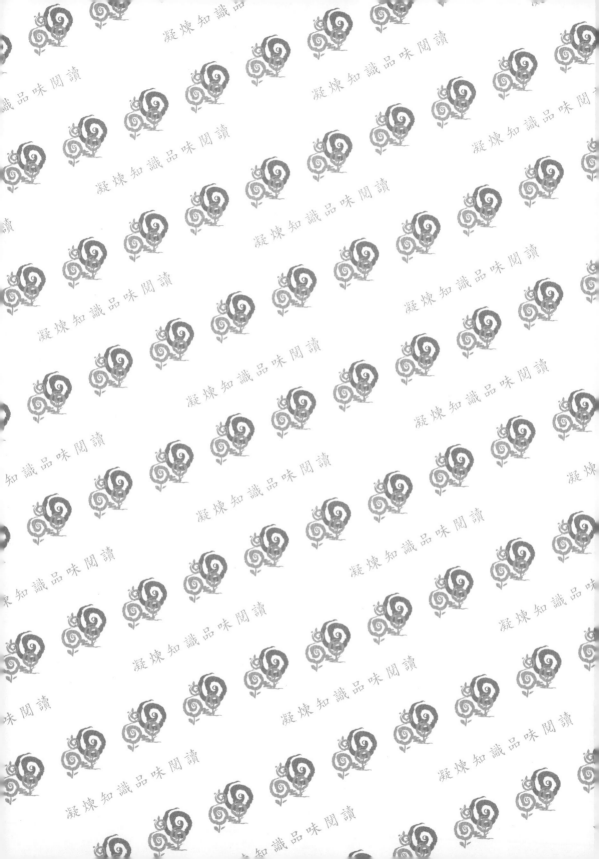

高分達陣

青少年發展與適性輔導衝刺

五南圖書出版公司 印行

序言

　　教育是兒童及青少年美好人生與國家社會進步的基石，而專業與優秀的師資則是教育的動力。我國一直保有良好師範與師資培育的傳統，吸引一流人才從事教育工作，為天然資源貧乏的臺灣，注入源源活水，創造經濟奇蹟。

　　自從開放各大學培育師資以來，國內師資培育已呈現多姿多彩的樣貌，為了保證教師品質，教育部從民國九十四年（2005年）起開始辦理各級學校教師資格檢定考試，在三個教師檢定層次上均有檢測學生發展與輔導的科目，幼兒師資檢定考科係「幼兒發展與輔導」，小學教師考科是「兒童發展與輔導」，中等以上教師檢定則考「青少年發展與輔導」。很榮幸的，從第一屆開始至今，筆者所著《青少年發展與輔導》與《青少年發展與輔導精要》兩書（均由臺北五南圖書出版公司發行），一直是中等以上教師資格檢定考科「青少年發展與輔導」最重要的考試出題範書，曾經至多總分接近八成五以上，考題均出自這兩本書。另筆者與魏麗敏教授合著的《諮商理論與技術》一書（臺北：五南圖書出版公司發行），也是本考科主要命題範書之一。

　　為了幫助有志從事教育工作的年輕朋友實現作育英才的夢想，並充實青少年發展與輔導相關知能，成為一位優秀的中等學校教師，筆者多年來期待將相關考題做系統整理，一方面便於師資培育機構的教學，另一方面幫助考生減少摸索時間，以便早日金榜題名。然由於個人教學、研究與行政工作異常忙碌，顯得有心無力，直到今年適逢教授休假研究，自主時間增多，乃得以完成夙願，順利完成本書。

　　本書主要涵蓋前述三書之外，另部分加入筆者等譯《青少年心理學》（臺北：心理出版社發行）一書中的重要概念，使本書更加充實與完整，堪稱國內最完善的中等以上教師檢定「青少年發展與適性輔導」考科參考題

解，本書也同時是高普考教育類科與各地、各校及各種教師甄試的良好參考用書。只要考生用心學習，定能水到渠成，事半功倍。另外本書也部分納入歷年中等學校教師檢定考試的考古題，以增強讀者的功力。自一○七年度（2018年）起，國家教育研究院也不再公告考試試題，因此本書出版更加彌足珍貴，有利於讀者順勢而為，避免摸象過河。

　　雖然本書的出版，筆者已盡全力，然疏漏之處，尚祈讀者指正。在此筆者要特別感謝對本書的命題出過力的所有的學生，也感謝五南圖書出版公司楊董事長玉成我的心願，讓一切功德圓滿。

黃德祥 謹識

2018.06.01

目　錄

第一章

青少年的發展與輔導導論

重點整理

1. 青少年是個體一生之中身心發展與改變最大的階段之一，身心各方面都有新的成長。家庭、同儕、學校、社會與文化也對青少年有新的反應與期望。

2. 目前對青少年意義之界定，主要有生理、心理、社會、年齡與法律等不同的觀點。

3. 青少年時期是歷經生理、心理及社會特徵逐漸由兒童轉變為成年人的人生第二階段。同時開始具有生育能力，年齡約在10歲至20歲之間，相當於國小高年級至大專求學階段；以法律觀點而言，年齡在12歲以上至18歲未滿之間。

4. 青少年有下列幾項特質：(1)青少年是生理發展的時期；(2)青少年是一個年齡層；(3)青少年是一個發展階段；(4)青少年是一個轉折期；(5)青少年是一種社會現象；(6)青少年有一定範圍；(7)青少年是一個關鍵期。

5. 並非所有的青少年均以相同的方式經歷轉折，其差異包括時間、速度及轉變的結果。

6. 人生因發展特徵的不同而呈現不同的階段，青少年期是承先啓後的一個重要階段。

7. 青少年主要的發展任務是能處理生理、心理與社會世界的改變。

8. 青少年問題的興起與社會結構的改變有密切關係。不同文化對青少年賦

予不同角色地位。

9. 青少年的社會發展任務須綜合各項功能，以發現適當的社會角色。

10. 青少年是以兒童期為基礎，具有下列獨特的發展特質：(1)兼具質與量的改變；(2)兼有連續性與間斷性的特質；(3)同時具有穩定性與不穩定性的狀態；(4)具有共通性與變異性的特質；(5)兼有分化與統整的特質；(6)兼有正常發展與易受傷害的可能。

11. 輔導運動的興起與青少年處境困難、廣受關切有重要關聯。青少年輔導目的在協助青少年了解自己、接納自我、肯定個人與充分發展自我，並能解決生活、學習與生涯問題，以達到適應、成長與發展的境界。

12. 青少年輔導工作有六個重點：(1)評估；(2)資訊提供；(3)諮商；(4)諮詢；(5)計畫、安置與追蹤；(6)評鑑。其主要輔導原則有：(1)尊重青少年的價值與尊嚴；(2)接納與關愛青少年；(3)注重青少年的個別需求；(4)教育與輔導工作應具有良好人格特質；(5)掌握社會脈動不斷成長。另外，尚需要有：(1)教育體制的革新；(2)司法體制的改革；(3)家庭教育的增進；(4)推廣價值澄清與道德教育等社會體制的革新，以及善待青少年等積極輔導態度的配合。

13. 值得重視的青少年研究課題有：(1)理論建構；(2)臺灣青少年的獨特經驗；(3)青少年的形象問題等。青少年的研究方法本質上與一般心理學的研究方法相近，在研究設計上有縱貫法、橫斷法與時間差法三種類型。

試題演練

(　) 1. 英文中，青少年（adolescence）包含哪兩個意義？(I)生長；(II)發育完成；(III)成熟；(IV)即將發育成熟。(A) (I)(II)；(B) (I)(IV)；(C) (II)(III)；(D) (II)(IV)。

(　) 2. 根據佛洛伊德(S. Freud)的性發展階段理論，青少年是處於哪一階段？(A) 口腔期；(B) 性器期；(C) 兩性期；(D) 潛伏期。【94高級

中等以下學校及幼稚園教師資格檢定】

（　）3. 下列何者為一般人界定青少年最為普遍的方式？(A) 年齡；(B) 生理；(C) 法律；(D) 社會學。

（　）4. 哪一種區分青少年的方式，最不能反映個體在生理、心理與社會各方面的發展與成熟程度？(A) 生理；(B) 年齡；(C) 文化；(D) 法律。

（　）5. 下列何者不是青少年的特質？(A) 青少年發展階段；(B) 青少年沒有一定的範圍；(C) 青少年是一個關鍵期；(D) 青少年是一種社會現象。

（　）6. 小華今年16歲，請問小華正處於下列選項中的哪些人生階段？ (I)性器期；(II)潛伏期；(III)兩性期；(IV)具體運思期；(V)形式運思期。(A) (III)(V)；(B) (II)(V)；(C) (III)(IV)；(D) (I)(IV)。

（　）7. 青少年期都被看成是開始於＿＿＿＿，結束於＿＿＿＿。(A) 生理性、文化性；(B) 生物性、心理性；(C) 生物性、社會性；(D) 心理性、社會性。

（　）8. 終身觀點的發展學者強調差異性與什麼？(A) 共通性；(B) 多樣性；(C) 特殊性；(D) 一般性。

（　）9. 下列何者不是人類終身觀點的重要成分？(A) 多樣性；(B) 脈絡；(C) 應用；(D) 社會角色。

（　）10. 青少年發展路徑何者為非？(A) 激烈成長；(B) 急速成長；(C) 持續成長；(D) 混亂成長。

（　）11. 我國「兒童及少年福利與權益保障法」第2條中提及的少年的年齡是指以下何者？(A) 18歲以下；(B) 20歲以下；(C) 12歲以上未滿18歲；(D) 未滿18歲。

（　）12. 下列何者不是青少年應具備的性質？(A) 青少年是一個年齡層；(B) 青少年是一個發展階段；(C) 青少年是一個轉折期；(D) 青少年是一個不安期。

（　）13. 下列何者**不是**自然主義大師盧梭（J. J. Rousseau）所謂的人生四個階段？(A) 嬰兒期；(B) 幼稚期；(C) 未開化期；(D) 少年期。

（　）14. 艾力克遜（E. Erikson）將整個人生劃分為八個階段，下列何者**為非**？(A) 成年晚期；(B) 嬰兒期；(C) 學前期；(D) 老年期。

（　）15. 下列何者非青少年主要的輔導意義？(A) 協助青少年了解自己；(B) 協助青少年有能力作自我抉擇；(C) 協助青少年有好的體魄；(D) 協助青少年發展良好的道德。

（　）16. 下列何者**非**青少年輔導工作的目標？(A) 評鑑；(B) 預防；(C) 矯治；(D) 發展。

（　）17. 老師拿了一張肺癌病人的X光照片給未滿18歲的小明觀看，使其不再想接近香菸，這是何種心理治療？(A) 洪水法；(B) 代幣法；(C) 沙遊治療法；(D) 認知治療法。

（　）18. 下列何者非青少年發展的本質？(A) 質與量的改變；(B) 兼有穩定與不穩定的狀態；(C) 兼有不正常發展與易受傷害的可能；(D) 兼有分化與統整的功能。

（　）19. 艾力克遜(E. Erikson)將以下何者當作青少年期的主要發展？(A) 認定自我；(B) 超越自我；(C) 追求自我；(D) 發展自我。

（　）20. 青少年容易有情緒的高低起伏，下列何者**不是**其主要原因？(A) 對外在感受敏銳；(B) 思考方式超越具體的事物；(C) 荷爾蒙分泌不穩定；(D) 身體和心理的改變。

（　）21. 生理的快速發展是下列何期的明顯徵候？(A) 兒童期；(B) 中年期；(C) 青少年期；(D) 老年期。

（　）22. 下列何者**不是**青少年期的特徵？(A) 明顯的生理成熟現象；(B) 開始具有生育能力；(C) 不重視同儕關係；(D) 培養具有應付社會與生活問題的能力。

（　）23. 我國「少年事件處理法」適用的對象為下列何者？(A) 12歲以上20歲未滿之人；(B) 12歲以上15歲未滿之人；(C) 12歲以上18歲未

滿之人；(D) 18歲未滿之人。

（　）24. 小明是一名15歲國三學生，最近他突然常有一些情緒與人際的緊張與壓力，請問他現在是處於Offer（1969）研究中哪一發展類型？(A) 急速生長；(B) 混亂生長；(C) 持續生長；(D) 停滯生長。

（　）25. 根據青少年心理學者的研究，下列何者是當前青少年身體發展的趨勢？(I)身體的發展越來越晚成熟；(II)青少年期越來越縮短；(III)身高一代勝過一代；(IV)青少年期提早來臨並且向後延伸。(A) (I)(II)；(B) (II)(III)；(C) (III)(IV)；(D) (I)(IV)。【95高級中等以下學校及幼稚園教師資格檢定】

（　）26. 對於青少年的研究，縱貫法通常使用於哪一種層面？(A) 實驗室對自然法；(B) 支配性對非支配性；(C) 理論性對非理論性；(D) 年齡改變對年齡不同。

（　）27. 不論是亞洲人或是美洲人，各人種青少年的女性都開始會有月經，男性會長鬍鬚；而有些女性10歲就有初經，有些則遲至16歲才有。上述情形是青少年發展的哪一種特質？(A) 兼具質與量的改變；(B) 間有連續性與間斷性的特質；(C) 同時具有穩定性與不穩定性的狀態；(D) 具有共通性與變異性的性質。

（　）28. 下列對於青少年輔導工作主要功能的敘述，何者錯誤？(A) 協助青少年了解他人，並能學會能為他人承擔責任；(B) 協助青少年了解教育與工作世界，並擴展學習與生涯能力；(C) 協助青少年有能力作自我抉擇，並解決個人問題；(D) 協助青少年發展良好的道德、良心與價值觀念。

（　）29. 關於青少年憂鬱，下列何者描述較不適當？(A) 男性罹患憂鬱症的可能性高過女性；(B) 憂鬱的青少年經常會有自殺的念頭；(C) 無聊也是憂鬱的症候之一；(D) 憂鬱症通常也會胃口減低。【94高級中等以下學校及幼稚園教師資格檢定】

（　）30. 青少年身體發展的重大變化，下列哪一項描述較不適當？(A) 身體快速生長造成體重和身高急驟增加；(B) 第一性徵的發展；(C) 性腺的進一步發展；(D) 呼吸和循環系統的改變。【94高級中等以下學校及幼稚園教師資格檢定】

（　）31. 教師或父母以身作則，為青少年提供良好的楷模，將有助於青少年良心的發展，並提早建立個人的理想。以上敘述說明了佛洛伊德（S. Freud）所提哪一項人格發展的要素？(A) 本我；(B) 自我；(C) 超我；(D) 自尊。【94高級中等以下學校及幼稚園教師資格檢定】

（　）32. 歐美國家何時開始重視青少年問題？(A) 工業革命前；(B) 工業革命後；(C) 中古世紀前；(D) 中古世紀後。

（　）33. 教育家盧梭（J. J. Rousseau）曾在哪本著作中提到教育應啟發人類自然的力量，並將教育分為嬰兒期、未開化期、少年期、青少年期四個階段？(A) 盧梭民約論；(B) 新愛洛伊絲；(C) 愛彌兒；(D) 懺悔錄。

（　）34. 艾力克遜（E. Erikson）認為青少年是什麼樣的時期？(A) 獨立進取；(B) 活潑自主；(C) 自我辨識與認定；(D) 勤奮進取。

（　）35. 青少年期的發展任務（developmental tasks）何者為非？(A) 文化；(B) 心理；(C) 社會；(D) 生理。

（　）36. 青少年發展的層面極為廣泛，仍有很多值得探討的問題，以臺灣來說，研究青少年的主要課題中不包含(A) 理論建構；(B) 青少年的形象問題；(C) 青少年的研究方法；(D) 青少年的獨特經驗。

（　）37. 自從工業革命以後，青少年的問題日益嚴重，尤其哪兩個主因，促使青少年問題受到關注：(A) 童工制度和義務教育；(B) 婦女與人權問題；(C) 教育問題與人權問題；(D) 污染問題與環境保護。

（　）38. 「少年事件處理法」第二條規定本法適用於十二歲以上，未滿十八歲之人。但依第五十四條規定：少年轉介輔導處分及保護處

分之執行，至多執行至滿幾歲為止？(A) 二十；(B) 二十一；(C) 二十五；(D) 三十。【94高級中等以下學校及幼稚園教師資格檢定】

( ) 39. 何謂「發展」？(A) 身心隨著時間而改變的歷程；(B) 發現學習者的身心特徵；(C) 視需要而學習的歷程；(D) 發現個別差異的事實。

( ) 40. 下列哪一學者主張自然發展說的教育目的？(A) 施普蘭格；(B) 盧梭；(C) 柏拉圖；(D) 狄爾泰。

( ) 41. 早期研究兒童發展的美國心理學家，稱青少年階段為「狂飆期」的是(A)皮亞傑（J. Piaget）；(B)赫爾（G. S. Hall）；(C)馬西亞（J. Marcia）；(D)班森（A. Benson）。【93台南教師甄試】

( ) 42. S. Freud與E. Erikson對人格發展的看法，下列何者有誤？(A) Freud重視生物因素，尤其是性趨力；Erikson重視社會文化因素；(B) Freud重視每一時期經驗，Erikson重視兒童經驗；(C) Freud與Erikson都是階段發展理論；(D) Freud提出在先，Erikson提出在後。【95台東教師甄試】

( ) 43. 下列哪個學者的研究揭穿了對青少年期的刻板印象？(A) S. Freud；(B) J. Piaget；(C) A. Bandura；(D) E. Erikson。

( ) 44. 以下有關學生次文化的敘述何者有誤？(A) 學生次文化是個人與團體交互作用的結果，可視為學生對學校的適應方式；(B) 學生次文化是學校文化的一部分；(C) 學生次文化是構成潛在課程的重要內容；(D) 學生次文化是背離成人價值的反智文化。【95桃園縣國民中學教師甄選】

( ) 45. 教師針對某一教學問題進行有系統的研究，以探索實際問題解決之道，此研究方法為？(A) 觀察研究法；(B) 實驗研究法；(C) 調查研究法；(D) 行動研究法。【90高雄縣國中教師甄選】

( ) 46. 所謂「輔導」是一種教育(A) 動機；(B) 內容；(C) 過程；(D) 目

的。【91台南縣國民中學教師聯合甄選】

( ) 47. 學校的輔導工作應以何者學生為對象？(A) 適應不良者；(B) 身心障礙者；(C) 學習遲緩者；(D) 全體學生。【91台南縣國民中學教師聯合甄選】

( ) 48. 以下有關學校輔導工作的敘述何者<u>不正確</u>？(A) 有耐心和愛心的老師都能從事學生輔導工作；(B) 輔導工作以諮商為主；(C) 班級團體輔導的內容包括始業、學習及生涯輔導等；(D) 學生提出要求做測驗學校不得拒絕。【91台南縣國民中學教師聯合甄選】

( ) 49. 依照皮亞傑（J. Piaget）的分類，國中學生應位於：(A) 感覺動作期；(B) 運思前期；(C) 具體運思期；(D) 形式運思期。【91彰化縣國民中學教師甄試】

( ) 50. 下列何者發展學者認為是青少年必須完成的發展任務？(A) 發掘自己的性需求和滿足方式；(B) 決定明確生涯發展志向；(C) 探索自己的人生意義；(D) 選擇自己喜好的異性型態。【92台中市國民中學教師甄試】

( ) 51. 以皮亞傑（J. Piaget）的發展認知論觀點，國民小學的學生其相對的發展期為：(A) 具體運思期；(B) 形式運思期；(C) 場地獨立論；(D) 前運思期。【92台中市國民中學教師甄試】

( ) 52. 從心理社會的發展而言，青年期的主要發展任務（develop-mental task）是：(A) 勤奮進取；(B) 自我統合；(C) 關懷社會；(D) 親密關係。【95臺北市立國民中學教師聯合甄選】

( ) 53. 對於諮詢和諮商的描述，下列何者<u>有誤</u>？(A) 諮詢和諮商目標都在增進組織和個人的發展；(B) 諮詢是直接的介入，諮商是間接的服務；(C) 諮詢和諮商都須要同理；(D) 「誰是案主？」是諮詢和諮商的倫理爭論之一。【95臺北市立國民中學教師聯合甄選】

( ) 54. 愛彌兒一書的作者是？(A) 裴希特；(B) 盧梭；(C) 杜威；(D) 柯勒。【95台東縣國民中學教師暨代理教師甄選】

（　）55. 在較長時間內對同組受試者身心變化做追蹤式的研究，以比較不同年齡的身心特徵，進而發現發展的規律性，這樣的研究適合採用(A) 橫斷法；(B) 縱貫法；(C) 連續法；(D) 調查法。【95台東縣國民中學教師暨代理教師甄選】

（　）56. 福祿貝爾（F.W. Froebel, 1782-1852）對教育的重要概念是：(A) 教育即生活；(B) 教育是價值性活動；(C) 教育在使個人的性能自然的、充實的發展；(D) 教育之道無他，唯愛與榜樣而已。【95花蓮縣立中等學校及各階段別特教正式暨候用代理教師聯合甄選】

（　）57. 學校輔導室可提供家長各種資訊服務，協助家長輔導自己的子弟，此種專業服務稱為：(A) 諮商；(B) 諮詢；(C) 治療；(D) 診斷。【95桃園縣國民中學教師甄選】

（　）58. 輔導是一種服務，下列關於學校輔導的服務項目何者為非：(A) 諮商服務；(B) 定向服務；(C) 研究服務；(D) 社團服務。【95桃園縣國民中學教師甄選】

（　）59. 下列何者並非進行個案研究的目的？(A) 增進個體的福祉；(B) 瞭解個體的身心發展情形；(C) 探討個體的行為動機；(D) 尋求個體的問題癥結。【95桃園縣國民中學教師甄選】

（　）60. 以國中生而言，其生涯發展的任務，下列何者為非？(A) 對於個人的職業偏好作確認；(B) 發展對工作世界的正確態度；(C) 在學校、休閒活動等經驗中進行角色試探；(D) 對自己的興趣、能力作更多元的嘗試。【95桃園縣國民中學教師甄選】

（　）61. 為建立教育學的科學基礎，在教學方法上以科學精神與方法創導四段教學法的西方學者是：(A) 杜威（John Dewey）；(B) 斐斯塔洛齊（J. H. Pestalozzi）；(C) 斯賓塞（H. Spencer）；(D) 赫爾巴特（L. F. Herbart）。【95澎湖縣國民中學教師甄選】

（　）62. 盧梭（J. Rousseau）愛彌兒（Emile）小說中主張人性本善，教育

應去除形式的作風，其教育學說稱為什麼？(A) 平民主義；(B) 實驗主義；(C) 自然主義；(D) 進步主義。【95高屏南國中教師甄選聯盟】

( ) 63. 團體輔導的功能主要有哪些：(I)預防；(II)成長；(III)矯治。(A) (I)(II)(III)；(B) (I)(III)；(C) (I)(II)；(D) (II)(III)。【95中區縣市政府教師甄選】

( ) 64. 下列何者是輔導工作計畫的三個基本要素：(A) 目標、對象、方法；(B) 目標、方法、場所；(C) 目標、對象、場所；(D) 目標、場所、方法。【95中區縣市政府教師甄選】

( ) 65. 學校輔導工作規劃程序為：(A) 需求評估－規劃－溝通協調－績效評鑑；(B) 溝通協調－需求評估－規劃－績效評鑑；(C) 需求評估－溝通協調－規劃－績效評鑑；(D) 規劃－需求評估－績效評鑑－溝通協調。【95中區縣市政府教師甄選】

( ) 66. 諮詢與諮商主要的區別是：(A) 溝通技巧；(B) 問題類別；(C) 機構性質；(D) 專業資格。【95中區縣市政府教師甄選】

( ) 67. 在從事國中生生涯輔導時，以下哪一項不是我們主要的輔導方向？(A) 自我特質與價值觀的了解；(B) 相關測驗與職業資料的收集；(C) 及早選擇自己的職業或工作；(D) 培養應變、彈性與決策技巧。【94臺北市國民中學教師聯合甄選】

( ) 68. 下列何者是青少年發展的主要特徵？(A) 認知發展處於「具體運思期」；(B) 道德發展進入「人類價值導向」；(C) 理想性低、想像力貧乏；(D) 自我意識大於社會意識。【94金門縣國中教師聯合甄選】

( ) 69. 皮亞傑以四個時期(I)形式運思期；(II)感覺動作期；(III)運思前期；(IV)具體運思期，來說明智能發展情形，下面那個順序是正確的？(A) (II)(III)(I)(IV)；(B) (III)(II)(I)(IV)；(C) (II)(III)(IV)(I)；(D) (III)(II)(IV)(I)。【93臺南市國民中學正式教師暨候用教師甄

選】

（　）70. 教育經典《愛彌兒》（Emile），係為何人所寫成的名著？(A) 洛克（J. Locke）；(B) 福祿貝爾（F. Froebel）；(C) 盧梭（J. J. Rousseau）；(D) 培根（F. Bacon）。【93臺北縣國民中學教師聯合甄選】

（　）71. 依規定，國民中小學之輔導工作由下列何人負責？(A) 全體教師；(B) 導師；(C) 輔導教師；(D) 訓育人員及輔導教師。【93嘉義縣國民中學教師甄選】

（　）72. 裴斯塔洛齊（J. H. Pestalozzi）倡導的教學包括的內涵，下列何者是正確的？(A) 行的教學；(B) 愛的教育；(C) 動的教學；(D) 民主的教育。【93嘉義市國民中學教師聯合甄選】

（　）73. 青少年的研究設計主要可以區分為四個層面，下列何者為非：(A) 調查法對自然法；(B) 支配性對非支配性；(C) 理論性對非理論性；(D) 年齡改變對年齡不同。

（　）74. 皮亞傑（J. Piaget）認為一般小孩子在滿九歲以前係屬於(A) 他律期；(B) 自律期；(C) 無律期；(D) 規律期。【94基隆市國民中學暨幼稚園教師甄選】

（　）75. 皮亞傑（J. Piaget）的認知發展理論中，將兩歲到七歲兒童的認知發展階段，稱之為(A) 具體運思期；(B) 形式運思期；(C) 感覺動作期；(D) 前運思期。【94基隆市國民中學暨幼稚園教師甄選】

（　）76. 依皮亞傑（J. Piaget）的認知發展理論，小學高年級（五年級）兒童大約處於那一個階段？(A) 形式運思期；(B) 感覺動作期；(C) 具體運思期；(D) 前運思期。【90彰化縣國小普通班候用教甄】

（　）77. 在皮亞傑（J. Piaget）的發展階段中，對事物的認識僅會對外形加以判斷，多表現自我中心取向，思考是單向的，具有不可逆性，這是在哪一個認知發展階段？(A) 感覺動作期；(B) 運思前期；(C) 具體運思期；(D) 形式運思期。

（　）78. 下列何者<u>不正確</u>？(A) 發展的歷程是連續且速度一致的；(B) 青春期開始時間受遺傳與環境的影響大；(C) 發展過程在共同模式之下有個別差異；(D) 幼年期學到的口音，長大後不一定改變。

（　）79. 依據J. Piaget的觀點，5至11歲兒童的認知發展進入何時期？(A) 感覺動作期；(B) 前操作期；(C) 具體操作期；(D) 形式操作期。

（　）80. 一位教師能夠設身處地去站在學生立場思考問題，稱為：(A) 同理心；(B) 自我開放；(C) 具體化；(D) 澄清。

（　）81. 強調身教重於言教的原則，其論點與下列那一種學派較為接近？(A) 人本論；(B) 行為論；(C) 心理分析論；(D) 社會學習理論。

（　）82. 依照「學生輔導法」之規定，三級輔導之內容為何？(A) 學習輔導、職業輔導、發展輔導；(B) 發展性輔導、介入性輔導、處遇性輔導；(C) 生活輔導、學習輔導、就業輔導；(D) 生活輔導、升學輔導、生涯輔導。

（　）83. 輔導青少年減低負向的情緒方法中，將引發恐懼、焦慮、憤怒的刺激在短時間內大量呈現，使青少年對負向刺激源失去敏感度的方法，稱為何種方法？(A) 系統減敏法；(B) 操作法；(C) 示範法；(D) 洪水法。

（　）84. 根據皮亞傑（J. Piaget）的認知發展理論，具有分類及類包含能力是哪一個時期的發展特徵？(A) 感覺動作期；(B) 前運思期；(C) 具體運思期；(D) 形式運思期。

（　）85. 「學生輔導法」規定，國小以幾個班為基準，應置專任輔導教師一人？(A) 20班；(B) 24班；(C) 25班；(D) 30班。

（　）86. 若想了解兒童在不同年齡階段道德發展情形，針對一群對象從3歲觀察到15歲，下列何種研究法最適合？(A) 橫斷法；(B) 縱貫法；(C) 回溯法；(D) 實驗法。

（　）87. 下列何者為量的變化？(A) 性別；(B) 智力；(C) 心理年齡；(D) 情緒處理。

（　）88. 個體的發展可以使用公式C＝ƒ(T)，其中的C代表（改變），T代
表何者？(A) 時代；(B) 時間；(C) 時事；(D) 付出。

（　）89. 青少年的研究方法本質上與一般心理學的研究方法相近，在研究
設計上有縱貫法、橫斷法及何者等三種類型：(A) 文獻分析法；
(B) 調查法；(C) 時間差異法；(D) 測驗法。

（　）90. 何謂「發展軌道」（developmental trajectories）？(A) 個體所存在
的家庭、學校、職場與文化環境；(B) 個體受生物、心理與環境
脈絡的共同影響所形成的獨特人生途徑；(C) 個人受生理、心理
與社會特質所影響，由兒童轉變為成人；(D) 影響個人發展的個
人各層面的社會脈絡。

（　）91. 為了順利跨過青少年期，青少年需要去因應哪些改變？(I)生物挑
戰；(II)心理挑戰；(III)社會挑戰；(IV)文化挑戰；(V)兩性挑戰；
(VI)戰鬥挑戰。(A) (I)(II)(III)(V)；(B) (I)(II)(III)；(C) (I)(II)(III)
(VI)；(D) (I)(II)(III)(IV)。

（　）92. 青少年被認為是「風暴與壓力」（storm and stress）的時期，這
是何人的論點？(A) S. Freud；(B) A. Adler；(C) C. Rogers；(D) G.
S. Hall。

（　）93. 有學者（Offer, 1969）的研究發現，青少年是屬於哪類的發展類
型者，他們的生長突然改變，但並沒有風暴及壓力有關的不安？
(A) 持續生長；(B) 急速生長；(C) 混亂生長；(D) 慢速生長。

（　）94. 十八世紀自然主義大師盧梭（Jean Jacques Rousseau）將人生劃分
為幾個階段？(A) 五個；(B) 四個；(C) 三個；(D) 二個。

（　）95. 青少年的界定頗為不易，目前以不同觀點來界定青少年的意義，
下列何者不包含在其中？(A) 文化觀點；(B) 年齡觀點；(C) 社會
觀點；(D) 生理觀點。

（　）96. 輔導的功能有許多，包括可以協助青少年？(I) 了解自己，認同自
我；(II) 學習解決問題的能力；(III) 發展良好道德；(IV) 適應社

會；(V) 學習與人相處的技巧。(A) (I)(II)(IV)；(B) (I)(III)(IV)；(C) (I)(II)(IV)(V)；(D) (I)(II)(III) (IV)(V)。

( ) 97. 青少年正值發展的時候，無論是對自我的認識或是對環境的適應，都需要有人給予幫助或輔導。因此在與他們相處時，我們應特別留意本身的態度與方法，下列相關敘述何者錯誤？(A) 應誠實的面對青少年。(B) 對於青少年的錯誤應給予耐心與寬容。(C) 應該要有標準一致、公正明確的限制。(D) 要少聽多說，讓青少年了解我們的表達方式。

( ) 98. 根據皮亞傑（J. Piaget）的理論，國中學生的認知發展大約處於哪一期？(A) 感覺動作期；(B) 前運思期；(C) 具體運思期；(D) 形式運思期。【94臺北市立國民中學教師聯合甄選】

( ) 99. 下列對於青少年期的敘述何者為是？(A) 個體的生殖系統已充分成熟；(B) 心智尚未達到一定的成熟狀態；(C) 以年齡區分青少年期，並不能反應個體在各方面的發展與成熟度；(D) 指嬰兒期過渡至成人的一個橋樑階段。

( ) 100. 下列有關於輔導運動之父帕慎思（Frank Parsons）的敘述，何者錯誤？(A) 其工作被稱為傳統的輔導工作。(B) 協助青少年了解本身的性向、能力、興趣與抱負等等。(C) 著重於青少年的心理發展。(D) 經其努力後，輔導工作成為一種新的助人工作。

( ) 101. 值得關切的青少年研究相關課題，不包括下列何者？(A) 理論建構；(B) 青少年的思想內容；(C) 臺灣青少年的獨特經驗；(D) 青少年的形象問題。

( ) 102. 輔導工作者常廣泛蒐集青少年的個人、心理、生理等資料，以便能充分瞭解青少年，並協助他們了解自我。此為哪一項輔導工作的內容？(A) 資訊提供；(B) 追蹤；(C) 評估；(D) 計畫。

( ) 103. 有些女性青少年在10歲左右就有初經，有些則遲至16歲才有；這種情形是屬於青少年中的何種性質？(A) 變異性；(B) 不穩定

性；(C) 正常發展；(D) 間斷性。

（　）104. 英文青少年（adolescence）是由拉丁文adolescere衍化而來，ad
的本意是：(A) 發展；(B) 朝向；(C) 成熟；(D) 轉折。

（　）105. 佛洛伊德（Sigmund Freud）將兒童與青少年的發展分為五個階
段：(I)性器期(Ⅱ)口腔期(Ⅲ)兩性期(Ⅳ)肛門期(Ⅴ)潛伏期。按
順序排列，何者為是？(A) (II)(IV)(I)(V)(III)；(B) (II)(I)(IV)(III)
(V)；(C) (I)(II)(IV)(V)(III)；(D) (V)(II)(I)(IV)(III)。

（　）106. 下列敘述何者為非？(A) 在原始社會中，青少年的概念是不存
在的；(B) 柏拉圖與亞里斯多德認為青少年是理性成長的時期，
感覺敏銳卻不夠穩定；(C) 盧梭認為將兒童以小大人看待，會有
害兒童的發展；(D) 自從文藝復興以後，青少年的問題才日益興
起。

（　）107. 何人重視泛愛的教育，相信窮人可以經由教育與勞動而獲得改
造，倡導自然主義教學方法，並為平民、初等與師範教育奠定
良好基礎？(A) 盧梭；(B) 斐斯塔洛齊；(C) 洛克；(D) 艾力克
遜。

（　）108. 有關青少年的人格特徵，下列何者錯誤？(A) 獨立自主要求頗
強；(B) 尋求自我認定；(C) 思想過於現實化；(D) 反抗意識濃
厚。【94高級中等以下學校及幼稚園教師資格檢定】

（　）109. 青少年容易因父母師長的言語感到難過，也會害怕不被同儕所
接納。這是屬於青少年的哪一種性質？(A) 兼有正常發展與易受
傷害的可能；(B) 同時兼有穩定性與不穩定性；(C) 具有共通性
與變異性的性質；(D) 兼有分化與統整的功能。

（　）110. 最早依兒童發展需求，將人生劃分階段的為？(A) 皮亞傑；(B)
佛洛伊德；(C) 杜威；(D) 盧梭。

（　）111. 最常被青少年濫用的物質是菸草，菸草在十二歲至十七歲是使
用的高峰期。有關青少年抽菸的敘述，下列何者較不正確？(A)

青少年抽菸是想讓自己看起來很成熟、有魅力；(B) 除非家人和同儕戒菸，否則青少年很難戒菸；(C) 青少年早期抽菸的習慣與自尊心、地位需求有關；(D) 青少年抽菸與情緒問題較沒有關聯性。【96 高級中等以下學校及幼稚園教師資格檢定】

( ) 112. 下列描述青少年的性質，何者為非？(A) 青少年是一個轉折期；(B) 青少年是一個成熟階段；(C) 青少年是一種文化現象；(D) 青少年是生理發展的階段。

( ) 113. 關於青少年的研究設計，主要可區分為四個層面，下列何者不包含在其中？(A) 連續性對間斷性；(B) 理論性對非理論性；(C) 支配性對非支配性；(D) 實驗室對自然法。

( ) 114. 「counseling」是指以語言溝通的方式，在良好助人氣氛中協助青少年，促進他們成長與適應；此一技術也成為目前輔導工作的核心。「counseling」指的是下列何者？(A) 諮詢；(B) 資訊提供；(C) 評鑑；(D) 諮商。

( ) 115. 下列青少年的相關敘述，何者為非？(A) 家庭是青少年成長與發展所依賴的基本單位；(B) 學校的課程應該要能切合青少年的需要；(C) 青少年偏差行為的產生，主要是由於個體的個性所影響；(D) 社會體制的革新，可以改善青少年的生活環境。

( ) 116. 下列哪一個測驗與其他三項測驗的性質差異最大？(A) 魏氏兒童智力測驗；(B) 明尼蘇達多相人格測驗；(C) 通用性向測驗；(D) 區分性向測驗。【96高級中等以下學校及幼稚園教師資格檢定】

( ) 117. 在青少年諮商與輔導中，可以建立關係，並有良好的語言和非語言行為反應的，是屬於下列何者？(A) 基本技巧；(B) 評估與設定目標的技巧；(C) 應用策略的技巧；(D) 評鑑技巧。

( ) 118. 成人對青少年存有負面的刻板印象，其主要原因可能有：(I)青少年反射了父母的弱點；(II)青少年對成人的地位有所威脅；

(III)青少年使成人記起個人的生活經驗；(IV)青少年的個性叛逆；(V)成人害怕失去對青少年的控制。(A) (I)(II)(III)(IV)；(B) (I)(II)(III)(V)；(C) (I)(III)(IV)(V)；(D) (I)(II)(III)(IV) (V)。

（　）119. 研究方法的主要目的是在考驗或驗證青少年發展理論的可靠程度，指的應是下列何者？(A) 結果取向；(B) 理論取向；(C) 實驗取向；(D) 發展取向。

（　）120. 青少年比其他人生階段更容易遭遇到適應問題，因此是最需要加以輔導的階段，關於此時期輔導工作最主要的目標敘述，下列何者最為正確？(A) 成就、矯治與技能三層次。(B) 技能、成就與發展三層次。(C) 預防、矯治與發展三層次。(D) 預防、技能與成就三層次。【94高級中等以下學校及幼稚園教師資格檢定】

（　）121. 在相同時間對不同年齡的青少年作研究，以考驗行為的差異；此應為何種青少年研究的設計方法？(A) 縱貫法；(B) 時間差法；(C) 橫斷法；(D) 年齡差法。

（　）122. 每個青少年的成長與發展，都是獨特的經驗，有不同的反應及調適方法；而因成長速率的不同，彼此之間也會形成了差異。所以在進行輔導時，我們應特別注意哪一種原則？(A) 尊重青少年的價值與尊嚴；(B) 接納與關愛青少年；(C) 注重青少年的個別需求；(D) 輔導工作者須具有良好人格特質。

（　）123. 我國民法第十二條規定，滿幾歲者為成年？(A) 18；(B) 16；(C) 20；(D) 22。

（　）124. 輔導工作是一項專業的助人工作，關於青少年輔導工作有六個重點，下列何者不是？(A) 資訊提供；(B) 諮商；(C) 評估；(D) 提供意見。

（　）125. 自從工業革命以後，青少年的問題日益嚴重，尤其哪兩個主因，促使青少年問題受到關注：(A) 教育問題與人權問題；(B)

童工制度與人權問題；(C) 童工制度與義務教育；(D) 社會問題與教育問題。

( ) 126. 有關青少年情緒發展的特徵，下列何者較為適當？(A) 情緒易怒、易發，情緒發作延長時間較兒童時期短；(B) 情緒的感受性和社會的、文化的、想像的、和抽象的事物有關；(C) 情緒的表達方式已能和成人一樣平穩；(D) 無法掩飾情緒的內在感受，心裡感受到的情緒就會表現出來。【94高級中等以下學校及幼稚園教師資格檢定】

( ) 127. 當代青少年的世界是(A) 電腦；(B) 媒體；(C) 分享；(D) 個人 的世界。

( ) 128. 下列哪一個選項不在青少年的世界中？(A) 同儕；(B) 老師；(C) 學校；(D) 退休。

( ) 129. 英文teenage通常指年齡層在幾歲之間？(A) 13-19；(B) 12-18；(C) 10-20；(D) 12-20。

( ) 130. 哪一項不是女生獲得地位的方式？(A) 身體吸引力；(B) 社會性；(C) 特立獨行；(D) 成就。

( ) 131. 青少年時期的性別差異越趨明顯。青少年性別差異形成的原因主要是何者？(A) 荷爾蒙改變；(B) 性別刻板化；(C) 社會傳統影響；(D) 飲食習慣。

( ) 132. 由成人的角度來看，青少年社會化不應該有下列哪些要項？(A) 能獨立；(B) 辨識自己；(C) 改變興趣；(D) 適應「性」成熟。

( ) 133. 依照艾爾楷（Elkind, 1978）的論點，青少年自我中心主義有四大特徵，但下列哪一個不在此特徵之內？(A) 個人神話；(B) 做白日夢；(C) 假裝愚蠢；(D) 明顯的偽善。

( ) 134. 皮亞傑（J. Piaget）認為幾歲以上的青少年認知能力發展特徵具有形式運思或操作的能力？(A) 9；(B) 10；(C) 11；(D) 12。

( ) 135. 皮亞傑（J. Piaget）將兒童智慧發展分為四階段，下列何者為

非？：(A) 具體運思期；(B) 形式運思期；(C) 感覺動作期；(D) 後運思期。

（　）136. 社會上對「青少年」一詞的印象，何者為非？(A) 已經可以完全自主自立；(B) 代表著兒童與成人之間的過渡期；(C) 成人對青少年是有敵意的；(D) 青少年是一個關鍵期。

（　）137. 青少年時期，男性重視何者？女性重視何者？(A) 地位、親密；(B) 個人、愛；(C) 承諾、社會；(D) 權力、自主。

（　）138. 目前國內青少年的教育現況，何者為非？(A) 越來越多青少年開始找工作；(B) 國內大部份的青少年目前還在求學中；(C) 國內青少年求學人數有減緩的趨勢；(D) 國內各級學校、系所都在增多當中。

（　）139. 各種不同的內分泌影響青少年的發展，當個體遭遇外在的壓力時，哪一種腺體的分泌會增加，使身體器官有適應壓力的能力？(A) 腦下垂體；(B) 胰島素；(C) 腎上腺素；(D) 甲狀腺素。【94高級中等以下學校及幼稚園教師資格檢定】

（　）140. 在與未成年的青少年進行諮詢或是心理測驗時，需先徵求當事人及其家長的同意方可進行，這是尊重青少年的哪種權益？(A) 隱私權；(B) 避免傷害權；(C) 受教權；(D) 自主權。【96高級中等以下學校及幼稚園教師資格檢定】

（　）141. 有關青少年情緒的輔導，下列哪一個敘述正確？(A) 青少年的情緒問題往往來自於「血氣方剛」的衝動性格；(B) 情緒輔導的目標就是協助青少年消除他的情緒，這樣就不會情緒失控；(C) 如果青少年的IQ夠高，那他的EQ也不會太低；(D) 面對青少年的適應問題時，處理背後的情緒遠比問題解決更為關鍵。【96高級中等以下學校及幼稚園教師資格檢定】

（　）142. 君雅進入高中之後開始出現「自戀型人格障礙」，請問下列何者為其特徵？(A) 對小事情反應過度；(B) 對可能被別人拒絕過

度敏感；(C) 誇張的顯示自己的重要性；(D) 敏感多疑、忌妒、不信任人。【95高級中等以下學校及幼稚園教師資格檢定】

( ) 143. 佛洛伊德（Sigmund Freud）跟艾力克遜（Erik H. Erikson）等人的精神分析理論都特別注重下列何者對青少年社會化的影響？(A) 認同作用；(B) 趨避衝突；(C) 潛意識作用；(D) 本我需求的滿足。【96高級中等以下學校及幼稚園教師資格檢定】

( ) 144. 阿龍在期中考考試成績不理想，他認為都是老師考題出得不好，有失公平，所以他才會考不好，這是哪一種防衛機制？(A) 合理化作用；(B) 反向作用；(C) 昇華作用；(D) 補償作用。【96高級中等以下學校及幼稚園教師資格檢定】

( ) 145. 青少年時期的運思能力較兒童期有(A) 短暫性、期待性；(B) 認同性、價值性；(C) 系統性、分析性；(D) 永恆性、持續性。

( ) 146. 影響青少年政治社會化的因子，何者不是？(A) 傳播媒體；(B) 同儕；(C) 教師；(D) 情人。

( ) 147. 杜威（John Dewey）認為，道德本身包含三個要素，下列何者為非？(A) 知識；(B) 感情；(C) 能力；(D) 勤奮。

( ) 148. 家庭沒有下列哪一個功能？(A) 生育的功能；(B) 醫療的功能；(C) 經濟的功能；(D) 保護的功能。

( ) 149. 現代家庭沒有下列那個特徵？(A) 住在都市中；(B) 生育率下降；(C) 大家庭形式出現；(D) 家庭結構改變。

( ) 150. 青少年追求自主，渴望在行為、情緒、道德與何者方面的自主？(A) 價值；(B) 金錢；(C) 性觀念；(D) 興趣。

( ) 151. 張爸爸對於珍珍考試考不好即打罵，考得好用金錢獎勵，這是哪一種教養方式？(A) 權威教養型；(B) 寬容溺愛型；(C) 獨斷教養型；(D) 寬容冷漠型。

( ) 152. 王爸爸對於阿志翹課的問題，採用「溝通」，除了了解阿志翹課的原因，也糾正阿志一些偏差的想法，這是哪一種教養方

式？(A) 威信教養型；(B) 寬容溺愛型；(C) 獨斷教養型；(D) 寬
容冷漠型。

（　）153. 青少年與父母之間，兩代的思想觀念與價值態度上有明顯的差
異，這種情形稱為？(A) 障礙；(B) 代溝；(C) 隔閡；(D) 誤解。

（　）154. 下列何者是低階文化青少年的特徵？(甲)惹麻煩；(乙)粗獷；
(丙)精明；(丁)不相信命運；(戊)過度敏感。(A) 甲乙丁；(B) 丙
丁戊；(C) 乙丙丁；(D) 甲乙丙。【95高級中等以下學校及幼稚
園教師資格檢定】

（　）155. 從事青少年的研究有許多管道，下列何者並非是研究青少年的方
法？(A) 生物學；(B) 性心理學；(C) 社會學；(D) 遺傳學。

（　）156. 與青少年相關的詞語概念，何者解釋為非？(A)「青春期」指與
性成熟有關，第一性徵發展成熟為重要特徵；(B)「青少年」指
13～19歲的年輕人；(C)「青少年期」為童年期與成年期間的成
長階段；(D)「青少年前期」為11～14歲階段的青少年。

（　）157. 在青少年期，何者對青少年人格的塑造，影響青少年最巨大，
且扮演著導引青少年未來的重要角色？(A) 家庭教育；(B) 學校
教育；(C) 同儕認同；(D) 社會期望。

（　）158. 現今社會較過去繁榮，反映出家庭經濟顯著的改善，然「青少
年打工」人數卻顯著增加，此項原因對青少年產生的影響，所
述何者較不適當？(A) 課後打工造成學業成績低落、犯罪事件；
(B) 工讀與青少年濫用藥物的比例增高無關；(C) 工讀對學生確
實有一定的好處；(D) 工讀的青少年較難獲得充足睡眠和運動。

（　）159. 根據青少年心理學者的研究，下列何者是當前青少年的身體發
展趨勢？(I)身體發展越來越晚熟；(II)青少年期越來越短；(III)
身高一代勝過一代；(IV)青少年期提早來臨並向後延伸。(A) I
II；(B) II III；(C) III IV；(D) I IV。【95高級中等以下學校及幼
稚園教師資格檢定】

（　）160. 根據哈特（S. Harter）的研究發現，下列有關青少年自覺的何種條件最能預測其整體自尊（overall self-esteem）的高低？(A) 認知能力；(B) 社經地位；(C) 外在吸引力；(D) 運動能力。【96高級中等以下學校及幼稚園教師資格檢定】

（　）161. 網際網路的問世使得人們可在網路上交換資訊，大眾對電腦的使用率持續增加，其對青少年產生的影響何者<u>為非</u>？(A) 青少年電腦成癮者過著孤立生活，與他人的溝通接觸減少；(B) 父母與青少年間的關係更加融洽；(C) 不當資訊易被青少年取得；(D) 網路購物行為增加。

（　）162. 現今社會經濟改善卻也形成一股金錢、地位與權勢爭奪戰的風氣，注重地位、追求威望成為青少年文化的重要環節，出身赤貧家庭的青少年較可能遇見何種情形？(A) 被推選擔任有聲望的職位；(B) 積極參與學校活動；(C) 感覺自己被同儕重視；(D) 常以反社會行為來爭取身分地位。

（　）163. 青少年成長所在的社會與社會結構產生了根本與深遠的改變，稱之為「革命」，現今社會中將其歸為六種類型的革命，何者並非是其中之一？(A) 電腦革命；(B) 性革命；(C) 家庭革命；(D) 精神革命。

（　）164. 現今社會上的青少年未婚同居的情況愈來愈多，對其往後的婚姻也造成一些影響，下列何者<u>為非</u>？(A) 婚姻品質和對婚姻制度承諾皆較低；(B) 非婚生子人數增加；(C) 比非同居者更可能離婚；(D) 對往後婚姻產生憧憬幻滅的風險會減少。

（　）165. 科技文明及社會複雜性的擴展，促使人們愈來愈需要更高等的教育，在這股風潮下所產生的影響，何者<u>為非</u>？(A) 教師們開始熱衷於電腦，構思動態的教學計畫；(B) 早期兒童介入策略的增加，使得弱勢的學齡兒童成長後呈現較低的犯罪傾向；(C) 教育費用迅速增加，許多想接受更高教育卻無力負擔的學生只能借

錢上大學；(D) 青少年獨立、成熟的時間往前提早。

（　）166. 下列何者是青少年從事宗教狂熱活動常見的特徵？(I)缺乏親密朋友與支持性團體；(II)對生活幻滅，對酒精、藥物上癮；(III)不具理想主義；(IV)來自貧窮且悲觀的家庭；(V)天真、容易受狂熱的事物吸引。(A) Ⅰ Ⅱ Ⅲ；(B) Ⅰ Ⅱ Ⅳ；(C) Ⅱ Ⅲ Ⅳ；(D) Ⅰ Ⅱ Ⅴ。【95高級中等以下學校及幼稚園教師資格檢定】

（　）167. 根據法務部統計，有關我國近十年青少年犯罪的敘述，下列何者正確？(I)以國中肄業程度比率最高；(II)以高中肄業程度的比率最高；(III)性自主罪犯罪比率上升；(IV)以竊盜比率最高；(V)犯罪率下降。(A) Ⅰ Ⅲ Ⅳ Ⅴ；(B) Ⅱ Ⅲ Ⅳ Ⅴ；(C) Ⅰ Ⅲ Ⅳ；(D) Ⅱ Ⅳ Ⅴ。【95高級中等以下學校及幼稚園教師資格檢定】

（　）168. 高離婚率是臺灣社會一項很明顯的特徵，下列何者是父母離婚對青少年產生的顯著影響？(A) 離婚的負面影響是青少年可能被要求承擔更多責任，以使家庭正常運作，延遲其成熟；(B) 覺得被遺棄、成為低成就、自我輕視的年輕人；(C) 父母離婚對青少年的影響只有負面；(D) 完全不會阻礙其人際與情感的成長。

（　）169. 網際網路的問世是現今最重要的發明之一，它改變了人們的生活型態，兒童、青少年也有頻繁使用網路的機會，下列何者敘述為非？(A) 兒童的網路使用率低於成人；(B) 男孩上網頻率高於女孩；(C) 部分青少年有網路成癮現象；(D) 兒童使用網路原因多為找尋資訊、收發電子郵件、進入聊天室、查看新聞和天氣。

（　）170. 在性態度和性行為上有重大改變的社會，對青少年產生的影響下列何者為是？(A) 安全的性行為，降低性病的傳染情形；(B) 青少年暴露在性資訊氾濫的機會減少；(C) 青少年有對於性的困惑，性也可能成為商品；(D) 青少年未婚懷孕的案例氾濫成災。

（　）171. 研究青少年可採取認知的（cognitive）方式，下列何者敘述最為

正確？(A) 青少年思考方式產生量變；(B) 包括心理健康、情緒失調的研究；(C) 研究智商、記憶力、思考等議題；(D) 青少年智能與資訊處理上產生質變。

( ) 172. 下列有關青少年性別角色刻板化印象（sex-role stereotypes）的敘述何者正確？(A) 性別角色刻板化印象是青少年對性別客觀事實的認知；(B) 青少年後期對於性別角色刻板化印象逐漸變得較有彈性；(C) 青少年初期比後期更能容忍不符合性別的行為；(D) 青少年階段與兒童階段對於性別角色刻板化印象並沒有太大的差別。【95高級中等以下學校及幼稚園教師資格檢定】

( ) 173. 下列何種教養方式與青少年缺乏自我控制有關？(A) 權威與縱容；(B) 縱容與民主；(C) 忽視與權威；(D) 忽視與縱容。【94高級中等以下學校及幼稚園教師資格檢定】

( ) 174. 家庭暴力的情形在社會上屢見不鮮，其對青少年產生何種影響？(A) 成長於家暴環境中的青少年往後極可能仿效父母施暴的行為；(B) 暴露在家暴環境中的青少年較不會以暴力反抗父母；(C) 曾接觸性暴力的青少年較不易有暴力行為；(D) 青少年涉入暴力犯罪的比例愈來愈低。

( ) 175. 有關青少年自我概念的陳述，下列何者較佳？(A) 以建立生理自我為主；(B) 無明顯性別差異；(C) 理想自我與真實自我同步一致；(D) 自我概念趨向主觀信念。【96高級中等以下學校及幼稚園教師資格檢定】

( ) 176. 根據Erik H. Erikson（1968）說法，發展出親密關係是人生主要目標之一，是自我認同和安全感不可或缺的。現今家庭與傳統家庭有愈來愈多不同之處，下列何者為非？(A) 家庭功能由傳統上的表達性角色轉變為現今的工具性角色；(B) 生育率下降，小家庭的子女有更充分的照顧、有較多機會接受高等教育的優勢；(C) 家庭角色的改變，導致家庭負擔更為沉重，造成高離婚

率；(D) 家庭在傳統上是為了滿足經濟安全、生理需要，現今則為滿足情緒安全、夥伴關係、情感需要。

（　）177. 大眾傳播節目往往流於暴力、色情，在此種媒體環境下的青少年會面對到各種情況，何者為非？(A) 年輕人的死亡大都肇因於暴力；(B) 青少年涉入暴力犯罪的比例相當低；(C) 青少年比其他年齡層更容易遭受攻擊、強暴、搶劫；(D) 青少年對於周遭的暴力無動於衷。

（　）178. 現代對「性」觀念漸漸開放的社會，對青少年的正面影響，何者為非？(A) 願意處理非自願的性行為，青少年遭受性騷擾、性侵的問題也獲重視；(B) 更自由的婚前性行為；(C) 性別角色的彈性使青少年的職業選擇也有所改變；(D) 父母願意和青少年討論性的話題、實施性教育。

（　）179. 田納（J.M. Tanner）研究發現青少年階段生長驟增現象，與關於平均年齡和身高的調查，下列敘述何者正確？(A) 男生進入青春期的年齡少於女生1歲；(B) 男女生在青春期的時間都持續達2.8年左右；(C) 男生在青春期中增高的高度不如女生；(D) 男生生長驟增的頂峰約是12歲。【苗栗縣96學年度國中教師聯合甄選】

（　）180. 重視青少年的身心發展，培養活力青少年，是新世紀學校教育的重要課題之一。依教育部之規劃透過多元、活潑、具創意的快樂學習及活動，展現活力，促進青少年健康，進而達成每位學生每日累積多少運動時間之具體願景？(A) 10-15分鐘；(B) 20-25分鐘；(C) 30-60分鐘；(D) 70-90分鐘。

（　）181. 當輔導教師發現學生受到家庭暴力對待時，應向直轄市、縣市主管機關通報，在時間上最遲不得超過多久通報之？(A) 24小時；(B) 36小時；(C) 48小時；(D) 72小時。

（　）182. 有位學生在讀書之前，一定要把書桌的每樣東西都擺在正確的

位置上，否則無法開始讀書，但也因此讀不了什麼書。這位學生很可能有以下何種病症？(A) 強迫症；(B) 品行疾患；(C) 適應性疾患；(D) 憂鬱症。

（　）183. 921 地震至今，小明已從國小升上高中；但小明仍然在午休時不敢入睡，深怕地震來時自己來不及躲避。請問小明需要處理：(A) 創傷後症候群；(B) 生涯發展未定向；(C) 憂鬱症狀；(D) 睡眠障礙。

（　）184. 某學生被視為班上的「開罐器」，常能掌握同儕脈動，打破僵硬氣氛，增進班上同學融洽相處。此顯示該生的下列何種智力？(A) 組合智力；(B) 經驗智力；(C) 人際智力；(D) 自知智力。【96年高級中等以下學校及幼稚園教師資格檢定】

（　）185. 下列何者不屬於教育部教育優先區之指標？(A) 原住民學生比例偏高之學校；(B) 青少年犯罪率偏高之學校；(C) 中途輟學率偏高之學校；(D) 教師流動率及代理教師比例偏高之學校。

（　）186. 中學階段的青少年，在情緒上得到朋友的支持，也在同儕中學習到從事社會化行為。因此在青少年階段何者變得非常重要？(A) 依附；(B) 抗拒；(C) 外控；(D) 友誼。

（　）187. 下列何者並非國中的學習輔導工作？(A) 實施工廠參訪；(B) 學習障礙學生診斷；(C) 國一生的始業輔導；(D) 弱勢家庭學生課後輔導。

（　）188. 艾力克森（Erik H. Erikson）認為青少年期的發展危機，在於：(A) 社會期望的壓力；(B) 生活基本能力的缺乏；(C) 與社會的疏離；(D) 自我統整的混淆。

（　）189. 下列哪一類青少年最有可能受到同儕的歡迎並被選為領袖？(A) 早熟的女孩；(B) 早熟的男孩；(C) 晚熟的男孩；(D) 成熟速度平均的女孩。【94年高級中等以下學校及幼稚園教師資格檢定】

（　）190. 佛洛伊德（Sigmund Freud）與艾力克遜（Erik H. Erikson）等人

之精神分析理論特別注重下列何者對青少年社會化的影響？(A) 潛意識作用；(B) 趨避衝突；(C) 認同作用；(D) 本我需求的滿足。【96年高級中等以下學校及幼稚園教師資格檢定】

(　) 191. 十六歲的怡銘面對「香菸」的誘惑時，或是抽菸前後，心理都會有罪疚感，這是怡銘的什麼發生作用？(A) 道德知識；(B) 道德情緒；(C) 道德行為；(D) 道德判斷。【94年高級中等以下學校及幼稚園教師資格檢定】

(　) 192. 關於心理測驗的敘述，下列何者較為正確？(A) 標準化的心理測驗即代表已去除文化差異；(B) 心理測驗大多屬於最佳表現測驗；(C) 心理測驗結果屬於個人隱私的一部份；(D) 一份測驗的常模可維持十數年，不需重新建立。【96 年高級中等以下學校及幼稚園教師資格檢定】

(　) 193. 佑心是國中輔導老師，她帶領一個「國中生生涯探索」團體，下列何者是該團體輔導轉換階段的主要任務？(A) 協助成員彼此建立初步的認識；(B) 凝聚成員對團體的向心力；(C) 討論團體規約；(D) 解決成員困擾。【96年高級中等以下學校及幼稚園教師資格檢定】

(　) 194. 最常被青少年濫用的物質是菸草，菸草在十二歲至十七歲是使用的高峰期。有關青少年抽菸的敘述，下列何者較不正確？(A) 青少年抽菸是想讓自己看起來很成熟、有魅力；(B) 除非家人和同儕戒菸，否則青少年很難戒菸；(C) 青少年早期抽菸的習慣與自尊心、地位需求有關；(D) 青少年抽菸與情緒問題較沒關聯性。【96年高級中等以下學校及幼稚園教師資格檢定考試】

(　) 195. 有關青少年自我概念的陳述，下列何者較佳？(A) 以建立生理自我為主；(B) 無明顯性別差異；(C) 理想自我與真實自我同步一致；(D) 自我概念趨向主觀信念。【96年高級中等以下學校及幼稚園教師資格檢定】

（ ）196. 有一學生認為：自己懶散、不努力用功，是因為父母不能以身作則的結果。請問：該學生認為其習性的養成，是來自下列何種因素？(A) 心理動力；(B) 遺傳；(C) 古典制約；(D) 社會學習。【96年高級中等以下學校及幼稚園教師資格檢定】

（ ）197. 有關青少年的擔憂與焦慮情緒之敘述，下列何者較為正確？(A) 青少年所擔憂的事，有些在成人看來是微不足道的事；(B) 在焦慮時，個體的心跳會變慢，血壓會下降；(C) 擔憂和焦慮是青少年經過客觀觀察所得的感受；(D) 青少年最擔憂的是未來是否有美滿的婚姻。【96年高級中等以下學校及幼稚園教師資格檢定】

（ ）198. 有關青少年道德發展的特徵，下列敘述何者較為適當？(A) 仍然依賴社會所接受的刻板印象及權威人物來作判斷的依據；(B) 道德判斷力成熟，因此道德的兩難衝突變少；(C) 雖然已能判別是非善惡，但知行不一定一致；(D) 逐漸認同成人的道德判斷標準。【94年高級中等以下學校及幼稚園教師資格檢定】

（ ）199. 小明是高三學生，最近常出現一些症狀且持續三週。這些症狀分別為情緒低落、食慾降低、失眠、上課無法集中注意力、不喜歡讀書及對未來有無望感。就這些特徵而言，初步研判小明可能罹患下列哪一種疾病？(A) 精神分裂症；(B) 恐懼症；(C) 憂鬱症；(D) 焦慮症。【94年高級中等以下學校及幼稚園教師資格檢定】

（ ）200. 青少年的發展往往涉及社會化（socialization）的歷程。下列對社會化的描述何者錯誤？(A) 社會化是一種學習的歷程；(B) 社會化會反應出文化對青少年的期待；(C) 青少年在被社會化的過程中也影響了欲社會化他的人；(D) 性別刻板印象不是透過社會化所形成。【94年高級中等以下學校及幼稚園教師資格檢定】

（ ）201. 吳老師是輔導室的輔導老師，也是小新班上的科任老師，有一

天小新主動到輔導室找輔導老師晤談，剛好吳老師是該時段值班的輔導老師，請問此時吳老師應該如何處理？(A) 直接與小新進行諮商；(B) 轉介至適當的輔導老師進行諮商；(C) 先與小新建立諮商關係；(D) 先晤談一段時間再評估是否轉介。【96年高級中等以下學校及幼稚園教師資格檢定】

( ) 202. 下列何人認為兒童是屬於上帝的，父母有義務送小孩至學校讀書，看懂聖經？(A) 盧梭；(B) 福祿貝爾；(C) 馬丁路德；(D) 培根。

( ) 203. 在青少年個體化的過程中（individuation process），與父母之間的關係，下列何者較為適當？(A) 頻繁的衝突與爭吵，只求不再受父母掌控；(B) 崇拜父母，認為他們無所不能；(C) 在分離之間還保有情感的連結；(D) 無關係可言，因為同儕是主要情感支持的來源。【94年高級中等以下學校及幼稚園教師資格檢定】

( ) 204. 依據「少年事件處理法」第27條的規定：少年觸犯刑罰法律，且所犯最輕本刑為五年以上有期徒刑之罪者得以受刑事處分。但於少年犯罪時未滿幾歲者，不適用之？(A) 6 歲；(B) 12 歲；(C) 14 歲；(D) 16 歲。

( ) 205. 蘇老師說：「育誠，你雖然答應我要用功讀書，可是好像並沒有真正做到。」蘇老師使用下列哪一種輔導技巧？(A) 解釋；(B) 面質；(C) 立即性；(D) 同理心。【105高級中等以下學校及幼稚園教師資格檢定】

( ) 206. 下列對青少年休閒活動的陳述何者較為正確？(I)休閒是青少年紓解升學壓力的方式；(II)青少年休閒行為之一是打電玩；(III)臺灣青少年的休閒生活時間充裕且自主；(IV)臺灣父母、家長大都配合青少年的休閒需求。(A) I、II；(B) III、IV；(C) I、III、IV；(D) II、 III、IV。【95年度高級中等以下學校及幼稚園教師資格檢定】

（　）207. 下列有關青少年對父母親的依附關係之說法，何者正確？(A) 焦慮型依附的青少年因怕被父母拋棄，而與同儕更能建立親密關係；(B) 安全型依附的青少年有壓力時，因無父母親的依附關係而易憂鬱；(C) 安全型依附的青少年在同儕友誼上亦會較佳；(D) 逃避型依附的青少年通常有較高之自尊。【94年度高級中等以下學校及幼稚園教師資格檢定】

（　）208. 以下對中輟生的輔導方案何者正確？(A) 告知導師能發現與通報，即完成其角色任務；(B) 若能以「外展」行動使中輟生復學，即完成中輟生輔導工作；(C) 積極將中輟生安置於中途學校是最好的安置選擇；(D) 中輟生的復學適應是最重要的輔導重點，需兼顧個別化、彈性化及多元化的原則。【臺北縣95 學年度國民中學正式教師聯合甄選】

（　）209. 有習得無助感（learned helplessness）的青少年通常最易做何種歸因？(A) 將成功歸因於能力，將失敗歸因於運氣不佳；(B) 將成功歸因於努力，將失敗歸因於能力不夠；(C) 將成功歸因於能力，將失敗歸因於努力不夠；(D) 將成功歸因於努力，將失敗歸因於運氣不佳。【95年度高級中等以下學校及幼稚園教師資格檢定】

（　）210. 國中教師知悉下列哪一件事應即向社政單位舉發？(A) 學生偷竊；(B) 家長有婚姻暴力行為；(C) 學生談戀愛；(D) 學生被性侵害。【桃園縣95學年度國民中學教師甄選】

（　）211. 系統論者認為兒童青少年的適應問題主要來自於：(A) 兒童青少年天生的氣質不良；(B) 學校教育措施不當；(C) 家庭內有病態的互動；(D) 社會風氣不佳。【桃園縣95學年度國民中學教師甄選】

（　）212. 一個十四歲的國中生面對不理想的數學考試成績向父母說：「那是因為這次的考試題目太多也很艱深的緣故。」根據威納

（B Weiner）歸因理論的觀點，這個學生將他的學習表現主要歸因於什麼因素？(A) 能力不足；(B) 努力不夠；(C) 運氣不好；(D) 工作難度。【95年度高級中等以下學校及幼稚園教師資格檢定】

（　）213. 曉芳在學校的行為持續變得越來越怪異，其他同學羞於與她為伍且捉弄她；她似乎真的不記得她們的嘲笑。她常說著荒謬的話，經常茫然凝視窗外，她說有時會聽到聲音。這孩子可能是：(A) 創傷後壓力（PTSD）；(B) 憂鬱症（Depression）；(C) 思覺失調（Schizophrenia）；(D) 以上皆非。

（　）214. 未成年少女因懷孕想結婚，得法定代理人同意情形下且需滿幾歲時？(A) 20歲；(B) 18歲；(C) 16歲；(D) 14歲。

（　）215. 下列何者並非是國中青少年輔導工作的主要功能？(A) 協助青少年有能力做自我抉擇，並能解決個人的問題；(B) 協助青少年了解自己與尋找伴侶，並能學習解決與伴侶間的問題；(C) 協助青少年學習人際交往技巧及其性質，並達到良好的社會適應；(D) 協助青少年發展良好的道德、良心與價值觀念。【臺北縣95學年度國民中學正式教師聯合甄選及代理代課教師聯合筆試】

（　）216. 我國為提供中輟復學生良好之復學輔導措施，推動各縣市設立獨立式、資源式、合作式等中介教育設施，相當於美國的哪一種教育設施？(A) 中途之家；(B) 中途學校；(C) 社區學校（community school）；(D) 選替學校（alternative school）。

（　）217. 對於青少年藥物濫用的說法下列何者為非？(A) 好奇往往是第一次濫用藥物的原因；(B) 所謂的戒斷現象是指因停止用藥，身體對藥物的依賴出現的不舒服症狀；(C) 大多數的藥癮患者的特質是物質需求高、喜歡炫耀；(D) 對於藥物依賴者的矯治需要從個人、家庭、社會等多方面著手。【臺北市95 學年度市立國民中學教師聯合甄選】

（ ）218. 某生一再感到強烈又無法控制的短暫、突然又無緣故的焦慮，此種焦慮在DSM-IV稱之為(A) 恐懼症；(B) 恐慌症；(C) 泛焦慮症；(D) 壓力異常症。【基隆市95學年度市立高中國中部暨國民中學新聘教師聯合甄選】

（ ）219. 自1949年起，下列何者已被證實能用在治療「躁鬱症」，且效果極佳？(A) 鋰鹽；(B) 多巴胺；(C) 乙醯膽鹼；(D) 甲醛。【基隆市95學年度市立高中國中部暨國民中學新聘教師聯合甄選】

（ ）220. 根據衛生福利部統計，何者不是青少年死亡前五大死因？(A) 意外事故；(B) 自殺；(C) 惡性腫瘤；(D) 他殺。

（ ）221. 小凱日前家中發生火災，當時他目睹父親嚴重燒傷，小凱出現強烈恐懼、緊張、夢魘、麻木等症狀，且症狀持續已逾一個月，小凱的症狀較符合下列哪一種問題類型？(A) 強迫性疾患；(B) 創傷後壓力症；(C) 畏避型人格；(D) 精神分裂症。【96年度高級中等以下學校及幼稚園教師資格檢定】

（ ）222. 下列何者不是兒童與青少年抑鬱（depression）的主要徵候？(A) 妄想與幻覺；(B) 依賴與情緒化等退化行為；(C) 飲食與睡眠困擾；(D) 學業成績異常退步。【96年度高級中等以下學校及幼稚園教師資格檢定】

（ ）223. 下列何者非輔導之目標？(A) 代替個人解決問題；(B) 促進個人自我指導；(C) 促進心理健康；(D) 加速個人對自我的發展。

（ ）224. 下列有關現代青少年的敘述哪些正確？(A) 青少年面臨最大的壓力來自學校課業；(B) 犯罪青少年的父母多採取民主的管教態度；(C) 少年有心事時，多半找父母或師長傾訴；(D) 青少年發生首次性行為的年齡上升。

（ ）225. 就讀高二的小莉，由於課業不佳，經常有十分疲倦、昏昏欲睡，感到空虛、孤獨、以及與他人疏離，也無法集中精神讀書。同時她放學回家後就只看電視、電影、或做一些無謂的

事，經常會有自殺的念頭。請問小莉或許有何者問題？(A) 參加幫派；(B) 憂鬱；(C) 人際關係不佳；(D) 酗酒。

（　）226. 下列何者為處理學生不當行為的預防方法？(A) 審慎安排教學活動；(B) 建立教師的權威；(C) 對學生採取放任式的領導；(D) 只注意少數愛搞怪的同學。

（　）227. 根據艾力克遜（Erik H. Erikson）的心理社會發展理論，青少年的發展危機是下列何者？(A) 信任對不信任；(B) 勤勉對自卑；(C) 角色認同與角色混淆；(D) 親密對疏離。

（　）228. 可預期但不可避免的壓力情境是現代青少年感受挫折的主要來源，請問下列何者較屬於這類型的壓力情境？(A) 抽菸對身體的危害；(B) 車禍奪去心愛的母親；(C) 家庭問題和學校課業壓力；(D) 同儕鼓勵吸食安非他命。【95年度高級中等以下學校及幼稚園教師資格檢定】

（　）229. 就輔導的功能來說，擬定輔導方案時應注意哪些層面？(A) 個人、團體、社會；(B) 生活、學習、生涯；(C) 預防、發展、診斷；(D) 目標、策略、結果。

（　）230. 依據舒伯（Super）等人的看法，國中學生生涯發展屬於哪一階段？(A) 建立；(B) 維持；(C) 探索；(D) 衰退。

（　）231. 青少年自殺是有意圖自我終結生命，通常有跡象可尋，下列何者為非？(A) 自尊心強；(B) 面對暴力威脅；(C) 失去心愛寵物；(D) 有家族史。

（　）232. 自殺是一種有意迅速結束自己生命的行為。青少年的自殺行為分為四個階段，其中順序為何？(I)青少年期問題的誘發；(II)漸進的社會孤立；(III)問題的長期歷史；(IV)希望幻滅。(A) I、II、III、IV；(B) II、I、III、IV；(C) III、I、II、IV；(D) III、II、I、IV。

（　）233. 現在很多青少年關心政治並經常收看政論性節目。以下有關青

少年政治社會化發展的說明何者有誤？(A) 對於政治的偏好，受父母親的影響不大；(B) 已開始能思考政治活動的長期目標和效果；(C) 政局不穩時，會期待有像邱吉爾一樣的政治人物出來解決問題；(D) 父母或教師最好鼓勵其收看不同觀點的節目，以避免形成單一化的政治意識形態。【95年度高級中等以下學校及幼稚園教師資格檢定】

（ ）234. 依據「兒童及少年福利與權益保障法」第53條之規定，教師知悉少年有遭受遺棄或身心虐待之情事者，應立即向直轄市、縣（市）主管機關通報，至遲不得超過多久？(A) 二十四小時；(B) 三十六小時；(C) 四十八小時；(D) 七十二小時。

（ ）235. 有關青少年角色取替能力的發展，下列哪一項描述較不適當？(A) 具有較成熟的社會認知；(B) 較會有自我中心的行為表現；(C) 較能正確體會人我之間的感受；(D) 較能自我檢討與反省。

（ ）236. 社區本位的青少年組織創辦目的不在於？(A) 灌輸未來一代成年人領導者公民社會義務；(B) 灌輸青少年成為有道德基礎且具生產性的公民；(C) 為青少年建立公民權，以促盡公民社會的形成；(D) 將有不同觀點的人融入社區，並灌輸意識形態。

（ ）237. 下列何者不是兒童與青少年抑鬱（depression）的主要徵候？(A) 妄想與幻覺；(B) 依賴與情緒化等退化行為；(C) 飲食與睡眠困擾；(D) 學業成績異常退步。

（ ）238. 美如覺得自己對於演戲非常地有天份，所以她選擇加入學校的話劇社。這個例子說明了何種類型的「基因型—環境相關」（genotype-environment correlation），即何種個體與環境互動之方式？(A) 主動的；(B) 被動的；(C) 反應的；(D) 引發的。【96高級中等以下學校及幼稚園教師資格檢定】

（ ）239. 治國是國中導師，家長希望他能多給學生考試，以提升學業成績，而他的學生卻希望不要時常考試，請問治國這種感受期待

與要求不一致的現象，較符合下列哪一個概念？(A) 角色模糊（role ambiguity）；(B) 角色距離（role distance）；(C) 角色衝突（role conflict）；(D) 角色擴散（role diffusion）。

（　）240. 以下有關學校輔導工作的敘述何者正確：(A) 有耐心和愛心的老師都能從事輔導工作；(B) 輔導工作以測驗為主；(C) 班級團體輔導的內容包括始業、學習及生涯輔導等；(D) 學生提出要求做測驗學校不得拒絕。

（　）241. 焦點解決短期心理諮商（Solution-Focused Brief Therapy, SFBT）十分重視將輔導目標放在運用學生個人的資源，來協助他們改變，因此下列哪一類問話方式是SFBT常用到的技巧？(A) 太厲害了，你是如何辦到的？(B) 你昨天為什麼沒有來上課？(C) 你是不是對任課老師有什麼不滿，所以你才會上課睡覺？(D) 如果老師做些什麼，你就會願意繼續把你的功課完成？【96高級中等以下學校及幼稚園教師資格檢定】

（　）242. 下列何者不是正式進行系統減敏法（systematic desensitization）之前的準備工作？(A) 建立焦慮層次表；(B) 讓個案接受肌肉放鬆訓練；(C) 引導個案想像不同焦慮情境配合鬆弛訓練；(D) 熟悉操作膚電反應（生理回饋）記錄器。【96高級中等以下學校及幼稚園教師資格檢定】

（　）243. 教師詢問學生：「這個星期發生了哪些事？」教師的問話屬於下列哪一個選項？(A) 同理心；(B) 簡述語意；(C) 開放式問句；(D) 面質。【96高級中等以下學校及幼稚園教師資格檢定】

（　）244. 關於心理測驗的敘述，下列何者較為正確？(A) 標準化的心理測驗即代表已去除文化差異；(B) 心理測驗大多屬於成就表現測驗；(C) 心理測驗結果屬於個人隱私的一部份；(D) 一份測驗的信度比效度重要。

（　）245. 在國中服務的佩珊老師，以「天下本無事，庸人自擾之」、

「有志者事竟成」等觀點協助某位受困於自我挫敗的學生，請問佩珊老師的協助處理方式與下列何種諮商學派的核心概念較為接近？(A) 理性情緒行為治療學派（rational-emotive behavior therapy）；(B) 精神分析治療學派（psychoanalytic therapy）；(C) 行為治療學派（behavior therapy）；(D) 女性主義取向（feminist approach）。【96高級中等以下學校及幼稚園教師資格檢定】

( ) 246. 同理心（empathy）就是要進入當事人內在參考架構中，亦即是：(A) 有同情心；(B) 共鳴性了解；(C) 模擬情感；(D) 客觀但中立。

( ) 247. 某位國中導師想了解該校學生玩線上遊戲的現況，下列哪一種研究方法最適合達到研究目的？(A) 實驗法；(B) 個案研究法；(C) 觀察法；(D) 調查法。【97高級中等以下學校及幼稚園教師資格檢定】

( ) 248. 下列諮商學派中，何者最強調解決—建構（solution-building）的概念？(A) 焦點解決；(B) 認知行為；(C) 完形取向；(D) 當事人中心。【97高級中等以下學校及幼稚園教師資格檢定】

( ) 249. 小安是九年級的女生，她很不喜歡上學、上課也不專心、常常打瞌睡與學習動機低落。若是採用現實治療理論來協助小安，最適當的會談焦點為何？(A) 深入分析小安不喜歡讀書的原因；(B) 了解小安的潛意識抗拒學校的原因；(C) 深究小安的過去經驗與學習動機的關係；(D) 討論小安解決目前學校困境的看法。【97高級中等以下學校及幼稚園教師資格檢定】

( ) 250. 依據「無依兒童及少年安置處理辦法」第二條規定，醫事人員、社會工作人員、教育人員、保育人員、警察、司法人員及其他執行兒童及少年福利業務人員知悉無依兒童及少年時，應於幾小時之內通報主管機關？(A) 24；(B) 36；(C) 48；(D) 72。

【97高級中等以下學校及幼稚園教師資格檢定】

（　）251. 輔導青少年時，需要有同理心。有關「同理」的敘述，下列何
者較為正確？(A) 同理就是喜歡與關懷當事人；(B) 同理是針對
當事人的口語內容反應；(C) 同理就是正確無誤的分析出當事人
的主要問題原因；(D) 同理是將對當事人內在世界的了解，傳遞
給當事人。【97高級中等以下學校及幼稚園教師資格檢定】

（　）252. 在進行未成年青少年輔導時，何謂「知後強迫同意」？(A) 當輔
導者評定未成年青少年有需要接受輔導時，在告知當事人後則
強制其同意接受輔導；(B) 未成年青少年知道必須接受輔導才能
幫助自己後，強迫自己同意；(C) 在父母強制下，其未成年子女
必須接受輔導的協助；(D) 未成年青少年知道必須接受輔導才能
幫助自己後，強迫父母同意。【97高級中等以下學校及幼稚園
教師資格檢定】

（　）253. 當導師轉介班級學生來輔導室接受諮商，低頭且焦慮不安時，
下列學校輔導老師的回應何者最為適合？(A) 你放心，我會幫助
你的！(B) 你何必緊張啊？（提高語調）不用怕啦！不會有事的
啦！(C) 你心理有些感受很難表達，對不對？沒關係，慢慢來！
(D) 如果你還沒有準備好要說，那就不要說，等你準備好再開
始！【97高級中等以下學校及幼稚園教師資格檢定】

（　）254. 以下哪一種方法是理情行為治療（REBT）常用的方法？(A) 系
統減敏法；(B) 認知性家庭作業；(C) 洪水法；(D) 夢的解析。
【97高級中等以下學校及幼稚園教師資格檢定】

（　）255. 小莉對於自己「不夠女性化」的外表及特質總有著深沉的罪惡
感，以女性主義治療的觀點，諮商員應如何幫助小莉？(A) 找出
隱藏內在的女性特質以彰顯出來；(B) 輔導她接受自己「不夠女
性化」的特質；(C) 協助她對抗外界不公平的見解；(D) 瞭解問
題背後的社會性和政治性根源。【97高級中等以下學校及幼稚

園教師資格檢定】

( ) 256. 某國中輔導室計畫成立一個「單親家庭學生成長團體」。輔導室將計畫發給導師，請導師推薦學生參與團體輔導。王老師查閱學生資料之後，挑選了2位學生，在班上公開通知他們到輔導室報到，參與「單親家庭學生成長團體」。在這個案例中，可能會觸及哪些輔導專業倫理議題？甲、自由選擇權；乙、隱私權；丙、預警責任；丁、知後同意權。(A) 甲乙丁；(B) 甲丙丁；(C) 甲乙丙；(D) 乙丙丁。【97高級中等以下學校及幼稚園教師資格檢定】

( ) 257. 案主有可能覺察到問題且開始承認其存在，這是在諮商過程中的哪一期？(A) 準備期；(B) 行動期；(C) 醞釀期；(D) 醞釀前期。【98高級中等以下學校及幼稚園教師資格檢定】

( ) 258. 在現實生活中，我們無法永遠擔憂著別人的難題，如果始終讓這樣的想法困擾著自己，這是下列哪一種理情諮商法的概念所造成？(A) 認知曲解；(B) 自動化思考；(C) 非理性信念；(D) 非理想主義者。【98高級中等以下學校及幼稚園教師資格檢定】

( ) 259. 曉亞老師設計了一項發展性研究，比較連續三年國中十三歲入學新生在人生價值觀的差異。在這種發展設計下有哪些因素會混淆研究結果？(A) 年齡與時間；(B) 年齡與出生世代；(C) 時間與出生世代；(D) 年齡、時間及出生世代。【98高級中等以下學校及幼稚園教師資格檢定】

( ) 260. 根據伊根（G. Egan）的觀點，在輔導歷程中，案主產生改變的動力是在哪一個階段？(A) 自我了解；(B) 自我探索；(C) 關係建立；(D) 問題解決。【99高級中等以下學校及幼稚園教師資格檢定】

( ) 261. 輔導老師對案主說：「你說過你要去做，那你什麼時候有做到呢？」這是哪一種個別輔導技巧？(A) 具體；(B) 面質；(C) 引

導；(D) 自我表露。【99高級中等以下學校及幼稚園教師資格檢定】

（　）262. 教師協助案主進行自我探索時，下列哪一項<u>不是</u>協助案主自我探索的技巧？(A) 仔細傾聽；(B) 給案主最佳的建議；(C) 晤談時以案主本人為焦點；(D) 協助案主將談話內容具體化。【99高級中等以下學校及幼稚園教師資格檢定】

（　）263. 王老師與高一的美華有良好的晤談關係，最近他發現美華特別依賴此一晤談關係，王老師覺得這樣不妥，於是與美華討論此種依賴關係。採用下列哪一種治療技巧較適當？(A) 面質；(B) 詢問；(C) 立即性；(D) 具體化。【99高級中等以下學校及幼稚園教師資格檢定】

（　）264. 王老師剛接任國中導師，他想要蒐集班上同學有沒有形成小團體的資料，使用下列何者較適當？(A) 投射測驗；(B) 社會計量技術；(C) 自由聯想技術；(D) 請學生撰寫自傳。【99高級中等以下學校及幼稚園教師資格檢定】

（　）265. 下列何者<u>不屬於</u>我國「兒童及少年福利與權益保障法」中，所列之福利措施範圍？(A) 辦理兒童及少年課後照顧服務；(B) 對兒童及少年及其父母辦理親職教育；(C) 對於未婚懷孕或分娩而遭遇困境之婦嬰，予以適當之安置及協助；(D) 對於不適宜在家庭內教養或逃家之兒童及少年，提供適當之安置。

（　）266. 國三的飛亞感嘆說：「學業對我而言，真的有這麼重要嗎？在我的生命中，除了學業之外，我還可以有什麼？生命的意義是什麼？」試問這些疑惑與下列哪一學派所探討的核心概念，有較高的關聯？(A) 行為治療（behavior therapy）；(B) 存在取向（existential approach）；(C) 個人中心取向（person-centered approach）；(D) 理性情緒行為治療（rational-emotive behavior therapy）。【99高級中等以下學校及幼稚園教師資格檢定】

（　）267. 個人中心理論認為諮商者須具備一些特別的條件，下列哪一項錯誤？(A) 真誠與一致性；(B) 正確的同理心；(C) 系統規劃的能力；(D) 無條件的正向關懷。【100高級中等以下學校及幼稚園教師資格檢定】

（　）268. 當家長對國中孩子的行為問題不知道如何處理時，請學校輔導老師提供輔導知能，這是屬於下列何種服務？(A) 諮詢；(B) 諮商；(C) 治療；(D) 轉介。【100高級中等以下學校及幼稚園教師資格檢定】

（　）269. 學生小芬檢舉她的導師對她性騷擾，但她的導師表示絕無此事，導師為求清白，要求與小芬當面對質。根據《校園性侵害或性騷擾防治準則》規定，學校應做下列何種處置？(A) 拒絕讓導師與小芬當面對質；(B) 容許導師與小芬當面對質，但輔導老師需在場；(C) 容許導師與小芬當面對質，但需有小芬的家長及學校主管同時在場；(D) 容許導師與小芬當面對質，但需有小芬的家長、學校主管及教育主管當局人員同時在場。【100高級中等以下學校及幼稚園教師資格檢定】

（　）270. 有關諮商員對價值觀的看法，下列敘述何者較為正確？(A) 尊重案主的價值觀；(B) 認同案主的價值觀；(C) 鼓勵案主探討社會所認同的價值觀；(D) 把自己的價值觀摒除在治療歷程之外。【100高級中等以下學校及幼稚園教師資格檢定】

（　）271. 大雄是經常逃家的中輟學生，與輔導老師晤談中他表示很喜歡家人，輔導老師問他：「你說你很喜歡家人，但是為什麼不想回家？」這種指出大雄思考邏輯的不一致，是下列何種諮商技巧？(A) 面質；(B) 專注；(C) 同理心；(D) 立即性。【100高級中等以下學校及幼稚園教師資格檢定】

（　）272. 一名國中的導師抱怨班上的陳同學上課時總是動來動去，干擾別人上課，也經常打斷老師的問話，考試又粗心常出錯，無法

控制自己的脾氣，容易跟同學起衝突，所以班上的同學們都開始排斥他。為了協助陳同學改善情況，下列給導師的建議何者最適當？(A) 請導師嚴加管教，以免情況越來越糟；(B) 將學生轉介至資源班就讀，以免影響其他同學上課；(C) 這位學生可能是過動兒，請老師要多忍耐，等成人後自然就會變好；(D) 與家長溝通先帶學生到醫院做過動評估，然後根據診斷結果提出適切的輔導策略。【100高級中等以下學校及幼稚園教師資格檢定】

( ) 273. 「危機是在心理功能失衡的狀態下發生的」，此一說法是下列何種危機處理模式？(A) 折衷模式（eclectic model）；(B) 認知模式（cognitive model）；(C) 持平模式（equilibrium model）；(D) 心理－社會轉變模式（psychosocial transition model）。【100高級中等以下學校及幼稚園教師資格檢定】

( ) 274. 對於接受個別諮商或團體輔導的當事人而言，他有權利知道輔導他的過程、可能的結果和參與的風險等。這項權利為下列何者？(A) 保密；(B) 警告責任；(C) 知後同意；(D) 雙重關係。【100高級中等以下學校及幼稚園教師資格檢定】

( ) 275. 輔導老師與來談的學生相談甚歡，且已超過預訂的時間，輔導老師顧慮可能對諮商關係有不良影響，而不急著終止晤談，此時輔導老師最可能忘了使用下列何種諮商技術？(A) 澄清技術（clarification）；(B) 面質技術（confrontation）；(C) 具體化技術（concretion）；(D) 結構化技術（structuring）。【100高級中等以下學校及幼稚園教師資格檢定】

( ) 276. 一位國中生向輔導老師抱怨：「不是我愛計較，但有的老師總是偏愛長得漂亮的同學，他們總是可以拿高分，而我認真準備卻只及格」。下列何者是輔導老師最為適當的同理回應？(A) 老師那樣的評分標準，實在令人生氣；(B) 你的努力沒有得到期望

的結果，心情相當沮喪；(C) 每個老師有自己的評分標準，也許你可以問一下老師，別太快做結論；(D) 沒關係，路遙知馬力，外表不會是永遠的，實力最重要，你清楚自己的錯誤就好了。

【100高級中等以下學校及幼稚園教師資格檢定】

(　) 277. 陳老師輔導不喜歡上學的王生，他與王生保持合作和夥伴關係，就如同兩人乘坐獨木舟，如果雙人一起划槳，船將很順利前行。陳老師採用哪一種技術建立諮商關係？(A) 溫暖；(B) 真誠；(C) 工作同盟；(D) 無條件的正向關注。【101高級中等以下學校及幼稚園教師資格檢定】

(　) 278. 我國為促進兒童及少年身心健全發展，保障其權益，增進其福利，特制訂「兒童及少年福利與權益保障法」。該法的少年適用年齡為下列何者？(A) 10-16歲；(B) 10-18歲；(C) 12-18歲；(D) 12-21歲。

(　) 279. 社會建構主義取向的諮商師最可能扮演下列何種角色？(A) 教練；(B) 指導者；(C) 操縱者；(D) 積極的促進者。【101高級中等以下學校及幼稚園教師資格檢定】

(　) 280. 下列哪一項敘述不符合輔導倫理原則？(A) 輔導老師向學生解釋人格測驗的結果；(B) 輔導老師向求助同學說明輔導的保密原則；(C) 輔導老師與督導討論其個案之狀況與輔導過程；(D) 輔導老師向學生保證絕對會保守所有的隱私秘密。【101高級中等以下學校及幼稚園教師資格檢定】

(　) 281. 周老師欲進行個案研究，下列哪一項是個案研究的正確步驟？
(A) 蒐集資料→選擇個案→作成個案史→診斷問題→處理問題；
(B) 選擇個案→蒐集資料→作成個案史→診斷問題→處理問題；
(C) 選擇個案→作成個案史→蒐集資料→診斷問題→處理問題；
(D) 選擇個案→蒐集資料→診斷問題→處理問題→作成個案史。
【101高級中等以下學校及幼稚園教師資格檢定】

（　）282. 以社會建構主義為基礎的生涯諮商，所採取的諮商方法，屬於下列何者？(A) 生涯決定；(B) 故事敘說；(C) 個人建構；(D) 認知訊息處理。【102高級中等以下學校及幼稚園教師資格檢定】

（　）283. 邱老師是小琪的伯父。有一天小琪到輔導室找邱老師晤談，但邱老師認為找其他老師晤談較為合適。邱老師是為了避免違反下列哪一項專業倫理？(A) 預警責任（duty to warn）；(B) 雙重關係（dual relationship）；(C) 價值影響（value influence）；(D) 謹言慎行（be aware one's conduct）。【102高級中等以下學校及幼稚園教師資格檢定】

（　）284. 國二的小明，在他的導師因故離職後，很自責地認為：「這件事情一定是因為我不夠聽話、不認真讀書，才會讓老師離職，而且老師可能永遠都不會再教書了！」根據貝克（A. Beck）的認知治療理論，小明的認知扭曲屬於下列哪一項？(A) 誇大；(B) 個人化；(C) 標籤化；(D) 理智化。【102高級中等以下學校及幼稚園教師資格檢定】

（　）285. 有一些學生在得知數學考試成績不佳後，聚在一起討論原因。下列哪一種說法屬於外在歸因？(A) 我對數學感覺厭煩；(B) 我的數學基礎不好；(C) 我的數學考試運氣不好；(D) 我是笨蛋，所以才會考那麼爛。【102高級中等以下學校及幼稚園教師資格檢定】

（　）286. 某輔導老師想使用自我表露，來增加學生對他的信任感。下列哪一項自我表露的做法是不正確的？(A) 考慮個人的經驗是否能夠有效幫助學生；(B) 自我表露要能激發學生產生突破性的思考；(C) 自我表露的部分最好是自己已經解決的困擾；(D) 自我表露內容要鉅細靡遺，才容易讓學生了解。【102高級中等以下學校及幼稚園教師資格檢定】

( ) 287. 小新主動到辦公室找導師，在閒話家常後就沉默了。導師回應他：「你有什麼特別的事情想要跟我討論的呢？」這是運用下列哪一項技巧來開啟話題？(A) 摘要；(B) 澄清；(C) 詢問問題；(D) 情感反映。【102高級中等以下學校及幼稚園教師資格檢定】

( ) 288. 小翔告訴輔導老師：「我覺得沮喪且沒有目標！」幾次晤談之後，老師對小翔說：「你現在的困擾，是不是因為你還停留在失去親人的悲傷裡？」這是使用下列何種諮商技術？(A) 重述；(B) 解釋；(C) 面質；(D) 贊同和再保證。【102高級中等以下學校及幼稚園教師資格檢定】

( ) 289. 教師應用「明顯之規範要求或限制學生行為」的方式，適合處理下列哪一類學生的行為？(A) 恐懼、焦慮反應；(B) 分裂及病態反應；(C) 內向性的退縮反應；(D) 外向性的攻擊、衝動反應。【102高級中等以下學校及幼稚園教師資格檢定】

( ) 290. 教師從事輔導時，會談情境的安排，下列哪一個做法不適當？(A) 會談室採用暖色系傢飾；(B) 輔導老師的座位最好面向房門；(C) 以密閉且不受打擾的空間為宜；(D) 雙方座位最好面對面，以利於觀察和談話。【102高級中等以下學校及幼稚園教師資格檢定】

( ) 291. 諮商師教導案主經由示範、角色扮演、練習及在不侵犯他人權益的情況下，為維護個人權益，表達自己的意見。這是屬於下列何者？(A) 品格訓練；(B) 迴避訓練；(C) 自我肯定訓練；(D) 身體放鬆訓練。【102高級中等以下學校及幼稚園教師資格檢定】

( ) 292. 國二的小強在準備考試時，使用了一些策略來幫助自己記得更牢。下列哪一項最不能看出小強已會使用後設記憶的策略？(A) 一邊讀、一邊做筆記；(B) 所有內容都重複的多讀幾遍；(C) 把

相同或類似的內容歸類在一起；(D) 對不同的內容選用適當的記憶方法。【103高級中等以下學校及幼稚園教師資格檢定】

（　）293. 在晤談時，青少年一開始不容易表露自己的困擾，甚至抗拒。教師採取下列哪些作法比較適當？甲、使用青少年熟悉的語言；乙、教師表示絕對會為他完全保密；丙、說服他與教師晤談可帶來的益處；丁、從青少年相關的生活經驗開啟話題。(A) 甲乙；(B) 甲丁；(C) 乙丙；(D) 丙丁。【103高級中等以下學校及幼稚園教師資格檢定】

（　）294. 輔導老師與案主討論到「自我」包含父母、成人、兒童三種的自我狀態（ego states），這三種狀態會影響我們的人際關係。這是下列哪一種學派的理論？(A) 現實治療學派；(B) 行為諮商學派；(C) 完形諮商學派；(D) 溝通分析學派。【103高級中等以下學校及幼稚園教師資格檢定】

（　）295. 從理情行為學派的理論來看，案主的困擾最主要是來自於下列哪一項？(A) 早年的創傷經驗；(B) 沒有獲得他人的肯定與重視；(C) 從別人身上學到的非理性信念；(D) 不斷的以非理性信念自我暗示。【103高級中等以下學校及幼稚園教師資格檢定】

（　）296. 菁華在班上人緣不佳，柯老師推薦她閱讀一些繪本或品格小故事，希望她能有所改變。請問柯老師使用下列哪一種輔導策略？(A) 認知改變策略；(B) 行為改變策略；(C) 自我管理策略；(D) 改變環境策略。【103高級中等以下學校及幼稚園教師資格檢定】

（　）297. 當聽到學生之間形成幾個小圈圈，你想了解班級團體結構時，最適合採用下列哪一種方法？(A) 觀察法；(B) 軼事錄；(C) 自陳量表；(D) 社會計量矩陣。【103高級中等以下學校及幼稚園教師資格檢定】

（　）298. 專任輔導張老師最近發現個案曉芳下課常到輔導室找她晤談。

這時，張老師覺得需要與曉芳討論彼此的晤談關係，這是諮商中的哪一項技巧？(A) 諮詢；(B) 面質；(C) 具體；(D) 立即性。
【103高級中等以下學校及幼稚園教師資格檢定】

( ) 299. 專任輔導張老師最近發現個案曉芳下課常到輔導室找她晤談。曉芳對導師說：「張老師好溫柔，長得又美，要是我媽也像她那樣的話，該有多好！」若使用「簡述語意」的方式反映，導師會怎麼說？(A) 你已經把張老師當成自己的母親了；(B) 你希望母親就跟張老師一樣溫柔美麗；(C) 張老師很不錯，但她畢竟是你的老師；(D) 你長得不錯呀，你的母親應該也不差吧。
【103高級中等以下學校及幼稚園教師資格檢定】

( ) 300. 下列哪一個學派特別強調當事人的抉擇與責任？(A) 阿德勒學派；(B) 完形治療學派；(C) 現實治療學派；(D) 個人中心學派。
【104高級中等以下學校及幼稚園教師資格檢定】

( ) 301. 面對一位考試成績不好而感到挫折的學生，輔導老師透過以下問句：「你覺得哪一個科目比較容易學習？」、「有些科目考得還不錯，你是怎麼做到的？」藉此引導出該生的成功經驗與優勢能力。請問這樣的做法屬於下列哪一種治療取向？(A) 意義治療；(B) 溝通分析治療；(C) 認知行為治療；(D) 焦點解決短期治療。【104高級中等以下學校及幼稚園教師資格檢定】

( ) 302. 十一年級的小婷生氣地告訴輔導老師：「倩倩又遲到了，她一定是不重視我。」經過老師以理情治療法開導後，小婷對老師說：「我想她是塞車才遲到的。」說完後便開心地離開輔導室。下列敘述何者較為正確？(A) 「我想她是塞車才遲到的」是非理性信念；(B) 「生氣」是小婷受事件本身所引發的情緒感受；(C) 「塞車」是促發事件，即事件發生的前置因素；(D) 「開心地離開輔導室」是小婷的新情緒和新行為。【104高級中等以下學校及幼稚園教師資格檢定】

（　）303. 某校負責全國高中科展競賽，聘請多位專家擔任科展作品的評審，以選出前三名作品。下列哪一種方式最適合用來評審此科展競賽之作品？(A) 評定量表（rating scale）；(B) 自陳量表（self report scale）；(C) 軼事記錄（anecdotal records）；(D) 系統性觀察（systematic observation）。【105高級中等以下學校及幼稚園教師資格檢定】

（　）304. 下列何者較不屬於檔案評量的特色？(A) 強調縱貫的學習歷程；(B) 教師與學生的共同參與；(C) 鼓勵學生的自我反省與自評；(D) 採用單一規準評量學生作品。【105高級中等以下學校及幼稚園教師資格檢定】

（　）305. 國民及學前教育署的「國民小學及國民中學補救教學實施方案」，乃透過網路評量測驗了解學生的學習落後點。就該評量測驗的目的而言，較屬於下列哪一種評量？(A) 診斷性評量；(B) 預測性評量；(C) 安置性評量；(D) 總結性評量。【106高級中等以下學校及幼稚園教師資格檢定】

（　）306. 花花因為段考成績不理想，覺得很沮喪。導師分享自己也曾考壞，被老師和爸媽責罵，當時也覺得自己糟糕透了，幸好後來振作起來，才考上理想的學校。導師使用了下列哪一種諮商技巧？(A) 引導；(B) 澄清；(C) 自我表露；(D) 高層次同理心。【106高級中等以下學校及幼稚園教師資格檢定】

（　）307. 小櫻說：「我受不了了，爸媽每次都拿我和別人比，說我不如其他人，我好討厭他們這樣對我！」下列何者最接近同理心的回應？(A) 你這樣想，是不會解決問題的！(B) 你有想過用什麼方法改善現況嗎？(C) 當爸媽這樣說時，讓你覺得很生氣！(D) 我爸媽以前也常常拿我和其他人比呀！【106高級中等以下學校及幼稚園教師資格檢定】

（　）308. 李老師想在諮商過程中錄音，在諮商倫理上他要優先考量個案

下列哪一種權利？(A) 隱私權；(B) 受益權；(C) 免受傷害權；(D) 知後同意權。【106高級中等以下學校及幼稚園教師資格檢定】

解　答

1.(B)	2.(C)	3.(A)	4.(B)	5.(B)	6.(A)	7.(C)	8.(B)	9.(D)	10.(A)
11.(C)	12.(D)	13.(B)	14.(A)	15.(C)	16.(A)	17.(D)	18.(C)	19.(A)	20.(B)
21.(C)	22.(C)	23.(C)	24.(B)	25.(C)	26.(D)	27.(D)	28.(A)	29.(A)	30.(B)
31.(C)	32.(B)	33.(C)	34.(C)	35.(A)	36.(C)	37.(A)	38.(B)	39.(A)	40.(B)
41.(B)	42.(B)	43.(C)	44.(D)	45.(D)	46.(C)	47.(D)	48.(D)	49.(D)	50.(C)
51.(A)	52.(B)	53.(B)	54.(B)	55.(B)	56.(D)	57.(B)	58.(D)	59.(A)	60.(A)
61.(D)	62.(C)	63.(C)	64.(A)	65.(A)	66.(B)	67.(C)	68.(D)	69.(C)	70.(C)
71.(A)	72.(B)	73.(A)	74.(A)	75.(D)	76.(A)	77.(B)	78.(A)	79.(C)	80.(A)
81.(D)	82.(B)	83.(D)	84.(C)	85.(B)	86.(B)	87.(B)	88.(B)	89.(C)	90.(B)
91.(D)	92.(D)	93.(B)	94.(B)	95.(A)	96.(D)	97.(D)	98.(D)	99.(C)	100.(C)
101.(B)	102.(C)	103.(A)	104.(B)	105.(A)	106.(D)	107.(B)	108.(C)	109.(A)	110.(D)
111.(D)	112.(B)	113.(A)	114.(D)	115.(C)	116.(B)	117.(A)	118.(B)	119.(B)	120.(C)
121.(C)	122.(C)	123.(C)	124.(D)	125.(C)	126.(A)	127.(B)	128.(D)	129.(A)	130.(C)
131.(A)	132.(C)	133.(B)	134.(C)	135.(D)	136.(A)	137.(A)	138.(A)	139.(C)	140.(D)
141.(D)	142.(C)	143.(A)	144.(A)	145.(C)	146.(D)	147.(D)	148.(B)	149.(C)	150.(A)
151.(C)	152.(A)	153.(B)	154.(D)	155.(D)	156.(A)	157.(C)	158.(B)	159.(C)	160.(C)
161.(B)	162.(D)	163.(D)	164.(D)	165.(D)	166.(D)	167.(C)	168.(B)	169.(A)	170.(C)
171.(C)	172.(B)	173.(D)	174.(A)	175.(D)	176.(A)	177.(B)	178.(B)	179.(B)	180.(C)
181.(A)	182.(A)	183.(A)	184.(C)	185.(B)	186.(D)	187.(A)	188.(D)	189.(B)	190.(C)
191.(B)	192.(C)	193.(B)	194.(D)	195.(D)	196.(D)	197.(A)	198.(C)	199.(C)	200.(D)
201.(B)	202.(C)	203.(C)	204.(C)	205.(B)	206.(A)	207.(C)	208.(D)	209.(B)	210.(D)
211.(C)	212.(D)	213.(C)	214.(C)	215.(B)	216.(D)	217.(C)	218.(B)	219.(A)	220.(D)
221.(B)	222.(A)	223.(A)	224.(A)	225.(B)	226.(A)	227.(C)	228.(C)	229.(B)	230.(C)
231.(A)	232.(C)	233.(A)	234.(A)	235.(B)	236.(D)	237.(A)	238.(D)	239.(C)	240.(C)
241.(A)	242.(D)	243.(C)	244.(C)	245.(A)	246.(B)	247.(D)	248.(A)	249.(D)	250.(A)
251.(D)	252.(C)	253.(C)	254.(B)	255.(D)	256.(A)	257.(C)	258.(C)	259.(C)	260.(A)

261.(B)　262.(B)　263.(C)　264.(B)　265.(A)　266.(B)　267.(C)　268.(A)　269.(A)　270.(A)

271.(A)　272.(D)　273.(C)　274.(C)　275.(D)　276.(B)　277.(C)　278.(C)　279.(D)　280.(D)

281.(B)　282.(B)　283.(B)　284.(B)　285.(C)　286.(D)　287.(C)　288.(B)　289.(D)　290.(D)

291.(C)　292.(B)　293.(B)　294.(D)　295.(D)　296.(A)　297.(D)　298.(D)　299.(B)　300.(C)

301.(D)　302.(D)　303.(A)　304.(D)　305.(A)　306.(C)　307.(C)　308.(D)

第二章

青少年發展的理論模式(I)

重點整理

1. 影響青少年成長及發展的因素非常複雜，不同學者對青少年期發展現象的解釋各有不同的觀點。

2. 青少年理論的重要性在於了解青少年如何選擇目標、最佳化他們的能力，在失敗時進行補償。

3. 青少年發展理論具有下列四種功能：(1)描述性的功能；(2)界定性的功能；(3)關聯性的功能；(4)統整性的功能。

4. 青少年發展有六種重要理論模式：(1)進化理論；(2)生物理論；(3)精神分析理論；(4)學習理論；(5)認知發展理論；(6)社會文化理論。

5. 進化理論假定個體的發展受自然法則影響，青少年的生長與發展就是其適應環境的一種現象。該理論有三種主要理論模式：(1)複演論；(2)生物進化論；(3)發展螺旋論。

6. 複演論為青少年研究的鼻祖霍爾（G. Stanley Hall）所提出，他認為個體發展有四個階段：(1)嬰兒期；(2)兒童期；(3)少年期；(4)青少年期，分別與人類祖先由原始社會進化到工商社會的四階段：(1)原始社會；(2)狩獵時代；(3)農牧社會；(4)現代社會有異曲同工之妙。個體成長的歷程就是在「複演」人種進化的歷程。

7. 霍爾（G. Stanley Hall）認為青少年期具有演化至現代社會的特徵，充滿了不安與衝突，因此他將青少年期視為「狂暴與衝突」、「風暴與壓

力」期，具有「矛盾的傾向」，此時期也是個體由未開化轉變到文明化的重要時期，是人的「再生」，唯有「愛」、「虔敬」與「服務」三者可撫慰青少年的軀體與靈魂。

8. 複演論對青少年輔導的貢獻在於：(1)開啓青少年研究的先河；(2)將青少年期視爲人生風暴與不安期，促使政府、社會大眾重視青少年輔導工作；(3)視青少年期爲人類進化至工商社會的翻版，使一般人較能容忍青少年不當的行爲表現。但是其重複人種發展歷程及狂飆期的論點也因缺乏科學根據而受到批評。

9. 反對霍爾（G. Stanley Hall）理論的科爾曼提出「焦點理論」，認爲人生有不同階段，每個階段都有不同的問題，人通常會以某一個問題爲處理焦點，焦點問題獲得解決，其他問題也可獲得解決。

10. 達爾文（Charles Darwin）的生物進化論認爲青少年期的重點在於人類的再生繁衍歷程，並因適者生存的生物進化原則，青少年的發展與適應也關係著人類的生存。因此成人應協助青少年維護生理健康、具有謀生技能，使青少年有生存能力。

11. 發展螺旋理論是由美國心理學先驅葛賽爾（Arnold Gesell）所提出，他認爲個體的發展具有次序性，並具有前進及後退的現象，葛賽爾（Arnold Gesell）並有系統地描述個體在每一個年齡層的發展特徵，其理論重點可歸納如下：(1)成長爲遺傳所導引的成熟狀態；(2)生長是一種規則的自然發展歷程；(3)生長就像螺旋一樣，具有前進與後退的律動現象；(4)生長歷程中會有不平衡產生，隨之再以新的平衡減低不平衡；(5)10至16歲是個體日趨成熟的一個重要時期。

12. 青少年生物論著重青少年生理改變歷程的探討，以英國學者田納（J. M. Tanner）的研究最具代表性，他以英國青少年爲對象研究，其研究重點在：(1)身體生長；(2)陰毛生長；(3)女性胸部生長；(4)男性生殖器官生長；(5)生長的個別差異現象。

13. 在分析與探討青少年問題上，精神分析理論的觀點占有極大地位，較重

要的論點有：(1)性心理發展論；(2)慾力再現論；(3)人際關係論；(4)心理社會論；(5)辨識認定類型論等。

14. 佛洛伊德（S. Freud）的性心理發展論屬於微弱互動理論，強調壓力主要來源為自然或教養。佛洛伊德相信人類的生活是慾力所操控，使身體歷經不同的發展歷程，以決定何種刺激是令人滿足的。

15. 性心理發展論是佛洛伊德（S. Freud）精神分析理論的重心，他將青少年期描述為性興奮、焦慮，以及有時會有人格困擾的時期。他認為人格發展以性心理的發展為基礎，並受早年經驗的影響。個體人格的發展以性心理的不同區分為五個階段：(1)口腔期；(2)肛門期；(3)性器期；(4)潛伏期；(5)兩性期。這些階段與身體慾力的位置相對應。

16. 兩性期起於青春期，正是青少年戀父、戀母情結的再覺醒時期。

17. 佛氏相信人格有三個結構：本我（私慾的來源）、自我（從現實生活中發展出來）、超我（良心），這出現在性器期。本我只想到享樂，超我不關心享樂而注重良心，自我是兩者的平衡，只在意生存。

18. 佛氏的理論重點在於：(1)相信人類所有的心理事件都與生理的生物化學特質有關，尤其與性能力密切關聯；(2)本我、自我、超我的心理功能；(3)行為背後的動機。對於青少年的發展而言，他重視「認同作用」對青少年社會化的影響，也重視早年生活經驗對個體成長與適應的影響。

19. 慾力再現論為佛洛伊德（S. Freud）之女安娜佛洛伊德（Anna Freud）所提出，她將青少年視為「慾力再現」的階段，青少年由於生物的成熟而增高了性與攻擊能源，青少年的性器官情感、性目標、性幻想與目標都與「慾力能源」的作用有關，並因動態性衝突的結果而有兩種負向作用的可能：(1)本我支配自我；(2)自我的反應固著與僵化，以致於產生特有的防衛機轉如：「禁慾主義」與「理智化」。

20. 以安娜佛洛伊德（Anna Freud）的觀點來看，由於青少年的慾力再現，而個體又無法立即滿足，因此青少年的衝突反抗在所難免，但多數青少年終究會發展順利，所以青少年輔導者及其師長有必要對青少年一時的

衝突及反抗予以包容。

21. 人際關係論為蘇利萬（Harry Stack Sullivan）所創始。他以人際關係與溝通的發展作為了解個體行為的基礎，並假設：(1)在個體生存的空間中存有一個「人際場」，對所有人都會造成影響；(2)人際溝通不良所產生的焦慮會導致個人的心理失常。他將青少年分為三個心理發展階段：(1)前青少年期；(2)青少年期；(3)後青少年期。

22. 蘇利萬（Harry Stack Sullivan）認為輔導的過程包括四階段：(1)起始階段；(2)探索階段；(3)細節探究階段；(4)終結階段。

23. 艾力克遜（E. Erikson）創造一個心理社會發展的微弱互動理論，著重在自我對發展的貢獻，而自我必須適應社會的需求。

24. 艾力克遜（E. Erikson）認為人生的發展可分為八階段，並有其發展的美德，這是在發展良好，克服了心理社會危機後所產生的特質。其八階段及發展心理社會危機分述如下：(1)嬰兒期：信任對不信任；(2)兒童初期：自主對羞愧與懷疑；(3)學前期：創新對罪惡；(4)就學期：勤勉對自卑；(5)青春期：辨識（認定）對角色混亂；(6)成年期：親密對孤獨；(7)中年期：活力對頹廢；(8)晚年期：完美對絕望。

25. 艾力克遜（E. Erikson）的心理社會論對青少年輔導工作而言，具有重要意義。成人應肯定青少年的價值，使之建立自我的信心，協助青少年順利度過青少年的認同危機是必要的。

26. 心理社會論與精神分析論最大不同點有三：(1)心理社會論重視人的一生的發展，而精神分析論只探討至青少年期的兩性期；(2)心理社會論認為人生的每個發展階段都會遭遇心理社會危機，而精神分析論卻只重視性心理的作用；(3)心理社會論認為社會文化會影響個人成長，而精神分析論卻漠視社會力量，認為個體的潛意識作用與性慾力才是個人生長的主導力量。

27. 艾力克遜（E. Erikson）的辨識認定類型論相關研究中，以馬西亞（James Marcia）的研究最受重視，他以「危機」與「承諾」兩個重要變項衍生

出四個自我辨識與認定的類型：(1)辨識有成；(2)辨識預定；(3)辨識遲滯；(4)辨識混淆。

28. 馬西亞（James Marcia）的貢獻在於探討青少年自我辨識與認定的形成，其類型論可提供輔導工作者了解青少年發展與適應類型的一個依據。

29. 青少年發展理論需要解釋年輕人三方面的行為，這些就是「選擇」（selection）、「最佳化」（optimization）、「補償」（compensation），也就是Baltes夫婦自SOC模式所探討的三個過程。

30. 在SOC模式中，「選擇」指的是偏好或目標的選擇、建構目標階層，以及全心全意投入一組所欲發揮功能的目標或領域。「最佳化」指的是為了達到更高層次的功能，而投資目標相關的資源。「補償」是指在面對損失或目標相關資源的減少時，為了維持既定層次之功能的過程。

試題演練

（　）1. 依據生態學的觀點而言，對青少年最具立即性影響的是下列哪一系統？(A) 微系統；(B) 中系統；(C) 外系統；(D) 大系統。【94高級中等以下學校及幼稚園教師資格檢定】

（　）2. 各種不同的內分泌腺體影響青少年的發展，其中當個體招致外來壓力時，下列哪一個腺體會分泌較多的賀爾蒙，使身體的器官增加因應壓力的能力？(A) 腦下垂體；(B) 甲狀腺；(C) 腎上腺；(D) 松果腺。【94高級中等以下學校及幼稚園教師資格檢定】

（　）3. 在人體中，被認為是內分泌腺之母（master gland）的為下列哪一種腺體？(A) 下視丘（hypothalamus）；(B) 甲狀腺（thyroid）；(C) 副甲狀腺（parathyroid）；(D) 腦下垂腺（pituitary）。【94高級中等以下學校及幼稚園教師資格檢定】

（　）4. 在皮亞傑（J. Piaget）的認知發展論中，個體依據現有的基模

（schema）來瞭解新物體或事件的歷程稱為：(A) 平衡；(B) 反射；(C) 同化；(D) 調適。【94高級中等以下學校及幼稚園教師資格檢】

（　）5. 關於三到六歲幼兒的動作發展，下列敘述何者並<u>不正確</u>？(A) 處於反射動作階段；(B) 能意識並感覺到自己身體的各個不同部位(C) 已經建立身體對側的協調感；(D) 已經具備自發性的能力。【94臺北縣國民中學教師聯合甄選暨代理代課教師聯合甄試】

（　）6. 修斯（Hughes）所進行的娃娃如何躲警察實驗，和皮亞傑的三山實驗，兩者對於幼兒思維的探究獲致截然不同的結果，主要的理由是(A) 幼兒很討厭山；(B) 躲警察的情節對幼兒來說是熟悉的；(C) 幼兒誤解了三山實驗的問題；(D) 躲警察的那個娃娃穿的衣服比三山實驗的娃娃鮮豔。【93臺北縣國民中學教師聯合甄選暨代理代課教師聯合甄選】

（　）7. 青春期時，性荷爾蒙分泌增加，使男女生在身體與性器官外觀、性格或性情顯出極大的差異，此時男女生外顯的性別特徵，稱為？(A) 第一性徵；(B) 性器官成熟；(C) 第二性徵；(D) 性衝動。【94高級中等以下學校及幼稚園教師資格檢定】

（　）8. 佛洛伊德（S. Freud）將出生至青少年時期此一成長階段分為五個時期，正確順序為何？(I)性器期；(II)潛伏期；(III)口腔期；(IV)兩性期；(V)肛門期。(A) (I)(II)(III)(IV)(V)；(B) (II)(III)(I)(IV)(V)；(C) (III)(V)(I)(II)(IV)；(D) (III)(I)(V)(II)(IV)。【94高級中等以下學校及幼稚園教師資格檢定】

（　）9. 在精神分析理論中，特別注重「認同作用」的是哪位心理學家？(A) 艾力克遜；(B) 佛洛伊德；(C) 柯爾伯格；(D) 安娜佛洛伊德。

（　）10. 以下有關精熟學習理論的敘述，正確的是？(A) 對不同的學生給予其所需的學習時間；(B) 學習成就愈高、學習使用的時間愈長；(C) 教師採取大單元教學，學期結束時才考試；(D) 教師擬定

全班共同的教學進度。【94高級中等以下學校及幼稚園教師資格檢定】

（　）11. 下列何種理論將個體成長的程就比喻為「複演」人種進化的歷程？(A) 進化論；(B) 用盡廢退說；(C) 複演論；(D) 相對論。【94高級中等以下學校及幼稚園教師資格檢定】

（　）12. 下列何人提出發展螺旋論？(A) 霍爾；(B) 達爾文；(C) 笛卡爾；(D) 葛賽爾。

（　）13. 皮亞傑（J. Piaget）的認知發展論，青少年接近哪一個時期？(A) 形式運思期；(B) 具體運思期；(C) 前運思期；(D) 感覺動作期。

（　）14. 西爾曼（Selman）友誼發展論，以下何者較可能是青少年所處的時期？(A) 暫時性玩伴；(B) 公平氣氛下的合作；(C) 單方協助；(D) 親密與相互分享。

（　）15. 積極增強是？(A) 正增強；(B) 負增強；(C) 懲罰；(D) 趨避。

（　）16. 操作理論是何種主義的學說？(A) 認知主義；(B) 行為主義；(C) 進步主義；(D) 人本主義。

（　）17. 依據皮亞傑（J. Piaget）的理論，個體的智能是依規則的（lawful）與可預（predictable）的類型在改變之中，其理論有兩個基本的概念：(A) 基模（scheme）；適應（adaptation）；(B) 基模（scheme）；同化（assimilation）；(C) 適應（adaptation）；調適（accommodation）；(D) 同化（assimilation）；調適（accommodation）。【95高級中等以下學校及幼稚園教師資格檢定】

（　）18. 當女生表現過於喧嘩、吵鬧、攻擊行為時，總會被譴責或處罰，而當他們是有禮貌的、服從時就會被獎勵，女生因此學習到合宜的性別角色行為，這是下列哪一個理論所強調的？(A) 心理生物社會觀點（psychobiosocial model）；(B) 社會學習理論（social learning theory）；(C) 性別基模理論（gender schemas theory）；

(D) 整合理論（integrated theory）。【95高級中等以下學校及幼稚園教師資格檢定】

( ) 19. 奧蘇貝爾（D. P. Ausubel）曾以衛星化（satellization）理論描述青少年的何種發展？(A) 認知學習；(B) 自我概念；(C) 同儕關係；(D) 親子關係。【95高級中等以下學校及幼稚園教師資格檢定】

( ) 20. 根據維高思基（L. S. Vygotsky）的看法，一位青少年所能獨力完成的與他在協助下完成的表現上的差異，稱為：(A) 同化（assimilation）；(B) 潛在發展區（zone of proximal development）；(C) 後設認知（metacognition）；(D) 鷹架方式（scaffolding）。【94度高級中等以下學校及幼稚園教師資格檢定】

( ) 21. 淑芬一邊唸書一邊聽歌，但她能專注讀她的課本內容，而不去聽歌曲的歌詞，這與淑芬的什麼能力有關？(A) 自動化（automation）；(B) 長期記憶（long-term memory）；(C) 擴散思考（divergent thinking）；(D) 選擇注意（selective attention）。【94高級中等以下學校及幼稚園教師資格檢定】

( ) 22. 下列何人提出社會學習論？(A) 霍爾；(B) 班度拉；(C) 笛卡爾；(D) 葛賽爾。【95高級中等以下學校及幼稚園教師資格檢定】

( ) 23. 根據皮亞傑（J. Piaget）的理論，下列哪一項不是前運思期思維的限制？(A) 集中化；(B) 不可逆性；(C) 分類能力；(D) 自我中心。

( ) 24. 在皮亞傑（J. Piaget）的認知發展階段論中，兒童能根據假設驗證的科學法則來解決問題，並能做抽象和邏輯的思考，這是屬於：(A) 感覺動作期；(B) 前運思期；(C) 具體運思期；(D) 形式運思期。【93雲林縣國民小學教師暨代理教師甄選】

( ) 25. 班杜拉（A. Bandura）的社會學習理論為互動學習論之代表，強調在社會情境中個體的學習是經由下列何種過程產生的？(A) 刺

激—反應連結；(B) 觀察學習和模仿之連結；(C) 內在心智架構與知識獲得的改變；(D) 將訊息加以組織、建構進而吸收。【93雲林縣國民小學教師暨代理教師甄選】

(　　) 26. 佛洛依德（S. Freud）認為人格中的「自我」是指哪個部分？(A) 能將社會道德內在化，而構成自我理想及行為自律；(B) 能顧及外界要求，控制本我；(C) 能滿足生物本能的衝動；(D) 能形成自我價值體系。【93雲林縣國民小學教師暨代理教師甄選】

(　　) 27. 下列有關新皮亞傑（Neo-Piagetian）認知發展理論之敘述何者為非？(A) 文化扮演不重要的角色；(B) 兒童認知能力可藉訓練及經驗而提升；(C) 社會互動可加速認知發展；(D) 認知發展的改變是基於兒童處理以及記憶訊息的能力。【94臺中市高級中等以下各級學校候用教師甄選】

(　　) 28. 兒童的性別認同大約在幾歲以後開始出現？(A) 一歲；(B) 三歲；(C) 五歲；(D) 七歲。【94嘉義市國民小學一般教師聯合甄選】

(　　) 29. 根據俄國心理學家維果斯基（Vygotsky）的認知發展理論，下列何者是影響兒童認知發展的主要因素？(A) 生理因素；(B) 心理因素；(C) 社會文化因素；(D) 家庭因素。【94嘉義市國民小學一般教師聯合甄選】

(　　) 30. 精神分析學家佛洛依德（S. Freud）認為一個人的人格發展大約於幾歲時就已定型？(A) 四歲；(B) 六歲；(C) 八歲；(D) 十歲。

(　　) 31. 根據皮亞傑（J. Piaget）認知發展論，兒童在具體運思期時，認知上具有何種特徵？(A) 受制於自我中心；(B) 運思不具可逆性；(C) 較難進行抽象思考；(D) 形成物體恆存概念。【94嘉義市國民小學一般教師聯合甄選】

(　　) 32. 哪一種教育學派認為「給我一個孩子，我可以訓練成任何你想要的樣子」？(A) 認知學派；(B) 人本主義學派；(C) 行為學派；(D) 功能學派。【94嘉義市國民小學一般教師聯合甄選】

（　）33. 在皮亞傑（J. Piaget）的理論中，修正已有的基模來順應新情境，
是下列何者？(A) 調適；(B) 組織；(C) 增強；(D) 同化。【94 臺
中市高級中等以下各級學校候用教師甄選】

（　）34. 國中三年級學生屬於皮亞傑（J. Piaget）認知發展期的哪一期？
(A) 感覺動作期；(B) 前運思期；(C) 具體運思期；(D) 形式運思
期。【94年度臺中市高級中等以下各級學校候用教師甄選】

（　）35. 布魯納（J. Bruner）所提出表徵系統論中的符號表徵期，與皮亞
傑（J. Piaget）認知發展期的哪一期相當？(A) 感覺動作期；(B)
前運思期；(C) 具體運思期；(D) 形式運思期。【94 臺中市政府
高級中等以下各級學校候用教師甄選】

（　）36. 下列敘述何者最為正確？(A) 吉爾福德（Guilford）的智力結構論
將後設認知（meta-cognition）列為智力的三個向度之一；(B) 皮
亞傑（J. Piaget）認為每一個發展階段的認知結構都是「領域特定
的」（domain-specific）；(C) 皮亞傑（J. Piaget）認為處於前運思
期的孩子已有物體恆存的概念；(D) 維果茨基（Vygotsky）提出
「鷹架」（scaffolding）這個名詞與概念，強調大人（或專家）
對小孩（或生手）的協助。

（　）37. 皮亞傑（J. Piaget）的理論應用在教育上，哪個涵義較適切？(A)
Piaget認為具有自我中心特徵的孩子是自私的，要教導他慷慨；
(B) Piaget認為兒童不是大人的縮影，不能直接將大人的想法教
他；(C) 父母或老師要不斷地強調知識背誦的重要性並要求孩子
身體力行；(D) Piaget認為老師不宜使用認知衝突策略，否則容易
造成學生心理的不平衡。【94臺北縣國民中學教師聯合甄選暨代
理代課教師聯合甄選】

（　）38. 從皮亞傑（J. Piaget）理論的觀點來看，下列敘述何者正確？(A)
在感覺動作期的兒童會有獨語的現象；(B) 具體運思期的思考特
徵是要透過實際動手操作才能理解事物；(C) 表徵能力是具體運

思期的最大成就；(D) 調適與同化是知識建構的歷程。【94臺北縣國民中學教師聯合甄選暨代理代課教師聯合甄選】

( ) 39. 班都拉（A. Bandura）的社會學習理論，最能說明以下哪一個現象？(A) 明新常上色情網站，導致常常性幻想；(B) 文英上課提出好問題被老師讚美，其他同學提問的次數遂逐漸增加；(C) 文詠社會科成績不好，他決定多做社會服務來彌補不足；(D) 威則在公眾面前講話很容易有社會性焦慮，但受到情感支持而改善。【94臺北縣國民中學教師聯合甄選暨代理代課教師聯合甄選】

( ) 40. 下列何者不是皮亞傑（J. Piaget）認知發展理論的基本概念？(A) 基模；(B) 調適；(C) 建構；(D) 平衡。【94臺北縣國民中學教師聯合甄選暨代理代課教師聯合甄選】

( ) 41. 嬰兒的感覺能力在初生後的幾個月發展得非常快速，以下哪種感覺能力在初生時發展得最不完全？(A) 觸覺；(B) 視覺；(C) 聽覺；(D) 嗅覺與味覺。【93台東縣國民中小學教師暨代理教師甄選】

( ) 42. 強調觀察與模仿在學習中的作用的是：(A) 班杜拉；(B) 帕夫洛夫；(C) 桑代克；(D) 史肯納。【93屏東縣國民中學教師聯合甄選】

( ) 43. 在皮亞傑（J. Piaget）的認知發展理論中，兒童約在哪個階段發展「守恆概念」(A) 感覺動作期；(B) 前運思期；(C) 具體運思期；(D) 形式運思期；(E) 抽象期。【93新竹市立國民小學教師聯合甄選】

( ) 44. 小孩子經常在對別人的觀察模仿中學習到別人的行為，此乃下列哪一理論的焦點：(A) 社會學習論；(B) 認知論；(C) 建構論；(D) 行為論。【94澎湖縣國民小學暨附設幼稚園教師聯合介聘甄選暨代理教師甄選】

( ) 45. 皮亞傑（J. Piaget）認為前運思期的幼兒具有自我中心的特徵，此

處的「自我中心」指的是：(A) 自私；(B) 不顧也無法理解他人的想法；(C) 無法區辨自己的和別人的觀點；(D) 任性、無理取鬧。

【94臺北縣國民小學暨幼稚園教師甄選】

（　）46. 馬西亞（J. Marcia）以「危機」「承諾」兩個向度來區分統合狀態，其中「辨識預定」者的特徵為何？(A) 有危機，有承諾；(B) 有危機，無承諾；(C) 無危機，有承諾；(D) 無危機，無承諾。

（　）47. 根據艾力克遜（E. Erikson）的理論，在青少年的自我認同危機中，何者為「前瞻性時間觀」？(A) 相信時間過去時，困難也會過去；(B) 體認到時間是無法挽回的；(C) 回憶過去而暫緩未來計畫；(D) 希望時間可停止不前。

（　）48. 青春期最明顯的生理轉變之一即「成長陡增」，下列敘述何者適當？(A) 此現象主要受遺傳所影響；(B) 此現象主要受環境所影響；(C) 此現象男生主要受睪固酮所影響，女生則受雌激素影響；(D) 越早出現性成熟，成長陡增越快緩和而停止。

（　）49. 青少年期「慾力再現」為安娜佛洛伊德（Anna Freud）理論的重要概念，下列敘述何者有誤？(A) 自我支配超我；(B) 本我支配自我；(C) 理智化自我本位；(D) 禁慾主義自我防衛機轉。

（　）50. 青少年性別角色的發展乃雙親認同之結果，是下列何派的主張？(A) 精神分析論；(B) 社會學習論；(C) 心理社會論；(D) 人際關係論。

（　）51. 青少年生物論著重青少年生理改變歷程的探討，此理論以何者的研究最具代表性？(A) 達爾文；(B) 田納；(C) 勒溫；(D) 米德。

（　）52. 心理社會論與精神分析論的相異處下列敘述何者有誤？(A) 前者認為社會文化會影響個人成長；(B) 後者重視人的一生發展；(C) 後者認為性慾力為個人發展的主要動力；(D) 前者認為個人發展會遭遇到心理社會危機。

（　）53. 下列何者非學者田納（J. M. Tanner）的研究重點？(A) 女性胸部

生長；(B) 每個年齡層次的發展特徵；(C) 身體生長；(D) 生長的個別差異現象。

（　）54. 人際關係論係由哪位學者所創始？(A) 蘇利萬；(B) 艾力克遜；(C) 班度拉；(D) 希爾曼。

（　）55. 艾力克遜（E. Erikson）認為青少年期主要的發展危機為何？(A) 自主對羞愧與懷疑；(B) 勤勉對自卑；(C) 認定對角色混亂；(D) 活力對頹廢。

（　）56. 下列何者非性心理發展論描述青少年期的特徵？(A) 性興奮；(B) 焦慮；(C) 人格困擾；(D) 反抗。

（　）57. 女生最重要的第二性徵顯現為何？(A) 初經；(B) 陰毛生長；(C) 胸部發育；(D) 臀部變寬。

（　）58. 男生停止生長的平均年齡約為？(A) 13～14歲；(B) 14～15歲；(C) 16～17歲；(D) 18～19歲。

（　）59. 佛洛伊德（S. Freud）認為青少年的何種作用有助於「自我」良好發展、「超我」的提升？(A) 適應；(B) 認同；(C) 統合；(D) 同化。

（　）60. 兒童心理分析的創始者為下列何者？(A) 皮亞傑；(B) 赫爾巴特；(C) 安娜佛洛伊德；(D) 斐斯塔洛奇。

（　）61. 根據蘇利萬（Harry Stack Sullivan）的理論，在前青少年期中何者扮演最重要的人際關係？(A) 異性朋友；(B) 父母；(C) 師長；(D) 同性朋友。

（　）62. 安娜佛洛伊德（Anna Freud）對青少年期的「慾力再現」說法，係認為源於何種因素？(A) 潛意識；(B) 社會環境影響；(C) 生物的成熟；(D) 同儕的壓力。

（　）63. 學者蘇利萬（Harry Stack Sullivan）認為造成青少年心理產生焦慮的主要原因為何？(A) 人際溝通不良；(B) 父母期望；(C) 同儕比較；(D) 自我壓抑。

（　）64. 艾力克遜（E. Erikson）將每個人生階段的衝突稱為何？(A) 探索危機；(B) 心理社會危機；(C) 辨識危機；(D) 統合危機。

（　）65. 下列何者為安娜佛洛伊德認為青少年階段特有的自我防衛機轉？(A) 禁慾主義；(B) 情感化；(C) 昇華；(D) 合理化作用。

（　）66. 根據蘇利萬（Harry Stack Sullivan）的理論，青少年期的人際行為動力轉為何種主義？(A) 親密動力主義；(B) 色慾動力主義；(C) 自尊動力主義；(D) 成就動力主義。

（　）67. 安娜佛洛伊德（Anna Freud）稱青少年階段為何？(A) 本我支配階段；(B) 慾力支配階段；(C) 自我支配階段；(D) 慾力再現階段。

（　）68. 女生停止生長的平均年齡約為？(A) 13.5～14.5歲；(B) 14.5～15.5歲；(C) 15.5～16.5歲；(D) 16.5～17.5歲。

（　）69. 佛洛伊德（S. Freud）稱將性衝動導向社會所接受之方式的一種積極自我防衛機轉為何？(A) 昇華作用；(B) 合理化作用；(C) 投射作用；(D) 替代作用。

（　）70. 根據蘇利萬（Harry Stack Sullivan）的輔導過程，其中「起始階段」主要的任務為何？(A) 蒐集當事人的各種資訊；(B) 了解當事人的問題所在；(C) 跟當事人發展良好的人際氣氛；(D) 傾聽與發問當事人生活中細節。

（　）71. 艾力克遜（E. Erikson）稱當統合危機無法克服與化解的現象為何？(A) 心理發展遲滯；(B) 心理社會遲滯；(C) 社會文化怠滯；(D) 社會文化遲滯。

（　）72. 就男生而言，身體部位何者發育最早？(A) 陰囊；(B) 陰莖；(C) 睪丸；(D) 攝護腺。

（　）73. 就女生而言，身體部位何者發育最早？(A) 身高；(B) 胸部；(C) 性器官；(D) 陰毛。

（　）74. 佛洛伊德（S. Frued）認為青少年的心理困擾與衝突可能來自何種原因？(A) 父母認同；(B) 性衝動；(C) 同儕關係；(D) 學業經驗

失敗。

（　）75. 馬西亞（James Marcia）以「危機」及「承諾」兩個向度來區分統合狀態，其中「辨識遲滯」者的特徵為何？(A) 有危機，有承諾；(B) 有危機，無承諾；(C) 無危機，有承諾；(D) 無危機，無承諾。

（　）76. 蘇利萬（Harry Stack Sullivan）認為在後青少年期的主要任務為何？(A) 解決人際關係與父母期望之間的衝突；(B) 解決自我期望與父母期望之間的衝突；(C) 解決自我期望與色慾動力之間的衝突；(D) 解決人際關係與色慾動力之間的衝突。

（　）77. 下列在探討青少年問題的理論中，何者不屬於精神分析論？(A) 性心理理論；(B) 人際關係論；(C) 心理社會論；(D) 社會文化論。

（　）78. 蘇利萬（Harry Stack Sullivan）認為「人際需求的滿足」對個體發展最為重要，下列何者與之的意義最為相近？(A) 歸屬感；(B) 安全感；(C) 親密感；(D) 被尊重感。

（　）79. 首創精神分析論（psychoanalytic theory）用以解釋精神病形成的心理原因之學者為：(A) J. Piaget；(B) L. Kohlberg；(C) L.S. Vygolsky；(D) S. Freud。

（　）80. 佛洛依德（S. Freud）的人格結構中，本我受到什麼原則的支配？(A) 快樂原則；(B) 現實原則；(C) 良心原則；(D) 他律原則。

（　）81. 佛洛依德（S. Freud）認為人格結構中「自我」運作的結果是：(A) 唯樂原則；(B) 現實原則；(C) 道德原則；(D) 自然原則。

（　）82. 依佛洛依德（S. Freud）的人格結構中，受良心支配的是哪一個？(A) 本我；(B) 自我；(C) 超我；(D) 無我。

（　）83. 依佛洛依德（S. Freud）的人格理論發展理論來看，請問小學階段的孩童大致上是處於哪一期？(A) 口腔期（oral stage）；(B) 肛門期（anal stage）；(C) 性器期（phallic stage）；(D) 潛伏期（latent stage）。

（　）84. 複演論是青少年研究鼻祖所倡導，是下列哪位學者？(A) 佛洛依德；(B) 霍爾；(C) 馬西亞；(D) 田納。

（　）85. 根據艾力克遜（E. Erikson）的心理社會發展理論，國小學童的發展任務是什麼？(A) 勤奮進取對自貶自卑；(B) 自我統合對角色混亂；(C) 信任對不信任；(D) 自動自發對邊縮愧疚。【93雲林縣國民小學教師甄選】

（　）86. 艾力克遜（E. Erikson）認為與大人世界分離只是青少年想要做到的目標之一而已，他們真正的目的是，要尋找發現自己是誰，即：(A) 自我危機；(B) 探索危機；(C) 認同危機；(D) 發展危機。

（　）87. 葛賽爾（Arnold Gesell）是美國心理學的先驅之一，慣用觀察的方法紀錄或攝錄兒童的發展歷程，他的理論為何？(A) 生物進物論；(B) 複演論；(C) 發展螺旋論；(D) 慾力再現論。

（　）88. 下列何者非青少年發展理論具有的功能？(A) 科學性功能；(B) 描述性功能；(C) 界定性功能；(D) 統整性功能。

（　）89. 佛洛依德（S. Freud）認為人格中的「自我」是指哪個部分？(A) 能將社會道德內在化，而構成自我理想及行為自律；(B) 能顧及外界要求，控制本我；(C) 能滿足生物本能的衝動；(D) 能形成自我價值體系。

（　）90. 根據複演論的觀點，社會日趨複雜，科學、工業與技術日新月異，人類生活逐漸優渥，是屬於人類進化歷史的哪個階段？(A) 農牧社會（serfdom and agrarian life）；(B) 狩獵時代（hunting and gathering）；(C) 現代社會（modern society）；(D) 原始社會（primitive society）。

（　）91. 有關青少年面臨的多重發展，何者並非最主要的挑戰？(A) 生物學；(B) 物理學；(C) 心理學；(D) 社會學。

（　）92. 在「不同自然與教養取向的青少年理論」中，強調「自然與教養微弱互動理論」者，下列何者為是？(A) Erikson；(B) Piaget；(C) McCandless；(D) Hall。

（　）93. 蘇利萬（Harry Stack Sullivan）認為對青少年的發展而言，什麼是其發展的重要助力？(A) 親密關係；(B) 親子關係；(C) 家庭關係；(D) 同儕關係。

（　）94. 蘇利萬（Harry Stack Sullivan）認為輔導的過程包括四階段，請問輔導員必須要和當事人發展良好的人際投契氣氛是屬於哪一階段？(A) 起始階段；(B) 探索階段；(C) 細節探究階段；(D) 終結階段。

（　）95. 蘇利萬（Harry Stack Sullivan）提出的輔導過程中，請問協助當事人統整和整理自我的相關資料是屬於哪一階段？(A) 起始階段；(B) 探索階段；(C) 細節探究階段；(D) 終結階段。

（　）96. 蘇利萬（Harry Stack Sullivan）提出的輔導過程中，請問輔導員必須不斷傾聽、發問，詳細了解當事人生活中各項細節是屬於哪一階段？(A) 起始階段；(B) 探索階段；(C) 細節探究階段；(D) 終結階段。

（　）97. 下列選項，何者為首先提出「精神分析理論」的學者？(A) 佛洛伊德（Freud）；(B) 安娜佛洛伊德（Anna Freud）；(C) 霍爾（Hall）；(D) 蘇利萬（Sullivan）。

（　）98. 個人試圖在現實許可的範圍內滿足本我的理性心智，這是屬於哪一類的人格結構？(A) 本我；(B) 自我；(C) 智我；(D) 超我。

（　）99. 哪位學者主張個體有其「發展任務」，即在生命的某個特定關鍵點必須獲得的技巧與知識等，以成為良好的成熟個體？(A) Erikson；(B) Robert Selman；(C) Robert Havighurst；(D) Arnold Gesell。

（　）100. 艾力克遜（E. Erikson）提出的人類發展階段中，心理社會危機

是自主對羞愧與懷疑是哪一階段？(A) 學前期；(B) 兒童初期；(C) 就學期；(D) 青春期。

( ) 101. 艾力克遜（E. Erikson）的人生八個發展階段中，心理社會危機是親密對孤獨是哪一階段？(A) 學前期；(B) 青春期；(C) 成年期；(D) 晚年期。

( ) 102. 下列關於心理社會理論與精神分析論之敘述，請問何者正確？(A) 心理社會論重視人的一生之發展；(B) 精神社會論認為人生的每個發展階段都會遭遇心理社會危機；(C) 心理社會論只探討至青少年的兩性期；(D) 精神社會論認為社會文化會影響個人生長。

( ) 103. 依照馬西亞（James Marcia）的論點，哪兩個變項衍生出四種自我辨識與認定的類型？(A) 危機與認可；(B) 承諾與動機；(C) 危機與承諾；(D) 決定與認可。

( ) 104. 下列哪一項非馬西亞（James Marcia）提出的自我辨識？(A) 辨識有成；(B) 辨識預定；(C) 辨識遲滯；(D) 辨識懷疑。

( ) 105. 下列哪一個理論在描述青少年發展過程中，心理的重要危機為「我是誰？」，發展順利即對自己產生「忠誠」之美德？(A) 塞爾門的社會認知理論；(B) 奧蘇貝爾的衛星理論；(C) 艾瑞克森的心理社會理論；(D) 安娜佛洛依德的精神分析論。【95高級中等以下學校及幼稚園教師資格檢定】

( ) 106. 下列哪一個理論在描述青少年發展過程中，指出青少年必須對宗教信仰、性倫理、人生價值等作各種選擇，否則會形成負向的自我認定（negative identity）？(A) 人際關係論；(B) 心理社會論；(C) 衛星理論；(D) 精神分析論。

( ) 107. 下列各項關於青少年發展之理論，那一項不屬於精神分析派別？(A) 慾力再現論；(B) 心理社會論；(C) 辨識認定類型論；(D) 發展螺旋論。

（　）108. 青少年發展研究的終身觀點三大重要成分，<u>不包括</u>下列何者？(A) 關係（relations）；(B) 脈絡（context）；(C) 應用（application）；(D) 多樣性（diversity）。

（　）109. 艾力克遜（E. Erikson）將以下何者當作青少年期的主要發展？(A) 認定自我；(B) 超越自我；(C) 追求自我；(D) 發展自我。

（　）110. 總是從未真正為自己作決定，往往依循著父母的意見，或者順從同儕團體，這樣的青少年是馬西亞提出的四個辨識類型中的哪一類？(A) 辨識有成；(B) 辨識預定；(C) 辨識遲滯；(D) 辨識混淆。

（　）111. 有關青少年與父母之互動關係，下列何者正確？(A) 青少年與父母之間的鴻溝無法彌補；(B) 青少年期會對父母的價值觀予以完全否定；(C) 家庭結構的不同不會對親子間造成改變和影響；(D) 雖然青少年與同儕相處時間可能甚於父母，但父母仍是青少年世界中的中心。

（　）112. 總是無法堅持到底，不曾作過長久的承諾，導致自我混亂、不安、無方向，這樣的青少年一般有較寬容的父母，也容易和權威產生衝突，此屬於馬西亞的四個辨識類型中哪一型？(A) 辨識有成；(B) 辨識預定；(C) 辨識遲滯；(D) 辨識混淆。

（　）113. 學者Kurt Lewin提出「場地論」，認為「行為（B）是個人（P）與何者之間的作用函數（f）」？(A) 社會（S）；(B) 空間（LSP）；(C) 生理（P）；(D) 心理（M）。

（　）114. 馬西亞（James Marcia）將「辨識」視為青少年的一種？(A) 自我價值；(B) 自我結構；(C) 自我認知；(D) 自我意識。

（　）115. 哪一種理論可以提供輔導工作者了解青少年發展與適應類型的一個依據？(A) 辨識認定類型論；(B) 心理社會論；(C) 人際關係論；(D) 發展螺旋論。

（　）116. 在SOC模式中，並無提到下列哪個？(A) 選擇；(B) 適應；(C) 最

佳化；(D) 補償。

( ) 117. 「哈本頓成長研究」主要是以英國青少年為對象，探討青少年生理發展順序與時間，以及類型與變異。而此研究為下列哪位學者所領導進行？(A) 葛塞爾（Gesell）；(B) 田納（Tanner）；(C) 馬西亞（Marcia）；(D) 艾力克遜（Erikson）。

( ) 118. 下列何者並非田納（J. M. Tanner）對於青少年生理發展的研究重點？(A) 身體生長；(B) 陰毛生長；(C) 腦部生長；(D) 生長的個別差異現象。

( ) 119. 對於青少年進入青春期的生理發展，下列敘述何者有誤？(A) 青少年生長改變的順序是可以預測的；(B) 女生青春期第一個發育的特徵是初經的到來；(C) 男生青春期第一個發育的特徵是睪丸的發育；(D) 青少年進入青春期的時間變異很大。

( ) 120. 青春期身高的驟增與下列何者的腺體分泌無關？(A) 雄性激素；(B) 雌性激素；(C) 生長激素；(D) 睪丸素。

( ) 121. 下列對於青少年身體生長的敘述，何者有誤？(A) 通常是大腿先長高，再來才是臀部和胸部；(B) 頭部和身體軀幹是最早停止生長的部位；(C) 青春期身高每年會增高到十公分左右；(D) 女性的身高驟增會比男生早兩年。

( ) 122. 下列有關於青少年身體生長的敘述，何者有誤？(A) 女生的血紅素和紅血球的增加比男生快，是睪丸素所造成；(B) 青春期時青少年身體會變瘦，而體重並未真正降低；(C) 青少年男生的臀部生長多於肩膀；(D) 女生面孔的改變幅度比男生少。

( ) 123. 下列有關田納（J. M. Tanner）對於青少年陰毛生長的敘述，何者有誤？(A) 分成五階段；(B) 男生的鬍鬚開始生長，約相當於陰毛發育的第四階段；(C) 陰毛生長到第五階段，陰毛的分布會形成三角形；(D) 男生陰莖不會被陰毛覆蓋。

( ) 124. 田納（J. M. Tanner）認為女性胸部發育的「乳房蕾苞期」，相

當於第幾階段？(A) 第二階段；(B) 第三階段；(C) 第四階段；
(D) 第五階段。

（　）125. 下列有關於田納（J. M. Tanner）對於女性胸部發育的敘述，何
者為非？(A) 分成五階段；(B) 女性乳房的發育有很大的個別差
異；(C) 女性乳房發育是受泌乳激素的影響；(D) 女性生產後會
分泌乳汁是受到黃體素的刺激。

（　）126. 根據田納（J. M. Tanner）研究調查，男生生殖器開始發育，平
均年齡在幾歲？(A) 11-13歲；(B) 13-15歲；(C) 15-17歲；(D)
17-19歲。

（　）127. 下列有關田納（J. M. Tanner）對於男性生殖器發育的敘述，何
者為非？(A) 睪丸生長於體外，是因為精子需要有比體溫低的生
長環境；(B) 陰莖開始長大約於第三階段；(C) 男生第一次射精
一般發生於陰莖開始長大後；(D) 睪丸是第一個發育的男性生殖
器官。

（　）128. 關於男生的勃起現象，下列敘述何者為非？(A) 陰莖開始生長
後，男生始出現勃起現象；(B) 進入青春期後，男生勃起現象開
始頻繁；(C) 勃起不一定有性的聯想，有時是自然現象；(D) 青
春期男生若全無勃起現象，可能是神經系統失常。

（　）129. 女性初經的出現，約等於乳房發育的第幾階段？(A) 第二階段；
(B) 第三階段；(C) 第四階段；(D) 第五階段。

（　）130. 女生的生理發育，下列哪一項最晚完成？(A) 身高；(B) 初經；
(C) 乳房；(D) 陰毛。

（　）131. 男生的力氣趨於最大狀態，大約是在身高達於頂峰之後的幾
年？(A) 一年；(B) 二年；(C) 三年；(D) 四年。

（　）132. 學者Offer提出青少年初期的多種路徑，下列何者為非？(A) 持續
生長；(B) 倒退生長；(C) 混亂生長；(D) 急速生長。

（　）133. 有關青少年的敘述下列何者錯誤？(A) 青少年期是人生的第二

個十年轉折期；(B) 此時期常常有興奮與焦慮、快樂與煩惱、發現與困惑交織伴隨的情形；(C) 所有青少年在此時期都會產生壓力、挫折等負面情緒；(D) 青少年期所面臨的問題與挑戰將影響其人生的發展。

( ) 134. 下列何者<u>不是</u>青少年期的特徵？(A) 明顯的生理成熟現象；(B) 開始具有生育能力；(C) 不重視同儕關係；(D) 培養具有應付社會與生活問題的能力。

( ) 135. 佛洛伊德（S. Freud）與艾瑞克森（E. Erikson）等人的精神分析理論特別注重下列何者對青少年社會化的影響？(A) 認同作用；(B) 慾望滿足；(C) 潛意識作用；(D) 生活經驗。

( ) 136. 佛洛伊德（S. Freud）有關人格的發展理論是以何者的發展為基礎？(A) 道德發展；(B) 認知；(C) 性心理；(D) 生理。

( ) 137. 有關佛洛伊德（S. Freud）的理論敘述，何者正確？(A) 將人格發展分為四期；(B) 認為青少年的緊張主要來自於對性的威脅；(C) 心理功能區分為過去我、現在我、未來我三者；(D) 早期性心理發展並不會影響後期的適應。

( ) 138. 性心理發展理論在青少年輔導上之應用，何者為非？(A) 應協助青少年建立抒發的管道；(B) 培養青少年「超我」的發展，建立個人的理想和抱負；(C) 協助青少年體會社會現實，使其自我判斷更切合現實需求；(D) 嚴格加強並壓抑青少年對性慾的衝動和慾望。

( ) 139. 在SOC模式中，當遭遇失敗時，青少年必須用什麼方法去維持功能？(A) 統整性功能；(B) 界定性功能；(C) 絕對性功能；(D) 關聯性功能。

( ) 140. 以下何者非「自然（nature）發展的辭彙」？(A) 固有的；(B) 成熟；(C) 環境；(D) 內在的。

( ) 141. 慾力再現論應用在青少年輔導上，何者為非？(A) 青少年時期在

本我、自我、超我三者之間的衝突逐漸升高；(B) 三者的衝突永遠不可能獲得平衡；(C) 應該給予青少年的衝突和反抗多一點寬容；(D) 衝突和反抗是青少年時期必然產生的現象，所以無須過於操心。

(　) 142. 小美知道將高腳杯中的水倒入方形的容器中，水的體積並不會改變，這是皮亞傑（J. Piaget）「認知發展論」中哪一個階段？(A) 感覺運動期；(B) 前運思期；(C) 具體運思期；(D) 形式運思期。

(　) 143. 下列何者是人格結構的核心？(A) 本我；(B) 自我；(C) 超我；(D) 非我。

(　) 144. 自我中心主義在J. Piaget的認知理論中，是發生在哪一階段？(A) 感覺動作期；(B) 形式運思期；(C) 具體運思期；(D) 前運思期。

(　) 145. 佛洛伊德（S. Freud）的理論中，強調自我理想的是個人人格體系中的哪一個部分？(A) 本我；(B) 超我；(C) 自我；(D) 鏡中自我。

(　) 146. 佛洛伊德（S. Freud）認為所有人都有「潛意識衝突」的經驗，這個衝突源自下列哪個因素？(A) 遺傳因子；(B) 社會文化衝突；(C) 童年經驗；(D) 成熟的發展。

(　) 147. 佛洛伊德（S. Freud）認為人格在幾歲之前就已經奠定基本型態？(A) 四歲；(B) 五歲；(C) 六歲；(D) 七歲。

(　) 148. 佛洛依德（S. Freud）認為人格中的「自我」是指哪個部分？(A) 能將社會道德內在化，而構成自我理想及行為自律；(B) 能顧及外界要求，控制本我；(C) 能滿足生物本能的衝動；(D) 能形成自我價值體系。【雲林縣93學年度國民小學教師、代理教師甄選】

(　) 149. 佛洛依德（S. Freud）認為＿＿＿是個人慾求、動機、恐懼和衝突的貯藏庫？(A) 潛意識；(B) 意識；(C) 認知結構；(D) 情緒。

（ ）150. 個體與環境互動的過程中，往往會採取某種「防衛機制」，以為消解心域上的焦慮與壓力。請問「防衛機制」觀念由何人提出？(A) 佛洛伊德（S. Freud）；(B) 安娜·佛洛伊德（A. Freud）；(C) 史肯納（B. F. Skinner）；(D) 羅傑斯（C. Rogers）。

（ ）151. 小明坐公車時，發現座位旁有一手提袋，內有十萬元，依照佛洛伊德（S. Freud）的理論，以下何者為非？(A) 依照「自我」的做法，小明會佔為己有；(B) 依照「本我」的做法，小明會佔為己有；(C) 依照「自我」的做法，小明會將皮包送到警局去；(D) 依照「超我」的做法，小明將錢捐給慈善機構。

（ ）152. 在佛洛依德（S. Freud）理論中，伊底帕斯情結（Oedipal complex）若能順利解決，將較能促使以下何種人格特性之發展？(A) 學習獨立；(B) 性別角色認同；(C) 邏輯思考；(D) 承擔責任。

（ ）153. 戀父情結或戀母情結容易出現在佛洛伊德（S. Freud）理論中的哪一個時期？(A) 性器期；(B) 潛伏期；(C) 兩性期；(D) 肛門期。

（ ）154. 下列理論與人名配對，何者正確？(A) 皮亞傑（J. Piaget）—心理社會論；(B) 佛洛伊德（S. Freud）—性心理發展論；(C) 艾瑞克森（E. Erikson）—社會學習理論；(D) 安娜·佛洛伊德（A. Freud）—人際關係論。

（ ）155. 青少年發展理論主要是假定個體的發展如同其他的動物與植物一樣，是受_____的影響。(A) 生活法則；(B) 自然法則；(C) 道德規範；(D) 心理影響。

（ ）156. 青少年發展的進化理論有三個主要的理論模式，下列何者為非？(A) 複演論；(B) 生物進化論；(C) 社會學習理論；(D) 發展螺旋論。

（　）157. 青少年發展理論四種功能，下列何者為非？(A) 統整性功能；
(B) 界定性功能；(C) 絕對性功能；(D) 關聯性功能。

（　）158. 以下何者非複演論的提出者霍爾的貢獻？(A) 美國第十任的心理
學會主席；(B) 對青少年問題的關注，促成社會大眾對青少年福
祉的重視；(C) 促成青少年研究的蓬勃發展；(D) 為青少年研究
的鼻祖。

（　）159. Freud父女認為，一般人會在幾歲時達到本我、自我、超我的均
衡？(A) 三歲；(B) 四歲；(C) 五歲；(D) 六歲

（　）160. 在Lawrence Kohberg的道德推理進展中，「避罰服從」是屬於哪
一個階段？(A) 前循規道德期；(B) 循規道德期；(C) 後循規道德
期；(D) 無律期。

（　）161. 將人類歷史的四階段與霍爾的複演論配對，下列何者為是？(A)
青少年期—原始社會；(B) 少年期—農牧社會；(C) 嬰兒期—狩
獵時代；(D) 兒童期—現代社會。

（　）162. 「文化相對論」認為沒有舉世皆然的發展型態，此研究著重每
個文化裡可協助或妨礙青少年成長的正向與負向因素，這是由
哪位學者所提出？(A) Albert Bandura；(B) Ruth Benedict；(C)
Robert Havighurst；(D) Margaret Margent

（　）163. 根據霍爾（G. Stanley Hall）的複演論，以下各選項中關於個體
的發展配對何者為是？(A) 少年期—樂於遊戲活動；(B) 青少年
期—技術學習與常規訓練最為重要；(C) 兒童期—充滿不安與衝
突；(D) 嬰兒期—感官與動作的探索。

（　）164. 小英今年13歲，若是根據霍爾（G. Stanley Hall）的複演論來界
定，她是屬於哪個階段的？(A) 青少年期；(B) 少年期；(C) 嬰兒
期；(D) 兒童期。

（　）165. 霍爾（G. Stanley Hall）基於人種複演的論點，將青少年視為是
人的「再生」（new birth），唯有_____、_____、_____三

者才可以撫慰青少年的軀體與靈魂，下列選項何者為非？(A) 服務；(B) 虔敬；(C) 崇拜；(D) 愛。

（　）166. 大華今年18歲，在他所發展到的這個階段對照霍爾的論點隱含各種互相對立的積極發展與騷亂變異的可能性，下列哪種可能性是錯的？(A) 信任對不信任；(B) 理想的利他對自私；(C) 溫柔對野蠻；(D) 敏銳對冷淡。

（　）167. Bronfenbrenner發展出的生態學模式，可用來理解社會對青少年的影響，而「社區組織」這個因素屬於哪一個系統？(A) 微系統；(B) 中系統；(C) 外系統；(D) 巨系統。

（　）168. 小寬因為上課偷吃零食，而被老師處罰，小美看見之後，便學到以後上課不能吃零食。這是屬於下列哪一種概念？(A) 替代性增強；(B) 自我增強；(C) 後效強化；(D) 負增強。

（　）169. Robert Selman提出的「社會角色取替」理論中，哪一階段的兒童會開始發展出「區分意識」，認為他人可能有和自己不同的社會看法？(A) 第一階段；(B) 第二階段；(C) 第三階段；(D) 第四階段。

（　）170. 何人不支持霍爾（G. Stanley Hall）的理論，進而提出「焦點理論」（focal theory）？(A) 史肯納（Skinner）；(B) 班都拉（Bandura）；(C) 柯爾曼（Coleman）；(D) 皮亞傑（Piaget）。

（　）171. 下列哪一位學者所提出的青少年主張，並不屬於「心理社會」的觀點？(A) H. Erikson；(B) Robert Selman；(C) Robert Havighurst；(D) Albert Bandura。

（　）172. 著名的「發展螺旋論」是由誰提出的？(A) 霍爾（Hall）；(B) 達爾文（Darwin）；(C) 柯爾曼（Coleman）；(D) 葛塞爾（Gesell）。

（　）173. 「發展螺旋論」的論點最主要是認為何種因素才是成長的基本機制？(A) 環境；(B) 個性；(C) 遺傳；(D) 家庭。

(　) 174. 「發展螺旋論」的提出者的其中一項貢獻是曾描述幾歲到幾歲
間的青少年的自我成長特徵？(A) 12-15；(B) 12-18；(C) 10-18；
(D) 10-15。

(　) 175. 依據「發展螺旋論」所作出的「青少年自我成長特徵」的歸
納，下列敘述何者為是？(A) 14歲－不太關心自己；(B) 14歲－
喜歡與他人相似；(C) 14歲－越來越會修飾自己；(D) 14歲－非
常在意他人把他們視為「小孩」。

(　) 176. 阿星是一位青少年，他今年的年齡所出現的特徵是「非常在意
個人的儀表」，請問依照「發展螺旋論」－「自我成長特徵」
來看，阿星今年幾歲？(A) 12歲；(B) 13歲；(C) 14歲；(D) 15
歲。

(　) 177. 「發展螺旋論」於1940-1950年代盛於一時，許多家長奉為育兒
聖經，但隨著＿＿＿＿的興起，發展螺旋論才日漸式微。(A) 古典
學派；(B) 行為學派；(C) 認知學派；(D) 權變學派。

(　) 178. 下列何者不是「發展螺旋論」的理論重點？(A) 環境才是最重
要的影響個體發展因素；(B) 生長是一個規則的自然發展歷程；
(C) 成長具有「律動順序」；(D) 生長歷程中會有不平衡產生，
隨之再以新的平衡減低不平衡。

(　) 179. 根據「發展螺旋論」認為，何者的重要性可能甚於後天的環境
教養？(A) 優生保健；(B) 適性發展；(C) 強迫學習；(D) 訓導方
法。

(　) 180. 史肯納（B. F. Skinner）的操作增強理論中，B = f(E)所代表的
是？(A) 勇氣是信心的函數；(B) 行為是環境的函數；(C) 異常是
愚蠢的函數；(D) 富裕是經濟的函數。

(　) 181. 史肯納（B. F. Skinner）相信：個人的行為是受制於＿＿＿＿的。
空格中應該填入的是？(A) 遺傳；(B) 父母；(C) 文化；(D) 環
境。

（　）182. 史肯納（B. F. Skinner）認為「社會控制」是改變個人行為的重要力量之一，社會控制的方法<u>不包括</u>下列何者？(A) 操作制約；(B) 描述行為後果；(C) 身體限制；(D) 改變刺激。

（　）183. 史肯納（B. F. Skinner）認為「操作制約」是改變行為的一種技術，試問下列何者是操作制約中的懲罰性做法？(A) 表現良好行為時給予獎勵；(B) 假釋囚犯；(C) 沒收遊樂器；(D) 提早結束保護管束。

（　）184. 史肯納（B. F. Skinner）的社會控制中，敘述行為後果的技術的應用方式可以有哪些？(A) 廣告；(B) 文章；(C) 法律規章；(D) 以上皆可。

（　）185. 下列情境中哪個算是史肯納（B. F. Skinner）的操作增強理論之中，所謂的剝奪法？(A) 禁止吃零食，讓他吃正餐；(B) 給人民言論自由，人民才不會推翻政府；(C) 給小孩有很多玩具玩，讓他比較不會搗蛋；(D) 假日讓小孩常出門，平常就比較不會亂跑。

（　）186. 下列何者是史肯納（B. F. Skinner）所謂的「自我控制」方法之中的「改變刺激」？(A) 把自己關起來，遠離增強物；(B) 要專心唸書的學生把電視關掉；(C) 臥薪嚐膽；(D) 忙碌的工作以忘記傷痛。

（　）187. 班都拉所謂的社會學習理論公式 $B = f(P \cdot E)$ 其中 P 代表了什麼？(A) 個人的一切內在事件；(B) 個人所具有的力量；(C) 個人的經驗總合；(D) 個人的雙親影響。

（　）188. 班都拉重視「認知能力」對個體的影響，而「自我效能」是「自我系統」的主要成分。試問自我效能指的是？(A) 在特定環境中個體對自己可以完美達成任務的能力強度；(B) 在特定環境中個體對自己表現良好行為程度的自我知覺；(C) 在特定環境中個體對自己努力程度可以有效控制的知覺；(D) 在特定環境中個

體對自己在時間內可以完成任務的知覺。

（　）189. 下列何者<u>不是</u>班都拉的社會學習理論中，能影響自我效能形成的來源？(A) 成就的達成；(B) 替身經驗；(C) 口語說服；(D) 自我催眠。

（　）190. 根據班都拉的理論，青少年透過觀察歷程就能進行學習。觀察學習的歷程主要經由四個步驟，請問下列順序何者正確？(A) 注意過程～再生過程～增強過程～保持過程；(B) 再生過程～注意過程～保持過程～增強歷程；(C) 注意過程～保持過程～再生過程～增強歷程；(D) 再生過程～增強歷程～注意過程～保持過程。

（　）191. 班都拉認為楷模要發揮心理影響力，需有三個配合條件，試問下列何者<u>不是</u>三個配合條件之一？(A) 楷模的特質；(B) 觀察者的特質；(C) 模仿的結果；(D) 模仿的歷程。

（　）192. 班都拉認為輔導與治療的最終目標是「自我規劃」，以下哪一個<u>不是</u>達成自我規劃的技術之一？(A) 錯誤嘗試反省法；(B) 明顯或替身楷模法；(C) 隱性或認知楷模法；(D) 激發自制力。

（　）193. 下列何者<u>不是</u>哈維葛斯特所提出的青少年發展任務論？(A) 接納自己的身體與容貌，並表現適宜的男性或女性的性別角色特徵；(B) 培養良好的政治參與度以及加入政黨；(C) 情緒獨立，不在依附父母或其他成人；(D) 為未來的婚姻或家庭做準備。

（　）194. 皮亞傑的認知發展論中所謂的「基模」會經由下列哪兩個歷程擴展或修正？(A) 吸收與成長；(B) 適應及演化；(C) 同化與調適；(D) 解決與啟發。

（　）195. 皮亞傑的認知發展階段論中有四個時期，其中青少年的認知發展大約處於哪個階段？(A) 感覺動作期；(B) 運思前期；(C) 具體運思期；(D) 形式運思期。

（　）196. 道德是指行為的標準或準則，郭爾保的道德發展論深受皮亞傑

的認知發展論影響，他認為：(A) 認知發展越高的人，並不一定會具有比較好的道德發展；(B) 認知發展越高的人，反而會有比較低的道德發展；(C) 道德發展與認知發展相同的是，早期的發展是後期發展的基礎；(D) 道德發展和認知發展都有其相對應的年齡。

（ ）197. 在郭爾保的道德發展論中，所謂的循規期、階段三是指個體有怎樣的行為動機？(A) 逃避懲罰而遵守規範；(B) 為避免良心譴責而遵守規範；(C) 避免受到法律制裁；(D) 避免他人反對或不悅而遵守規範。

（ ）198. 郭爾保認為良好的道德教育應該使青少年能親身體驗，才能達到提升兒童與青少年道德發展中層次的效果。試問下列做法何者無法達成提升道德發展中層次的效果？(A) 背頌戒律以及教條；(B) 呈現道德衝突給青少年們參與討論；(C) 提供更高一層次的問題解決策略來激發道德推理與判斷的發展；(D) 教育與輔導工作者以身作則，作為表率。

（ ）199. 西爾曼（Selman）的社會認知論所探討的重點在於？(A) 個人對社會的深入了解與適應；(B) 個人的社會訊息處理過程；(C) 群體意識對社會的影響力如何發揮；(D) 群體意識如何受到社會的影響。

（ ）200. 根據西爾曼（Selman）的社會認知理論，青少年的人際了解最可能達到下列哪一個階段？(A) 自我中心未分化階段；(B) 自我深思熟慮階段；(C) 相互觀點取替階段；(D) 主觀觀點階段。

（ ）201. 根據西爾曼（Selman）的社會認知理論，青少年的友誼發展最可能達到下列哪一個階段？(A) 暫時性玩伴階段；(B) 親密與相互分享階段；(C) 單方協助階段；(D) 公平氣氛下的合作階段。

（ ）202. 根據西爾曼（Selman）的社會認知理論，大約9～15歲的青少年的友誼發展是處於哪個階段？(A) 親密與相互分享階段；(B) 單

方協助階段；(C) 自主相互依賴階段；(D) 友誼發展階段是沒有年齡上的範圍的。

(　) 203. 根據勒溫的的場地理論其中 $B = f(LSP)$ 其中的 LSP 指的是？(A) 一個個體接受父母照顧的時間長短；(B) 青少年期的平均每日睡眠度；(C) 每一段友誼所維繫的時間總合；(D) 心理和生活的全部。

(　) 204. 根據勒溫的場地理論，青少年被稱為「邊際人」這是因為青少年位於哪兩者之間？(A) 升學與就業；(B) 戀愛與學業；(C) 兒童與成人；(D) 面對與逃避。

(　) 205. 依照勒溫的看法，為了使青少年的生活空間有擴展與統整的可能，青少年尤其需要什麼要素？(A) 督促；(B) 自由；(C) 勸導；(D) 愛。

(　) 206. 米德調查薩摩亞的兒童與青少年人格發展與社會文化發展的歷程，發現：(A) 薩摩亞兒童的發展是一種連續性的發展歷程；(B) 薩摩亞兒童的發展受到當地落後環境的阻礙；(C) 薩摩亞兒童的發展進入到青少年期突然加速；(D) 薩摩亞兒童的發展與美國兒童一樣受到壓力。

(　) 207. 米德認為造成美國青少年的不適應與壓力是由於下列哪種因素？(A) 美國的經濟富裕；(B) 美國的教育歧見；(C) 美國人的遺傳因子中隱含壓力根源；(D) 美國的環境與文化。

(　) 208. 班乃迪克特認為青少年所感受的壓力高低要檢視文化的哪種性質？(A) 公平性；(B) 守法性；(C) 民主性；(D) 連續性。

(　) 209. 下列幾項，何者不是班乃迪克特的觀點？(A) 西方文化忽視青少年的性教育，增加了婚後性調適的困難；(B) 青少年意識形態分化不如成人細密，常以激進觀點看社會；(C) 兒童期父母的支配性過高，成人後被要求支配自己的生活；(D) 社會鼓勵青少年在家庭中不用負責，離開家庭卻要負責。

（　）210. 所謂的「環境論者」是下列哪兩位學者？(A) 米德、班乃迪克特；(B) 班都拉、史肯納；(C) 哈維葛斯特、勒溫；(D) 皮亞傑、郭爾保。

（　）211. 所謂的「友誼發展五階段」是由下列哪一位學者提出的？(A) 勒溫；(B) 皮亞傑；(C) 西爾曼；(D) 班乃迪克特。

（　）212. 所謂的「發展任務論」是由下列哪位學者提出的？(A) 哈維葛斯特；(B) 班都拉；(C) 皮亞傑；(D) 西爾曼。

（　）213. 所謂的「道德發展階段論」是由下列哪位學者提出的？(A) 皮亞傑；(B) 西爾曼；(C) 郭爾保；(D) 勒溫。

（　）214. 所謂的「場地理論」是由下列哪位學者提出的？(A) 班乃迪克特；(B) 米德；(C) 勒溫；(D) 班都拉。

（　）215. 「認知發展論」重視個體識知與資訊處理的發展歷程，下列何者不屬於「認知發展論」？(A) 皮亞傑的認知發展階段論；(B) 郭爾保的道德發展論；(C) 哈維葛斯特的發展任務理論；(D) 西爾曼的人際了解階段論。

（　）216. 「社會文化論」以社會環境觀點探討兒童及青少年的問題，下列何者不屬於「社會文化論」的範圍？(A) 勒溫的場地理論；(B) 米德的人類學理論；(C) 班乃迪克特的社會文化理論；(D) 郭爾保的道德發展論。

（　）217. 班都拉所發展的社會學習論，兼顧認知因素與環境因素的對個體行為的影響，下列何者不是班都拉所強調的？(A) 班都拉重視認知能力對個體的影響；(B) 班都拉認為增強作用是可以「替身的」；(C) 班都拉認為行為是環境與個人內在事件交互作用的結果；(D) 班都拉認為，就算沒有認知的中介作用，增強作用還是可能發生。

（　）218. 皮亞傑的認知發展論認為青少年大多已達到了形式運思期的階段，試問形式運思期的青少年不一定具有下列何種能力？(A) 可

在心智上做多層次的思考與判斷；(B) 可以考慮未來變化的可能性；(C) 可以設計出非常複雜的數學問題；(D) 可以更現實的思考自己所處的世界。

（　）219. 史肯納（B. F. Skinner）相信個體的行為是受制於環境的，因此青少年是可訓練、可教育、可控制的，史肯納（B. F. Skinner）與班都拉的差異在於？(A) 班都拉重視認知能力對個體的影響，較輕環境；(B) 班都拉認為增強作用是可以替身的；(C) 班都拉認為行為是環境與個人內在事件交互作用的結果；(D) 以上皆是。

（　）220. 將兒童及青少年認知發展階段分為感覺動作期、前運思期、具體運思期及形式運思期，是以下哪位學者的主張？(A) 皮亞傑（Piaget）；(B) 布魯納（Bruner）；(C) 杜威（Dewey）；(D) 佛洛伊德（Freud）。【台南縣89學年度教師甄選】

（　）221. 下列何者為一般人界定青少年最普遍的方式？(A) 年齡；(B) 生理；(C) 法律；(D) 社會學。

（　）222. 艾瑞克森（E. Erikson）的理論特別注重下列何者對青少年社會化的影響？(A) 潛意識作用；(B) 趨避衝突；(C) 認同與辨識作用；(D) 本我需求滿足。

（　）223. 人類學者米德（M. Mead）發現並非每一個青少年都會經歷所謂發展上的「狂飆期」，此乃根基於何種觀點？(A) 社會功能論；(B) 生物演化論；(C) 文化決定論；(D) 社會學習論。【95高級中等以下學校及幼稚園教師資格檢定】

（　）224. 下列對青少年自我發展陳述何者正確？(I)青少年人格發展的核心是自我發展；(II)青少年自我發展的結果與其環境互動無關；(III)青少年自我發展基本上是一種分化及統整過程；(IV)青少年自我發展的危機會造成適應上的問題。(A) (II)(III)；(B) (I)(II)(IV)；(C) (I)(III)(IV)；(D) (I) (II)(III) (IV)。【95高級中等以下學

校及幼稚園教師資格檢定】

（　）225. 社會學習論對青少年的道德發展，強調何者的重要性？(A) 超我的良好發展；(B) 兩難情境的討論；(C) 從自律到他律；(D) 增強和模仿。

（　）226. 八歲的阿明是處於具體運思期的兒童，他的哥哥大華則屬於形式運思期的青少年。根據皮亞傑（J. Piagget）的理論，大華與阿明認知能力最明顯的差異為下列何者？(A) 同化（assimilation）；(B) 保留（conservation）；(C) 質性差異（qualitative difference）；(D) 假設演繹推理（hypothetical-deductive reasoning）。【95高級中等以下學校及幼稚園教師資格檢定】

（　）227. 螺旋式成長型態，是下列哪一位學者的觀點？(A) G. Stanley Hall；(B) Arnold Gesell；(C) S. Freud；(D) J. Piaget。

（　）228. 佛洛伊德（S. Freud）覺得性衝動與攻擊本能及驅力的行為主要是受到什麼影響而有所策動？(A) 享樂原則；(B) 生理原則；(C) 社會原則；(D) 文化原則。

（　）229. Robert Havighurst概述青少年時期的八個主要任務，下列何者為非？(A) 能夠情緒獨立於父母或其他成人；(B) 不想做到社會責任的行為；(C) 接納自己的身體形貌並有效地善用；(D) 與同年齡的男女同儕都能發展新而更成熟的關係。

（　）230. Kurt Lewin的理論中，認為要了解一個青少年的行為，可以從哪些向度觀察得到？(I)需求；(II)環境；(III)目標；(IV)動機。(A) (I)(II)；(B) (I)(IV)；(C) (III)(IV)；(D) (I)(II)(III)(IV)。

（　）231. 艾力克遜（E. Erikson）將以下何者當作青少年期的主要發展？(A) 認定自我；(B) 超越自我；(C) 追求自我；(D) 發展自我。

（　）232. 在Robert Selman對青少年期描述的社會角色採納，下列何者為非？(A) 開始察覺到動機、感覺是由心理因素所形塑；(B) 開始

領悟其實人格是信念、價值與態度所組成的系統；(C) 能與他人進行精確溝通；(D) 無法清楚區分自己與他人觀點之間的差異。

（　）233. 將兒童及青少年發展階段分為口腔期、肛門期、性蕾期、潛伏期、兩性期的學者是誰？(A) 安娜佛洛伊德（A. Freud）；(B) 布魯納（Bruner）；(C) 米德（M. Mead）；(D) 佛洛伊德（S. Freud）。

（　）234. 青少年成長的發展不只是向上，也是螺旋式成長型態，既有向上的也有向下的轉變，是哪一位學者所強調的？(A) Anna Freud；(B) Arnold Gesell；(C) Eric Erikson；(D) Jean Piaget。

（　）235. 6歲的小聰平常爸爸想靠近媽媽時，小聰就立刻阻止爸爸，不讓父親靠近母親，小聰可能是哪一種情況？(A) 戀母情節；(B) 戀父情節；(C) 潛伏期；(D) 叛逆期。

（　）236. 以下哪一位學者強調兒童藉由觀察他人行為與仿效該模樣而達成學習？(A) Albert Bandura；(B) Kurt Lwein；(C) Jean Piaget；(D) Erik Erikson。

（　）237. 社會學習論（social learning theory）發展成為一套系統的理論，係由何人所開始？(A) 華生（Watson）；(B) 桑代克（Thorndike）；(C) 班杜拉（Bandura）；(D) 斯肯納（Skinner）。

（　）238. 青少年政治社會化歷程中，何者有重要的影響力？(A) 父母；(B) 同儕；(C) 媒體；(D) 以上皆是。

（　）239. 下列何人將人的一生分為八個階段，並據此提出著名的「社會心理發展論」？(A) 郭爾保（L. Kohlberg）；(B) 艾瑞克森（E Erikson）；(C) 班度拉（A. Bandura）；(D) 奧斯伯（D. P. Ausubel）。【93學年度臺北縣國民中學教師聯合甄選】

（　）240. 個體能對環境適應，表示他的認知結構與環境間能維持一種波動的心理狀態，稱為？(A) 同化；(B) 調適；(C) 平衡；(D) 失

衡。

( ) 241. 為了順利跨越青少年時期，青少年需要去因應哪三大方面的改變？(A) 生物挑戰、自然挑戰、心理挑戰；(B) 自然挑戰、心理挑戰、社會挑戰；(C) 社會挑戰、心理挑戰、生物挑戰；(D) 自然挑戰、社會挑戰、生物挑戰。

( ) 242. 下列哪個因素是影響青少年發展的基礎因素？(A) 生理因素；(B) 心理因素；(C) 社會因素；(D) 以上皆是。

( ) 243. 青少年發展上如果生理、認知與社會發展同時發生，則產生危險問題的可能性就會怎樣？(A) 不變；(B) 降低；(C) 提高；(D) 一定會發生。

( ) 244. 何者發現青少年的朋友選擇並不是青少年與其父母摩擦的來源？(A) Bandura；(B) Douran；(C) Adelson；(D) Offer。

( ) 245. 在青少年發展的過程中，誰是青少年世界的最中心？(A) 同儕；(B) 父母；(C) 老師；(D) 以上皆是。

( ) 246. 終身觀點的學者運用什麼研究方法來探討社會世界，以及個人功能的變化，以有效的協助青少年發展？(A) 認知重組；(B) 介入；(C) 發展任務；(D) 方案實施。

( ) 247. 終身觀點是為探尋並了解人一生的發展過程，並綜合什麼的影響。此觀點強調個體間與體內的差異，藉由對發展差異上的了解，並試圖讓人生有最佳的發展？(A) 生理、自然、脈絡；(B) 自然、心理、脈絡；(C) 生理、心理、自然；(D) 生理、心理、脈絡。

( ) 248. S. Freud認為性心理發展有五個階段，以發展順序排列為：(A) 口腔期、肛門期、性器期、潛伏期、兩性期；(B) 口腔期、肛門期、潛伏期、性器期、兩性期；(C) 口腔期、潛伏期、肛門期、性器期、兩性期；(D) 口腔期、潛伏期、性器期、肛門期、兩性期。

（ ）249. Erik Erikson的心理發展有八個階段中，其中三期以下何者最正確？(A) 學前期、就學期、成人期；(B) 學前期、就學期、就業期；(C) 就學期、青春期、成長期；(D) 嬰兒期、兒童期、少年期。

（ ）250. J. Piaget提出認知發展有四個普遍性的階段，其順序為：(A) 感覺動作期、形式運思期、前運思期、具體運思期；(B) 前運思期、感覺動作期、具體運思期、形式運思期；(C) 感覺動作期、前運思期、具體運思期、形式運思期；(D) 形式運思期、感覺動作期、前運思期、具體運思期。

（ ）251. J. Piaget是那個國家的科學家？(A) 法國；(B) 德國；(C) 英國；(D) 瑞士。

（ ）252. 二十世紀最有影響力的心理學者是誰？(A) G. Stanley Hall；(B) Erik Erikson；(C) Sigmund Freud；(D) McCandless。

（ ）253. 從認知發展的觀點，發展出道德發展理論，引起廣泛的研究與討論的學者是以下哪位？(A) Lawrence Kohlberg；(B) Anna Freud；(C) McCandless；(D) Erik Erikson。

（ ）254. 哪位學者提出發展強度互動理論，認為人類發展需要從發展的真實環境或生態中去加以了解？(A) Lawrence Kohlberg；(B) Urie Bronfenbrenner；(C) McCandless；(D) Bandura。

（ ）255. 將人的一生分為八個階段，並據此提出的「社會心理發展論」的是哪一位學者？(A) Sigmund Freud；(B) E. Erikson；(C) A. Bandura；(D) Urie Bronfenbrenner。

（ ）256. 哪一位學者相信人類生命循環系統的改變如同物種的演化？(A) Sigmund Freud；(B) E Erikson；(C) Bandura；(D) G. Stanley Hall。

（ ）257. 以皮亞傑之認知發展論而言，一般的國中生是處於何種階段？(A) 形式運思期；(B) 具體運思期；(C) 運思前期；(D) 感覺動作

期。

（　）258. 大部分的青少年研究都侷限在哪個地區的青少年？(A) 歐裔美國中產階級；(B) 英國中產階級；(C) 中華民國中產階級；(D) 歐裔美國低產階級。

（　）259. 下列何人將人的一生分為八個階段，並據此提出著名的「社會心理發展論」？(A) L. Kohlberg；(B) E. Erikson；(C) A. Bandura；(D) G .Stanley Hall。

（　）260. 本我、自我、超我的人格結構是誰最先提出來的？(A) Sigmund Freud；(B) Anna Freud；(C) Bandura；(D) Urie Bronfenbrenner。

（　）261. 以下學者的理論不是屬於自然與教養微弱互動理論的？(A) Sigmund Freud；(B) Anna Freud；(C) A. Bandura；(D) E. Erikson。

（　）262. 以下何者的理論為自然理論之一？(A) L. Kohlberg；(B) Erikson；(C) A. Bandura；(D) G. Stanley Hall。

（　）263. 是哪一位學者的研究揭穿了青少年期的刻板印象？(A) Sigmund Freud；(B) Anna Freud；(C) A. Bandura；(D) E. Erikson。

（　）264. 以下哪一個學者的研究理論最重視早年生活經驗？(A) G. Stanley Hall；(B) Erik Erikson；(C) Sigmund Freud；(D) A. Bandura。

（　）265. 艾力克森（E. Erikson）特別注重青少年的哪些美德？(A) 希望；(B) 意志；(C) 忠誠；(D) 愛。

（　）266. 在精神分析與心理動力學派的諮商技術中，對於當事人移情作用、抗拒或潛意識壓抑的經驗，常透過何種技術分析？(A) 面質（confrontation）；(B) 無條件積極關注（unconditional positive regard）；(C) 駁斥（disputing）；(D) 解析（interpretation）。

（　）267. 李同學在期末考時準備不周全，他批評老師試題出得不妥當有失公平，以致他考得不理想。請問李同學是使用下列何種防衛機制？(A) 合理化作用；(B) 反向作用；(C) 補償作用；(D) 昇華

作用。【96高級中等以下學校及幼稚園教師資格檢定】

（　）268. 小玉在心理輔導過程中，會不自覺地將她過去對母親的感受，轉到輔導老師的身上，這是哪一種現象？(A) 反移情作用；(B) 抗拒作用；(C) 移情作用；(D) 認知謬誤。【97高級中等以下學校及幼稚園教師資格檢定】

（　）269. 精神分析學派認為下列哪一種情形會對心理健康最有負面影響？(A) 自我未能適當協調本我與超我的衝突；(B) 面對痛苦現實，暫時以自我防衛機制面對焦慮；(C) 面對移情現象，突破並分析浮現上來的感覺；(D) 分析夢境裡呈現出的被壓抑的情緒。【97高級中等以下學校及幼稚園教師資格檢定】

（　）270. 國二的軒信將性衝動導向社會所接受的方式，這是屬於下列哪一種防衛機制？(A) 投射作用；(B) 轉移作用；(C) 昇華作用；(D) 合理化作用。【98高級中等以下學校及幼稚園教師資格檢定】

（　）271. 根據皮亞傑（J. Piaget）的觀點，青少年是透過哪兩種基本認知歷程來建構對周圍環境的理解？(A) 基模（scheme）與組織（organization）；(B) 平衡（equilibration）與運思（operation）；(C) 守恆（conservation）與分類（classification）；(D) 同化（accommodation）與調適（assimilation）。【98高級中等以下學校及幼稚園教師資格檢定】

（　）272. 國二的小明發現自己在和大人對話中，可以了解大人的觀點與想法。這種現象屬於人際關係發展中哪一階段的特性？(A) 主觀（subjective or differentiated perspective）階段；(B) 深層社會觀點（society or in-depth perspective）階段；(C) 相互的觀點（third person or mutually perspective）階段；(D) 自我反省（self-reflective or reciprocal perspective）階段。【98高級中等以下學校及幼稚園教師資格檢定】

（　）273. 在輔導的過程中，學生常把輔導老師當成責怪他的父親或母親。這是下列哪一種作用？(A) 替代作用；(B) 投射作用；(C) 移情作用；(D) 內射作用。【98高級中等以下學校及幼稚園教師資格檢定】

（　）274. 有一位高中女生她很會說話表達自己的想法，可是在與別人溝通時卻似乎無法理解別人說的話。這是大腦皮質的哪一個區域出現問題？(A) 威尼克區（Wernicke）；(B) 布洛卡（Broca）；(C) 聯合（association）；(D) 聽覺（auditory）。【98高級中等以下學校及幼稚園教師資格檢定】

（　）275. 青少年處於佛洛依德（S. Freud）人格發展理論的哪一期？(A) 口腔期（oral stage）；(B) 肛門期（anal stage）；(C) 兩性期（genital stage）；(D) 潛伏期（latency stage）。【99高級中等以下學校及幼稚園教師資格檢定】

（　）276. 根據安娜‧佛洛依德（A. Freud）防衛機轉（defense mechanism）的觀點，青少年不只嘗試更多相同的防衛，他們更會形成自我組織的新機轉，例如：使用更抽象、智能推理去合理化自己的行為，這個新的自我防衛機轉稱為什麼？(A) 昇華（sublimation）；(B) 理智化（intellectualization）；(C) 退化作用（regression）；(D) 反向作用（reaction formation）。【99高級中等以下學校及幼稚園教師資格檢定】

（　）277. 諮商員對案主投射一些情緒或表達出與治療無關的行為，這是屬於下列何種現象？(A) 示範；(B) 正移情作用；(C) 反移情作用；(D) 真誠一致性。【99高級中等以下學校及幼稚園教師資格檢定】

（　）278. 某中學訂有學生銷過的辦法，使學生藉由良好或熱心服務的行為來申請銷過。這是下列哪一種輔導策略？(A) 懲罰；(B) 隔離；(C) 負增強；(D) 正增強。【100高級中等以下學校及幼稚園

教師資格檢定】

（　）279. 老師對學生說：「雖然朋友不斷影響你、慫恿你，你還是把多年的菸癮戒掉了，哇！真了不起，你是怎麼做到的？」。這是焦點解決短期治療的哪一種問句？(A) 評量問句；(B) 例外問句；(C) 差異問句；(D) 奇蹟問句。【100高級中等以下學校及幼稚園教師資格檢定】

（　）280. 下列哪一位學者強調生理因素對青少年發展的重要性？(A) 米德（M. Mead）；(B) 葛賽爾（A. Gesell）；(C) 賽爾門（R. Selman）；(D) 班度拉（A. Bandura）。【102高級中等以下學校及幼稚園教師資格檢定】

（　）281. 根據馬西亞（J. Marcia）的觀點，下列何者對青少年而言是最不成熟的統合狀態？(A) 迷失型；(B) 早閉型；(C) 未定型；(D) 定向型。【102高級中等以下學校及幼稚園教師資格檢定】

（　）282. 育誠回答說：「我的功課沒有進步，是因為老師教得不好，害我聽不懂，我也很想要努力啊！」育誠是使用下列哪一種自我防衛機制？(A) 投射作用；(B) 退化作用；(C) 替代作用；(D) 合理化作用。【105高級中等以下學校及幼稚園教師資格檢定】

解　答

1.(A)　2.(C)　3.(D)　4.(C)　5.(A)　6.(B)　7.(C)　8.(C)　9.(B)　10.(A)

11.(C)　12.(D)　13.(A)　14.(D)　15.(A)　16.(B)　17.(A)　18.(B)　19.(D)　20.(B)

21.(D)　22.(B)　23.(C)　24.(D)　25.(B)　26.(B)　27.(A)　28.(B)　29.(C)　30.(B)

31.(C)　32.(C)　33.(A)　34.(D)　35.(D)　36.(D)　37.(B)　38.(D)　39.(B)　40.(C)

41.(B)　42.(A)　43.(C)　44.(A)　45.(C)　46.(C)　47.(B)　48.(D)　49.(A)　50.(A)

51.(B)　52.(B)　53.(B)　54.(A)　55.(C)　56.(D)　57.(C)　58.(C)　59.(B)　60.(C)

61.(D)　62.(C)　63.(A)　64.(B)　65.(A)　66.(B)　67.(D)　68.(C)　69.(A)　70.(C)

71.(B)　72.(C)　73.(A)　74.(B)　75.(B)　76.(D)　77.(D)　78.(B)　79.(D)　80.(A)

81.(B)　82.(C)　83.(D)　84.(B)　85.(A)　86.(C)　87.(C)　88.(A)　89.(B)　90.(C)

91.(B)　92.(A)　93.(A)　94.(A)　95.(D)　96.(C)　97.(A)　98.(B)　99.(C)　100.(B)

101.(C)　102.(A)　103.(C)　104.(D)　105.(C)　106.(B)　107.(D)　108.(A)　109.(A)　110.(B)

111.(D)　112.(C)　113.(B)　114.(B)　115.(A)　116.(B)　117.(B)　118.(C)　119.(B)　120.(B)

121.(B)　122.(C)　123.(D)　124.(A)　125.(C)　126.(D)　127.(C)　128.(A)　129.(C)　130.(C)

131.(B)　132.(B)　133.(C)　134.(C)　135.(A)　136.(C)　137.(B)　138.(D)　139.(D)　140.(C)

141.(B)　142.(C)　143.(B)　144.(B)　145.(B)　146.(C)　147.(C)　148.(B)　149.(A)　150.(A)

151.(A)　152.(B)　153.(A)　154.(B)　155.(B)　156.(C)　157.(C)　158.(A)　159.(C)　160.(A)

161.(B)　162.(B)　163.(D)　164.(A)　165.(C)　166.(A)　167.(C)　168.(A)　169.(A)　170.(C)

171.(D)　172.(D)　173.(C)　174.(D)　175.(B)　176.(C)　177.(B)　178.(A)　179.(A)　180.(B)

181.(D)　182.(D)　183.(C)　184.(D)　185.(A)　186.(B)　187.(A)　188.(B)　189.(D)　190.(C)

191.(D)　192.(A)　193.(B)　194.(C)　195.(D)　196.(C)　197.(D)　198.(A)　199.(B)　200.(C)

201.(B)　202.(A)　203.(D)　204.(C)　205.(B)　206.(A)　207.(D)　208.(D)　209.(B)　210.(A)

211.(C)　212.(A)　213.(C)　214.(C)　215.(C)　216.(D)　217.(D)　218.(C)　219.(D)　220.(A)

221.(A)　222.(C)　223.(C)　224.(C)　225.(D)　226.(D)　227.(B)　228.(A)　229.(B)　230.(D)

231.(A)　232.(D)　233.(D)　234.(B)　235.(A)　236.(A)　237.(C)　238.(D)　239.(D)　240.(C)

241.(C)　242.(D)　243.(C)　244.(A)　245.(B)　246.(B)　247.(D)　248.(B)　249.(C)　250.(C)

251.(D)　252.(C)　253.(A)　254.(B)　255.(B)　256.(D)　257.(A)　258.(A)　259.(B)　260.(A)

261.(C)　262.(D)　263.(C)　264.(C)　265.(C)　266.(D)　267.(A)　268.(C)　269.(A)　270.(C)

271.(D)　272.(C)　273.(C)　274.(A)　275.(C)　276.(B)　277.(C)　278.(C)　279.(B)　280.(B)

281.(A)　282.(D)

第三章

青少年發展的理論模式(II)

重點整理

1. 學習理論是將青少年的成長視為學習的過程，行為與人格視為學習的結果，而青少年所處的環境塑造與修正了青少年的行為。學習理論和青少年發展與輔導關係最為密切的理論有：(1)操作增強理論；(2)社會學習理論；(3)發展任務論。

2. 操作增強理論中史肯納（B. F. Skinner）提出B = f (E) 的公式，亦即行為（B）是環境（E）的函數。史肯納（B. F. Skinner）認為人的一生都是處在學習的環境之中，獲得滿足的行為會得到增強，生活中無數的增強作用聯結而成，乃使個人形成習慣或以一定方式對外界作反應。

3. 「社會控制」與「自我控制」是改變與塑造個人行為的二個重要力量，史肯納認為社會控制的方法主要有四：(1)操作制約；(2)描述行為後果；(3)剝奪與飽足；(4)身體限制。自我控制的技術有(1)身體限制；(2)物理協助；(3)改變刺激；(4)飽足；(5)嫌惡刺激；(6)替代法。

4. 發展社會學習理論的班都拉（A. Bandura）提出B = f (P · E)的公式，其中B是行為，P代表個人的一切內在事件，尤其是認知狀態，E代表環境，亦即行為是個人與環境交互作用的結果。

5. 「自我效能」是「自我系統」中的主要成分，班都拉（A. Bandura）認為影響自我效能形成的來源共有四方面：(1)成就的達成；(2)替身經驗；(3)口語說服；(4)情緒激起。

6. 模仿是行為形成的主要因素，班都拉（A. Bandura）認為楷模要發揮心理影響力，需有三個配合條件：(1)楷模的特質；(2)觀察者的特質；(3)模仿的結果。

7. 班都拉（A. Bandura）認為輔導與治療的最終目標是「自我規劃」，要使當事人達成自我規劃需有三個階段：(1)誘發改變；(2)類化；(3)維持。

8. 為了促使當事人能達到自我規劃的目標，班都拉（A. Bandura）另外再提出下列治療技術：(1)明顯或替身楷模法；(2)隱性或認知楷模法；(3)激發自制力。

9. 「發展任務」就是指個體成長的每一階段都有相對應需要去達成或發展的事項、工作或任務。根據哈維葛斯特（Robert Havighurst）的理論，青少年時期共有九項發展任務。

10. 哈維葛斯特（Robert Havighurst）相信青少年期是學習與達成發展任務的「敏感時期」，是個體生理成熟且幾乎可以學習各種新能力的時期。此時期的學習如果效果不佳會影響後期的學習，因為發展任務亦具有次序性。

11. 認知發展是連續漸進的，此牽涉到青少年將歸納推理能力轉變成演繹推理能力。

12. 認知發展論重視個體識知與訊息處理的發展歷程，認知學者認為青少年期是個體新知能、創造力或思考判斷力嶄新開展的時期。主要的代表派別有：(1)皮亞傑（J. Piaget）的認知發展論；(2)郭爾保（L. Kohlberg）的道德發展論；(3)西爾曼（Selman）的社會認知論。

13. 皮亞傑（J. Piaget）的認知發展論有二個基本概念：(1)基模；(2)適應。主張認知發展牽涉人與環境之間的關係，其包含二大過程：(1)同化；(2)調適。知識的形成與獲得是適應的結果，認知結構即是基模不斷重組的結果。

14. 皮亞傑主張認知發展的目的在於創造同化與調適之間的均衡狀態。

15. 皮氏的理論將個體的發展分為四期，且不可改變順序：(1)感覺動作期；

(2)運思前期；(3)具體運思期；(4)形式運思期。皮氏認為青少年已進入形式運思期階段，心智上日趨成熟，可思考未來、運用邏輯思考、考慮行為的後果，並以現實的方式思考所處環境。

16. 郭爾保（L. Kohlberg）的道德發展論基本上以認知歷程作為個體道德推理的基礎，道德推理和智能成熟相切合，他將道德發展分為三層次：(1)循規前期；(2)循規期；(3)循規後期，以及六階段：(1)懲罰與服從導向；(2)個別工具性目的與交換導向；(3)保持良好關係與獲得讚賞；(4)權威維持的道德；(5)民主契約的道德；(6)普遍的倫理原則。

17. 郭爾保的理論是中度互動理論，因為它沒有完全處理所謂發展的來源，亦即人與環境的互動。他的理論幾乎著重個人過程，排除環境過程。

18. 郭爾保關注道德教育，好的道德教育應刺激兒童與青少年向更高一層的道德層次發展，如道德兩難問題的討論、道德問題的探索、師生之間的互動等。

19. 社會認知論重點在於個人的社會訊息處理過程，即個體在社會情境中，如何經由基模與推論感知他人的想法及行動的意義。西爾曼的理論為研究青少年的社會認知發展提供了人際了解五階段論及友誼發展五階段論。

20. 西爾曼從社會認知觀點探討兒童與青少年對人際了解與友誼形成的發展歷程，擴大了青少年研究的範圍。

21. 社會文化論以社會環境的觀點來思考青少年的問題，可分為三個主要的派別：(1)場地理論；(2)人類學理論；(3)社會文化論。

22. 場地理論以勒溫（Lewin）為代表人物，其理論要點在於行為是生活空間的函數，即B＝f (LSP)，青少年的發展因生活空間的擴展，受到較多的環境壓力，漂浮在成人與兒童的世界之間，成為不安的「邊際人」。

23. 人類學理論以米德（M. Mead）為代表人物，此理論以人類學的觀點來看待青少年的發展，著重於不同文化間青少年發展觀察及發展特徵。

24. 社會文化論以班乃迪克（R. Benedict）為代表，該理論重視社會文化對

青少年的影響，認為個體的發展是社會組織的產物，社會就是由社會角色所組成，在社會與文化中，青少年發展才能顯示出意義。父母與師長在輔導上不應過度突顯成人與青少年的差異性，以免擴大相互間的鴻溝。

試題演練

（　）1. 學生發生不被歡迎的行為，老師故意不理睬，是行為改變技術之何種原理？(A) 處罰；(B) 消弱；(C) 增強；(D) 隔離。【94新竹縣國民小學新進教師聯合甄選】

（　）2. 認為學習的發生是由於一直練習而來的，是以下哪位學者的觀點？(A) 史金納（B. F. Skinner）；(B) 布魯納（J. S. Bruner）；(C) 皮亞傑（J. Piaget）；(D) 維高斯基（L. S. Vygotsky）。【94年度臺中市政府受託辦理市立高級中等以下各級學校候用教師甄選】

（　）3. 哪一種教育學派認為「給我一個孩子，我可以訓練成任何你想要的樣子？(A) 認知學派；(B) 人本主義學派；(C) 行為學派；(D) 功能學派。【94嘉義市國民小學一般教師聯合甄選】

（　）4. 下列哪一個學派主張「環境塑造人類，教育就是佈置各種增強環境，以幫助學習者建立新的『刺激—反應』」連結」？(A) 心理分析學派；(B) 行為學派；(C) 人本主義心理學；(D) 認知學派。【94臺北縣國民中學正式教師聯合甄選暨代理代課教師聯合筆試】

（　）5. 古典制約與操作制約最大的<u>不同</u>是？(A) 古典制約強調聯結，操作制約強調增強；(B) 古典制約強調刺激類化，操作制約強調刺激區辨；(C) 古典制約強調刺激物，操作制約強調增強物；(D) 古典制約強調被動反應，操作制約不強調自發行為。【94臺北縣國民中學正式教師聯合甄選暨代理代課教師聯合筆試】

（　）6. 下列何者為負增強的例子？(A) 學生考試超過90分，老師送圖書券100元一張，於是學生更努力用功；(B) 規定先吃完飯，才可以吃愛吃的點心，孩子很快把飯吃完；(C) 學生討厭數學老師，跟著也不喜歡數學；(D) 放學後馬上寫功課，媽媽就不會嘮叨指責，於是養成寫功課的好習慣。【94臺北縣國民中學正式教師聯合甄選暨代理代課教師聯合筆試】

（　）7. 班都拉（A. Bandura）的社會學習理論，最能說明以下哪一個現象？(A) 明新常上色情網站，導致常常性幻想；(B) 文英上課提出好問題被老師讚美，其他同學提問的次數遂逐漸增加；(C) 文詠社會科成績不好，他決定多做社會服務來彌補不足；(D) 威丞在公眾面前講話很容易有社會性焦慮，但受到情感支持而改善。【94臺北縣國民中學正式教師聯合甄選暨代理代課教師聯合筆試】

（　）8. 以工具制約實驗與行為理論聞名的心理學家是：(A) 班度拉（A. Bandura）；(B) 桑代克（E. L. Thorndike）；(C) 巴夫洛夫（I. P. Pavlov）；(D) 斯肯納（B. F. Skinner）。【94新竹縣國民中學新進教師甄選聯合筆試】

（　）9. 下列何者是「負增強」之意義？(A) 有好的行為表現，就除去其懲罰；(B) 不好的行為就處罰；(C) 小狗不聽指令，將其關在籠子；(D) 海豚表演完給一隻小魚當獎勵。【94臺中市政府受託辦理市立高級中等以下各級學校候用教師甄選】

（　）10. 下列何者不是刺激反應聯結論的學習歷程實驗？(A) 巴夫洛夫（N. P. Pavlov）古典制約學習；(B) 柯勒（W. Köhler）的頓悟學習；(C) 斯肯納（B. F. Skinner）的操作制約學習；(D) 桑代克（E. L. Thorndike）的嘗試錯誤學習。【94臺中市政府受託辦理市立高級中等以下各級學校候用教師甄選】

（　）11. 當學生在上課時故意發出怪聲，企圖引起老師和同學的注意，而老師以「聽若不聞」的態度，使學生自討沒趣而停止該種行為，

老師依據的是何種教學原理？(A) 消弱；(B) 增強；(C) 類化；(D) 建構。【94臺北縣國小暨幼稚園教師甄選】

( ) 12. 當學生緊張的時候，發現「吸手指」可以舒緩情緒，於是每次緊張的時候便會吸手指，這是一種：(A) 正增強；(B) 負增強；(C) 正統條件化；(D) 部份增強。【桃園縣國民小學教師甄試教育專業科目】

( ) 13. 班杜拉（A. Bandura）的社會學習理論為互動學習理論之代表，強調在社會情境中個體的學習是經由下列何種過程產生的？(A) 刺激－反應連結；(B) 觀察學習和模仿之聯結；(C) 內在心智架構與知識獲得的改變；(D) 將訊息加以組織、建構加以吸收。【93雲林縣國民小學教師、代理教師甄選】

( ) 14. 對於表現不足的處理，適合採行下列哪些方法？(I)誘發引導；(II)提供楷模學習；(III)事實增強；(IV)行為塑造；(V)行為契約。(A) (I)(II)(III)(IV)(V)；(B) (I)(II)(III)(IV)；(C) (I)(II)(III)；(D) (IV)(V)。

( ) 15. 給予厭惡的刺激的是指：(A) 正增強；(B) 懲罰；(C) 消弱；(D) 隔離。

( ) 16. 行至十字路口，遇到紅燈，即停下來，這種行為使屬於制約學習的：(A) 類化；(B) 辨別；(C) 消弱；(D) 自然恢復。【93嘉義市國民中學教師聯合甄選】

( ) 17. 「楷模學習」是根源於下述何種理論：(A) 心理分析論；(B) 社會學習論；(C) 認知發展論；(E)古典制約學習理論。

( ) 18. 人類學者米德（M. Mead）發現並非每一個青少年均會經歷所謂發展上的「狂飆期」，此乃根基於何種論點？(A) 社會功能論；(B) 生物演化論；(C) 文化決定論；(D) 社會學習論。【95高級中等以下學校及幼稚園教師資格檢定】

( ) 19. 以下有關性別角色發展理論的敘述，何者有誤？(A) 佛洛伊德（S.

Freud）認為雙親認同是影響青少年性別角色發展的主要心理歷程；(B) 社會學習論認為文化的作用與周圍人物的增強，使男女行為表現日益分化；(C) 認知發展論認為個人為了獲得酬賞，所以會表現出適當的性別行為角色；(D) 郭爾保（L. Kohlberg）認為早年兒童對性別自我分類奠定了性別角色發展的基礎。【95高級中等以下學校及幼稚園教師資格檢定】

（　）20. 國內外有關青少年形式運思能力的研究發現，下列何者較為正確？(A) 國內許多國中生仍無形式運思能力；(B) 青少年運思能力不受文化影響；(C) 形式運思能力在大學就停止發展；(D) 有形式運思能力的青少年其父母管教大多屬於放任型。【95高級中等以下學校及幼稚園教師資格檢定】

（　）21. 八歲的阿明是一個處於具體運思期的兒童，他的哥哥大華則是屬於形式運思期的青少年。根據皮亞傑（J. Piaget）的理論，大華與阿明認知能力最明顯的差異為下列何者？(A) 同化（assimilation）；(B) 保留（conservation）；(C) 質性差異（qualitative difference）；(D) 假設演繹推理（hypothetical-deductive reasoning）。【95高級中等以下學校及幼稚園教師資格檢定】

（　）22. 根據皮亞傑（J. Piaget）的理論，下列何者是青少年認知發展的主要特色？(A) 具有設計實驗的能力；(B) 當二件事物同時發生，就認定二者為因果關係；(C) 具有空間心理運作能力；(D) 物體改變時，只注意到改變後的狀態而忽略了改變的過程【92台中市國民中學教師甄選】

（　）23. 在皮亞傑（J. Piaget）的認知發展論中，個體依據現有的基模（schema）來了解新物體或事件的歷程稱為：(A) 平衡；(B) 反射；(C) 同化；(D) 調適。

（　）24. 依據皮亞傑（J. Piaget）的理論，個體的智能是依規則的

（lawful）與可預測的（predictable）類型在改變之中，其理論有哪兩個基本的概念？(A) 基模（schema）、適應（adaptation）；(B) 適應（adaptation）、調適（accommodation）；(C) 基模（schema）、同化（assimilation）；(D) 同化（assimilation）、調適（accommodation）。

（　）25. 皮亞傑（J. Piaget）認為兒童自我中心的運作是屬於認知發展中的哪一階段？(A) 感覺動作期；(B) 運思前期；(C) 具體運思期；(D) 形式運思期。

（　）26. 依據J. Piaget的觀點，5至11歲兒童的認知發展進入何時期？(A) 感覺動作期；(B) 前操作期；(C) 具體操作期；(D) 形式操作期。

（　）27. 學生希望被稱讚而表現出道德行為是L. Kohlberg 道德認知發展論的哪一階段？(A) 階段一；(B) 階段二；(C) 階段三；(D) 階段四。

（　）28. 皮亞傑（J. Piaget）以四個時期(I)形式運思期；(II)感覺動作期；(III)預備運思期；(IV)具體運思期，來說明智能發展情形。下列哪個順序是正確的？(A) (II)(III)(I)(IV)；(B) (III)(II)(I)(IV)；(C) (II)(III)(IV)(I)；(D) (III)(II)(IV)(I)。

（　）29. 道德認知發展論者主張下列何種活動較有助於提升學生的道德認知發展至自律階段？(A) 道德楷模的塑造；(B) 道德目的的解脫；(C) 行為習慣的指導；(D) 道德兩難情境事例的討論。

（　）30. 下列關於友伴關係發展的敘述中，正確的是哪一項？(A) 學齡前的幼兒對朋友比較多正向行為，因此也易建立持久的友伴關係；(B) 在小學階段，兒童比較喜歡與同性別同學在一起，不同性別兒童常有各自的地盤；(C) 現在學校教育使青少年受同伴影響的程度減低，在國中階段仍以父母為主要認同對象；(D) 對青少年而言，同儕團體對她們由家庭的保護到獨立成人有不利的影響。

（　）31. 依據皮亞傑（J. Piaget）的認知發展階段論，在兩歲至七歲大多

數兒童是處於哪一個發展階段？(A) 運思前期；(B) 感覺動作期；
(C) 具體運思期；(D) 形式運思期。

（　）32. 皮亞傑（J. Piaget）認為運用舊經驗便可以處理新知識經驗的歷程
稱為？(A) 失衡；(B) 調適；(C) 適應；(D) 同化。

（　）33. 認知論的發展使得研究者從研究抽象材料的學習，轉向在真實情
境的學習，其對學習的主張為何？(A) 獲得反應；(B) 獲得知識；
(C) 建構知識；(D) 獲得訊息。

（　）34. 皮亞傑（J. Piaget）認為學習的機制不包含下列何者？(A) 平衡；
(B) 適應；(C) 鷹架；(D) 同化。

（　）35. 皮亞傑（J. Piaget）的認知發展論認為個人對訊息的處理有
兩種方式，其中改變既有的認知結或建立基模是何種方式？
(A) 同化（assimilation）；(B) 平衡（equilibrium）；(C) 調適
（accommodation）；(D) 運思（operation）。

（　）36. 認為「每個人都追求自己的利益，對個人有立即利益才守規
定」，屬於郭爾保（L. Kohlberg）的道德發展論的何種階段？(A)
他律階段；(B) 個人主義階段；(C) 順從人際關係相互期望階段；
(D) 維護社會體系階段。

（　）37. 學習者從觀察楷模中得到增強的行為，而後在相同或類似的情境
會表現相同或類似的行為是何理論？(A) 訊息處理；(B) 需求階段
論；(C) 古典制約論；(D) 社會學習論。

（　）38. 「楷模學習」是根源於下述何種理論：(A) 心理分析論；(B) 社會
學習論；(C) 認知發展論；(D) 古典制約學習理論。

（　）39. 主張道德的發展是循序漸進，無法跳躍的學派是：(A) 心理分析
論；(B) 社會學習論；(C) 訊息處理論；(D) 認知發展論。

（　）40. 皮亞傑（J. Piaget）認知發展論中的哪一期能進行抽象思維？(A)
感覺動作期；(B) 前運思期；(C) 具體運思期；(D) 形式運思期。

（　）41. 在布魯納（J. Bruner）表徵系統論中，能運用文字數字來代表其

經驗知識，是屬於：(A) 動作表徵期；(B) 形像表徵期；(C) 符號表徵期；(D) 抽象表徵期。

（　）42. 根據郭爾保（L. Kohlberg）的道德三期六段論，認為會按照行為後果是否帶來需求滿足來判斷行為好壞是在：(A) 避罰服從；(B) 相對功利；(C) 尋求認可；(D) 遵守法規 的階段。

（　）43. 根據郭爾保（L. Kohlberg）的道德三期六段論，認為只看行為後果的好壞，盲目服從權威是：(A) 避罰服從；(B) 相對功利；(C) 尋求認可；(D) 遵守法規階段。

（　）44. 依據郭爾保（L. Kohlberg）道德認知發展階段的觀點，會依據行為後果來判斷好壞對錯是屬於：(A) 自我中心期；(B) 道德成規前期；(C) 道德成規期；(D) 道德成規後期。

（　）45. 郭爾保（L. Kohlberg）認為促進兒童道德認知的最佳方式是：(A) 兩難困境教學法；(B) 探究教學法；(C) 發表教學法；(D) 價值澄清教學法。

（　）46. 賽爾門（Selman, 1980）將友誼概念分為四個階段，根據賽氏的研究，青少年對友誼的看法大約落在階段三。階段三主要的友誼特徵是：(A) 自主又相互依賴的關係；(B) 親密與分享；(C) 順境中的合作；(D) 單向友誼。

（　）47. 下列哪一個階段，屬於道德發展的成規後期？(A) 避罰和服從取向階段；(B) 好孩子取向階段；(C) 法律和秩序取向階段；(D) 普遍性倫理原則取向階段。【92嘉義市國民中學老師教師甄試】

（　）48. 古典制約學習與工具制約學習最主要的不同處，是：(A) 前者的行為是主動的，後者的行為是被動的；(B) 前者學習快，後者學習慢；(C) 前者的行為是被動的，後者的行為是主動的；(D) 前者利用效果律，後者利用接近律。

（　）49. 下列何者非史肯納（B. F. Skinner）所認為的社會控制方法？(A) 操作制約；(B) 物理協助；(C) 剝奪與飽足；(D) 身體限制。

（　）50. 史肯納（B. F. Skinner）認為自我控制的技術有哪些？(I)嫌惡刺激；(II)物理協助；(III)剝奪；(IV)身體限制；(V)描述行為後果。(A) (I)(II)(III)；(B) (II)(III)(IV)；(C) (I)(II)(IV)；(D) (II)(III)(V)。

（　）51. 志文因屢次未繳交作業，被老師處罰每天午修時間到辦公室罰站，直到志文每次都能按時繳交作業時，老師才停止對他的處罰。請問老師停止處罰，是運用了下列哪一種操作制約的方法？(A) 積極增強；(B) 消極增強；(C) 嫌惡刺激；(D) 去除積極增強物。

（　）52. 依林在與交往三年的男友分手後，為了減輕失戀的痛苦，除了原本白天的工作，下班後又多接了一份晚上的工作，希望藉由忙碌來忘記傷心的感覺。她使用了哪一種自我控制的方法？(A) 身體限制；(B) 物理協助；(C) 改變刺激；(D) 替代法。

（　）53. 下列何者發展學者認為是青少年期必需完成的發展任務？(A) 發覺自己的性需求和滿足方式；(B) 決定明確生涯發展志向；(C) 探索自己的生涯意義；(D) 選擇自己喜好的異性型態。

（　）54. 以皮亞傑（J. Piaget）的發展認知論觀點，國民小學的學生其相對的發展期為：(A) 具體運思期；(B) 形式運思期；(C) 場地獨立期；(D) 前運思期。【92台中市國民中學教師甄選】

（　）55. 社會學習論對青少年的道德發展，強調何者的重要性？(A) 超我的良好發展；(B) 兩難情境的討論；(C) 從自律到他律；(D) 增強到示範。【95高級中等以下學校及幼稚園教師資格檢定】

（　）56. 文華和明美為了「母親是否可以為了自己的小孩而偷竊」爭論不已。文華認為法律是在保障大多數人的權益，如果每個人都這麼做，法律對人民就沒有約束力。但明美認為，身為母親應該盡最大的力量來保護子女，若母親沒有盡到應盡的責任，將會受到社會的指責。明美可能是處於基理良（C. Gilligan）道德發展理論的哪一階段？(A) 個人生存的道德（morality as individual survive）；(B) 自我犧牲的道德（morality as self-sacrifice）；(C) 互惠的道德（morality as mutuality）；(D) 均等的道德（morality as equality）。【95高級中等以下學校及幼稚園教師資格檢定】

( ) 57. 下列哪一個階段，屬於道德發展的成規後期？(A) 避罰和服從取向階段；(B) 好孩子取向階段；(C) 法律和制序取向階段；(D) 普遍性倫理原則取向階段。【93嘉義市國民中學教師甄選】

( ) 58. 皮亞傑（J. Piaget）將個體適應環境時，所表現出來的基本行為型態稱作：(A) 原型；(B) 基樁；(C) 適境；(D) 基模。

( ) 59. 適時輔導學生是教學的不二法門，是：(A) 皮亞傑；(B) 維果斯基；(C) 布魯納；(D) 訊息處理　的認知發展理論的重要涵義。

( ) 60. 給予厭惡刺激的是指：(A) 正增強；(B) 懲罰；(C) 消弱；(D) 隔離。【93嘉義縣國民小學教師甄選】

( ) 61. 行為改變技術其理論基礎來自：(A) 操作制約；(B) 古典制約；(C) 認知論；(D) 社會學習論。【93台中市國民小學教師甄選】

( ) 62. 強調觀察與模仿在學習中的作用的是：(A) 史肯納；(B) 帕夫洛夫；(C) 桑代克；(D) 班度拉。

( ) 63. 皮亞傑（J. Piaget）認為運用舊經驗便可以處理新知識經驗的歷程稱為？(A) 失衡；(B) 調適；(C) 適應；(D) 同化。【93澎湖國民小學教師甄選】

( ) 64. 有關皮亞傑（J. Piaget）的認知發展論在教育上的涵義，下列何者正確？(A) 教育要重視兒童思考的歷程；(B) 教育要重視兒童思考的結果；(C) 教育要重視社會文化的影響；(D) 教育要重視讓兒童以成人的方式思考。【93澎湖國民小學教師甄選】

( ) 65. 下列何者不是班度拉觀察學習歷程的過程？(A) 注意；(B) 保留；(C) 激勵；(D) 回饋。【93澎湖國民小學教師甄選】

( ) 66. 國小學生因害怕懲罰而服從規定，根據郭爾保的理論，此類學童是屬於哪一個道德發展階段？(A) 道德循規期；(B) 道德循規前

期；(C) 道德自律期；(D) 道德循規後期。

（　）67. 勒溫主張場地論，認為人的行為是受個人生活空間的影響，其示意公式為：(A) B ＝ ƒ(P · E)；(B) B ＝ ƒ(B · S)；(C) P ＝ ƒ(B · E)；(D) B ＝ ƒ(LSP)。

（　）68. 學生到辦公室不會喊報告就進入是由於什麼原理造成？(A) 正增強；(B) 負增強；(C) 漸隱；(D) 消弱。

（　）69. 「舉一反三」、「觸類旁通」是學習遷移中的哪一種現象？(A) 特殊遷移；(B) 負遷移；(C) 水平遷移；(D) 垂直遷移。【88高雄縣國民小學教師甄選】【91屏東縣國民中學教師甄選】【92台南縣國民中學教師甄選】【93台中市國民小學教師甄選】

（　）70. 對於人類發展模式的敘述下列何者是不正確的？(A) 由中心到邊端；(B) 早期是後期的基礎；(C) 由特殊到整體；(D) 有共同模式。【93台中市國民中學教師甄選】

（　）71. 艾力克遜（E. Erikson）的心理社會發展論認為國民中學階段學生的發展任務為：(A) 自主（autonomy）對羞愧（shame）；(B) 信任（trust）對不信任；(C) 勤勉（industry）對自卑（inferiority）；(D) 自我認同（identity）對角色混淆（role confusion）。【90台中縣國民中學教師甄選】【91彰化縣國民中學教師甄選】【92台中市國民中學教師甄選】【93台南市國民小學教師甄選】

（　）72. 小孩子在認知結構中已經有小汽車的經驗，以後看到不同顏色的小汽車時，仍能知道它是小汽車之認知歷程，是符合皮亞傑（J. Piaget）認知理論中的哪一個概念？(A) 組織；(B) 調適；(C) 同化；(D) 平衡。【93嘉義市國民小學教師甄選】

（　）73. 柯柏格（L. Kohlberg）的道德發展觀點，具「法治觀念取向」者，屬下列何種時期的特徵？(A) 道德他律期；(B) 道德自律期；(C) 道德循規期；(D) 道德成規前期。【92台南市國民中學教師甄

選】

（　）74. 皮亞傑（J. Piaget）的認知發展理論，所受到的主要批評為何？
(A) 難以解釋認知結構中量的改變；(B) 低估青少年期的形式運思
能力；(C) 將認知發展階段的順序倒置；(D) 低估兒童期的認知思
維能力。

（　）75. 個人在學校的群體經驗，透過和同學互相比較，會更深入自我認
識與了解，有時會改變自己的想法和行為，因此同儕團體在青少
年自我認同發展中佔重要的影響角色，此同儕團體又稱為：(A)
聚眾團體；(B) 常模團體；(C) 參照團體；(D) 友誼團體。

（　）76. 心理學家艾力克遜（E. Erikson）認為青少年與大人的世界分離，
其真正目的是要發現他們自己是誰，也就是其心理學理論的重要
核心概念？(A) 中年危機；(B) 老年危機；(C) 發展危機；(D) 認
同辨識危機。

（　）77. 主張螺旋式課程編纂原理的學者是？(A) 杜威；(B) 皮亞傑；(C)
布魯納；(D) 布魯姆。

（　）78. 假釋犯人是屬於何種增強方式？(A) 正增強；(B) 負增強；(C) 消
羽；(D) 懲罰。

（　）79. 下列哪一個敘述是負增強（negative reinforcement）？(A) 家長為
了不好的行為而打小孩屁股；(B) 老師為了學生上課說話而阻止
他；(C) 小孩因為被家長找到而停止哭泣；(D) 當電視被關掉的時
候小孩會大發脾氣。

（　）80. 在皮亞傑（J. Piaget）的認知發展理論中，兒童約在哪個階段發
展「守恆概念」；意即物體某方面的特徵，將不因其某方面特徵
改變而有所改變？(A) 感覺動作期；(B) 前運思期；(C) 具體運思
期；(D) 形式運思期。

（　）81. 布魯納（J. Bruner）的表徵系統論中之符號表徵期，與皮亞傑（J.
Piaget）認知發展論中的哪一期相似？(A) 感覺動作期；(B) 前運

思期；(C) 具體運思期；(D) 形式運思期。

（ ）82. 學生希望被稱讚而表現出道德行為是L. Kohlberg道德認知發展
論的哪一階段？(A) 階段一；(B) 階段二；(C) 階段三；(D) 階段
四。

（ ）83. 教師能在學生學業、生活、情感不知所措時，適時給予接納、關
懷、同理心等技巧，讓學生能走出陰霾，這是具有下列何種教師
角色表現？(A) 訓練者；(B) 諮商員；(C) 引導者；(D) 人道主義
者。

（ ）84. 在布龍費部瑞納（U. Bronfenbrenner）的定義中，數個組成人類
發展生態之相關系統的第二個，是發展中的個人生活的主要脈
絡，稱之為？(A) 中層系統；(B) 外層系統；(C) 鉅觀系統；(D)
微觀系統。

（ ）85. 個人生存的文化價值和信念、歷史事件，影響其他生態系統，指
的是哪種系統？(A) 上層系統；(B) 外層系統；(C) 鉅觀系統；(D)
微觀系統。

（ ）86. 根據布龍費部瑞納（U. Bronfenbrenner）的生態理論，數個組成
人類發展生態之相關系統的第三個，是哪個系統？(A) 上層系
統；(B) 外層系統；(C) 鉅觀系統；(D) 微觀系統。

（ ）87. 哪種系統不包括在布龍費部瑞納（U. Bronfenbrenner）所提到的
發展的生態的系統或環境類型？(A) 上層系統；(B) 外層系統；
(C) 鉅觀系統；(D) 微觀系統。

（ ）88. 布龍費部瑞納（U. Bronfenbrenner）認為個人特定點的發展主要
環境之間的相關是哪種生態或環境類型？(A) 中層系統；(B) 外層
系統；(C) 鉅觀系統；(D) 微觀系統。

（ ）89. 根據皮亞傑（J. Piaget）的理論知道當一個人的動作倒反，物體就
能回到原來的樣子，稱為？(A) 運思；(B) 可逆性；(C) 同化；(D)
適應。

（　）90. 貝爾蒂斯（P. B. Baltes）夫婦的SOC模式中，所討論的過程，不包括下列哪項？(A) 選擇；(B) 最佳化；(C) 補償；(D) 合作。

（　）91. 根據貝爾蒂斯（P. B. Baltes）的理論，當補償努力失敗或其成本高於所得時，個人重新建構他們的目標階層，降低標準，或是尋找新的目標，稱之為？(A) 損失本位的選擇；(B) 補償；(C) 最佳化；(D) 選擇。

（　）92. 貝爾蒂斯（P. B. Baltes）提起青少年必須要有哪些能力？(I)學校學業知識；(II)批判性思考能力；(III)生活技巧；(IV)環境技巧；(V)自然技巧；(VI)電腦技巧。(A) (I)(II)；(B) (III)(IV)(V)(VI)；(C) (I)(II)(III)(VI)；(D) (I)(II)(III)(IV)(V)(VI)。

（　）93. 青少年與有互動的人一起生活，受情境脈絡影響。青少年也許可能受到他／她沒有直接扮演角色的脈絡所影響。布龍費部瑞納（U. Bronfenbrenner）將這些影響視為人類發展生態中的第幾個系統？(A) 一；(B) 二；(C) 三；(D) 四。

（　）94. 下列何者不是提升青少年自我概念發展的輔導作法：(A) 強調失敗的經驗；(B) 對於不當行為提出指正，但不批評個人；(C) 鼓勵與自己的過去競爭；(D) 提供成功的經驗。【94高級中等以下學校及幼稚園教師資格檢定】

（　）95. 有關青少年的人格特徵，下列何者錯誤？(A) 獨立自主要求頗強；(B) 尋求自我認定；(C) 思想過於現實化；(D) 反抗意識濃厚。【94高級中等以下學校及幼稚園教師資格檢定】

（　）96. 社會心理學家勒溫（K. Lewin）的人格理論提到衝突，假設某一國中生想打電玩卻又擔心影響課業，此現象符合下列哪種類型？(A) 雙避衝突；(B) 趨避衝突；(C) 雙重趨避衝突；(D) 雙趨衝突。【94高級中等以下學校及幼稚園教師資格檢定】

（　）97. 青少年性別角色的發展乃是對雙親認同作用之結果，此觀點屬於何種理論？(A) 精神分析論；(B) 社會學習論；(C) 認知發展論；

(D) 心理社會論。【94高級中等以下學校及幼稚園教師資格檢定】

（　）98. 根據研究，青少年自我認同（self- identity）可區分為四種狀態，宗燁的選擇常常以取悅父母而為，對於維護傳統的事物十分感興趣，律己很嚴，對同儕團體或英雄人物十分認同。你認為，宗燁的這些情形比較偏向哪一種自我認同狀態？(A) 定向型（identity achievement）；(B) 早閉型（foreclosure）；(C) 未定型（moratorium）；(D) 迷失型（identity diffusion）。【94高級中等以下學校及幼稚園教師資格檢定】

（　）99. 將兒童及青少年認知發展階段分為感覺動作期、前運思期、具體運思期及形式運思期，是以下那位學者的主張？(A) Piaget；(B) Bruner；(C) Dewey；(D) Kohlberg。

（　）100. 下列何者是提升青少年自我概念發展的輔導作法：(I)強調失敗的經驗；(II)對於不當行為提出指正，但不批評個人；(III)鼓勵與自己的過去競爭；(IV)提供成功的經驗。(A) (II)(III)(IV)；(B) (I)(II)(III)；(C) (I)(III)(IV)；(D) (I)(II)(III)(IV)。

（　）101. 提出B = f (LSP)（亦即行為源於個體與其環境的互動）的學者是：(A) 勒溫（Lewin）；(B) 斯肯納（Skinner）；(C) 容格（Jung）；(D) 佛洛依德（Freud）。

（　）102. 學校具有社會化和選擇功能，其中社會化功能的目的是什麼？(A) 培養學生繼承父業的條件；(B) 培養具有共同價值和信念；(C) 培養社會所需的人才；(D) 促進社會水平流動。

（　）103. 人類學者米德（M. Mead）發現並非每一個青少年均會經歷所謂發展上的「狂飆期」此乃根基於何種論點？(A) 社會功能論；(B) 生物演化論；(C) 文化決定論；(D) 社會學習論。【95高級中等以下學校及幼稚園教師資格檢定】

（　）104. 國三學生奇偉最近的行為突然大幅轉變，父母帶至精神科看醫

生，被診斷為精神分裂症，他最可能會有哪些行為改變？(I)突然變得比以前過動；(II)思考障礙；(III)疑心過敏；(IV)有睡眠障礙。(A) (II)(III)；(B) (I)(II)(III)；(C) (I)(III)(IV)；(D) (I)(II)(III)(IV)。【95高級中等以下學校及幼稚園教師資格檢定】

( ) 105. 下列何種學習動機最能幫助青少年發展各項技能，且達到自主的學習狀態？(A) 社會動機（social motivation）；(B) 表現動機（performance motivation）；(C) 外在動機（extrinsic motivation）；(D) 精熟動機（mastery motivation）。【95高級中等以下學校及幼稚園教師資格檢定】

( ) 106. 以皮亞傑（J. Piaget）的發展認知論觀點，國民小學的學生其相對的發展期為：(A) 具體運思期；(B) 形式運思期；(C) 場地獨立論；(D) 前運思期。【92台中市國民中學教師甄試】

( ) 107. 皮亞傑（J. Piaget）的認知發展理論中，將兩歲到七歲兒童的認知發展階段，稱之為：(A) 具體運思期；(B) 形式運思期；(C) 感覺動作期；(D) 前運思期。【94基隆市國民中學暨幼稚園教師甄選】

( ) 108. 依照J. Piaget的分類，國中學生應位於：(A) 感覺動作期；(B) 運思前期；(C) 具體運思期；(D) 形式運思期。

( ) 109. 操作增強理論中史基納提出B=f(E)的公式，其中B是（行為），E代表何者？(A) 時代；(B) 時間；(C) 環境；(D) 付出。

( ) 110. 青少年是兒童與成人之間的過渡時期，如同橋梁一樣。是指青少年具有哪項特質？(A) 青少年是一個轉折期；(B) 青少年是一個年齡層；(C) 青少年是生理發展的時期；(D) 青少年是一種社會文化現象。

( ) 111. 青少年常帶起流行加上生活型態較為激進，導致成人強烈的批評，造成此負向刻板印象的主因為何？(A) 青少年使成人記起個人的生活體驗；(B) 青少年對成人的安全有所威脅；(C) 成人對

青少年會有羨慕與嫉妒；(D) 成人害怕失去對青少年的控制。

（　）112. 根據皮亞傑（J. Piaget）的理論，下列何者是青少年認知發展
的主要特色？(A) 具有設計實驗的能力；(B) 當兩件事物同時
發生，就認定兩者為因果關係；(C) 具有空間心理運作能力；
(D) 物體改變時，只注意到改變後的狀態而忽略了改變的歷程。
【92台中市國民中學教師甄試】

（　）113. 社會學習論對青少年的道德發展，強調何者的重要性？(A) 超我
的良好發展；(B) 兩難情境的討論；(C) 從自律到他律；(D) 增強
和示範。【95高級中等以下學校及幼稚園教師資格檢定】

（　）114. 皮亞傑（J. Piaget）認為一般小孩子在滿九歲以前係屬於：(A)
他律期；(B) 自律期；(C) 無律期；(D) 規律期。

（　）115. 有關青少年自我概念的陳述，下列何者較佳？(A) 以建立生理自
我為主；(B) 無明顯性別差異；(C) 理想自我與真實自我同步一
致；(D) 自我概念趨向主觀信念。【96高級中等以下學校及幼稚
園教師資格檢定】

（　）116. 有一學生認為：自己懶散、不努力用功，是因為父母不能以身
作則的結果。請問：該學生認為其習性的養成，是來自下列何
種因素？(A) 心理動力；(B) 遺傳；(C) 古典制約；(D) 社會學
習。【96高級中等以下學校及幼稚園教師資格檢定】

（　）117. 佑心是國中輔導老師，她帶領一個「國中生生涯探索」團體，
下列何者是該團體輔導轉換階段的主要任務？(A) 協助成員彼此
建立初步的認識；(B) 凝聚成員對團體的向心力；(C) 討論團體
規約；(D) 解決成員困擾。【96高級中等以下學校及幼稚園教師
資格檢定】

（　）118. 下列何者不是兒童與青少年抑鬱（depression）的主要徵候？(A)
妄想與幻覺；(B) 依賴與情緒化等退化行為；(C) 飲食與睡眠困
擾；(D) 學業成績異常退步。【96高級中等以下學校及幼稚園教

師資格檢定】

（　）119. 根據九年一貫課程目標，國民教育階段的課程設計應以學生為主體，以下列何者為重心？(A) 生活經驗；(B) 統整知識；(C) 問題解決；(D) 理解應用。【93臺北縣國民中學教師聯合甄選】

（　）120. 從測驗的原理來看，國民中學基本學力測驗應該屬於哪一種性質的測驗？(A) 態度測驗；(B) 成就測驗；(C) 興趣測驗；(D) 性向測驗。【93臺北縣國民中學教師聯合甄選】

（　）121. 從高中學生的需求為考量，學校輔導工作應集中在哪類型的輔導？(A) 生活輔導；(B) 教育輔導；(C) 生涯輔導；(D) 偏差行為輔導。

（　）122. 學校輔導工作內容中，屬於直接服務的是哪一項？(A) 資訊服務；(B) 諮詢服務；(C) 自我評鑑；(D) 調查研究。

（　）123. 人類學理論以何人為代表人物，此理論以人類學的觀點來看待青少年的發展，著重於不同文化間的青少年發展觀察及發展特徵？(A) 郭爾保；(B) 米德；(C) 班乃迪克；(D) 皮亞傑。

（　）124. 學校的輔導工作應以哪些學生為對象？(A) 適應不良者；(B) 身心障礙者；(C) 學習遲緩者；(D) 全體學生。

（　）125. 社會文化論以＿＿＿＿為代表，該理論重視社會文化對青少年的影響，認為個體的發展是社會組織的產物，社會就是由社會角色所組成，在社會與文化中，青少年發展才能顯示出意義？(A) 班乃迪克；(B) 馬西亞；(C) 佛洛伊德；(D) 霍爾。

（　）126. 學習理論注重於青少年對＿＿＿＿變遷的反應能力，試問＿＿＿＿內應填入何者？(A) 環境；(B) 人格；(C) 學習；(D) 氣候。

（　）127. 佛洛伊德（Sigmund Freud）更注重下列何者對青少年社會化的影響？(A) 意識作用；(B) 趨避作用；(C) 合理化作用；(D) 本我需求的滿足。

（　）128. 認為青少年成長的歷程就是一個學習的過程是下列哪個理論的

主張？(A) 社會文化理論；(B) 認知發展理論；(C) 學習理論；
(D) 遺傳生物理論。

( ) 129. 「桃源二村」說虛構方式描述所建構的行為主義理想世界，試
問此書是何人的作品？(A) 杜威；(B) 史肯納；(C) 巴夫洛夫；
(D) 華生。

( ) 130. 史肯納（B. F. Skinner）認為個體行為具有諸多特性，下列何者
<u>不屬於</u>此範疇？(A) 有規則的；(B) 可預測的；(C) 可控制的；
(D) 有變異性的。

( ) 131. 史肯納（B. F. Skinner）認為習慣的養成是因為下列何種作用？
(A) 增強作用；(B) 削弱作用；(C) 逞罰作用；(D) 某種作用。

( ) 132. 當個體先「做了」某些事情，然後受到環境的「增強」，隨後
相似行為發生的可能性乃增加，此種過程稱為：(A) 古典制約；
(B) 現代制約；(C) 操作制約；(D) 連續制約。

( ) 133. 下列敘述何者正確？(A) 古典制約與操作制約皆認為個體行為都
是「自發的」；(B) 古典制約認為個體行為是「自發的」；操作
制約認為個體行為是「被引發的」；(C) 古典制約認為個體行為
是「被引發的」；操作制約認為個體行為是「自發的」；(D) 古
典制約與操作制約皆認為個體行為都是「被引發的」。

( ) 134. 史肯納（B. F. Skinner）認為社會控制的方法非常多，但其基本
運作歷程主要有幾種技術？(A) 3；(B) 4；(C) 5；(D) 6。

( ) 135. 操作制約又可以分為：(I)積極增強；(II)消極增強；(III)嫌惡刺
激；(IV)去除積極增強物。試問上述有哪幾個是屬於「懲罰」？
(A) (I)、(II)、(III)；(B) (II)、(III)、(IV)；(C) (II)、(IV)；(D)
(III)、(IV)。

( ) 136. 學生表現良好頒給獎狀，並給予熱烈掌聲，或附帶給予獎品。
此種方式是屬於下列何者？(A) 積極增強；(B) 消極增強；(C) 嫌
惡刺激；(D) 去除積極增強物。

( ) 137. 「犯人假釋」是屬於下列何者？(A) 積極增強；(B) 消極增強；
(C) 嫌惡刺激；(D) 去除積極增強物。

( ) 138. 父母沒收小孩電動玩具、禁止看電視等是屬於下列何種方式？
(A) 積極增強；(B) 消極增強；(C) 嫌惡刺激；(D) 去除積極增強
物。

( ) 139. 體罰、記過等是屬於下列何種方式？(A) 積極增強；(B) 消極增
強；(C) 嫌惡刺激；(D) 去除積極增強物。

( ) 140. 描述行為後果的技術是告知行為者何種的後果？(A) 增強作用；
(B) 消弱作用；(C) 懲罰作用；(D) 某種不明作用。

( ) 141. 剝奪與飽足的技術主要是在改變行為者的何種特質？(A) 外在環
境；(B) 內在環境；(C) 社會環境；(D) 自然環境。

( ) 142. 對於剝奪與飽足的技術，下列敘述何者正確？(A) 剝奪與飽足皆
是禁止慾望；(B) 剝奪與飽足皆是滿足慾望；(C) 剝奪是滿足慾
望、而飽足是禁止慾望；(D) 剝奪是禁止慾望、而飽足是滿足慾
望。

( ) 143. 「肥胖者遠離冰箱」，就此一敘述，符合下列何種技術？(A) 改
變刺激；(B) 身體限制；(C) 飽足；(D) 替代法。

( ) 144. 中國古代句踐臥薪嚐膽是利用下列何項技術？(A) 身體限制；
(B) 物理協助；(C) 飽足；(D) 嫌惡刺激。

( ) 145. 欲戒菸者遠離香菸、打火機、菸灰缸等等是利用何項技術？(A)
身體現制；(B) 物理協助；(C) 改變刺激；(D) 替代法。

( ) 146. 戒菸者吃口香糖幫助戒菸是利用何項技術？(A) 物理協助；(B)
飽足；(C) 替代法；(D) 改變刺激。

( ) 147. 何種技術只適用於自我控制且不適用於社會控制？(A) 改變刺
激；(B) 飽足；(C) 物理協助；(D) 替代法。

( ) 148. 下列對於班都拉（A. Bandura）的敘述何者正確？(A) 班都拉重
視環境對個體的影響，較看輕認知能力對個體的作用；(B) 班都

拉強調增強作用可以是「替身的」，直接觀察到他人所接受的
酬賞，對個人本身也會發生增強作用；(C) 班都拉認為行為不是
只有環境與個人的內在事件交互作用的結果；(D) 班都拉強調沒
有認知的中介作用，增強作用還是會發生。

(　) 149. 依據青少年心理學之父Hall的看法，青少年後期是處於哪一階
段？(A) 動物階段；(B) 蒐獵階段；(C) 野蠻階段；(D) 風暴階
段。

(　) 150. 依據青少年心理學之父Hall的看法，青少年情緒兩極化將會持續
到幾歲？(A) 18歲；(B) 20歲；(C) 22歲；(D) 25歲。

(　) 151. 認為基因與生物規律促成了個體的成熟，也決定了行為外顯的
順序及發展的趨勢。因此，能力與技巧的出現並不會受到特殊
訓練或練習的影響，上述是哪一種理論？(A) 生物導向理論；
(B) 生物進化理論；(C) 生物天成理論；(D) 生物生理理論。

(　) 152. 依據Arnold Gesell的螺旋式成長型態，強調發展不只＿＿＿的轉
變，也有＿＿＿的轉變。(A) 向前，向後；(B) 近程，遠程；(C)
生理，心理；(D) 向上，向下。

(　) 153. 依據佛洛伊德（Sigmund Freud）的看法，兒童對性不再那麼強
烈，轉而去親近那些幫助他們且滿足他們被愛需求的人們，這
是屬於哪一期？(A) 潛伏期；(B) 兩性期；(C) 口腔期；(D) 肛門
期。

(　) 154. 依據佛洛伊德（Sigmund Freud）的看法，伴隨內外在性器官
成熟，一股強烈的渴望要去緩解性的緊繃壓力，這是屬於哪一
期？(A) 潛伏期；(B) 兩性期；(C) 性蕾期；(D) 肛門期。

(　) 155. 艾力克遜（E. Erikson）以八大階段闡述人類的發展，青少年
期應屬於哪一種衝突？(A) 自主自發對退縮愧疚；(B) 自我統合
與認同混淆；(C) 友愛親密對孤獨疏離；(D) 精力充沛對頹廢遲
滯。

（ ） 156. 艾力克遜（E. Erikson）以八大階段闡述人類的發展，自主自發對退縮愧疚衝突是屬於哪一階段？(A) 兒童初期；(B) 就學年齡；(C) 青少年期；(D) 成人前期。

（ ） 157. J. Piaget所教導的認知發展是環境影響，以及大腦與神經系統成熟的共同成果，它使用五個名詞來陳述這些發展動力，其中「基模」是表示：(A) 對新訊息的容納與調整，進而增加個人的了解；(B) 將環境中的一項特徵合併到既有模式或思維結構裡；(C) 對新的訊息做出結構的調整，及創造新的結構取代舊的；(D) 思考的初始型態；人們應用以處理環境事件的心智結構。

（ ） 158. J. Piaget所教導的認知發展是環境影響，以及大腦與神經系統成熟的共同成果，它使用五個名詞來陳述這些發展動力，其中「同化」是表示：(A) 對新訊息的容納與調整，進而增加個人的了解；(B) 將環境中的一項特徵合併到既有模式或思維結構裡；(C) 對新的訊息做出結構的調整，及創造新的結構取代舊的；(D) 思考的初始型態；人們應用以處理環境事件的心智結構。

（ ） 159. J. Piaget所教導的認知發展是環境影響，以及大腦與神經系統成熟的共同成果，它使用五個名詞來陳述這些發展動力，其中「調適」是表示：(A) 對新訊息的容納與調整，進而增加個人的了解；(B) 將環境中的一項特徵合併到既有模式或思維結構裡；(C) 對新的訊息做出結構的調整，及創造新的結構取代舊的；(D) 思考的初始型態；人們應用以處理環境事件的心智結構。

（ ） 160. Urie Bronfenbrenner發展出一種用以理解社會影響的生態學模式，其中對青少年最具立即影響的是哪一系統？(A) 微系統；(B) 中系統；(C) 外系統；(D) 巨系統。

（ ） 161. Urie Bronfenbrenner發展出一種用以理解社會影響的生態學模式，生態系統這個部份組成青少年所不會積極參與但卻深受影響的情境，是屬於哪一系統？(A) 微系統；(B) 中系統；(C) 外系

統；(D) 巨系統。

（　）162. 學習者因為自己的表現或反應達到自己認可的良好標準而給予
自我酬償，是指：(A) 正增強；(B) 替代性增強；(C) 自我增強；
(D) 結果增強。

（　）163. 各個社會有其各自不同的社會制度、經濟型態、習性、儀式與
宗教信仰，這是說明：(A) 文化相對論；(B) 文化決定論；(C) 文
化社會論；(D) 文化群體論。

（　）164. 心理社會發展論提及青少年時期的發展危機為：(A) 自主行動
對羞怯懷疑；(B) 友愛親密對孤癖疏離；(C) 勤奮進取對自貶自
卑；(D) 自我統合對角色混亂。【94高級中等以下學校及幼稚園
教師資格檢定】

（　）165. 場地理論代表人物是_____，此一理論主要在於分析青少年發
展與生活空間的關聯，認為青少年的發展是生活空間的擴展。
(A) 田納；(B) 塞斯通；(C) 勒溫；(D) 米德。

（　）166. 九年一貫課程的學習活動內涵不包括下列何項？(A) 生活化；
(B) 統整化；(C) 適性化；(D) 科技化。【92台中市國民中學教師
甄選】

（　）167. 中央相關部會已成立「輔導中途輟學學生專案督導小組」，透
過會議協調相互支援事宜，並建立中輟學生通報系統，適時掌
握學生輟學狀態，且教育部與內政部警政署合作，透過警網協
尋行蹤不明學生，預防國中小學學生中輟，是貫徹以下那項教
育目標？(A) 義務教育；(B) 零拒絕；(C) 強迫入學；(D) 犯罪防
治。

（　）168. 方老師與班上同學訂定學習契約書，允許學生自己設定學習目
標與訂定學習計畫，請問此作法主要應用了哪一學派的學習理
論？(A) 行為學派；(B) 人文學派；(C) 認知學派；(D) 心理分析
學派。

（　）169. 如果學生以講求互惠的原則來進行道德判斷，請問其道德發展大致上是屬於郭爾保（L. Kohlberg）所主張道德發展三段六期論的哪一階段？(A) 服從與懲罰導向階段；(B) 工具性的相對論導向階段；(C) 法律和秩序導向階段；(D) 普遍倫理導向階段。【台中縣93學年度國民小學暨附設幼稚園合格教師聯合甄選】

（　）170. 班杜拉（A. Bandura）的社會學習論認為，學習者經由觀察學習對楷模人物的行為進行模仿，將因學習者當時的心理需求與學習所得（是技能抑或概念）的不同而有不同方式。請問，兒童先是觀察到水電工踩在高凳上修電燈，後來又看到媽媽踩在高凳上擦窗戶，於是學到踩在高凳上取下放置於書架頂層的故事書，此係屬：(A) 直接模仿（direct modeling）；(B) 綜合模仿（synthesized modeling）；(C) 象徵模仿（symbolic modeling）；(D) 抽象模仿（abstract modeling）。【93台中縣國民小學暨附設幼稚園合格教師聯合甄選】

（　）171. L. Kohlberg的道德認知發展論，所倡用的教學方法是：(A) 道德兩難教學；(B) 價值澄清法；(C) 道德演辯法；(D) 道德勸說法。【93屏東縣國民中學教師聯合甄選】

（　）172. 有一學生認為：自己懶散、不努力用功，是因為父母不能以身作則的結果。請問：該學生認為其習性的養成，是來自下列何種因素？(A) 道德兩難；(B) 遺傳；(C) 場地學習論；(D) 社會學習。

（　）173. 志明的女友在某一家咖啡廳對他提出分手的要求，結束兩年的感情。這個刻骨銘心的經驗使得志明在凡是提供咖啡的餐館都會輕微胃痛。此為何種現象？(A) 部份增強；(B) 區辨；(C) 類化；(D) 行為塑造。【96高級中等以下學校及幼稚園教師資格檢定】

（　）174. 小明的父親是醫生，從小學一年級起，小明就想成為醫生。

請問小明的自我統合是傾向於何種統合狀態？(A) 迷失型統合（identity diffusion）；(B) 早閉型統合（identity foreclosure）；(C) 未定型統合（identity moratorium）；(D) 定向型統合（identity achievement）。【96高級中等以下學校及幼稚園教師資格檢定】

( ) 175. 媽媽有時候說：「大雄你這麼大了還在看卡通，關起電視去讀書。」有時候又說：「大雄你太小，不可以一個人去看電影。」大雄常常覺得心理衝突，既不被算做大人，又不能做小孩原來能做的事。下列哪一種理論勾勒出青少年所處的情況？(A) 米德（M. Mead）的人類學觀點；(B) 黎溫（K. Lewin）的場地理論；(C) 霍爾（G. Hall）的風暴論；(D) 哈維葛斯特（R. Havighurst）的發展任務論。【97高級中等以下學校及幼稚園教師資格檢定】

( ) 176. 下列對於青少年性別角色發展的敘述，何者正確？甲、心理分析論以性器期的戀親情結來解釋性別角色的發展；乙、認知發展論認為性別角色的發展和模仿制約及獎懲有很大的相關；丙、社會學觀點認為男女性別角色行為的差異，是社經結構的產物；丁、心理學觀點認為男女性別角色行為的差異，是受到發展及學習結果的影響。(A) 甲乙丁；(B) 甲丙丁；(C) 甲丙；(D) 乙丙丁。【97高級中等以下學校及幼稚園教師資格檢定】

( ) 177. 根據皮亞傑（J. Piaget）的認知發展理論，大多數青少年的認知發展是在下列哪一階段？(A) 感覺動作期；(B) 前運思期；(C) 具體運思期；(D) 形式運思期。【99高級中等以下學校及幼稚園教師資格檢定】

( ) 178. 根據艾瑞克森（E. Erikson）的心理社會發展理論，青年期發展順利者的主要特徵是什麼？(A) 成就感；(B) 親密感；(C) 安全感；(D) 自我統合。【99高級中等以下學校及幼稚園教師資格檢

定】

( ) 179. 根據庫利（C. Cooley）與米德（M. Mead）的觀點，個人的社會
認知與下列何者較有密切關聯？(A) 社會經驗；(B) 社會參照；
(C) 社會控制；(D) 自我控制。【99高級中等以下學校及幼稚園
教師資格檢定】

( ) 180. 國二的小傑對街舞很感興趣，他經常隨著舞藝頗佳的學長姐
學舞。小傑學習跳舞的行為較符合維果斯基（L. Vygotsky）
的哪一種觀點？(A) 具體運思（concrete operation）；
(B) 替代增強（vicarious reinforcement）；(C) 引導式參與
（guided participation）；(D) 可能發展區（zone of proximal
development）。【99高級中等以下學校及幼稚園教師資格檢
定】

( ) 181. 李老師因學習情境的安排不當與增強方式不妥，致使學生學習
興趣低落；當他改採「目標期望與價值」觀點後，情況有所改
善。試問李老師使用了下列何種動機理論？(A) 認知論；(B) 人
本論；(C) 行為論；(D) 心理分析論。【99高級中等以下學校及
幼稚園教師資格檢定】

( ) 182. 下列哪一個理論認為，在青少年性別角色發展過程中，由於父
親具有獎懲與控制的權力，導致男性青少年以父親為認同對
象，最後形成性別類型的認定？(A) 精神分析論；(B) 社會學習
論；(C) 認知發展論；(D) 特質因素論。【99高級中等以下學校
及幼稚園教師資格檢定】

( ) 183. 下列哪一位學者認為，青少年的生活空間是扭曲的，處於兩個
世界之間而成為「邊際人」？(A) 勒溫（K. Lewin）；(B) 皮
亞傑（J. Piaget）；(C) 賽爾門（R. Selman）；(D) 班度拉（A.
Bandura）。【99高級中等以下學校及幼稚園教師資格檢定】

( ) 184. 下列有關青少年認知特質之描述，何者錯誤？(A) 可依照邏輯

原則思考與驗證事物；(B) 心智已接近成熟，且可做多層面的思考與判斷；(C) 可依據更現實的方式思考自己與其所處的世界；(D) 能思考目前各種變化的可能性，無法預見行為的後果。【100高級中等以下學校及幼稚園教師資格檢定】

（　）185. 高二的蓉蓉認為法律之前人人平等。根據柯柏格（L. Kohlberg）的道德認知發展論，蓉蓉的看法是屬於下列何者？(A) 相對功利取向（instrumental-relativist orientation）；(B) 遵守法規取向（law and order orientation）；(C) 社會契約取向（social contracts orientation）；(D) 普遍倫理取向（universal principle orientation）。【100高級中等以下學校及幼稚園教師資格檢定】

（　）186. 國二的小明認為良好的友誼需要信守承諾，維持良好友誼需要付出，同時亦可因不去維繫而中斷。根據賽爾門（R. Selman）的友誼發展理論，小明的友誼概念發展是在下列哪一個階段？(A) 單方協助（one-way assistance）；(B) 自主相互依賴（autonomous interdependence）；(C) 親密與相互分享（intimate and mutual sharing）；(D) 公平氣氛之下的合作（faire-weather cooperation）。【100高級中等以下學校及幼稚園教師資格檢定】

（　）187. 青少年可以開始運用抽象、邏輯的思考進行對事物的推理或判斷，這是屬於皮亞傑（J. Piaget）認知發展理論的哪一個階段？(A) 前運思期（preoperational stage）；(B) 感覺動作期（sensorimotor stage）；(C) 形式運思期（formal operational stage）；(D) 具體運思期（concrete operational stage）。【101高級中等以下學校及幼稚園教師資格檢定】

（　）188. 根據班都拉（A. Bandura）的觀點，下列何種交互作用的結果是影響青少年行為形成的主要因素？(A) 認知與環境；(B) 要求與學習；(C) 處罰與獎勵；(D) 增強與鼓勵。【101高級中等以下學

校及幼稚園教師資格檢定】

( ) 189. 根據郭爾保（L. Kohlberg）的道德認知發展理論，若高一的小華覺得世俗判斷善惡標準應以社會契約和法律多樣性利益價值為主，那他具備的道德階段是下列何者？(A) 價值觀念建立；(B) 相對功利導向；(C) 法治觀念導向；(D) 順從權威導向。【101高級中等以下學校及幼稚園教師資格檢定】

( ) 190. 國二的教師發現班上成績較好的學生，會發展一些口訣或重點來幫助其他同學，而同學也很快地就掌握到學習的要領。此過程符合下列哪一位學者所提出之觀點？(A) 貝克（A. Beck）經驗主義與驗證作用；(B) 皮亞傑（J. Piaget）調適作用與同化作用；(C) 瑞格爾（K. Riegel）辯證思考與調適作用；(D) 維高思基（L. Vygotsky）鷹架作用與內化作用。【101高級中等以下學校及幼稚園教師資格檢定】

( ) 191. 當青少年遇到一個新的情境，原有認知結構不能適合環境要求時，他只能改變已有的認知結構，以符合環境的要求。這是皮亞傑（J. Piaget）認知發展理論中的哪一種心理歷程？(A) 基模（schema）；(B) 同化（assimilation）；(C) 平衡（equilibration）；(D) 調適（accommodation）。【102高級中等以下學校及幼稚園教師資格檢定】

( ) 192. 上課的時候，培志為引起李老師的注意，故意發出怪聲，但李老師不予理會，仍然繼續上課。李老師的做法屬於下列何者？(A) 消弱；(B) 隔離；(C) 負增強；(D) 系統減敏感法。【102高級中等以下學校及幼稚園教師資格檢定】

( ) 193. 國二的小典常觀看電視暴力節目，不知不覺模仿電視中的攻擊性行為。小典的攻擊行為可以由下列哪一個理論來解釋？(A) 行為論；(B) 心理分析論；(C) 認知發展論；(D) 社會學習論。【102高級中等以下學校及幼稚園教師資格檢定】

（　）194. 根據布朗費布納（U. Bronfenbrenner）的生態系統論，下列何者
　　　　 對青少年發展最具立即的影響？(A) 微系統；(B) 中系統；(C) 外
　　　　 系統；(D) 巨系統。【102高級中等以下學校及幼稚園教師資格
　　　　 檢定】

（　）195. 根據彼得森（G. Peterson）等人所提出的訊息處理層面金字塔，
　　　　 下列哪一項敘述正確？(A) 決定層面是後設認知；(B) 執行層面
　　　　 是生涯決定；(C) 金字塔的最頂層是決定層面；(D) 知識層面分
　　　　 為兩大部分：職業知識和自我知識。【102高級中等以下學校及
　　　　 幼稚園教師資格檢定】

（　）196. 青少年是一個快速改變的時期，因此他們需要單獨去面對生理
　　　　 上的改變，以及一連串新的期望與要求。持以上看法者是下列
　　　　 哪一種理論？(A) 黎溫（K. Lewin）的場地理論；(B) 皮亞傑（J.
　　　　 Piaget）的認知發展理論；(C) 班度拉（A. Bandura）的社會學習
　　　　 理論；(D) 班乃迪克特（R. Benedict）的社會文化理論。【102高
　　　　 級中等以下學校及幼稚園教師資格檢定】

（　）197. 國二的凱祥能從第三者的角色來看待他人與自己。根據賽爾
　　　　 門（R. Selman）的角色取替（perspective taking）觀點，凱祥
　　　　 正處於下列哪一個階段？(A) 主觀觀點取替階段（subjective
　　　　 perspective taking stage）；(B) 自我深思熟慮階段（self-reflective
　　　　 thinking stage）；(C) 相互觀點取替階段（mutual perspective
　　　　 taking stage）；(D) 深層與社會觀點取替階段（in-depth and
　　　　 sociated perspective taking stage）。【102高級中等以下學校及幼
　　　　 稚園教師資格檢定】

（　）198. 下列哪一項是皮亞傑（J. Piaget）認為形式運思期青少年在思考
　　　　 上的特徵？(A) 不能使用符號來幫助推理；(B) 靠感覺和動作來
　　　　 認識環境；(C) 可以較有系統的進行假設驗證；(D) 僅能注意事
　　　　 物外貌的一個特徵。【103高級中等以下學校及幼稚園教師資格

檢定】

（　）199. 和樂中學為高二學生舉行成人禮，此種透過象徵意義來界定青少年過渡到成年的儀式，是屬於下列哪一種觀點？(A) 年齡觀點；(B) 心理觀點；(C) 生理觀點；(D) 社會文化觀點。【103高級中等以下學校及幼稚園教師資格檢定】

（　）200. 林老師在班級中實施品格教育的方法是：當看到有同學幫助別人，他就給予讚美，並鼓勵同學多效法。林老師的作法是應用下列哪一個理論的觀點？(A) 社會學習理論；(B) 認知發展理論；(C) 精神分析理論；(D) 道德判斷理論。【103高級中等以下學校及幼稚園教師資格檢定】

（　）201. 某國中生很容易將別人的無心之過歸因為「對方有意冒犯他」。請問他是下列哪一方面的能力較為不足？(A) 社會認知；(B) 道德推理；(C) 情緒控制；(D) 情緒表達。【103高級中等以下學校及幼稚園教師資格檢定】

（　）202. 李老師採用異質分組進行合作學習，透過同組能力較好的同學協助大雄，大雄終能解答自己無法解出的數學題。下列哪一項最能解釋李老師的作法？(A) 迦納（H. Gardner）的人際智力；(B) 皮亞傑（J. Piaget）的認知平衡；(C) 維高斯基（L. S. Vygotsky）的鷹架作用；(D) 史坦柏格（R. Sternberg）的情境適應能力。【103高級中等以下學校及幼稚園教師資格檢定】

（　）203. 關於青少年形式運思能力的敘述，下列何者較不適當？(A) 此能力為人際知覺的基礎；(B) 此能力在各種認知範疇平行發展；(C) 此能力與其解決問題的能力有關；(D) 此能力與道德推理為必要非充分的關係。【104高級中等以下學校及幼稚園教師資格檢定】

（　）204. 根據郭爾保（L. Kohlberg）的道德發展理論，下列哪一個階段的道德推理主要受獎賞與懲罰的影響？(A) 工具取向；(B) 人際規

範；(C) 社會系統；(D) 社會契約。【104高級中等以下學校及幼稚園教師資格檢定】

（　）205. 下列哪一種促進中學生道德發展的做法，最符合柯柏格（L. Kohlberg）的道德發展理論？(A) 帶學生去安養機構當志工；(B) 舉辦高中生道德行為海報比賽；(C) 讓班上學生討論各種道德兩難；(D) 選拔品德模範生，表揚其優良事蹟。【104高級中等以下學校及幼稚園教師資格檢定】

（　）206. 賽爾門（R. Selman）社會認知論的主要概念是在下列哪一方面？(A) 自我辨識；(B) 自我分化；(C) 觀點取替；(D) 角色試驗。【104高級中等以下學校及幼稚園教師資格檢定】

（　）207. 下列哪一個概念，最適合解釋多元文化背景的學生，在不同文化體系間的社會化歷程？(A) 同化（assimilation）；(B) 涵化（acculturation）；(C) 調適（accommodation）；(D) 示範作用（modeling）。【104高級中等以下學校及幼稚園教師資格檢定】

（　）208. 若學生的思維已可進行抽象命題性思考，並可做假設與邏輯推論。根據皮亞傑（J. Piaget）認知發展理論，這較屬於下列哪一階段的特徵？(A) 前運思期；(B) 形式運思期；(C) 具體運思期；(D) 感覺動作期。【105高級中等以下學校及幼稚園教師資格檢定】

（　）209. 根據艾力克森（E. Erikson）心理社會發展論，下列何者較可能是八年級的小傑所面臨的發展任務？(A) 「精力充沛」對「頹廢遲滯」；(B) 「自主自發」對「退縮愧疚」；(C) 「勤奮進取」對「自貶自卑」；(D) 「自我統合」對「認同混淆」。【105高級中等以下學校及幼稚園教師資格檢定】

（　）210. 七年級的俊傑和同學相處不睦，導師想了解他的家人特質如何影響他的同儕關係。根據布朗費布納（U. Bronfenbrenner）

的生態系統論，導師是從下列哪一個系統進行探討？(A) 外系統（exosystem）；(B) 微系統（microsystem）；(C) 中系統（mesosystem）；(D) 巨系統（macrosystem）。【105高級中等以下學校及幼稚園教師資格檢定】

（　）211. 根據柯柏格（L. Kohlberg）道德推理之實徵研究結果，針對13歲的學生而言，在下列哪一個道德推理發展階段所佔的人數百分比最高？(A) 社群合約取向；(B) 尋求認可取向；(C) 順從法規與秩序取向；(D) 普同原則推理取向。【105高級中等以下學校及幼稚園教師資格檢定】

（　）212. 高三的英杰為了推甄時有加分作用，所以參加社區志願服務。根據柯柏格（L. Kohlberg）道德發展階段論，英杰較屬於下列哪一個階段？(A) 避罰服從；(B) 相對功利；(C) 尋求認可；(D) 遵守法規。【106高級中等以下學校及幼稚園教師資格檢定】

（　）213. 小明騎摩托車載發高燒的爸爸去醫院就醫，途中看左右兩邊都無來車就闖了紅燈，結果被警察攔下開單。處於柯柏格（L. Kohlberg）「順從法規與秩序取向」的好友小華，會如何解釋小明的闖紅燈行為？(A) 照顧好爸爸的健康比什麼都重要；(B) 闖紅燈並不一定會被開罰單，小明是比較倒楣；(C) 闖紅燈違反交通管理處罰條例，小明不該闖紅燈；(D) 雖然爸爸身體不舒服，但闖紅燈是壞小孩才會做的事。【106高級中等以下學校及幼稚園教師資格檢定】

（　）214. 根據皮亞傑（J. Piaget）認知發展理論，下列哪一項不是青少年在形式運思期的思考特徵？(A) 能理解「白馬非馬」的邏輯詭論；(B) 認為水從方瓶倒進圓桶時，體積及重量也隨之改變；(C) 可以想像數線上任意兩點間，可無限分割成更小的部分；(D) 知道當「若A則B」成立，可以推論出「若非B則非A」。【106高級中等以下學校及幼稚園教師資格檢定】

（　）215. 小澄今年剛升上國中，和弟弟小齊比較起來，他較能夠評估該使用何種方法來學習繁重的功課。根據訊息處理取向，這是小澄在哪一種能力上較佔優勢？(A) 認知策略；(B) 認知資源；(C) 批判思考；(D) 選擇性注意。【106高級中等以下學校及幼稚園教師資格檢定】

（　）216. 心柔與慧君是一對要好的朋友，她們能在對方遭遇挫折時提供情緒支持，同時也了解尊重對方的獨立性，在學業上亦彼此激勵、努力。根據賽爾門（R. Selman）友誼發展階段理論，她們的友誼正處於下列哪一個發展階段？(A) 單方協助（one-way assistance）；(B) 自主相互依賴（autonomous interdependence）；(C) 親密與相互分享（intimate and mutual sharing）；(D) 公平氣氛下的合作（fair-weather cooperation）。【106高級中等以下學校及幼稚園教師資格檢定】

（　）217. 最近慧君全心投入合唱團各項活動，根據布朗費布納（U. Bronfenbrenner）生態系統論（ecological systems theory），合唱團對慧君的影響，較屬於下列哪一個系統？(A) 外系統（exosystem）；(B) 微系統（microsystem）；(C) 中系統（mesosystem）；(D) 巨系統（macrosystem）。【106高級中等以下學校及幼稚園教師資格檢定】

解 答

1.(B)　2.(A)　3.(C)　4.(B)　5.(A)　6.(D)　7.(B)　8.(D)　9.(A)　10.(B)

11.(A)　12.(A)　13.(B)　14.(A)　15.(B)　16.(B)　17.(B)　18.(C)　19.(C)　20.(A)

21.(D)　22.(A)　23.(C)　24.(A)　25.(B)　26.(C)　27.(C)　28.(C)　29.(D)　30.(B)

31.(A)　32.(D)　33.(C)　34.(C)　35.(C)　36.(B)　37.(D)　38.(B)　39.(D)　40.(D)

41.(C)　42.(B)　43.(A)　44.(B)　45.(A)　46.(B)　47.(D)　48.(C)　49.(B)　50.(C)

51.(B)　52.(D)　53.(C)　54.(A)　55.(D)　56.(D)　57.(D)　58.(D)　59.(B)　60.(B)

61.(A)　62.(D)　63.(D)　64.(A)　65.(D)　66.(B)　67.(D)　68.(D)　69.(C)　70.(C)

71.(D)　72.(C)　73.(B)　74.(D)　75.(C)　76.(D)　77.(C)　78.(B)　79.(C)　80.(C)

81.(D)　82.(C)　83.(B)　84.(A)　85.(C)　86.(B)　87.(A)　88.(A)　89.(B)　90.(D)

91.(A)　92.(D)　93.(C)　94.(A)　95.(C)　96.(B)　97.(A)　98.(B)　99.(A)　100.(A)

101.(A)　102.(B)　103.(C)　104.(B)　105.(D)　106.(A)　107.(D)　108.(D)　109.(C)　110.(A)

111.(C)　112.(A)　113.(D)　114.(A)　115.(D)　116.(D)　117.(B)　118.(A)　119.(A)　120.(D)

121.(C)　122.(A)　123.(B)　124.(D)　125.(A)　126.(A)　127.(D)　128.(C)　129.(B)　130.(D)

131.(A)　132.(C)　133.(C)　134.(B)　135.(D)　136.(A)　137.(B)　138.(D)　139.(C)　140.(A)

141.(B)　142.(D)　143.(B)　144.(B)　145.(C)　146.(B)　147.(D)　148.(B)　149.(D)　150.(B)

151.(A)　152.(D)　153.(A)　154.(B)　155.(B)　156.(A)　157.(D)　158.(B)　159.(C)　160.(A)

161.(C)　162.(C)　163.(A)　164.(D)　165.(D)　166.(D)　167.(B)　168.(B)　169.(B)　170.(A)

171.(A)　172.(D)　173.(C)　174.(B)　175.(B)　176.(B)　177.(D)　178.(D)　179.(A)　180.(C)

181.(A)　182.(B)　183.(A)　184.(D)　185.(B)　186.(B)　187.(C)　188.(A)　189.(C)　190.(D)

191.(D)　192.(A)　193.(D)　194.(A)　195.(D)　196.(A)　197.(C)　198.(C)　199.(D)　200.(A)

201.(A)　202.(C)　203.(B)　204.(A)　205.(C)　206.(C)　207.(B)　208.(B)　209.(D)　210.(C)

211.(B)　212.(B)　213.(C)　214.(B)　215.(A)　216.(B)　217.(B)

第四章

青少年的生理發展與輔導

重點整理

1. 青少年時期個體的生理發展是全面性、廣泛且快速的，質與量也同時並進。青少年期是個體出生後第二個快速成長的高峰期（另一個時期在出生六個月之內）。

2. 青春期可分為三個時期：青春期前期階段是指青少年的某些身體或生理的改變已經開始，但大部分都尚未發生；青春期中期階段是大部分的身體改變已經開始；青春期後期階段則指大部分的身體改變都已發生。

3. 青春期前期開始於性成熟的第一徵兆，結束於陰毛的初次顯現；青春期中期開始於陰毛的出現，結束於陰毛的發育完全；青春期後期開始於陰毛的成長完全，結束於個體具有生育能力。

4. 青春期的成熟以及身體變化包括內分泌腺所釋放的賀爾蒙之變化。當賀爾蒙被釋出，會促進性別類固醇的分泌作用，造成青春期身體與生理的改變。

5. 第一性徵從出生就有，包含內在與外在的生殖器；第二性徵則是從青春期前期發展到青春期後期。

6. 在人體之內散布著各種腺體，腺體的分泌方式可分「有管腺」與「無管腺」分泌兩種。汗腺與唾液腺屬於外分泌腺，其分泌方式屬於有管腺分泌，所有的內分泌腺體除了胰臟所分泌的消化液是屬於有管腺分泌之外，其餘都是屬於無管腺分泌。

7. 青少年外顯的發育主要是因荷爾蒙分泌所造成。它具有三大功能：(1)決定生理器官的形狀與結構；(2)綜合自主性功能與種屬本能行為；(3)具有規律性。

8. 影響青少年發展的內分泌腺體主要有：(1)松果腺；(2)腦下垂體；(3)甲狀腺；(4)副甲狀線；(5)胸腺；(6)胰臟腺；(7)腎上腺；(8)性腺。

9. 目前學者認為「骨骼年齡」是衡量生理成熟度較為準確的方法，因骨骼的發育順序較不受絕對年齡與性別差異的影響。

10. 青少年身高與體重的發展常被當作外顯的成熟指標，不過由於人種、經濟環境、文化與世代之間的不同，身高與體重常有明顯的改變。因此青少年的身高與體重的發展並非永遠一致，常需多方面考慮各種變數的影響。其影響身高的主要因素有下列幾項：(1)遺傳；(2)營養；(3)家庭社經水準；(4)疾病；(5)經濟因素；(6)戰爭；(7)早熟與晚熟。

11. 青少年男生體重的增加與軀幹肌肉的生長有關，女生體重的增加則與脂肪的增加密切關聯，因此在青春期階段女生不管飲食習慣如何，常有肥胖情形，此屬正常生理現象。

12. 肥胖症青少年的輔導途徑有下列幾種：(1)醫療診斷；(2)適宜的營養教育；(3)適當的運動；(4)提供適當楷模；(5)進行個別與團體諮商。

13. 循環系統、呼吸系統、消化系統與神經系統是人類維生的四個主要生理系統，這四個生理系統自出生即不斷的發育，多數在青春期時就接近成熟狀態。

14. 人的體型主要可以區分為三個類型：(1)外胚型；(2)中胚型；(3)內胚型，不過多數人的體型是混合型。

15. 外胚型的人高大、身長、瘦狹；內胚型的人圓胖、厚寬、大的軀幹與四肢；中胚型的人則介於二者之間，有較強壯、方型、堅硬的身體、中等長度的四肢與較寬的肩膀。

16. 青少年階段的幾項主要生理困擾：(1)體重過重與過輕；(2)青春痘；(3)倦怠與疾病；(4)經前症候群；(5)性器官發育與功能失常的困擾。

17. 青少年倦怠產生的主要原因有五方面：(1)生理快速生長；(2)活動過度；(3)睡眠不足；(4)營養失調；(5)課業負擔過重。

18. 青少年是具有復原力的，他們擁有心理與生理能力去克服困境。

19. 頭痛產生的原因有三類：(1)心因性；(2)血管性；(3)症狀性。

20. 青少年生理健康的維護與增進應該當作教育與輔導工作的首要項目；協助青少年養成良好生活習慣極為必要。

試題演練

（ ）1. 青春期最明顯的生理轉變之一就是成長陡增（growth spurt），以下何者最為適當？(A) 此現象主要受遺傳所影響；(B) 此現象主要受環境所影響；(C) 此現象男性受睪固酮（testosterone），女性受雌激素（estrogens）所影響；(D) 愈早出現性成熟，成長陡增就會愈快緩和下來而停止。【94高級中等以下學校及幼稚園教師資格檢定】

（ ）2. 花花最近夜晚常常失眠，但到了白天又昏昏欲睡，最可能是受到哪個內分泌腺體的影響？(A) 腦下垂體；(B) 松果腺；(C) 甲狀腺；(D) 胸腺。

（ ）3. 生長荷爾蒙能促進身體成長，主要是由身體哪個腺體分泌的？(A) 甲狀腺；(B) 胸腺；(C) 松果腺；(D) 腦下垂體。

（ ）4. 乖乖是個巨人症的患者，他可能是什麼荷爾蒙分泌過多？(A) 生長荷爾蒙；(B) 黃體荷爾蒙；(C) 濾胞刺激荷爾蒙；(D) 間壁細胞刺激荷爾蒙。

（ ）5. 乖乖的爺爺最近常有口渴、脫水現象發生，看醫生後得知是糖尿病，請問糖尿病主要是哪一個腺體功能不正常？(A) 甲狀腺；(B) 副甲狀腺；(C) 腎上腺素；(D) 胰臟。

( ) 6. 請問哪一個腺體可以維持血液中鈣的濃度，加強破骨細胞的活力？(A) 副甲狀腺；(B) 胸腺；(C) 胰臟；(D) 腎上腺。

( ) 7. 花花剛升上國一，最近她胸部隆起，月經來潮，請問這主要與哪一腺體有關？(A) 甲狀腺；(B) 副甲狀腺；(C) 性腺；(D) 胸腺。

( ) 8. 所謂「狗急跳牆」，是因哪一腺體在遇到外來壓力時會分泌較多激素？(A) 副甲狀腺；(B) 腎上腺素；(C) 胸腺；(D) 性腺。

( ) 9. 成人骨骼共有幾塊？(A) 196；(B) 206；(C) 186；(D) 224。

( ) 10. 關於兒童期和青春期的動作發展，下列敘述何者正確？(A) 青春期的青少年頭部占身體的比例大於兒童期的階段；(B) 青春期男生的骨骼與肌肉成長速度與力量優於女生；(C) 兒童期小肌肉的發展優於青春期；(D) 青春期後男女生的大肌肉活動都較兒童期增加。

( ) 11. 下列哪一類青少年最有可能受到同儕的歡迎並被選為領袖？(A) 早熟的女孩；(B) 早熟的男孩；(C) 晚熟的男孩；(D) 成熟速度平均的女孩。

( ) 12. 下列有關於人體的主要內分泌腺中的胰臟和腎上腺何者正確？(A) 胰臟分皮質與髓質兩個部分；(B) 胰臟分泌胰島素，維持身體血液中葡萄糖一定的濃度；腎上腺皮質所分泌的醣皮質素可以使肝醣轉變成葡萄糖；(C) 造成糖尿病的原因是因為腎上腺分泌缺乏；(D) 身體受到外來壓力時，胰臟會分泌胰島素，以增加身體器官的應付能力。

( ) 13. 許多研究顯示進入青春期後，青少年女生的自尊心有比男生較低的現象，下列何者是主要影響的因素？(A) 對自己的學業能力與成績不滿意；(B) 對自己的身體外表的改變不滿意；(C) 對與父母親的關係不滿意；(D) 對自我學習的控制感到不滿意。

( ) 14. 關於青少年身高發展之敘述，下列何者不正確？(A) 青春期前身高就較高者，成人時的身高也會較高；(B) 社會經濟發展會影響

青少年的身高發展；(C) 性荷爾蒙越早分泌的青少年，通常身高比較高；(D) 身高不高的男生面臨較多的困擾。

（　）15. 關於青少年骨盆骨骼發育之敘述，下列說法何者正確？(A) 女生骨盆恥骨弧度交角較小；(B) 女生骨盆骨骼較男生重；(C) 男生的骨盆空腔深，恥骨弧度大；(D) 男女生都是在18歲左右骨骼就接近發育成熟狀態。

（　）16. 我國青少年身高發展敘述，下列說法何者正確？(A) 男生約於16-17歲接近成人狀態；(B) 女生約於15-16歲接近成人狀態；(C) 男生的身高驟增最大年齡約在13-14歲之間；(D) 國內男女生於15歲之後身高年增量逐漸降低。

（　）17. 青少年體重的發展情況，下列說法何者正確？(A) 女生約在12-13歲之間體重驟增；(B) 青春期階段身體重量比重都集中在軀體；(C) 青春期女生脂肪會減少；(D) 女生的體重比男生有較多過重或過輕的現象。

（　）18. 有關我國青少年體重發展情形，下列敘述何者有誤？(A) 男女生體重在12歲以前沒有顯著差異；(B) 男女生在11至12歲之間是體重驟增最大的階段；(C) 男女生在17歲以後體重增加逐漸趨緩；(D) 男女生體重的增加與軀幹肌肉的生長有關。

（　）19. 瑞斯（Rice, 1995）認為青少年肥胖症伴隨甚多心理與社會問題，有其產生的問題，下列敘述何者有誤？(A) 容易依賴他人，常無法順利發展成情緒獨立的成人；(B) 對性衝動及其紓解產生較多困擾，性別認同亦不易建立；(C) 學業成就並未受到顯著的影響；(D) 同儕關係通常不佳，較會覺得自我無價值。

（　）20. 有關青少年循環系統的發展，下列敘述何種有誤？(A) 女性在初經前一年，出現脈搏升高，血壓甚低的情況；(B) 動脈和靜脈血管在青春期之前即已接近成人狀態；(C) 14歲以後女生的收縮血壓顯著高於男生，但在達於高峰後，會隨著年齡增加而下降；(D)

女生的脈搏跳動一直都比男生高。

( ) 21. 有關青少年呼吸系統的發展，下列敘述何者有誤？(A) 肺的體積在青春期初期快速成長；(B) 一般以肺活量來衡量肺部成長的情形，肺活量的增加與軀幹肌肉生長有關；(C) 肺活量主要是在衡量一次大的吸氣後，肺部的最大吸氣量；(D) 青春期以後男生的肺活量才高於女生，但相差都在一公斤以內。

( ) 22. 有關青少年消化系統的發展，下列敘述何者有誤？(A) 新陳代謝的加速進行與青少年發育較無顯著關係；(B) 在青少年階段胃酸濃度提高，以便於消化食物；(C) 正常的青少年在此時食慾大增，食物的消耗量可能高達成人的兩倍；(D) 良好的牙齒保健有助於消化系統的健全發展。

( ) 23. 青少年容易產生消化不良的困擾，相關原因下列敘述何者有誤？(A) 胃的負擔較重；(B) 胃酸與脂肪配合消化之所需；(C) 生活空間擴大，攝取過多正餐以外的食物；(D) 外在壓力逐漸增加，促使胃酸過度分泌。

( ) 24. 牙齒通常也被視為消化系統的一環，有關其成長情形，下列敘述何者有誤？(A) 嬰兒期的乳牙有20顆；(B) 三歲左右乳牙開始脫落，5到6歲開始長出恆牙；(C) 智齒於青少年後期長出，通常會帶來牙痛；(D) 進入青春期以後，女生牙齒的生長比男生稍快。

( ) 25. 有關青少年肥胖症產生的原因，下列敘述何者有誤？(A) 低度活動為肥胖的主因；(B) 幼童階段不良的飲食習慣也會形成肥胖；(C) 肥胖的青少年女生吸收的卡洛里多於一般女生；(D) 出生至兩歲是形成肥胖的關鍵期。

( ) 26. 有關輔導肥胖症青少年的幾項途徑，下列敘述何者有誤？(A) 由醫生鑑定肥胖的原因何在，針對根源加以矯正；(B) 提供適宜的營養教育；(C) 教導其養成規律的運動習慣；(D) 提供嫌惡治療與適度隔離。

（　）27. 有關體重過輕的青少年，下列敘述何者正確？(A) 此一問題目前較不受注意；(B) 與遺傳因素較無關係；(C) 不似肥胖症可能在幼兒時期即已形成；(D) 不可因此增加脂肪量較高食物的攝取。

（　）28. 就讀高二的男孩NONO最近向家人反應他感到心跳的壓力，正常情況下可能的原因為？(A) NONO可能有體重過輕或過重的問題；(B) NONO的成長過於緩慢；(C) 到了青春期末期，大的心臟改透過較小的動脈和靜脈在輸送血液；(D) NONO本身的作息不正常。

（　）29. 有關青少年循環系統的發展，下列敘述何者有誤？(A) 青少年的血量無明顯性別差異；(B) 女生的脈搏跳動較男生高；(C) 女性在初經之後脈搏跳動下降；(D) 13歲以後，女生的心臟成長增加有限，男生反而快速成長。

（　）30. 小胖今年十五歲，下列關於胃的發展情形何者錯誤？(A) 胃的形狀又長又寬；(B) 食慾容易大增；(C) 胃酸濃度降低以便於消耗食物；(D) 胃的重量約為出生階段的十倍。

（　）31. 關於青少年消化系統的發展何者錯誤？(A) 消化系統可分為消化道與附屬消化器官兩大類；(B) 男性青年每天需要3600卡洛里，女生需要2600卡洛里；(C) 男女生的消化系統的成熟在性別上有很大的差異；(D) 至12歲時人體已經能容納所有的食物。

（　）32. 關於牙齒的發展情形，下列何者錯誤？(A) 5-6歲的兒童會開始長出恆牙；(B) 13歲左右的青少年約有28顆牙齒；(C) 10歲以前男女生牙齒的生長有極大的差異；(D) 進入青春期以後男生牙齒的生長比女生稍快。

（　）33. 關於青少年神經系統的發展何者錯誤？(A) 在青少年期才開始發育；(B) 人體的神經網狀系統在此階段一直在發育之中；(C) 青少年初期腦部組織在質與量上都已達到成熟狀態；(D) 青少年的性格與行為表現都靠大腦控制。

（　）34. 人的體型主要可以區分為三個類別，下列和者為非？(A) 外胚型；(B) 中胚型；(C) 空胚型；(D) 內胚型。

（　）35. 關於青少年體型發展的敘述何者錯誤？(A) 多數人的體型是屬於混合型；(B) 體型常是由修常轉變成圓形；(C) 青少年四肢的增長可達出生時的四倍；(D) 身體的軀幹在出生時很短，直到青少年時期才有急速的成長。

（　）36. 承林是一位十八歲的女生，關於她的身體發展，何者不會出現？(A) 身體的正面隨著四肢與肌肉的發展而使兩肩膀加寬，腰線下降；(B) 臀部變寬；(C) 娃娃臉會變得較為成熟；(D) 喉結的出現。

（　）37. 青少年常因生活壓力、挫折而肚子痛、頭痛、心悸、氣悶稱為何者？(A) 壓抑症；(B) 身心症；(C) 神經症；(D) 精神症。【94高級中等以下學校及幼稚園教師資格檢定】

（　）38. 關於青少年氣力的發展，何者錯誤？(A) 男生在身高驟增之後兩年內，氣力的驟增達於高峰；(B) 青少年手腕的握力常被當作力量大小的指標；(C) 在青少年期以前男女生的力量就已經差異甚大；(D) 男生心臟、肺的發展在此時期比女生快。

（　）39. 吳遵是一位滿臉青春痘的國中學生，導致此原因何者錯誤？(A) 每天三餐都吃炸雞並且很少清洗臉部；(B) 皮膚表面下的皮脂分泌過度，累積在毛囊之中；(C) 毛囊及毛囊周圍皮膚發炎；(D) 常常注意飲食控制及臉部保養。

（　）40. 下列關於青少年容易感到倦怠或勞累其產生主要原因何者為非？(A) 生理生長緩慢，導致熱量消耗過鉅；(B) 活動過度；(C) 睡眠不足；(D) 課業負擔過重。

（　）41. 青少年產生頭痛的原因何者為非？(A) 心因性；(B) 血管性；(C) 症狀性；(D) 隨時性。

（　）42. 下列關於增進青少年身體健康的方法何者不適用？(A) 充足的睡

眠；(B) 均衡的營養；(C) 劇烈的運動；(D) 壓力的調適。

（　）43. 青春期的快速成長與生育能力趨於成熟的現象與下列何者有直接
關係？(A) 松果腺、腦下腺、甲狀腺；(B) 腦下腺、性腺、腎上
腺；(C) 下視丘、胼胝體、海馬迴；(D) 下視丘、腦下腺、性腺。
【95高級中等以下學校及幼稚園教師資格檢定】

（　）44. 各種不同的內分泌腺體影響青少年的發展，其中當個體招致外來
壓力時，下列哪一個腺體會分泌較多的賀爾蒙，使身體的器官增
加因應壓力的能力？(A) 腦下垂體；(B) 甲狀腺；(C) 腎上腺；(D)
松果腺。【95高級中等以下學校及幼稚園教師資格檢定】

（　）45. 在人體中，被認為是內分泌腺之母（master gland）的為下列哪一
種腺體？(A) 下視丘（hypothalamus）；(B) 甲狀腺（thyroid）；
(C) 副甲狀腺（parathyroid）；(D) 腦下垂腺（pituitary）。【94、
95高級中等以下學校及幼稚園教師資格檢定】

（　）46. 下列選項中，何者為「無管腺分泌」？(A) 汗腺；(B) 胰臟所分泌
的消化液；(C) 唾液腺；(D) 荷爾蒙。

（　）47. 人類晝夜的調適與哪一種「內分泌腺體」有關？(A) 腦下垂腺；
(B) 松果腺；(C) 甲狀腺；(D) 胰臟腺。

（　）48. 下列對於副甲狀腺的敘述，何者錯誤？(A) 位於甲狀腺之後表
面；(B) 長約6毫米，寬則小於6毫米；(C) 可以分泌副甲狀腺荷爾
蒙；(D) 主要可以維持血液中鉀的濃度。

（　）49. 在青少年的骨骼發展中，下列哪個選項是正確的？(A) 人體骨骼
的發展從出生開始，其硬度改變不會太大；(B) 年齡是一種估計
骨骼成熟的良好方法；(C) 骨骼年齡是衡量生理成熟度較為準確
的方法；(D) 骨骼的發展順序會受到性別差異而有所影響。

（　）50. 有一天，有四個青少年在討論成人骨骼的塊數。小明說：「成年
男人骨骼有206塊。」；小英說：「成年女人骨骼有205塊。」；
小華說：「成年男人骨骼有207塊。」；小美說：「成年女人骨

骼有206塊。」請問哪些人說的是正確的？(A) 小明和小英；(B) 小華和小美；(C) 小明和小美；(D) 小華和小英。

（　）51. (I) 遺傳；(II) 營養；(III) 家庭社經水準；(IV) 疾病；(V) 經濟因素；(VI) 戰爭；(VII) 早熟。在上述七項中，有多少項是影響身高的主要因素？(A) 7項；(B) 5項；(C) 4項；(D) 3項。

（　）52. 循環系統中最重要的器官是下列哪一項？(A) 肺；(B) 胃；(C) 膀胱；(D) 心臟。

（　）53. 關於青少年消化系統的發展，請選出正確的敘述：(A) 青少年通常會遭遇消化不良；(B) 男性青少年每天需要2600卡洛里，方能健康生長；(C) 青少年不會因為生活空間擴大，而導致其消化功能失調；(D) 青少年由於外在壓力增加，會導致胃酸分泌不足。

（　）54. 在青少年體能的發展中，下列哪一項不是田納（J. M. Tanner）的研究發現？(A) 男生在身高驟增之後兩年內，氣力的驟增達於高峰；(B) 青少年手腕的握力常被當作力量大小的指標；(C) 青少年以前男女生的力量相近；(D) 女生身體的耐力通常較男生為佳。

（　）55. (I)每天睡眠7至8個小時；(II)幾乎每天都有用早餐；(III)不曾或很少吃零食；(IV)肺活量較一般人大。上列哪些是瑪塔拉佐（Matarazzo, 1984）研究結果指出的「健康成人具有的特徵」：(A) (III)(IV)；(B) (I)(II)(IV)；(C) (I)(II) (III)；(D) (I)(II)(III)(IV)。

（　）56. 青少年外顯的身高、體重與性器官的發育，主要是由於荷爾蒙分泌所造成的。而荷爾蒙依其化學結構可分成三類：蛋白質衍生物、胺類、類固醇。試選出下列正確的選項：(A) 睪丸與卵巢是屬於類固醇；(B) 甲狀腺與副甲狀腺是屬於蛋白質衍生物；(C) 腦下腺與胃腸腺是屬於胺類；(D) 腎上腺和腎上腺隨質不是屬於蛋白質衍生物。

（　）57. (I)身心發展之整體加速；(II)青春期萌動；(III)自我意識的增強；(IV)身心開始發展，情感和意志仍然相對地脆弱。上列敘述中，

哪一些是青少年時期身心發展的特殊性表現？(A) (II)(III)；(B) (I)(III)；(C) (I)(II)(III)；(D) (I)(II)(III)(IV)。

（　）58. 進入青春期之後，身體開始有了變化。在下列的選項中，選出正確的敘述：(A) 女性身體脂肪量減少；(B) 男性乳房也會成長、變大；(C) 女性腋毛開始生長；(D) 男性皮下脂肪開始堆積。

（　）59. 下列哪個選項不是運動對青少年的影響？(A) 幫助預防及改善糖尿病；(B) 減少罹患冠狀動脈心臟疾病的風險；(C) 改善下背部或其他肌肉骨骼的問題；(D) 降低罹患厭食症。

（　）60. 在青春發育成長期中，下列哪項不是常見的病態及其形成原因？(A) 「腦下垂體促荷爾蒙異常」因素會導致四肢骨骼生長緩慢；(B) 「後天性促進腺荷爾蒙」缺乏症患者主要是導致性器官發育不良；(C) 甲狀腺素分泌不足會影響腦及骨骼的發育；(D) 先天性性腺發育障礙中最常見的是先天性卵巢發育不良症候群。

（　）61. 下列有關胰島素的敘述，何者不正確？(A) 為胰臟所分泌；(B) 可以降低血液中的蛋白質濃度；(C) 缺乏時會形成糖尿病；(D) 是人體中的一種荷爾蒙。

（　）62. 關於最近中醫診所推出的「骨骼年齡檢測」，何者敘述錯誤？(A) 是一種衡量生理成熟度的方法；(B) 檢測骨頭實際的年齡(C) 受實際年齡影響；(D) 不受性別影響。

（　）63. 生長荷爾蒙分泌不良會導致發育異常；分泌過多會有巨人症或肢端肥大症產生、分泌過少則會出現侏儒症。請問生長荷爾蒙是由人體哪個內分泌腺體產生？(A) 性腺；(B) 松果腺；(C) 副甲狀腺；(D) 腦下垂體。

（　）64. 下列何者不是青少年生理發展上容易遇到的問題？(A) 體重增加；(B) 性徵改變；(C) 力氣變大；(D) 更年期到來。

（　）65. (I)胃；(II)肛門；(III)口腔；(IV)小腸；(V)喉嚨；(VI)大腸；(VII)食道；上述是重要的消化系統器官，試排列出正確的先後順序。

(A) (III)(VII)(IV)(I)(VI)(II)；(B) (III)(V)(VII)(I)(IV)(VI)(II)；(C) (III)(V)(I)(VII)(IV)(II)(VI)；(D) (V)(III)(I)(VII)(IV)(VI)(II)。

（　）66. 下列何者<u>不是</u>成長賀爾蒙的作用？(A) 促進男性睪丸素的形成；(B) 增進蛋白質之合成；(C) 減少體脂肪量；(D) 增大身體軟骨組織。

（　）67. 下列有關青少年青春痘防治的方式，何者<u>錯誤</u>？(A) 注意面部保養；(B) 遠離油炸物；(C) 一出現馬上擠壓掉；(D) 充分睡眠。

（　）68. 青少年時期個體的生理發展是全面性、廣泛且快速的。下列有關青少年的生理發展敘述，何項<u>錯誤</u>？(A) 肺活量增加；(B) 身高增高；(C) 體重變重；(D) 骨骼變多。

（　）69. 荷爾蒙關係生理的發育狀況與成熟程度，請問下列何者跟荷爾蒙<u>無關</u>？(A) 決定生理器官的形狀與結構；(B) 綜合自主性功能與種屬本能行為；(C) 具有規律性；(D) 提升免疫力。

（　）70. 請問下列何者是產生荷爾蒙的主要地方？(A) 腦下垂體前葉；(B) 腦下垂體中葉；(C) 腦下垂體後葉；(D) 松果腺。

（　）71. 請問下列內分泌腺體，何者是細胞中製造抗體的主要動力？(A) 松果腺；(B) 甲狀腺；(C) 副甲狀腺；(D) 胸線。

（　）72. 請問下列何者是探討骨骼成長最方便而有效的方法？(A) 抽血檢驗；(B) 用X光照射手與腕；(C) 年齡；(D) 測試骨頭的軟硬。

（　）73. 瑞斯（Rice, 1995）認為青少年肥胖症者伴隨著甚多心理與社會問題，下列何者<u>不是</u>其主張的問題？(A) 依賴；(B) 性別認同；(C) 同儕關係；(D) 適當楷模。

（　）74. 輔導肥胖症的青少年有許多途徑，請問下列何者<u>為非</u>？(A) 醫療診斷；(B) 適當的運動；(C) 進行個別與團體諮商；(D) 學校適應。

（　）75. 請問下列內分泌腺體，何者能控制身體其他腺體的分泌故被稱為主腺？(A) 松果腺；(B) 甲狀腺；(C) 腎上腺；(D) 腦下垂體。

（　）76. 下列對於副甲狀腺的敘述，何者錯誤？(A) 維持血液中鈣的濃度；(B) 加強破骨細胞的活力；(C) 位於甲狀腺之後表面；(D) 可以吸收血液中的碘。

（　）77. 問下列何者不是青少年飲食失調的例子？(A) 肥胖；(B) 厭食症；(C) 月經困難；(D) 貪食症。

（　）78. 何謂復原力？(A) 青少年具有相當大的身心能力去克服困境；(B) 青少年具有相當大的家族能力去克服困境；(C) 青少年具有相當大的社會能力去克服困境；(D) 青少年具有相當大的思考能力去克服困境。

（　）79. 目前學者認為衡量生理成熟度較為準確的方法為：(A) 腦部的發展；(B) 身高的改變；(C) 骨骼年齡；(D) 循環系統的成熟。

（　）80. 鍾斯頓（Johnston, 1964）以骨骼年齡（SA）與實際年齡（CA）的比率為指標，推斷個體成熟度，若小明現在測出來的比率大於1，請問小明的骨骼屬於：(A) 發展較遲晚；(B) 發展超出預期；(C) 發展正常；(D) 無法得知。

（　）81. 小明已經是一個18歲的青少年了，他發現自己的身材圓胖，厚寬，大的軀幹與四肢，請問小明的體型是屬於哪一型的呢？(A) 內胚型；(B) 外胚型；(C) 中胚型；(D) 混合型。

（　）82. 小華因為長期的熬夜、疲倦，並且有喝酒的習慣，導致他有偏頭痛的毛病，請問小華的疾病是屬哪一類的頭痛呢？(A) 症狀性；(B) 心因性；(C) 血管性；(D) 遺傳性。

（　）83. 青少年時期男女生的血壓也有變化，尤其是14歲以後，男生血壓與女生的血壓有什麼不同呢？(A) 女生明顯的高於女生；(B) 男生明顯的高於女生；(C) 女生稍微高於男生；(D) 男生稍微高於女生。

（　）84. 性荷爾蒙愈早分泌的青少年，通常身高較矮，這是因為性荷爾蒙會抑制何種東西的分泌？(A) 甲狀腺素；(B) 胰島素；(C) 腎上腺

素；(D) 人體生長激素。

（　）85. 曾效力於NBA休斯頓火箭隊的籃球明星姚明（YAO Ming）其體型為？(A) 高胚型；(B) 內胚型；(C) 中胚型；(D) 外胚型。

（　）86. 下列有關青春期發展與成熟之特徵何者不正確？(A) 青少年身體與心理的改變通常占據了人生的十個年頭；(B) 青春期前期開始於陰毛的出現，結束於陰毛的發育完全；(C) 青春期前期階段係指青少年的某些身體或生理的改變已經開始，但大部分都尚未發生；(D) 青春期後期開始於陰毛的成長完全，結束於個體具有生育能力。

（　）87. (I)性腺在男性是睪丸，分泌睪丸甾酮素；(II)性腺在女性是卵巢，分泌黃體激素與動情激素；(III)在青春期階段，男女兩性體內都同時分泌雄性與雌性荷爾蒙；(IV)卵巢與睪丸受到腦下垂體控制、也與腎上腺皮質素分泌有關；在上述四項關於主要內分泌系統中的性腺，正確的有幾項？(A) 1項；(B) 2項；(C) 3項；(D) 4項。

（　）88. 下列有關青春期成熟之特徵何者正確？(A) 當大腦的下視丘製造「黃體賀爾蒙釋放賀爾蒙」，青春期便開始；(B) 第一性徵是在青春期前期至青春期後期才發展的特徵；(C) 青春期男性第一次射精即具有生殖能力；(D) 女性最初的月經週期會伴隨著排卵。

（　）89. 有關於青春期變化何者不正確？(A) 早熟者發育得比同年齡的同儕較快；(B) 晚熟者發育得比大多數同年齡的同儕還要慢；(C) 適時成熟者以平均速度經歷青少年時期的身體變化階段；(D) 世代趨勢為青少年的身體發育隨著歷史而有所相同。

（　）90. 腦下垂體的哪部份荷爾蒙分泌與女性生產及一般人的血液循環有關？(I)親黃體素；(II)增血壓素；(III)間壁細胞；(IV)胰島素。(A) (I)(II)；(B) (III)(IV)；(C) (I)(III)；(D) (II)(IV)。

（　）91. 人體各部位和各器官系統發育的遲早和速度都不同，其中何者

較早？(A) 神經系統；(B) 淋巴系統；(C) 循環系統；(D) 消化系統。

（ ）92. 下列何人以骨骼年齡（SA）與實際年齡（CA）的比率為指標，推斷個體的成熟度？(A) 田納；(B) 鍾斯頓；(C) 馬塔拉佐；(D) 瑞斯。

（ ）93. 青少年期的性發展重要現象<u>不包括</u>？(A) 乳房發育；(B) 初經與月經；(C) 第一性徵的出現；(D) 性器官的成熟。【94高級中等以下學校及幼稚園教師資格檢定】

（ ）94. 影響青少年身高發展的因素，下列何者<u>為非</u>？(A) 家庭社經水準；(B) 戰爭；(C) 疾病；(D) 朋友。

（ ）95. 甚多青少年非常關心個人的體重，女生的體重比男生有較多過重或過輕的現象，又女生體重驟增的時間約在？(A) 12～16歲；(B) 14～18歲；(C) 10～14歲；(D) 11～15歲。

（ ）96. 肥胖症青少年的輔導途徑有下列幾種，何者<u>為非</u>？(A) 醫療診斷；(B) 藥物控制；(C) 適當的運動；(D) 進行個別與團體諮商。

（ ）97. 何者<u>不</u>是青少年階段的幾項主要生理困擾？(A) 青春痘；(B) 身高；(C) 經前症候群；(D) 倦怠與疾病。

（ ）98. 小明在班上總是坐最後一排，而且是學校籃球校隊中鋒，請問他是屬於人的體型中的哪一個類型？(A) 高大型；(B) 中胚型；(C) 矮小型；(D) 外胚型。

（ ）99. 青少年外顯的發育主要是由荷爾蒙分泌所造成，它具有三大功能，下列何者<u>為非</u>？(A) 具有階段性；(B) 決定生理器官的形狀與結構；(C) 綜合自主性功能與種屬本能行為；(D) 具有規律性。

（ ）100. 健康的個體每周應有幾天以上的運動，且每次運動最好在40分鐘以上？(A) 二天；(B) 四天；(C) 一天；(D) 三天。

（ ）101. 小豬由於工作負擔過重，使得頸部及頭部過度緊張而常常頭痛，請判斷他是屬於哪一類型的頭痛？(A) 症狀性；(B) 血管

性；(C) 心因性；(D) 流行性。

（　）102. 骨骼年齡與實際年齡的比率約在多少為發育正常？(A) 1.00；(B) 0；(C) 2.00；(D) –1.00。

（　）103. 下列敘述何者錯誤？(A) 父母較高者，其子女身高傾向較高；(B) 營養程度較好的青少年，身高容易長高；(C) 較多疾病的青少年身高成長會受到阻礙；(D) 性荷爾蒙愈早分泌的青少年，通常身高較高。

（　）104. 生長驟增是指青少年階段，身高與體重增長最大的一個時期。此一理論模式為何人提出？(A) 田納；(B) 鍾斯頓；(C) 馬塔拉佐；(D) 瑞斯。

（　）105. 青少年肥胖症會伴隨許多心理與社會問題，下列何者不是？(A) 家庭氣氛；(B) 學校適應；(C) 同儕關係；(D) 性別認同。

（　）106. 造成青少年肥胖症的主因是？(A) 吃較多；(B) 體質；(C) 低度活動；(D) 不良習慣。

（　）107. 一般來說，體重過輕的男生適應較女生困難，形成體重過輕的主要因素下列何者不是？(A) 不規則飲食；(B) 發育延遲；(C) 個人體質因素；(D) 過度疲勞

（　）108. 人體的神經系統在青少年期以前即可發育完成，可以分成三類，下列何者為非？(A) 感覺神經系統；(B) 中樞神經系統；(C) 周邊神經系統；(D) 自主神經系統。

（　）109. 男孩的身高體重約在幾歲左右成長最多？(A) 14歲；(B) 15歲；(C) 16歲；(D) 17歲。

（　）110. 下列何者非體型的三種分辨類型之一？(A) 內胚型；(B) 外胚型；(C) 中胚型；(D) 合胚型。

（　）111. 下列何者為青少年的身材發展情況？(A) 先發育而後長壯；(B) 先長壯而後發育；(C) 發育和長壯同時進行；(D) 軀幹比手腳和四肢長得快許多。

（　）112. 下列對於早熟女孩的敘述，何者為正確？(A) 早熟的經驗對青少女而言，如同青少男那般正向；(B) 早熟的女性可能經驗到內化式的疾病，例如焦慮和憂鬱；(C) 早熟的女性因為心理較快成熟、發展健全，對於自己發育的較性感的身體能以健康、成熟的心態坦然面對；(D) 早熟的女性自我控制力佳，故不可能發生過早的性行為。

（　）113. Siegel、Yancy、Aneshensel、與Schuler的研究中，下列何者是青少女比青少男較為憂鬱的主因？(A) 同儕接受度；(B) 聲望；(C) 不良的身體意象；(D) 學校課業。

（　）114. 阿民是個15歲的男孩，但是他比班上早熟的同性朋友較矮約8英吋且較輕約30磅。下列何者不是他有可能會出現的行為反應？(A) 出現負向自我知覺與自我概念；(B) 極度依賴他人；(C) 會延宕心理上的承諾，例如婚姻；(D) 常常膽小怯懦的縮在角落，羞於與他人交談。

（　）115. 下列何者非屬於導致肥胖的外在變項？(A) 食物類型；(B) 遺傳；(C) 活動程度；(D) 新陳代謝。

（　）116. 「個體能加以某程度的調節，但無法完全的控制。」這句話是指哪項導致肥胖的成因？(A) 外在變項；(B) 內在變項；(C) 中介變項；(D) 心因性厭食症。

（　）117. 下列何者屬於導致肥胖的中介變項？(A) 食物類型；(B) 遺傳；(C) 活動程度；(D) 體內脂肪細胞的大小或數量。

（　）118. 青春期體內脂肪堆積的重要關鍵因素為何？(A) 青春期前教養的飲食習慣；(B) 活動量；(C) 遺傳；(D) 環境。

（　）119. 下列何者為「心因性厭食症」的特徵？(A) 一段有限時間內，強迫而急速地攝食大量高熱量食物；(B) 個體出現對增重與變胖的過度恐懼；(C) 平均每週花13.7小時在狂食行為；(D) 不恰當地以自己體重影響自尊。

（　）120. 下列何者非與厭食症相關聯的醫學狀況？(A) 心搏停止；(B) 便秘與腹痛；(C) 電解質失衡；(D) 自我蔑視、有罪惡感與羞恥感。

（　）121. 心因性厭食症好發於幾歲左右？(A) 十來歲；(B) 二十歲前後；(C) 三十歲左右；(D) 四十歲左右。

（　）122. 關於暴食症的判斷，暴食的頻率必須達到：(A) 每週至少一次達四個月；(B) 每週至少二次達三個月；(C) 每週至少三次達二個月；(D) 每週至少四次達一個月。

（　）123. 暴食症患者與其家屬的關係為何？(A) 過度保護；(B) 關係黏著；(C) 混亂、緊繃、疏離；(D) 關係潛抑。

（　）124. 下列何者為治療厭食症最有效的治療法？(A) 認知行為取向；(B) 家族治療法；(C) 抑鬱劑；(D) 結合醫藥與心理取向的治療法。

（　）125. 下列何者非暴食症的特徵？(A) 體重近乎正常；(B) 很有意願改變；(C) 一段時間內大量進食，隨後清除；(D) 女性併發無月經症，或沒有月經週期。

（　）126. 青春期初始，皮膚各種腺體活躍，導因於身體何種作用與反作用？(A) 睪固酮；(B) 雌激素；(C) 雄激素；(D) 腦垂腺。

（　）127. 下列哪種皮膚腺體不會對青少年造成困擾？(A) 外分泌汗腺（merocrine glands）；(B) 外泌腺（eccrine glands）；(C) 泌離汗腺（apocrine glands）；(D) 皮脂腺（sebaceous glands）。

（　）128. 下列對於早熟男孩的敘述，下列何者為非？(A) 成人對早熟男孩有較多期待，希望他們做出成人的行為和責任；(B) 就男孩而言，早熟多與正向自我評價相關；(C) 所有早熟男孩均能完全控制他們被賦予的自由；(D) 成人往往較偏愛早熟的男孩。

（　）129. 青少年時期個人具有相當大的心理與生理能力以克服困難，此為何種適應能力？(A) 容忍力；(B) 青春力；(C) 自發力；(D) 復

原力。

（　）130. 青春期出現的早晚，對於青少年的心理與社會發展常有重要的
影響。下列敘述何者較為適當？(A) 即使有影響，但隨著年齡增
長，這些影響也會愈來愈不明顯；(B) 愈早熟的青少女愈有正向
的影響；(C) 愈晚熟的青少男愈有正向的影響；(D) 這些影響，
會隨著年齡愈長，而產生愈明顯的效果。【94高級中等以下學
校及幼稚園教師資格檢定】

（　）131. 青少年身體與心理的改變通常佔據人生中的十個年頭，其中
青少年期的發展有三個階段，下列何者並不屬於？(A) 青少年
早期（大約從十到十四、十五歲）；(B) 青少年中期（十五到
十七歲）；(C) 青少年晚期（十八到二十歲）；(D) 青少年後期
（二十到二十二歲）。

（　）132. 下列關於女性在青春期前期的敘述，何者的敘述有誤？(A) 開始
於性別成熟的第一徵兆，結束於陰毛的開始出現；(B) 身高與體
重急速發展的高峰階段；(C) 就女性而言，青春期前期的變化通
常比男性早大約兩年；(D) 此階段女性發育的第一徵兆便是卵巢
的擴大及其細胞之成熟。

（　）133. 下列關於青少年發育的限制性與差異性，何者敘述有誤？(A)
男、女生在成熟的速度上具有差異性；(B) 男、女生在青春期成
熟階段經歷不同的改變順序；(C) 青春期成熟的成長並非獨立於
限制因素之外；(D) 成長伴隨而來的是某些疾病或不健全的危險
性增加。

（　）134. 青春期成熟之身體變化的速度不同，與下列何者的關係最小？
(A) 遺傳差異；(B) 社會及文化差異；(C) 營養或健康照料；(D)
同儕的影響。

（　）135. 在不同的歷史階段，青少年有著不同的成長速度。這種歷史與
青少年身體變化的關係稱作？(A) 成熟趨勢；(B) 世代成熟；(C)

世代趨勢；(D) 成熟階段。

（　）136. 由Elizabeth J. Susman對於介於十到十四歲女孩的研究中可以發現，下列何者的變項無法預測初經的年齡？(A) 生理改變；(B) 心理功能；(C) 社會功能；(D) 同儕團體。

（　）137. 下列對於早熟的女性青少年的敘述是正確的？(A) 有較差的身體意象；(B) 有較佳的身體意象；(C) 有正面的自我評價；(D) 較無偏差行為。

（　）138. 下列關於青少年與青春期行為關係之影響，何者有誤？(A) 青少年因青春期變化的關係，存在較多的衝突與較大的情緒疏遠現象；(B) 青少年雖有時與雙親疏離，但他們一般仍持續依賴家人；(C) 青少年的身體成熟與其對父母所表達的負面情感無關；(D) 父母親與青少年的正面情感的程度與青春期狀況無關。

（　）139. 下列對於早熟的男性青少年的敘述是有誤的？(A) 較受歡迎；(B) 有自信、獨立；(C) 正面的身體意象；(D) 焦慮、多話、尋求注意。

（　）140. Steinberg的研究中發現，青春期成熟的增加與兒子跟父母之間的「情緒困擾」的不同變化有關，端視父母的性別而定。以下對於青春期男孩的敘述何者有誤？(A) 男孩成熟的增加會對父親較少的抵抗；(B) 男孩成熟的增加會減少打斷與母親的對話；(C) 男孩成熟的增加會對母親有較多的遵從；(D) 男孩成熟的增加會對父親有較多的遵從。

（　）141. 對於青少年飲食與行為的關係，何者正確？(A) 過重與過胖的青少年是具有飲食失調行為的低危險群；(B) 低度自尊與高度焦慮和問題性的飲食態度有關；(C) 女性青少年比男性青少年不易有飲食失調的行為；(D) 男孩比女孩呈現更加典型的病態飲食失調。

（　）142. 下列關於青少年行為與健康之間的問題，何者正確？(A) 睡眠

時間的減少與就寢時間較晚有關；(B) 睡眠時間的減少與較早的甦醒時間有關；(C) 學業成績較好者比成績差者有較少的睡眠；(D) 學業成績較好者比成績差者較晚就寢。

( ) 143. Magnusson與其同僚發現，下列對於女孩早熟與其問題行為的關係何者正確？(A) 有較年長朋友的早熟女生，傾向較多違常行為；(B) 沒有較年長朋友的早熟女生，傾向較多違常行為；(C) 相較於早熟或適時成熟者，晚熟會有較多的心理困擾；(D) 成熟的時機與心理困擾的關係，與女生所處的同儕團體的本質無關。

( ) 144. 下列哪一種身體問題的例子不是起因於青春期的改變？(A) 月經困難；(B) 青春痘；(C) 月經失調；(D) 牙周病。

( ) 145. 下列哪一種情況符合無法控制的狂飲與排泄行為的失調？(A) 貪食症；(B) 厭食症；(C) 憂鬱症；(D) 躁鬱症。

( ) 146. 下列有關於青少年在青春期的描述，何者不正確？(A) 女孩的早熟會導致焦慮；(B) 具有節食意識的女孩需要特別注意；(C) 晚熟的男孩需要他人安心的保障；(D) 早熟的男孩比其他人更容易自卑。

( ) 147. 關於飲食失調的行為敘述，何者有誤？(A) 厭食症與貪食症都會造成嚴重的醫療問題，甚至導致死亡；(B) 貪食症很難被察覺且並不會伴隨體重的劇烈減少；(C) 女性比男性更易受到飲食失調的影響；(D) 工業化的國家，厭食症與貪食症的比例較少。

( ) 148. 飲食失調受到心理與背景脈絡的影響甚大，但不包含以下何者？(A) 家庭因素；(B) 自我肯定；(C) 飲食態度；(D) 身體外表。

( ) 149. 下列有關於青春期前期的敘述，何者敘述錯誤？(A) 約從十到十四歲；(B) 開始於性別成熟的第一性徵，結束於陰毛開始出現；(C) 女性在此時期變化通常比男性早三年；(D) 此期男性的

第二性徵尚沒有真正完整的陰毛。

（ ）150. 下列有關青春期中期主要發生事項，何者<u>不屬於</u>第一性徵的成熟？(A) 女性陰戶與陰蒂擴大；(B) 女性逐漸形成乳暈及乳頭隆起；(C) 男性睪丸持續擴大；(D) 男性陰囊成長且色素加深。

（ ）151. 下列有關「初經」的敘述何者<u>有誤</u>？(A) 一般來說貧困家庭小孩的初經年齡會早於富裕家庭的小孩；(B) 健康照料或營養會影響初經年齡；(C) 一般來說城市小孩的初經年齡會早於鄉下的小孩；(D) 社經地位與初經年齡是有相關性的。

（ ）152. Dornbusch認為社會脈落會影響青春期對於行為的：(A) 外在影響效果；(B) 潛在影響效果；(C) 自我影響效果；(D) 本我影響效果。

（ ）153. 小寬因為就讀芭蕾學校，所以比一般高中學校的女生更容易對自己的身材感到壓力，這是什麼對青春期行為關係之影響？(A) 社會衝突；(B) 社會期待；(C) 社會規範；(D) 社會脈絡。

（ ）154. 下列何者較容易對重要的心理問題、異常的同儕壓力感覺較敏感且易受傷害？(A) 早熟女生；(B) 早熟男生；(C) 晚熟女生；(D) 晚熟男生。

（ ）155. 下列有關於青少年飲食失調的敘述何者<u>有誤</u>？(A) 肥胖可能為飲食失調的結果；(B) 貪食症是一種無法控制的狂飲與排泄行為；(C) 厭實症包括體重劇烈減少卻無法用醫學觀點加以說明；(D) 飲食失調的行為男性比女性更容易受到影響。

（ ）156. 下列有關青少年三個階段的敘述何者正確？(A) 青少年前期開始於陰毛初次顯現；(B) 青少年中期結束於陰毛初次顯現；(C) 青少年後期開始於陰毛的成長完全；(D) 青少年中期個體已具有生育能力。

（ ）157. 何者<u>不屬於</u>行為影響青少年健康而導致問題產生的例子？(A) 不安全的性行為；(B) 自殺；(C) 疼痛的生理期；(D) 車禍。

（　）158. 身體吸引力與身體意象關聯著青少年的：(I)正向自我評估；(II)聲望；(III)同儕接受度；(IV)人格的發展。(A) (I)(II)(III)；(B) (II)(III)(IV)；(C) (I)(II)(IV)；(D) (I)(II)(III)(IV)。

（　）159. 下列哪些為暴食症患者的敘述？(I)初發年紀多為20多歲前後；(II)性格容易依賴；(III)容易情緒化和衝動；(IV)渴望被認為是有吸引力的。(A) (I) (III) (IV)；(B) (I) (II) (III)；(C) (II) (III) (IV)；(D) (I) (II) (III) (IV)。

（　）160. 下列何者不屬於暴食症的治療計畫？(A) 認知行為取向；(B) 矯正患者的非理性信念；(C) 家族治療法；(D) 斷食治療法。

（　）161. 下列何者較不屬於男性在意自己的部位？(A) 身高；(B) 腳踝；(C) 輪廓；(D) 脖子。

（　）162. 導致肥胖的生理成因可劃分為三個類別，下列敘述有者有誤？(A) 肥胖的青少年主要是因為吃得過多；(B) 外在變項可因個人調整其範圍；(C) 內在變項是指遺傳；(D) 中介變項是指個體能有某程度的調節但無法完全控制。

（　）163. 有關心因性厭食症的敘述何者有誤？(A) 是一種會危及生命的情緒性疾病；(B) 特徵是困擾於食物和體重；(C) 個體對增重與變胖過度恐懼；(D) 個體的體重必須低於其身高與體格所換算出正常值的20%。

（　）164. 有關暴食症患者的描述何者有誤？(A) 暴食症的家屬傾向過度保護且關係黏著；(B) 病情通常是私下秘密進行；(C) 會從事過度補償行為以避免體重增加；(D) 發作期間與之後伴隨有焦慮、憂慮情緒與自我蔑視的想法。

（　）165. 暴食症患者會出現：(I)暴食後伴隨羞恥感和罪惡感；(II)完美驅力所堆疊出的壓力；(III)拒絕尋求協助。(A) (I)(II)；(B) (I)(III)；(C) (II)(III)；(D) (I)(II)(III)。

（　）166. 何者不是青少年主要缺乏的營養？(A) 鈣質；(B) 硫胺素；(C) 澱

粉；(D) 核黃素。

（　）167. 何者敘述正確？(A) 早熟的女孩較晚熟的女孩不會遭受父母或其
他人的嚴厲批評；(B) 晚熟的女孩較早熟的女孩容易發生過早的
性行為；(C) 早熟的男孩容易感到不安且被視為無吸引力；(D)
晚熟的男孩有時會過度依賴他人。

（　）168. 青少年是個體出生後第幾個快速成長的高峰期？(A) 第一個；
(B) 第二個；(C) 第三個；(D) 第四個。

（　）169. 青少年外顯的身高、體重與性器官的發育，主要是由下列何者
所造成的？(A) 遺傳；(B) 運動；(C) 飲食；(D) 荷爾蒙分泌。

（　）170. 青少年生理的成熟，以下何者受到荷爾蒙分泌的影響最大？(A)
性器官；(B) 骨骼；(C) 身高；(D) 循環系統。

（　）171. 荷爾蒙關係生理的發育狀況及成熟度，它具有三大功能，以下
敘述何者錯誤？(A) 決定生理器官的形狀與構造；(B) 綜合自主
性功能與種屬本能行為；(C) 具有規律性；(D) 有一定特殊性。

（　）172. 下列哪一內分泌腺體能控制身體其他腺體分泌，被稱為主線，
可視為人體生命的中樞？(A) 腦下垂腺；(B) 松果腺；(C) 甲狀
腺；(D) 腎上腺。

（　）173. 何者為衡量生理成熟度較為準確的方法？(A) 身高；(B) 性器官
發育；(C) 骨骼生長；(D) 年齡。

（　）174. 何人以骨骼年齡與實際年齡的比率為指標，推斷個體的成熟
度？(A) 皮亞傑；(B) 田納；(C) 鍾斯頓；(D) 馬塔拉。

（　）175. 整體而言，人的骨骼約在_____歲接近成熟，又在_____歲發
育完成？(A) 15，20；(B) 18，25；(C) 18，20；(D) 15，25。

（　）176. 何者是男女生在青春期中最普遍的發育現象？(A) 性器官發育；
(B) 身高成長；(C) 體重增加；(D) 骨骼發育。

（　）177. 生長驟增是指青少年階段，身高與體重增長最大的一個時期。
男生與女生生長驟增的頂峰，下列何者為是？(A) 11，13；(B)

13，11；(C) 16，14；(D) 14，16。

( ) 178. 青少年時期個體發展迅速，下面何者非外顯發展？(A) 身高；
(B) 體重；(C) 智商；(D) 性器官。

( ) 179. 在人體之內散布著各種腺體，腺體的分泌方式分為有管腺分泌
及無管腺分泌兩種，下列何者不屬於有管線分泌？(A) 汗腺；
(B) 唾腺；(C) 甲狀腺；(D) 胰臟腺。

( ) 180. 小林在學校內會經常打人、踢人，出了校門後經常會去便利超
商偷竊。以上屬於青少年功能失常的何種特質？(A) 生理；(B)
口語；(C) 情緒；(D) 態度。

( ) 181. 青少年的外顯發育主要是由荷爾蒙分泌所造成，請問下面哪一
項不屬於荷爾蒙的功能？(A) 決定生理器官的形狀和結構；(B)
綜合自主性功能與種屬本能行為；(C) 改變生理器官的日常習
慣；(D) 具規律性。

( ) 182. 青少年不良行為是青少年滿幾歲前所犯的過錯，同樣的過錯對
成年人而言就是一種罪行？(A) 十五歲；(B) 十六歲；(C) 十八
歲；(D) 二十歲。

( ) 183. 下面何者不屬於青少年發展主要的內分泌腺體？(A) 肝臟腺；
(B) 胸腺；(C) 松果腺；(D) 腎上腺。

( ) 184. 青少年對「難預測的未來」產生的恐懼是屬哪一類之恐懼？(A)
對東西與自然現象的恐懼；(B) 對自我有關的恐懼；(C) 對社會
關係的恐懼；(D) 不知名的恐懼。【94高級中等以下學校及幼稚
園教師資格檢定】

( ) 185. 有關「青少年與父母的衝突」研究發現，下列何者最適當？(A)
衝突在青少年早期增強並持續到青少年晚期；(B) 衝突在青少年
早期增加，但在青少年晚期減少；(C) 除少數家庭外，基本上親
子間衝突在青少年期強度大致相同；(D) 大部分的衝突與青少年
學業相關。【94高級中等以下學校及幼稚園教師資格檢定】

( ) 186. 在青少年的社會心理發展中，下列何者較不為其關切的重點？
(A) 友誼；(B) 同儕團體；(C) 受歡迎；(D) 手足關係。【94高級中等以下學校及幼稚園教師資格檢定】

( ) 187. 青少年的身體與體重的發展並非永遠一致，常需多方面考慮各種變數的影響，下列何者因素不考慮？(A) 經濟；(B) 戰爭；(C) 智商；(D) 遺傳。

( ) 188. 青少年男生體重的增加與下列何者因素有密切關聯？(A) 飲食習慣；(B) 遺傳；(C) 抵抗力；(D) 軀幹肌肉的生長。

( ) 189. 青少年女生體重的增加與下列何者因素有密切關聯？(A) 睡眠時間；(B) 遺傳；(C) 脂肪的增加；(D) 懷孕。

( ) 190. 針對青少年肥胖症者的輔導途徑，下列哪一項不適當？(A) 大量的運動，並且絕食；(B) 醫療診斷；(C) 適宜的營養教育；(D) 提供適當楷模。

( ) 191. 人類賴以維生的四個重要生理系統，下列哪個不包含？(A) 循環系統；(B) 內分泌系統；(C) 呼吸系統；(D) 神經系統。

( ) 192. 人的體型主要可區分為三種類型，不包含下列哪一種？(A) 外胚型；(B) 中胚型；(C) 內胚型；(D) 矮胚型。

( ) 193. 青少年階段主要有的生理困擾，下列哪項不屬於？(A) 青春痘；(B) 身高不足；(C) 倦怠和疾病；(D) 經前症候群。

( ) 194. 下列何者不是青少年倦怠產生主要原因？(A) 性慾太強；(B) 睡眠不足；(C) 營養失調；(D) 課業負擔過重。

( ) 195. 一般人頭痛產生的原因不包含下列哪一項？(A) 心因性；(B) 血管性；(C) 症狀性；(D) 遺傳性。

( ) 196. 一般人認為怎樣才是良好的衛生習慣？(A) 抽菸喝酒；(B) 常喝飲料；(C) 暴飲暴食；(D) 定期就醫檢查。

( ) 197. 馬塔拉左提供青少年增進健康的方法，以下哪一項有誤？(A) 一天睡滿六小時；(B) 均衡的營養；(C) 規律的運動；(D) 適當的休

閒。

（　）198. 人類的神經系統<u>不包含</u>下列哪一項？(A) 中樞神經系統；(B) 周邊神經系統；(C) 運動神經系統；(D) 自主神經系統。

（　）199. 一般而言，男性一天需要多少卡洛里的熱量才足夠？(A) 2600；(B) 3600；(C) 4600；(D) 5600。

（　）200. 瑞斯（Rice, 1995）認為青少年肥胖症者伴隨的心理和社會問題<u>不包含</u>下面哪一項？(A) 婚姻；(B) 依賴；(C) 同儕關係；(D) 學校適應。

（　）201. 鍾斯頓（Johnston, 1964）以SA除以CA的比率來推斷個體的成熟度，下面哪一項是發育太遲？(A) 小於1.0；(B) 等於1.0；(C) 大於1.0；(D) 以上皆非。

（　）202. 從青少年發展到成人階段，成人骨骼總共有幾塊？(A) 236；(B) 226；(C) 216；(D) 206 。

（　）203. 青少年喝酒一預防方案可以分為三級，下列何者敘述屬於「次級預防」（secondary prevention）？(A) 預防青少年喝酒行為的發生；(B) 及早鑑定與處理飲酒失常者；(C) 消除或調整引發喝酒的因素；(D) 充分的處理與治療行為失常者。

（　）204. 不具社會技巧的人具有的特徵何者<u>為非</u>？(A) 較少引發性的會談；(B) 花較長的時間去對別人作反應；(C) 不會利用他人；(D) 提供較少的回答。

（　）205. 當第一性徵發展至成人型態，加上青春期的第二性徵出現並發育的過程稱為(A) 青春期；(B) 青春期成熟；(C) 青春期中期；(D) 青春期前期。

（　）206. 青少年時期個人具有相當大的心理與生理能力以克服困難，此為何種適應能力？(A) 容忍力；(B) 自發力；(C) 青春力；(D) 復原力。【96高級中等以下學校及幼稚園教師資格檢定】

（　）207. 導因個體對於自身身體意象的錯誤知覺，以及認為自己體重過

重的錯誤信念,而造成體重降低的一種疾病為?(A) 憂鬱症;
(B) 拒食症;(C) 厭食症;(D) 絕食症。

( ) 208. 發現青春期成熟的增加與兒子跟父母之間的情緒困擾的不同變化有關的學者為何?(A) Parsons;(B) Dewey;(C) Steinberg;(D) Foucault。

( ) 209. 對於青少年身體生長的敘述,下列何者正確?(A) 青少年進入青春期的時間個別差異小,但生理成熟的順序差異大且無法預測;(B) 青春期每年身高增長的幅度比兒童期小;(C) 人體荷爾蒙中的雄性激素是男女兩性身高增加的共同作用因子;(D) 女生的生長高峰在初經之後一年內。【96高級中等以下學校及幼稚園教師資格檢定】

( ) 210. 對於青春期的描述,下列何者為是?(A) 係指第一性徵逐漸發育成熟,第二性徵出現並發育,且具有生殖能力;(B) 係指第一性徵發展至成人型態,加上青春期的第二性徵出現並發育的過程;(C) 係指在青春期成熟中,青少年開始出現某些身體變化的階段,以及開始出現第二性徵;(D) 係指在青春期成熟過程中,青少年大部分的身體變化都已經開始。

( ) 211. 一出生即具有的生理特性,包含內部與外部的生殖器,此者稱為?(A) 身體特徵;(B) 男女性徵;(C) 第一性徵;(D) 第二性徵。

( ) 212. 比同樣年齡的同儕較早達到青春期生理成熟特徵的青少年謂之?(A) 適時成熟者;(B) 早熟者;(C) 晚熟者;(D) 青春期早期。

( ) 213. 青少年的身體發展隨著歷史而有所不同的變化稱為?(A) 年代趨勢;(B) 時間趨勢;(C) 歷史趨勢;(D) 世代趨勢。

( ) 214. 下列哪一位學者發現青少年與父母親的疏離,以及將父母親當作緩衝器的傾向,以對抗社會壓力,均與青少年的身體更加

成熟有關？(A) Grotevant；(B) Holmbeck；(C) Simmons；(D) Clausen。

（　）215. 下列哪一位學者的研究指出，青少年身處的特殊社會脈絡之運作，會影響青春期時機與行為的關係？(A) Holmbeck；(B) Brooks；(C) Molina；(D) Grotevant。

（　）216. 不同青少年有不同的身體成熟速度，雖然會對人格與社會行為產生影響，但必須透過何者的調節才會導致間接或相互的青春期影響效果？(A) 社經地位；(B) 人際關係；(C) 社會脈絡；(D) 同儕。

（　）217. 阿勇是個國三生，他的同班同學幾乎都比他要來的壯碩，導致阿勇常常被同學取笑為矮冬瓜，請問阿勇可能屬於何種體質？(A) 早熟；(B) 晚熟；(C) 適時成熟；(D) 爛掉了。

（　）218. 青春期的變化會導致身體問題，下列何者為非？(A) 飲食失調；(B) 青春痘；(C) 抽筋；(D) 月經困難。

（　）219. 青少年群體相當重視自己的身體外表，這可能引起對其健康有害的何種行為？(A) 節食行為；(B) 飲食過量；(C) 絕食行為；(D) 飲食行為。

（　）220. 對於青少年時期各階段的敘述，下列何者錯誤？(A) 青少年早期（十到十五歲）；(B) 青少年中期（十五到十七）；(C) 青少年晚期（十八到二十一）；(D) 以上皆非。

（　）221. 初經的世代趨勢一般歸因於兒童與青少年的健康與營養的改善，其所受到的影響下列何者為是？(A) 歷史；(B) 文化；(C) 社經地位；(D) 以上皆是。

（　）222. 男性的第一次射精通常發生於何時？(A) 十一至十六歲；(B) 十一歲；(C) 十六歲；(D) 以上皆非。

（　）223. 青春期時，身體的快速發展主要是因為何者進入血液之中，對於特定器官的活動具有特殊調節的功能？(A) 賀爾蒙；(B) 類固

醇；(C) 膽固醇；(D) 雄激素。

( ) 224. 青春期與家庭功能的關係主要說明在某些家庭類型中，基於青少年青春期變化的關係，存在較多的何種關係？(A) 對立現象；(B) 厭惡感；(C) 情緒疏離；(D) 家庭失和。

( ) 225. 請選出青少年時期結束的象徵：(I)春情發動；(II)完成成人儀式；(III)到達成人法定年齡；(IV)開始進入個人、家庭與工作角色中。(A) I、II；(B) II、III；(C) I、III；(D) III、IV。

( ) 226. 對於青春期變化的本質和意涵的描述，下列何者為非？(A) 青春期對於身體健康與行為具有極大的意涵；(B) 青春期的生理過程導致身體的變化；(C) 青春期為生物、心理與社會功能之間的互動關係；(D) 強調身體特徵的發展情形如同情緒與思想發展。

( ) 227. 當生理的哪個部位開始製造「黃體賀爾蒙釋放賀爾蒙」時，青春期即開始了？(A) 腦下垂體；(B) 下視丘；(C) 小腦；(D) 中樞神經。

( ) 228. 對於青春期首重的要務，下列敘述何者正確？(A) 適應內在與外在的改變；(B) 使青少年由兒童轉變為成人；(C) 了解生理發展任務的本質；(D) 以上皆是。

( ) 229. 關於女性在青春期前期的特徵為何？(I)女性大約比男性早2年；(II)女性卵巢的擴大及成熟；(III)月經來臨；(IV)毛髮數量增多；(A) I、II；(B) II、IV；(C) I、II；(D) III、IV。

( ) 230. 對於青春期發育的差異性因素，來自於同儕團體、家庭遺傳、社經地位以及何者？(A) 文化差異；(B) 社會差異；(C) 地理位置；(D) 歷史背景。

( ) 231. 下列哪些變項影響青春期成熟的時間與速度？(I)飲食習慣；(II)社會階層；(III)文化；(IV)家庭功能？(A) I、II；(B) I、IV；(C) II、III；(D) III、IV。

( ) 232. 當身高、體重、脂肪與肌肉的分佈、體腺的分泌作用，以及第

一和第二性徵皆未發生改變時稱之為？(A) 青春期前期；(B) 青
春期中期；(C) 青春期後期；(D) 青春期成熟。

（　）233. 哪位學者與其同僚發現，女孩早熟與其問題行為的關係，受到
他們同儕團體的特殊特徵所影響？(A) Lerner；(B) Magnusson；
(C) Conger；(D) Papini。

（　）234. 不同青少年有不同的身體成熟速度，雖然這些差異會對人格與
社會行為產生影響，但必須透過何者的調節，才會導致間接的
或相互的青春期影響效果？(A) 個人與行為；(B) 個人與同儕；
(C) 個人與社會脈絡；(D) 個人與家庭。

（　）235. 長期生病的青少年，如同健康的青少年一樣，負面生活事件、
生活壓力、有問題的社會支持的增加，確實影響了他們的心理
與什麼功能？(A) 教育；(B) 社會；(C) 家庭；(D) 同儕。

（　）236. 下列哪些行為影響青少年健康而導致問題？(I)自殺與藥物的濫
用；(II)不安全的性行為；(III)暴力行為；(IV)飲食失調；(V)不
充足的休養；(VI)意外事件。(A) (I)(II)(III)(IV)(V)；(B) (I)(III)
(IV)(V)(VI)；(C) (II)(III)(IV)(V)(VI)；(D) (I)(II)(III)(IV)(V)(VI)。

（　）237. 就所有的青少年而言，不管他們的成績如何，都沒有得到充足
的睡眠，且睡眠的缺乏會影響其白天的？(A) 工作效率；(B) 讀
書效率；(C) 學習效率；(D) 以上皆是。

（　）238. 就男女生而言，問題性的飲食態度對青少年會有何種影響？(A)
低度自尊；(B) 飲食失調；(C) 失眠；(D) 腸胃問題。

（　）239. 對於有酒癮的青少年可以使用何者方式協助他們？(A) 初級預
防；(B) 次級預防；(C) 三級預防；(D) 自我監控。

（　）240. 可能是一種飲食的失調，當一個人的體重超過跟他相同身高者
的平均體重的20%，就有可能被認定為？(A) 拒食症；(B) 標準
體格；(C) 肥胖；(D) 以上接非。

（　）241. 與正常的青少年相比，有厭食症的青少年其經歷家庭憂鬱與酒

精或藥物濫用，或是何種行為可能性較高？(A) 自殺；(B) 無自我價值；(C) 高度焦慮感；(D) 以上皆非。

( ) 242. 青少年所做的何種行為選擇，同樣會對青春期產生影響，下列何者為非？(A) 同儕；(B) 父母；(C) 文化；(D) 行為。

( ) 243. 青少年相當重視自己的身體外表，這可能引起青少年的何種行為？(A) 瘦身美容；(B) 運動保健；(C) 危險飲食行為；(D) 整容。

( ) 244. 青少年持續抽菸的原因，下列何者為非？(A) 緊張的鬆弛；(B) 年輕愛耍帥；(C) 尼古丁的上癮；(D) 口腔期衝動。

( ) 245. 青少年身體發展的重大變化，下列哪一項描述較不適當？(A) 身體快速生長造成體重和身高急驟增加；(B) 第一性徵的發展；(C) 性腺的進一步發展；(D) 呼吸和循環系統的改變。【94高級中等以下學校及幼稚園教師資格檢定】

( ) 246. 青少年對自身的身體意象（body image）不會影響其：(A) 成長趨勢；(B) 自我評估；(C) 同儕接受度；(D) 人際技巧。【94高級中等以下學校及幼稚園教師資格檢定】

( ) 247. 青春期變化的發生時機是有意義的，下列敘述何者較為適當？(A) 青春期的發生時機對男孩與女孩的意義大致相同；(B) 晚熟的男孩比早熟的男孩享有許多社會利益；(C) 對女孩來說早熟會面臨較多壓力；(D) 早熟和晚熟的不同會延伸到成人。【94高級中等以下學校及幼稚園教師資格檢定】

( ) 248. 根據研究發現，初上國中的青少年其自尊心比國小時期，甚至於青少年中、後期都低，下列哪一個敘述較不適當？(A) 青春期的開始產生身體的變化，影響了自我的意象；(B) 老師、同學之間的關係不像小學那麼親密；(C) 父母的管教變得更加嚴格，因為怕孩子在國中變壞；(D) 換了新的同學，一時不知自己的比較參考標準在哪裡。【94高級中等以下學校及幼稚園教師資格檢

定】

（　）249. 許多研究顯示，進入青春期後，青少年女生的自尊心有比男生較低的現象。下列何者是主要影響因素？(A) 對自己的學業能力與成績不滿意；(B) 對自己身體外表的改變不滿意；(C) 對與父母親的關係不滿意；(D) 對自我學習的控制感不滿意。【95高級中等以下學校及幼稚園教師資格檢定】

（　）250. 下列哪一種較為青少年男孩喜歡變成的體型？(A) 內胚型；(B) 外胚型；(C) 中胚型；(D) 綜合型。

（　）251. 下列哪一種較為青少年女孩喜歡變成的體型？(A) 內胚型；(B) 外胚型；(C) 中胚型；(D) 綜合型。

（　）252. 下列何者不是造成青少年營養不足的原因？(A) 沒吃宵夜；(B) 社交壓力；(C) 困擾的家庭關係與個人適應；(D) 家庭窮困。

（　）253. 外分泌汗腺位於下列何者？(A) 皮膚表層；(B) 腋下；(C) 鼠蹊部區域；(D) 皮膚上分泌油脂的腺體。

（　）254. 皮脂腺位於下列何者？(A) 皮膚表層；(B) 腋下；(C) 鼠蹊部區域；(D) 皮膚上分泌油脂的腺體。

（　）255. 暴食症是一種狂食－清除的症候群，下列何者為暴食症的特徵？(A) 初發年紀為十來歲；(B) 體重消瘦憔悴；(C) 情緒化、衝動、無法忍受挫折；(D) 渴望被認為是有吸引力的。

（　）256. 針對青少年營養不足問題，下列何者導因於奶類的飲用不足所造成？(A) 鈣質；(B) 鐵質；(C) 蛋白質；(D) 維他命。

（　）257. 針對青少年營養不足問題，下列何者導因於飲食中缺乏蔬果所造成？(A) 鈣質；(B) 鐵質；(C) 蛋白質；(D) 維他命。

（　）258. 針對睡眠問題，下列何者為非？(A) 睡眠有益生理與心理；(B) 睡得較少的青少年於白天時顯得較為憂鬱；(C) 青少年應該比童年時更晚就寢；(D) 父母不強制年輕人要像童年時那樣早就寢，導致於青少年晚就寢。

（　）259. 青少年會開始留意成熟的特定徵象，下列何者為青少年會適度注意的地方？(A) 腳踝；(B) 鼻子；(C) 耳朵；(D) 手臂。

（　）260. 針對身體吸引力的問題，下列敘述何者為非？(A) 身體吸引力影響著人格的發展、社交關係、與社會行為；(B) 一般人都會以正向詞彙來形容具有吸引力的青少年；(C) 身體吸引力對於男性與女性的自尊沒有顯著的相關存在；(D) 具有身體吸引力的青少年較能獲得同儕的肯定。

（　）261. 關於身高的決定因素，下列何者為非？(A) 有很多影響身高的因素都是很重要的，但最重要的是遺傳；(B) 性成熟開始的年齡也會影響最後所能達到的整體身高；(C) 較高社經地位的兒童成長比貧窮家庭的兒童較為高大，其原因是有較好的收入；(D) 憂鬱及戰爭會影響到營養的供應，進而影響到成長。

（　）262. 軟、圓、厚、重的軀幹與四肢是屬於下列哪種體型？(A) 內胚型；(B) 外胚型；(C) 中胚型；(D) 綜合型。

（　）263. 對於運動下列何者敘述為非？(A) 運動的好處即是增進體適能；(B) 減重動機的渴望促使很多青少年做運動；(C) 運動能藉由提升效能感與優越感，進而改善自尊；(D) 體適能對於改善智力表現較沒有顯見的效果。

（　）264. 生理的早熟與晚熟會如何影響男孩與女孩的心理和社會性格及調適，下列何者為非？(A) 在同年齡層裡，早熟的男孩比晚熟的男孩較具有較多的體能優勢；(B) 晚熟男孩承受到社交誘發的自卑感；(C) 早熟的女孩如同早熟的男孩那般正向；(D) 晚熟的女孩在社交上會遭遇明顯的不利條件。

（　）265. 青少年會困擾於體位與粉刺，那是因為青春期發育時何者增加分泌所造成的？(A) 性腺；(B) 外分泌腺體；(C) 皮脂腺；(D) 泌離汗腺。

（　）266. 下列何者為心因性厭食症的現象？(A) 體重近乎正常；(B) 20歲

前後；(C) 渴望控制及拒絕女性化；(D) 感到罪惡感與羞恥感。

( ) 267. 青少年男性的身體特徵，下列何者非生理吸引力的重要因素？
(A) 身高；(B) 面貌；(C) 體格；(D) 牙齒。

( ) 268. 青少年女性的身體特徵，下列何者比較不受重視？(A) 眼睛；
(B) 髮色；(C) 腿型；(D) 腰圍。

( ) 269. 食物類型與樣式以及活動程度，為下列何者的肥胖類別？(A) 外
在變項；(B) 內在變項；(C) 中介變項；(D) 心理成因。

( ) 270. 導致肥胖的生理變項，為下列何者的肥胖類別？(A) 外在變項；
(B) 內在變項；(C) 中介變項；(D) 心理成因。

( ) 271. 青少年時期個人具有相當大的心理與生理能力以克服困難，此
為何種適應能力？(A) 容忍力；(B) 青春力；(C) 自發力；(D) 復
原力。【96高級中等以下學校及幼稚園教師資格檢定】

( ) 272. 大多數的青少女對自己的身材感到不滿意，下列何者是最可能
的原因？(A) 她們沒有控制好正常的體脂肪率；(B) 她們不像青
少年一般愛運動；(C) 她們因為壓力大而導致飲食失調；(D) 社
會文化對「理想體型」的界定。【97高級中等以下學校及幼稚
園教師資格檢定】

( ) 273. 由兒童期進入青春期的女性，其心理層面描述何者較正確？
(A) 身體意象（body image）越來越負向；(B) 多數女性認為初
經（menarche）象徵成熟因此有較正向的感受；(C) 早熟（early
maturation）的女孩心理適應比晚熟者（late maturation）為佳；
(D) 女性荷爾蒙（estrogen）的增加與攻擊行為有某種程度的正
向關連。【97高級中等以下學校及幼稚園教師資格檢定】

( ) 274. 國中生的動機、情緒、愉悅與痛苦，是受下列哪一腺體控制？
(A) 甲狀腺；(B) 上視丘；(C) 松果腺；(D) 腦下垂體。

( ) 275. 小強進中學以後，身高快速的增加，主要是受到下列哪一種腺
體的影響？(A) 胸腺（thymus）；(B) 松果腺（pineal gland）；

(C) 副甲狀腺（parathyroid）；(D) 腦下垂體（pituitary gland）。
【99高級中等以下學校及幼稚園教師資格檢定】

（　）276. 青少年階段的生理發展受到內分泌腺體的影響很大。下列
何種內分泌腺體，在進入青春期之後會逐漸退化？(A) 甲狀
腺（thyroids）；(B) 松果腺（pineal gland）；(C) 副甲狀腺
（parathyroids）；(D) 腦下垂體（pituitary body）。【100高級中
等以下學校及幼稚園教師資格檢定】

（　）277. 下列有關青少年期間生理發展的敘述，何者較為正確？(A) 肌肉
快速發育後的協調性差，在十一、二歲即可獲得解決；(B) 牙齒
之矯正在九歲前就必須處理，到十二歲之後便難以處理；(C) 女
生在約十七歲之前的骨骼的骨化作用（ossification）比男生超前
了一至兩年；(D) 女生的握力到十七歲時到達頂點，男生的握力
過了十八歲之後則開始衰退。【100高級中等以下學校及幼稚園
教師資格檢定】

（　）278. 針對危險邊緣的青少年，下列哪一保護因子能夠協助他們增加
復原力？(A) 低自尊心；(B) 溫暖的家庭氣氛；(C) 個性上冷靜沉
默的氣質；(D) 社區中自然形成的幫派組織。【101高級中等以
下學校及幼稚園教師資格檢定】

（　）279. 關於青少年時期的生理發展，下列哪一項敘述較不正確？(A) 骨
骼的骨化作用快速進行；(B) 是一生中神經系統發展最快的時
期；(C) 男生肌肉組織的發育較女生佔優勢；(D) 四肢成長的速
度大於頭部成長的速度。【101高級中等以下學校及幼稚園教師
資格檢定】

（　）280. 林老師發現國一班上的志明同學有體重過重的現象，試問他應
該注意哪些因肥胖（obesity）所伴隨的可能問題？甲、犯罪行
為；乙、性別認同的建立；丙、人際關係與社會焦慮；丁、有
被動、依賴的傾向。(A) 甲乙丙；(B) 甲乙丁；(C) 甲丙丁；(D)

乙丙丁。【101高級中等以下學校及幼稚園教師資格檢定】

（　）281. 有些青少年臉上長了很多粉刺（acne），這是下列哪一種荷爾蒙導致皮脂腺過度旺盛所致？(A) 睪固酮（testosterone）；(B) 助孕素（progesterone）；(C) 泌乳激素（luteotropic hormone）；(D) 黃體成長激素（luteinizing hormone）。【102高級中等以下學校及幼稚園教師資格檢定】

（　）282. 十四歲的盈盈常常在兩個小時之內大量進食，然後設法把吃進去的食物嘔吐出來，進而服用瀉藥來排除身體裡的食物。這是下列哪一種症狀？(A) 憂鬱症；(B) 暴食症；(C) 肥胖症；(D) 亂食症。

（　）283. 下列哪一項為青少年大腦發展的特徵？(A) 大腦灰質增加；(B) 軸突直徑減小；(C) 大腦額葉髓鞘增加；(D) 是突觸修剪的主要時期。【103高級中等以下學校及幼稚園教師資格檢定】

（　）284. 青少年的腦部，掌管推理、決策及自制的部位是下列何者？(A) 頂葉；(B) 顳葉；(C) 枕葉；(D) 前額葉。【104高級中等以下學校及幼稚園教師資格檢定】

（　）285. 下列何者與刺激女性荷爾蒙分泌較有關聯？(A) 甲狀腺、下視丘；(B) 松果腺、腦下垂體；(C) 腦下垂體、甲狀腺；(D) 腦下垂體、下視丘。【104高級中等以下學校及幼稚園教師資格檢定】

（　）286. 有關青少年大腦發展之敘述，下列何者不正確？(A) 大腦仍保有可塑性（plasticity）；(B) 髓鞘化（myelinization）持續發生；(C) 突觸修剪（synaptic pruning）持續發生；(D) 前額葉皮層（prefrontal cortex）已發展完成。【105高級中等以下學校及幼稚園教師資格檢定】

（　）287. 下列哪一種方式較適合促進青少年的正向身體意象？(A) 改變身邊重要他人對青少年的外貌評價；(B) 關注當今社會文化所崇尚的體態、外貌；(C) 藉由青少年崇拜的偶像，塑造身體意象的

標竿；(D) 透過運動和健康飲食，增進自我身體意象的評價。
【106高級中等以下學校及幼稚園教師資格檢定】

（　）288. 相較於兒童階段，青少年對於訊息的處理速度較快。下列哪一項是青少年訊息處理速度較快的主要原因？(A) 腦中血液的含氧量較高；(B) 腦中分泌較多的多巴胺；(C) 腦中的神經元數量較多；(D) 腦中神經元髓鞘化的增加。【106高級中等以下學校及幼稚園教師資格檢定】

（　）289. 下列有關厭食症（anorexia nervosa）的敘述，何者為非？(A) 因為內分泌失調所造成的；(B) 有強烈的焦慮感、無助感；(C) 因扭曲的身體意象而過度減重；(D) 此症狀較常出現在青少年期的女性。【106高級中等以下學校及幼稚園教師資格檢定】

（　）290. 小平發現同學在青春期都長高了，唯獨他沒有長高，他懷疑自己生理方面出了問題。如果他的懷疑正確，最可能是下列哪一個腺體出了問題？(A) 性腺；(B) 腎上腺；(C) 松果體；(D) 腦下垂體。【106高級中等以下學校及幼稚園教師資格檢定】

解　答

1.(D)　2.(B)　3.(D)　4.(A)　5.(D)　6.(A)　7.(C)　8.(B)　9.(B)　10.(B)

11.(B)　12.(B)　13.(B)　14.(C)　15.(D)　16.(A)　17.(D)　18.(D)　19.(C)　20.(C)

21.(B)　22.(A)　23.(B)　24.(D)　25.(C)　26.(D)　27.(A)　28.(C)　29.(A)　30.(C)

31.(C)　32.(C)　33.(A)　34.(C)　35.(D)　36.(D)　37.(B)　38.(C)　39.(D)　40.(A)

41.(D)　42.(C)　43.(D)　44.(C)　45.(D)　46.(D)　47.(B)　48.(D)　49.(C)　50.(C)

51.(A)　52.(D)　53.(A)　54.(D)　55.(C)　56.(A)　57.(D)　58.(C)　59.(D)　60.(D)

61.(B)　62.(C)　63.(D)　64.(D)　65.(B)　66.(A)　67.(C)　68.(D)　69.(D)　70.(A)

71.(D)　72.(B)　73.(D)　74.(D)　75.(D)　76.(D)　77.(C)　78.(A)　79.(C)　80.(B)

81.(A)　82.(C)　83.(B)　84.(D)　85.(D)　86.(B)　87.(D)　88.(A)　89.(D)　90.(C)

91.(A)　92.(B)　93.(C)　94.(D)　95.(C)　96.(B)　97.(B)　98.(D)　99.(A)　100.(D)

101.(C)　102.(A)　103.(D)　104.(A)　105.(A)　106.(C)　107.(B)　108.(A)　109.(A)　110.(D)

111.(A)　112.(B)　113.(C)　114.(C)　115.(B)　116.(D)　117.(D)　118.(A)　119.(B)　120.(D)

121.(A)　122.(B)　123.(C)　124.(D)　125.(D)　126.(A)　127.(B)　128.(C)　129.(D)　130.(A)

131.(D)　132.(B)　133.(B)　134.(D)　135.(C)　136.(B)　137.(A)　138.(C)　139.(D)　140.(C)

141.(B)　142.(A)　143.(A)　144.(D)　145.(A)　146.(D)　147.(D)　148.(B)　149.(C)　150.(B)

151.(A)　152.(B)　153.(D)　154.(A)　155.(D)　156.(C)　157.(D)　158.(D)　159.(A)　160.(B)

161.(B)　162.(A)　163.(D)　164.(A)　165.(D)　166.(C)　167.(D)　168.(B)　169.(D)　170.(A)

171.(C)　172.(A)　173.(C)　174.(C)　175.(B)　176.(B)　177.(B)　178.(C)　179.(C)　180.(C)

181.(C)　182.(C)　183.(A)　184.(D)　185.(B)　186.(D)　187.(C)　188.(D)　189.(C)　190.(A)

191.(B)　192.(D)　193.(B)　194.(A)　195.(C)　196.(D)　197.(A)　198.(C)　199.(B)　200.(A)

201.(A)　202.(D)　203.(B)　204.(C)　205.(B)　206.(D)　207.(C)　208.(C)　209.(C)　210.(A)

211.(C)　212.(B)　213.(D)　214.(A)　215.(B)　216.(C)　217.(B)　218.(C)　219.(D)　220.(C)

221.(D)　222.(A)　223.(A)　224.(C)　225.(B)　226.(B)　227.(B)　228.(D)　229.(C)　230.(D)

231.(C)　232.(A)　233.(B)　234.(C)　235.(B)　236.(D)　237.(D)　238.(A)　239.(D)　240.(C)

241.(B)　242.(D)　243.(C)　244.(B)　245.(B)　246.(A)　247.(C)　248.(C)　249.(B)　250.(C)

251.(A)　252.(A)　253.(A)　254.(D)　255.(D)　256.(A)　257.(D)　258.(C)　259.(B)　260.(C)

261.(C) 262.(A) 263.(D) 264.(C) 265.(C) 266.(C) 267.(D) 268.(B) 269.(A) 270.(B)

271.(D) 272.(D) 273.(A) 274.(D) 275.(D) 276.(B) 277.(C) 278.(B) 279.(B) 280.(D)

281.(A) 282.(B) 283.(C) 284.(D) 285.(D) 286.(D) 287.(D) 288.(D) 289.(A) 290.(D)

第五章

青少年的性發展、性愛問題與輔導

重點整理

1. 性細胞在男性是精子，在女性是卵子，精子之中的染色體有二種：(1)X精子；(2)Y精子。卵子的染色體則全是帶X染色體的細胞。

2. 男女生殖器官都分內生殖器官與外生殖器官二部分，男性的內生殖器是睪丸、副睪、輸精管、攝護腺、精囊，外生殖器是陰莖及陰囊。女性的內生殖器為卵巢、輸卵管、子宮，外生殖器有大陰唇、小陰唇、陰蒂與陰道。

3. 男女兩性出生時由外生殖器即可發現男女生的不同，此時的性別所具有的特徵稱之為「第一性徵」。青春期時，性荷爾蒙分泌增加，使男女生在身體與性器官外觀、性格或性情顯出極大的差異，此時男女生外顯的性別特徵稱之為「第二性徵」。

4. 青少年期的性發展重要現象包括：(1)性器官的成熟與第二性徵的出現；(2)初經與月經；(3)乳房發育；(4)陰莖的勃起、射精與夢遺。

5. 青少年初經通常發生於身高驟增高峰或骨骼發展達於頂峰之後，約在10.5歲至15.8歲之間，平均年齡12.79歲。初經的出現除個別差異現象之外，又有人種間、不同世代間與地域間的差異。

6. 青少年時期對青少年而言，是一個性的探索階段，青少年主要的性活動與性愛有：(1)性衝動；(2)性幻想；(3)手淫；(4)約會與戀愛；(5)愛撫；(6)婚前性行為。

7. 男女生的性衝動會受到社會化與所處文化的影響，一般社會對男生都比女生寬容，女生因而接受外界性刺激遠低於男生。

8. 都賽克（Dusek, 1996）把青少年約會的功能歸納為：(1)社會化；(2)娛樂；(3)參與的渴望；(4)獨立的肯定；(5)地位尋求；(6)性滿足；(7)求愛。

9. 青少年的性成熟帶給青少年不少成長的喜悅，但也同時帶來了甚多性方面的困擾，其中包括：(1)女性青少年的月經困擾；(2)男性青少年的性功能困擾；(3)早熟與晚熟的困擾；(4)未婚懷孕、墮胎與未婚媽媽；(5)性病。

10. 瑞斯（Rice, 1993）將女生不使用避孕方法與延緩看醫生的原因歸成下列五個主要因素：(1)焦慮與恐懼；(2)無知；(3)欠缺成熟與責任；(4)情感矛盾；(5)非願意的性交。

11. 雪瑞夫婦（Sarrel & Sarrel, 1981）認為，女性墮胎會有下列的副作用：(1)生理疼痛；(2)憂鬱與沮喪；(3)罪惡感；(4)情感衝突。

12. 性病通常是因為性接觸所感染的，性病也因此稱之為性傳染病。青少年主要罹患的性病有：(1)淋病；(2)梅毒；(3)疱疹；(4)陰道感染；(5)陰蝨；(6)性器疣；(7)愛滋病。而青少年時期，AIDS可能比統計資料更為猖獗，因為HIV有很長一段時間的潛伏期。

13. 佛朗寇爾（Francoeur, 1982）認為預防各類性傳染病需有下列守則：(1)慎選性伴侶；(2)適當利用保險套；(3)常清洗陰部；(4)利用各種避孕器及藥膏；(5)避免接吻與肛門性交，以及口交；(6)性接觸前後利用溫水與肥皂沖洗陰莖或陰道；(7)性交之後立即排尿等。

14. 青少年一方面性活動頻緊，另一方面性知識不足，因此加強性教育極為重要，而中等學校在青少年性教育上應扮演較重要的角色。

15. 性行為濫用，特別是結合物質濫用，與狂飲及自殺意念的問題有關。

16. 家庭與同儕對青少年的性行為有重大的影響。

17. 青少年性行為與酒精、香菸的使用、壓力程度、肢體暴力、憂慮AIDS的

情況有關；反社會及偏差行為、青少年早熟及物質濫用，與青少年第一次性行為早晚有關。

18. 大約37%的男性及13%的女性至少面臨性傾向選擇的疑惑。

19. 男性因政治意識型態、社經地位、異性戀的朋友、性別不確定性，女性在宗教、學校的重要性皆影響青少年知覺自己的性傾向。

20. 目前社會對於同性戀及同婚的接納程度較高。

試題演練

（　）1. 男性的外生殖器官包括陰莖、龜頭、陰囊、包皮，而位置左右各有一個，外型像一個小袋，裡面藏有睪丸，它的主要作用是保護睪丸，使睪丸能保持在適當的溫度，以便製造精子的是：(A) 陰莖；(B) 龜頭；(C) 陰囊；(D) 包皮。

（　）2. 青少年男女在生理發育上有很大差異，因而兩性所關心的焦點和產生的問題也有很大不同，一般說來，男性的問題多趨向於：(A) 保健孕育常識；(B) 身體形象；(C) 生理的衝動和性衝動；(D) 性暴力。

（　）3. 女性的內生殖器官中，負責製造性荷爾蒙，以及定時排出成熟的卵子是：(A) 子宮；(B) 膀胱；(C) 陰道；(D) 卵巢。

（　）4. 常見於十八歲至二十四歲的女性，大約有10%左右的人會因經痛而需要請假、休息。這種現象的發生率多少和體質與遺傳有關。此為：(A) 稀發月經；(B) 原發性經痛；(C) 頻發月經；(D) 初潮。

（　）5. 目前最常被引用的青少年身體評估法之一為Tanner氏性徵發展分期，符合下列特徵者為第幾期：

| 女性 | 毛粗，捲曲，量多但不及成人 | 乳暈及乳頭與乳房外形分開，形成第二個丘狀體 |
| 男性 | 接近成人男性外觀，但量較少，毛粗，捲曲 | 龜頭變寬成型，陰囊色深 |

(A) 第I期；(B) 第II期；(C) 第III期；(D) 第IV期；(E) 第V期。

( ) 6. 由性接觸引起的性傳染疾病，最近幾年在青春期男女有所增加，而且感染之年齡層有愈來愈下降的趨勢，成為青春期的重要疾病。性病之種類相當多，其病原涵蓋範圍甚廣，不包括下列那一項：(A) 愛滋病；(B) 淋病；(C) A型肝炎；(D) 梅毒。

( ) 7. 出生後，兩側或一側的睪丸末沿腹股溝降入陰囊內，稱為：(A) 睪丸症；(B) 隱睪症；(C) 夢遺；(D) 疝氣。

( ) 8. 痤瘡是由皮膚下的皮脂腺分泌太多，堵塞毛孔而引起的，常在青少年時期出現，故叫：(A) 皮膚病；(B) 青春痘；(C) 第二性徵；(D) 外科手術。

( ) 9. 青少年時期，青少年與朋友的關係比父母變得更加密切，一言一行都受朋友影響，在同儕團體中他們感受到被了解的接納、擴張了自我價值感，因此他們願意從朋友處獲得見解或知識，也不願意聽從父母的意見，此種發展現象是心理社會學家艾瑞克遜（E. Erikson）發展理論中所強調的哪個階段？(A) 認知發展；(B) 道德發展；(C) 情緒發展；(D) 辨識認定發展。

( ) 10. 青少年強烈的性衝動，加上非常有限的機會來滿足這樣的衝動，常造成許多青少年的困擾。按照金賽（1948）的研究，男性的性衝動大約在幾歲時達到高峰？(A) 15-16 歲；(B) 16-17歲；(C) 17-18歲；(D) 18-19歲。

( ) 11. 在生理發展上，青春期男女睪丸及卵巢內精子、卵子等體內生殖器官及生殖細胞的成熟，稱作：(A) 體內成熟；(B) 主要性徵；(C) 青春期；(D) 次要性徵。

（　）12. 青春期男女因為荷爾蒙分泌所造成的身體外觀上的改變，稱作：
(A) 性成熟；(B) 主要性徵；(C) 青春期；(D) 次要性徵。

（　）13. 男性的生殖器官成熟後，通常由於性興奮，或膀胱漲尿等刺激，
而引起什麼？(A) 夜間遺精；(B) 虛弱；(C) 手淫；(D) 自慰。

（　）14. 女生生殖機能何時成熟，依何者而定？(A) 懷孕；(B) 青春不孕
期；(C) 月經初潮；(D) 停經。

（　）15. 由於性器官的成熟帶來了性的覺醒，也引起青少年性意識之發
展。美國心理學家赫洛克（Hurlock, 1987）的研究，把青少年的
性意識發展分為四個時期，其中青少年男女會努力設法引起異
性對自己的注意是在：(A) 性的反感期；(B) 牛犢戀期；(C) 狂熱
期；(D) 戀愛期。

（　）16. 男生在青少年時會由於什麼激素的分泌急速增加，而使性衝動提
高？(A) 腎上腺素；(B) 睪丸激素；(C) 精激素；(D) 胰島素。

（　）17. 愛撫通常以對方身體的＿＿＿＿為界限，動作在此部位以上者稱輕
度愛撫，在此部位以下者稱深度愛撫。(A) 頸部；(B) 胸部；(C)
腰部；(D) 臀部。

（　）18. Masters與Johnson對於愛撫的觀點為何？(A) 肯定愛撫能夠促進伴
侶雙方分享快樂；(B) 覺得青少年不宜有愛撫的行為；(C) 覺得愛
撫是一種不符合道德的行為；(D) 擔憂青少年的愛撫行為會形成
性氾濫。

（　）19. 以下對於自慰（masturbations）的說法何者為誤？(A) 自慰可以使
青少年熟悉自己的性器官；(B) 大多數的研究顯示男性自慰比例
高於女性；(C) 正常人到青少年之後才會有自慰的行為；(D) 適度
的自慰不會危害身體健康。

（　）20. 以下對於愛撫的說法何者為誤？(A) 光是愛撫沒有性交無法達成
性滿足；(B) 愛撫對已婚夫婦而言，通常是做愛的一部分；(C) 青
少年的愛撫深度，隨著交往的親密程度而逐漸加深；(D) 愛撫的

深度通常是不會倒轉的，除非雙方抗拒或感情失和。

（　）21. 以下哪位學者曾強調青少年約會時的「約會暴力」（Courtship Violence）的問題？(A) Conger；(B) Calambos；(C) Newman；(D) Dusek。

（　）22. 男性在哪方面的感官上，比女性更容易被引發性衝動？(A) 視覺；(B) 味覺；(C) 聽覺；(D) 嗅覺。

（　）23. 以下哪個身體部位不是「主性感帶」？(A) 唇；(B) 頸部；(C) 臀部；(D) 腳掌底。

（　）24. 美國童子軍手冊從1934年出版後多次改版，其中對於自慰的描述也多所變更，以下何者是此手冊對於自慰觀點更迭的趨勢？(A) 自慰越來越被視為是一種罪惡；(B) 自慰越來越被認為是有害健康的；(C) 自慰越來越被視為是一種不良習慣；(D) 自慰越來越被視為是正常的行為。

（　）25. Chilman（1983）曾經對於美國青少年婚前性行為現象做出歸納，以下何者<u>不符合</u>他的觀點？(A) 非婚姻的性交年齡愈來愈低；(B) 青少年非婚姻性交急速增多；(C) 青少年愛撫比率高於性交，且兩者差距日漸增大；(D) 青少年的性交容易發生在戀愛中的男女身上。

（　）26. Atwater（1996）根據一份國家調查指出，青少年自慰平均年齡為：(A) 9歲8個月；(B) 11歲8個月；(C) 13歲8個月；(D) 15歲8個月。

（　）27. 以下對於青少年性幻想的概念何者為<u>誤</u>？(A) 女性青少年的性幻想通常較為羅曼蒂克；(B) 男性青少年的性幻想常常伴隨自慰行為；(C) 男性和女性性幻想方式之所以不同，與社會規範有關；(D) 青少年的性幻想經常引起性焦慮與不安。

（　）28. 大腦中主要是哪個部位會引發性衝動？(A) 杏仁核；(B) 海馬迴；(C) 下視丘；(D) 網狀系統。

（　）29. 以下有關青春期身體發展的陳述，下列何者最正確？(A) 青春期是一生中，一般骨骼肌肉發展最迅速的時期；(B) 青春期智能有明顯成長，此現象可見於腦與頭的大幅增長；(C) 在青春期，女生比男生較早出現生長陡增的現象；(D) 男性青春期的開始一般以變聲為標準，女性則以乳房發育為標準。【93雲林縣國中教師甄試】

（　）30. 青少年身體發展的重大變化，下列哪一項描述較不適當？(A) 身體快速生長，造成體重和身高急遽增加；(B) 第一性徵的快速發展；(C) 性腺的進一步發展；(D) 呼吸和循環系統的改變。

（　）31. 青少年發育的差異性相當大，有人早熟，有人晚熟，此種差異也對青少年的社會與人格發展造成影響。下列哪項敘述較不適當？(A)青少年初期與中期早熟者，身高會較高、體重較重、肌肉有力；(B)青少年初期與中期早熟者，比晚熟者有較成熟的性徵；(C) 在行為表現方晚熟的男性較為不安、多話、霸道、缺乏自信；(D) 男生晚熟較有利。

（　）32. 早熟與晚熟的女生，在心理與社會上的發展，何者敘述正確？(A) 愈早熟的女生能面對父母較多的限制，而非支持與關懷；(B) 早熟的女生比較喜歡與同年齡的女生在一起，因為同年齡女生能夠滿足她們的情緒需求；(C) 晚熟的女生由於成熟程度與男生一般成熟者相當，較會受到異性的排斥；(D) 女生早熟者遭遇比男生早熟者較多的困難，主因早熟的女生要比同年齡的女生有較早熟的心智發育。

（　）33. 瑞斯（Rice, 1993）將女生不使用避孕方法與延緩看醫生的原因，歸成數個因素，下列哪個因素敘述較不適當？(A) 焦慮與恐懼；(B) 無知，不知道性交會有懷孕的危險；(C) 情感矛盾，有的期望懷孕，有的是因為男朋友反對；(D) 自願性的性交。

（　）34. 下列何者是青少年女生太早當媽媽，往往會面臨到的現實問題？

(A) 育兒能力因有外界的協助，不致對她們構成太大問題；(B) 因有旁人的協助，學業多半很順利進行；(C) 產生情緒與人際困擾；(D) 會因為多了小孩，而與男友（丈夫）與家人關係更良好。

( ) 35. 雪瑞夫婦（Sarrel & Sarrel, 1981）的說法，墮胎對女性而言，是一大創傷，須謹慎為之，下列對女性墮胎後的副作用敘述何者正確？(A) 生理疼痛；(B) 低罪惡感；(C) 墮胎後72小時會發生憂鬱與沮喪，主因係心理不捨的結果；(D) 情感不衝突。

( ) 36. 下列為常見的性病，何者敘述正確？(A) 抗生素是對抗淋病最有效的藥物；(B) 如果梅毒嚴重的話，將會導致腎臟或子宮感染而影響生育；(C) 盤尼希林是對抗梅毒的有效藥物，但梅毒較淋病更難治癒；(D) 梅毒第二型出現在性器官周圍，因此稱為性器梅毒。

( ) 37. 桑柏格（Thornberg, 1982）認為學校的性教育應遵守數個原則，以下哪個不是他所提出的原則？(A) 提供青少年所有重要的與正確的性知識；(B) 探索青少年面對來自自我、同儕、父母、與大眾媒體之性訊息的情緒反應；(C) 激發自我察覺力；(D) 性教育是發揚人性，支持家庭美滿生活的一環。

( ) 38. 佛朗寇爾（Francoeur, 1982）認為預防各類性傳染病需有數個守則，下列何者敘述較不適當？(A) 慎選性伴侶；(B) 適當利用保險套；(C) 女性可利用安全期計算排卵時間；(D) 性交後立即排尿。

( ) 39. 瑞斯（Rice, 1993）認為公立學校在青少年性教育上應扮演更重要的角色，下列理由何者較不適當？(A) 家庭生活與性教育應成為青少年學習課程中的自然部分；(B) 教育是一個專業教育機構，有足夠的能力做好性教育；(C) 學校可以扮演積極的角色推展家庭與性教育；(D) 教師有足夠的能力幫助學生解決性方面的問題。

（　）40. 性教育的目標應以培養青少年正確性態度與性行為作為主要目標，以下目標何者敘述<u>較不適當</u>？(A) 自我察覺；(B) 自我瞭解；(C) 責任行為的發展；(D) 自我意識的發展。

（　）41. 都賽克（Dusek, 1987）調查研究顯示，愛與婚姻知識方面主要來自於誰？(A) 老師；(B) 父母；(C) 朋友；(D) 醫護人員。

（　）42. 都賽克（Dusek, 1987）調查研究顯示，生育控制與性病知識方面主要來自於誰？(A) 老師；(B) 父母；(C) 朋友；(D) 醫護人員。

（　）43. 依Atwater 1996年提出美國青少年主要性知識來源有：(I)學校；(II)父母親；(III)文獻書籍；(IV)同儕；(V)神職與醫護人員。請依優先比率順序為何？(A) (I)(II)(III)(IV)(V)；(B) (II)(I)(III)(IV)(V)；(C) (III)(II)(IV)(I) (V)；(D) (IV)(III)(I)(II)(V)。

（　）44. 青少年由於不正當的性知識來源所引起心理問題<u>不包括</u>下列何者？(A) 誤信自己生殖性發育不好，產生不必要的自卑感；(B) 誤信自己已患不治的性病；(C) 誤信自己手淫過度，產生學業成績低落；(D) 誤信自己性知識足夠，產生性觀念偏差。

（　）45. 性教育的目標應以培養青少年正確性態度與性行為為主要，何者<u>非主要目標</u>？(A) 自我了解；(B) 道德發展；(C) 責任行為發展；(D) 自我澄清。

（　）46. 愛滋病病毒會破壞人體免疫系統中的什麼細胞？(A) A細胞；(B) K細胞；(C) T細胞；(D) Z細胞。

（　）47. 人體細胞中的細胞核共有幾個染色體？(A) 23個；(B) 46個；(C) 32個；(D) 64個。

（　）48. 有關經血的敘述何者正確？(A) 有1/4為靜脈血；(B) 有3/4為靜脈血；(C) 有1/4為動脈血；(D) 全為動脈血。

（　）49. 有研究顯示，面貌吸引人雖為願意和他（她）約會的重要屬性，但青少年女生比男生更重視個人內涵，下列何者<u>非屬之</u>？(A) 忠誠；(B) 溫柔；(C) 有錢；(D) 可信賴。

（　）50. 性教育的目標應以培養青少年正確性態度與性行為為主要。下列
何者<u>非</u>其目標？(A) 自我察識；(B) 價值澄清；(C) 道德發展；(D)
情感壓抑。

（　）51. 佛朗寇爾（Francoeur, 1982）認為預防各類性傳染病需注意守
則，下列何者<u>為非</u>？(A) 常清洗陰部；(B) 性交後立即排尿；(C)
性接觸後用熱水與肥皂沖洗陰莖或陰道；(D) 慎選性伴侶。

（　）52. 瑞斯（Rice, 1993）將女生不使用避孕方法與延緩看醫生的原因歸
成幾項主要因素？(A) 4；(B) 5；(C) 6；(D) 3。

（　）53. 在雪瑞夫婦（Sarrel & Sarrel, 1993）的研究中，何者<u>非</u>女性墮胎
副作用？(A) 憂鬱與沮喪；(B) 情感衝突；(C) 罪惡感；(D) 抗拒
與社會接觸。

（　）54. 臺灣青少年女生初經發生的年齡通常為幾歲？(A) 11～12；(B)
13～14；(C) 14～15；(D) 12～13。

（　）55. 何者<u>非</u>都賽克（Dusek, 1996）提出青少年約會所具備的功能？
(A) 地位尋求；(B) 社會化；(C) 安全感；(D) 娛樂。

（　）56. 依琳為國中二年級的女生，上個月未婚生子，何者非其要面臨的
現實問題？(A) 法律問題；(B) 就業不利；(C) 經濟困難；(D) 導
致中止學業。

（　）57. 紐曼夫婦（Newman & Newman, 1986）認為何者為美國青少年普
遍的性行為？(A) 自慰；(B) 婚前性行為；(C) 未婚懷孕；(D) 性
幻想。

（　）58. 關於青少年性衝動的敘述，下列何者較為適當？(A) 人體的次性
感帶為頸部、耳朵、唇、舌等等；(B) 視覺、觸覺、聽覺、味覺
等感官刺激都能傳導神經興奮；(C) 女性所接受的外在刺激高於
男性；(D) 男生在11到13歲睪丸素的分泌急速增加，性衝動也隨
著提高。

（　）59. 就讀國中三年級的小豬，對於老師說所的男性第二性徵發展之敘

述，以下何者為是？(A) 夢遺最常在進入青春期開始的第四、五年內發生；(B) 男生的第一次射精通常是「鹹濕夢」所引發；(C) 男生第一次射精的年齡大約在18歲；(D) 100%的男生都會夢遺。

（　）60. 關於青少年性行為下列何者敘述較不適當？(A) 青少年愛撫比率高於性交；(B) 愛撫通常以腰部為界限，以上者稱為輕度愛撫，以下者稱為深度愛撫；(C) 愛撫對青少年而言，通常是做愛或性交的一部份；(D) 青少年婚前性行為比率逐年增高。

（　）61. 健康教育課堂上，老師要南熙上台報告有關女性的初經與月經，然而有一個部分南熙的觀念錯誤，請你指出來？(A) 初經發生後，即可懷孕生育胎兒的能力；(B) 女性第一次的月經稱為「初潮」；(C) 月經來潮流血期約二至七日；(D) 女性由初經開始至52歲左右停經。

（　）62. 依據青少年心理學者的研究，下列何者是當前青少年身體發展的趨勢？(I)身體的發展越來越晚成熟；(II)青少年期越來越縮短；(III)身高一代勝過一代；(IV)青少年期提早來臨並向後延期。(A) (I)(II)；(B) (II)(III)(IV)；(C) (III)(IV)；(D) (I)(IV)。【95高級中等以下學校及幼稚園教師資格檢定】

（　）63. 關於男、女性性器官結構與功能的敘述，下列何者較適當？(A) 卵巢由表質與髓部兩部分構造而成；(B) 子宮體腔負責保護胎兒；(C) 貯精囊可分泌鹼性黏液，產生精子；(D) 前列腺可供應果醣。

（　）64. NANA讀到一篇關於青少年的性活動報導，下列敘述何者正確？(A) 性衝動不會受到社會影響；(B) 只有觸覺、味覺、聽覺跟視覺等感官感受能引起性衝動；(C) 青少年性幻想有助於克服性焦慮與不安；(D) 大腦是性慾的控制中心，而延腦皮質能產生幻想。

（　）65. 對於已經有男朋友的阿露，她的父母認為約會會有什麼不良影響？(I)過多約會挫折，亦使感情流於膚淺；(II)約會受到拒絕時亦

導致孤立；(III)過早約會反而對父母與成人產生依賴；(IV)無法增進學習角色的認同。(A) (I)(II)(III)；(B) (I)(II)(III)(IV)；(C) (I)(III)；(D) (I)(III)(IV)。

(　) 66. 就讀國中三年級的小明，對於老師所說的女性第二性徵發展之理解，以下何者較為適當？(A) 初經發生之後，約三年才真正具有懷孕生育胎兒的能力；(B) 乳房發育是女性進入青春期與開始性成熟的最重要象徵；(C) 經血有四分之一是動脈血，其餘為靜脈血；(D) 初經的出現，主要原因是初經受遺傳與環境的交互作用。

(　) 67. 二十歲的阿星常常跟他的女朋友有些肢體上的親密接觸，關於青少年的愛撫行為下列敘述何者較不適當？(A) 愛撫是指用雙手或身體器官與異性接觸的性活動方式；(B) 青少年的愛撫一定伴隨著性交；(C) 愛撫可使青少年學習對性刺激作適當的反應；(D) 愛撫通常以腰部為界限，腰部以上稱輕度愛撫。

(　) 68. 正在上健康教育的車文杰對於男女性生理上的一些觀念並不清楚，你認為他應該選的正確觀念是？(A) 下視丘運作受外界環境影響；(B) 有四分之一的少女有經痛經驗；(C) 包皮本身具有保護睪丸的功能；(D) 男生包皮過長不是只有青少年會擔心的事情。

(　) 69. 十六歲的野田妹跟十八歲的千秋正在討論關於青少年的問題，請幫他們選出下列觀念正確者？(A) 晚熟男性較能獲得成人喜歡，有自信；(B) 早熟的女生會面對父母較多的限制；(C) 晚熟女性比較容易受到異性排斥；(D) 早熟的男生在智能學習上的興趣較高。

(　) 70. 有學者歸納女生不使用避孕方法跟延緩就醫，你認為不可能是下列哪個原因？(A) 非意願的性交；(B) 無知；(C) 焦慮與恐懼；(D) 男方的要求。

(　) 71. 下列哪一項非屬青春期的特徵？(A) 生長陡增；(B) 出現次性徵；

(C) 身心失衡；(D) 排斥交友。

( ) 72. 輔導是為了讓全校師生對兩性關係有正確的認識與交往的態度，所設計的班級輔導課程屬於何種輔導功能的課程？(A) 初級預防的輔導功能；(B) 次級預防的輔導功能；(C) 三級預防的輔導功能；(D) 學校預防的輔導功能。

( ) 73. 下列何者非青少年期的性發展現象？(A) 第二性徵的出現；(B) 初經與月經；(C) 乳房發育；(D) 長智齒。

( ) 74. 下列關於青少年的初經敘述，何者錯誤？(A) 通常發生於身高驟增高或骨骼發展於巔峰之後；(B) 初經的出現沒有人種間、不同世代與區域間的差異；(C) 受到文化刺激較多的女生愈有提早初經的趨勢；(D) 女性身體脂肪與非脂肪組織比率達到1：3時，會發生初經。

( ) 75. 下列何者是女性進入青春期與開始性成熟的最重要象徵？(A) 乳房發育；(B) 腋毛出現；(C) 初經；(D) 臀部變圓。

( ) 76. 下列關於乳房發育的敘述，何者錯誤？(A) 乳房是外顯的性徵；(B) 女性乳房的大小與生育能力無關；(C) 男生無乳腺；(D) 乳房的隆起主要是由於乳腺的作用所致。

( ) 77. 青少年的性成熟帶給青少年不少成長的喜悅，但也同時帶來許多性方面的困擾，其中不包括：(A) 性病；(B) 長青春痘；(C) 未婚懷孕與墮胎；(D) 早熟與晚熟的困擾。

( ) 78. 瑞斯（Rice, 1993）認為何者在青少年性教育上應扮演更重要的角色？(A) 家庭教育；(B) 報章媒體；(C) 學校；(D) 同儕團體。

( ) 79. 「胸部發達至成人的狀態，月經已經很規律」是女性性成熟的哪一個階段？(A) 青少年早期；(B) 青少年中期；(C) 青少年後期；(D) 青少年期之後～成人。

( ) 80. 一般女性排卵期是在什麼時候？(A) 月經來潮時；(B) 在下次月經來潮前的七天左右；(C) 在下次月經來潮前的十天左右；(D) 在下

次月經來潮前的十四天左右法。

( ) 81. 在漢森（Hansen, 1977）的研究中可發現，下列哪一種是高中生認為最重要的交友、約會與結婚對象特質？(A) 可信賴的；(B) 體貼的；(C) 幽默感的；(D) 愉快的。

( ) 82. 對於青春期發育的性別差異，以下敘述何者較適當？(A) 早熟的男孩往往有一種優勢；(B) 晚熟的男孩常常會產生積極的自我形象；(C) 早熟的女孩會對其女性特質感到滿意；(D) 晚熟的女孩較會孤立同伴於外。

( ) 83. 國中生正處於青少年性衝動增高的時期，下列關於性衝動的敘述何者不恰當？(A) 女性荷爾蒙的增多也提高了性驅力，也較男生直接；(B) 男女生的性衝動會受到社會文化與商品的影響；(C) 大腦本身就是認知中心，大腦皮質能產生性幻想是理所當然的事；(D) 身體表面的接觸感應特別敏銳，稱為性感帶。

( ) 84. 下列關於初經（manarche）的敘述何者較為正確？(A) 青少年初經通常發生在身高驟高，平均年齡約14歲之時；(B) 初經發生後即可真正具懷孕生育胎兒的能力；(C) 文化刺激較少的女性愈有可能提早產生初經；(D) 在過去125年，西方女性平均達47公斤之時就會有初經。

( ) 85. 性病通常是因為性接觸所感染的，青少年主要常患的性病為下列何者？(A) 性神經叢病變；(B) 尿道發炎；(C) 性器疣；(D) 帶狀疱疹。

( ) 86. 下列關於陰道感染的敘述何者不正確？(A) 女性發生陰道感染，最常見的兇手是白色念珠菌；(B) 少吃甜食可減少陰道感染；(C) 有陰道感染問題的婦女，經過治療，每天食用250公克優格，持續半年後，將可使再次感染的機率大幅降低；(D) 正常陰道內有乳酸桿菌會分泌乳酸，所以要常灌洗陰部。

( ) 87. 下列關於性器疣的敘述何者不正確？(A) 為一種神經叢病變引

起肌肉組織僵化的性病；(B) 性器疣是一種皮膚傳染病，患者的生殖器或肛門部位周圍會出現腫塊；(C) 疣會生長在女性的子宮頸；(D) 性器疣的患者不會引致嚴重的併發症。

（　）88. 下列關於陰蝨的敘述何者<u>不正確</u>？(A) 俗稱六菊六腳蟲；(B) 陰蝨的形狀似小蜘蛛，在吸血時分泌的涎液，與人血產生化學作用；(C) 陰蝨的主要感染原因，如不潔的毛巾、被褥、衣物及性接觸等，都是傳播的媒介；(D) 陰蝨卵，多產在毛髮的根部皮膚上，孵化七至九天成蟲。

（　）89. 關於青春期時的敘述下列何者較為適當？(A) 當大腦的下視丘開始製造LHRH，青春期便開始了；(B) 賀爾蒙如細胞分裂素、IAA、激勃素等會刺激其他分泌腺使個體產生改變；(C) 第一性徵如女性乳房發育、男性鬍鬚等皆是；(D) 人體的內、外分泌腺皆對青春期的個體發育有影響。

（　）90. 小琳妹妹是處於青春期前期的女性，下列何者較<u>不可能</u>為她的身體發展狀況？(A) 卵巢擴大；(B) 髖部變圓；(C) 陰戶與陰蒂擴大；(D) 尚沒有真正完整的陰毛長成。

（　）91. 社會脈絡會對青春期行為產生影響，宗介和小要是處於青春期的男女性青少年，請問他們較可能產生的行為是以下何者？(A) 小要進一步的身體成熟與其對父母表達的負面情感無關；(B) 父母親與宗介的正面情感程度則與青春期狀況無關；(C) 宗介成熟的增加會增加打斷與母親的對話，且較少遵從母親；(D) 小要在月經之後會伴隨增加正向情感。

（　）92. 下列關於青少年身體發展的敘述何者較<u>不適當</u>？(A) 魯夫身體變化及成熟包括性別類固醇的分泌作用；(B) 娜美有月經困難的現象；(C) 長期生病的騙人布對疾病壓力難以克服；(D) 就讀芭蕾舞學校的羅賓對自己的體型苗條與否存在強烈的壓力。

（　）93. 大多數青少年比較容易從下列何者得到「性」的資訊？(A) 家

人；(B) 同儕；(C) 老師；(D) 諮詢專線。【96高級中等以下學校及幼稚園教師資格檢定】

（　）94. 男女生殖器官都分內生殖器官與外生殖官。請問下列何者為男性的外生殖器官？(A) 睪丸；(B) 輸精管；(C) 攝護腺；(D) 陰囊。

（　）95. 下列哪一個男性器官是不能產生精子，但能分泌鹼性黏液，促使精子運動？(A) 攝護腺；(B) 睪丸；(C) 貯精囊；(D) 陰莖。

（　）96. 下列途述何者為非？(A) 卵巢是女性的性腺，會生產卵子；(B) 子宮是胎兒著床、孕育的地方；(C) 子宮體腔負責保護胎兒，生產時可以收縮，將胎兒擠出；(D) 當卵子和精子在輸卵管交會受精後，受精卵會被送到子宮內孕育。

（　）97. 關於女性月經的敘述，下列何者為非？(A) 女性的第一次月經稱之為「初潮」；(B) 經血有四分之一是動脈血，其餘為靜脈血；(C) 女性的月經週期並非一定28日；(D) 初經發生之後，約二年才真正具有懷孕生育胎兒的能力。

（　）98. 關於愛撫的敘述，下列何者為非？(A) 西方社會對青少年愛撫的容許程度較東方低；(B) 愛撫是指用雙手或以身體器官與異性接觸的性活動方式；(C) 單純的愛撫也會帶給青少年無限的性滿足；(D) 愛撫通常以腰部為界限，動作只限腰部以上者稱「輕度愛撫」，以下者稱為「深度愛撫」。

（　）99. 澳洲青少年在高中階段就可分為五種有不同性行為模式的群體，下列何者為非？(A) 沒有保障的性；(B) 單純的性；(C) 不被操控的性；(D) 合法的性。

（　）100. 梅毒病菌至人體約經歷四個發展階段：(I)病菌繁殖期；(II)潛伏期；(III)初期硬結；(IV)末期。其順序為(A) I、II、III、IV；(B) I、III、II、IV；(C) III、I、II、IV；(D) I、III、IV、II。

（　）101. 唯一能致癌的性病為下列何者？(A) 愛滋病；(B) 菜花；(C) 梅毒；(D) 疱疹。

（　）102. 下列關於愛滋病的敘述何者為非？(A) 愛滋病本名是「後天免疫缺乏症候群」；(B) 愛滋病病毒因為破壞人體免疫系統中的B細胞，因而使人體的免疫機能受損或喪失；(C) 有人稱愛滋病為二十世紀的黑死病；(D) 簡稱AIDS。

（　）103. 性器疣俗稱？(A) 淋病；(B) 菜花；(C) 梅毒；(D) 愛滋病。

（　）104. 預防愛滋病的方法，下列何者為非？(A) 不濫交；(B) 與他人共用注射器；(C) 避免成為同性戀；(D) 能利用保險套。

（　）105. 性教育的目標應以培養青少年正確性態度與性行為為主要。而獲得正確的性知識，培養有愛心、尊重他人的價值觀，以擴展其健全的社會人格為下列何種目標？(A) 價值澄清；(B) 自我了解；(C) 自我察覺；(D) 道德發展。

（　）106. 下列敘述何者有誤？(A) 人體細胞中的細胞核共有46個染色體；(B) 性染色體為XX的人，其為女性；(C) 性染色體為XY的人，其為男性；(D) 卵子的染色體有二種。

（　）107. 前列腺又稱為？(A) 攝護腺；(B) 尿道球腺；(C) 輸精管；(D) 貯精囊。

（　）108. 下列有關男女生第二性徵的敘述，何者為非？(A) 陰莖在青少年期結束前已達到成熟程度；(B) 陰莖平時作為排尿器官，性交時是與異性陰道接觸的器官；(C) 陰道在青春期中期會有帶鹼性的分泌物產生，大小陰唇也逐漸變大；(D) 青少年性成熟通常同時包括第一與第二性徵的發育與成熟。

（　）109. 下列有關男女生性衝動的敘述何者為非？(A) 青少年期是性衝動增高的時期，主要是受到性器官與其他生理器官的成熟，以及荷爾蒙發展的影響；(B) 對女生而言，女性荷爾蒙分泌的增多並不能提高性驅力；(C) 女生的性衝動不若男性的直接與立即，女生較關注於情愛與感受；(D) 男生的性衝動或性慾比女生更容易受圖片、電影或其他色情媒體所激發。

（　）110. 下列對於女性青少年的月經困擾的敘述，何為有誤？(A) 在醫學上，對月經來潮前的生理與心理上的不適稱之為「月經症候群」；(B) 雖然月經之產生與女性動情激素及黃體素之分泌有關，但是對身體與情緒較無影響；(C) 無月經也是壓力過重少女可能遭遇的困擾；(D) 是否會有「月經症候群」的產生有極大的個別差異，並非人人如此，經常如此。

（　）111. 下列對於男性青少年的性功能困擾之敘述，何者有誤？(A) 男性陰莖大小與性生活的滿足有關；(B) 陰莖未勃起狀態與勃起狀態的大小並非成正比；(C) 包皮是否過長也是引起青少年男生困擾的問題；(D) 醫學上所指包皮過長是在包皮上有個窄小的環節，緊包著陰莖，使得包皮難以退下，這類的包皮才須考慮開刀割除。

（　）112. 下列敘述何者有誤？(A) 早熟的男性青少年在體型、力量與肌肉發展，以及男性氣慨表現都優於晚熟的男性青少年；(B) 早熟的女生由於成熟程度與男生一般成熟者相當，比較不會受到異性的排斥；(C) 女生早熟者要遭遇比男生早熟者較多的困擾；(D) 晚熟的男生較早熟的男生容易受到同儕輕視或排斥，不容易取得領導地位。

（　）113. 下列哪個選項非男性性器官？(A) 睪丸；(B) 陰囊；(C) 陰蒂；(D) 陰莖。

（　）114. 卵子的染色體為：(A) 帶X染色體和帶Y染色體的細胞；(B) 全為帶X染色體的細胞；(C) 全為帶Y染色體的細胞；(D) 以上皆非。

（　）115. 女性的內生殖器有哪些？(I)卵巢；(II)輸卵管；(III)陰唇；(IV)陰道。(A) (I)(II)；(B) (I)(IV)；(C) (II)(III)；(D) (II)(IV)。

（　）116. 通常卵細胞約需幾天才會發育成熟？(A) 28天；(B) 25天；(C) 35天；(D) 48天。

（　）117. 男性生理的改變順序，其中正確順序為何？(I)聲音改變；(II) 胸

毛與腋毛長出；(III)生殖器擴大；(IV)荷爾蒙的平衡改變。(A)
IV、I、II、III、；(B) II、I、III 、IV；(C) III、I、II、IV；(D)
IV、III、I 、II。

（　）118. 女性生理的改變順序，其中正確順序為何？(I)乳房開始突出；
(II)生長驟增達於頂峰，隨後下降；(III)鬆軟的陰毛開始出現；
(IV)初經發生。(A) I、II、III、IV；(B) II、I、III、IV；(C) III、
I、II、IV；(D) III、II、I、 IV。

（　）119. 女性生理期間，大部分第一天的排血量約占？(A) 10%；(B)
200%；(C) 30%；(D) 40%。

（　）120. 青少年初經通常發生於身高驟增高峰或骨骼發展達於頂峰之後
約在幾歲？(A) 10.5歲；(B) 15.8歲；(C) 12.79歲；(D) 13.56歲。

（　）121. 西方女性平均達到幾公斤時，就會有初經？(A) 40公斤；(B) 43
公斤；(C) 45公斤；(D) 47公斤。

（　）122. 乳房發育是女性青少年最重要的第幾性徵？(A) 第一性徵；(B)
第二性徵；(C) 第三性徵；(D) 第四性徵。

（　）123. 男性陰莖不包含？(A) 神經；(B) 荷爾蒙；(C) 纖維組織；(D) 海
綿體。

（　）124. 男生的第一次射精通常是因為？(A) 手淫；(B) 夢遺；(C) 性交；
(D) 以上皆非。

（　）125. 哪位學者曾提出，男女生的性衝動會受到社會化與所處文化的
影響？(A) 康傑；(B) 皮爾森；(C) 都賽克；(D) 金賽。

（　）126. 自慰通常是何時期就開始會有的現象？(A) 兒童期；(B) 青少年
期；(C) 成年期；(D) 中年期。

（　）127. 索瑞森（Sorenson, 1973）的研究指出，19歲的男女生接近多
少%有手淫的經驗？(A) 70%；(B) 80%；(C) 90%；(D) 100%。

（　）128. 下列何者非約會的功能？(A) 心靈化；(B) 社會化；(C) 娛樂；
(D) 性滿足。

（　）129. 美國女性青少年開始約會的年齡平均是14歲左右，男生約早或晚幾年？(A) 早一年；(B) 早兩年；(C) 晚一年；(D) 晚二年。

（　）130. 用雙手或以身體器宮與異性接觸的性活動方式為？(A) 調情；(B) 性幻想；(C) 愛撫；(D) 擁抱。

（　）131. 下列哪位學者肯定愛撫的功能？(A) 拉凱；(B) 鍾森；(C) 那斯；(D) 羅賓森。

（　）132. 比青少年愛撫更受關注的課題是？(A) 青少年婚前性行為；(B) 青少年性犯罪；(C) 青少年一夜情；(D) 青少年未婚生子。

（　）133. 青少年性決定的重要關鍵是？(A) 生育控制；(B) 單身；(C) 懷孕；(D) 性交。

（　）134. 月經之產生與何者之分泌有關？(A) 荷爾蒙；(B) 腎上腺素；(C) 黃體素；(D) 生長激素。

（　）135. 經痛的原因是因為子宮內何者收縮？(A) 平滑肌；(B) 卵巢；(C) 輸卵管；(D) 陰唇。

（　）136. 超過幾歲尚未有初經，需就醫？(A) 11、12歲；(B) 13、14歲；(C) 15、16歲；(D) 17、18歲。

（　）137. 猶太教於嬰兒出生不久即將嬰兒包皮割掉，稱之為？(A) 嬰禮；(B) 割禮；(C) 生禮；(D) 皮禮。

（　）138. 何者非晚熟的男生較易出現的？(A) 自我概念的形成；(B) 不安；(C) 缺乏自信；(D) 較不受同儕歡迎。

（　）139. 瑞斯（Rice, 1993）將女生不使用避孕方法與延緩看醫生的原因歸納，何者為非？(A) 焦慮與恐懼；(B) 冒險；(C) 無知；(D) 非願意的性交。

（　）140. 美國女生未婚懷孕者當中有多少比例的女生採取墮胎方式終止懷孕？(A) 四分之一；(B) 二分之一；(C) 十分之一；(D) 五分之一。

（　）141. 如果青少年太早當媽媽，要面臨極為現實的問題，何者為非？

(A) 經濟困難；(B) 導致中止學業；(C) 就業不利；(D) 遭人歧視。

（　）142. 嬰兒體重低於多少公克為低體重的小孩？(A) 2500公克；(B) 2000公克；(C) 1800公克；(D) 1500公克。

（　）143. 梅毒是由何者所感染的？(A) 梅毒冠狀菌；(B) 梅毒螺旋菌；(C) 梅毒長菌；(D) 梅毒裸管菌。

（　）144. 陰蝨是一種會經由何者而傳染的疾病？(A) 口交；(B) 性行為；(C) 說話；(D) 皮膚接觸。

（　）145. 愛滋病病毒因為破壞人體免疫系統中的何細胞，因而使人體的免疫機能受損？(A) X細胞；(B) Y細胞；(C) S細胞；(D) T細胞。

（　）146. 在哪一個國家，青少年性行為的發展是以緩慢成長和試驗著稱？(A) 挪威；(B) 瑞典；(C) 西班牙；(D) 日本。

（　）147. 個人變項與脈絡變項皆影響了青少年性行為的發展及性行為相關的問題。其中，個人變項不包括下列何者？(A) 生物；(B) 認知；(C) 行為特徵；(D) 同儕。

（　）148. 論及青少年父親時，下列何者有誤？(A) 比其他一般青少年更可能完成高中學校的學業；(B) 青少年父親較一般青少年常於使用藥物、從事犯罪行為；(C) 青少年父親有可能來自於少數、貧窮、單親家庭；(D) 青少年父親的家庭成員也較少接受教育。

（　）149. 下列何者是由腦下垂體所分泌，在生產時刺激子宮的收縮？(A) 泌乳激素；(B) 黃體素；(C) 催產素；(D) 人類成長素。

（　）150. 孕酮亦稱作：(A) 泌乳激素；(B) 黃體素；(C) 催產素；(D) 人類成長素。

（　）151. 睪固酮含量經由何種現象而維持的相當穩定？(A) 負向反饋迴路；(B) 順向反饋迴路；(C) 負向正饋迴路；(D) 順向正饋迴路。

（　）152. 女生在青春期時，下列敘述何者正確？(A) 肱澀淋氏腺體分泌液

體，陰道內壁於童年時所分泌的酸性反應將在青少女時轉變成鹼性反應；(B) 初經的出現通常是在身高體重的成長速率達至最高之後；(C) 此時的濾泡從出生時的80000例增加至400000粒；(D) 其陰道在此階段長度會增加，但粘膜內層並不會生厚。

( ) 153. 請選出月經週期的順序：(I)排卵期(II)月經期(III)黃體期(IV)濾泡期。(A) I、II、III、IV；(B) I、III、II、IV；(C) II、IV、I、III；(D) IV、I、III、II。

( ) 154. 對於發展中的陰莖，下列敘述何者錯誤？(A) 最急速的成長發生在14到16歲之間；(B) 未勃起陰莖的大小和勃起陰莖的大小有關；(C) 割包皮並非健康的必要考量；(D) 陰莖從嬰兒期就可能勃起。

( ) 155. 下列哪種腺體會分泌鹼性液體能潤滑並中和尿道的酸度，使精液得以輕易而安全的通過？(A) 考伯氏腺體；(B) 肢澀淋氏腺體；(C) 粒線體；(D) 核醣體。

( ) 156. 下列哪種激素影響骨骼的成長和形塑，過量會導致巨人症，缺乏會導致侏儒症？(A) 濾泡刺激荷爾蒙；(B) 黃體素促成荷爾蒙；(C) 人類成長荷爾蒙；(D) 促性腺荷爾蒙。

( ) 157. 下列哪種激素會在生產時刺激子宮收縮？(A) 黃體素促成荷爾蒙；(B) 濾泡刺激荷爾蒙；(C) 催產素；(D) 孕酮。

( ) 158. 下列對雌激素的敘述，何者有誤？(A) 由卵巢分泌；(B) 會影響嗅覺敏感度；(C) 維續鼻腔與口腔黏液的狀態和功能；(D) 和正常的子宮收縮無關。

( ) 159. testes的中文名稱為：(A) 睪丸；(B) 卵巢；(C) 生殖腺；(D) 腎上腺體。

( ) 160. 下列敘述何者正確？(A) 精液大約有70%來自前列腺，30%來自精囊；(B) 精液是一種乳白狀富含養分的中性液體；(C) 精子生成後會移至副睪；(D) 尿道的前端稱為射精管。

（　）161. 月經不順與經血過多是導因於何種激素？(A) 抗前列腺素；(B) 前列腺素；(C) 腎上腺素；(D) 黃體素。

（　）162. 女生乳頭的隆起、增大且變深，以及開始出現周圍的乳暈是下列哪一個階段？(A) 前青春期階段；(B) 萌芽期階段；(C) 主要階段；(D) 次要或成熟階段。

（　）163. 關於自慰的敘述，下列何者正確？(A) 會對心理和生理造成傷害；(B) 會影響婚後性行為的調適；(C) 會引起性無能；(D) 是成長過程中正常的一部分。

（　）164. 嫖妓是屬於？(A) 有性無愛；(B) 別有用意的性；(C) 雙重標準；(D) 有愛即可有性但不需承諾。

（　）165. 將同性戀的肇因歸為家庭親子關係的是：(A) 強迫理論；(B) 混淆理論；(C) 精神分析理論；(D) 缺乏理論。

（　）166. 下列何種理論將同性戀視為學習來的結果？(A) 精神分析理論；(B) 強迫理論；(C) 社會學習理論；(D) 混淆理論。

（　）167. 下列敘述何者有誤？(A) 青少年之間的性傳染病發生率已高達流行病的比率；(B) 只有女人是性侵犯下的受害者；(C) 同儕與媒體提供給青少年的性知識較多於父母師長；(D) 傳授性教育並不會增加青少年性活動或懷孕的比率。

（　）168. 誰贊同專家學者和社會都應提升對於同性戀、雙性戀者複雜發展脈絡的認識？(A) Kinsey；(B) Savin Williams；(C) Remafedi；(D) Martin

（　）169. 下列敘述何者有誤？(A) 根據研究，青春期男性可能較女性容易發展反對同性戀的傾向；(B) 反對同性戀者通常容易將同性戀青少年的反對轉為暴力對抗；(C) 發生在同性戀青少年身上的不公平現象其實和異性戀者差不多；(D) 同性戀青少年的健康發展障礙在於異性戀和反同性戀主義。

（　）170. 下列關於同性戀和雙性戀青少年的敘述何者有誤？(A) 沒有自殺

傾向的青少年比有自殺傾向的青少年更能用自然的態度表達自己的性向；(B) 因為性向的揭露而失去朋友；(C) 自殺傾向者通常自信心較不足；(D) 經濟上的壓力普遍存在於青少年同性異性追求當中。

（　）171. 下列對美國青少年的敘述何者有誤？(A) 大約每秒，美國青少年會產下一名嬰兒；(B) 從1980至1988年，十五歲青少年女性懷孕的比例高於其他年齡層的青少年；(C) 非裔美國相較於拉丁美洲和歐裔美國來說，女性沒有使用避孕措施的比例最高；(D) 十八歲前，美國女性有25％至少懷孕過一次。

（　）172. 青少年表達其性行為的方式與何者有關？(A) 刺激的性活動；(B) 過早發生性行為；(C) 物質使用與濫用；(D) 以上皆是。

（　）173. 美國疾病管制中心的縮寫為？(A) STD；(B) CDC；(C) CCD；(D) CCT。

（　）174. 現今日愛滋病的分布上以何種感染為主流？(A) 性病感染；(B) 垂直感染；(C) 消毒不全感染；(D) 傷口感染。

（　）175. HIV病毒的潛伏期平均為幾年？(A) 1年；(B) 3年；(C) 5年；(D) 8年。

（　）176. HIV感染與下列何者有密切關係，何者為非？(A) 從事非安全的性活動；(B) 靜脈藥物使用；(C) 偏差行為；(D) 垂直感染。

（　）177. 就女性而言，下列何者對於她們相信自己可以對性行為說不的可能性是十分重要的？(A) 自我防衛感；(B) 自我效能感；(C) 自我認同感；(D) 自我信賴感。

（　）178. 個人變項會影響青少年性行為的發展及性行為相關的問題，其中不包含哪個因素？(A) 生物；(B) 認知；(C) 家庭；(D) 情緒。

（　）179. 脈絡變項會影響青少年性行為的發展及性行為相關的問題，其中不包含哪個因素？(A) 同儕；(B) 家庭；(C) 社區；(D) 行為特徵。

（　）180. 考慮青少年在其他問題行為脈絡下的性活動，下列何者是最好的方法？(A) 介入；(B) 否決；(C) 隔離；(D) 適性發展。

（　）181. 下列何者不為影響青少年性行為的特殊風格發展的原因？(A) 種族差異；(B) 溝通典範；(C) 宗教；(D) 潛意識。

（　）182. 今日青少年面臨的性問題何者為是？(A) 強暴；(B) 未婚懷孕；(C) 小孩的出生不被支持；(D) 以上皆是。

（　）183. 居住在貧困的社區會與下列何者較無關？(A) 高離婚率；(B) 低婚姻率；(C) 性行為的初始與延續；(D) 高流產率。

（　）184. 美國疾病管制中心估計美國每年至少300萬的案例是透過性行為傳染疾病，此外，大約性行為中有多少比例在它們中學時期會感染性病？(A) 5%；(B) 15%；(C) 25%；(D) 40%。

（　）185. 影響性行為的冒險因素有：(A) 反社會行為；(B) 偏差行為；(C) 違反常規行為；(D) 以上皆是。

（　）186. 有研究將青少年男同性戀者的現身或出櫃，概念化三個階段，下列何者為非？(A) 敏感狀態；(B) 查覺到罪惡感；(C) 說服；(D) 接納。

（　）187. Homosexuality指的是？(A) 異性戀；(B) 反同性戀者；(C) 同性戀；(D) 雙性戀。

（　）188. 下列何者不是小爸爸們的常見迷思或刻板印象？(A) 幽靈父親迷思；(B) 貧窮迷思；(C) 大男人迷思；(D) 痞子迷思。

（　）189. 下列何者無法解釋美國青少年懷孕生產率與墮胎率高居於已發展國家？(A) 心理需求假設；(B) 朋友角色模範；(C) 社會福利假設；(D) 社會常模假設。

（　）190. 下列敘述何者錯誤？(A) 同性戀者的子女會因為示範與模仿而長成同性戀；(B) 沒人知道同性戀的確切成因；(C) 多數同性戀者不會順應自己的性偏好；(D) 同性戀不是單一因素所造成。

（　）191. 下列哪一個不是同性戀的成因理論？(A) 生理理論；(B) 精神分

析理論；(C) 社會學習理論；(D) 混淆理論。

( ) 192. 下列關於性衝動之敘述何者為非？(A) 主要受到性器官成熟及荷爾蒙的影響；(B) 男女生因性衝動引起的手淫與性交次數一樣多；(C) 男女生的性衝動會受到社會化與文化的影響；(D) 男生比女生還容易受視覺刺激產生性衝動。

( ) 193. 下列關於約會之敘述何者正確？(A) 過早的約會可以加速個人的社會化歷程；(B) 過多的約會對象，容易增進與異性間的情愛關係；(C) 遊戲人間式的約會容易貶低人際交往的價值；(D) 過多的約會挫折反而能夠增進與他人的關係。

( ) 194. 下列關於青少年的性愛問題何者為非？(A) 單純的愛撫也會帶給青少年無限的性滿足；(B) Masters & Johnson認為愛撫可以讓青少年學習對性刺激作適當的反應；(C) 婚前性行為只會引起女生心理及生理上的改變；(D) 青少年婚前性行為比例逐年增高中。

( ) 195. 青少年的性成熟除了帶來成長的喜悅，也產生了性方面的困擾。下列敘述何者正確？(A) 面臨聯考壓力的女生可能會有無月經的現象；(B) 男性陰莖大小和性生活的滿足有很大的關係；(C) 自慰的現象開始於青春期；(D) 男生的第一次射精通常是自然發生的。

( ) 196. 下列對於青少年的發育現象之敘述何者為非？(A) 晚熟的女生認為同年齡的女生無法滿足其情緒需求；(B) 早熟的男孩容易獲得成人較多的信任和喜歡；(C) 晚熟的男生多缺乏自信也較不受同儕歡迎；(D) 過早發育的男生會降低智能學習的興趣。

( ) 197. 青少年女生未婚懷孕是當前嚴重的性問題之一，造成女生不使用避孕方法及延緩就醫的原因何者有誤？(A) 焦慮與恐懼；(B) 決定負起生下小孩的責任；(C) 不知道性交會有懷孕的危險；(D) 非願意性交或與親戚有性關係。

( ) 198. 青少年女生太早成為未婚媽媽會造成什麼問題？(I)產生情緒困

擾；(II)導致中止學業；(III)就業不利；(IV)育兒能力不足。(A)
(I)(III)(IV)；(B) (I) (II)(III)(IV)；(C) (II)(IV)；(D) (II)(III)(IV)。

（　）199. 性病通常是性接觸而感染的，下列對性病的敘述何者錯誤？(A)
梅毒是由梅毒螺旋菌所感染的，感染者有極高的死亡率；(B) 盤
尼西林為對抗淋病對有效的藥物；(C) 女性感染菜花容易導致子
宮頸癌；(D) 菜花是頗為流行的性病，會使尿道出血與阻塞。

（　）200. 下列何者並非導致青少年性知識有所偏差？(A) 色情書刊的誇張
文字敘述；(B) 父母的教導；(C) 周圍的朋友的訊息；(D) 密醫利
用人的弱點所灌輸的的錯誤性觀念。

（　）201. 都賽克（Dusek, 1987）將青少年約會的功能歸納為？(I)社會
化；(II)家庭化；(III)娛樂；(IV)參與的渴望；(V)獨立的肯定。
(A) (I)(II)(III)(V)；(B) (I)(II)(IV)(V)；(C) (I)(III)(IV)(V)；(D) (I)
(III)(IV)。

（　）202. 下列何者為青少年主要的性活動與性愛？(I)性衝動；(II)愛撫；
(III)結婚成家；(IV)性幻想；(V)婚前性行為。(A) (I)(II)(III)(V)；
(B) (I)(II)(IV)(V)；(C) (I)(III)(IV)(V)；(D) (I)(III)(IV)。

（　）203. 下列對青少年發展的敘述何者為非？(A) 青少年初經通常發生於
身高驟增高峰之後；(B) 以體重來估算女性初經年齡較為準確；
(C) 男性於青少年中期開始出現前面髮線後退與凹凸的現象；
(D) 陰莖在青少年期結束前就達到成熟成度。

（　）204. 下列對青少年戀愛之敘述何者有誤？(A) 戀愛是對異性有愛的感
受並透過約會表達對異性的喜歡；(B) 通常青少年末期就能與異
性發展有意義、信任和相互支持的關係；(C) 越早約會和戀愛越
能和異性建立深度關係；(D) 穩定的交往能產生積極效益，像是
滿足隸屬與愛的需求等。

（　）205. 都賽克（Dusek, 1987）指出在青少年求愛期的約會中，何者是
屬於最嚴重且具有攻擊性的？(A) 性暗示舉動；(B) 敲詐式約

會；(C) 言語挑逗；(D) 強暴。

( ) 206. 下列對於青少年發育何者為非？(A) 男生早熟較晚熟有利；(B) 過多情緒剝奪的女生不會以和男生有固定約會的方式來獲得隸屬感；(C) 早熟的女生可能面對父母較多的限制，而非支持和關懷；(D) 晚熟的女生成熟程度和男生一般成熟者相當。

( ) 207. 班上有女生向老師報告其父親性騷擾她時，老師最好的處置是？(A) 要女生不要聲張，以免破壞家庭和諧；(B) 趕快聯絡女生母親，要母親全權處理之；(C) 趕快向其父親求證，並派一位認輔老師給女生；(D) 盡快通報主管機關，保護女生免受進一步傷害。

( ) 208. 下列關於性教育的敘述何者正確？(A) 性教育是為青春期學生所提供的教育；(B) 性教育就是性行為知識的教導；(C) 性教育的目的在控制或壓抑性反應；(D) 性教育的目標涵蓋生理、心理及社會等層面。

( ) 209. 青少年有同性戀傾向或屬於同性性經驗者，個人內在難以避免有衝突存在，同性戀青少年處理自己的性情感主要的類型，下列何者為非？(A) 分享；(B) 壓抑；(C) 隱藏；(D) 公開。

( ) 210. 下列何者不是使女性成為非自願性的性受害者？(A) 順從於同儕；(B) 父母親採獨裁主義式的教養風格；(C) 較少監控教養；(D) 生理上的急切需求。

( ) 211. 下列關於第二性徵發展的敘述何者為非？(A) 兒童時期就出現陰莖勃起的現象；(B) 乳房發育是由於乳腺的作用所致；(C) 乳房大小會影響生育能力和哺育能力；(D) 早熟的女生或乳房過大者，容易成為同儕或他人的焦點。

( ) 212. 下列關於性器官的敘述何者為非？(A) 青少年期以前，男生的睪丸和女生的卵巢都處於靜止的狀態；(B) 女性停經後濾泡還是會存在，但不會再製造卵子；(C) 初經後兩年方具有生育能力；

(D) 男生於5-6歲時，睪丸未下降至陰囊內，需要開刀處理。

（　）213. 齊爾門將美國青少年婚前性行現象歸納為4個要項，下列何者正確？(A) 青少年非婚姻的性交多是黑人女性；(B) 青少年愛撫比率低於性交；(C) 非婚姻的性交年齡越來越低；(D) 性交行為多半發生在父母認可的場合下。

（　）214. 下列關於雪瑞夫婦（Sarrel & Sarrel, 1981）對女性墮胎後的副作用看法何者有誤？(A) 停滯生長；(B) 憂鬱與沮喪；(C) 罪惡感；(D) 生理疼痛。

（　）215. 下列何者不是佛朗寇爾（Francoeur, 1982）對於防範性病的準則？(A) 慎選性伴侶；(B) 利用各種避孕器和藥膏；(C) 性交後立即排尿；(D) 只許口交和接吻。

（　）216. 下列何者並非有助於在青春期的戀愛情感的發展？(A) 父母感情；(B) 迷戀；(C) 同儕關係；(D) 自信。

（　）217. 大多數的青少年在青春期早期及中間幾年，已有約會經驗，請問其熱情是因為下列何者所引發？(A) 良好的親子關係；(B) 同儕的良好互動；(C) 頻繁的接觸；(D) 強烈的好奇心。

（　）218. 根據非洲史瓦濟蘭的一項研究，大部分的青少年在大約幾歲時已有性行為？(A) 15；(B) 16；(C) 17；(D) 18。

（　）219. 澳洲青少年在高中階段就可分為五種不同性行為模式的群體，下列何者為非？(A) 單純的性；(B) 刺激的性；(C) 沒有保障的性；(D) 合法的性。

（　）220. 下列何者有助於你的孩子學習去愛？(A) 親密關係；(B) 親子溝通；(C) 學習獨立；(D) 偶像崇拜。

（　）221. 下列哪個國家的青少年的性行為發展以緩慢成長和試驗著稱？(A) 芬蘭；(B) 挪威；(C) 德國；(D) 美國。

（　）222. Kinsey等人提出約多少比例的男性和多少比例的女性至少有過一次與同性性交的經驗並達到高潮？(A) 45%、26%；(B) 37%、

13%；(C) 35%、 15%；(D) 38%、22%。

（ ）223. 金賽（Kinsey）等人也提出大約有多少比例的男性是絕對的同性戀者？(A) 7%；(B) 8 %；(C) 9 %；(D) 10%。

（ ）224. 男性同性戀的重要變數不包括下列何者？(A) 童年經驗；(B) 意識型態；(C) 社經地位；(D) 異性戀的朋友。

（ ）225. 女同性戀的關鍵變數何者為是？(A) 宗教；(B) 對性別的不適應；(C) 同儕關係；(D) 親子互動。

（ ）226. 下列何者與青少年時期的其他冒險行為密切相關？(A) 家庭失序；(B) 挫折壓力；(C) 好奇心；(D) 物質濫用。

（ ）227. 同性戀青少年當中，約有多少比例的AIDS患者引發自非安全性行為？(A) 80%；(B) 70%；(C) 60%；(D) 50%。

（ ）228. 十八歲以前，美國女性有多少比例至少懷孕過一次？(A) 20%；(B) 30%；(C) 25%；(D) 35%。

（ ）229. 多數研究皆指出當今青少年性行為問題的呈現，多少比例的生小孩的青少年在四年內接受社會救濟？(A) 45%；(B) 46%；(C) 47%；(D) 48%。

（ ）230. 多數研究皆指出當今青少年性行為問題的呈現，多少比例的未婚生子的青少年在四年內接受社會救濟？(A) 71 %；(B) 72 %；(C) 73 %；(D) 74%。

（ ）231. 過去二十年來，愛滋病已經成為美國，甚至是全世界的流行病，特別是在哪種類型的國家？(A) 已開發國家；(B) 未開發國家；(C) 開發中國家；(D) 開發中邁向已開發國家。

（ ）232. 何者不全然像父母，他們就像老師一般，被青少年是為性行為準確資訊的主要來源？(A) 手足；(B) 同儕；(C) 偶像；(D) 異性朋友。

（ ）233. 下列何種美國家庭中的雙親家庭的女孩對其第一次性行為的年紀可能延緩至十八歲或之後？(A) 亞裔；(B) 非裔；(C) 拉丁裔；

(D) 歐裔。

（　）234. 根據一項七十五位六至十年級孩童的縱貫性研究指出，被同儕拒絕和被同儕接受與青少年往後四年的何種項目有關？(A) 性伴侶數量；(B) 性行為次數；(C) 性行為頻率；(D) 性行為能力。

（　）235. HIV有一段很長的潛伏期，平均為幾年？(A) 6；(B) 7；(C) 8；(D) 9。

（　）236. 回顧女性性虐待的歷史，下列何者並非進一步非自願性行為的發展徵兆？(A) 順從同儕的傾向；(B) 父母威嚴式的教養；(C) 父母低度監控；(D) 家庭離異。

（　）237. 就女性而言，何者對於他們相信自己可以對性行為說不的可能性是十分重要的？(A) 性別自主；(B) 自我效能感；(C) 社會福利的機制；(D) 同儕認同。

（　）238. 多數研究皆指出當今青少年性行為問題的呈現，一九八零至一九八八年，十五歲青少年女性懷孕的比例攀升多少，而此比例高於其他年齡層的青少年？(A) 3.2%；(B) 4.1%；(C) 5.4%；(D) 5.5%。

（　）239. 多數研究皆指出當今青少年性行為問題的呈現，大約多久，美國青少年會產下一名嬰兒？(A) 每分；(B) 每秒；(C) 每小時；(D) 每天。

（　）240. 下列何種美國家庭中的雙親家庭的女孩會與父母談論性議題，對於性行為的知事也較廣？(A) 亞裔；(B) 非裔；(C) 拉丁裔；(D) 歐裔。

（　）241. 下列哪一項非腦下垂體所分泌的荷爾蒙？(A) 雌激素；(B) 泌乳激素；(C) 促性腺荷爾蒙；(D) 濾泡刺激荷爾蒙。

（　）242. 對於雌激素的敘述，下列何者有誤？(A) 女性卵巢分泌雌激素；(B) 雌激素控制排卵到下次月經來潮的週期長度；(C) 腎上腺體會分泌少量雌激素；(D) 男性也擁有雌激素。

（　）243. 下列有關男性性器官的敘述，何者正確？(A) 於急速成長時期，睪丸會增長4.5倍；(B) 睪丸與陰囊的急速成長約始於9到13歲半之間；(C) 副睪在青春期之前比睪丸來的小；(D) 精子會在睪丸中成熟且儲存。

（　）244. 下列有關精子生成的敘述，請選出正確的選項？(I)濾泡刺激荷爾蒙刺激精子開始生成、成長；(II)黃體素促成荷爾蒙刺激精子開始生成、成長；(III)精子從生成到成熟需15天；(IV)精子在副睪可停留10週之久。(A) (I)(II)；(B) (I)(III)；(C) (II)(IV)；(D) (II)(IV)。

（　）245. 女性的外部性器官統稱為(A) 前庭；(B) 陰阜地帶；(C) 陰戶；(D) 陰道。

（　）246. 下列有關女性生殖器官的敘述，何者<u>有誤</u>？(A) 陰道在青春期時長度會增加；(B) 拔澀淋氏腺體位於陰道兩端，興奮時會分泌液體；(C) 輸卵管會將卵細胞送到卵巢；(D) 兩顆卵巢各自與生俱來400,000粒濾泡。

（　）247. 女性的月經週期有四個時期(I)排卵期；(II)黃體期；(III)濾泡期；(IV)月經期。其正確的順序為？(A) (I)(III)(IV)(II)；(B) (II)(III)(IV)(I)；(C) (III)(I)(II)(IV)；(D) (IV)(I)(III)(II)。

（　）248. 月經四週期中，哪一期的時間最短？(A) 排卵期；(B) 黃體期；(C) 濾泡期；(D) 月經期。

（　）249. 下列何者屬於月經期的特性？(A) 濾泡熟落，卵子成熟；(B) 濾泡發展成黃體；(C) 四週期中最短的一期；(D) 雌激素與孕酮達到最少量。

（　）250. 下列敘述何者<u>有誤</u>？(A) 排卵期始於下次月經來潮的前十四天左右；(B) 女性在月經週期開始時可能出現無卵的月經潮；(C) 在一整個週期中，女性只會排卵一次；(D) 女性不會受孕的日子似乎不存在。

（　）251. 由兒童期進入青春期的女性，其心理層面描述何者較正確？(A) 身體意象（body image）越來越負向；(B) 多數女性認為初經（menarche）象徵成熟因此有較正向的感受；(C) 早熟（early maturation）的女孩心理適應比晚熟者（late maturation）為佳；(D) 女性荷爾蒙（estrogen）的增加與攻擊行為有某種程度的正向關連。【97高級中等以下學校及幼稚園教師資格檢定】

（　）252. 青少女在月經期時遭遇到的生理困擾，下列何者正確？(I)經血過多；(II) 子宮出血；(III)手腳酸痛；(IV)閉經；(V)月經不順 (A) (I)(II)(III)；(B) (II)(III)(V)；(C) (I)(II)(III)(IV)；(D) (I)(II)(IV)(V)。

（　）253. 下列敘述何者<u>不正確</u>？(A) 月經不順是有疼痛或困難的月經；(B) 月經不順導因於過量的前列腺素；(C) 生理期時沐浴在低溫水中可調節痙攣絞痛；(D) 醫生可囑咐特定運動以舒緩月經絞痛。

（　）254. 性成熟的平均年齡有逐年下降的趨勢，主要原因為：(A) 遺傳；(B) 有較好的健康照顧；(C) 文化的改變；(D) 居住的環境較佳。

（　）255. 青春期最明顯的生理轉變之一就是成長陡增（growth spurt），以下何者最為適當？(A) 此現象主要受遺傳所影響；(B) 此現象主要受環境所影響；(C) 此現象男性受睪固酮（testosterone），女性受雌激素（estrogens）所影響；(D) 越早出現性成熟，成長陡增就會越快緩和下來而停止。【94高級中等以下學校及幼稚園教師資格檢定】

（　）256. 下列哪一項會延緩初經的來臨？(A) 身體脂肪的增加；(B) 營養豐富；(C) 激烈運動；(D) 多吃澱粉類食物。

（　）257. 下列對更衣室症候群的敘述，何者<u>不正確</u>？(A) 體型仍像小孩子的晚熟青少年會感到自卑；(B) 已發育的男孩子會對自己的男性意象會感到自卑；(C) 在眾人面前不自主勃起引起尷尬；(D)

70%的男孩子會出現女乳症。

（　）258. 大多數的青少女對自己的身材感到不滿意，下列何者是最可能的原因？(A) 不愛運動；(B) 社會過於重視婦女的體態；(C) 吃過多；(D) 遺傳。

（　）259. 在問到青少年第一次發生性行為的原因時，下列敘述何者錯誤？(A) 約51%的男性出自於好奇與性的蓄勢待發；(B) 約50%的女性是喜歡對方；(C) 25%的女性是出自好奇與性的蓄勢待發；(D) 大部分的男性還是愛著自己第一次發生關係的對象的。

（　）260. 下列哪項並非婚前性行為的顯著相關？(A) 年齡；(B) 種族；(C) 宗教；(D) 長相。

（　）261. 下列敘述何者正確？(A) 處子（virgin）一詞是指沒有性經驗或很生疏；(B) 自慰是指各種類型的自我刺激以引起性慾興奮，且一定要達到高潮；(C) 自慰是不當行為；(D) 自慰是成長的一部分。

（　）262. 有關於青少年想要性的原始動機，下列敘述何者錯誤？(A) 受到各種需求所驅動；(B) 為表達和滿足非性需求的管道；(C) 只想爽一下以紓解生理的驅力而已；(D) 如果無法獲得情緒的滿足可能導致更深的絕望。

（　）263. 我們文化中性開放度有四種標準，下列那一個不是標準之一？(A) 雙重標準；(B) 守身；(C) 無性有愛；(D) 有性有愛。

（　）264. 有關於性的敘述何者錯誤？(A) 並非所有上床的人都是出自於愛情；(B) 性可以是愛、是恨、是幫助或是滿足；(C) 性是一人個己的作為；(D) 性代表個人的人品和感覺。

（　）265. 關於性侵犯的敘述，何者不正確？(A) 男人和女人都可能是性侵犯下的受害者；(B) 在被迫性交方面，男生比女生多；(C) 在被迫親吻方面，男性比女性多；(D) 女性相信自己比男性更能拒絕非自願的性。

（　）266. 非自願的性行為可能發生的十項原因下列何者<u>為非</u>？(A) 父母逼
迫；(B) 酒醉；(C) 利他行為；(D) 沒經驗。

（　）267. 下列何者<u>不是</u>拒絕非自願性行為的幾個指標：(A) 較聽父母的勸
導；(B) 較不開放的性態度；(C) 較不在意同儕壓力；(D) 具備一
定的自我效能感。

（　）268. 關於避孕的敘述，下列何者<u>錯誤</u>？(A) 90%沒有採避孕措施的青
少女，會在一年內懷孕；(B) 一半以上青少年情侶第一次的避孕
方式多為保險套；(C) 體外射精和安全期計算為不可靠的避孕方
式；(D) 青少女採避孕措施的比例比年長的婦女高。

（　）269. 對於某些青少年不避孕的重要原因，下列何者<u>為非</u>？(A) 自以為
不會剛好發生在她們身上；(B) 對性和避孕無知；(C) 不成熟也
沒有責任感；(D) 男友不喜歡。

（　）270. 廣泛的性教育課程最好在哪個學習階段實施？(A) 國小階段；
(B) 國中階段；(C) 高中階段；(D) 大學階段。

（　）271. 下列哪個<u>不是</u>排行美國十大由性接觸的感染病？(A) 披衣菌感
染；(B) 天花；(C) 淋病；(D) B型肝炎。

（　）272. 下列何者<u>不是</u>愛滋病病徵的五大類別之一？(A) 感染；(B) 骨
骼；(C) 血液；(D) 營養和胃腸。

（　）273. 下列何者非美國青少年未婚懷孕與墮胎率高居其他以發展國家
的原因假設？(A) 同儕壓力假設；(B) 社會福利假設；(C) 社會常
模假設；(D) 社會福利假設。

（　）274. 關於對小爸爸的迷思，下列何者為「他專挑無助而天真的女孩
來來占便宜」？(A) 痞子迷思；(B) 大眾情人迷思；(C) 大男人迷
思；(D) 幽靈父親迷思。

（　）275. 關於對小爸爸的迷思，下列何為「他是『箇中老手』—比其他
青少年都更了解性」？(A) 痞子迷思；(B) 大眾情人迷思；(C) 大
男人迷思；(D) 幽靈父親迷思。

（　）276. 關於同性戀的成因理論探討，下列何者為非？(A) 生理理論；
(B) 精神分析理論；(C) 性學理論；(D) 社會學理論。

（　）277. 「同性戀是經由遺傳而來的」請問這屬於哪個理論的範疇？(A)
精神分析理論；(B) 生理理論；(C) 性學理論；(D) 社會學理論。

（　）278. 有研究將青少年男同性戀的出櫃，概念化成三個階段：(I)敏感
狀態；(II)罪惡感、否認、慌張；(III)接納。正確的三階段順
序為：(A) (I)(II)(III)；(B) (I)(III)(II)；(C) (II)(III)(I)；(D) (II)(I)
(III)。

（　）279. 下列哪個是成功的性教育方案常見的七個特徵之一？(A) 採行被
動的學習技巧；(B) 先教導學生如何實行這些行為，再建立健康
行為的動機；(C) 教導溝通技巧；(D) 實行測驗。

（　）280. 有關同性戀的敘述，下列何者正確？(A) 包括同性性體驗、同性
戀傾向兩種類型；(B) 女同性戀者的人口比例高於男同性戀者；
(C) 通常男同性戀者身體瘦弱，女同性戀者身體強壯；(D) 同性
戀會導致精神失常，是由於荷爾蒙不平衡所造成的。

（　）281. 別有用意的性包含了許多種，而嫖妓：以性為交易手段，基本
上不是屬於哪一類呢？(A) 為了增強自我；(B) 剝削他人的犧
牲；(C) 為了獲得青睞或是報恩；(D) 控制行為。

（　）282. 對於青少年身體生長的敘述，下列何者正確？(A) 青少年進入
青春期的時間個別差異小，但生理成熟的順序差異大且無法預
測；(B) 青春期時每年身高增長的幅度比兒童期小；(C) 人體荷
爾蒙中的雄性激素是男女兩性身高增加的共同作用因子；(D) 女
生的生長高峰在初經之後一年內。【96高級中等以下學校及幼
稚園教師資格檢定】

（　）283. 小華問媽媽為什麼他長這麼多的青春痘，媽媽說這是因為他喜
歡打電動，小華認為媽媽亂說。其實長青春痘比較有依據的說
法是什麼腺體的功能增強？(A) 汗腺；(B) 腦下垂體；(C) 皮脂

腺；(D) 性腺。【97高級中等以下學校及幼稚園教師資格檢定】

（　）284. 就青少年期的人格適應發展而言，把性衝動轉化為抽象思考的論點，是下列哪一位學者提出的「知性化」（intellectualization）概念？(A) 艾理斯（A. Ellis）；(B) 羅吉斯（C. Rogers）；(C) 佛洛依德（S. Freud）；(D) 安娜・佛洛依德（A. Freud）。【98高級中等以下學校及幼稚園教師資格檢定】

（　）285. 在色盲的國中生中，試問為何發生性聯遺傳（sex-linked inheritance）相關缺陷症狀者以男性居多？(A) 因為男性缺少健全的X染色體與缺陷基因抗衡；(B) 因為男性缺少健全的Y染色體與缺陷基因抗衡；(C) 因為女性缺少健全的Y染色體與缺陷基因抗衡；(D) 因為女性缺少健全的X染色體與缺陷基因抗衡。【101高級中等以下學校及幼稚園教師資格檢定】

（　）286. 下列對性騷擾事件的敘述何者較適當？(A) 性騷擾對女性與男性的影響不同；(B) 性騷擾的真實發生率比想像中的還少；(C) 女性若穿著性感，就是給男性性暗示；(D) 只有男性會對女性性騷擾，而女性不會對男性性騷擾。【103高級中等以下學校及幼稚園教師資格檢定】

（　）287. 根據我國現行的〈性別平等教育法〉，教師知悉服務學校發生疑似校園性侵害、性騷擾或性霸凌事件者，應向學校及當地直轄市、縣（市）主管機關通報，至遲不得超過多久？(A) 24小時內；(B) 48小時內；(C) 72小時內；(D) 96小時內。【104高級中等以下學校及幼稚園教師資格檢定】

（　）288. 下列關於女性生理發展的敘述，何者較正確？(A) 營養較佳、體重較重者，初經年齡較早；(B) 女性在初經發生之後，即能夠懷孕生育胎兒；(C) 乳房愈大者，乳汁分泌愈多，有助嬰兒的成長；(D) 對成長中的少女而言，陰毛顏色會隨著年齡由深而淺。【105高級中等以下學校及幼稚園教師資格檢定】

（　）289. 下列關於青少年在生理方面之早熟與晚熟的敘述，何者較<u>不正確</u>？(A) 早熟的女生比早熟的男生遭遇較多的困擾；(B) 晚熟的男生比晚熟的女生較會受到同儕的排斥；(C) 早熟的女生比早熟的男生較會贏得成人的信賴；(D) 早熟的男生比早熟的女生較會被選為同儕團體的領導者。【105高級中等以下學校及幼稚園教師資格檢定】

解　答

1.(C)　　2.(C)　　3.(D)　　4.(B)　　5.(D)　　6.(C)　　7.(B)　　8.(B)　　9.(D)　　10.(C)

11.(B)　12.(D)　13.(A)　14.(C)　15.(C)　16.(B)　17.(C)　18.(A)　19.(C)　20.(A)

21.(D)　22.(A)　23.(D)　24.(D)　25.(C)　26.(B)　27.(D)　28.(C)　29.(C)　30.(B)

31.(D)　32.(A)　33.(D)　34.(C)　35.(A)　36.(C)　37.(D)　38.(C)　39.(D)　40.(D)

41.(B)　42.(D)　43.(D)　44.(D)　45.(D)　46.(C)　47.(B)　48.(A)　49.(C)　50.(D)

51.(C)　52.(B)　53.(D)　54.(D)　55.(C)　56.(A)　57.(A)　58.(B)　59.(D)　60.(C)

61.(A)　62.(C)　63.(D)　64.(C)　65.(A)　66.(D)　67.(B)　68.(A)　69.(B)　70.(D)

71.(D)　72.(A)　73.(D)　74.(B)　75.(C)　76.(C)　77.(B)　78.(C)　79.(C)　80.(D)

81.(D)　82.(A)　83.(A)　84.(D)　85.(C)　86.(D)　87.(A)　88.(A)　89.(A)　90.(C)

91.(B)　92.(C)　93.(B)　94.(D)　95.(C)　96.(C)　97.(B)　98.(A)　99.(C)　100.(C)

101.(B)　102.(B)　103.(B)　104.(B)　105.(A)　106.(D)　107.(A)　108.(C)　109.(B)　110.(B)

111.(A)　112.(B)　113.(C)　114.(B)　115.(A)　116.(A)　117.(D)　118.(C)　119.(D)　120.(C)

121.(D)　122.(B)　123.(B)　124.(B)　125.(C)　126.(A)　127.(D)　128.(A)　129.(C)　130.(C)

131.(B)　132.(A)　133.(D)　134.(C)　135.(D)　136.(C)　137.(B)　138.(A)　139.(B)　140.(A)

141.(D)　142.(A)　143.(B)　144.(D)　145.(D)　146.(A)　147.(D)　148.(A)　149.(C)　150.(B)

151.(A)　152.(B)　153.(D)　154.(B)　155.(A)　156.(C)　157.(C)　158.(D)　159.(A)　160.(C)

161.(B)　162.(B)　163.(D)　164.(A)　165.(C)　166.(C)　167.(B)　168.(B)　169.(C)　170.(A)

171.(C)　172.(D)　173.(B)　174.(A)　175.(D)　176.(C)　177.(B)　178.(C)　179.(D)　180.(A)

181.(D)　182.(D)　183.(B)　184.(C)　185.(D)　186.(C)　187.(C)　188.(B)　189.(D)　190.(A)

191.(D)　192.(B)　193.(C)　194.(C)　195.(A)　196.(A)　197.(B)　198.(C)　199.(C)　200.(B)

201.(C)　202.(B)　203.(C)　204.(C)　205.(D)　206.(B)　207.(D)　208.(C)　209.(A)　210.(D)

211.(C)　212.(B)　213.(A)　214.(A)　215.(D)　216.(D)　217.(C)　218.(B)　219.(B)　220.(A)

221.(B)　222.(B)　223.(B)　224.(B)　225.(B)　226.(D)　227.(A)　228.(C)　229.(B)　230.(C)

231.(C)　232.(A)　233.(B)　234.(A)　235.(C)　236.(D)　237.(B)　238.(B)　239.(B)　240.(B)

241.(A)　242.(B)　243.(B)　244.(A)　245.(C)　246.(C)　247.(C)　248.(A)　249.(D)　250.(C)

251.(A)　252.(D)　253.(C)　254.(B)　255.(D)　256.(C)　257.(B)　258.(B)　259.(D)　260.(D)

261.(D)　262.(C)　263.(C)　264.(C)　265.(C)　266.(A)　267.(A)　268.(D)　269.(D)　270.(B)

271.(B)　272.(B)　273.(A)　274.(A)　275.(B)　276.(C)　277.(B)　278.(A)　279.(C)　280.(A)

281.(C)　282.(C)　283.(C)　284.(D)　285.(A)　286.(A)　287.(A)　288.(A)　289.(C)

第六章

青少年的智能發展與輔導

重點整理

1. 魏克斯勒（D. Wechsler）認為智力是個體了解他的世界與他的資源，以面對挑戰的能力。比奈（A. Binet）則將智力看成是個人整體適應環境的能力，也有人將智力當作是特殊能力、學習的訊息處理歷程，以及所有認知功能的複雜組織。

2. 都賽克（Dusek, 1987）指出可以由二個層面來界定智力：(1)量的方法：利用心理計量的方法，發現智力中特殊能力的量的多寡；(2)質的方法：將智力看成是個體認知過程的思考模式。

3. 智力結構的界定常常成為智力測驗編製的基礎。以下是主要的智力結構理論：(1)雙因論；(2)群因論；(3)多元論；(4)三因論；(5)結構論；(6)流體與晶體論；(7)階層論。

4. 雙因論者史比爾曼（C. Spearman）利用統計學方法推斷人類的智慧包含二個因素：(1)普通因素；(2)特殊因素。

5. 群因論者塞斯通（L. L. Thurstone）採因素分析的方法分析智力的成分，結果發現智力包含一些獨立的基本心智能力，計有：(1)數字能力；(2)推理；(3)語文流暢；(4)空間視覺；(5)知覺能力；(6)記憶；(7)語文理解等七種組群因素。

6. 多元論者認為智力是許多能力的組合，最早的多元論者桑代克（E. L. Thorndike）認為智力包含：(1)社會智力；(2)抽象智力；(3)機械或實作

能力 等三者。

7. 史登柏格（Sternberg, 1985）倡導智力三元論，認為智力應包括：(1)情境能力；(2)經驗性能力；(3)組合性能力 等三部分。

8. 最新的結構論中，基爾福（J. P. Guildford）認為智力共分內容、運思與成果等三個層面，此三個層面又各自包含了不同因子，在內容層面包括：(1)圖形；(2)符號；(3)語意；(4)行為；(5)聽覺等五種小類型；在運作層面包含：(1)評鑑；(2)聚斂性思考；(3)擴散性思考；(4)長期記憶；(5)短期記憶；(6)認知等六個小類型；在成果（產品）層面包括：(1)單位；(2)分類；(3)關係；(4)系統；(5)轉換；(6)推測等六個小類型，因此，基爾福（J. P. Guildford）以此三向度建構了一個立方體，包含180種類型的智力結構。

9. 卡特爾與霍恩（Cattell & Horn, 1966）認為智力包含：(1)流體智力與(2)晶體智力兩種。流體智力是指個體在思考歷程中所表現的能力；晶體智力係指可以經由時間的累積所形成的智力。

10. 智力階層論者認為人類智力是具階層或層次的，上層的智慧對下層的智慧具有指導的能力，智力的最高階層是普通智慧。

11. 皮亞傑（J. Piaget）認為青少年已經有邏輯與推理的形式運思能力，具有思考現實不存在的事物、各種可能性、假設與未來世界的心智能力。

12. 基汀（Keating, 1980）認為依思考能力而言，青少年具有下列五大特徵：(1)可能性思考；(2)透過假設作思考；(3)有計畫的思考；(4)對思考的思考；(5)超越固有限制的思考。

13. 依照艾爾楷（Elkind, 1978）的論點，青少年的自我中心主義有下列四大特徵：(1)想像的觀眾；(2)個人神話；(3)假裝愚蠢；(4)明顯的偽善。

14. 一份良好的智力測驗，應具有下列五個條件：(1)標準化；(2)常模；(3)客觀；(4)信度；(5)效度。

15. 智力測驗的結果顯示方式主要有：(1)比例智商與(2)離差智商兩種。

16. 對於心理特質究竟可否藉由智力測驗測量，有許多爭論，Spearman假設

普通因素（g）可以測量，Guildford理論指出有超過一百種以上的能力可藉由智力測驗測量到。

17. 其他學者也提出不同智力測驗可藉由智力測驗的評量獲知，不同領域的量化智力測驗在青少年階段維持著相當穩定性的結果。

18. 影響青少年智力發展的因素非常多，通常可將各種因素歸納為：(1)遺傳因素與(2)環境因素兩大類。

19. 資賦優異青少年具有下列的特徵：(1)在智能、創造力、特殊學業、領導才能或視覺藝術方面有高度成就能力；(2)具有強烈的動機，學習速度較快，工作成就高；(3)智慧高，通常IQ測驗得分在130或140以上；(4)良好的心理健康適應程度；(5)有良好的生理與健康狀況；(6)具思考縝密、敏銳、動作技巧靈活、情緒穩定等特質。

20. 鑑定資賦優異青少年可以有下列的方法：(1)實施智力測驗；(2)家長與教師的觀察；(3)其他訊息來源。

21. 現行資賦優異教育，依施教情境的不同，可分為：(1)一般教室情境與(2)特殊班級制等兩種；依照教育方法作區分，可分為：(1)加速制與(2)充實制兩種。

22. 依照美國智能不足協會的界定，智能不足者有三大特徵：(1)智慧功能低於平均值，通常IQ低於平均數二個標準差；(2)適應行為頗有缺陷，因此不能獨立，社會責任也不足；(3)智能低下與適應行為的缺陷發生於18歲以下，超過18歲的智能不足者可能係腦傷與情緒困擾所產生。

23. 不論資賦優異或智能不足者的教育，最重要的乃是實施「個別化的教育」。創造力研究的大師托浪斯（Torrance）認為創造力具有四大特性：(1)變通性；(2)流暢性；(3)獨創性；(4)精密性。

24. 達樹（Dacey, 1986）指出，創造者的心智歷程具有下列特徵：(1)聯結主義；(2)完形主義。

試題演練

（　　）1. 下列對於比西量表之敘述，何者為非？(A) 比奈與西蒙所共同製定；(B) 表作業題目是由深入淺，由複雜至簡單；(C) 兒童通過題目之多寡代表智力的高低；(D) 用以區分不同學年兒童之智力發展。

（　　）2. 下列對魏克斯勒貝勒福測驗（Wechsler-Bellevue test）之敘述，何者為非？(A) 受試者於魏氏智力測驗上之得分，需計算年、月，才能轉換至IQ；(B) 此量表以100為智力平均數；(C) 共有三個不同量表：分別為魏氏成人智慧量表修定版、魏氏兒童智慧量表修定版、魏氏學前與小學智力量表；(D) 魏氏三分量表包括語文（verbal）與作業（performance）兩個分量表，再各自有分測驗。

（　　）3. 下列何者是世界第一份標準化智力測驗？(A) 陸軍甲種智力測驗（Army Alpha Intelligence Test）；(B) 比西智力量表（Binet-Simon Intelligence Scale）；(C) 魏氏智力量表（Wechsler Intelligence Scale）；(D) 兒童智力測驗（Children Intelligence Test）。

（　　）4. 艾爾楷（Elkind, 1978）提倡青少年的自我中心主義不具下列哪一特徵？(A) 想像的觀眾；(B) 個人神話；(C) 謙虛有禮；(D) 假裝愚蠢。

（　　）5. 一份良好的智力測驗，不具備下列哪一個條件？(A) 注意力；(B) 標準化；(C) 常模；(D) 信度。

（　　）6. 影響青少年智力發展之因素，何者為非？(A) 環境；(B) 遺傳；(C) 文化背景；(D) 習慣。

（　　）7. IQ值為多少判定為資賦優異？(A) 120以上；(B) 130以上；(C) 100以上；(D) 110以上。

（　　）8. IQ值多少判定為智能不足？(A) 60以下；(B) 50以下；(C) 70以下；(D) 80以下。

（　）9. 創造力具有四大特性，何者<u>為非</u>？(A) 變通性；(B) 流暢性；(C) 精密性；(D) 統整性。

（　）10. 判定資賦優異青少年可以參照下列方法，何者<u>為非</u>？(A) 實施智力測驗；(B) 班上排名；(C) 教師觀察；(D) 其它訊息來源。

（　）11. 加深資賦優異學生的學習內容，在既定的課程範圍內給予較難的教材，這是何種措施？(A) 垂直充實；(B) 水平充實；(C) 綜合充實；(D) 融合充實。

（　）12. 多元智慧理論（Theory of multiple intelligence）是由哪一位學者所提倡：(A) 桑代克（E. L. Thorndike）；(B) 布魯納（B. S. Bloom）；(C) 班度拉（A. Bandura）；(D) 葛登納（H. Gardner）。

（　）13. 界定智能障礙的兩個主要標準是「智力低下」與何者？(A) 學習遲緩；(B) 適應困難；(C) 語言障礙；(D) 固著行為。

（　）14. 智能不足者的發展特徵可區分為三階段，以下何者<u>為非</u>？(A) 學前階段；(B) 中學階段；(C) 學齡階段；(D) 成人階段。

（　）15. 比西量表是哪兩位學者所編製？(A) 孟推（Lewis Terman）、魏克斯勒（David Wechsler）；(B) 西蒙（Th. Simon）、桑代克（E.L.Thorndike）；(C) 西蒙（Th. Simon）、比奈（Alfred Binet）；(D) 魏克斯勒（David Wechsler）、葛登納（Gardner）。

（　）16. 艾爾肯（D. Elkind）認為青少年的自我中心常出現下列何種特徵？(A) 個人神化（personal fable）、想像觀眾（imaginary audience）；(B) 理想自我（idealistic self）、想像觀眾（imaginary audience）；(C) 後天的假說（nurture assumption）、想像觀眾（imaginary audience）；(D) 隱含的性格（implicit personality）、理想自我（idealistic self）。【94高級中等以下學校及幼稚園教師資格檢定】

（　）17. 倡導多元智慧理論（Theory of Multiple Intelligence）的現代心理學者是：(A) 魏特金（H. A. Witkin）；(B) 布魯納 （J. S. Bruner）；(C) 奧斯貝（D. Ausubel）；(D) 葛登納（H. Gardner）。

（　）18. 智商（Intelligence Quotient）就是智力商數，我們說一個人的智商屬於中等程度是指他的智商在下列哪一個階段：(A) 90-100；(B) 90-110；(C) 100-120；(D) 80-100。

（　）19. 有關智力理論的主張，下列敘述何者正確？(A) 塞斯通（Thurstone, L. L.）認為智力包含普通智力因素及特殊因素；(B) 桑化克（Thorndike, E. L.）認為智力是由七種主要能力所構成；(C) 吉福德（Guildford, J. P）認為智力的最上層是G因素，中層是群因素，底層是特殊因素；(D) 葛斯塔夫孫（Gustafsson, J. E.）認為智力最高層次是普通能力，第二層有三個廣域因素，最低層次是多種基本因素。【95學年度高高屏南國中教師甄選】

（　）20. 提出質的方法及量的方法以兩種層面去界定智力的學者，為下列何者？(A) 艾爾楷（Elkind）；(B) 都塞克（Dusek）；(C) 比奈（Alfred Binet）；(D) 塞斯通（L. L. Thurstone）。

（　）21. 下列何者非智力結構理論？(A) 單因論；(B) 雙因論；(C) 多元論；(D) 階層論。

（　）22. 下列何者非群因論中發現的基本獨立心智？(A) 記憶；(B) 推理；(C) 音樂；(D) 語文理解。

（　）23. 被認為最早的多因論者為？(A) 桑代克（E. L. Thorndike）；(B) 葛登納（Gardner）；(C) 史比爾曼（C. Spearman）；(D) 皮亞傑。

（　）24. 下列何者非多元論者葛登納（H. Gardner）提出的七大智力？(A) 語文；(B) 數學；(C) 音樂；(D) 科學。

（　）25. 結構論者基爾福（J. P. Guildford）的最新智力結構圖中以下何者

非三大層面之一？(A) 內容；(B) 成果；(C) 需求；(D) 運思。

（　）26. 結構論者基爾福（J. P. Guildford）的最新智力結構圖包含了多少類型的智力結構？(A) 170；(B) 180；(C) 190；(D) 200。

（　）27. 智力階級論者認為智力的最高層級為？(A) 普通智慧；(B) 特殊智慧；(C) 主群智慧；(D) 心靈智慧。

（　）28. 下列何者是適當選項？(A) 流體智慧是指群體在思考歷程中所表現的能力；(B) 晶體智力非指經時間的累積所形成的智力；(C) 晶體智力可以長期保留；(D) 由卡特爾（Cattell）和佛諾（Vernon）提出。

（　）29. 以下何者非基汀（Keating）依據思考能力認為青少年具有的五大特徵？(A) 有計畫思考；(B) 可能性思考；(C) 假設性思考；(D) 自我性思考。

（　）30. 智力多因論者桑代克（E. L. Thorndike）認為智力應包含的層面不包括下列何者？(A) 組合性能力；(B) 社會智力；(C) 抽象能力；(D) 機械或實作能力。

（　）31. 就讀國二的吳若IQ測驗須達多少以上便可認定為智慧高之青少年？(A) 110；(B) 120；(C) 125；(D) 130。

（　）32. 通常鑑定資賦優異之青少年，需要實施何種測驗？(A) 實施學科能力測驗；(B) 實施性向測驗；(C) 實施智力測驗；(D) 實施心理測驗。

（　）33. 有關智能不足者以下何者為非？(A) 適應行為頗有缺陷；(B) IQ低於1個標準差；(C) 智能低下與適應行為的缺陷發生於18歲以下；(D) 不能獨立。

（　）34. 哪位學者為創造力研究大師，並認為創造力有四大特性？(A) 達謝（Dacey）；(B) 托浪斯（E. P. Torrance）；(C) 佛諾（Vernon）；(D) 皮亞傑。

（　）35. 何種家庭或學校教育因素有利於青少年創造力發展？(A) 忍受不

同意見；(B) 過度要求成功；(C) 嘲笑不尋常觀念；(D) 強迫順從。

（　）36. 美國智能不足學會（AAMD）將IQ多少以下者界定為智能不足？
(A) 65；(B) 69；(C) 75；(D) 79。

（　）37. 下列哪項非實施智力測驗之目的？(A) 評估；(B) 診斷；(C) 挖掘天才；(D) 瞭解。

（　）38. 國三生的陳強，時常犯錯時的第一句話是：「別人也常這樣，並不只有我如此！」，這是符合艾爾楷（D. Elkind）論點中青少年自我中心義何項不良的作用？(A) 個人神話；(B) 假裝愚蠢；(C) 明顯偽善；(D) 想像觀眾。

（　）39. 美國心理學家基爾福（J. P. Guildford）將智力分為三層面，何者為非？(A) 內容；(B) 運思；(C) 情境；(D) 成果。

（　）40. 小明是國中一年級學生，他的魏氏智力測驗分數是100，請問下列何者正確？(A) 小明的魏氏智力測驗成績顯示他的IQ贏過50%的國中一年級學生；(B) 小明的魏氏智力測驗的心智年齡與他的生理年齡相等；(C) 小明在魏氏智力測驗測得滿分；(D) 小明的學校成績應有中等以上之表現。

（　）41. 下列對魏克斯勒貝勒福測驗（Wechsler-Bellevue test）之敘述，何者為非？(A) 受試者於魏氏智力測驗上之得分，需計算年、月，才能轉換至IQ值；(B) 此量表以100為智力平均數；(C) 共有三個不同量表：分別為魏氏成人智慧量表修定版、魏氏兒童智慧量表修定版、魏氏學前與小學智力量表；(D) 魏氏三分量表包括語文（verbal）與作業（performance）兩個分量表，再各自有分測驗。

（　）42. 卡泰爾（R. B. Cattell）的智力理論中，對空間關係的認知、機械記憶、對事物的判斷等能力，受先天遺傳因素影響比較大，這種能力稱之為：(A) 流體智力；(B) 組合智力；(C) 適應智力；(D)

晶體智力。【95彰化縣聯合委託辦理甄試國中正式教師甄選】

（　）43. 強調多元智能且對智能之界定較符合目前國內對資賦優異
學生之分類的學者是：(A) 斯皮爾曼（Spearman）；(B) 基
爾福（Guildford）；(C) 葛登納（Gardner）；(D) 斯登伯格
（Sternberg）。【93彰化縣國民小學普通班教師甄選】

（　）44. 計算智商時，不需要知道：(A) 生理年齡；(B) 實足年齡；(C) 比
率智商；(D) 心理年齡。

（　）45. 史登伯格所提倡的智力三元論不包括下列何者？(A) 情境能力；
(B) 經驗性能力；(C) 實作能力；(D) 組合性能力。

（　）46. 下列何者非青少年在智能發展上的重點？(A) 具體運思發展；(B)
社交能力發展；(C) 自我中心主義發展；(D) 智力發展。

（　）47. 關於智力測驗的描述下列何者為非？(A) 個別智力測驗的使用較
團體智力測驗廣泛；(B) 個別智力測驗的施測者須受特殊訓練；
(C) 文字智力測驗能更精確的測出真正的智力；(D) 團體性智力測
驗施測便利但較無彈性。

（　）48. 智力測驗施行應注意的事項下列何者錯誤？(A) 施測程序應視受
試者做適當調整；(B) 與受試者建立良好關係；(C) 測試次數不應
過多；(D) 主試者應熟習測試流程及指導手冊。

（　）49. 面對智力測驗下列何種態度是正確的？(A) 透過反覆的練習以提
高測驗的成效；(B) 測驗的結果應保密；(C) 測驗的結果即表示受
測者的最終智力；(D) 智力測驗卷可公佈給大家做參考。

（　）50. 以點量表取代心理年齡的智力測驗是由下列哪位學者提出？(A)
桑代克（E. L. Thorndike）；(B) 孟推（Lewis Terman）；(C) 魏克
斯勒（David Wechsler）；(D) 比奈（Alfred Binet）。

（　）51. 對於智力的發展下列的描述何者有誤？(A) 基因因素是決定智力
的最主要因素，但是環境因素是影響智力成長的主要力量；(B)
發展與青少年有效的溝通模式可以提升其智力發展水準；(C) 文

化水準的差異會影響智力的發展；(D) 一個人的智力是各方面均衡發展。

（　）52. 下列何者非史登伯格（Sternberg）智力三元論的成份？(A) 組合性能力；(B) 經驗性能力；(C) 自知性能力；(D) 適應能力。

（　）53. 基爾福（J. P. Guildford）的智力結構論將思考視為？(A) 歷程；(B) 性向；(C) 興趣；(D) 能力。

（　）54. 1905年第一份智力的測量工具由：(A) 比奈與西蒙；(B) 桑代克和伯特；(C) 塞斯通；(D) 皮亞傑 編製完成。

（　）55. 若將智優與智能不足的智商數以〈A，B〉表示，則〈A，B〉是：(A) 〈120，80〉；(B) 〈110，90〉；(C) 〈140，60〉；(D) 〈130，70〉。

（　）56. 在基爾福（J. P. Guildford）的智力結構模式中，下列何種成分屬於「結果」向度？(A) 記憶；(B) 語意；(C) 聚斂思考；(D) 系統。【95中區縣市教師甄選】

（　）57. 依據卡特爾與霍恩（Cattell & Horn, 1966）的智力理論：「受到先天遺傳因素影響較大的智力」係為：(A) 流動智力；(B) 晶體智力；(C) 固體智力；(D) 液體智力。

（　）58. 提出「智力結構論」的是下列何人？(A) 塞斯通；(B) 葛敦納；(C) 卡特爾；(D) 基爾福。【95中區縣市教師甄選】

（　）59. 下列何者為智力測驗的鼻祖？(A) 塞斯通；(B) 比奈；(C) 卡特爾；(D) 基爾福。

（　）60. 魏氏兒童智慧量表修訂版，適用於：(A) 6-15；(B) 3-12；(C) 4-13；(D) 5-14　歲兒童。

（　）61. 由心理學者奧迪斯（A. S. Otis）領導，發展了第一份團體智力測驗量表，哪個是屬於非語文智力測驗？(A) 陸軍甲種量表；(B) 陸軍乙種量表；(C) 陸軍丙種量表；(D) 陸軍丁種量表。

（　）62. 英國著名的統計學者史比爾曼（Charles Spearman）認為智力測

驗必須包含：(A) c & f；(B) f & s；(C) c & g；(D) g & s 兩個因素。

（　）63. 下列何者非桑代克（E. L. Thorndike）智力多元論的成份？(A) 社會智力；(B) 機械或實作能力；(C) 情境能力；(D) 抽象智力。

（　）64. 下列何者不是多元智慧（multiple intelligences）的內涵之一？(A) 存在智慧（existential intelligence）；(B) 內省智慧（intrapersonal intelligence）；(C) 情緒智慧（emotional intelligence）；(D) 音樂智慧（musical intelligence）。

（　）65. 1983年出版《智力架構》（Frames of Mind）一書，提出每個人至少都有八項基本智能的是哪一位學者？(A) 葛登納；(B) 基爾福；(C) 比奈；(D) 卡特爾。

（　）66. 柏宗斯基（Berzonsky）特別將形式推理能力看成第幾級運思方式，是屬於命題間的思考方式：(A) 第一級；(B) 第二級；(C) 第三級；(D) 第四級。

（　）67. 下列何者非基汀（Keating, 1980）認為青少年特徵：(A) 可能性思考；(B) 透過假設作思考；(C) 無計畫的思考；(D) 對思想的思考。

（　）68. 下列哪一位學者認為想像的觀眾部份是由青少年初期過高的「自我意識」所照成的？(A) 卡特爾；(B) 艾爾楷；(C) 桑代克；(D) 基爾福。

（　）69. 艾爾楷（Elkind, 1978）利用IAS調查了697位國小四年級、六年級、國中二年級與高三的學生，發現其中一個年級的女生更高於其他受試者，請問是下列哪一個年級？(A) 國小四年級；(B) 六年級；(C) 國中二年級；(D) 高三的學生。

（　）70. 麥克寇爾（McCall）的智力改變的曲線圖，在第幾群受試者的智力由兒童期至青少年末期似呈U字形曲線？(A) 第一群；(B) 第二群；(C) 第三群；(D) 第四群。

（　）71. 下列何者屬於標準化測驗？(A) 高中學力測驗；(B) 期末考；(C) 高普考；(D) 普通性向測驗。

（　）72. 某測驗之實測步驟.方法.陳述與皆有一致規範，讓測驗結果可以相互比較，才達統計意義的測驗稱之為何？(A) 標準化測驗；(B) 規範化測驗；(C) 非正式測驗；(D) 參照性測驗；(E) 比較性測驗【93新竹國小教師甄選】

（　）73. 下列何者是在預測受試者未來特殊潛在能力方面的表現？(A) 成就測驗；(B) 性向測驗；(C) 智力測驗；(D) 人格測驗。【94台中國民小學教師甄選】

（　）74. 性向測驗可以測量一個學生的？(A) 學習潛力；(B) 智力；(C) 人格；(D) 興趣。【95台中國民小學教師甄選聯招】

（　）75. 對於效度和信度的敘述何者為非？(A) 效度高，信度一定高；(B) 信度低，效度一定低；(C) 信度高，效度一定高；(D) 效度低，信度不一定低。【92雲林國民中學教師甄試】

（　）76. 對一份良好的智力測驗而言，其中測驗的編製、實施與解釋均依一定程序與步驟進行，不會因人而異。為智力測驗五個條件中的哪一個？(A) 常模；(B) 標準化；(C) 客觀；(D) 效度。

（　）77. 在智力發展中，認為智力遺傳係數佔80%，環境因素只佔20%之學者為何人？(A) 拉葉（Lahey）；(B) 詹森（Jensen）；(C) 霍恩（Horn）；(D) 卡爾森（Carlson）。

（　）78. 為了比較一個七歲兒童與十歲兒童的智力水準，可使用：(A) 實際年齡；(B) 心理年齡；(C) 比率智商；(D) 離差智商　便可加以比較。

（　）79. 史登（Stern）認為智力可以利用智慧商數加以表示，其公式為：(A) $IQ = MA \div CA \times 100$；(B) $IQ = CA \div MA \times 100$；(C) $IQ = MA \times CA \div 100$；(D) $IQ = MA \div CA \div 100$。

（　）80. 心理測驗諸多題目中，其內容的代表性稱：(A) 標竿；(B) 常模；

(C) 效度；(D) 信度。

（ ）81. 測驗的效度共有四種，下列何種為誤？(A) 內容效度；(B) 重測效度；(C) 概念效度；(D) 同時效度。

（ ）82. 當一個測驗能夠測量出所預測的性質則此測驗具有：(A) 效度；(B) 信度；(C) 相關；(D) 常模。【92台中市國民中學教師甄試】

（ ）83. 有關智力發展的敘述，下列何者錯誤？(A) 多數人的智力絕對分數有隨著年齡提高趨勢；(B) 通常學齡期智商高的人，成人後智商也傾向比較高；(C) 智商是決定學業成績的主要因素；(D) 智力較高父母有較高機率擁有較高智力的孩子。

（ ）84. 關於信度的概念，下列敘述何者錯誤？(A) 為測驗優良與否的指標之一；(B) 若團體的異質性較高，則信度通常也會比較高；(C) 若測驗題目越難，則其信度也比較高；(D) 在原有的條件（學生能力、難度、鑑別度等）都不變的情況下，測驗長度越長，則信度會越高。

（ ）85. 一個測驗，其試題的難度指數，已接近多少為最適宜？(A) 0.30；(B) 0.50；(C) 0.70；(D) 1.00。

（ ）86. 下列何種考試性質，是屬於標準參考測驗？(A) 高中聯考或學力測驗；(B) 標準化智力測驗；(C) 大專學力鑑定考試；(D) 學校模擬考試。

（ ）87. 都賽克（Dusek, 1987）指出智力可由兩個層面來界定，請問哪一層面為具有發展性特質，認為個體在不同發展階段智力的發展結構亦有差異？(A) 量的方法；(B) 質的方法；(C) 心理方法；(D) 生理方法。

（ ）88. 心智成長指標與實際年齡之比較稱為？(A) 心實年齡；(B) 實心年齡；(C) 生理年齡；(D) 心理年齡。

（ ）89. 智力事實上是心理學上的一種什麼概念？(A) 建構性；(B) 非建構性；(C) 解構性；(D) 單一性。

（　）90. 以下關於智力結構理論與學者的配對何者<u>有誤</u>？(A) 雙因論-史比爾曼；(B) 結構論-史登伯格；(C) 流體與晶體論-卡特爾與霍恩；(D) 多元論-桑代克。

（　）91. 在智力雙因論中，人類智慧包含兩個元素，其中何者為心智能力的控制力量？(A) 普通因素；(B) 特殊因素；(C) 相關因素；(D) 類推因素。

（　）92. 桑代克（E. L. Thorndike）認為智力包含三項，下列何者<u>不在其</u>定義內？(A) 機械或實作能力；(B) 抽象能力；(C) 具體能力；(D) 社會智力。

（　）93. 下列何者非智力三因論所包含？(A) 抽象性能力；(B) 情境能力；(C) 經驗性能力；(D) 組合性能力。

（　）94. 智力結構論包含三個層面，請問包含長短期記憶、認知、擴散性思考、聚斂性思考與評價等，是為哪個層面？(A) 內容層面；(B) 成果層面；(C) 連結層面；(D) 運思層面。

（　）95. 在流體與晶體論中，何者指可以經由時間累積所形成並長期保留？(A) 流體智慧；(B) 流行智慧；(C) 具體智慧；(D) 晶體智慧。

（　）96. 在智力階層論中，智力的最高階層為？(A) 結晶智力；(B) 流體智力；(C) 普通智力；(D) 特殊智力

（　）97. 青少年的智能發展有四個重點，下列何者<u>為非</u>？(A) 思考能力發展；(B) 具體運思發展；(C) 智力發展；(D) 自我中心主義發展。

（　）98. 哪一位學者提出青少年已經有邏輯與推理的形式運思能力？(A) 基汀（Keating）；(B) 塞斯通（Thurstone）；(C) 李奧（Leo）；(D) 皮亞傑（Piaget）。

（　）99. 根據柏宗斯基（Berzonsky, 1981）對形式運思與具體運思的定義何者<u>有誤</u>？(A) 形式運思屬第二級運思方式；(B) 具體運思屬命題間運思方式；(C) 形式運思屬命題間運思方式；(D) 具體運思屬第

一級運思方式。

（　）100. 下列何者<u>不是</u>基汀所認為青少年具有之五大思考能力特徵？(A) 可能性思考；(B) 對思想的思考；(C) 有計畫的思考；(D) 有限制的思考。

（　）101. 關於艾爾楷（Elknd, 1978）提出青少年的自我中心主義四大特徵，下列何者<u>有誤</u>？(A) 想像的觀眾；(B) 個人神話；(C) 假裝聰明；(D) 明顯的偽善。

（　）102. 裕樹因為要與好美約會而去換了新髮型，但結果卻自己覺得太怪而不敢出門，怕被路人指指點點，請問裕樹的情況符合何種青少年的自我中心主義特徵？(A) 想像的觀眾；(B) 個人神話；(C) 過度類化：(D) 明顯的偽善。

（　）103. 香吉士周遭的同學們因為廣泛的性行為而紛紛得了性病，但他卻認為這種衰事不會發生在他身上，請問香吉士的情況符合何種青少年的自我中心主義特徵？(A) 想像的觀眾；(B) 個人神話；(C) 過度類化；(D) 明顯的偽善。

（　）104. 明箴總是聽話順從，是老師口中所稱的好學生，但她卻常常在其部落格裡怒罵與挑剔老師，請問明箴的情況符合何種青少年的自我中心主義特徵？(A) 想像的觀眾；(B) 個人神話；(C) 過度類化；(D) 明顯的偽善。

（　）105. 根據霍恩與卡特爾（Horn & Cattell, 1967）的論點，流體智力將在哪一期達成頂峰？(A) 青少年初期；(B) 青少年中期；(C) 青少年末期；(D) 成人期。

（　）106. 下列何者<u>不為</u>一個良好的測驗指導手冊應涵蓋的層面？(A) 信度資料；(B) 理論依據；(C) 測驗價錢；(D) 常模表。

（　）107. 一分良好的智力測驗有以下條件，何者<u>有誤</u>？(A) 信度；(B) 效度；(C) 常模；(D) 特殊化。

（　）108. 在不同情境中相同受試者實施同一測驗皆能得到類似結果，則

表示測驗何者為高？(A) 信度；(B) 效度；(C) 知名度；(D) 多元性。

( ) 109. 一個測驗的目標能夠達成，表示測驗的何者為高？(A) 信度；(B) 效度；(C) 知名度；(D) 多元性。

( ) 110. 關於青少年智力測驗的施測原則，下列何者<u>有誤</u>？(A) 避免無關外來事件的干擾，施測前與施測時做好情境安排；(B) 可彈性調整施測程序；(C) 配合智力測驗的目的選擇適合的施測工具；(D) 施測者需受過專業訓練或演習。

( ) 111. 智力測驗的結果顯示方式「主要」有哪些？(A) 一般智商、特殊智商；(B) 心理智商、生理智商；(C) 比例智商、離差智商；(D) 內化智商、外化智商。

( ) 112. 請問以MA/CAx100所算出來的IQ得分為何種特性？(A) 一般智商、特殊智商；(B) 心理智商、生理智商；(C) 比例智商、離差智商；(D) 內化智商、外化智商。

( ) 113. 影響青少年智力發展的因素主要有遺傳與環境，請問哪位學者認為智力的遺傳因素高達80%，而環境因素只佔20%？(A) 瑞斯（Rice）；(B) 比奈（Alfred Binet）；(C) 詹森（Jensen）；(D) 皮亞傑（Piaget）。

( ) 114. 影響青少年智力發展的其一因素為環境，下列何者描述<u>不妥</u>？(A) 父母的生活方式與習慣會影響；(B) 文化背景較豐富的青少年，有較高的抽象思考能力；(C) 社會經濟地位較差的家庭會使青少年的智力較高，因為艱辛環境激勵了智力成長；(D) 胎兒受孕後的產前與生產時的環境也是環境因素之一。

( ) 115. 下列何者<u>不是</u>判斷資賦優異青少年的特徵？(A) IQ在130或140以上；(B) 學習速度快；(C) 生理與心理適應良好；(D) 自大、傲慢。

( ) 116. 倫滋里（Renzulli, 1982）將資賦優異者區分為「學業資優」與

「創造／生產性資優」，請問何者較難在一般智力測驗中顯現？(A) 學業資優；(B) 創造／生產性資優；(C) 以上皆是；(D) 以上皆非。

( ) 117. 資賦優異教育可依施教情境與教育方法的不同分為四種，請問跳級屬於下列何種？(A) 一般教室情境；(B) 特殊班級制；(C) 加速制；(D) 充實制。

( ) 118. 在建立資優學生資料時，應注意哪些要點？(A) 主觀、迅速、概化；(B) 排名、成績、智力；(C) 公平、公開、中立；(D) 客觀、正確、保密。

( ) 119. 創造力研究大師托浪斯（E. P. Torrance）認為創造力有四大特性，請問心思敏捷、反應總量與品質超過常人屬於何種特性？(A) 變通性；(B) 流暢性；(C) 獨創性；(D) 精密性。

( ) 120. 青少年階段認知的改變是何種方式？(A) 量的改變；(B) 質的改變；(C) 兼具量與質的改變；(D) 不規則改變。

( ) 121. 就目前智力發展的趨勢而言，下列哪項敘述是正確的？(A) 著重單一分數，如IQ；(B) 多元智力面相觀點；(C) 以學業成就為主要考量；(D) 強調肢體動覺智力。

( ) 122. 關於青少年不同智能的研究指出，各年級幾乎都有相同的心理能力，下列何者不包括？(A) 機械操作；(B) 語言智力；(C) 數字智力；(D) 推理能力。

( ) 123. 關於Catell提出的流體與晶體智力理論，下列何者敘述正確？(A) 晶體智力在青少年期達到高峰；(B) 流體智力在青少年期達到高峰；(C) 晶體智力隨著年齡下降；(D) 流動智力隨著年齡持續不斷上升。

( ) 124. 小明經常為自己成績考不好找藉口，時常延誤課業、在班上遊手好閒、故意偷懶不用功，請問此現象稱為？(A) 自我跛足；(B) 自證預言；(C) 比馬龍效應；(D) 霹靂馬原則。

（　）125. J. Piaget個體適應環境有兩種方式，下列何者為是？(A) 均衡與失衡；(B) 同化與均衡；(C) 同化與調適；(D) 再製同化與類推。

（　）126. J. Piaget理論中認為每一認知發展階段中均有何種現象？(A) 自我中心主義；(B) 現實原則；(C) 抽象思考；(D) 重視社會脈絡。

（　）127. 根據Piaget提出的理論，「當人開始試圖同化外在世界不斷出現的新資訊，人對此資訊將視為自我已知。」此為何種作用？(A) 同化；(B) 再製同化；(C) 均衡；(D) 調適。

（　）128. 進入形式運思期階段的孩子，其發展出何種新的思考模式？(A) 歸納推理；(B) 具體說明；(C) 看圖說故事；(D) 假設性思考。

（　）129. J. Piaget提出的形式運思期認知結構的特色為INRC群組，而I、N、R、C分別依序代表什麼？(A) 確認、否證、逆向、相關；(B) 確認、逆向、分析、推理；(C) 理解、逆向、演繹、歸納；(D) 討論、逆向、應用、創造。

（　）130. 思考一個問題時，能考量其相反立場的過程，此稱之為？(A) 否證；(B) 逆向；(C) 相關；(D) 條件式推理。

（　）131. 形式運思期的青少年，推理能力牽涉到「若p則q」的觀念，表示其發展出何種推理能力？(A) 事實性推理；(B) 幻想式推理；(C) 條件式推理；(D) 現實性推理。

（　）132. 獲得形式運思期推理能力，必須經歷何種過程？(A) 演繹推理到歸納推理；(B) 抽象性到具體性；(C) 歸納性到演繹性；(D) 可逆性到不可逆性。

（　）133. 藉由證明某些觀點為不正確的思考方式，來驗證某些訊息，此稱之為？(A) 偽造性策略；(B) 切入性策略；(C) 系統性策略；(D) 目標性策略。

（　）134. 關於每個青少年形式運思期的發展，下列何者敘述正確？(A) 所有青少年均能發展至形式運思期；(B) 不同的文化對於青少年發展至形式運思期的時間沒有影響；(C) 教育不能改善形式運思期

的發展；(D) 並非所有青少年均能產生形式運思思考。

（　）135. 阿珠是一名就讀國中二年級的學生，她因為下巴長了一顆青春痘，正焦慮著明天要不要去上課。請問阿珠如此的焦慮原因是？(A) 想像的觀眾；(B) 個人神話；(C) 性別刻板印象；(D) 月暈效應。

（　）136. 阿發是一名國三學生，他認為自己是獨一無二風流倜儻的少年兄，他非常喜歡飆車，並且認為出車禍這種衰事並不會發生在自己身上。請問阿發他有何種現象？(A) 想像的觀眾；(B) 個人神話；(C) 過度類化；(D) 偽善。

（　）137. 關於形式運思期初期發展至形式運思期晚期的青少年，下列何者敘述正確？(A) 更為自我中心；(B) 思考單一化；(C) 增進社會習俗的了解；(D) 社會認知的發展與形式運思期的發展並不一致。

（　）138. J. Piaget與E. Erikson一致認為何種指標視為青年時期的結束？(A) 第二性徵的成熟；(B) 適應社會角色；(C) 成年禮的舉行；(D) 組成家庭。

（　）139. 下列何者為智力測驗的先驅，後人稱之為智力測驗之父？(A) 比奈；(B) 推孟；(C) 魏克斯勒；(D) 桑代克。

（　）140. 阿呆被班上同學視為「開罐器」，常能掌握同儕脈動，打破僵硬氣氛，增進班上同學融洽相處。此顯示該生下列何種智力？(A) 組合智力；(B) 自知智力；(C) 經驗智力；(D) 人際智力。

（　）141. 下列量表中，哪一份是第一份智力測驗？(A) 史丹福比奈量表；(B) 魏克斯勒貝勒福測驗；(C) 比西量表；(D) 陸軍甲種量表。

（　）142. 根據Sternberg倡導的智力三元論，請問個人解決問題的策略、步驟與調整分析的能力，是屬於下列哪一種智力？(A) 組合性能力；(B) 情境能力；(C) 經驗性能力；(D) 創造性能力。

（　）143. 淑芬一邊念書一邊聽歌，但她能專注讀她的課本內容，而不去

聽歌曲的歌詞，這與淑芬的什麼能力有關？(A) 自動化；(B) 長期記憶；(C) 擴散思考；(D) 選擇注意。

( ) 144. 根據L. S. Vygotsky的看法，一位青少年所能獨立完成的與他在協助下完成的表現上的差異，稱為？(A) 同化；(B) 潛在發展區；(C) 後設認知；(D) 鷹架方式。

( ) 145. 下列哪一個測驗與其他三個測驗在性質上差異最大？(A) 魏氏兒童智力測驗；(B) 明尼蘇達多相人格測驗；(C) 通用性向測驗；(D) 區分性向測驗。

( ) 146. 國內外有關青少年形式運思能力的研究發現，下列何者較正確？(A) 國內許多青少年仍無形式運思能力；(B) 青少年運思能力不受文化影響；(C) 形式運思能力在大學就停止發展；(D) 有形式運思能力的青少年其父母管教大多屬於放任型。

( ) 147. 根據Guildford的智力結構論，他認為智力共分為哪三個層面？(A) 內容、層次、成果；(B) 內容、運思、成果；(C) 內容、表達、展示；(D) 表達、理解、成果。

( ) 148. 依據皮亞傑（J. Piaget）的認知發展階段論，前運思期的兒童其推理形式多為？(A) 歸納式推理；(B) 演繹式推理；(C) 科學家式推理；(D) 轉換式推理。

( ) 149. 有些青少年會把自己的本質角色界定為人類的救贖者，並可能會與上帝訂下契約，願意奉獻自己，賦予自己改造世界的使命。此種青少年的心理發展類似何者？(A) 伊底帕斯情節；(B) 個人神話；(C) 彌塞亞情節；(D) 烏托邦情節。

( ) 150. 一群年輕人參與提倡環保的遊行活動，卻同時在遊行過程中製造許多垃圾並隨地丟棄，請問這是青少年的哪種思維所造成的影響？(A) 明顯偽善；(B) 過於理想主義；(C) 叛逆；(D) 要笨。

( ) 151. 皮亞傑（J. Piaget）認為青少年真正融入社會、去中心化的關鍵為？(A) 邁入壯年；(B) 進入職業世界；(C) 成立家庭；(D) 發展

親密關係。

（　）152. 皮亞傑（J. Piaget）對於認知發展理論的研究有其重要貢獻，然而今日認知發展領域也開始邁向新的理論。以下敘述何者正確？(A) 超過百分之六十的國中生能夠展現完整的形式思考；(B) 社會環境可能加速或延緩形式運思時期的產生；(C) 同齡的青少年都處於相同的認知發展階段；(D) 形式運思是認知發展的最終階段，發展到此的個體皆已發展問題裁決時期。

（　）153. 下列何者不屬於形式運思期有別於其他階段所發展的思維？(A) 後設思考；(B) 邏輯推理；(C) 具象思考；(D) 假設性推理。

（　）154. 影響認知發展的兩個最關鍵因素為何？(A) 智力程度與神經系統成熟；(B) 智力程度與性別；(C) 年齡與性別；(D) 社經地位與教養方式。

（　）155. Sternberg提出的智力三元論不包含何者？(A) 適應性智力；(B) 邏輯性智力；(C) 組合性智力；(D) 經驗性智力。

（　）156. Howard Gardner在其著作《心智架構》中列出智力的七種類型，其中對他人感覺、動機、反應方式等的理解能力為何種智力類型？(A) 內省智力；(B) 經驗智力；(C) 性靈智力；(D) 人際智力。

（　）157. 下列關於智力之敘述何者為非？(A) 一個人的智商在其一生中是固定不變的；(B) WAIS-R將智力分成語言技能和操作技能；(C) 智力是學習、思考、推理、理解和解決問題的一種內在能力；(D) Gardner認為各種不同的智力是分別獨立存在於人體神經系統。

（　）158. 智力測驗不容易獲得有效的測驗結果，甚而造成測量上的偏差。影響測驗結果較為重要的因素包括何者？(I)性別差異；(II)焦慮；(III)動機；(IV)文化；(V)熟練度；(VI)社會興趣。(A) (I)(III)(V)；(B) (II)(III)(IV)；(C) (I)(II)(V)；(D) (III)(V)(VI)。

（　）159. 利用智力測驗後的分數來決定兒童是「優秀」或「愚笨」，並將測驗結果未達某標準的兒童視為「遲緩」或「智障」，這類行為稱作？(A) 命名化；(B) 預測化；(C) 標籤化；(D) 結論化。

（　）160. 訊息處理歷程的步驟中哪些屬於較高層次思考歷程？(A) 詮釋、推測、記憶；(B) 監控、記憶、推理；(C) 詮釋、應用、創造；(D) 推測、思考、推理。

（　）161. 訊息處理的實際應用之一即是問題解決。問題解決的步驟為(I)評估問題要素；(II)列出解決方案並加以評估；(III)判斷問題所在？(A) (III)(I)(II)；(B) (I)(III)(II)；(C) (III)(II)(I)；(D) (I)(II)(III)。

（　）162. 下列有關訊息處理的敘述何者正確？(A) 每個青少年訊息處理的速度一致；(B) 人會同時接收外界所有的刺激；(C) 青少年思考方式比兒童進步在於他們比兒童更能善用肯定訊息；(D) 在推理的進階型態中人們會使用原則來解決問題。

（　）163. 類比法和演繹法的使用是屬於訊息處理歷程中哪個步驟？(A) 推測；(B) 推理；(C) 詮釋；(D) 綜合。

（　）164. Mann等人提出有效決策的九個要素，其中「檢核替代選項的相關訊息之真實性」是指何者？(A) 正確（correctness）；(B) 可靠（credibility）；(C) 理解（comprehension）；(D) 選擇（choice）。

（　）165. 前運思時期的兒童其主要任務為何？(A) 征服物體；(B) 精熟類別；(C) 征服象徵符號；(D) 征服思考。

（　）166. 依據皮亞傑（J. Piaget）認知發展論，具體運思期兒童會發展出何種具體運思？(I)抽象性；(II)聯想性；(III)可逆性；(IV)不可逆；(V)一致性；(VI)結合性。(A) (I)(II)(IV)(V)；(B) (II)(III)(V)(VI)；(C) (I)(II)(III)(V)；(D) (II)(IV)(V)(VI)。

（　）167. 前運思期兒童看到母親去醫院生了一個嬰兒，所以下次母親去

醫院時，兒童會誤以為母親又會帶回一個嬰兒。此種謬誤稱為？(A) 類併；(B) 集中化；(C) 泛靈論；(D) 推測。

( )168. 下列有關形式運思時期的敘述何者為非？(A) 皮亞傑將此階段分成兩個亞期；(B) III-B亞期的青少年有能力為自己的言論提出較有系統的證明；(C) 形式運思的達成不能以全有或全無來判斷；(D) 此時期的青少年尚無法理解第二層象徵。

( )169. 許多青少年以為自己是大眾的目光，甚至一群青少年有時會用大聲叫囂的行為顯示自己很酷。此種表現稱為？(A) 理想主義；(B) 自戀；(C) 回應虛擬式觀眾；(D) 個人寓言。

( )170. 年輕的青少年有時會展現耍笨，以複雜的方式處理問題而導致失敗，其原因事實上為？(A) 他們想不出任何解決方法；(B) 他們不願意思考；(C) 他們較缺乏經驗；(D) 他們真的不聰明。

( )171. 有學者提出，有些成人會進入一個認知辨證期，關於辨證思考與形式思考兩者的比較何者正確？(A) 前者傾向於假定某論述為正確，而其它是錯的；(B) 前者傾向整合兩個以上相反資料並創造更好的理解；(C) 前者對事情的看法比後者來得更為簡單而直接；(D) 後者比前者是為更進階的推理形式。

( )172. 有關智力測驗結果的敘述，何者為非？(A) 透過智力分數即能預測個人未來是否成功；(B) 測驗分數的解釋必須小心謹慎；(C) 許多因素可能影響測驗的結果；(D) 透過多元文化多元評量系統所得的最終分數不只來自智力測驗，還來自其他調查評量。

( )173. 認知監控（cognitive monitoring）包含人們思考自己當下所為、後續將所為、將如何解決問題、以及即將採取的方法，也就是訊息處理歷程的哪個步驟？(A) 記憶；(B) 刺激；(C) 思考；(D) 選擇。

( )174. 嘉玲正在思考，準備考試的一些記憶方法中，為何有些方法的效果會比其他方法來得好。此顯示嘉玲的下列何種能力？(A) 後

設認知；(B) 批判性思考；(C) 自動化反應；(D) 擴散式思考。
【96高級中等以下學校及幼稚園教師資格檢定】

（　）175. 艾爾肯（D. Elkind）認為青少年的自我中心（adolescent
　　　　　　egocentrism）常出現下列何種特徵？(A) 個人神話、想像觀眾；
　　　　　　(B) 理想自我、想像觀眾；(C) 後天的假說、想像觀眾；(D) 隱含
　　　　　　的性格、理想自我。【94高級中等以下學校及幼稚園教師資格
　　　　　　檢定】

（　）176. 前運思期兒童可能會以為沒有生命的物體也具有情緒和感覺，
　　　　　　例如他們假設自己的玩偶會感到孤單。此現象稱為？(A) 演繹式
　　　　　　推理；(B) 注意力轉換；(C) 泛靈論；(D) 白日夢。

（　）177. 有關訊息處理步驟之一的「記憶」，何者敘述正確？(A) 記憶的
　　　　　　三階段模式為：感官輸入→長期記憶→短期記憶→感覺記憶；
　　　　　　(B) 青少年晚期較不傾向將無關訊息混雜到自己的記憶之中，兒
　　　　　　童則相對有此傾向；(C) 短期記憶庫容量無限而長期記憶庫容量
　　　　　　有限；(D) 長期記憶為將訊息深度處理後傳送到更深的記憶階
　　　　　　層。

（　）178. 決策是一個複雜的歷程，下列有關決策的敘述何者為非？(A) 青
　　　　　　少年期所做的某些決策會攸關終生發展；(B) 年長的青少年比年
　　　　　　幼的青少年更難有效地達成決策；(C) 選擇升學或就業也是青少
　　　　　　年時期重要決定之一；(D) 青少年會逐漸開始想要在擇友、休閒
　　　　　　活動等方面做出自己的決策，而不完全服從於父母的權威。

（　）179. 一位10足歲的兒童在測過比西量表後心智年齡為136個月，則該
　　　　　　兒童的IQ應為：(A) 110；(B) 112.5；(C) 115；(D) 117.5。

（　）180. 史比量表（Stanford-Binet Scale）是由何人修訂比西量表產生
　　　　　　的？(A) Binet；(B) Stanford；(C) Terman；(D) Dusek。

（　）181. 魏氏智力測驗的標準差為：(A) 13；(B) 14；(C) 15；(D) 16。

（　）182. 下列何者不是個別智力測驗？(A) 比西量表；(B) 魏氏智力測

驗；(C) 陸軍普通分類測驗；(D) 考夫曼智力測驗。

（　）183. 為消除族群或語言障礙等不利因素而編定的智力測驗為：(A)
比西量表；(B) 魏氏兒童智慧量表；(C) 魏氏學前與小學智力量
表；(D) 瑞文氏非文字推理測驗。

（　）184. 智力測驗中Spearman認為人類智力包含了哪兩個因素？
(A) 普通因子（g-factor）、特殊因子（s-factor）；(B) 記
憶（memory）、推理（reasoning）；(C) 流體智力（fluid
intelligence）、晶體智力（crystallized intelligence）；(D) 組合性
（componential ability）、經驗性（experiental ability）。

（　）185. 阿捲雖然學校課業沒有很好，但是為人體貼，同學們都樂於跟
他相處在一起。試問阿捲在Gardner的多元智力理論中屬於何種
智力？(A) 語言；(B) 自然觀察；(C) 內省；(D) 人際。

（　）186. Stenberg 在智力三元論中，何者不是該理論提出來的？(A) 情境
智力；(B) 語文智力；(C) 經驗智力；(D) 組合智力。

（　）187. Guildford的智力結構理論中，將智力分成三個層面，下列
何者為非？(A) 思維的內容（contents）；(B) 思維的過程
（operations）；(C) 思維的結果（products）；(D) 思維的評價
（evaluation）。

（　）188. 上課時老師問尚祈一個常識性的問題，雖然尚祈知道，但還是
回答老師說自己不知道。以上情形是青少年自我中心的何種特
徵？(A) 想像觀眾；(B) 個人神話；(C) 假裝愚蠢；(D) 偽善。

（　）189. 關於青少年智力的敘述下列何者正確？(A) 青少年時期的智力沒
有改變；(B) 青少年末期後流體智力只會下降不會上升；(C) 青
少年末期後晶體智力只會下降不會上升；(D) 父母親管教對青少
年的智力沒有影響。

（　）190. 依照常態分配，離差智商得分115的人，若轉換成標準九他的分
數是多少？(A) 6；(B) 7；(C) 8；(D) 9。

（　）191. 曉薇在魏氏智力測驗上得分為130分，若換算成T分數，應該是幾分？(A) 55；(B) 60；(C) 65；(D) 70。

（　）192. 倫茲里（Renzulli）提出資賦優異的三大特徵，下列何者不是？(A) 高於平均數的一般能力；(B) 通常IQ測驗在130或140以上；(C) 特殊領域具有高度工作投入與成就動機；(D) 高水準的創造力。

（　）193. 目前對資優青少年的教育，採取回到一般教室情境與一般青少年一起學習，試問上述理念為何？(A) 學校本位；(B) 回流教育；(C) 回歸主流；(D) 基本能力。

（　）194. 對資優或智能不足者，最重要的是實施何種教育？(A) 回流教育；(B) 個別教育；(C) 個別化教育；(D) 學前教育。

（　）195. 托浪斯（Torrance）認為創造思考中，「個人思想不受功能固著的影響與現制，能彈性思考、靈活變通、可擴大事物的可能性。」指的是？(A) 變通性（flexibility）；(B) 流暢性（fluency）；(C) 獨創性（originality）；(D) 精密性（elaboration）。

（　）196. 父母師長的作為中，下列何者有助於青少年創造力的教育輔導？(A) 強迫青少年順從；(B) 忍受青少年不同的意見；(C) 過度要求成功；(D) 嘲笑不尋常的觀念。

（　）197. 某學生被視為班上的「開罐器」，常能掌握同儕脈動，打破僵硬氣氛，增進班上同學融洽相處。此顯示該生的下列何種智力？(A) 組合智力；(B) 經驗智力；(C) 人際智力；(D) 自知智力。【96高級中等以下學校及幼稚園教師資格檢定】

（　）198. 下列哪一個測驗與其他三個測驗在性質上差異最大？(A) 魏氏兒童智力測驗（WISC-III）；(B) 明尼蘇達多相人格測驗（MMPI）；(C) 通用性向測驗（GATB）；(D) 區分性向測驗（DAT）。【96高級中等以下學校及幼稚園教師資格檢定】

（　）199. 關於心理測驗的敘述，下列何者較為正確？(A) 標準化的心理測驗即代表已去除文化差異；(B) 心理測驗大多屬於最佳表現測驗；(C) 心理測驗結果屬於個人隱私的一部份；(D) 一份測驗的常模可維持十數年，不需重新建立。【96高級中等以下學校及幼稚園教師資格檢定】

（　）200. 解釋心理測驗分數時，有關百分等級（PR）常模的敘述，下列何者是錯誤的？(A) 百分等級是使用最廣也最容易理解的常模；(B) 百分等級的量尺單位相等，適合進行統計分析；(C) 百分等級70，可解釋為其表現優於70%的人；(D)百分等級除非來自相同或類似的常模團體，否則無法比較。【97高級中等以下學校及幼稚園教師資格檢定】

（　）201. 性向與成就測驗的比較，何者最正確？(A) 成就測驗比性向測驗更常用來預測未來表現；(B) 性向測驗比成就測驗較具「特定性」；(C) 性向測驗比成就測驗的測驗範圍通常較大；(D) 性向測驗可用來瞭解學生在校學習狀況。【97高級中等以下學校及幼稚園教師資格檢定】

（　）202. 淑芬一邊唸書一邊聽歌，但她能專注讀她的課本內容，而不去聽歌曲的歌詞，這與淑芬的什麼能力有關？(A) 自動化（automaticity）；(B) 長期記憶（long-term memory）；(C) 擴散思考（divergent thinking）；(D) 選擇注意（selective attention）。【94高級中等以下學校及幼稚園教師資格檢定】

（　）203. 青少年常以為不幸的事情不會發生在自己身上，以致有喜歡喝酒、飆車、偷竊，甚至不採避孕的性行為等，此等現象主要是受到他自己何種思考的影響？(A) 個人神話（personal fable）；(B) 自我疏離（self-alienation）；(C) 自我炫耀（self-display）；(D) 假裝愚蠢（pseudo stupidity）。【94高級中等以下學校及幼稚園教師資格檢定】

（　）204. 國內外有關青少年形式運思能力的研究發現，下列何者較為正確？(A) 國內許多國中生仍無形式運思能力；(B) 青少年運思能力不受文化影響；(C) 形式運思能力在大學就停止發展；(D) 有形式運思能力的青少年其父母管教大多屬於放任型。【95高級中等以下學校及幼稚園教師資格檢定】

（　）205. 小銘進入大學後非常熱心公益，擔任了校內環保社的社長，經常利用假日帶著社員到學校附近社區從事「保護地球、反對污染」的宣導活動，贏得廠商及社區居民贊助活動經費。然而，每次他們活動結束後，總是在場地上留下許多保特瓶、飲料罐與食物袋，垃圾總是由社區居民來清理。請問青少年一方面宣導環保，另一方面又製造汙染的表裡不一現象。心理學家艾爾肯（D. Elkind）將這種行為特徵稱為什麼？(A) 明顯偽善（apparent hypocrisy）；(B) 假裝愚蠢（pseudo stupidity）；(C) 想像觀眾（imaginary audience）；(D) 個人神話（personal fable）。【95高級中等以下學校及幼稚園教師資格檢定】

（　）206. 根據霍恩與卡特爾（J. L. Hom & R. B. Cattell）的觀點，青少年時期的智力型態有何改變？(A) 晶體智力成長趨緩、流體智力增加；(B) 組合智力成長趨緩、經驗智力增加；(C) 流體智力成長趨緩、晶體智力增加；(D) 經驗智力成長趨緩、組合智力增加。【95高級中等以下學校及幼稚園教師資格檢定】

（　）207. 八歲的阿明是一個處於具體運思期的兒童，他的哥哥大華則是屬於形式運思期的青少年。根據皮亞傑（J. Piaget）的理論，大華與阿明認知能力最明顯的差異為下列何者？(A) 同化（assimilation）；(B) 保留（conservation）；(C) 質性差異（qualitative difference）；(D) 假設性演繹推理（hypothetical–deductive reasoning）。【95高級中等以下學校及幼稚園教師資格檢定】

（　）208. 關於前運思期（preoperational stage）的描述，下列何者錯誤？
(A) 其主要任務為征服象徵符號（conquest of the symbol）；(B)
此時兒童具有集中化（centering），無法在同一情境裡轉換注意
力；(C) 思考是具有現實化的；(D) 雖然有在思考，但缺乏運作
式思考。

（　）209. 小英是一名六歲女孩，她孤單時喜歡對著洋娃娃說話聊天，這
是因為何種現象？(A) 聯想性（associativity）；(B) 自我中心主
義（egocentrism）；(C) 偽科學（pseudostupidity）；(D) 泛靈論
（animism）。

（　）210. 關於智力測驗的描述下列何者正確？(A) 史比量表（Stanford-
Binet Scles）為廣為應用的測驗；(B) 容易焦慮的年輕人其測試
成績會較情緒穩定者來的好；(C) 大部份青少年在智力的相對定
位上不會有太大變化；(D) 隨年齡增長，語文分數相較於作業分
數下降較多。

（　）211. 記憶的歷程包含三個階段：感覺記憶、短期記憶、長期記憶；
下列關於各階段敘述何者錯誤？(A) 短期記憶在青少年期到成人
初期都會持續增強；(B) 長期記憶是依照訊息處理深度來定義，
而非存留時間的長短的來決定；(C) 從感覺記憶提取訊息的能
力，並不會隨著兒童與青少年的成熟而有多少改變；(D) 青少年
較成年人懂得使用有效的記憶策略，且擅長長期記憶。

（　）212. 青少年對自己思維的反思能力越來越強甚而跳離現實，進而造
成越來越多白日夢；此現象對青少年有何影響？(A) 當白日夢和
想像增加的同時，白日夢的內容將變得較負面且無建設性；(B)
白日夢中對失敗的罪惡與恐懼減少，使處理負面經驗的認知能
力增加；(C) 白日夢無法藉由想像來測試替代行為和問題解決方
案；(D) 較年幼的資優生具有較正向、建設性的方式來運用白日
夢。

（　）213. 宗明正值青春年華，他把自己的角色定為人類的救贖者，願意無私的奉獻自己，並計畫為自己所擁護的理想信仰扮演決定性角色。這是何種現象？(A) 偽善（hypocrisy）；(B) 彌賽亞情節（Messianic complex）；(C) 長期價值觀；(D) 創造力。

（　）214. 皮亞傑（Piaget）的研究開始於二十世紀初，然而之後出現部份對其形式運思期內容的批判聲浪；其中不包括下列何者？(A) 認知的發展受到神經系統成熟和智力發展的影響；(B) 認為皮亞傑的模型是質化測量，而非計量；(C) 相同年齡青少年應處於相同發展階段；(D) 認為有些成人會再進入辨證期（dialectics）。

（　）215. 「(3+6)+4=13，而6+(3+4)=13」若依據Muuss將兒童所能操作的四種具體運思分類，應為下列何者？(A) 結合性（combinativity）；(B) 可逆性（reversibility）；(C) 聯想性（associativity）；(D) 一致性與可抵銷性（identity or nullifiability）。

（　）216. 認知的研究主要有三個取向。關於該三取向及其內容的描述，何者錯誤？(A) 皮亞傑取向（Piaget approach）：強調青少年思考方式的量化轉變；(B) 訊息處理取向（information-processing approach）：研究青少年在訊息的接收、感知、記憶、思考與使用上的漸進發生；(C) 心理計量取向（psychometric approach）：測量青少年智力的量化轉變；(D) 環境影響取向（environment approach）：強調環境對青少年智力的改變。

（　）217. 針對皮亞傑（J. Piaget）的認知發展理論，四個時期各有其發展任務，下列配對何者錯誤？(A) 感覺運動期：征服物體時期（conquest of the object）；(B) 前運思時期：征服象徵符號（conquest of the symbol）；(C) 具體運思期：征服感官時期（conquest of the sense）；(D) 形式運思期：征服思考時期（conquest of the thought）。

（　）218. 關於青少年和兒童之間的認知差異，下列何者為非？(A) 青少年可處理兩種以上的階層的變項，兒童僅限於兩種；(B) 青少年採取轉換式推理（transductive resoning），兒童則是假設演繹推理（hypothetico-deductive resoning）；(C) 青少年思維較彈性，兒童會困惑於出乎自然意料之外的結果；(D) 青少年思考採否定與消去法，兒童則以確認法。

（　）219. 根據皮亞傑（J. Piaget）的說法，形式思維包含五個主要層面，下列何者為非？(A) 內省與反思；(B) 具象思考；(C) 組合性思考；(D) 假設性推理。

（　）220. 青少年在形式運思期，利用內省自身的能力，提出想法後再加以驗證，而可形成？(A) 自我概念；(B) 去中心化及人生計畫；(C) 自我中心主義；(D) 白日夢。

（　）221. 皮亞傑（J. Piaget）認為個人如果無法區分人我之間觀點的差異，就會形成「自我中心主義」（egocentrism）。關於自我主義的敘述下列何者錯誤？(A) 嬰兒期的自我中心主義是因為嬰兒以自己的觀點看待他人或外在世界；(B) 青少年期的自我中心主義，主要面對的是自我辨識與認定的問題；(C) 個人神話（personal fable）為自我主義的特徵之一；(D) 「想像的觀眾」（imaginary audience）在青年期作用力減少，不帶入成人社會。

（　）222. 智力測驗應有五項條件，其中何者指在不同情境中對相同受試者實施同一分智力測試，能得到類似結果，則測驗的可靠性高？(A) 信度；(B) 客觀；(C) 效度；(D) 標準化。

（　）223. 關於智力的結構為何，有多位學者提出其理論。下列各理論內容何者錯誤？(A) 群因論：由基本心智能力所發展的次級基本心智能力才是心智的控制力量；(B) 階層論：人類智力有階層或層次性，最高階是普通智慧（general intelligence）；(C) 流體與晶體論：流體智力可長期保留，可隨人生歷練而增加；(D) 結構

論：智力分為內容、運思與成果三個層面，此三層面又各含有不同因子。

( ) 224. 訊息處理的步驟有：(I)選擇；(II)刺激；(III)思考；(IV)詮釋；(V)記憶；(VI)推理；(VII)推測。正確順序應為何者？(A) (I)(II)(III)(IV) (V)(VI)(VII)；(B) (II)(I)(IV)(V)(VII)(III)(VI)；(C) (II)(I)(III)(V)(VII) (IV)(VI)；(D) (I)(II)(IV)(V)(III)(VII)(VI)。

( ) 225. 下列有關智力的描述何者正確？(A) 智力是得自遺傳的能力，不會因學習而有任何改變；(B) 智力是個人不斷變動的能力，會隨經驗而大幅上下變動；(C) 血親關係愈密切，其智力也愈相近；(D) 智力較高的人，適應必然較高，生活滿意度也較高。

( ) 226. 依據皮亞傑（J. Piaget）的認知發展論，國中三年級學生的認知發展應屬於哪一時期？(A) 感覺動作期；(B) 準運思期；(C) 具體運思期；(D) 形式運思期。

( ) 227. 在常態分配的前提下，某生在魏氏兒童智慧量表的離差智商是85，換算成百分等級是：(A) 85；(B) 65；(C) 16；(D) 15。【96中區教師甄選】

( ) 228. 在常態分配下，在平均數上下一個標準差的面積是多少？(A) 13.59%；(B) 34.13%；(C) 68.26%；(D) 95.44%。

( ) 229. 某生在團體智力測驗的百分等級是86，如果轉換為魏氏智力測驗的離差智商，最接近下列哪一個分數？(A) 86；(B) 92；(C) 108；(D) 116。【96桃園縣教師甄選】

( ) 230. 世界上最早的智力測驗是下列哪一個測驗？(A) 魏氏智力測驗；(B) 加州心理成熟測驗；(C) 比西智力測驗；(D) 國民智慧測驗。

( ) 231. 身心障礙學生的認定有一定的標準，依規定，所謂智能障礙的鑑定標準是指心智功能明顯低下或個別智力測驗結果未達平均數多少個標準差？(A) 負2個標準差；(B) 負1.5個標準差；(C) 負1個標準差；(D) 負0.5個標準差。【94台南縣教師甄選】

（　）232. 大多數標準化的測驗都會提供常模參照表，它的主要功能為何？(A) 使測驗分數能反應出個人在群體中的相對地位；(B) 說明學生已經學會多少；(C) 提供教師改進教學的依據；(D) 做為改善該測驗試題的依據。【96台東縣教師甄選】

（　）233. 對一份良好的智力測驗而言，其中測驗的編製、實施與解釋均依一定程序與步驟進行，不會因人而異。為智力測驗條件中的哪一個？(A) 常模；(B) 標準化；(C) 效度；(D) 信度。【96苗栗縣教師甄選】

（　）234. 魏氏兒童智力量表（WISC-III）平均數與標準差分別為：(A) 50、10；(B) 50、15；(C) 100、15；(D) 100、16。【95中區教師甄選】

（　）235. 對於資賦優異的定義以「智力結構模式」（智力有180種因素）提出說明的是：(A) 阮祖里（Renzulli）；(B) 加德納（Gardner）；(C) 基爾福（Guildford）；(D) 卡特爾（Cattell）。【95中區教師甄選】

（　）236. 請問下列哪一種評量方式較能鑑定出真正的資優學生？(A) 以智力測驗為主的評量方式；(B) 以創造力測驗為主的評量方式；(C) 以性向測驗為主的評量方式；(D) 以多元評量為主的方式。

（　）237. 請問「創造力」係指基爾福（J. P. Guildford）所稱的何種能力？(A) 評鑑分析能力；(B) 記憶收錄能力；(C) 擴散性思維能力；(D) 聚斂性思維能力。

（　）238. 某位學生參加資優鑑定時發現：「該生實足年齡為五歲半，經智力測驗結果心理年齡為八歲」，請問其比率智商應為多少？(A) 146；(B) 69；(C) 150；(D) 65。

（　）239. 資優生的鑑定往往以智力測驗做為主要依據，最為人詬病的原因是：(A) 比較學生的學習潛能並無意義；(B) 測驗工具本身有其限制；(C) 欠缺多元的評量；(D) 評量偏重語文技巧。

（　）240. 張老師從大學輔導系畢業後一直擔任國中輔導教師共30年，他所累積的學生輔導知識，根據卡泰爾（R. Cattell）智力理論，可稱為？(A) 實用智力；(B) 機械智力；(C) 流動智力；(D) 晶體智力。【95中區教師甄選】

（　）241. 下列何者不屬於創造力的主要特性？(A) 獨創性（Originality）；(B) 變通性（Flexibility）；(C) 流暢性（Fluency）；(D) 批判性（Critics）。

（　）242. 以下何種能力，是皮亞傑（J. Piaget）的認知學習論中所提及之「個體適應環境時，在行為上表現的基本行為模式」？(A) 適應；(B) 平衡；(C) 同化；(D) 基模。

（　）243. 下列哪一項不是資優兒童的教育方式？(A) 加速學習制；(B) 充實制；(C) 特殊班級制；(D) 揠苗助長制。

（　）244. 面對問題情境時，能提出新奇的想法，這是屬於創造力中的：(A) 流暢性；(B) 變通性；(C) 獨創性；(D) 精進力。【95台東縣教師甄選】

（　）245. 低成就者指的是：(A) 成績較差的學生；(B) 社經地位較差的學生；(C) 學業成就低於其智力預估水平的學生；(D) 學業成就高於其智力預估水平的學生。

（　）246. 下列哪一學者與創造力理論有關？(A) 佛洛依德（Freud）；(B) 羅吉斯（Rogers）；(C) 陶倫斯（Torrance）；(D) 托爾曼（Tolman）。

（　）247. 當有家長要求看學生的智力測驗成績時，下列何做法較恰當？(A) 基於資料保密原則，不同意此要求；(B) 告知需徵得學生同意才能查看此成績；(C) 同意此要求，讓家長自行查看；(D) 輔導老師陪同說明測驗內容與結果。

（　）248. 輔導老師在班上進行智力測驗的解釋時，以下哪一點必須提醒學生注意？(A) 施測時個人的身心狀況會影響測驗結果；(B) 智

力測驗分數越高學業表現一定好；(C) 智力受遺傳影響很大，不必太在乎智力測驗分數；(D) 智力與後天的努力有密切關係，只要努力便可提高智力測驗分數。【93臺北市教師甄選】

( ) 249. 皮亞傑（J. Piaget）認知發展論的核心概念包括：(A) 圖形、符號、語意、語法；(B) 關係、系統、結構、轉換；(C) 基模、同化、調適、平衡；(D) 動作、影像、符號、形式。

( ) 250. 史登伯格（Sternberg）的智力三維論，是包括哪三項？(A) 經驗智力、情境智力、組合智力；(B) 語文智力、數理智力、空間智力；(C) 思維內容、思維產物、思維運作；(D) 抽象智力、機械智力、社會智力。

( ) 251. 依據Gardner（1983）的多元智慧理論，繪畫屬於何種智慧？(A) 自然學家；(B) 肢體動覺；(C) 空間；(D) 人際知覺。【93台中市教師甄選】

( ) 252. 皮亞傑（J. Piaget）認知發展理論的哪一個階段最能代表大多數國小學生的認知發展？(A) 感覺動作期；(B) 前運思期；(C) 具體運思期；(D) 形式運思期。

( ) 253. 首創「心理層次」（心理年齡）一詞，以代表兒童的測驗分數之心理學家是哪一位？(A) 桑代克（E. L. Thorndike）；(B) 比奈（A. Binet）；(C) 史金納（B. F. Skinner）；(D) 基爾福（J. P. Guildford）。

( ) 254. 完整提出智商（IQ）概念的心理學者是：(A) 比奈；(B) 洛克；(C) 史登；(D) 孔德。

( ) 255. 資賦優異學生不包含下列領域中有卓越潛能或傑出表現者：(A) 一般智能；(B) 學術性向；(C) 社交能力；(D) 領導能力。【93臺北縣教師甄選】

( ) 256. 著有《心智的架構》（Frames of Mind）一書，而提出多元智能論的美國學者為：(A) 史登堡（R. Sternberg）；(B) 佛洛姆

（E. Fromm）；(C) 葛來瑟（W. Glasser）；(D) 嘉德納（H. Gardner）。

（　）257. 當學習者對於自己的求知方法和歷程能加以體會和覺察時，此種現象稱為：(A) 自我效能；(B) 後設認知；(C) 後設評鑑；(D) 自我增強。

（　）258. 某研究得到以下結論：「由群體的相關分析顯示，4歲以前智商十分不穩定，7歲則趨於穩定，對未來智商具穩定的預測力。」由以上說法，不能接受以下哪項推論？(A) 嬰幼兒智力測驗的內涵可能與7歲以後智力測驗的內涵不同；(B) 我們可以從一群人入小學後的智商預測他們在國中的智商；(C) 如果某位學生在小學一年級時智商平平，可預測他到中學時仍會如此；(D) 4歲到7歲可能是智商發展與變化大的階段。

（　）259. 陳主任面對校長交給他的工作，先衡量工作的難度、學校現有的資源，然後寫下工作進度，請問陳主任的認知運作可稱為：(A) 學習轉移；(B) 工具制約；(C) 後設認知；(D) 概念學習。

（　）260. 利用統計學的方法推斷人類的智慧包含二個因素，一為「普通因素（G因素）」，另一為「特殊因素（S因素）」，根據此提出「智力雙因論」的學者是：(A) 塞斯通（Thurston）；(B) 桑代克（Thorndike）；(C) 史比爾曼（Spearman）；(D) 史登伯格（Sternberg）。

（　）261. 在皮亞傑（J. Piaget）的認知發展階段論中，兒童能根據假設驗証的科學法則來解決問題，並能做抽象和邏輯的思考，這是屬於：(A) 感覺動作期；(B) 前運思期；(C) 具體運思期；(D) 形式運思期。

（　）262. 提出智力三元論美國心理學家是哪一位？(A) Sternberg；(B) Spearman；(C) Mayer；(D) Thurstone。

（　）263. 資賦優異的三環說，包括中等以上智力、工作熱誠與：(A) 領導

才能；(B) 藝術才能；(C) 創造力；(D) 批判能力。

（　）264. 皮亞傑（J. Piaget）的認知發展期中能理解可逆性的道理是屬於？(A) 感覺統合期；(B) 前運思期；(C) 具體運思期；(D) 形式運思期。

（　）265. 下列何者不屬於「後設認知」能力的表現？(A) 知道剛才唸過的句子是屬於特定的句型；(B) 把課本的內容全部背起來；(C) 察覺自己做事經常丟三落四，想出一些記憶策略來幫助自己改正壞習慣；(D) 反省自己考試之所以考不好的原因。【94臺北縣教師甄選】

（　）266. 下列何者不是加得納（Gardner）的多元智力理論所包含的智力？(A) 結晶智力；(B) 音樂智力；(C) 身體動覺智力；(D) 自然觀察者智力。【94臺北縣教師甄選】

（　）267. 下列何者不是皮亞傑（J. Piaget）認知發展理論的基本概念？(A) 基模；(B) 調適；(C) 建構；(D) 平衡。

（　）268. 下列何者不是資賦優異的定義？(A) 高智力；(B) 高完成工作動機；(C) 高自律能力；(D) 高應用新想法能力。

（　）269. 皮亞傑（J. Piaget）認為認知發展的哪兩個歷程必須平衡？(A) 適應和組織；(B) 同化和調適；(C) 具體和抽象；(D) 內發和外塑。【96南區教師甄選】

（　）270. 智力測驗的發展共分四個階段，分別為：甲：比率智商階段，乙：生理計量階段，丙：離差智商階段，丁：心理年齡階段，其發展順序為：(A) 甲乙丙丁；(B) 丁乙丙甲；(C) 乙丁甲丙；(D) 丙乙甲丁。【96南區教師甄選】

（　）271. 下列哪一個測驗與其他三個測驗在性質上差異最大？(A) 魏氏兒童智力測驗（WISC-III）；(B) 明尼蘇達多相人格測驗（MMPI）；(C) 通用性向測驗（GATB）；(D) 區分性向測驗（DAT）。【96高級中等以下學校及幼稚園教師資格檢定】

（　）272. 人格測驗的效度通常較認知測驗為低，下列何者非屬其原因？
(A) 人格特質難以做明確的界定；(B) 作答反應易受社會讚許影響；(C) 效標行為或效標樣本不易建立；(D) 實施和計分程序都不夠客觀。【96高級中等以下學校及幼稚園教師資格檢定】

（　）273. 下列何者與「如何賦予測驗分數意義」較為相關？(A) 題目的內部一致性；(B) 測驗編製的程序問題；(C) 題目的難易度；(D) 常模參照或效標參照的決定。【96高級中等以下學校及幼稚園教師資格檢定】

（　）274. 解釋心理測驗分數時，有關百分等級（PR）常模的敘述，下列何者是錯誤的？(A) 百分等級是使用最廣也最容易理解的常模；(B) 百分等級的量尺單位相等，適合進行統計分析；(C) 百分等級70，可解釋為其表現優於70%的人；(D) 百分等級除非來自相同或類似的常模團體，否則無法比較。【97高級中等以下學校及幼稚園教師資格檢定】

（　）275. 斯比爾曼（C. Spearman）的智力二因論（two-factor theory）是指哪兩種因素？(A) 認知和情意因素；(B) 一般和特定因素；(C) 語文和數量因素；(D) 語文和操作因素。【98高級中等以下學校及幼稚園教師資格檢定】

（　）276. 編製閱讀理解測驗進行試題分析時，發現第3題出現負的鑑別度。下列哪一個說明最為適切？(A) 試題難度過於艱難；(B) 試題難度過於簡單；(C) 選該題正確選項的學生人數太少；(D) 選該題正確選項者多為低分組學生。【98高級中等以下學校及幼稚園教師資格檢定】

（　）277. 就現行教師資格檢定考試的品質檢核而言，下列何者最為重要而且務實可行？(A) 複本信度；(B) 重測信度；(C) 預測效度；(D) 內容效度。【98高級中等以下學校及幼稚園教師資格檢定】

（　）278. 團體成員出現較多抗拒、焦慮情形，通常是在團體發展過程中

的哪一階段？(A) 開始；(B) 轉換；(C) 工作；(D) 結束。【99高級中等以下學校及幼稚園教師資格檢定】

( ) 279. 基汀（D. Keating）認為青少年思考能力的特徵，下列何者較正確？甲、無法突破固有思考的限制；乙、已有對認知加以認知的能力；丙、可以透過假設作思考，思辨可能與不可能的問題；丁、能夠思考問題的來龍去脈、前因後果，思考空間比兒童更為廣泛；戊、可以利用抽象的方式思考各種步驟，並且透過這些步驟，按部就班的去加以實現。(A) 甲乙丙戊；(B) 甲乙丁戊；(C) 甲丙丁戊；(D) 乙丙丁戊。【99高級中等以下學校及幼稚園教師資格檢定】

( ) 280. 婷婷進入青春期之後，乳房逐漸發育，因為走在路上覺得大家都在注意她「豐滿的胸部」，所以總是駝著背走路。根據艾爾肯（D. Elkind）的觀點，這是由婷婷的何種想法所導致的？(A) 個人神話（personal fable）；(B) 觀點取替（perspective taking）；(C) 想像觀眾（imaginary audience）；(D) 認同混淆（identity confusion）。【99高級中等以下學校及幼稚園教師資格檢定】

( ) 281. 就大學、研究所入學甄試的口試而言，採用下列哪一種信度最適當？(A) 複本信度；(B) 重測信度；(C) 折半信度；(D) 評分者信度。【99高級中等以下學校及幼稚園教師資格檢定】

( ) 282. 某高中教師想探討學生數學段考成績很差的原因，下列敘述何者較不適當？(A) 考試題目太難，以致鑑別度低；(B) 學生並未精熟考試範圍內的內容；(C) 學生段考的成績差，表示大學學測也會考不好；(D) 教師命題未顧及教學目標，以致題目的內容效度差。【99高級中等以下學校及幼稚園教師資格檢定】

( ) 283. 有些青少年認為倒楣的事情不會發生在自己身上，像未婚懷孕或騎車橫衝直撞也不會出車禍，這種思維屬於下列哪一項？(A)

個人神話（personal fable）；(B) 假裝愚蠢（pseudo stupidity）；
(C) 想像觀眾（imaginary audience）；(D) 明顯偽善（apparent hypocrisy）。【100高級中等以下學校及幼稚園教師資格檢定】

（　）284. 下列何者是高創造力青少年最可能具備的特徵？(A) 強調立即滿足；(B) 傾向聚斂性思考；(C) 較具彈性富幽默感；(D) 一定是資賦優異者。【100高級中等以下學校及幼稚園教師資格檢定】

（　）285. 一個測驗要求受試者「寫出所有圓形的東西」。這個測驗最主要在測量下列何種能力？(A) 擴散性思考；(B) 聚斂性思考；(C) 定程式思考；(D) 複製性思考。【100高級中等以下學校及幼稚園教師資格檢定】

（　）286. 李同學在測驗A（平均數=56，標準差=4）的得分為50，轉換為z分數和T分數的結果為下列何者？(A) z=-2.0；T=30；(B) z=-1.5；T=35；(C) z=+1.5；T=35；(D) z=+2.0；T=30。【100高級中等以下學校及幼稚園教師資格檢定】

（　）287. 檢驗試題的品質，通常會以難度（P）與鑑別度（D）來分析。下列敘述何者最為適當？(A) P值介於±1之間；(B) D值越高，P值也越高；(C) D值若為負數，表示該題P值過高；(D) P值在0.50左右，D值在0.40以上者為優良的試題。【100高級中等以下學校及幼稚園教師資格檢定】

（　）288. 曉琳在雙十國慶的連假中與同學約好一起去看跳傘表演，在路上掉了一顆鈕扣，雖然同學都跟她說不明顯，但在整個看表演的過程中，都覺得別人在笑她扣子沒扣好。這種思維方式最符合下列哪一項描述？(A) 艾爾肯（D. Elkind）提出的青少年自我中心主義的特徵；(B) 皮亞傑（J. Piaget）提出的青少年認知發展的抽象認知特徵；(C) 柯柏格（L. Kohlberg）提出的順從及維持法律規範取向的特徵；(D) 賽爾門（R. Selman）提出的能以多元觀點進行角色取替的特徵。【101高級中等以下學校及幼稚園

教師資格檢定】

（　）289. 某國中針對一年級新生英語能力進行測驗，依測驗的結果將學生分為基礎、中階和高階三個等級，做為學生選修不同水準英語課程的依據，該測驗最主要的目的為何？(A) 安置；(B) 預測；(C) 診斷；(D) 補救。【101高級中等以下學校及幼稚園教師資格檢定】

（　）290. 現代青少年喜歡自拍及經營部落格，總喜歡將自己的照片及心情故事上傳在網路上，認為很多人會期待看見自己的故事。這與下列哪一種青少年心理有關？(A) 個人神話（personal fable）；(B) 替身效應（vicarious effects）；(C) 想像觀眾（imaginary audience）；(D) 自我深思熟慮（self-reflective thinking）。【101高級中等以下學校及幼稚園教師資格檢定】

（　）291. 有關魏氏智力量表（Wechsler Intelligence Scales）的智商量尺，下列哪一項正確？(A) 屬於等比量尺；(B) 採用標準參照的概念；(C) 平均數為100，標準差為15；(D) 採用比率智商（ratio IQ）的概念。【102高級中等以下學校及幼稚園教師資格檢定】

（　）292. 下列何者不屬於組內常模？(A) T分數；(B) 離差智商；(C) 心理年齡；(D) 百分等級。【102高級中等以下學校及幼稚園教師資格檢定】

（　）293. 假設某測驗的信度係數為0.84，其標準差為12，則該測驗之測量標準誤差為多少？(A) 1.92；(B) 1.96；(C) 4.8；(D) 10.8。【102高級中等以下學校及幼稚園教師資格檢定】

（　）294. 國二的大明每天花五小時在臉書上更新自己的訊息，因為他覺得別人想立即知道他的各項動態。此種行為屬於下列何種現象？(A) 月暈效應（halo effect）；(B) 個人神話（personal fable）；(C) 想像觀眾（imaginary audience）；(D) 比馬龍效應（Pygmalion effect）。【103高級中等以下學校及幼稚園教師資

格檢定】

（ 　）295. 下列哪一種方式最適合用來評估速度測驗的信度？(A) 折半法；
(B) 複本法；(C) 再測法；(D) 內部一致性。【103高級中等以下
學校及幼稚園教師資格檢定】

（ 　）296. 李老師任教班級共有50名學生，考完某測驗後依得分歸為高、
低兩組各25人，其中有一題，高分組有15人答對，低分組有3人
答對。這一題的難度為何？(A) 0.24；(B) 0.36；(C) 0.48；(D)
0.72。【103高級中等以下學校及幼稚園教師資格檢定】

（ 　）297. 李老師任教班級共有50名學生，考完某測驗後依得分歸為高、
低兩組各25人，其中有一題，高分組有15人答對，低分組有3人
答對。這一題的鑑別度為何？(A) 0.18；(B) 0.36；(C) 0.48；(D)
0.60。【103高級中等以下學校及幼稚園教師資格檢定】

（ 　）298. 李老師在七年級新生入學時，想選擇一份智力測驗來了解班上
同學未來可能的學習成就。下列哪一種效度應優先考量？(A) 同
時效度；(B) 預測效度；(C) 內容效度；(D) 輻合效度。【104高
級中等以下學校及幼稚園教師資格檢定】

（ 　）299. 根據迦納（H. Gardner）的多元智力理論，下列何者與青少年自
我概念的發展最有相關？(A) 內省智力；(B) 空間智力；(C) 存在
智力；(D) 人際智力。【104高級中等以下學校及幼稚園教師資
格檢定】

（ 　）300. 八年級甲班50人接受某測驗兩次施測，前後測都精熟者有14
人，前測為精熟而後測為不精熟者有6人，前測為不精熟而後測
為精熟者有26人，前後測都不精熟者有4人。請問百分比一致性
指標為多少？(A) 0.18；(B) 0.36；(C) 0.40；(D) 0.64。【104高
級中等以下學校及幼稚園教師資格檢定】

（ 　）301. 下列哪一種信度，其主要的誤差來源為「時間取樣」和「內容
取樣」？(A) 折半信度；(B) 評分者信度；(C) 複本重測信度；

(D) 內部一致性信度。【104高級中等以下學校及幼稚園教師資格檢定】

（　）302. 剛經歷青春期變化的小文，最近非常關注媒體中的偶像明星，相形之下，小文對於自己的外型深感自卑。小文的感受與下列何者最有關？(A) 性別角色；(B) 個人神話；(C) 自我認同；(D) 身體意象。【105高級中等以下學校及幼稚園教師資格檢定】

（　）303. 張老師在處理學生的偷竊事件時，會避免以小偷的名詞「標籤化」當事人。張老師此舉最符合下列哪一項輔導倫理原則？(A) 忠誠性（fidelity）；(B) 真實性（veracity）；(C) 獲益性（beneficence）；(D) 無害性（nonmaleficence）。【105高級中等以下學校及幼稚園教師資格檢定】

（　）304. 下列哪一種效度最能反映出測量工具之題目取樣適切性與待測特質的範疇？(A) 構念效度；(B) 表面效度；(C) 內容效度；(D) 效標關聯效度。【105高級中等以下學校及幼稚園教師資格檢定】

（　）305. 若將下列四個分數列於常態分布曲線上，則何者位於曲線之最右側？(A) T分數為75；(B) z分數為1.5；(C) 百分等級為50；(D) 標準九分數為7。【105高級中等以下學校及幼稚園教師資格檢定】

（　）306. 下列關於智力理論的敘述，何者正確？(A) 桑代克（E. Thorndike）提出智力包含普通因素與特殊因素；(B) 卡泰爾（R. Cattell）認為晶體智力的發展大約20歲就達到巔峰；(C) 史坦柏格（R. Sternberg）認為傳統智力測驗可以測量出適應型智力；(D) 基爾福（J. Guildford）提出智力涵蓋思考的內容、運思、成果三個向度。【105高級中等以下學校及幼稚園教師資格檢定】

（　）307. 王同學做完某標準化學科測驗後，想和該縣市八年級學生相比，此時最適合參照下列哪一種常模？(A) 地區；(B) 發展；(C)

全國；(D) 年齡。【106高級中等以下學校及幼稚園教師資格檢定】

( ) 308. 張老師想了解班上八年級學生的國文閱讀理解表現，他最適合用下列哪一類的測驗來評量？(A) 情意測驗；(B) 非文字測驗；(C) 最大表現測驗；(D) 典型表現測驗。【106高級中等以下學校及幼稚園教師資格檢定】

( ) 309. 校慶運動會即將到來，但班上同學卻因故爭執，君君找出同學的衝突點，致力於緩衝爭議及解決問題。根據史坦柏格（R. Sternberg）智力三元論，君君展現的是下列哪一種智力？(A) 適應性智力；(B) 經驗性智力；(C) 組合性智力；(D) 邏輯數理智力。【106高級中等以下學校及幼稚園教師資格檢定】

( ) 310. 青少年有時說一套做一套，例如：青少年可能抱怨兄弟姊妹擅闖其房間、未經允許拿走東西，卻忽視自己也常未經同意使用父母房間或拿走東西。根據艾爾肯（D. Elkind）的理論，這是屬於下列哪一種傾向？(A) 個人神話；(B) 明顯偽善；(C) 假裝愚蠢；(D) 彌賽亞情結。【106高級中等以下學校及幼稚園教師資格檢定】

( ) 311. 後設認知的概念是針對學習內容、學習狀態的認知。下列哪一項較有後設的意涵？(A) 程序記憶；(B) 自我調節；(C) 編碼特定；(D) 特徵整合。【106高級中等以下學校及幼稚園教師資格檢定】

( ) 312. 國中生大華的第一次段考成績，國文82分，數學66分，而全班的國文科平均為80、標準差為8，全班的數學科平均為60、標準差為10。若與全班比較，大華在這兩科的表現，就相對地位而言，結果如何？(A) 國文科標準分數為0.25，數學科標準分數為0.60，數學優於國文；(B) 國文科標準分數為0.30，數學科標準分數為0.20，國文優於數學；(C) 國文科標準分數為0.25，數

學科標準分數為0.20，國文優於數學；(D) 國文科標準分數為0.30，數學科標準分數為0.60，數學優於國文。【106高級中等以下學校及幼稚園教師資格檢定】

解 答

1.(B)	2.(A)	3.(B)	4.(C)	5.(A)	6.(D)	7.(B)	8.(C)	9.(D)	10.(B)
11.(A)	12.(D)	13.(B)	14.(B)	15.(C)	16.(A)	17.(D)	18.(B)	19.(D)	20.(B)
21.(A)	22.(C)	23.(A)	24.(D)	25.(C)	26.(B)	27.(A)	28.(C)	29.(D)	30.(A)
31.(D)	32.(C)	33.(B)	34.(B)	35.(A)	36.(B)	37.(C)	38.(A)	39.(C)	40.(C)
41.(A)	42.(A)	43.(C)	44.(C)	45.(C)	46.(B)	47.(C)	48.(A)	49.(B)	50.(C)
51.(D)	52.(C)	53.(D)	54.(A)	55.(D)	56.(D)	57.(A)	58.(D)	59.(B)	60.(A)
61.(B)	62.(D)	63.(C)	64.(C)	65.(A)	66.(B)	67.(C)	68.(B)	69.(A)	70.(A)
71.(D)	72.(A)	73.(B)	74.(A)	75.(C)	76.(B)	77.(B)	78.(D)	79.(A)	80.(B)
81.(B)	82.(A)	83.(A)	84.(C)	85.(B)	86.(C)	87.(B)	88.(D)	89.(A)	90.(B)
91.(A)	92.(C)	93.(A)	94.(D)	95.(D)	96.(C)	97.(B)	98.(D)	99.(B)	100.(D)
101.(C)	102.(A)	103.(B)	104.(D)	105.(C)	106.(C)	107.(D)	108.(A)	109.(B)	110.(B)
111.(C)	112.(C)	113.(C)	114.(C)	115.(D)	116.(B)	117.(D)	118.(D)	119.(B)	120.(C)
121.(B)	122.(A)	123.(B)	124.(A)	125.(C)	126.(A)	127.(B)	128.(D)	129.(A)	130.(B)
131.(C)	132.(C)	133.(A)	134.(D)	135.(A)	136.(B)	137.(C)	138.(B)	139.(A)	140.(D)
141.(C)	142.(A)	143.(D)	144.(B)	145.(B)	146.(A)	147.(B)	148.(D)	149.(C)	150.(A)
151.(B)	152.(B)	153.(C)	154.(A)	155.(B)	156.(D)	157.(A)	158.(B)	159.(C)	160.(D)
161.(A)	162.(D)	163.(B)	164.(B)	165.(C)	166.(B)	167.(A)	168.(D)	169.(C)	170.(C)
171.(B)	172.(A)	173.(D)	174.(A)	175.(A)	176.(C)	177.(B)	178.(B)	179.(B)	180.(C)
181.(C)	182.(C)	183.(D)	184.(A)	185.(D)	186.(B)	187.(D)	188.(C)	189.(B)	190.(B)
191.(D)	192.(B)	193.(C)	194.(C)	195.(A)	196.(B)	197.(C)	198.(B)	199.(C)	200.(B)
201.(C)	202.(D)	203.(A)	204.(A)	205.(A)	206.(C)	207.(D)	208.(C)	209.(D)	210.(C)
211.(D)	212.(B)	213.(B)	214.(C)	215.(C)	216.(A)	217.(C)	218.(B)	219.(B)	220.(A)
221.(D)	222.(A) .	223.(C)	224.(B)	225.(C)	226.(D)	227.(C)	228.(C)	229.(D)	230.(C)
231.(A)	232.(A)	233.(B)	234.(C)	235.(C)	236.(D)	237.(C)	238.(A)	239.(C)	240.(D)
241.(D)	242.(D)	243.(D)	244.(C)	245.(C)	246.(C)	247.(D)	248.(A)	249.(C)	250.(A)
251.(C)	252.(C)	253.(B)	254.(C)	255.(C)	256.(D)	257.(B)	258.(C)	259.(C)	260.(C)

261.(D)　262.(A)　263.(C)　264.(C)　265.(B)　266.(A)　267.(C)　268.(C)　269.(B)　270.(C)

271.(B)　272.(D)　273.(D)　274.(B)　275.(B)　276.(D)　277.(D)　278.(B)　279.(D)　280.(C)

281.(D)　282.(C)　283.(A)　284.(C)　285.(A)　286.(B)　287.(D)　288.(A)　289.(A)　290.(C)

291.(C)　292.(C)　293.(C)　294.(C)　295.(C)　296.(B)　297.(C)　298.(B)　299.(A)　300.(B)

301.(C)　302.(D)　303.(D)　304.(C)　305.(A)　306.(D)　307.(A)　308.(C)　309.(A)　310.(B)

311.(B)　312.(A)

第七章

青少年社會化與性別角色的發展與輔導

重點整理

1. 「社會化」一詞可從兩個層面來界定：(1)社會化乃是個體學習有效的參與社會所需具備的知識與技能，並能表現適當行為的歷程；(2)指個人學習社會各種文化價值而成為個人準則的歷程。

2. 「性別角色」就是每一個社會依據自己的文化需求，為人生各階段的男女訂出一套對於性別角色的期望和相關的標準。性別角色的內容是文化規定的，並且會因為教育、經濟或歷史、文化的變遷而改變。

3. 研究顯示男女有性別刻板印象，男性的典型描述為具侵略性、獨立性，女性的典型描述為柔順的、易察覺別人的感受、需要安全感。

4. 雖然越來愈多的女性渴求在工作領域成功，但是男性投入於家庭工作卻沒有隨之增加。

5. 青少年社會化的重要任務有下列四項：(1)能夠獨立；(2)辨識自我；(3)適應「性」的成熟；(4)學習做一個大人。

6. 社會化的差異起因於男女在青少年早期有愈來愈多的差異性。

7. 青少年性別角色的發展根源於嬰幼兒期，父母就是性別角色形成的增強者，經由學習的歷程，兒童甚早即知道自己的性別，至青少年期再依生理性別做分化與定向發展。

8. 解釋性別角色發展的理論主要有三個：(1)精神分析論，或雙親認同理論；(2)社會學習理論；(3)認知發展論。此三個理論都在說明個體性別角

色形成的內在歷程與環境對性別角色發展的影響。

9. 「性別類型化」是指個體獲取文化中所設定之男性化與女性化所需具備的動機、態度、價值與行為的歷程。事實上，性別類型化亦在顯示個體性別角色的發展歷程。

10. 性別強化假設依據情少年因性別差異而歷經不同的社會化概念所產生。

11. 就性別強化發生率來說，極可能發生在母女或父子的活動中。

12. 社會大眾的性別角色刻板化印象與青少年性別角色發展關係最大。所謂刻板化印象係指對人或事的僵硬、主觀或武斷的看法，通常以部分的資訊類推到整體或全部所造成的，它通常不能反映真正的事實，也常是以訛傳訛所形成的。

13. 「中性特質」係指個體能同樣兼有男性特質與女性特質，因而能以彈性與自在的方式適宜的表現男性化或女性化的行為。近年來性別角色論者主張激發青少年「中性特質」的發展可能更有利於他們適應變遷中的社會。

14. 「政治社會化」是指個人受父母、老師、同儕、大眾傳播等社會化因子所影響而形成個人政治態度、價值與行為的歷程。

15. 影響青少年政治社會化的因子有：(1)父母；(2)同儕；(3)學校與教師；(4)大眾傳播媒體。

試題演練

(   ) 1. 青少年的發展往往涉及社會化（socialization）的歷程。下列對社會化的描述何者錯誤？(A) 社會化是一種學習的歷程；(B) 社會化會反應出文化對青少年的期待；(C) 青少年在被社會化的過程中也影響了欲社會化他的人；(D) 性別刻板印象不是透過社會化所形成。【94高級中等以下學校及幼稚園教師資格檢定】

（　）2. 以下有關性別角色發展理論的敘述，何者<u>有誤</u>？(A) 佛洛伊德（S. Freud）認為雙親認同是影響青少年性別角色發展的主要心理歷程；(B) 社會學習論認為文化的作用與周圍人物的增強，使男女行為表現日益分化；(C) 認知發展論認為個人為了獲得酬償，所以會表現出適當的性別行為角色；(D) 柯柏格（L. Kohlberg）認為早年兒童對性別自我分類奠定了性別角色發展的基礎。【95高級中等以下學校及幼稚園教師資格檢定】

（　）3. 下列有關青少年性別角色刻板印象（sex-role stereotypes）的敘述，何者正確？(A) 性別角色刻板化印象是青少年對性別客觀事實的認知；(B) 青少年後期對於性別角色的刻板化印象逐漸變的較有彈性；(C) 青少年初期比後期更能容忍不符合性別的行為；(D) 青少年階段與兒童階段對於性別角色的刻板化印象並沒有太大的差別【95高級中等以下學校及幼稚園教師資格檢定】

（　）4. 青少年社會化的重要任務，以下何者為非？(A) 辨識自我；(B) 學習做一個大人；(C) 能夠獨立；(D) 努力賺大錢。

（　）5. 性別角色的發展事實上根源於？(A) 嬰幼兒期；(B) 青少年時期；(C) 青年時期；(D) 成人時期。

（　）6. 家庭等社會機構對青少年社會化目的著重於使個人行為更具性別的刻板印象，此社會化我們稱之為？(A) 社會學習理論；(B) 性別強化假設；(C) 性別基模理論；(D) 性別角色行為。

（　）7. 下列何者為個體學習有效參與社會所需具備的知識與技能，並能表現適當行為的歷程：(A) 空間能力；(B) 宗教信仰；(C) 社會化；(D) 數學成就。

（　）8. 以下何者為青少年對自己身體的看法主要是以父母對身體與性的態度、早期接觸到成人的性行為、對成長的態度、對自己是男生或女生的辨識，以及自尊心為根據？(A) 自我變項；(B) 社會變項；(C) 文化變項；(D) 族群變項。

（　）9. 打工可能不是只提供青少年正向的助益，通常也對他們的生活有些負面的影響，以下何者<u>不是</u>其負面影響因素？(A) 剝奪在校時間；(B) 減少參加課外活動的機會；(C) 減少做作業時間；(D) 降低金錢花費。

（　）10. 下列何者為社會和文化定義的一套行為，與社會既定的男性或女性角色有關？(A) 社會化；(B) 刻板印象；(C) 性別角色；(D) 工作型態。

（　）11. 下列何者<u>並非</u>認知發展論認為「發展」具有的三項特徵？(A) 是個體心理結構的基本改變；(B) 是個體結構與環境結構交互作用的結果；(C) 發展是有組織的；(D) 社會文化價值提升。

（　）12. 郭爾保（L. Kohlberg）認為，社會發展就是讓自我的行動與他人對自我之行動間能維持平衡的結果。此觀念引用於下列何項理論？(A) 認知發展論；(B) 社會學習論；(C) 精神發展論；(D) 衛星理論。

（　）13. 郭爾保（L. Kohlberg）認為，社會發展就是讓自我的行動與他人對自我之行動間能維持平衡的結果。此觀念引申於下列何者之理論？(A) 皮亞傑；(B) 維果茨基；(C) 荷倫德；(D) 桑代克。

（　）14. 對人或事的僵硬、主觀或武斷的看法，謂之？(A) 社會化；(B) 刻板印象化；(C) 政治社會化；(D) 性別類型化。

（　）15. 霍普金斯（Hopkins, 1983）認為青少年期是青少年性別差異的鞏固期。其形成原因下列何者為非？(A) 荷爾蒙改變；(B) 性別認定；(C) 社會文化影響；(D) 人際關係影響。

（　）16. 下列何者係指個人受父母、老師、同儕、大眾傳播等社會化因子所影響而形成個人政治態度、價值與行為的歷程：(A) 社會化；(B) 自我概念化；(C) 政治社會化；(D) 社會階層化。

（　）17. 葛拉丁（Gallatin, 1980）曾將個人政治思考的複雜性區分為哪三個時期？(I)簡單期；(II)轉換期；(III)過度期；(IV)概念期；(A) (I)

(II)(III)；(B) (I)(II)(IV)；(C) (II)(III)(IV)；(D) (I)(III)(IV)。

（　）18. 影響青少年政治社會化的因子，下列何者<u>為非</u>？(A) 父母；(B) 同儕；(C) 大眾傳播媒體；(D) 體育活動。

（　）19. 解釋性別角色發展理論，以下何者<u>為非</u>？(A) 精神分析論；(B) 社會學習論；(C) 認知發展理論；(D) 道德判斷論。

（　）20. 佛洛伊德認為對同性別父母親的認同作用是兒童性別角色形成的主要力量，是下列何種理論所提到的？(A) 雙親認同理論；(B) 社會學習論；(C) 認知發展理論；(D) 道德判斷論。

（　）21. 青少年對生理改變的看法與感受下列變項何者<u>為非</u>？(A) 自我變項；(B) 社會變項；(C) 文化變項；(D) 心理變項。

（　）22. 下列何者是最早整體性探討兒童與青少年社會化歷程的心理學者？(A) 佛洛伊德；(B) 齊爾門；(C) 皮亞傑；(D) 盧梭。

（　）23. 誰認為兒童是經由被酬賞、懲罰、被教導，以及對楷模的模仿形成不同的性別角色類型？(A) 班都拉；(B) 齊爾門；(C) 皮亞傑；(D) 盧梭。

（　）24. 青少年對自己的身體看法主要是以父母對身體與性的態度、早期接觸到成人的性行為、對成長的態度、對自己是男生或女生的辨識，以及自尊心為根據是下列何種變項所影響？(A) 自我變項；(B) 社會變項；(C) 文化變項；(D) 心裡變項。

（　）25. 青少年的社會化就是一種學習的歷程，社會化反映了文化的期望與刻板印象是由哪位學者指出？(A) 都賽克；(B) 齊爾門；(C) 皮亞傑；(D) 盧梭。

（　）26. 青少年社會化重要任務？(A) 能夠獨立；(B) 辨識自我；(C) 適應性的成熟；(D) 學習做一個大人；(E) 以上皆是。

（　）27. 青少年性別發展理論中，認知理論的代表人物為下列何者？(A) 盧梭；(B) 瑞斯；(C) 史肯納；(D) 皮亞傑。

（　）28. 哪位學者認為青少年階段男生的空間能力優於女生？(A) 霍普金

斯；(B) 瑞斯；(C) 史肯納；(D) 皮亞傑。

（　）29. 下列哪位學者研究發現中性化的男性會隨著年齡增加而增多，而中性化的女性隨著年齡增加而減少？(A) 班氏；(B) 瑞斯；(C) 都賽克；(D) 皮亞傑。

（　）30. 下列何者是影響青少年社會化的因子？(A) 父母；(B) 同儕；(C) 大眾傳播媒體；(D) 以上皆是。

（　）31. 哪位學者曾經將影響性別社會化的歷程歸為家庭因素、社會因素、社會經濟因素、個人因素與心理情緒因素等六大項？(A) 歐尼爾；(B) 杜威；(C) 荷倫德；(D) 桑代克。

（　）32. 霍普金斯（Hopkins, 1983）認為青少年期是青少年性別差異的鞏固期，其形成原因下列何者為非？(A) 賀爾蒙改變；(B) 性別認定；(C) 社會化影響；(D) 社會經濟狀況。

（　）33. 一般青少年政治社會化的因子影響力最高為何？(A) 父母；(B) 同儕；(C) 學校與老師；(D) 大眾傳播媒體。

（　）34. 哪種特質的人心理適應較佳，自尊較高，並有較高的自我概念？(A) 男性化；(B) 女性化；(C) 中性化；(D) 未分化。

（　）35. 葛拉丁（Gallatin）曾將個人政治思考的複雜性區分為三個時期，政治思考混淆、簡單、懲罰與具體時用思考傾向為哪個時期？(A) 簡單期；(B) 轉換期；(C) 過度期；(D) 以上皆非。

（　）36. 青少年社會化的重要任務，下列何者為非？(A) 能夠獨立；(B) 適應「性」的成熟；(C) 良好同儕關係；(D) 辨識自我。

（　）37. 解釋性別角色發展的理論，下列何者為非？(A) 精神分析論；(B) 社會學習理論；(C) 自我辨識論；(D) 認知發展論。

（　）38. 青少年性別角色的發展根源於嬰幼兒期，何者是性別角色形成的增強者？(A) 父母；(B) 老師；(C) 同儕；(D) 兄弟姐妹。

（　）39. 青少年社會化特徵何者為非？(A) 青少年社會化就是一種學習歷程；(B) 社會化反映刻板印象；(C) 社會化是一個複雜的歷程；

(D) 社會化是隨年齡增長的。

（　）40. 何種階段開始形成較大的性別差異？(A) 嬰幼兒期；(B) 青少年期；(C) 成人期；(D) 老人期。

（　）41. 造成青少年性別差異形成的原因下列何者<u>為非</u>？(A) 荷爾蒙改變；(B) 性別認定；(C) 社會文化影響；(D) 社會歷史事件影響。

（　）42. 影響青少年政治社會化的因子為下列何者？(A) 父母；(B) 同儕；(C) 學校與教師；(D) 以上皆是。

（　）43. 何種性別特質係指個體能同樣兼有男性或女性特質？(A) 男性化；(B) 女性化；(C) 中性化；(D) 以上皆是。

（　）44. 主要的性別差異現象為下列何者<u>為非</u>？(A) 空間能力差異；(B) 數學成就差異；(C) 生涯發展差異；(D) 音樂能力差異。

（　）45. 葛拉丁（Gallatin, 1980）將個人政治思考的複雜性區分為三個，下列何者<u>為非</u>？(A) 簡單期；(B) 轉換期；(C) 成熟期；(D) 概念期。

（　）46. 性別角色的內容是文化規定的，並且會因為下列何者而改變？(A) 教育；(B) 經濟或歷史；(C) 文化變遷；(D) 以上皆是。

（　）47. 對於每天早餐要吃什麼，小明都能很快的做出決定，小英卻常常猶豫不決。這是性別類型化（sex typing）中的何種歷程？(A) 動機；(B) 態度；(C) 價值；(D) 行為。

（　）48. 賈寶玉周歲時，賈政便要試試他將來的「志向」，便將那世上所有之物擺了無數，與他抓取，誰知他一概不取，伸手只抓「脂粉釵環」，賈政因此大怒。根據上文內容，下列敘述何者<u>不正確</u>？(A) 賈政大怒是因為賈寶玉的選擇不符合社會對性別角色的期待；(B) 在現今多元的社會裡，我們應對賈寶玉的選擇予以尊重；(C) 賈政對賈寶玉的選擇勃然大怒可以算是一種性別偏見；(D) 賈政對性別角色的刻板印象，不會對賈寶玉的生涯規劃產生影響。

（　）49. 影響青少年政治化的因子，請問下列何者為非？(A) 父母同儕；
(B) 大眾傳播媒體；(C) 學校與教師；(D) 政黨政治。

（　）50. 有關青少年政治社會化的特徵，下列敘述何者有誤？(A) 對於影
響青少年政治社會化的因子，其中父母影響程度最高，其次才是
同性同儕；(B) 由於受到父母親的影響，青少年對政治人物的看
法會比較傾向務實的態度；(C) 單一化的政治意識形態傳播會阻
礙青少年良好的政治社會化發展；(D) 對於發展中的青少年，休
閒娛樂性的節目比政治節目更能吸引他們的興趣。

（　）51. 小明對於現在的政治發展已經具有能夠思考，並對政治問題更
具抽象化及概念化，請問小明是屬於葛拉丁（Gallatin, 1980）所
謂的哪個層次？(A) 運思期；(B) 簡單期；(C) 轉換期；(D) 概念
期。

（　）52. 現在很多青少年關心政治並經常收看政論性節目。以下有關青少
年政治社會化發展的說明何者有誤？(A) 對於政治的偏好，受父
母親影響不大；(B) 已開始能思考政治活動的長期目標和效果；
(C) 政局不穩時，會期待有像邱吉爾一樣的政治人物出來解決問
題；(D) 父母和教師最好鼓勵其收看不同觀點的節目，以避免形
成單一化的政治意識形態。【95高級中等以下學校及幼稚園教師
資格檢定】

（　）53. 兩性差別是怎麼產生的？(A) 完全是由於先天的生理因素決定
的；(B) 完全是受到後天文化的影響；(C) 除了先天的生理因素
外，還有後天社會文化的影響；(D) 完全由每個人自己決定。

（　）54. 性別平等的意義是什麼？(A) 讓女生也要去當兵；(B) 想辦法讓男
生也能懷孕；(C) 消除男女兩性生理上的差異；(D) 使得男女兩性
都有同樣的發展機會。

（　）55. 下列四名同學的言談中，何者具有「性別平等」的觀念？(A) 杰
倫認為愛漂亮的HEBE，智商一定很低；(B) SELINA認為男女的

智慧、能力並沒有差異；(C) 宗憲取笑外表中性的ELLA是「男人婆」；(D) 小鬼批評小豬「娘娘腔」。

（　）56. 對政府制定《兩性工作平等法》的用意，下列敘述何者正確？(A) 提高對男性的保障；(B) 降低女性在職場的待遇；(C) 藉由制度的建立，落實兩性平等；(D) 促使臺灣社會維持性別刻板印象。

（　）57. 以下有關性別角色發展理論的敘述，何者有誤？(A) 佛洛伊德（S. Freud）認為雙親認同是影響青少年性別角色發展的主要心理歷程；(B) 社會學習論認為文化的作用與周圍人物的增強，使男女行為表現日益分化；(C) 認知發展論認為個人為了獲得酬賞，所以會表現出適當的性別行為角色；(D) 柯柏格（L. Kohlberg）認為早年兒童對性別自我分類奠定了性別角色發展的基礎。【95高級中等以下學校及幼稚園教師資格檢定】

（　）58. 下列敘述何者未隱含性別刻板印象？(A) 黃媽媽對女兒說：「你要好好讀書，將來當個老師，工作與家庭兼顧，才是個稱職的女性。」；(B) 小華對朋友說：「你們看，樹下那個女生身材真雄壯，她一定沒有男朋友。」；(C) 王經理說：「這次招考解說員，要謹慎挑選，不具專業能力及職業倫理的男女，皆不錄用。」；(D) 王奶奶說：「當男孩子真無聊，只能玩機器人、水槍之類的玩具，不像女孩子的玩具花樣多！」。

（　）59. 下列關於「性」、「性別」的敘述何者較為正確？(A) 對於同性戀者的刻板印象或偏見是常見社會現象；(B) 男女的生理構造是個人社會性別的唯一決定因素；(C) 個人的性別角色是其所屬社會文化所塑造的；(D) 中性化的人格特質無助於良好人際關係的營造。

（　）60. 小明從小很喜歡黏著媽媽，但自從青春期開始，小明有任何事都不跟媽媽講，這可能是因為：(A) 荷爾蒙改變；(B) 性別認定；(C) 社會文化影響；(D) 傳媒影響。

（　）61. 在日常的教育情境中，教育與輔導人員可以做哪些努力，協助青少年適當的性別角色發展？(I)教材選擇要消除性別歧視；(II)對具有與生理性別相異特質的學生要多予寬容；(III)協助男生克服數學焦慮；(IV)協助女生提高職業抱負水準；(V)鼓勵男女生合作學習；(VI)多舉辦探討與體驗不同性別角色的活動。(A) (I)(II)(III)(IV)；(B) (II)(III)(IV)(V)；(C) (I)(II)(IV)(VI)；(D) (I)(III)(V)(VI)。

（　）62. 下列哪一種性別特質較不利於發展與適應？(A) 男性化（masculine）；(B) 女性化（feminine）；(C) 中性化（androgyny）；(D) 未分化（undifferentiated）。

（　）63. 下列哪一種性別特質較有利於發展與適應？(A) 男性化（masculine）；(B) 女性化（feminine）；(C) 中性化（androgyny）；(D) 未分化（undifferentiated）。

（　）64. 以下何種說法稱為性別刻板印象？(A) 好男不當兵；(B) 女大十八變；(C) 男兒有淚不輕彈；(D) 巾幗不讓鬚眉。

（　）65. 小英，國二女生，只要上數學課，就會出現手心冒汗、肚子痛等一些緊張的症狀。請問這是因為小英對於數學有：(A) 高數學焦慮；(B) 高數學態度；(C) 低數學焦慮；(D) 低數學態度。

（　）66. 霍普金斯（Hopkins, 1983）認為青少年期是青少年性別差異的鞏固期，下列何者不是其形成原因？(A) 荷爾蒙改變；(B) 性別認定；(C) 社會文化影響；(D) 天意使然。

（　）67. 事業有成的女強人，不符合以下哪項對於女生的刻板化印象？(A) 不獨立；(B) 非常溫柔；(C) 不具事業技巧；(D) 有清潔習慣。

（　）68. 根據「性別平等教育法」，國中除應將性別平等教育融入課程外，每學期應實施性別平等教育相關課程或活動至少？(A) 2小時；(B) 4小時；(C) 6小時；(D) 8小時。

（　）69. 近幾年來，面臨日益增多的「家庭暴力」與「性侵害」案件，老師應教導學生了解「家庭暴力專線」（婦幼保護專線）是：(A)

413；(B) 313；(C) 213；(D) 113。

( ) 70. 在親職教育的研究之中，有些學者認為青少年犯罪與父母管教態度有關係，以下何種不當的管教態度，在導致青少年犯罪影響較不顯著？(A) 拒絕的態度；(B) 期待的態度；(C) 嚴厲的態度；(D) 矛盾的態度。

( ) 71. 有關青少年政治社會化的特徵，下列敘述何者有誤？(A) 愈年輕的青少年對政治愈會採取保守的立場；(B) 隨著年齡增長，青少年的政治取向就日益與父母不同；(C) 進入青少年期以後，青少年漸漸能夠思考政治活動的長期目標與效果；(D) 同儕間對政治看法的歧異，比親子間的歧異較穩定。

( ) 72. 下列何者不是在教育情境中相關的政治性活動？(A) 選舉學生自治會長；(B) 三民主義課；(C) 升降旗；(D) 組織糾察隊。

( ) 73. 以下分別為影響高中學生政黨認同的因子，(I)父母；(II)同性同儕；(III)老師；(IV)異性同儕。請由高至低排序下列對影響之，何者選項為是？(A) (IV)(I)(II)(III)；(B) (I)(II)(IV)(III)；(C) (I)(III)(II)(IV)；(D) (I)(II)(III)(IV)。

( ) 74. 個人政治社會化的起源有許多因素，請問下列選項何者有誤？(A) 膚色辨認；(B) 本省、外省的分別；(C) 鄰居；(D) 投票。

( ) 75. 關於青少年社會化的重要任務，請問下列敘述何者有誤？(A) 能夠獨立；(B) 能夠辨識自我；(C) 適應「性」的成熟；(D) 父母注意力的轉移。

( ) 76. 小華進入高中後，由於個性活潑，喜歡和同學打成一片，逐漸在社團裡展露頭角，進而擔任重要幹部。請問小華的行為是屬於青少年社會化的哪一個要項？(A) 遵守社會規範；(B) 建立責任心與義務感；(C) 兼顧個性與群性發展；(D) 扮演適當的社會期望的角色。

( ) 77. 請問下列何者不是都賽克（Dusek, 1996）對於青少年社會化所提

出之特徵？(A) 追求經濟獨立；(B) 不同文化與不同世代間的文化期望有差異存在；(C) 社會化反映了文化的期望與刻板印象；(D) 是一種學習的歷程。

( ) 78. 何者為青少年性別發展中重要的影響因素？(A) 師長；(B) 父母；(C) 社會的刻板觀念；(D) 同儕。

( ) 79. 請問青少年對於初經或手淫的價值標準是屬於何種變項？(A) 自我變項；(B) 文化變項；(C) 社會變項；(D) 成熟變項。

( ) 80. 青少年發展期間，由於荷爾蒙的變化，其不可能影響的途徑有下列哪些？(A) 第二性徵；(B) 社會文化結構；(C) 親子關係；(D) 穩定的情緒。

( ) 81. 下列哪一個論述描述青少年時期在發展過程中，心理的重要危機為「我是誰？」發展順利及對自己產生「忠誠」的美德。(A) 賽爾門（R. Selman）的社會認知理論；(B) 奧蘇貝爾（D.P. Ausubel）的衛星理論；(C) 艾瑞克森（E. Erikson）的心理社會理論；(D) 安娜佛洛伊德（A. Freud）的精神分析論。【95高級中等以下學校及幼稚園教師資格檢定】

( ) 82. 當女生表現過於喧嘩、吵鬧、攻擊行為時，總會被譴責或處罰，而當他們是有禮貌的、服從時就會被獎勵，女生因此學習到合宜的性別角色行為，這是下列哪一個理論所強調的？(A) 心理生物社會觀點（psychobiosocial model）；(B) 社會學習理論（social learning theory）；C）性別基模理論（gender schemas theory）；(D) 整合理論（integrated theory）。【94高級中等以下學校及幼稚園教師資格檢定】

( ) 83. 影響青少年對身體改變的看法與感受的變項有幾個？(A) 1；(B) 3；(C) 6；(D) 8。

( ) 84. 下列何者不是認知發展論認為發展具有的特徵？(A) 是個體心理結構的基本改變；(B) 發展是有組織的；(C) 發展是持續不斷的過

程；(D) 是個體結構與環境結構相交互作用的結果。

（　）85. 幾歲後性別發展的方向確立？(A) 1；(B) 3；(C) 6；(D) 5。

（　）86. 性別最早由何者決定？(A) 師長；(B) 父母；(C) 社會的刻板觀念；(D) 染色體。

（　）87. 嬰兒時期性別差異是誰造成的？(A) 師長；(B) 父母；(C) 社會的刻板觀念；(D) 同儕。

（　）88. 下列何者不會影響青少年賀爾蒙的穩定增加？(A) 與父母的關係；(B) 第二性徵；(C) 社會文化價值。

（　）89. 誰是最早整體性討論兒童與青少年社會化歷程的心理學者？(A) 佩斯基；(B) 班都拉；(C) 佛洛伊德；(D) 達爾文。

（　）90. 青少年性別角色發展理論中，何者最關注個體的內在歷程？(A) 心理生物社會觀點論；(B) 社會學習理論；(C) 性別基模理論；(D) 認知發展論。

（　）91. 有關青少年的社會化要項中，如孝順、合作的行為，符合下列何者？(A) 扮演適當社會期望的角色；(B) 兼顧個性與群性發展；(C) 能遵守社會規範；(D) 建立責任心與義務感。

（　）92. 都賽克（Dusek, 1996）指出青少年的社會化有五項特徵，不包括下列何者？(A) 一種學習的歷程；(B) 個人行為與社會依個人所期望之行為間的交互作用的歷程；(C) 反映文化的期望；(D) 是一個簡單的過程。

（　）93. 青少年在同儕友誼的建立、人際關係的拓展上，符合下列何種青少年社會化的任務？(A) 能夠獨立自主；(B) 學習做一個大人；(C) 辨識自我；(D) 適應「性」的成熟。

（　）94. 葛拉丁（Gallatin, 1980）將個人政治思考的複雜性區分為三個層次的時期，不包括下列何者？(A) 轉換期；(B) 概念期；(C) 簡單期；(D) 空窗期。

（　）95. 從年齡上來看，幾歲以後的青少年才能思考政治活動的長期目標

與效果？(A) 20歲；(B) 18歲；(C) 15歲；(D) 12歲。

（　）96. 影響青少年政治社會化的因子中，不包括下列何者？(A) 同儕；(B) 父母；(C) 政論名嘴；(D) 大眾傳播媒體。

（　）97. 以下有關性別角色發展理論的敘述，何者有誤？(A) 佛洛伊德（S. Freud）認為雙親認同是影響青少年性別角色發展的主要心理歷程；(B) 社會學習論認為文化的作用與周圍人物的增強，使男女行為表現日益分化；(C) 認知發展論認為個人為了獲得酬賞，所以會表現出適當的性別行為角色；(D) 柯柏格（L. Kohlberg）認為早年兒童對性別自我分類奠定了性別角色發展的基礎。【95高級中等以下學校及幼稚園教師資格檢定】

（　）98. 有關青少年性別角色的發展，根源於下列何時期？(A) 嬰幼兒期；(B) 青春期；(C) 兒童期；(D) 成人期。

（　）99. 青少年對生理改變的看法與感受上，所受到的中介變項不包括？(A) 自我變項；(B) 社會變項；(C) 空間變項；(D) 文化變項。

（　）100. 有關歐尼爾（O'Neil）的青少年性別社會化的歷程與生涯決定的影響因素上，不包括下列何者？(A) 情境因素；(B) 家庭因素；(C) 人際因素；(D) 社會經濟因素。

（　）101. 認為青少年期是青少年性別差異的鞏固期，是以下哪位學者的看法？(A) 皮亞傑（Piaget）；(B) 霍夫曼（Horffman）；(C) 達樹（Dacey）；(D) 霍普金斯（Hopkins）。

（　）102. 有關青少年主要的性別角色差異現象，其形成原因，不包括下列何者？(A) 荷爾蒙改變；(B) 性別認定；(C) 自我控制；(D) 社會文化影響。

（　）103. 「個體能同樣兼有男生特質與女生特質，因而能以彈性與自在的方式適宜的行為」，指的是下列何者？(A) 中性特質；(B) 陽性特質；(C) 多變特質；(D) 陰性特質。

（　）104. 提出「以數學自我的觀點來探討男女生在數學學習上的差

異現象」的學者是：(A) 哈克夫（Hackeff）；(B) 佛洛依德（Freud）；(C) 班都拉（Bandura）；(D) 斯肯納（Skinner）。

（　）105. 認知發展論認為「發展」具有三項特徵，<u>不包括</u>下列何者？(A) 個體心理結構的基本改變；(B) 培養價值和信念；(C) 個體結構與環境結構交互作用的結果；(D) 發展是有組織的。

（　）106. 佛洛伊德的精神分析理論，又可稱為：(A) 社會功能論；(B) 雙親認同理論；(C) 文化決定論；(D) 雙胞胎理論。

（　）107. 有關布洛曼（Broverman）等人將性別角色刻板化印象依哪些聚類（cluster）作歸納：(I)體力；(II)溫暖表達；(III)能力；(IV)數學成就？(A) (III)(IV)；(B) (II)(III)；(C) (I)(II)(III)；(D) (II)(III)(IV)。

（　）108. 佛洛伊德（S. Freud）與艾瑞克森（E. Erikson）等人之精神分析理論特別注重下列何者對青少年社會化的影響？(A) 潛意識作用；(B) 趨避衝突；(C) 認同作用；(D) 本我需求的滿足。【96高級中等以下學校及幼稚園教師資格檢定】

（　）109. 有關青少年性別角色形成的增強者，最主要指的是？(A) 兄弟；(B) 父母；(C) 姐妹；(D) 同學。

（　）110. 關於青少年性別角色之教育與輔導的說明，下列何者<u>有誤</u>？(A) 要避免因性別而區分，所以教材的選擇不需要消除性別歧視與性別偏見；(B) 協助女生克服數學焦慮；(C) 鼓勵男女生合作學習，增多男女生溝通機會；(D) 對具有生理性別相異特質的學生要多予寬容。

（　）111. 對於教育情境中相關的政治性活動與儀式，<u>不包括</u>下列何者？(A) 公民與道德課程；(B) 升降旗；(C) 家長座談會；(D) 模擬投票。

（　）112. 對於「政治思考混淆、懲罰與具實用思考傾向」者，是符合葛拉丁（Gallatin, 1980）區分的哪一時期？(A) 概念期；(B) 層次

二時期；(C) 轉換期；(D) 簡單期。

( ) 113. 在青少年性別刻板化印象中，關於男性的特質形容詞，<u>不包括</u>下列何者？(A) 獨立；(B) 剛強；(C) 有領導才能；(D) 有同情心。

( ) 114. 在青少年性別刻板化印象中，關於女性的特質形容詞，<u>不包括</u>下列何者？(A) 體貼；(B) 穩健；(C) 依賴；(D) 婉約。

( ) 115. 對於影響青少年政治社會化的「大眾傳播媒體」中，目前何者最具強勢？(A) 廣播；(B) 電視；(C) 報紙；(D) 網路。

( ) 116. 關於中性化特質的發展，班氏（Bern, 1981）研究到的現象，<u>不包括</u>下列何者？(A) 中性化的男性隨年齡增加而增多；(B) 中性化的人會隨著年齡的增加而有所增減；(C) 中性化的發展與年齡無關；(D) 中性化的女性隨年齡增加而減少。

( ) 117. 有關郭爾保（Kohlberg）認為的社會發展，<u>不包括</u>下列何者的「重組」（restructuring）歷程？(A) 對社會世界與社會標準之看法；(B) 自我概念；(C) 對數學的概念；(D) 對他人的概念。

( ) 118. 青少年常帶起流行加上生活型態較為激進，導致成人強烈的批評，造成此負向刻板印象的主因為何？(A) 青少年使成人記起個人的生活體驗；(B) 青少年對成人的安全有所威脅；(C) 成人對青少年會有羨慕與嫉妒；(D) 成人害怕失去對青少年的控制。

( ) 119. 學校具有社會化和選擇功能，其中社會化功能的目的是什麼？(A) 培養學生繼承父業的條件；(B) 培養具有共同價值和信念；(C) 培養社會所需的人才；(D) 促進社會水平流動。

( ) 120. 青少年不同於兒童期對父母的依賴，他們會產生對於情感滿足、情感獨立，以及擺脫父母的需求，青少年會轉向何人尋求支持？(A) 老師；(B) 隔壁鄰居；(C) 同儕；(D) 社會輔導機構。

( ) 121. 青少年早期階段是格外脆弱的時期，有可能做出偏差的行為，下列何者<u>不屬於</u>偏差行為？(A) 濫用藥物；(B) 少年犯罪；(C) 憂

鬱；(D) 郊遊踏青。

（　）122. 研究指出，青少男和青少女對於同儕關係有部分不相同，下列何者<u>並非</u>是青少男所較在意的？(A) 重視邏輯、自信和責任；(B) 對父母及同儕顯露出更多的情感表白；(C) 獨立自主；(D) 與朋友的依附親密關係較青少女低。

（　）123. 小英說：「我媽和我爸都上班，不常在家。我哥比我大6歲，我們沒有太多共同點。除了一些朋友，我根本沒有人可以聊天。」請問小英面對這種情形會有什麼感覺？(A) 興奮；(B) 焦躁；(C) 有趣；(D) 寂寞。

（　）124. 有些青少年會展現不信任人的態度，對與自己相關的事物表現憤世嫉俗的態度，避免社交接觸。請問什麼<u>不是</u>令他們如此做的原因？(A) 建立與他人的親密關係；(B) 害怕受到別人的批評；(C) 情緒憂鬱；(D) 覺得好玩。

（　）125. 青少年需要親密朋友分享秘密、計畫和情感並協助個人問題。下列哪項背景<u>非</u>影響青少年需要親密朋友的原因？(A) 相同的種族背景；(B) 相似的社經地位；(C) 價值觀衝突；(D) 住在同一地區。

（　）126. 青少年大約從幾歲開始，友誼的波折變化逐漸增加，受到就學就業及兵役婚姻等影響？(A) 13；(B) 15；(C) 18；(D) 25。

（　）127. 研究顯示青春期早期青少年朋友人數增加但到了幾歲之後青少年識別力增強，所認定的朋友減少？(A) 13；(B) 15；(C) 18；(D) 20。

（　）128. 研究顯示，相較於女性，男性會花較多時間從事校外時間活動？(A) 聊天；(B) 購物；(C) 在市區漫遊；(D) 打電話。

（　）129. 大雄是一名高中學生，為了向好友胖虎展現男子氣概，並證明自己是胖虎所領導的好男兒會的一份子，便主動去偷老師的手機。請問大雄會這麼做的原因為何？(A) 同儕順從；(B) 害羞；

(C) 異常行為；(D) 父母要求。

( ) 130. 阿悶是個害羞的青少年，下列何種行為不是阿悶與他人相處時所表現出來的？(A) 逃避眼光接觸；(B) 侃侃而談；(C) 緊張冒汗；(D) 身體顫抖。

( ) 131. 青少年性別角色的發展乃是對雙親認同作用之結果，此觀點屬於何種理論？(A) 精神分析論；(B) 社會學習論；(C) 認知發展論；(D) 心理社會論。【94高級中等以下學校及幼稚園教師資格檢定】

( ) 132. 青少年常帶起流行加上生活型態較為激進，導致成人強烈的批評，造成此負向刻板印象的主因為何？(A) 青少年使成人記起個人的生活體驗；(B) 青少年對成人的安全有所威脅；(C) 成人對青少年會有羨慕與嫉妒；(D) 成人害怕失去對青少年的控制。

( ) 133. 最常被青少年濫用的物質是菸草，菸草在12到17歲是使用的高峰，有關抽菸的敘述，下列何者較不正確？(A) 青少年抽菸是想讓自己看起來成熟有魅力；(B) 除非家人或同儕戒菸，否則青少年很難戒菸；(C) 青少年早期的抽菸習慣與自尊心、地位需求有關；(D) 青少年抽菸和情緒問題較沒有關聯性。【96高級中等以下學校及幼稚園教師資格檢定】

( ) 134. 班上的同學對國二的小強有兩種不同的看法，有一些同學很喜歡他的幽默、風趣且樂意幫別人打抱不平；但有一些同學覺得他很臭屁、說話很無聊，並且很愛管別人閒事。根據同儕聲望的分類，小強是屬於哪一類性的人？(A) 受歡迎的；（popular）；(B) 被拒絕的 （rejected）；(C) 被忽略的 （neglected）；(D) 受爭議的（controversial）。【97高級中等以下學校及幼稚園教師資格檢定】

( ) 135. 自身社交階段中，兒童主要的快樂來自何處？(A) 本身；(B) 同儕；(C) 父母；(D) 老師。

（　）136. 在心理社會發展過程中，兒童會經歷哪三個階段？請按順序排列。(A) 自身社交→異性社交→同性社交；(B) 同性社交→自身社交→異性社交；(C) 自身社交→同性社交→異性社交；(D) 同性社交→異性社交→自身社交。

（　）137. Thorne提出何種理論，並認為其有助於進一步強調性別界限？(A) 發展任務；(B) 道德推理；(C) 行為自主；(D) 邊界任務。

（　）138. 何種關係的發展是青春期晚期的重大挑戰之一？(A) 師生關係；(B) 親密關係；(C) 親子關係；(D) 同儕關係。

（　）139. 根據調查指出，容易戀愛的人第一次戀愛的平均年齡是幾歲？(A) 11歲；(B) 12歲；(C) 13歲；(D) 14歲。

（　）140. 關於青少年的愛情，下列敘述何者為是？(A) 到青春期中期，大多青少年已經談過戀愛；(B) 女孩開始談戀愛的年齡比男孩早；(C) 男孩的愛情建立於肉體吸引力的成分較高；(D) 女孩在某些時候比男孩更容易陷入愛河。

（　）141. 對青少年而言，失戀可能是一種怎麼樣的經驗？(A) 獨創性；(B) 毀滅性；(C) 可能性；(D) 再生性。

（　）142. 戀愛中的青少年不容易產生什麼樣的幻想？(A) 結婚；(B) 生兒育女；(C) 共度餘生；(D) 下一個會更好。

（　）143. 下列敘述，何者非協助青少年度過失落期的方法？(A) 鼓勵其表達感覺和想法；(B) 協助他們將強烈的情感視為正常、可預期的事；(C) 安慰他們：你還年輕，有很多時間可以找到真愛；(D) 鼓勵他們好好休息、注重飲食和運動，照顧好身體。

（　）144. 以下何者非約會的理由？(A) 尋求刺激；(B) 篩選伴侶；(C) 消遣；(D) 得到性經驗或滿足。

（　）145. 下列關於約會的敘述，何者正確？(A) 相較於與父母感情親密的青少年，與父母感情疏遠的青少年較不滿意他們的約會關係；(B) 相較於有固定男、女朋友的人，不固定約會的人覺得他們和

其他朋友的關係較不密切；(C) 男性通常比女性更容易進行親密的談話；(D) 從事約會的青少年無法得到來自父母施予的自主權，同時也與父母產生較多衝突。

( ) 146. 自第一次世界大戰以來，青少年開始約會的平均年齡已經下降多少歲之多？(A) 2；(B) 3；(C) 4；(D) 5。

( ) 147. 青少年約會年齡的下降與何種因素有關？(A) 生育壓力；(B) 家長壓力；(C) 經濟壓力；(D) 同儕壓力。

( ) 148. 約會時，男女雙方想盡辦法表現出最佳行為，這種現象可稱之為？(A) 絕對掩飾；(B) 開放自我；(C) 印象整飾；(D) 異常行為。

( ) 149. 關於約會暴力的敘述，下列何者正確？(A) 男性最常表示他們被鏈腳或推撞；(B) 大約45%的學生，不分男女，在約會時至少曾經歷一次某種形式的肢體暴力；(C) 整體而言，約會暴力在東方社會所佔的比率大約有20%；(D) 女孩使用暴力往往出於嫉妒的心理。

( ) 150. 根據研究，固定約會的人同時也是擁有何種特質的人？(A) 高感受力；(B) 高同理心；(C) 高社交能力；(D) 高自尊心。

( ) 151. 曉明的老爹是醫生，曉明從小就想成為醫生，請問小明的自我統合狀態是傾向何種統合狀態？(A) 迷失型；(B) 定向型；(C) 早閉型；(D) 未定型。

( ) 152. 柔順、注重外貌、需要安全感為何種性別刻版印象？(A) 男性；(B) 異性；(C) 同性；(D) 女性。

( ) 153. 對某一性別團體的特定行為之普遍化看法，有別於另一性別團體，稱為：(A) 性別角色行為；(B) 過度類化行為；(C) 性別角色刻板印象；(D) 社會刺激。

( ) 154. 研究指出在青少年打工並非只為了外在價值（如：賺錢）而是與工作的何者有關？(A) 附加價值；(B) 心理價值；(C) 工作價

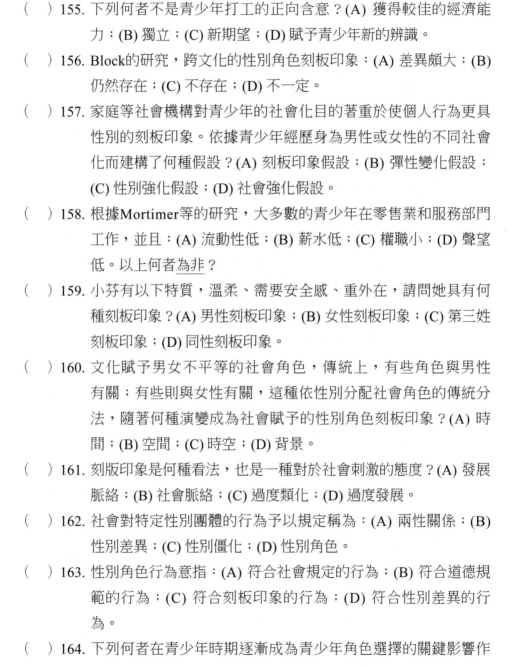

值；(D) 內在價值。

（　）155. 下列何者不是青少年打工的正向含意？(A) 獲得較佳的經濟能
力；(B) 獨立；(C) 新期望；(D) 賦予青少年新的辨識。

（　）156. Block的研究，跨文化的性別角色刻板印象：(A) 差異頗大；(B)
仍然存在；(C) 不存在；(D) 不一定。

（　）157. 家庭等社會機構對青少年的社會化目的著重於使個人行為更具
性別的刻板印象。依據青少年經歷身為男性或女性的不同社會
化而建構了何種假設？(A) 刻板印象假設；(B) 彈性變化假設；
(C) 性別強化假設；(D) 社會強化假設。

（　）158. 根據Mortimer等的研究，大多數的青少年在零售業和服務部門
工作，並且：(A) 流動性低；(B) 薪水低；(C) 權職小；(D) 聲望
低。以上何者為非？

（　）159. 小芬有以下特質，溫柔、需要安全感、重外在，請問她具有何
種刻板印象？(A) 男性刻板印象；(B) 女性刻板印象；(C) 第三姓
刻板印象；(D) 同性刻板印象。

（　）160. 文化賦予男女不平等的社會角色，傳統上，有些角色與男性
有關；有些則與女性有關，這種依性別分配社會角色的傳統分
法，隨著何種演變成為社會賦予的性別角色刻板印象？(A) 時
間；(B) 空間；(C) 時空；(D) 背景。

（　）161. 刻版印象是何種看法，也是一種對於社會刺激的態度？(A) 發展
脈絡；(B) 社會脈絡；(C) 過度類化；(D) 過度發展。

（　）162. 社會對特定性別團體的行為予以規定稱為：(A) 兩性關係；(B)
性別差異；(C) 性別僵化；(D) 性別角色。

（　）163. 性別角色行為意指：(A) 符合社會規定的行為；(B) 符合道德規
範的行為；(C) 符合刻板印象的行為；(D) 符合性別差異的行
為。

（　）164. 下列何者在青少年時期逐漸成為青少年角色選擇的關鍵影響作

用？(A) 打工；(B) 人格特質；(C) 家庭；(D) 老師。

（　）165. 具侵略性、獨立、支配、主動為何種的刻板印象？(A) 女性；(B) 無性；(C) 男性；(D) 轉性。

（　）166. 下列何者對青少年角色選擇沒有重要的影響？(A) 認知能力；(B) 人格特質；(C) 家庭；(D) 老師。

（　）167. 關於性別強化假設，下列敘述何者較為適當？(A) 刻板印象和彈性變化不同時存在工作和性別角色方面；(B) 社會上仍存在性別對立；(C) 青少年社會化社會機構，不會使不同性別團體更加刻板化；(D) 已經有足夠證據證明此假設。

（　）168. Broverman等曾提到跨越社會中＿＿＿、＿＿＿、＿＿＿，性別角色刻板印象仍然相當一致。＿＿＿宜填入：(A) 性別、期待、角色行為；(B) 性別、年齡、教育程度；(C) 性別、期待、教育程度；(D) 性別、潮流、過度類化。

（　）169. 對照美國以及其他社會的研究樣本，刻板印象是：(A) 不存在；(B) 沒關連；(C) 文化差異；(D) 存在的。

（　）170. 下列何者不是青少年打工的負向含意？(A) 太早社會化；(B) 剝奪在校時間；(C) 減少參加課外活動的機會；(D) 減少作業時間。

（　）171. 有關青少年角色取替能力的發展，下列哪一描述較不適當？(A) 具有較成熟的社會認知；(B) 較會有自我中心行為的表現；(C) 較能正確體會人我之間的感受；(D) 較能自我檢討反省。【94高級中等以下學校及幼稚園教師資格檢定】

（　）172. 根據研究，青少年自我辨識認定（self- identity）可區分為四種狀態，宗燁的選擇常常以取悅父母而為，對於維護傳統的事物十分感興趣，律己很嚴，對同儕團體或英雄人物十分認同。你認為，宗燁的這些情形比較偏向哪一種自我認同狀態？(A) 定向型（identity achievement）；(B) 早閉型（foreclosure）；(C) 未

定型（moratorium）；(D) 迷失型（identity diffusion）。【94高級中等以下學校及幼稚園教師資格檢定】

（　）173. 在一項以一百四十七位六至八年級的對象的縱貫研究當中，角色緊張的根源可能起源於：(A) 兒童前期；(B) 嬰兒期；(C) 青少年期；(D) 兒童後期。

（　）174. 有一個假設認為，儘管社會上推動性別平等，甚至立法來保障，但也隱藏對立的影響，請問為何種假設？(A) 性別強化假設；(B) 彈性變化假設；(C) 刻板印象假設；(D) 社會強化假設。

（　）175. 關於性別角色，下列敘述何者不適當？(A) 越來越多女性青少年渴望在工作領域獲得成功；(B) 女性的角色彈性較男性佳；(C) 女生對性別角色的態度較男生佳；(D) 傳統上認為工作領域是男性的專利，但現在男性青少年可以相對地做家事。

（　）176. 關於性別強化假設，下列敘述何者不適當？(A) 青少年接受男性或女性的社會化經歷，社會脈絡是關鍵因素；(B) 此理論認為男性較獨立、女性較順從；(C) 青少年社會化社會機構，不會使不同性別團體更加刻板化；(D) 此假設尚在驗證當中。

（　）177. 關於性別強化的產生，下列何者較為適當？(A) 兒童中期到青少年早期，性別偏好較具有彈性；(B) 青少年中期，男生和女生從事低層次的性別類型活動；(C) 研究指出，男性與女性對於性別角色越來越不關心；(D) 青少年中期的男女都不願意脫離刻板化的角色行為。

（　）178. 關於現在青少年性別角色的發展，下列敘述何者較為適當？(A) 青少年時期發展的傾向，對自我辨識較不重要；(B) 青少年有相同機會增進他們的職業發展；(C) 不論是男性或女性，皆有越來越有彈性的趨勢；(D) 青少年不需要額外的探索。

（　）179. 就性別強化的發生率來說，何者適當？(A) 很可能出現在母子；(B) 很可能出現在父子；(C) 很可能出現在父女；(D) 很有可能出

現在父母。

( ) 180. 性別角色刻板印象橫跨了數個面向，以下何者<u>不屬於</u>此？(A) 教育程度；(B) 年齡；(C) 性別；(D) 社會化。

( ) 181. 關於青少年男女工作型態的不同受到下列何者影響？(A) 性別刻板印象；(B) 社會刻板印象；(C) 青少年刻板印象；(D) 同儕刻板印象。

( ) 182. 依據賴斯（F. Rice）的研究，中年世代與青少年世代人格特徵有明顯的差異，下列何者最像青少年世代的行為特徵？(A) 固著，過去導向；(B) 謹慎，依經驗行事；(C) 保守，滿足現狀；(D) 喜嘗試新事物，欠缺以經驗為判斷基準。【97高級中等以下學校及幼稚園教師資格檢定】

( ) 183. 從社會學的角度來看，青少年的社會化歷程下例何者敘述較為正確？(A) 是從兒童時代次要角色走入社會主體角色的歷程；(B) 是從兒童時代主要角色走入社會次要角色的歷程；(C) 是從兒童時代次要角色走入學校主體角色的歷程；(D) 是從兒童時代主要角色走入職場次要角色的歷程。

( ) 184. 在青少年社會化的重要任務之一是學習做一個大人，一般而言，下列何者是青少年最重要的成人楷模？(A) 父母；(B) 師長；(C) 同儕；(D) 偶像。

( ) 185. 歐尼爾等人（O'Neil et al.）於1980曾將影響性別社會化的歷程與生涯決定的歷程歸為六大因素，下例何者完全包涵在其中？(A) 家庭、社會、情境、社會經濟、文化、個人因素；(B) 家庭、社會、情境、社會經濟、心理情緒、個人因素；(C) 家庭、社會、情境、文化、心理情緒、個人因素；(D) 家庭、社會、社會經濟、文化、心理情緒、個人因素。

( ) 186. 社會學習論與認知發展論對於「性別角色行為」的看法，下列何者較為正確？(A) 社會學習論把酬賞視為適當性別角色行為

的果，而非因；(B) 社會學習論把酬賞視為適當性別角色行為的因，而非果；(C) 認知發展論將酬賞視為適當性別角色行為的因，而非果；(D) 認知發展論將酬賞同時視為適當性別角色的因和果。

（　）187. 精神分析論、社會學習論，和認知發展論此三項理論對於性別角色發展歷程的看法不一，但都重視的是下例何者關係是影響性別角色發展的作用？(A) 師生關係；(B) 同儕關係；(C) 社會文化關係；(D) 親子關係。

（　）188. 近年性別角色論者主張激發青少年下列何項特質的發展，可能更有利於他們適應變遷中的社會？(A) 陽性特質；(B) 陰性特質；(C) 中性特質；(D) 社會文化特質。

（　）189. 根據都賽克（Dusek）於1987年的看法，下列何種性別分化的類型適應能力最佳？(A) 中性化；(B) 男性化；(C) 女性化；(D) 未分化。

（　）190. 根據班氏（Bem）於1981年研究發現，下列對於中性化會隨著男、女性年齡上的變化而會有差異。下列敘述何者正確？(A) 中性化的男性會隨著年齡增加而減少；(B) 中性化的男性會隨著年齡增加而增多；(C) 中性化的女性會隨著年齡增加而減少；(D) 中性化的男女性同時隨著年齡增加而增多。

（　）191. 根據霍普金斯（Hopkins）與霍若克斯（Horrocks）分別於1983、1976年所提出對於青少年政治社會化發展的特徵，下列何者為非？(A)青少年之前，兒童對於政治活動的社會作用尚不關切；(B) 青少年期，青少年開始具有政府的具體概念；(C) 15歲以後的青少年才能思考政治活動的長期目標與效果；(D) 青少年階段對於權威人物依賴的心理已大幅降低。

（　）192. 葛拉丁（Gallatin）於1980年曾將個人政治思考的複雜性區分為三個層次（時期），分別為：簡單期、轉換期，和概念期。政

治思考混淆屬於下列哪一階段？(A) 簡單期；(B) 轉換期；(C) 概念期；(D) 同屬上列三階段。

( ) 193. 維高斯基（L.S.Vygotsky）的論點協助人類認知發展重要的因素是：(A) 社會促進作用；(B) 鷹架作用；(C) 符號表徵作用；(D) 自我應驗的預言作用。

( ) 194. 社會學習論對青少年的道德發展，強調何者的重要性？(A) 超我的良好發展；(B) 兩難情境的討論；(C) 從自律到他律；(D) 增強和示範。

( ) 195. 在性別角色發展上，下列有關男孩、女孩承受壓力的敘述，何者為正確？(A) 女孩大於男孩；(B) 男孩大於女孩；(C) 男女孩壓力相等；(D) 男女孩均沒有壓力。

( ) 196. 依佛洛依德（Freud）的觀點，兒童在何時會對同性父母產生認同的現象？(A) 初生～一歲；(B) 一～三歲；(C) 三～六歲；(D) 六～十三歲。

( ) 197. 「認同同性父母」是佛洛依德（Freud）性心理發展哪一階段的主要任務？(A) 口腔期；(B) 青春期；(C) 性器期；(D) 潛伏期。

( ) 198. 依據社會關係量表，受團體接納程度最高的是：(A) 攀附者；(B)邊緣者；(C) 孤立者；(D) 明星。

( ) 199. 一個人與外界環境接觸時，一方面影響別人，一方面也受別人影響，所產生的人與人之間在生理與心理上的交互作用，就是什麼行為？(A) 社會行為；(B) 人格特質；(C) 語言表現；(D) 情緒反應。

( ) 200. 個體由一位自然人逐漸學習成為社會人的過程稱之為：(A) 轉化；(B) 分化；(C) 自然化；(D) 社會化。

( ) 201. 在社交關係圖的外圈者人際關係差，我們稱為：(A) 明星；(B) 孤立者；(C) 忽視者；(D) 邊緣者。

( ) 202. 「小華與其他同伴相處時，常注意別人的活動，並隨之改變自

己的活動。」此種社會行為模式屬於什麼類型？(A) 社會依賴型；(B) 社會自主型；(C) 社會盲目型；(D) 社會偏離型。

（　）203. 從心理社會的發展而言，青少年期的主要發展任務（developmental task）是：(A) 勤奮進取；(B) 自我統合；(C) 關懷社會；(D) 親密關係。【95年臺北市市立國民中學教師聯合甄選】

（　）204. 社會學習理論 （social learning theory） 指出，模仿是一種社會學習，而青少年最喜歡模仿的對象是：(A) 父母；(B) 老師；(C) 同儕；(D) 重要的他人。【95年臺北市市立國民中學教師聯合甄選】

（　）205. 《性別平等教育法》是國內推動性別教育之重要法治基礎，在該法案中，提及「學校對因性別或性傾向而處於不利處境之學生應積極提供協助，以改善其處境」，此種作法反應了下列何種理念？(A) 積極性差別待遇；(B) 人文關懷；(C) 平等主義；(D) 積極行動。【95年臺北市市立國民中學教師聯合甄選】

（　）206. 對於社會化現象的解釋，主張我們對自己的看法是從他人對自己的眼光而照見自己的「鏡中自我」（looking-glass self） 的學者是誰？(A) Cookey；(B) Mead；(C) Piaget；(D) Freud。【95年臺北縣國民中學正式教師及代理教師聯合甄選】

（　）207. 根據佛洛伊德（S. Freud）的發展理論，戀母情結（Oedipus complex）是出現在哪個階段？(A) 口腔期；(B) 性器期；(C) 潛伏期；(D) 生殖器期。【95年臺北縣國民中學正式教師及代理教師聯合甄選】

（　）208. 依照性別平等教育法的規定，學校所組成的性別平等委員會，其中女性委員應佔委員總數的幾分之幾以上？(A) 二分之一；(B) 三分之一；(C) 四分之一；(D) 五分之一。【95年高屏南國中教師甄選聯盟】

（　）209. 在教育社會學的理論中，以強調「社會變遷及強制的普遍性」

為主要觀點的是下列哪個理論？(A) 功能理論；(B) 衝突理論；(C) 偉柏理論；(D) 互動理論。【95年高屏南國中教師甄選聯盟】

( ) 210. 下列何者主張個人不一定需要直接經驗，只要觀察楷模的行為結果，就可以獲得學習？(A) 訊息處理論；(B) 社會學習論；(C) 頓悟學習論；(D) 方位學習論。【95年高屏南國中教師甄選聯盟】

( ) 211. 心理社會發展論提及青少年時期的發展危機為：(A) 自主行動對羞怯懷疑；(B) 友愛親密對孤癖疏離；(C) 勤奮進取對自貶自卑；(D)自我統合對角色混亂。

( ) 212. 艾力克遜（E. Erikson）的人格發展理論，青春期之青少年大約處在哪個發展危機上：(A) 自卑感；(B) 自主；(C) 角色混淆；(D) 孤獨孤離。

( ) 213. 認知發展論代表人物除了皮亞傑（J. Piaget）外，尚有：(A) 郭爾保（Kohlberg）；(B) 班都拉（Bandura）；(C) 佩斯基（Persk）；(D)都賽克（Dusek）。

( ) 214. 根據性別角色發展理論中的社會學習論的觀點，下列何者正確？(A) 雙親認同是影響青少年性別角色的最主要心理歷程；(B) 智能的發展與社會發展息息相關；(C) 個體結構與環境結構交互作用的結果；(D) 模仿與認同是主要學習歷程，尤其以父母及同儕是最重要的楷模。

( ) 215. 你若發現班上有女同學長期遭受生父的性侵害時，下列哪一項是必須採取的措施？(A) 盡速通報，以免學生再受其害；(B) 告知學生的母親，並商討處理方案；(C) 告知班上同學，請大家幫忙同學撫平內心的傷痛；(D) 請輔導老師為同學進行輔導工作。

( ) 216. 青少年性別角色的發展根源於嬰幼兒時期，父母為性別角色形成的增強者，並經由學習的歷程，兒童甚早知道自己的性別，

試問此一理論符合下列哪一學者的發展論？(A) 皮亞傑；(B) 柯爾柏格；(C) 艾力克森；(D) 佛洛伊德。

（　）217. 兒童或青少年會直接經由觀察、被教導，而認同與模仿重要人物的性別表現，試問此一社會學習理論是誰提出的？(A) 艾里克森；(B) 柯爾柏格；(C) 班都拉；(D) 布洛曼。

（　）218. 根據青少年中性特質的發展，下列何者敘述有誤？(A) 具有中性化特質的人心理適應較佳、自尊較高，並有較高的自我觀念；(B) 研究發現，中性化的男、女性會隨著年齡的增加而增多；(C) 與菲利斯研究發現，以21-40至41-60二個年齡的中性化特質改變最大；(D) 中性化的男性父親較願意親近小孩，與小孩一同遊戲。

（　）219. 根據哈特（S. Harter）的研究發現，下列有關青少年自覺的何種條件最能預測其整體自尊（overall self-esteem）的高低？(A) 認知能力；(B) 社經地位；(C) 外在吸引力；(D) 運動能力。【96高級中等以下學校及幼稚園教師資格檢定】

（　）220. 隨著第二性徵的變化與認知的多元，青少年性別角色行為更為分化。下列哪一性別角色較能增進自我發展與實現？(A) 男性化；(B) 女性化；(C) 極大化；(D) 中性化。【98高級中等以下學校及幼稚園教師資格檢定】

（　）221. 有關青少年發展的描述，下列何者較正確？(A) 早熟的女孩較外向且愛表現；(B) 早熟的男孩較不受同儕歡迎；(C) 青少年在乎自己的成就大於外貌；(D) 兩性的第二性徵出現之順序相當一致。【99高級中等以下學校及幼稚園教師資格檢定】

（　）222. 主張社會文化對青少年的認知發展具有重要影響的學者是下列哪一位？(A) 基汀（D. Keating）；(B) 皮亞傑（J. Piaget）；(C) 賽爾門（R. Selman）；(D) 維高思基（L. Vygotsky）。【101高級中等以下學校及幼稚園教師資格檢定】

（　）223. 國二的舒豪因為班上有兩位同學不願意和他一起打羽球，他就認為全班同學和所有的同儕都會排擠他。這種歸因的特性為下列何者？(A) 合理化（rationalization）；(B) 個人化（personalization）；(C) 理智化（intellectualization）；(D) 過度類化（overgeneralization）。【101高級中等以下學校及幼稚園教師資格檢定】

（　）224. 九年級的小芬常感到緊張、焦慮，一旦考試成績不好，心裡就產生前途完蛋了的想法。這種思考的特性為下列何者？(A) 誇大（magnification）；(B) 個人化（personalization）；(C) 過度類化（overgeneralization）；(D) 極端化的思考（polarized thinking）。【104高級中等以下學校及幼稚園教師資格檢定】

（　）225. 九年級的宗華個性獨立堅強，並且能對人關懷又有同理心。根據班姆（S. Bem）對性別角色的分類，宗華屬於下列哪一種類型？(A) 女性化（feminine）；(B) 男性化（masculine）；(C) 雙性化（androgynous）；(D) 未分化（undifferentiated）。【105高級中等以下學校及幼稚園教師資格檢定】

解　答

1.(D)	2.(C)	3.(B)	4.(D)	5.(A)	6.(B)	7.(C)	8.(A)	9.(D)	10.(C)
11.(D)	12.(A)	13.(A)	14.(B)	15.(D)	16.(C)	17.(B)	18.(D)	19.(D)	20.(A)
21.(D)	22.(A)	23.(A)	24.(A)	25.(A)	26.(E)	27.(D)	28.(A)	29.(A)	30.(D)
31.(A)	32.(D)	33.(A)	34.(C)	35.(A)	36.(C)	37.(C)	38.(A)	39.(D)	40.(B)
41.(D)	42.(D)	43.(C)	44.(D)	45.(C)	46.(D)	47.(B)	48.(D)	49.(D)	50.(B)
51.(D)	52.(A)	53.(C)	54.(D)	55.(B)	56.(C)	57.(C)	58.(C)	59.(A)	60.(A)
61.(C)	62.(D)	63.(C)	64.(C)	65.(A)	66.(D)	67.(C)	68.(C)	69.(D)	70.(B)
71.(C)	72.(D)	73.(D)	74.(C)	75.(D)	76.(C)	77.(A)	78.(B)	79.(B)	80.(D)
81.(C)	82.(B)	83.(B)	84.(C)	85.(D)	86.(D)	87.(B)	88.(A)	89.(C)	90.(D)
91.(C)	92.(D)	93.(B)	94.(D)	95.(C)	96.(C)	97.(C)	98.(A)	99.(C)	100.(C)
101.(D)	102.(C)	103.(A)	104.(A)	105.(B)	106.(B)	107.(B)	108.(C)	109.(B)	110.(A)
111.(C)	112.(D)	113.(D)	114.(B)	115.(B)	116.(C)	117.(C)	118.(C)	119.(B)	120.(C)
121.(D)	122.(B)	123.(D)	124.(D)	125.(C)	126.(C)	127.(B)	128.(C)	129.(A)	130.(B)
131.(A)	132.(C)	133.(D)	134.(D)	135.(A)	136.(C)	137.(D)	138.(B)	139.(D)	140.(C)
141.(B)	142.(D)	143.(C)	144.(A)	145.(A)	146.(B)	147.(D)	148.(C)	149.(B)	150.(D)
151.(B)	152.(D)	153.(C)	154.(D)	155.(A)	156.(B)	157.(C)	158.(A)	159.(B)	160.(A)
161.(C)	162.(D)	163.(A)	164.(A)	165.(C)	166.(D)	167.(B)	168.(B)	169.(D)	170.(A)
171.(B)	172.(B)	173.(C)	174.(A)	175.(D)	176.(C)	177.(A)	178.(C)	179.(B)	180.(D)
181.(A)	182.(D)	183.(A)	184.(A)	185.(B)	186.(B)	187.(D)	188.(C)	189.(A)	190.(B)
191.(D)	192.(A)	193.(B)	194.(D)	195.(C)	196.(C)	197.(C)	198.(D)	199.(A)	200.(D)
201.(B)	202.(A)	203.(B)	204.(D)	205.(D)	206.(A)	207.(B)	208.(B)	209.(B)	210.(B)
211.(D)	212.(C)	213.(A)	214.(D)	215.(A)	216.(A)	217.(C)	218.(B)	219.(C)	220.(D)
221.(D)	222.(D)	223.(D)	224.(A)	225.(C)					

第八章
青少年的自我與情緒的發展與輔導

重點整理

1. 自我概念係指個人對自己的理念、情感與態度的總合，亦即自我概念係個人試圖解釋自己、建立基模，以便將對自己的印象、情感與態度組織起來。自我概念具有下列的特性：(1)具有他人取向；(2)自我概念是自我建構的體系；(3)自我概念也是個人對自己的描述；(4)自我概念是自我界定與自我形象的總和。

2. 自尊是另一個常與自我概念一起被討論的相關課題，自尊乃個人對自己的一種情緒性評估，而有高低之分。它具有下列的特性：(1)自尊與自我評鑑或自我評估密切關聯；(2)自尊伴隨著自我意識的行為；(3)自尊與自我概念可能是一體兩面；(4)自尊與自我概念都有主觀成分。

3. 青少年自我概念發展與兒童自我概念發展最大的不同，有下列各項：(1)後者以生理自我的建立為主，前者以心理自我的建立為主；(2)後者自我知識尚未充分開展，前者則較能明確區分生理與心理的不同，以及主體我與客體我的不同；(3)後者末期在人性的瞭解、性的知覺與自我的延續性都有較深入的了解與提升，前者則再深化三個層面的發展。

4. 自我概念通常被視為個體人格的核心，隨著個體新的人生體驗，自我概念也跟著會有所改變，而青少年自我概念的發展具有下列特性：(1)與認知發展平行；(2)改變速度最大；(3)具有明顯的性別差異；(4)行為與自我概念並非全然一致。

5. 青少年自我概念的內涵較常被論及的層面包含：(1)生理我；(2)心理我；(3)社會我；(4)道德我；(5)家庭我；(6)理想我；(7)自我尊重；(8)自我能力。

6. 影響青少年自我概念發展的因素主要有：(1)父母的影響：主要有兩大方面：(I)青少年對父母的認同作用；(II)父母教養技術；(2)社會階層的影響；(3)認知因素的影響；(4)成熟的影響。此外，派特森與泰勒（Peterson & Taylor, 1980）認為影響個人自我概念相關的因子可以歸為生物因素與社會文化因素兩大類，各因素間也會相互作用。

7. 在青少年自我概念的輔導上，學者認為專業工作者必須和他們的當事人發展支持的關係，才能激發當事人積極的自我態度，建立正向的自我概念，並且提高自尊。柏恩斯（Burns, 1991）再進而提出七種協助當事人發展自我概念的方法，另外羅吉斯（Rogers, 1959）也認為自我概念是治療的重心，治療的效果可以由當事人自我概念的改變加以評估，但治療者本身也要有良好的自我概念，才能經由治療催化的歷程，激發當事人發展積極的自我概念。

8. 青少年的自我辨識是青少年自我發展的另一個重點，青少年辨識自我是定義個體自我的一套思想、情感、價值、態度以及行為。依照艾力克遜（E. Erikson）的論點，青少年自我辨識與認定的形成是青少年發展的中心課題，而自我辨識的完成歷程涉及六個層面。

9. 根據馬西亞（J. Marcia）的研究，青少年的自我辨識共可區分為四種狀態：(1)辨識有成；(2)辨識預定；(3)辨識遲滯；(4)辨識混淆。此四個類型各有不同的特徵，並可以利用相關量表加以評量。

10. 辨識有成是指在危機時期仍對角色或意識型態全心全意的投入；辨識混淆是指不一定有危機但缺乏全心全意的投入，以及毫不在意；辨識遲滯是指積極地尋找但卻糊裡糊塗地投入；辨識預定是指從未歷經危機，但仍全心全意的投入。

11. 對角色全心全意的投入，是青少年辨識的外在表現。

12. 青少年自我辨識形成的過程，是屬連續性的變化歷程。此連續性的變化中又衍生了許多不同的類型，可以歸納如下：

    (I) 前進的變換類型，此類型的進展情形又分三類：

    (1) 混淆→遲滯→有成。

    (2) 混淆→遲滯→有成遲滯。

    (3) 混淆→預定→遲滯→有成。

    (II) 後退的變換類型，此類型亦分三類：

    (1) 混淆→預定→混淆。

    (2) 混淆→遲滯→混淆。

    (3) 混淆→遲滯→有成→混淆。

    (III) 停滯的類型，此類型共有二類：

    (1) 混淆→混淆。

    (2) 混淆→預定→預定。

13. 青少年自我辨識的發展尚有下列的特徵：(1)在達到辨識有成時，較少有適應上的困難；(2)辨識的工作，不會引起青年社會偏離，相反的，社會疏離感將隨辨識的過程逐漸減退；(3)青少年的改變是漸進的，日趨穩定，且有一貫性；(4)青少年的自我辨識發展是一個前進、連續的過程。

14. 艾力克遜（E. Erikson）認為青少年階段發展的危機除自我辨識認定與角色混淆外，克服發展的危機，尚有下列七大衝突：(1)暫時的觀點對時間的混淆；(2)自我確定對自我意識；(3)角色試驗對負向認定；(4)工作見習對工作僵化；(5)性別分化對兩性混淆；(6)領導與服從對權威混淆；(7)意識型態的承諾對價值的混淆。上列七大衝突倘發展良好，個人心理社會可以獲得成功，失敗則不利個體發展。

15. 如果青少年不能在進入成年期之前解決辨識危機，那麼他們將面臨角色混亂與辨識混淆；為了解決辨識危機，青少年必須對意識形態與角色全心全意地投入。

16. 有些成年人會在「辨識遲滯」角色之間擺盪；有些則處於社會認可、容

易辨識自我與避免危機的「辨識預定」中；其他採用隨手可得但社會不認可角色或意識形態，或經歷「負向的辨識形成」。

17. Baumeister發現兩種辨識自我危機的類型：一為辨識自我的缺失，當個體因為沒有能力作決定而無法解決危機；另一為辨識自我的衝突，當個體嘗試解決危機時做了矛盾的決定。

18. 辨識自我的衝突對自我發展的重要性，女性高於男性。

19. 研究指出男女可能發展出不同的自我辨識，適應性的差異與不同的性別辨識有關。

20. 面對青少年複雜而微妙的自我辨識問題時，可提供的輔導策略有下列各項：(1)了解並接納青少年自我辨識的過程；(2)容忍青少年有猶豫摸索的緩衝時間；(3)幫助青少年從「辨識遲滯型」邁向「辨識有成型」。

21. 情緒是個體對刺激作反應所獲致的主觀情感與個別的經驗。情緒也是一種意識狀態，對個體具有促動或干擾作用。

22. 情緒對青少年有下列的影響：(1)情緒狀態會影響身心健康；(2)情緒會影響人際關係；(3)情緒會影響行為表現；(4)情緒是青少年喜悅、快樂與滿足的來源。

23. 瑞斯（Rice, 1978）曾依情緒的影響與結果，將情緒區分為三類：(1)喜悅狀態；(2)抑制狀態；(3)敵意狀態。上述三大類的情緒狀態並非分立的，青少年可能同時經驗這三種情緒狀態。另外，情緒也可以歸類為：(1)喜悅；(2)悲傷；(3)憤怒；(4)恐懼等四種情緒聚類，而每個情緒聚類有其不同的核心情緒。

24. 恐懼可以分為四大類：(1)對東西與自然現象的恐懼；(2)對自我有關的恐懼；(3)對社會關係的恐懼；(4)不知名的恐懼。

25. 焦慮情緒的產生有三大根源：(1)生理剝奪；(2)情緒剝奪；(3)與環境的緊張與衝突。

26. 青少年情緒發展的輔導上有下列各種策略可以使用：(1)情感反映策略；(2)行為輔導策略；(3)社會技巧訓練：主要有(I)系統減敏法；(II)認知方

法；(III)洪水法或爆炸法；(IV)操作法；(V)示範法。

試題演練

（　）1. 在分析學生的自我概念是否因其就讀年級而有所不同時，其中就讀年級是何種變項？(A) 自變項；(B) 依變項；(C) 連續變項；(D) 主動變項。【95年臺北市國民中學聯合甄選】

（　）2. 下列何者是提升青少年自我概念發展的輔導作法：(I)強調失敗的經驗；(II)對於不當行為提出指正，但不批評個人；(III)鼓勵與自己的過去競爭；(IV)提供成功經驗。(A) (II)(III)(IV)；(B) (I)(II)(III)；(C) (I)(III)(IV)；(D) (I)(II)(III)(IV)。【94高級中等以下學校及幼稚園教師資格檢定】

（　）3. 有關青少年情緒發展的特徵，下列何者較為適當？(A) 情緒易怒、易發，情緒發作延長時間較兒童時期短；(B) 情緒的感受性和社會的、文化的、想像的、抽象的事物有關；(C) 情緒的表達方式已能和成人一樣平穩；(D) 無法掩飾情緒的內在感受，心裡感受到的情緒就會表現出來。【94高級中等以下學校及幼稚園教師資格檢定】

（　）4. 艾德沃特（Atwater, 1996）指出青少年階段最常有的恐懼症之一，是對學習感到恐懼的反應。這種反應稱為：(I)懼高症；(II)情緒恐懼症；(III)人際關係恐懼症；(IV)學校恐懼症。(A) (I)；(B) (II)；(C) (III)；(D) (IV)。【94高級中等以下學校及幼稚園教師資格檢定】

（　）5. 小明是高三學生，最近常出現一些症狀且持續三週。這些症狀分別為情緒低落、食慾降低、失眠、上課無法集中注意力、不喜歡讀書及對未來有無望感。就這些特徵而言，初步研判小明可能罹

患下列哪一種疾病？(I)精神分裂症；(II)恐懼症 ；(III)憂鬱症；(IV)焦慮症。(A) (I)；(B) (II)；(C) (III)；(D) (IV)。【94高級中等以下學校及幼稚園教師資格檢定】

( ) 6. 青少年比其他人生階段更容易遭遇到適應問題，因此是最需要加以輔導的階段，關於此時期輔導工作最主要的目標敘述，下列何者最為正確？(I)成就、矯治與技能三層次；(II)技能、成就與發展三層次；(III)預防、矯治與發展三層次；(IV)預防、技能與成就三層次。(A) (I)；(B) (II)；(C) (III)；(D) (IV)。【94高級中等以下學校及幼稚園教師資格檢定】

( ) 7. 以下何者對青少年情緒的描述是正確的：(I)情緒影響心理，對生理的影響不大；(II)負向情緒過多影響人際交往；(III)學校恐懼症是對學習感到恐懼的情緒反應；(IV)父母的過度保護有助於學生的情緒發展。(A) (II)(III)(IV)；(B) (I)(IV)；(C) (II)(III)；(D) (I)(II)(III)(IV)。【94高級中等以下學校及幼稚園教師資格檢定】

( ) 8. 為了降低小芬對於白老鼠的恐懼，在短時間內把許多可愛的白老鼠呈現在小芬週遭，使她漸漸地習慣白老鼠，不再感到害怕。這樣減低負向情緒的行為輔導策略稱為：(A) 系統減敏感法；(B) 操作制約；(C) 示範法；(D) 洪水法。【94高級中等以下學校及幼稚園教師資格檢定】

( ) 9. 淑敏擔任國一的導師，接手新班級時，習慣先調查學生的家庭背景資料，並特別針對單親家庭學生予以關懷性輔導。就預防的概念而言，淑敏所做的輔導工作是屬於下列何者？(A) 初級預防；(B) 二級預防；(C) 三級預防；(D) 潛在預防。【95高級中等以下學校及幼稚園教師資格檢定】

( ) 10. 下列對青少年自我發展的陳述何者正確？(I)青少年人格發展的核心是自我發展；(II)青少年自我發展的結果與其環境互動無關；(III)青少年自我發展基本上是一種分化及統整的過程；(IV)青少

年自我發展的危機會造成適應上的問題。(A) (II)(III)；(B) (I)(II)(IV)；(C) (I)(III)(IV)；(D) (I)(II)(III)(IV)。【94高級中等以下學校及幼稚園教師資格檢定】

(　) 11. 在一個學校中發生學生自殺事件，立即對該生所屬班級進行的危機處理（crisis intervention）之團體輔導活動工作，屬於哪一級心理衛生預防工作？(A) 初級預防；(B) 次級預防；(C) 三級預防；(D) 四級預防。【95年台中區教師甄選】

(　) 12. 哪兩種需求滿足，能大幅增進兒童積極自我概念的發展？(A) 樂趣感與自由感；(B) 價值感與歸屬感；(C) 安全感與自我實現感；(D) 滿足感與新奇感。【95年台中區教師甄選】

(　) 13. 在輔導時常會遇到個案或成員抗拒的行為，下列對「抗拒行為」的敘述何者不正確？(A) 團體中的抗拒行為將影響信任的發展；(B) 團體成員害怕冒險作較深入的自我開放，把真正的自我呈現在團體面前，這種內心的衝突使其產生抗拒行為；(C) 鼓勵成員明白表示其抗拒，可有效處理團體中出現的抗拒行為；(D) 抗拒行為均會給團體帶來負向的影響。【95年台中區教師甄選】

(　) 14. 就團體功能而言，何種團體注重成員的身心發展，協助成員自我認識、自我探索，進而自我接納、自我肯定？(A) 治療性團體；(B) 訓練性團體；(C) 成長性團體；(D) 結構性團體。【95年台中區教師甄選】

(　) 15. 下列何者是輔導工作計畫的三個基本要素：(A) 目標、對象、方法；(B) 目標、方法、場所；(C) 目標、對象、場所；(D) 目標、場所、方法。【95年台中區教師甄選】

(　) 16. 在青少年階段會自認為是焦點，想別人一定都在看他，因此造成青少年出現搖擺不定的想法和行為，變得手足無措，此一現象稱為：(A) 個人神話；(B) 焦點人物；(C) 想像觀眾；(D) 顧影自憐。

( ) 17. 羅傑斯（C. Rogers）的個人中心治療，其治療目標是放在：(A) 提供當事人自我探索的機會，並完成自我實現的目的；(B) 學習個人控制情緒的技巧；(C) 學習個人與社會的互動，亦即良好的社交技巧；(D) 學習個人獨自完成一件事情的能力。

( ) 18. 個人在學校的群體經驗，透過和同學互相比較，會更深入自我認識與了解，有時會改變自己的想法和行為，因此同儕團體在青少年自我認同發展中占重要的影響角色，此同儕團體又稱：(A) 聚眾團體；(B) 常模團體；(C) 參照團體；(D) 友誼團體。【93年台南市教師甄選】

( ) 19. 根據艾瑞克森（E. Erikson）的理論，在青少年面臨的自我認同危機中，何者為前瞻性的時間觀？(A) 相信時間過去時，困難也會跟著過去；(B) 體認到時間是無法挽回的；(C) 回憶過去而暫緩未來的計畫；(D) 希望時間能停止不前。【94高級中等以下學校及幼稚園教師資格檢定】

( ) 20. 輔導青少年將性衝動導向為社會所接受的方式，此種積極自我防衛機轉稱之為：(A) 昇華作用；(B) 投射作用；(C) 酸葡萄心理；(D) 理智化。【94高級中等以下學校及幼稚園教師資格檢定】

( ) 21. 青少年個性競爭、進取、行事慌張、冒失，對人較沒有耐心與包容力，可能是屬於下列何種性格？(A) A型性格；(B) B型性格；(C) S性性格；(D) T型性格。【95高級中等以下學校及幼稚園教師資格檢定】

( ) 22. 影響青少年自我概念發展的因素有：(I)父母；(II)社會階層；(III)認知；(IV)成熟因素。以上哪些為正確因素？(A) (I)(II)(III)(IV)；(B) (I)(II)(III)；(C) (I)(II)；(D) (I)。

( ) 23. 造成青少年自尊降低的原因是由於父母親採取何種教養方式？(A) 過度寬容與嚴格；(B) 過度縱容與民主；(C) 過度忽視與權威；(D) 過度權威與縱容。

（　）24. 瑞斯（Rice, 1978）曾依照情緒的影響與結果，將情緒分為幾類，下列何者<u>為非</u>？(A) 喜悅狀態；(B) 抑制狀態；(C) 敵意狀態；(D) 沮喪狀態。

（　）25. 瑞斯（Rice, 1978）年指出，焦慮情緒的產生有很多因素下列何者<u>不是</u>產生的根源？(A) 生理剝奪；(B) 心理剝奪；(C) 情緒剝奪；(D) 與環境的緊張與衝突。

（　）26. 青少年的恐懼可以分為多個類別，以下何者<u>為非</u>？(A) 對東西與自然現象的恐懼；(B) 對家庭關係的恐懼；(C) 對社會關係的恐懼；(D) 不知名的恐懼。

（　）27. 自我概念通常被視為個體人格的核心，隨著個體新的人生體驗，自我概念也跟著會有所改變，而青少年自我概念的發展，下列何者<u>為否</u>？(A) 與認知發展平行；(B) 改變速度最小；(C) 具有明顯的性別差異；(D) 行為與自我概念並非全然一致。

（　）28. 高曼（D. Goleman）提出的情緒智能與嘉德納（H. Gardner）多元智能中的哪一種智能相近？(A) 人際智能與內省智能；(B) 音樂智能與空間智能；(C) 自然觀察者智能與身體-動覺智能；(D) 語言智能與數學-邏輯智能。

（　）29. 自我概念<u>不具</u>下列哪一項特性？(A) 具有他人取向；(B) 自我概念是自我建構的體系；(C) 自我概念也是個人對他人的描述；(D) 自我概念是自我界定與自我形象的總和。

（　）30. 王小姐個性急躁，求好心切，好爭勝，但也因而年紀輕輕即患了心臟疾病，這種性格，又稱為：(A) A型性格；(B) B型性格；(C) C型性格；(D) D型性格。

（　）31. 自尊是自我觀念的表現，自尊心的養成有賴三個先決條件，下面哪一個<u>不是</u>養成自尊的先決條件？(A) 重要感；(B) 新奇感；(C) 有力感；(D) 成就感。【95臺東縣國民中學教師暨代理教師甄選】

（　）32. 下列何者是青少年發展的主要特徵？(A) 認知發展處於「具體運思期」；(B) 道德發展進入「人類價值導向」；(C) 理想性低、想像力貧乏；(D) 自我意識大於社會意識。

（　）33. 下列哪一個學派主張「情緒必須得到發洩，否則蓄積體內，將使個體產生緊張或焦慮狀態」？(A) 心理分析學派；(B) 行為學派；(C) 人本主義心理學；(D) 認知學派。【94臺北縣國民中學正式教師聯合甄選暨代理代課教師聯合甄選】

（　）34. 關於自我概念的特性敘述，以下何者為非？(A) 是自我建構的體系和對外互動的依據；(B) 是自我界定與自我形象的總和；(C) 是個人對自己的描述，說明自己是什麼樣的人；(D) 不具他人傾向，與身邊的人無涉。

（　）35. 在青少年的心理發展中，自尊的建立也是極為重要的。請問以下關於自尊意涵的敘述，何者為是？(A) 是一種對自我的情緒性評估；(B) 自尊沒有高低之分；(C) 可以具體的被人察覺；(D) 自尊不會因為發育的改變而改變。

（　）36. 關於自尊的敘述，以下何者為非？(A) 摻有主觀成分；(B) 形成的基礎是自我概念；(C) 是伴隨自我意識的行為；(D) 與自我評估不相關。

（　）37. 青少年時期，個體除了能思考自我，還會用抽象的形容詞來描述，請問這段時期屬於皮亞傑（J. Piaget）認知發展學說的哪一個階段？；(A) 具體運思；(B) 形式運思；(C) 運思準備期；(D) 前運思期。

（　）38. 兒童期的自我概念與青少年期有很大的不同，請根據下列的敘述，選出正確的選項。(I)兒童期以生理的自我概念建立為主，青少年則是以心理自我為主；(II)人性、性、延續性，這三個自我發展層面，要到青少年期才開始發展；(III)在青少年時期，對於自我概念仍沒有統整的能力；(IV)與兒童相比，青少年較能明確分

清主體我與客體我的不同。(A) (I)(II)；(B) (II)(IV)；(C) (I)(IV)；(D) (II) (III)。

（　）39. 關於自我概念的特性敘述，以下何者為非？(A) 有明顯的性別差異；(B) 改變速度最大；(C) 行為與自我概念全然一致；(D) 與認知發展平行。

（　）40. 大雄、靜香、小夫、胖虎終於升上國中了，在開學的第一天，他們輪流上台做自我介紹。大雄：我叫大雄，最擅長的就是玩翻花繩和射擊遊戲。靜香：我是靜香，以後希望能成為小提琴演奏家。小夫：我，小夫，是現在各大企業董事長最喜歡的小紳士。胖虎：我是最有正義感的胖虎，誰敢欺負我，一定把他打個落花流水！請大家看完介紹詞後，在下列自我概念的內涵選項中。找出正確的配對。(A) 大雄：理想我；(B) 靜香：自我能力；(C) 小夫：心理我；(D) 胖虎：道德我。

（　）41. 達門與哈特（Damon & Hart）曾深入分析自我的組成要素，而且有了一些重要的結論，請選出以下敘述的正確配對。(I)達門與哈特把結論做成易於解讀的圖表，取名為田納西自我概念量表；(II)自我是由客體我（me）與主體我的交互作用結合而成的；(III)客體我不含心理要素；(IV)主體我不含主動要素。(A) (II)(IV)；(B) (I)(IV)；(C) (II)(III)；(D) (I)(III)。

（　）42. 青少年自我概念的發展因素受到生理與心理的影響，關於這些因素，下列情境敘述何者為非？(A) 茉莉亞是個生理早熟的國中女生，不只長得漂亮，還有魔鬼身材，外表完美又讓同學羨慕的她，一定也很滿意自己的生理形象；(B) 威廉的功課一向很好，體育、音樂、美術等非考試科目也有不錯的成績，所以單就學業而言，他會比其他表現平平的同學更有自信心；(C) 以泉雖然處於單親家庭，但因為長期接受體育訓練，加上得到多次競賽優勝，培養出較正面的自我概念，這也有助於他和父親關係的

改善；(D) 心蕾今年15歲，出身於高社經家庭，不只常常出國旅遊，而且從小的時候就開始接觸各國文化、各國語言，還有各國社交禮儀，這些見聞的累積對她的自我概念發展是很有幫助的。

( ) 43. 以循環概念為出發點的回饋圈是哪一位學者提出的？(A) 羅吉斯；(B) 柏恩斯；(C) 伍爾霍特；(D) 派特森。

( ) 44. 以下關於青少年自我辨識的歷程敘述，是哪一位學者提出的？(I) 認定成就自己所需要的投資；(II)穩定的自我承諾；(III)辨識與認定的形成同時受到個人內在因素、人際因素與文化因素的影響；(IV)辨識與認定的形成約有7年的嘗試角色抉擇與意識形態改變的歷程；(V)越能發展辨識與認定感的青少年，越能了解自我的資產和限制；(VI)辨識與認定的形成具有延續與穩定的特質，但其發展從未終止。(A) 皮亞傑；(B) 托浪斯；(C) 艾力克遜；(D) 艾德沃特。

( ) 45. 提出「辨識有成」、「辨識預定」、「辨識遲滯」、「辨識混淆」四種青少年自我辨識狀態的學者是哪一位？(A) 史登伯格；(B) 馬西亞；(C) 田納；(D) 葛拉丁。

( ) 46. 請選出以下配對正確的選項：(A) 辨識有成者：在不同情境下有不同的表現；(B) 辨識混淆者：與人交往有較大的彈性；(C) 辨識預定者：有較高的抱負水準，即使面對失敗，依然不氣餒；(D) 辨識遲滯者：不願改變自己的看法。

( ) 47. 青少年自我辨識的形成，是連續性的歷程變化。請根據以下的情境敘述，找出最適合的配對選項。(I)橘子的爸爸媽媽在大吵一架後決定離婚，她非常不能接受，從本來開朗快樂有自信的國中生，變成誰也不信，天天想自殺的憂鬱女孩；(II)小丸子從國中開始，在美術老師的指導，還有家人的支持下，開始嘗試漫畫的創作，從投機懶惰的孩子，一步一步變成腳踏實地，具幽默感的高三女生，並繼續努力達成自己的理想；(III)小新長大了，雖然已

經是一個國三的學生，還是讓媽媽傷透腦筋。因為小新事事依賴家裡，放了學也不做功課，天天看電視看到半夜，問他未來想做些什麼，竟然一本認真的說天天可以看電視吃零食就好。(A) 前進、遲滯、後退；(B) 後退、前進、遲滯；(C) 遲滯、前進、後退；(D) 後退、遲滯、前進。

( )48. 下列敘述何者為非？(A) 大部分青少年在達到辨識有成時，較少出現適應困難，但仍在考慮未來要成為什麼人或成就什麼事時呈現不安；(B) 青少年對自我的認識越多，越能適應自我整合的困難；(C) 如果青少年期能有好的適應，會有助於成年與中年的社會適應；(D) 辨識工作不會引起青少年的社會偏離，相反的，社會疏離感會隨辨識有成而逐漸消退。

( )49. 人生的發展危機處處可見，艾力克遜（E. Erikson）更明確指出變動與衝突不斷的青少年期有著八大危機。請問關於這些危機的屬性，以下哪一選項完全配對正確？(I)暫時觀點VS.時間混淆；(II)角色試驗VS. 負向認定；(III)自我確定VS. 價值混淆；(IV)工作見習VS. 權威混淆；(V)領導與順從VS. 工作僵化；(VI)性別分化VS.兩性混淆；(VII)辨認認定VS.角色混淆；(VIII）意識形態承諾VS. 自我意識。(A) (II)(IV)(V)(VI)；(B) (III)(IV)(VI)(VIII)；(C) (I)(III)(IV)(VIII)；(D) (I)(II)(VI)(VII)。

( )50. 艾力克遜（E. Erikson）除了提出八大危機外，還提出青少年很可能遇見的七大衝突，其成敗對個人發展影響大大不同。請在閱讀下列情境與衝突的配對敘述後，選出錯誤的選項。(A) 直樹覺得在咖啡廳打工打久了非常厭倦，決定下一個暑假要試試其它類型的工作，多累積些社會經驗和出國留學的財力：工作見習對工作僵化；(B) 央央參加歌唱比賽落榜後，先是把自己關進家裡，洩氣了好一陣子，後來整個人居然變得吊兒郎當，對其它喜歡的事情都不積極了：意識型態的承諾對價值的混淆；(C) 百合是一

個很內向的女生，雖然她很想多交一些朋友，但是總覺得自己太害羞而不願嘗試可能成功的機會，只能在班上同學的笑鬧聲後，偷偷羨慕著：角色試驗對負向認定；(D) 瑞蒂從小就喜歡男孩子氣的打扮，還有男生的動作，越大越變本加厲，而且非常討厭女生。青少年的瑞蒂終於被大家當成男孩子看待，但她自己卻出現了迷惘：性別分化對兩性混淆。

( )51. 以下哪一位學者研究艾氏的理論後，又提出成熟的辨識狀態還具有危機感的產生和付諸行動的有無？(A) 漢森；(B) 都塞克；(C) 基爾福；(D) 馬西亞。

( )52. 關於青少年尋找自我的歷程，還有許多其它的阻礙。請選出以下不屬於阻礙的選項？(A) 以自我為本位；(B) 對社會的隸屬感淡薄；(C) 在家庭中的自我隸屬感高；(D) 主觀自我意識太強。

( )53. 關於青少年自我辨識問題的輔導策略，下列敘述何者錯誤？(A) 青少年容易衝動和犯錯，所以在過程中必須嚴加控管，無須寬容對待；(B) 容忍青少年有猶豫摸索的緩衝時間；(C) 勿以自我未完成的辨識，施予青少年過多的壓力和期望；(D) 幫助青少年從辨識遲滯走向辨識有成，找尋真正自我。

( )54. 以下關於情緒的敘述，何者為是？(A) 情緒不是一種意識狀態；(B) 每個人都有情緒，所以情緒不是個別的經驗；(C) 在青少年時期，情緒會影響青少年的內在思維，但對於外在環境則是毫無干擾；(D) 情緒是一種個體對刺激做出反應得到的主觀情感。

( )55. 以下哪一個單字是「情緒」的英譯？(A) emotion；(B) feeling；(C) affection；(D) sensibility。

( )56. 任何文化的青少年，都會感受到情緒對他們的影響。請大家閱讀以下的情境，挑出青少年對於情緒的錯誤觀念。(A) 美朱發現如果常常處於焦慮的情緒，對自己和身邊的朋友都是一種傷害，於是她時時提醒自己要保持微笑，遇到困難也要用陽光般的心情勇

敢面對；(B) 懷可喜歡吹笛子，覺得悠揚的笛聲是世界上最好聽的聲音，於是把吹笛當作抒解情緒的辦法，讓自己開開心心的渡過每一天；(C) 小唯認為有壓力才會上進，才能考到一流的明星高中，所以她每天的情緒都很緊繃，書不讀完絕不睡覺，甚至還有整夜沒休息的記錄；(D) 每次大考的前一晚，阿奎都會格外注意自己的情緒，盡量放鬆，充足休息，不要讓擔心考不好的壓力嚇壞自己。

(　) 57. 請問，將青少年的情緒類別區分成喜悅狀態、抑制狀態，及敵意狀態的學者是哪一位？(A) 蘇利萬；(B) 瑞斯；(C) 班都拉；(D) 勒溫。

(　) 58. 關於抑制狀態與敵意狀態的包含內容，以下選項何者配對正確？(A) 擔憂：敵意狀態；(B) 厭惡：敵意狀態；(C) 害羞：抑制狀態；(D) 嫉妒：抑制狀態。

(　) 59. 四大核心情緒，再衍生出各自的情緒聚類，是科斯德尼克等人提出的情緒歸類法。請問，四大核心情緒是下列選項中的哪四項？(I)苦悶；(II)悲傷；(III)嫉妒；(IV)喜悅；(V)恐懼；(VI)得意；(VII)厭惡；(VIII)憤怒。(A) (II)(IV)(V)(VIII)；(B) (III)(IV)(VII)(VIII)；(C) (I)(III)(VI)(VII)；(D) (I)(II)(VI)(VII)。

(　) 60. 青少年重要情緒狀態的發展中，抑制狀態是一種特殊的情形，其中包含恐懼和焦慮兩種。關於恐懼，請大家閱讀以下的敘述，選出錯誤的選項。(A) 還不了解未來的方向，加上媒體不實的報導，會加深青少年對未來的恐懼感；(B) 有些女生一看到男生就緊張，不只是說不出話，連靠近都不敢，這種感覺可能是一種恐懼情緒；(C) 爸爸媽媽非常保護自己的孩子，寄予高度期望，這可能會引起孩子對學校和學習的恐懼；(D) 害怕小動物是兒童時期的情形，青少年時期不會再出現這種恐懼感了。

(　) 61. 以下的情境敘述與配對，何者為是？(A) 小孟討厭班上同學吉

娜，常常對她的穿著打扮冷嘲熱諷，指指點點：打擊；(B) 鐵人愛唱反調，最討厭遵守校規，覺得既囉唆又討厭，上回居然還為這個當場反抗主任呢：負向主義；(C) 小曼的家人反對他跟兆傑交往，她氣壞了，跟爸媽爭辯不說，還大呼小叫，說出一堆不好聽的話來：間接敵意；(D) 金剛出門時不小心踩到路上的狗大便，他氣壞啦，一回到家就摔門，力道過大，竟然把蝴蝶鎖弄壞了：暴躁。

（　）62. 現代人對於處理焦慮情緒可說是越來越不拿手，對焦慮的認識也太少。請大家閱讀下列敘述後，選出錯誤的選項，幫助自己釐清觀念，面對焦慮：(A) 遇到不如意或有壓力時，焦慮是一種普遍的情緒反應；(B) 焦慮是一種個人苦悶、煩惱的主觀經驗；(C) 焦慮是純粹的心理反應，跟生物化學系統沒有關係；(D) 對於沒有把握的情況，焦慮也會予人迷惘的感受。

（　）63. 在閱讀引起青少年焦慮情緒的三大根源後，請選出下列不屬於引起焦慮情緒的選項？(A) 因為減肥而長期節食的飢餓感；(B) 我的家庭不甜蜜，爸爸媽媽天天上演全武行；(C) 想向一個心儀已久的女生告白，又怕對方拒絕；(D) 今天考了個不錯的分數，趕快回家多唸點書，看看下次能不能考更好。

（　）64. 敵意高的青少年，不但容易傷害別人，自己也會常常心情不好。請大家在下列子選項中找出關於這類特質的正確敘述，並選出列出正確答案的主選項。(I)不會有間接攻擊的現象；(II)較易衝動；(III)冷漠；(IV)容易進入團體；(V)有自信，不會疑心疑鬼；(VI)不妥協；(VII)競爭性弱；(VIII)較易得到冠狀動脈心臟疾病。(A) (I)(III)(V)(VII)；(B) (I)(II)(IV)(V)；(C) (II)(III)(VI)(VIII)；(D) (III)(IV)(VI)(VIII)。

（　）65. 憤怒是一種很不舒服的情緒狀態，身心正常的人都不喜歡。請大家閱讀下列敘述，選出正確的選項。(A) 當青少年產生憤怒的情

緒，有些人會選擇做勞力性的工作來紓解；(B) 憤怒是單純的情緒，就算不愉快的情境再怎麼激烈，也不會混雜其它的情緒；(C) 高度的壓力下，只會產生焦慮，不會有憤怒的情緒；(D) 發誓是一種承諾的方式，不會被用來當做憤怒的反應。

（　）66. 青少年情緒發展的輔導是一件很重要的工作，但在接觸青少年的情緒之前，我們必須先了解正確的觀念，培養應有的心態。請大家釐清課文內容後，從下列選項中選出正確的敘述。(A) 雖然青少年的情緒多半是個人內在的真實感受，但仍有對錯之分；(B) 關於青少年情緒發展的策略，有情感反映、行為輔導，及社會技巧訓練3種；(C) 青少年對微小事物的刺激，做出激烈反應，這是發展時期中不該產生的情緒；(D) 情緒克制也是發展的主要課題之一，青少年還未成熟，所以對異性不可以產生愛慕的感覺。

（　）67. 以下哪一選項的敘述，是情感反應策略的形容？(A) 操作制約，行為塑造；(B) 敏銳觀察、善用詞彙；(C) 合理轉化，技巧訓練；(D) 分析認知，理性建設。

（　）68. 關於行為輔導策略，在短時間之內大量呈現引發恐懼、焦慮、憤怒的刺激，以求對負向刺激原失去敏感度的方法是什麼？(A) 認知法；(B) 示範法；(C) 爆炸法；(D) 操作法。

（　）69. 關於行為輔導策略，以身體鬆弛及建立焦慮階層交互使用，循序漸進，最後克服焦慮或恐懼的方法是什麼？(A) 系統減敏法；(B) 洪水法；(C) 認知法；(D) 操作法。

（　）70. 高斯坦等人在青少年情緒發展輔導上提出七種處理情緒的技巧，請在閱讀下列情境與技巧的配對敘述後，選出正確的選項。(A) 內向害羞的香香能和神同學一起參加兩人三腳比賽，心裡高興得不得了，所以特別鼓起勇氣，寫了一張小卡片給神同學，表示自己的謝意與開心：表達情意；(B) 阿智總是搞不懂為什麼自己總是把阿曆氣得七竅生菸，這個晚上，她終於決定坐下來好好想一

想：了解他人情感；(C) 迷糊的春日步，但是她看到得重感冒不
舒服的千代，特地要自己記住上學時多帶了一些衛生紙給千代應
急，還常常安慰、幫忙千代：表達情感；(D) 神樂最近破了自己
自由式的游泳記錄，她覺得實在太高興了，於是買了好吃的餅乾
回家，決定渡過一個開心的夜晚：酬賞自我。

（　）71. 在這個社會價值混亂的年代，對於因為無法控制情緒而犯錯的青
少年，應該給予重新來過的機會。請在以下的子選項找出高斯坦
等人協助他們重來的方式，並選出列出正確答案的主選項。(I)憤
怒控制；(II)系統減敏；(III)情感反應；(IV)道德推理；(V)結構化
學習；(VI)交互制約；(VII)攻擊替代；(VIII)積極增強。(A) (I)(IV)
(V)(VII)；(B) (I)(II)(III)(IV)；(C) (IV)(VI)(VII)(VIII)；(D) (II)(III) (V)
(VIII)。

（　）72. 當事人透過觀察、模仿諮商員的社交行為，經由社會增強作用，
表現出良好的社交行為，使用的是什麼策略？(A) 認知方法；(B)
觀察法；(C) 示範法；(D) 操作制約。

（　）73. 根據Paul Willis「Learning to Labor」一書，發現小夥子（lads）
有「反學校文化」。下列對小新這位小夥子的描述，何者較不屬
於反學校文化之現象？(A) 小新認為老師能夠處罰自己，只是因
老師比較大，而自己比較小；(B) 老師在上面講課，小新有時會
趴在桌上睡覺、有時會背向桌子看窗外、或者茫然地看牆壁；(C)
面對班上那些聽話的學生，小新會有自卑感；(D) 伴隨正式的教
學，小新會說有些關於性的雙關語笑話。【93台東縣國民中小學
教師暨代理教師甄選】

（　）74. 「情緒」在近年成為熱門的研究議題，下列敘述正確的是哪一
項？(A) 理性與認知可控制情緒的產生，是情緒的導引者；(B) 情
緒先於認知，會奪得被大腦優先處理的機會，情緒其實是思考的
控制者；(C) 情緒對人的影響主要在心理層面；(D) 教學時如能避

免情緒的涉入，才能使認知學習產生最大效果。【93台東縣國民中小學教師暨代理教師甄選】

（　）75. 經過多年的研究，研究者發現「樂觀」的基礎在於我們對原因的看法，或個人對發生事件的解釋型態。如果接受這個說法，請推論下列哪一個孩子可能比較樂觀？(A) 玲玲：「媽媽今天好生氣，我以前沒看過他這麼生氣。」；(B) 阿芳：「同學都討厭我，再也不和我玩了。」；(C) 小英：「爸爸會花時間陪我，是因為他心情好。」；(D) 小蓮：「我當選模範生，因為其他人想討好我。」【93台東縣國民中小學教師暨代理教師甄選】

（　）76. 下列何者發展學者認為是青少年必須完成的發展任務？(A) 發掘自己的性需求和滿足方式；(B) 決定明確生涯發展志向；(C) 探索自己的生存意義；(D) 選擇自己喜好的異性型態。

（　）77. 小玉為了獲得父母的歡心，決定順從父母的意見選擇父母希望她就讀的學校。請問小玉是屬於馬西亞（James Marcia）所分類的青少年四種自我辨識狀態中的哪一類？(A) 辨識有成者；(B) 辨識預定；(C) 辨識遲緩；(D) 辨識混淆。

（　）78. 下列有關馬西亞（James Marcia）所設計的自我辨識量表何者有誤？(A) 此量表只能測出職業及自我意識兩領域的信念；(B) 問題的設計，會造成受試者在不同領域裡被安置在不同的狀態；(C) 量表詞句與類型的界定使用，容易導致解釋或運用上的混亂；(D) 此量表可以充分地被運用到更年輕的青少年身上。

（　）79. 瑞斯（Rice, 1995）依照情緒的影響與結果，將情緒分為哪三類？(I)喜悅狀態；(II)抑制狀態；(III)敵意狀態；(IV)悲傷狀態。(A) (I)(II)(III)；(B) (I)(II)(IV)；(C) (I)(III)(IV)；(D) (II)(III)(IV)。

（　）80. 下列何者並非自尊的特性？(A) 自尊與自我評鑑或自我評估有密切關係；(B) 自尊是伴隨自我意識的行為；(C) 自尊與自我概念可能是一體兩面；(D) 自尊與自我概念兩者不一定都有主觀成分。

（　）81. 個人對自己的理念、情感與態度的總合是指：(A) 自我界定；(B) 自我形象；(C) 自我概念；(D) 自我描述。

（　）82. 通常家庭社經水準較高的青少年有比較高的自信心，使他們能與同儕發展良好的關係，進而激發積極的自我概念，提高個人的自尊。請問這是與哪一種影響青少年自我概念發展的因素有關？(A) 父母；(B) 社會階層；(C) 認知；(D) 成熟。

（　）83. 在瑞斯（Rice）將恐懼分成的四大類型：(I)對東西與自然現象的恐懼；(II)對自我有關的恐懼；(III)對社會關係的恐懼；(IV)不知名的恐懼。哪兩種恐懼類型是青少年通常有較多的恐懼類型？(A) (I)(II)；(B) (I)(III)；(C) (III)(IV)；(D) (II)(IV)。

（　）84. 下列何者並非青少年情緒發展的輔導策略？(A) 情感反映策略；(B) 行為輔導策略；(C) 社會技巧訓練；(D) 進行電療。

（　）85. 青少年時期對自我的看法是人生各階段自我概念改變幅度最大者之一，請問在青少年初期階段，青少年較關心何者？(A) 在家中的地位及獨立的程度；(B) 朋友與同儕關係；(C) 與師長的關係；(D) 是否受到異性的歡迎。

（　）86. 約在幾歲的青少年，更容易受到同儕壓力的影響，通常會以團體的標準為依據？(A) 10～12歲；(B) 13～15歲；(C) 14～16歲；(D) 11～13歲。

（　）87. 李小華是個剛升國中一年級的學生，小華的父母為了不要讓小華的成績輸在起跑點上，每天都替他安排了各科的補習，所以小華都無法好好的休息，導致李小華每天對國中生活開始感到莫名的焦躁與焦慮。根據瑞斯（Rice）所說，產生李小華的焦慮情緒是哪一種根源類型？(A) 情緒剝奪；(B) 生理剝奪；(C) 與環境的緊張與衝突；(D) 心理剝奪。

（　）88. 陳小玲因為小時候被父母拋棄，從小在親戚的家庭長大，而親戚對小玲並不友善，常常會用言語辱罵或是虐待她，導致小玲對於

這個家庭感到害怕。請問：根據瑞斯（Rice, 1995）對恐懼的分類，小玲的恐懼是屬於哪一類？(A) 對東西與自然現象的恐懼；(B) 對自我有關的恐懼；(C) 對社會關係的恐懼；(D) 不知名的恐懼。

（　）89. 下列關於青少年自我概念的選項當中，何者為正確？(A) 自我概念的發展與認知能力的發展水平相當；(B) 青少年時期自我概念發展的改變幅度小；(C) 男女生的自我概念一樣；(D) 自我概念與其行為表現大都一致。

（　）90. 目前以「行為輔導策略」協助青少年減低負向情緒的方法主要有五個方法，　請問以身體鬆弛及建立焦慮階層交互使用，循序漸進，最後克服焦慮或恐懼的方法是？(A) 洪水法；(B) 系統減敏法；(C) 操作法；(D) 認知方法。

（　）91. 青少年的感受非常敏銳，對外在事物及自己的反應容易趨向激烈，所以在青少年輔導上可以使用「情感反映」的策略，引導青少年描述自己的情緒，並以建設性的方式表達負向情緒。「情感反映」的步驟：(I)簡單描述青少年的情緒表現；(II)協助青少年修正不當表現；(III)充分觀察青少年言行；(IV)用更豐富字眼描述青少年情緒；(V)對青少年要敏銳去探察其強度與正負向作用。(A) (III)(V)(I)(IV)(II)；(B) (II)(V)(I)(III)(IV)；(C) (I)(III)(IV)(V)(II)；(D) (III)(I)(IV)(V)(II)。

（　）92. 「當個體被別人所認定或是自我界定之後的人格特質與社會風格，所產生的特定組合」是指：(A) 辨識危機；(B) 辨識形成；(C) 辨識自我；(D) 辨識混淆。

（　）93. 瑞斯（Rice, 1995）指出，焦慮情緒產生有三大根源，請問下列何者為非？(A) 生理剝奪；(B) 情緒剝奪；(C) 與環境的緊張與衝突；(D) 心理剝奪。

（　）94. 與家人的關係膠著，在認知上較為固執，也不容易接受新經驗，

但有接受外來宗教的傾向這樣的青少年是四個辨識類型中的哪一類？(A) 辨識有成；(B) 辨識預定；(C) 辨識混淆；(D) 辨識遲滯。

( ) 95. 瑞斯（Rice, 1995）曾依照情緒的影響與結果，將情緒區分為三類，請問下列何者對應錯誤？(A) 喜悅－愛；(B) 抑制－害羞；(C) 敵意－憎恨；(D) 敵意－罪惡。

( ) 96. 下列對應何者錯誤？(A) 辨識有成－定向型；(B) 辨識預定－早閉型；(C) 辨識混淆－混亂型；(D) 辨識遲滯－未定型。

( ) 97. 任何文化的青少年，甚至每一個人都會經驗到情緒，喜悅、悲傷、焦慮、憤怒與憂鬱是人類共通的體驗。下列何者不為情緒對青少年的影響？(A) 情緒會影響身心健康；(B) 情緒會影響人際關係；(C) 情緒是青少年痛苦、難過的來源；(D) 情緒會影響行為表現。

( ) 98. 根據Erikson的自我發展理論，青春期所對應之情緒的二極危機為下列何者？(A) 辨識自我－角色混亂；(B) 精力充沛－頹廢遲滯；(C) 自主行動－羞愧懷疑；(D) 勤奮進取－自貶自卑。

( ) 99. 科斯德尼克等人他們將喜悅、悲傷、憤怒與恐懼稱之為核心情緒，此四大核心情緒各自形成一個情緒聚類，下列何者核心情緒對應的情緒聚類是錯誤的？(A) 悲傷－無聊；(B) 喜悅－得意；(C) 憤怒－藐視；(D) 恐懼－懷疑。

( ) 100. 根據艾力克遜（E. Erikson）的論點，人生在不同階段皆存有心理社會的危機，下列何者心理危機是錯誤的？(A) 性別分化vs兩性混淆；(B) 自我確定vs自我意識；(C) 關係親密vs關係疏離；(D) 辨認認定vs角色混淆。

( ) 101. 艾力克遜（E. Erikson）對於青少年自我危機的觀點，下列何者錯誤？(A) 自我辨識是從青少年早期開始，青少年晚期結束；(B) 青少年期是一個危機與衝突增加的正常階段；(C) 個體必須

建立對自我的認知，以避免角色混淆；(D) 自我個體成為了青少年要求自我辨識的試驗品。

( )102. Erikson主張如果青少年不能全心全意投入角色中，將因此無法解決辨識自我危機，他們將會有角色混亂或是辨識混淆的感覺。簡言之，下列何者為Erikson心理社會發展理論第五階段的主要特徵？(A) 危機與許諾；(B) 危機與忠誠；(C) 忠誠與許諾；(D) 自信與許諾。

( )103. 在一份從青少年早期到成年早期自尊發展變化的縱貫研究中，發現男女有截然不同的發展過程。下列敘述何者正確？(A) 男性自尊易隨著時間而提高；(B) 青少年女性對於身體的自信比男性還高；(C) 女性的個別差異較小；(D) 在童年時期，青少年在兩性角色之間變得更容易適應。

( )104. 關於自尊的特性下列何者錯誤？(A) 自尊與自我評鑑或自我評估密切關聯；(B) 自尊是伴隨著自我意識的行為；(C) 自尊與自我概念可能是一體的兩面；(D) 自尊與自我觀念都沒有自我主觀的成分。

( )105. 以下有關青少年自我發展與兒童自我發展最大的不同，下列何者為非？(A) 兒童期的自我概念是以心理自我的建立為主，而青少年期則是生理為主；(B) 兒童期自我知識不全，而青少年較能明確區分主體我、個體我的不同；(C) 兒童期自我概念發展就有三個層面，人性、性、延續性；(D) 青少年期再深化三層層面，並且能自我反思。

( )106. 「個體完全無能力做決定，使之無法解決辨識自我的危機」是指：(A) 辨識形成；(B) 辨識缺失；(C) 辨識預定；(D) 辨識衝突。

( )107. 自我概念通常被視為個體人格核心，隨著個體新的人生體驗，自我概念也跟著有所改變，而青少年自我概念發展的特性下列

何者為非？(A) 與認知發展平行；(B) 改變速度最大；(C) 具有明顯的性別差異；(D) 行為與自我概念全然一致。

( ) 108. 學校環境會影響青少年的辨識發展。下列敘述何者錯誤？(A) 青少年的自我價值可以從社會認同加以預測；(B) 在學校有正向社會互動關係的青少年，在知覺自我能力上會受到顯著的增強；(C) 青少年自尊在進入中學的過渡時期會升高；(D) 在鄉村地區生活和上學的青少年，他們的教育計畫和自我形象較低。

( ) 109. 艾力克遜（E. Erikson）辨識認定理論相關研究中，以馬西亞（J.Marcia）的研究最受重視，他以「危機」與「承諾」這兩個重要變項，衍伸出四種自我辨識與認定的類型，請問有承諾無危機的是：(A) 辨識有成；(B) 辨識預定；(C) 辨識混淆；(D) 辨識遲滯。

( ) 110. 提出自尊是一種關於自我的感覺，容易在一生之中維持，並為個體處理社會現實的需求，提供一致的心理基礎的是哪一位學者：(A) Marcia；(B) Piaget；(C) Erikson；(D) Spencer。

( ) 111. 一直面對著危機，他們很主動的去尋求各種可能的選擇，但是卻常不能堅持到底，不曾做過長久的承諾，導致自我混亂、不安、無方向感，這類的人常是不合作的人，但在個性上卻少獨斷性，不過由於常經歷危機顯得焦慮較高，請問這是馬西亞四個辨識類型的哪一個？(A) 辨識有成；(B) 辨識預定；(C) 辨識混淆；(D) 辨識遲滯。

( ) 112. 哪些背景因素會影響辨識發展？(I)社會文化；(II)家庭；(III)同儕；(IV)生理發展；(V)學校環境。(A) (I)(II)(III)(V)；(B) (I)(IV)(III)(V)；(C) (I)(III)(IV)(V)；(D) (I)(II)(III)(IV)。

( ) 113. 影響青少年自我概念發展的因素主要有四大項，請問下列何者為非？(A) 父母的影響；(B) 社會階層；(C) 媒體；(D) 認知。

( ) 114. 柏恩斯（Burns, 1991）認為專業工作者必須跟他們的當事人發

展支持性的關係，才能激發當事人積極的自我態度，建立正向的自我概念，所以進而提出協助發展自我的方法，下列何者為非？(A) 鼓勵當事人做有價值的嘗試，並給予信心；(B) 提供失敗的經驗，並對當事人輔導且要求切合個人的潛能；(C) 注重個人積極的層面，而不要強調缺點；(D) 預防他們因恐懼失敗而害怕做新的嘗試。

( ) 115. 在青少年辨識自我的種族特點之研究中，種族辨識最容易受到下列哪兩項的影響？(A) 社會和地位；(B) 社區和家庭背景；(C) 文化和教育；(D) 學校和同儕。

( ) 116. 以下何者是「辨識遲滯」的特質？(I)對異性持遊戲人間的態度，用情不專；(II)父母較悲觀；(III)常認為自己很虛偽；(IV)對自己了解不清楚，逃避自己；(V)信任較低；(VI)父母控制嚴格。(A) (I)(II)(III)(IV)；(B) (II)(III)(IV)(VI)；(C) (I)(II)(III)(VI)；(D) (I)(III)(IV)(V)。

( ) 117. 採用有效但不一定被社會接受的角色或意識型態，來解決認同危機。此敘述是指：(A) 角色混亂；(B) 負向的辨識形成；(C) 辨識危機；(D) 辨識混淆。

( ) 118. 青少年自我辨識形成的過程，是屬於連續性的變化歷程，此連續性的變化中又衍伸出許多不同的類型，請問混淆→預定→遲滯→有成，這是屬於哪一類型？(A) 前進的變換；(B) 後退的變換；(C) 停滯的變換；(D) 連續的變換。

( ) 119. 透過個人與脈絡的交互作用過程，藉以探索自己的世界，並能評價、統合探索後的反應。以上敘述指的是：(A) 社會化；(B) 智力發展；(C) 認知發展；(D) 道德發展。

( ) 120. 面對青少年複雜而微妙的「自我辨識」問題時，可提供的輔導策略，下列何者為非？(A) 容忍青少年有猶豫摸索的緩衝時間；(B) 幫助青少年從「辨識預定」邁向「辨識有成」；(C) 了解並

接納青少年自我辨識的過程；(D) 幫助青少年從「辨識遲滯」邁向「辨識有成」。

( ) 121. 艾力克遜（E. Erikson）認為青少年階段發展的危機除「自我辨識認定」與「角色混淆」之外，克服發展危機，尚有七大衝突，<u>不包含</u>下列哪一項？(A) 暫時的觀點與時間的混淆；(B) 角色試驗對負向認定；(C) 領導、服從對權威混淆；(D) 情緒的意識型態對價值的混淆。

( ) 122. Damon和Hart提出青少年到某一階段才會發展出有系統且較具統整性的辨識自我意義。此一階段是：(A) 青少年中期；(B) 青少年早期；(C) 青少年晚期；(D) 青少年前期。

( ) 123. 青少年若不能在青少年早期解決辨識自我危機會產生什麼結果？(A) 辨識預定或辨識混淆；(B) 角色混亂或辨識混淆；(C) 辨識遲滯或辨識缺失；(D) 辨識衝突或角色混亂。

( ) 124. 青少年「自我辨識」的發展有以下重要的特徵，下列何者為是？(I)大部分青少年在達到辨識有成時，較少有適應上的困難；(II)辨識的工作，不會引起青少年對社會的偏離；(III)青少年的自我辨識發展是一個前進、連續的過程；(IV)青少年觀察自己從小到大的改變是漸進，且有一貫性的；(V)社會疏離感將隨著辨識的過程逐漸減退。(A) (I)(III)(IV)(V)；(B) (I)(II)(III)(V)；(C) (I)(II)(IV)(V)；(D) (I)(II)(III)(IV)(V)。

( ) 125. Erikson提出自我發展八階段的理論，下列發展順序排列何者正確？(I)潛伏期；(II)肛門肌肉期；(III)成年早期；(IV)口腔感覺期；(V)生殖機能期(A) (IV)(I)(II)(V)(III)；(B) (IV)(II)(V)(I)(III)；(C) (IV)(V)(I)(II)(III)；(D) (IV)(V)(II)(I)(III)。

( ) 126. 認為辨識自我衝突的危機為自我發展一個很重要的部分，而女性似乎比男性更容易面臨危機的是哪一位學者？(A) Erikson；(B) Baumeister；(C) Marcia；(D) Piaget。

（　）127. 父母是影響青少年自我概念及各方面發展的主要因素，而影響
所及有兩大層面：(I)青少年對父母的認同作用；(II)父母的教養
技術。請問下列有關的敘述何者錯誤？(A) 精神分析學派認為
青少年在父母認同中，是會獲得與父母相近的價體系與行為表
現方式；(B) 父母支持性的態度，會有助於青少年自我概念的發
展；(C) 父母較嚴厲的控制傾向，將會促使青少年理想與自我的
一致性；(D) 單親家庭的青少年，自我概念也比正常家庭為低。

（　）128. 對角色全心全意投入，是青少年辨識的何種表現？(A) 生理；
(B) 內在；(C) 外在；(D) 心理。

（　）129. 「敵意」對青少年的影響甚大，依巴斯與德奇（Buss & Durkee,
1957）建構的概念，「敵意」包含了七個層面，請問下列關於
層面所對應的內容何者錯誤？(A) 打擊：對他人身體攻擊，甚至
想毀滅對方；(B) 暴躁：在微弱的刺激下，即會有負向的表現；
(C) 怨恨：嫉妒或憎恨別人，是對現實環境的憤怒表現，或幻想
被虐待；(D) 負向主義：故意唱反調，直接反抗權威，常常拒絕
合作，公開背叛規則或傳統。

（　）130. 從特殊種族群體的成員關係，以及擁有特定的種族辨識二方
面，來定義自我。此敘述指的是：(A) 種族辨識；(B) 文化辨
識；(C) 自我辨識；(D) 社會辨識。

（　）131. 克勞夫婦（Crow & Crow, 1965）曾說明青少年對引發憤怒之刺
激的反應方式有很多種，下列敘述何者是錯誤的？(A) 青少年最
常有的憤怒反應方式是攻擊行為；(B) 憤怒的反應方式不可能是
努力於工作、表現安靜的行為或發誓；(C) 格鬥、發脾氣或鬧彆
扭也是常有的憤怒反應方式；(D) 反叛、反抗也是常見的憤怒反
應方式。

（　）132. 青少年擁有較低的道德推理水準，與父母疏離比其他類型更不
負責任。這是Marcia四個辨識地位中的哪一個類型？(A) 辨識有

成；(B) 辨識預定；(C) 辨識混淆；(D) 辨識遲滯。

( ) 133. 青少年有順從與反叛的對立需求，與父母有對立關係，特點為自我懷疑、混亂，以及與父母產生衝突。這是Marcia四個辨識地位中的哪一個類型？(A) 辨識有成；(B) 辨識預定；(C) 辨識混淆；(D) 辨識遲滯。

( ) 134. 瑞斯（Rice, 1995）認為恐懼可以分為四大類，請就以下對於恐懼的特徵，區別是哪一類的恐懼：職業情境、不道德的驅力、受傷、死亡。(A) 對東西與自然現象的恐懼；(B) 對自我有關的恐懼；(C) 對社會關係的恐懼；(D) 不知名的恐懼。

( ) 135. 下列敘述何者正確？(A) 辨識自我衝突對自我發展的重要性，男性高於女性；(B) Erikson認為為了解決危機，個體必須獲得心理與社會的複雜統合；(C) Marcia相信辨識自我危機的解決方法，是辨識自我與角色混亂的對立；(D) Marcia歸結的四個辨識地位包含了辨識有成、辨識預定、辨識缺失、辨識混淆。

( ) 136. Spencer和他的同僚們採取統合的方法，了解在多重背景因素下種族辨識的角色，發展出：(A) 自我發展理論；(B) 現象轉變的生態系統理論；(C) 心理社會發展理論；(D) 認知發展理論。

( ) 137. 依艾力克遜（E. Erikson）的觀點，人生在不同階段都有不同心理社會的危機，而危機包含了危險與機會，發展成功則可渡過危機，失敗則會限制心理社會的發展，各個時期都有相對的機會與危險特質，下列選項何者正確？(A) 成人期－統整vs.沮喪；(B) 兒童期－自動自發vs.愧疚；(C) 嬰兒期－信任vs.不信任；(D) 青少年期－親密vs.疏離。

( ) 138. 個體與社會的調節關係，是透過什麼過程使之適應社會脈絡？(A) 選擇、最佳化、補償；(B) 辨識、忠誠、許諾；(C) 組合、經驗、適應；(D) 同化、調適、均衡。

( ) 139. 青少年的辨識與認定的形成是青少年發展的重點課題，對於青

少年自我辨識的完成歷程涉及六個層面，其中的一個層面「要有穩定的自我承諾，以達成自我的認定」，需要的條件下列何者為非？(A) 建立一套的價值觀與信念，以形成個人的意識形態基石；(B) 建立一套教育與生涯目標，以組成個人的職業基石；(C) 建立一套延續與穩定性的特質，以形成社會的發展特質；(D) 建立性的取向以決定個人與異性及同性的熟識感與親密感，以確定個人的人際基石。

( ) 140. 青少年心理功能和社會生活的特徵，使個體可以選擇目標，找尋達成目標的方法，以及處理達成目標過程的失敗或損失。以上敘述是指：(A) 發展任務；(B) 自我調節；(C) 辨識自我；(D) 辨識有成。

( ) 141. 成熟是影響青少年自我概念發展的主要因素之一，下列有關成熟的影響何者錯誤？(A) 青少年的成熟程度是影響自我概念發展的主要且立即的因素；(B) 早熟的男生又比晚熟的男生有較高的自我概念；(C) 早熟的女生適應情況差，因此自我概念也比較差；(D) 生理發展成熟度較高的青少年有較正向的自我概念。

( ) 142. Erikson相信青少年時期的辨識自我危機乃由個體與社會變化所引起，並透過何者來解決，以平衡這些變化所提升的個體和社會需求？(A) 發展親密的親子關係；(B) 提升道德水準；(C) 積極參與公眾事務；(D) 對角色全心全意的投入。

( ) 143. 根據Erikson的自我發展理論，成年期所對應之情緒的二極危機為下列何者？(A) 自我統合—悲觀絕望；(B) 自主自動—羞愧懷疑；(C) 精力充沛—頹廢遲滯；(D) 辨識自我—角色混亂。

( ) 144. 自我概念是經驗的組合體，也是生活中各種活動的統整力量，對人生的未來也具有指導作用，但青少年自我概念內涵為何，下列何者不是被論及的層面：(A) 生理我；(B) 社會我；(C) 自我尊重；(D) 意志我。

（　）145. 對角色與意識型態表現出全心全意的情感傾向。以上敘述是指：(A) 忠誠；(B) 角色；(C) 自尊；(D) 信任。

（　）146. 青少年自我概念的發展具有「明顯性別差異」的特性，下列敘述何者錯誤？(A) 兒童階段男女的自我概念一般都非常接近；(B) 青少年階段男生自我概念的變動多於女生；(C) 女生則較具社會性與尋求幫助取向；(D) 男生自我概念較重視自我滿足與成就、能力取向。

（　）147. 個體不能確定如何定義自我，以及不能確定想要在社會中扮演何種角色的危機。以上敘述是指：(A) 辨識形成；(B) 辨識缺失；(C) 辨識預定；(D) 辨識衝突。

（　）148. 以下敘述何者錯誤？(A) 父母的個性和親子關係並沒有與青少年的世界互相衝突，反而是健全青少年發展的重要指引；(B) 生活在有機會並獲得支持發展自我觀點家庭中的青少年，有較高程度的辨識探索；(C) 自尊在進入中學的過渡時期會升高；(D) 孤獨對感情狀態有正向的影響。

（　）149. 青少年自我概念的發展具有「行為與自我概念並非全然一致」的特性，也因此青少年的自我可以再區分為「理想我」、「真實我」、「知覺我」、「描述我」，有關上述自我的敘述，下列何者錯誤？(A) 理想我是自己想要成為的人，也就是理想中的自我；(B) 真實我是真實、現實中的自我；(C) 知覺我是自己知覺潛意識想成為的自我；(D) 描述我是個人對他人所作的自我描述。

（　）150. 青少年無法找到符合自己在生理、心理與社會特徵的角色，所引發的感覺。這樣的情況指的是：(A) 角色混亂；(B) 辨識危機；(C) 辨識混亂；(D) 辨識缺失。

（　）151. 兒童初期：暫時性的情緒、感受；兒童中、後期：以他人反應為參照的活動；青少年初期：社會的人格特質；後青少年期：

社會關係或社會性特質有關的道德標準或個人抉擇，上述各個時期發展的特徵，是屬於自我內涵的哪一個發展層面？(A) 生理我；(B) 主動我；(C) 社會我；(D) 心理我。

(　) 152. 根據Erikson的心理社會發展理論，在人生的階段發展時期中，生殖機能期的小孩所面臨的發展任務是：(A) 需建立對人的友愛與親密；(B) 需建立對人的依賴；(C) 需建立明確的自我概念；(D) 需建立自動自發的精神。

(　) 153. 哪些背景因素會影響辨識發展？(I)社會文化；(II)家庭；(III)同儕；(IV)生理發展；(V)學校環境。(A) (II)(III)(IV)(V)；(B) (I)(II)(IV)(V)；(C) (I)(III)(IV)(V)；(D) (I)(II)(III)(IV)。

(　) 154. 個體對本身意識到、認知方面的知覺與評估的總合，即對自己的想法和觀點是：(A) 自我統合；(B) 自我概念；(C) 自我；(D) 自尊。

(　) 155. 人們想要擁有自尊，必須在哪兩者間獲得的協調？(I)自我概念；(II)自我理想；(III)自我統合；(IV)自我尊重。(A) (I)(II)；(B) (I)(III)；(C) (II)(III)；(D) (III)(IV)。

(　) 156. Kaplan（1980）認為低自尊的青少年會藉由什麼來讓自己的自尊回升？(A) 反社會；(B) 犯罪行為；(C) 以上皆是；(D) 以上皆非。

(　) 157. Robison（1995）認為怎樣自尊的青少年與父母關係較為親密？(A) 高；(B) 低；(C) 不一定；(D) 沒有關聯。

(　) 158. 評估孩童是否幸福美滿的指標何者並非判斷依據？(A) 家庭的照顧；(B) 家庭的訓練；(C) 家庭的愛；(D) 家庭的結構。

(　) 159. 一般而言，什麼青少年常在學業成績上、外表上與社交活動上倍感壓力？(A) 社經地位高的男孩；(B) 社經地位高的女孩；(C) 社經地位低的男孩；(D) 社經地位低的女孩。

(　) 160. 男孩自尊發展的基礎在於查覺其：(A) 本身外表的吸引力；(B)

社交網路的關係；(C) 成就與能力；(D) 以上皆是。

（　）161. 青少年階段自我概念改變的趨向為何？(A) 逐漸穩定；(B) 逐漸變動；(C) 逐漸強化；(D) 逐漸弱化。

（　）162. Strang（1957）歸納出青少年自我概念有哪幾種基本向度？(I)整體性；(II)個體性；(III)基本性；(IV)暫時性；(V)過度性；(VI)社會我；(VII)理想我。(A) (I)(II)(III)(IV)(V)(VI)(VII)；(B) (I)(III)(IV)(V)(VI)(VII)；(C) (II)(III)(IV)(V)(VI)(VII)；(D) (II)(III)(IV)(V)(VI)。

（　）163. Marcia（1968）認為哪種類型的青少年未曾為了尋找合意的統合方式而經歷過任何危機，或未作過任何有意義的探索，以便抉擇或許下承諾？(A) 迷失型；(B) 早閉型；(C) 未定型；(D) 定向型。

（　）164. Marcia（1968）認為哪種類型的青少年所建立的統合通常延續父母，不曾做過研究或探討？(A) 迷失型；(B) 早閉型；(C) 未定型；(D) 定向型。

（　）165. Marcia（1968）認為哪一階段的青少年頻頻出現危機，不斷尋求統合且尚未許下承諾？(A) 迷失型；(B) 早閉型；(C) 未定型；(D) 定向型。

（　）166. Marcia（1968）認為哪一階段的青少年在追尋統合的過程中已經歷過危機並許下承諾？(A) 迷失型；(B) 早閉型；(C) 未定型；(D) 定向型。

（　）167. 青少年統合自我的整體概念傾向於：(A) 社會化；(B) 個別化；(C) 同儕化；(D) 社區化。

（　）168. Burke（1997）設想統合控制系統由兩個人我關係和三個內省方面的成分組成，請問內省方面不包括？(A) 自我概念；(B) 比較器；(C) 人際回饋；(D) 統合標準。

（　）169. 何者為統合控制系統的組成要素，用來比較個人的自我概念以

及統合標準？(A) 統合標準；(B) 社會行為；(C) 人際回饋；(D) 比較器。

（　）170. Bersonsky（1997）將統合追尋方式分為三種，<u>不包括</u>：(A) 資訊型；(B) 衝動型；(C) 規範型；(D) 退縮型。

（　）171. Erikson提出青少年的衝突，包括哪些？(I)時間洞察力和時間混亂感；(II)自我確認和自我意識；(III)角色試驗和角色固著；(IV)新手和工作無能；(V)性別屬性和性別混淆；(VI)從屬關係和權威混淆；(VII)確立意識形態和價值混淆。(A) (I)(II)(III)(IV)(V)(VI)；(B) (II)(III)(IV)(V)(VI)(VII)；(C) (I)(III)(IV)(V)(VI)(VII)；(D) (I)(II)(III)(IV)(V)(VI)(VII)。

（　）172. 什麼關係中的情感特質與高度自尊有關？(A) 家庭；(B) 師生；(C) 同儕；(D) 偶像。

（　）173. 出生順序對自尊的關聯性？(A) 非常重要；(B) 微乎其微；(C) 完全不相關；(D) 看情況。

（　）174. 青少年遭遇問題的數量及類型皆會影響其自尊，女孩比男孩容易因為哪些方面感到困擾？(I)健康；(II)雙親；(III)社交；(IV)心理。(A) (I)(II)；(B) (I)(III)；(C) (II)(III)；(D) (II)(IV)。

（　）175. 青少年遭遇問題的數量及類型皆會影響其自尊，男孩比女孩容易因為哪些方面感到困擾？(I)健康；(II)雙親；(III)社交；(IV)心理。(A) (I)(II)；(C) (II)(III)；(C) (III)(IV)；(D) (I)(IV)。

（　）176. Marcia（1968）認為哪種類型的青少年，無法辨識哪些價值觀及目標是父母的或是自己的？(A) 迷失型；(B) 早閉型；(C) 未定型；(D) 定向型。

（　）177. 胚胎成為一個男性或是女性的決定性因素，何者<u>為非</u>？(A) XY染色體；(B) XX染色體；(C) YY染色體；(D) 男性或女性荷爾蒙。

（　）178. 認知發展理論指出性別角色的認同開始於何時？(A) 孩童時；

(B) 少年時；(C) 中年時；(D) 老年時。

( ) 179. 許多不同版本的認知發展觀點中，最被廣泛接受的是？(A) 社會學習理論；(B) 性別角色基模理論；(C) 學校學習理論；(D) 性別扮演基模理論。

( ) 180. 身體要表現得更強壯些，更有個性些，請問這是何種特質？(A) 男性特質；(B) 女性特質；(C) 男性氣概；(D) 女性氣概。

( ) 181. 在兒童性別認同的發展上，下列何者扮演重要角色？(A) 師長；(B) 同儕；(C) 父母；(D) 弟妹。

( ) 182. 嚴格的性別角色區隔會導致家庭中的結果，下列何者為非？(A) 缺乏合作；(B) 缺乏親近；(C) 缺乏和平相處；(D) 缺乏親密關係。

( ) 183. 下列何者會嚴重限制人們可能締造的關係，生涯及個人成就？(A) 性別認同的以偏概全；(B) 性別認同及性別角色的刻板印象；(C) 性別角色的先入為主；(D) 性別認同及性別角色的生活模式。

( ) 184. 雙重性格指的是？(A) 男性及女性特質合而為一；(B) 性格變化無常的人；(C) 同時可以扮演兩個角色的人；(D) 雙子座個性的人。

( ) 185. 「定向型」女性顯現的積極正向的特質比男性來得少，主因是？(A) 社會觀念；(B) 性別歧視；(C) 兩性有別；(D) 社會偏見。

( ) 186. 「定向型」女性的自尊與「早閉型」的女性自尊高低相比較，下列何者正確？(A) 不能比較；(B) 「定向型」等於「早閉型」；(C) 「定向型」高於「早閉型」；(D) 「定向型」低於「早閉型」。

( ) 187. 「當個體被別人所認定或是自我界定之後的人格特質與社會風格，所產生的特定組合」稱作什麼？(A) 辨識自我；(B) 尋找自

我；(C) 發現自我；(D) 了解自我。

(　) 188. 指從特殊種族群體的成員關係，以及擁有特定的種族辨識二方面，來定義自我，稱之為？(A) 種族辨識；(B) 種族辨認；(C) 種族意識；(D) 種族遷移。

(　) 189. 有關青少年自我概念的陳述，下列何者較佳？(A) 以建立生理自我為主；(B) 無明顯性別差異；(C) 理想自我與真實自我同步一致；(D) 自我概念趨向主觀信念。【96高級中等以下學校及幼稚園教師資格檢定】

(　) 190. 有關青少年的擔憂與焦慮情緒之敘述，下列何者較為正確？(A) 青少年所擔憂的事，有些在成人看來是微不足道的事；(B) 在焦慮時，個體的心跳會變慢，血壓會下降；(C) 擔憂和焦慮是青少年經過客觀觀察所得的感受；(D) 青少年最擔憂的是未來是否有美滿的婚姻。【96高級中等以下學校及幼稚園教師資格檢定】

(　) 191. 輔導與諮商的發展從過去被動滿足個人的需求與解決個人的問題及危機，到主動協助個人因應環境壓力，以預防問題發生，請問此種觀點所指為何？(A) 指導式諮商（directive counseling）；(B) 非指導式諮商（non- directive counseling）；(C) 心理衛生諮商（mental health counseling）；(D) 長期諮商（long-term counseling）。【96高級中等以下學校及幼稚園教師資格檢定】

(　) 192. 小清因與小義發生衝突而感到尊嚴受損，後來參加課輔社團獲得社員的支持而提升，就此事件來說，下列何者是決定青少年期自尊塑造的主要因素？(A) 學業成就；(B) 父母教養；(C) 同儕友誼；(D) 價值觀念。【97高級中等以下學校及幼稚園教師資格檢定】

(　) 193. 關於青少年的交叉壓力（cross-pressure）之來源，下列敘述何者正確？(A) 父母與同儕之間；(B) 青少年團體之間；(C) 師長與同

僑之間；(D) 學校與家庭之間。【97高級中等以下學校及幼稚園教師資格檢定】

( ) 194. 有一學生想多了解有關人生哲學、理想或宗教信仰的議題。他正在追尋下列哪一層面的自我認同？(A) 前瞻的時間觀；(B) 預期工作有成；(C) 辨認服從或領導；(D) 形成意識信念。【97高級中等以下學校及幼稚園教師資格檢定】

( ) 195. 婷婷自從高中住校以來，情緒不穩定，幾乎每天都要打電話回家，心中焦慮才能稍稍平復。下列哪一種理論概念最適合來了解婷婷目前的狀況？(A) 佛洛伊德（S. Freud）的防衛機制；(B) 包比（J. Bowlby）的依附理論；(C) 塞利格曼（M. Seligman）的學習無助論；(D) 艾瑞克遜（E. Erikson）的心理社會發展理論。【97高級中等以下學校及幼稚園教師資格檢定】

( ) 196. 小英穿著一件媽媽買給她的新衣服，她感覺穿在身上怪怪的，很不自在。走在街上，她覺得沿途的人都在盯著她瞧，這個現象可說是青少年自我中心思考的何種特徵？(A) 挑戰權威；(B) 喜好爭辯；(C) 想像觀眾；(D) 個人神話。【97高級中等以下學校及幼稚園教師資格檢定】

( ) 197. 在青少年時期，個體對自我概念的描述會隨著時間的增加，而愈來愈具有什麼特性？(A) 抽象的特性；(B) 未分化的特性；(C) 不實際的特性；(D) 自我中心的特性。【98高級中等以下學校及幼稚園教師資格檢定】

( ) 198. 國二的小華上學經常遲到，但數學成績的表現還不錯。老師後來決定請他當小老師，負責發早自習數學晨考的考卷，此後他就不再遲到了。此一方法是應用行為主義的什麼原理？(A) 增強原理；(B) 懲罰原理；(C) 消弱原理；(D) 交互抑制原理。【98高級中等以下學校及幼稚園教師資格檢定】

( ) 199. 下列哪些因素與在學青少年自我設障行為（self-handicapping

behaviors）有關？甲、自我意識強；乙、低自我價值；丙、高挫折容忍；丁、負面學術傾向。(A) 甲乙丙；(B) 甲丙丁；(C) 乙丙丁；(D) 甲乙丁。【98高級中等以下學校及幼稚園教師資格檢定】

（　）200. 王大華在國中時期每天都跟朋友鬼混，根本沒想過未來要何去何從。他在高中遇到一位非常關心他的老師，常常開導他「少壯不努力，老大徒傷悲」的道理，於是他打定主意要好好經營自己的人生。他看了很多書，聽了不少演講，最後決定以這位老師為榜樣，作為人生的努力方向。王大華經歷了何種自我認同的發展歷程？(A) 混淆、迷失、定向；(B) 迷失、追尋、定向；(C) 追尋、迷失、定向；(D) 迷失、混淆、定向。【98高級中等以下學校及幼稚園教師資格檢定】

（　）201. 對於表達生氣及憤怒有困難的學生，國中教師使用以下哪一技術最為恰當？(A) 洪水法；(B) 間歇強化法；(C) 自我肯定訓練；(D) 系統減敏感法。【98高級中等以下學校及幼稚園教師資格檢定】

（　）202. 用以協助成員增加在團體中有意義的互動，包括協助成員釐清目標和討論行動計畫、協助成員帶動團體方向、教導成員將重點置於自己來談、以及協助成員表達等，主要是屬於下列何項技巧？(A) 催化；(B) 開啟；(C) 同理心；(D) 訂立目標。【98高級中等以下學校及幼稚園教師資格檢定】

（　）203. 高一的小英對自己的優勢和弱點很清楚，有自知之明。這是何種智能的展現？(A) 情境智能（context intelligence）；(B) 內省智能（intrapersonal intelligence）；(C) 經驗智能（experiential intelligence）；(D) 人際智能（interpersonal intelligence）。【98高級中等以下學校及幼稚園教師資格檢定】

（　）204. 艾爾肯（D. Elkind）提出個人神話（personal fable）概念來說明

青少年自我中心主義的現象，此概念的定義為下列何者？(A) 青少年願意去冒險從事夢想性的活動；(B) 青少年非常自我關注，且覺得自己總是站在舞台上；(C) 青少年對自己思維的反思能力愈來愈強，甚至跳離現實；(D) 青少年相信自身的經驗是獨一無二的，且自己是不會受到傷害。【98高級中等以下學校及幼稚園教師資格檢定】

( ) 205. 馬西亞（J. Marcia）主張青少年應達成的認同狀況，下列何者較正確？(A) 正經歷認同危機，並主動提出問題尋找答案；(B) 對自己的狀況似乎瞭解，但是並未做全盤掌握；(C) 尚未想到或解決認同問題，也未能確定生活的方向；(D) 已解決自己的認同危機，並參與及履行特定的目標、信念與價值。【99高級中等以下學校及幼稚園教師資格檢定】

( ) 206. 下列何者不是青少年情緒發展的主要特徵？(A) 單純性；(B) 隱藏性；(C) 延續性；(D) 兩極波動性。【99高級中等以下學校及幼稚園教師資格檢定】

( ) 207. 國二的小明難過或受到委屈時，很少表達自己的意見，甚至會哭泣或躲起來。下列行為治療技術，何者對小明是較為適當的？(A) 隔離法；(B) 操作制約；(C) 自我肯定訓練；(D) 系統減敏感法。【99高級中等以下學校及幼稚園教師資格檢定】

( ) 208. 貝克（A. Beck）認為，憂鬱症患者與下列何者的關係最密切？(A) 自我實現；(B) 家庭氣氛；(C) 家庭結構；(D) 對自己持負向的看法。【99高級中等以下學校及幼稚園教師資格檢定】

( ) 209. 根據哈特（S. Harter）的研究，下列何者最能預測青少年的自尊？(A) 學業成就；(B) 社會能力；(C) 身體外貌；(D) 行為舉止。【100高級中等以下學校及幼稚園教師資格檢定】

( ) 210. 下列有關青少年情緒調節發展的敘述，何者為非？(A) 青少年情緒調節的發展與母親的憂鬱無關；(B) 憂鬱的青少年比較不具有

調節悲傷情感的能力；(C) 青少年可以開始理解自己的情緒經驗可能與他人並不相同；(D) 憂鬱的青少年在情緒障礙的情況下，很難改變自己負向的情感。【101高級中等以下學校及幼稚園教師資格檢定】

（　）211. 下列哪一項<u>不是</u>青少年時期常見的情緒特徵？(A) 變動起伏劇烈；(B) 前導原因不明；(C) 正向情緒較多；(D) 回應比較直接。【101高級中等以下學校及幼稚園教師資格檢定】

（　）212. 普萊斯（J. Price）將青少年的憤怒與攻擊行為區分為下列六個層次，何者為較嚴重程度？甲、對他人的口頭與身體攻擊；乙、直接表現激憤不滿或抱怨；丙、表現暴力行為讓他人嚴重受傷；丁、嚴重毀損物品或持器械威脅要傷人；戊、以口語攻擊表達頑強反抗與拒絕順從；己、口頭威脅要去傷害他人或損害非貴重之物品。(A) 甲丙；(B) 乙戊；(C) 丙丁；(D) 丁己。【101高級中等以下學校及幼稚園教師資格檢定】

（　）213. 根據賴斯（F. Rice）情緒的歸類，青少年常見的憤怒情緒是屬於下列哪一類別？(A) 敵意狀態（hostile status）；(B) 核心情緒狀態（core emotions status）；(C) 積極情緒的喜悅狀態（joyous status）；(D) 負向情緒的抑制狀態（inhibitory status）。【101高級中等以下學校及幼稚園教師資格檢定】

（　）214. 國二的小娟因談戀愛遭父親責罵，而與父親產生衝突，她對父親感到憤怒與憎恨。這屬於賴斯（F. Rice）所提出的哪一種情緒狀態？(A) 敵意；(B) 懷疑；(C) 抑制；(D) 悲傷。【103高級中等以下學校及幼稚園教師資格檢定】

（　）215. 小明升上高中後，不像國中時那麼衝動。下列有關小明情緒的發展，何者較<u>不適當</u>？(A) 情緒效能與判斷從兩極化轉向趨中；(B) 情緒運用由外在要求轉向自我主張；(C) 情緒表達由直接外顯轉向間接內隱；(D) 情緒覺察從混合情緒轉向單一情緒。

【103高級中等以下學校及幼稚園教師資格檢定】

（　）216. 下列哪一項是兒童至青少年情緒發展的特徵？(A) 情緒掩飾的能力由強轉弱；(B) 情緒的表達由間接轉為直接；(C) 情緒波動的原因由抽象轉為具體；(D) 情緒原因的覺察由外在轉為內在。
【104高級中等以下學校及幼稚園教師資格檢定】

（　）217. 根據馬西亞（J. Marcia）對青少年自我辨識的觀點，下列哪一類型最具有實驗主義的特徵？(A) 辨識混淆（identity diffusion）；(B) 辨識預定（identity foreclosure）；(C) 辨識遲滯（identity moratorium）；(D) 辨識有成（identity achievement）。【104高級中等以下學校及幼稚園教師資格檢定】

（　）218. 下列哪一項並非青少年的自我中心現象？(A) 覺得沒有人能夠了解自己的實際感受；(B) 常會以自己的觀點來理解他人的想法；(C) 認為其他人也同樣關注自己的一舉一動；(D) 能從第三者的觀點省察自己與他人的互動。【106高級中等以下學校及幼稚園教師資格檢定】

解　答

1.(A)	2.(A)	3.(B)	4.(D)	5.(C)	6.(C)	7.(C)	8.(D)	9.(A)	10.(C)
11.(B)	12.(B)	13.(D)	14.(C)	15.(A)	16.(C)	17.(A)	18.(C)	19.(B)	20.(A)
21.(A)	22.(A)	23.(A)	24.(D)	25.(B)	26.(B)	27.(B)	28.(A)	29.(C)	30.(A)
31.(B)	32.(D)	33.(A)	34.(D)	35.(A)	36.(D)	37.(B)	38.(C)	39.(C)	40.(D)
41.(A)	42.(A)	43.(B)	44.(C)	45.(B)	46.(C)	47.(B)	48.(A)	49.(D)	50.(B)
51.(D)	52.(C)	53.(A)	54.(D)	55.(A)	56.(C)	57.(B)	58.(C)	59.(A)	60.(D)
61.(B)	62.(C)	63.(D)	64.(C)	65.(A)	66.(B)	67.(B)	68.(C)	69.(A)	70.(D)
71.(A)	72.(C)	73.(C)	74.(B)	75.(A)	76.(C)	77.(B)	78.(D)	79.(A)	80.(D)
81.(C)	82.(B)	83.(C)	84.(D)	85.(A)	86.(D)	87.(B)	88.(C)	89.(A)	90.(B)
91.(A)	92.(C)	93.(D)	94.(B)	95.(D)	96.(C)	97.(C)	98.(A)	99.(A)	100.(C)
101.(A)	102.(A)	103.(A)	104.(D)	105.(A)	106.(B)	107.(D)	108.(C)	109.(B)	110.(C)
111.(D)	112.(A)	113.(C)	114.(B)	115.(B)	116.(C)	117.(A)	118.(A)	119.(C)	120.(B)
121.(D)	122.(C)	123.(B)	124.(D)	125.(B)	126.(B)	127.(C)	128.(C)	129.(A)	130.(A)
131.(B)	132.(C)	133.(D)	134.(B)	135.(B)	136.(B)	137.(C)	138.(A)	139.(C)	140.(B)
141.(A)	142.(D)	143.(C)	144.(D)	145.(A)	146.(B)	147.(D)	148.(C)	149.(C)	150.(A)
151.(C)	152.(D)	153.(A)	154.(B)	155.(A)	156.(C)	157.(A)	158.(D)	159.(B)	160.(C)
161.(A)	162.(B)	163.(A)	164.(B)	165.(C)	166.(D)	167.(B)	168.(C)	169.(D)	170.(B)
171.(A)	172.(A)	173.(B)	174.(A)	175.(C)	176.(C)	177.(C)	178.(A)	179.(A)	180.(A)
181.(B)	182.(C)	183.(B)	184.(A)	185.(D)	186.(D)	187.(A)	188.(A)	189.(D)	190.(A)
191.(C)	192.(C)	193.(A)	194.(D)	195.(B)	196.(C)	197.(A)	198.(D)	199.(D)	200.(B)
201.(C)	202.(A)	203.(B)	204.(D)	205.(D)	206.(A)	207.(C)	208.(D)	209.(C)	210.(A)
211.(C)	212.(C)	213.(A)	214.(A)	215.(D)	216.(D)	217.(C)	218.(D)		

第九章

青少年的道德、價值觀與宗教發展及輔導

重點整理

1. 道德發展包含正向社會思考與行為。對於任何社會，要在世代間維持和興盛必須使青少年投入於促進健康、有生產力和成功的個人、家庭和社會。

2. 依照心理學的觀點，青少年的道德發展可分為：(1)知的層面：即道德的知識、判斷是非善惡的認知作用；(2)情的層面：指道德情緒，其又分來自內心及外在的情緒作用；(3)意的層面：即意志力量，面對誘惑而能不迷失的自我控制力量。

3. 一般而言，青少年的道德發展具有下列的特徵：(1)道德相對主義：逐漸脫離是非二分法，抽象思考能力形成；(2)道德的衝突：對若干行為的看法有所衝突，並利用衝突成為反抗的手段；(3)道德上的知行不一：無法自我控制行為，認知和實踐有鴻溝；(4)與成人道德觀念的疏離：個人不完全被成人所接納，其次是不認同成人的標準，以免被束縛。

4. 影響青少年道德發展的因素：(1)父母的影響；(2)同儕的影響；(3)性別的影響；(4)大眾傳播媒體的影響；(5)時代背景。

5. 青少年道德發展的重要理論：(1)精神分析論；(2)社會學習論；(3)認知發展論。

6. 社會學習論認為道德發展有三個重點：(1)抗拒誘惑；(2)賞罰控制；(3)楷模學習與替身效應。

7. 認知發展論對道德發展提出見解的學者中，本章提到的有：(1)皮亞傑（J. Piaget）；(2)杜威（J. Dewey）；(3)郭爾保（L. Kohlberg）；(4)基理良（C. Gilligan）。

8. 對郭爾保（L. Kohlberg）及基理良（C. Gilligan）的理論做一比較，雖有極大差異，但兩者並陳時，有助於充分瞭解青少年兩性的道德發展，兩者具互補之功能。

9. 郭爾保（L. Kohlberg）認為道德的發展具連續性及普遍性，其研究發現，文化的差異及年齡變化對道德發展的影響在所難免。

10. 郭爾保（L. Kohlberg）提出道德發展理論，主張應該著重於道德行為的理由，而非行為本身。他透過道德發展建構的訪談，設計一種情境來辨識在道德行為下的理由，郭爾保發現人們使用的道德推理可分為五個不同階段。

11. 多數人在日常生活中或多或少會做違反道德的行為，以青少年的考試作弊而言，其決定因素亦呈現多樣性。

12. 內在取向的道德教育效果較佳，若再加上外在壓力與較高的自我形象，將可達到有效的道德教育。

13. 同理心是助人行為的核心部分，且因性別及遺傳，甚至生活經驗不同而有所差異。

14. 道德教育與輔導的要點在協助個體了解道德之意義並解決道德衝突。其方向要從班級與學校，以及家庭之中著手。

15. 郭爾保（L. Kohlberg）的道德教育以討論方式為手段，並以生活、學習教材及師生互動等多方面的內容為題材。

16. 價值觀具可變性；少年的價值觀常受：(1)性別因素；(2)宗教信仰；(3)學業成就的影響。

17. 羅吉齊（Rokeach, 1973）將價值分為終極性與工具性兩類。

18. 價值是社會化的結果，青少年的家庭、社會、文化、老師、宗教、朋友，以及大眾傳播都對其價值形成有所貢獻。

19. 青少年價值觀的健康發展具有風險，特別是脈絡中的道德導向，例如：戰爭，在戰爭中公民社會結構很薄弱。若社會沒有提供青少年在社區和社會脈絡中發展的機會，將使社會產生以在行為和情感上有問題之下一代的風險。

20. 青少年價值觀的輔導策略有：(1)多給予與價值體驗的機會，也可以利用道德討論、思考的方法；(2)價值澄清法。

21. 佛勒（Flower, 1974; 1975）根據皮亞傑（J. Piaget）、艾力克遜（E. Erikson）、郭爾保（L. Kohlberg）的理論，對個人的宗教信仰發展建立了六階段理論，而梅鐸與卡霍伊（Meadow & Kahoe, 1984）則將宗教劃分為外在取向→宗教儀式參與取向→內在的宗教取向→獨立自主的看法與信仰三個發展歷程。

22. 青少年的宗教發展問題是：(1)宗教狂熱；(2)宗教與道德行為；(3)青少年的宗教活動狀況。

23. 青少年常因個人因素參與宗教狂熱活動，這些因素分別有：(1)沒有安全感（insecurity）；(2)好追根究底（inquisitiveness）；(3)理想主義（idealism）；(4)孤獨（loneliness）；(5)感到幻滅（disillusionment）；(6)辨識認定危機（identity）；(7)天真（naivete）。

24. 青少年宗教教育與輔導重點為：(1)父母與教師不宜強迫青少年接受某一宗教的教義，或要求參加宗教活動與儀式；(2)可視為青少年整體道德教育的一部分，可利用近似道德兩難的問題探討宗教與人生哲學問題；(3)注意其心理發展狀況，防止青少年受狂熱宗教的吸引；(4)強調宗教信仰的自由與尊重他人的宗教信仰；(5)引導青少年分辨宗教與迷信的差別。

試題演練

（　）1. 下列何者為現代青少年與上一代不同的的價值取向？(A) 盡情享

樂；(B) 勤奮工作；(C) 刻苦節儉；(D) 為未來著想。

( ) 2. 羅吉齊（Rokeach, 1973）將價值分為下列哪兩種？(A) 極端性與系統性；(B) 中間性與平和性；(C) 終極性與利用性；(D) 終極性與工具性。

( ) 3. 價值是受下列何種影響的結果？(A) 教育化；(B) 社會化；(C) 理想化；(D) 調息化。

( ) 4. 青少年價值意識在形成的過程，成人應以何種態度從旁協助？(A) 極力駁斥與拒絕；(B) 強制壓抑與反對；(C) 充分接納與支持；(D) 單向說教與封閉。

( ) 5. 價值澄清法所強調的過程，下列何者為非？(A) 果斷的選擇；(B) 自由的抉擇；(C) 肯定抉擇；(D) 重複行動。

( ) 6. 下列何者非宗教的特質？(A) 哲學與智能探索；(B) 肯定經驗的有效性；(C) 權威的合法化；(D) 否定經驗的有效性。

( ) 7. 瑞斯（Rath, 1993）所認為的儀式層面，下列何者正確？(A) 知識傳播與教義的領悟；(B) 禱告與受洗；(C) 經典的拜讀與懺悔；(D) 訊息的得知與吸收。

( ) 8. 停止幻想，作事實驗證並了解信仰是具體的，為宗教發展的哪一階段？(A) 直覺投射信仰；(B) 神話文字信仰；(C) 個別反省信仰；(D) 共通信仰。

( ) 9. 對似非而是的鞏固信仰階段的特徵敘述下列何者正確？(A) 以表面特質為焦點，跟隨成人楷模；(B) 信仰傳統並依賴他人的意見共識；(C) 為自己的信仰和生活方式負責；(D) 個人開始注重信仰能否充分地被察覺及個人價值感的提昇。

( ) 10. 下列個人宗教發展順序何者正確？(A) 外在的→宗教儀式→內在的→自主；(B) 自主→內在的→宗教儀式→外在的；(C) 外在的→自主→宗教儀式→內在的；(D) 內在的→自主→外在的→宗教儀式。

（　）11. 對於青少年的宗教教育與輔導，下列何者為非？(A) 父母應引導少年接受某一宗教；(B) 將視為道德教育的一部分；(C) 勿過度狂熱；(D) 注意迷信與信仰的差別。

（　）12. 曉諭出生於富裕的家庭，但家庭並不健全，在外交友並參加某宗教入迷，試問是下列何種原因造成？(A) 好追根究底；(B) 孤獨；(C) 沒有安全感；(D) 幻滅感。

（　）13. 小周是一位凡事規畫周詳的大學生，並是一位宗教狂熱者，試問他是下列何種原因所造成？(A) 理想主義；(B) 超完美主義；(C) 守舊思想；(D) 天真無邪。

（　）14. 青少年參與宗教活動最大的作用力是什麼情況？(A) 父母參與；(B) 同儕參與；(C) 個人意願；(D) 信賴感。

（　）15. 學校對學生宗教信仰應採何種態度？(A) 自由與引導；(B) 尊重與隨性；(C) 自由與尊重；(D) 輔導與規劃。

（　）16. 價值觀具有何種特性？(A) 轉換性；(B) 可變性；(C) 交替性；(D) 估計性。

（　）17. 青少年的價值觀常受許多因素影響，下列何者為非？(A) 性別；(B) 宗教；(C) 家族；(D) 學業成就。

（　）18. 下列何者非羅杰士（Roget）所指出是青少年道德發展三個要素？(A) 道德的行為；(B) 道德的情緒；(C) 道德的思想；(D) 道德的判斷。

（　）19. 一般而言防止青少年考試作弊有兩大途徑，一為嚴格監考另一為何？(A) 減少考試次數；(B) 用獎品鼓勵；(C) 提升學生的榮譽感；(D) 增加監考人員。

（　）20. 哪一位學者的論點，在道德的發展具有普遍性與連續性的論述？(A) 皮亞傑；(B) 郭爾保；(C) 班度拉；(D) 維高斯基。

（　）21. 青少年價值觀的輔導策略何者為非？(A) 多給予與價值體驗的機會；(B) 利用道德討論、思考的方法；(C) 價值澄清法；(D) 道德

辨識法。

（　）22. 價值澄清法是發展甚早且普遍用來協助青少年正向價值觀的方法，為何人提出？(A) 瑞斯；(B) 班杜拉；(C) 魏特金；(D) 郭爾保。

（　）23. 價值澄清法所強調價值形成的過程有七個效標中下列何者為非？(A) 自由的地選擇，為抉擇採取行動；(B) 從各種可能選擇中選擇；(C) 珍視與喜愛所做的選擇；(D) 不可重複行動。

（　）24. 佛勒（Flower, 1974; 1975）對個人宗教信仰發展建立了六階段理論是根據以下學者提出何者為非？(A) 皮亞傑；(B) 艾力克遜；(C) 班杜拉；(D) 郭爾保。

（　）25. 在佛勒（Flower, 1974; 1975）宗教發展六階段的論述中屬於12～13歲的信仰何者為是？(A) 直覺投射信仰；(B) 詩意的傳統信仰；(C) 神話文字信仰；(D) 個別反省信仰。

（　）26. 同理心論何者較正確？(A) 因性別遺傳不同而有所差異；(B) 是助人的核心部份；(C) 因環境不同而有所差異；(D) 因生活經驗不同而有所差異。

（　）27. 一般而言，宗教具有三大要素何者為非？(A) 哲學與智能探索；(B) 道德與經驗探索；(C) 否定經驗有效性；(D) 權威的合法化。

（　）28. 小明喜歡看封神榜，在佛勒（Flower, 1974; 1975）宗教發展六階段的論述中，是屬於哪一個年齡層？(A) 4歲；(B) 5～6歲；(C) 12～13歲；(D) 18～19歲。

（　）29. 哪一學者在道德的發展理論中，曾有道德三期六段論的說法？(A) 郭爾保；(B) 皮亞傑；(C) 霍爾；(D) 佛洛伊德。

（　）30. 在佛勒（Flower, 1974; 1975）宗教發展六階段理論，下列哪一個不屬於期六階段的論述？(A) 似非而是的鞏固信仰；(B) 一般的反省信仰；(C) 共通的信仰；(D) 個別反省的信仰。

（　）31. 郭爾保（L. Kohlberg）認為怎樣的做法最有助於青少年道德發

展，何者為是？(A) 道德的標準；(B) 道德的討論；(C) 道德課程安排；(D) 道德的實踐推行。

（　）32. 曾依據自己理論於美國麻州創設正義社區學校的學者為何人？(A) 班杜拉；(B) 皮亞傑；(C) 艾力克遜；(D) 郭爾保。

（　）33. 羅吉齊（Rokeach, 1973）把價值分為兩類，下列哪一項價值是與現實的行為方式有關？(A) 工具性價值；(B) 普遍性價值；(C) 條件性價值；(D) 整體性價值。

（　）34. 羅吉齊（Rokeach）將價值分為兩類，一類為終極性，二類為何？(A) 普遍性；(B) 條件性；(C) 整體性；(D) 工具性。

（　）35. 十六歲的怡銘面對「香菸」的誘惑時，或是抽菸前後，心裡都會有罪疚感，這是怡銘的什麼發生作用？(A) 道德知識；(B) 道德情緒；(C) 意志力量；(D) 道德判斷。【94高級中等以下學校及幼稚園教師資格檢定】

（　）36. 十七歲的珊寶面對「香菸」的誘惑時，心裡都會自我控制，這是珊寶的什麼發生作用？(A) 道德知識；(B) 道德情緒；(C) 意志力量；(D) 道德判斷。

（　）37. 有關青少年道德發展的特徵，下列敘述何者較為適當？(A) 仍然依賴社會所接受的刻板印象及權威人物來作判斷的依據；(B) 道德判斷力成熟，因此道德的兩難衝突變少；(C) 雖然已能判別是非善惡，但知行不一定一致；(D) 逐漸認同成人的道德判斷標準。【94高級中等以下學校及幼稚園教師資格檢定】

（　）38. 影響青少年道德發展的因素，下列何者為非？(A) 性別影響；(B) 父母影響；(C) 時代背景；(D) 地理環境。

（　）39. 社會學習論認為道德發展有三個重點何者為非？(A) 抗拒誘惑；(B) 知行不一；(C) 楷模學習；(D) 替身效應。

（　）40. 小明排隊購買東西，這是從小養成的習慣，試問小明的行為，在道德發展因素中，屬於下列何者？(A) 性別影響；(B) 父母影響；

(C) 時代背景；(D) 同儕影響。

( )41. 小明和同學的聊天時，認為父母管他太嚴了，試問小明的想法，在道德發展因素中，屬於下列何者？(A) 性別影響；(B) 父母影響；(C) 時代背景；(D) 同儕影響。

( )42. 小明喜愛觀看電視，因為電視節目，可以讓他學會許多很酷的動作，試問小明的行為，在道德發展因素中，屬於下列何者？(A) 媒體影響；(B) 父母影響；(C) 時代背景；(D) 同儕影響。

( )43. 良好的親子互動，有助於青少年何者的發展？(A) 本我；(B) 自我；(C) 超我；(D) 理想我。

( )44. 杜威（J. Dewey）認為道德本身包含三種要素，下列何者為非？(A) 知識；(B) 文化；(C) 情感；(D) 能力。

( )45. 針對社會既有的規範準則，加以批判後，再加以遵循的行為，在杜威（J. Dewey）道德發展層次中，屬於下列哪一種？(A) 本能的活動；(B) 習俗的道德；(C) 反省的道德；(D) 情感的思考。

( )46. 行為的動機大多來自生理的衝動，其行為在於滿足個體本能的基本需求，在杜威（J. Dewey）道德發展層次中，屬於下列哪一種？(A) 本能的活動；(B) 習俗的道德；(C) 反省的道德；(D) 情感的思考。

( )47. 避免處罰，服從權威，在郭爾保（L. Kohlberg）的道德判斷理論中屬於哪一層次？(A) 道德循規前期；(B) 道德循規期；(C) 道德循規後期；(D) 以上皆非。

( )48. 支持制度的完整，避免破壞傳統，在郭爾保（L. Kohlberg）的道德判斷理論中屬於哪一層次？(A) 道德循規前期；(B) 道德循規期；(C) 道德循規後期；(D) 道德轉換期。

( )49. 相信普遍道德規則的有效性，在郭爾保（L. Kohlberg）的道德判斷理論中屬於哪一層次？(A) 道德循規前期；(B) 道德循規期；(C) 道德循規後期；(D) 道德轉換期。

（　）50. 在道德發展理論中，強調正義的發展是下列哪一位？(A) 班都拉；(B) 皮亞傑；(C) 郭爾保；(D) 基里艮。

（　）51. 郭爾保（L. Kohlberg）建議實施道德教育應採哪一種方式較為有效？(A) 發現教學法；(B) 嘗試錯誤法；(C) 兩難情境討論法；(D) 有意義教學法。【94高級中等以下學校及幼稚園教師資格檢定】

（　）52. 社會學習論對青少年的道德發展，強調何者的重要性？(A) 超我的良好發展；(B) 兩難情境的討論；(C) 從自律到他律；(D) 增強和示範。【95高級中等以下學校及幼稚園教師資格檢定】

（　）53. 文華和明美為了「母親是否可以為了自己的小孩而偷竊」爭論不已。文華認為法律是在保障大多數人的權益，如果每個人都這麼做，法律對人民就沒有約束力。但明美認為，身為母親應該盡最大的力量來保護子女，若母親沒有盡到應盡的責任，將會受到社會的指責。明美可能是處於基里艮（C. Gilligan）道德發展理論的哪一個階段？(A) 個人生存的道德（morality as individual survive）；(B) 自我犧牲的道德（morality as self-sacrifice）；(C) 互惠的道德（morality as mutuality）；(D) 均等的道德（morality as equality）。【95高級中等以下學校及幼稚園教師資格檢定】

（　）54. 根據郭爾保（L. Kohlberg）的道德發展層次，下列哪一層次已達自律期？(A) 相對功利取向；(B) 尋求認可取向；(C) 普遍原則取向；(D) 順從法規取向。【95高級中等以下學校及幼稚園教師資格檢定】

（　）55. 郭爾保（L. Kohlberg）的道德發展觀點，具「法治觀念取向」者，屬於下列何種時期的特徵？(A) 道德他律期；(B) 道德自律期；(C) 道德循規期；(D) 道德成規前期。【92台南市國中教師甄試】

（　）56. 教師或父母以身作則，為青少年提供良好的楷模，將有助於青少年良心的發展，並提早建立個人的理想。以上敘述說明了佛洛

伊德（S. Freud）所提哪一項人格發展的要素？(A) 本我；(B) 自我；(C) 超我；(D) 自尊。【94高級中等以下學校及幼稚園教師資格檢定】

(　) 57. 以心理學觀點來看，青少年的道德發展分為知、情、意三層面，下列敘述何者不屬於意的層面？(A) 面臨誘惑能不迷失的自我控制力量；(B) 預知行為後果的力量；(C) 意志的力量；(D) 有能力對目前情境做出正確判斷。

(　) 58. 頭兒是一所私立中學國三的學生，學測在即，大大小小的模擬考試壓得他快喘不過氣來，眼見班上許多同學靠著作小抄、打暗號等作弊行為，紛紛登上了年級榮譽榜，頭兒雖覺得這樣的行為不妥，但壓力與分數交戰之下，終於在一次好友的慫恿下，頭兒也加入了作弊的行列…。以上的敘述可看出，頭兒符合下列哪一項青少年道德發展特徵？(A) 道德相對主義；(B) 道德的衝突；(C) 道德上的知行不一；(D) 與成人道德觀念的疏離。

(　) 59. 影響青少年道德發展的因素繁多，主要分為父母、同儕、性別角色、大眾傳播媒體及時代背景五項，其中哪兩項共同形成青少年「對照的社會世界」，對於青少年社會化的經驗有互補功能？(A) 父母與性別角色；(B) 同儕與大眾傳播媒體；(C) 父母與同儕；(D) 性別角色與時代背景。

(　) 60. 「道德的相對主義」是青少年的道德發展特徵之一，下列何者並非其涵義？(A) 對事物的抽象思考能力提升；(B) 以是非二分法判斷事物；(C) 假設性思考的出現；(D) 對事物作多面向考慮，不受限於單一標準。

(　) 61. 博鏵是一位高二生，這天他看到好友祐承一到學校就用力把書包往椅子上甩，上前詢問後才曉得，祐承前晚因排隊參加黑澀會美眉的簽名會而延誤了補習，爸爸得知後臭罵了他一頓，他氣得把自己關在房間裡連飯都不吃，覺得和爸爸之間的代溝一天比

一天大，博鏵聽了也有同感。請問這是青少年道德發展的哪一項特徵？(A) 道德相對主義；(B) 道德的衝突；(C) 道德上的知行不一；(D) 與成人道德觀念的疏離。

（　）62. 青少年的父母是影響其道德發展最重要的人物，下列哪些類型的父母較可能有助於其子女的道德發展？(I)獨斷式的訓練；(II)自由、開放；(III)誘導與情愛啟發教育；(IV)家庭社經水準較高。(A) (I)(II)(III)；(B) (I)(III)(IV)；(C) (II)(III)(IV)；(D) (I)(II)(IV)。

（　）63. 相對於父母，青少年與同儕相處時較能享受平等的權利、獲得更多酬賞，也因此對於青少年來說，同儕的道德標準在某些時候影響力是大過父母。下列何者屬於青少年與同儕在一起主要從事的活動性質？(A) 工具性活動；(B) 獲得責任感之活動；(C) 完成任務的活動；(D) 發展角色取替技巧的活動。

（　）64. 社會學習理論認為道德的發展有三個重點，下列何者屬之？(I)抗拒誘惑；(II)賞罰控制；(III)自我覺察；(IV)楷模學習與替身效應。(A) (I)(II)(III)；(B) (II)(III)(IV)；(C) (I)(II)(IV)；(D) (I)(III)(IV)。

（　）65. 大東在電視上看見許多藝人因吸食大麻而被勒戒，知道吸食大麻是不好的行為，此種情況稱為：(A) 投射作用；(B) 替身效應；(C) 辨識有成；(D) 道德分析。

（　）66. 杜威（J. Dewey）認為道德發展具有三個層次，下列何者為之？(I)本能的活動；(II)道德的習俗；(III)反省的道德；(IV)經驗的累積。(A) (I)(II)(IV)；(B) (II)(III)(IV)；(C) (I)(III)(IV)；(D) (I)(II)(III)。

（　）67. 下列何者不是皮亞傑（J. Piaget）道德發展中，「他律道德」階段會有的情況？(A) 兒童完全的接受成人的命令；(B) 懲罰被認為是違規者自討的結果；(C) 規範是沒有彈性的要求；(D) 呈現服從理

性的道德態度。

（　）68. 小方看見坐在隔壁的大華，在考試時作弊，但是他選擇不告訴老師這件事情，希望當他作弊的時候，大華也不會告訴老師，這是屬於郭爾保（L. Kohlberg）道德發展階段中的哪一階段？(A) 相對功利導向；(B) 法治觀念導向；(C) 尋求認可導向；(D) 避罰服從導向。

（　）69. 在艾力克遜（E. Erikson）的道德發展，「自主對害羞與懷疑」階段中，兒童會虛假的接受一切的規範，導致無恥、反抗、以及不尊重他人。這是什麼樣的狀態？(A) 過度道德性；(B) 無道德；(C) 前道德；(D) 去道德。

（　）70. 不只憑行為過失結果就判斷該受懲罰，而進一步也會考慮到行為的動機，如打破窗戶，會去想打破窗戶是否故意。此種現象稱為：(A) 道德現實主義；(B) 道德強制；(C) 道德相對主義；(D) 道德兩難。

（　）71. 下列何者不是皮亞傑（J. Piaget）道德發展中，「自律道德」階段會有的情況？(A) 每個人以合作及均等的認知為基礎；(B) 對的、好的就是對成人與規範的服從；(C) 懲罰會受到人的意向所影響；(D) 是非善惡的判斷是以行動者的意圖為依據。

（　）72. 下列有關基里民的道德發展理論哪些是正確的？(I)以關懷為道德義務的決定因子；(II)自我道德方面注重自我的連結性和親和性；(III)重視關係；(IV)傾向於現象學，屬於情境相對主義。(A) (I)(III)(IV)；(B) (I)(II)(IV)；(C) (II)(III)(IV)；(D) (I)(II)(III)(IV)。

（　）73. 艾德沃特（Atwater, 1992）指出，考試作弊可能與下列何者有關？(I)低度延緩享受；(II)低度人際信任；(III)低成就；(IV)低自尊。(A) (II)(III)(IV)；(B) (I)(II)(IV)；(C) (I)(III)(IV)；(D) (I)(II)(III)(IV)。

（　）74. 根據法務部統計，有關我國近十年青少年犯罪的敘述，下列何者

正確？(I)以國中肄業程度比率最高；(II)以高中肄業程度比率最
高；(III)性自主犯罪比率上升中；(IV)以竊盜比率最高；(V)犯罪
率下降。(A) (I)(III)(IV)(V)；(B) (II)(III)(IV)(V)；(C) (I)(III)(IV)；
(D) (II)(III)(IV)。【95高級中等以下學校及幼稚園教師資格檢定】

(　) 75. 郭爾保（L. Kohlberg）曾對五個不同國家的10、13、16歲三個年
齡層的青少年作有關道德發展的研究，下列何者並非此調查研
究結果？(A) 相同文化的青少年在道德判斷的發展上速率並非一
致；(B) 不同文化間的道德發展亦有顯著不同，年齡愈高差異愈
明顯；(C) 不同文化間道德發展的顯著差異與社會文化有關，而
與道德水準較無關；(D) 不同年齡的道德判斷水準增加而愈往高
層次發展。

(　) 76. 有作弊行為的青少年較不會產生下列哪一項特徵？(A) 有低社會
疾病；(B) 情緒和道德上顯得比較不成熟；(C) 有較高尋求他人讚
賞和高自我破壞的傾向；(D) 無法犧牲短暫享受去追求長遠的酬
賞。

(　) 77. 同學訂定班規，小明認為打破三扇窗戶比打破一扇窗戶過錯更
大，應該受到更多處罰，小明這樣的道德判斷是屬於郭爾保（L.
Kohlberg）道德發展階段的哪一階段：(A) 避罰服從導向；(B) 相
對功利導向；(C) 法治觀念導向；(D) 尋求認可導向。

(　) 78. 杰倫和志玲為了新聞中「失業父親為病重兒子行搶藥商」爭論，
杰倫認為法律是保護大多數人的權利，如果每個人都這麼做，那
麼法律就沒有約束力。但志玲認為身為父親應該盡最大的力量保
護子女，而且社會一強調生命重要，兩相權衡，父親在無路可走
情形之下，其行搶行為縱然違法，但也是符合道德意義的。志玲
可能是處於郭爾保（L.Kohlberg）道德發展階段的哪一期？(A) 法
治觀念導向；(B) 相對功利導向；(C) 避罰服從導向；(D) 尋求認
可導向。

（　）79. 志玲總是能了解他人，並且能分享同學的情緒感受，設身處地為他人著想，也樂於助人。請問志玲具備的是何種能力？(A) 同理心；(B) 同情心；(C) 領導力；(D) 想像力。

（　）80. 郭爾保（L.Kohlberg）的道德發展三個時期的劃分，係以何者為標準？(A) 習俗（循規）；(B) 教育；(C) 認知；(D) 情操。

（　）81. 提出每個人的價值體系中都兼具終極性（terminal）與工具性（instrumental）兩類價值的學者是：(A) 郭爾保（L.Kohlberg）；(B) 羅吉齊（Rokeach）；(C) 皮亞傑（J.Piaget）；(D) 艾瑞克遜（E.Erickson）。

（　）82. 主張「道德教育應注重學生道德判斷力之發展與啟發」，並將道德認知發展區分成為「三個時期六個階段」的思想家是？(A) 艾瑞克遜（E. Erickson）；(B) 皮亞傑（J. Piaget）；(C) 羅吉齊（Rokeach）；(D) 郭爾保（L. Kohlberg）。

（　）83. 下列何者是在班級中，提升青少年道德成長的作法？(I)讓學生參與訂定班規；(II)提供同儕一起工作的機會；(III)對可能影響團體的違規者，施以適當的懲罰；(IV)以行為作為道德判斷的基礎。(A) (II)(III)(IV)；(B) (I)(II)(III)；(C) (I)(III)(IV)；(D) (I)(II)(III)(IV)。

（　）84. 下列何者是影響青少年價值觀最主要的因素？(I)性別；(II)金錢；(III)學業成就；(IV)宗教。(A) (II)(III)(IV)；(B) (I)(II)(III)；(C) (I)(III)(IV)；(D) (I)(II)(III)(IV)。

（　）85. 下列何者家庭因素對青少年道德推理發展有正向的作用？(I)父母親的溫暖、接納、相互尊重與信任；(II)親子間良好的溝通與互動；(III)父母正向的直接角色楷模；(IV)父母提供青少年獨立的機會：(A) (II)(III)(IV)；(B) (I)(II)(III)；(C) (I)(III)(IV)；(D) (I)(II)(III)(IV)。

（　）86. 與女生相較之下，男生的何種價值取向較高？(A) 群性；(B) 道

德；(C) 成功；(D) 現實。

（　）87. 下列何者<u>不是</u>工具性價值？(A) 誠實；(B) 自由；(C) 獨立；(D) 責任。

（　）88. 下列何者<u>不是</u>終極性價值？(A) 幸福；(B) 公平；(C) 成就感；(D) 想像力。

（　）89. 下列何者是終極性價值？(I)世界和平；(II)國家安全；(III)心胸開闊；(IV)成熟的愛。(A) (II)(III)(IV)；(B) (I)(II)(IV)；(C) (I)(III)(IV)；(D) (I)(II)(III)(IV)。

（　）90. 馬克是住在美國的青少年，你認為他的何種工具性價值最低？(A) 誠實；(B) 救贖；(C) 禮貌；(D) 服從。

（　）91. 奧爾是以色列的青少年，經歷過巴基斯坦與以色列兩國間的武裝衝突，他的何種終極性價值會最高？(A) 寬恕；(B) 救贖；(C) 社會認同；(D) 世界和平。

（　）92. 王先進是霹靂國中的班級導師，他對班上同學的價值觀，可以使用何種輔導策略？(I)強制；(II)忍耐；(III)討論；(IV)支持。(A) (II)(III)(IV)；(B) (I)(II)(IV)；(C) (I)(III)(IV)；(D) (I)(II)(III)(IV)。

（　）93. 青少年宗教具有哪些特質？(I)抽象；(II)個別化；(III)獨自擁有；(IV)因應現實。(A) (II)(III)(IV)；(B) (I)(II)(IV)；(C) (I)(III)(IV)；(D) (I)(II)(III)(IV)。

（　）94. 下列何者不是宗教的要素？(A) 哲學與智能探索；(B) 權威的合法化；(C) 強調個人創意；(D) 否定經驗有效性。

（　）95. 小君最近對於住家附近的社區比起以往關心許多，且很在乎「別人有何想法」在佛勒（Flower, 1974）六階段宗教發展論中，小君進入了哪個階段？(A) 神話文字信仰；(B) 詩意的傳統信仰；(C) 個別反省信仰；(D) 共通的信仰。

（　）96. 下列何者是提升青少年從事宗教狂熱活動最常見的特徵：(I)缺乏親密朋友與支持性團體；(II)對生活幻滅，對酒精、藥物上癮；

(III)不具理想主義；(IV)來自貧窮且悲觀的家庭；(V)天真、容易受狂熱事物的吸引。(A) (II)(III)(IV)；(B) (I)(II)(IV)；(C) (III)(IV)(IV)；(D) (I)(II)(V)。【95高級中等以下學校及幼稚園教師資格檢定】

( ) 97. 請將梅鐸與卡霍依（Meadow & Kahoe）認為的個人宗教信仰發展排序：(I)自主；(II)宗教儀式；(III)內在的；(IV)外在的。(A) (I)(II)(III)(IV)；(B) (III)(IV)(I)(II)；(C) (IV)(II)(III)(I)；(D) (IV)(III)(II)(I)。

( ) 98. 開始為自己的信仰、態度、承諾、生活方式負責，更加注意個人的體驗，充分投入宗教活動中。此屬於佛勒（Flower, 1974）六階段宗教發展論中哪一階段？(A) 直覺投射信仰；(B) 詩意的傳統信仰；(C) 個別反省信仰；(D) 似非而是的鞏固信仰。

( ) 99. 買樂透前群眾忙著拜財神爺希望能夠中頭獎、考試前祈求文昌君而感到更有信心，這種情形屬於梅鐸與卡霍依（Meadow & Kahoe）所認為的個人宗教信仰發展的哪一階段？(A) 外在的宗教取向；(B) 內在的宗教取向；(C) 宗教儀式；(D) 自主宗教階段。

( ) 100. 下列哪一個青少年最容易參與宗教狂熱活動？(A) 重視享樂主義的毛毛；(B) 貧窮的小達；(C) 心思縝密的妍妍；(D) 聰明又具好奇心的小堯。

( ) 101. 下列哪一個青少年不會輕易參與宗教狂熱活動？(A) 感到生活幻滅的毛毛；(B) 貧窮的小達；(C) 缺乏親密朋友的妍妍；(D) 天真的小堯。

( ) 102. 指出青少年道德發展包含：(1)道德的行為；(2)道德的情緒；(3)道德的判斷三個要素的是哪位著名學者？(A) 郭爾保（Kohiberg）；(B) 皮亞傑（Piaget）；(C) 基里艮（Gilligan）；(D) 羅傑士（Rogers）。

( ) 103. 青少年的道德發展可分知、情、意三部份，請選出錯誤敘述選

項。(A) 知的層面指道德知識，是對於是非善惡的認知作用；
(B) 情的層面是青少年控制行為之情緒感受力；(C) 意的層面：
指意志力量，例如：羞恥心、罪疚感；(D) 自我控制是個人在判
斷目前情境後所做的自控反應。

（　）104. 下列何者<u>並非</u>青少年道德發展所具有的特徵？(A) 道德相對主
義；(B) 道德的衝突；(C) 道德上的知行合一；(D) 與成人道德觀
念的疏離。

（　）105. 青少年較容易在何者的壓力下放棄自我所認知的道德原則？(A)
父母；(B) 同儕；(C) 師長；(D) 手足。

（　）106. 下列何者敘述<u>錯誤</u>？(A) 母親過度使用權力獨斷式的訓練會削弱
青少年的道德發展；(B) 家庭社經水準較高的青少年，道德發展
卻是較差的；(C) 青少年與父母一起時主要從事工具性的活動；
(D) 青少年與同儕一起時主要從事一些發展角色的活動。

（　）107. 試問男生的道德發展常以何者為基礎？(A) 嘗試錯誤；(B) 酬
賞；(C) 他人需求；(D) 關懷。

（　）108. 精神分析論認為個體的道德觀念與行為是受到何者的支配？(A)
文化規範；(B) 認知發展；(C) 楷模學習；(D) 本能衝動。

（　）109. 根據佛洛伊德的論點，「超我」包含哪兩個部份？(A) 良心、自
我辨識；(B) 自我認同、自我理想；(C) 良心、自我理想；(D) 自
我辨識、自我理想。

（　）110. 新精神分析學派大師艾力克遜（E. Erikson）認為道德發展不利
時會形成何種現象？(A) 焦慮現象；(B) 固著現象；(C) 遲滯現
象；(D) 封閉現象。

（　）111. 艾力克遜（E. Erikson）認為道德發展最高層次應是達到何種狀
態？(A) 良心；(B) 關懷；(C) 自律；(D) 倫理。

（　）112. 悟空經常帶著悟飯參加淨灘活動，因此悟飯漸漸培養出愛惜地
球、不亂丟垃圾等美德，試問此為社會學習論所認為的哪一項

道德發展重點？(A) 楷模學習及替身效應；(B) 抗拒誘惑；(C) 賞罰控制；(D) 環境保護。

( ) 113. 皮亞傑（J.Piaget）為主的認知發展論者認為道德發展須以何者為基礎？(A) 本能衝動；(B) 運思能力；(D) 社會規範；(D) 家庭社經水準。

( ) 114. 方小同了解人有多樣性的價值和看法，但認為最大的價值是和團體的關係，試問他正處於郭爾保（L. Kohlberg）三層次六階段的哪一層？(A) 道德循規期；(B) 道德循規前期；(C) 道德循規後期；(D) 無道德循規期。

( ) 115. 以女性觀點提出道德發展論的著名學者為？(A) 馬西亞（Macia）；(B) 米德；（Mead）；(C) 杜威（Deway）；(D) 基里艮（Gilligan）。

( ) 116. 承上題，請就其建構的女性道德發展三階段，選出錯誤選項？(A) 其理論強調正義與現實；(B) 第一階段為自私轉變到責任；(C) 第二階段是由善轉變到真理；(D) 第三階段為無暴力的道德。

( ) 117. 蘿小莉是剛升上高三的女生，試問其道德發展較不可能為何？(A) 以非暴力為基本道德；(B) 重視權利衝突；(C) 關切他人的需求；(D) 以關係為道德義務的決定因子。

( ) 118. 在青少年道德的連續性研究上，以何者研究較為著名？(A) 圖瑞爾；(B) 艾德沃克；(C) 班度拉；(D) 圖瑪若。

( ) 119. 青少年常有的不當行為其一是考試作弊，一般而言防止青少年作弊之途徑何者為非？(A) 提升學生的榮譽感；(B) 嚴格監考；(C) 安排適當座位；(D) 減緩作弊被抓的恐懼感。

( ) 120. 能夠進入他人內在參考架構，同時也是助人行為的核心部份為何者？(A) 責任心；(B) 同理心；(C) 慈悲心；(D) 尊重心。

( ) 121. 郭爾保（L. Kohlberg）主張個體道德發展三層次六階段，下列何

者配對錯誤？(A) 道德循規前期：避罰服從導向；(B) 道德循規
期：尋求認可導向；(C) 道德循規後期：價值觀念建立；(D) 道
德循規前期：法治觀念導向。

( ) 122. 小林老師是班級經營相當成功的教師，而班級教室更是青少
年道德學習主要的場所，故其應不可能認同班級教室內何項策
略？(A) 以學生行為做道德判斷的基礎；(B) 對可能影響團體的
違規者施以適當的處罰；(C) 激勵學生應用生活經驗當討論題
材；(D) 花時間聽學生對於道德判斷問題的反應。

( ) 123. 女性道德發展之內容有：(I)自我犧牲的道德；(II)均等的道德；
(III)個人生存的道德；請按照發展三階段之順序排列。(A) (III)
(II)(I)；(B) (I)(III)(II)；(C) (III)(I)(II)；(D) (II)(I)(III)。

( ) 124. 何者並非影響個人價值觀的因素？(A) 成長趨勢；(B) 學業成
就；(C) 宗教信仰；(D) 性別因素。

( ) 125. 將價值分為終極性及工具性兩類的學者為？(A) 郭爾保；(B) 羅
吉齊；(C) 艾德沃特；(D) 喬伊斯。

( ) 126. 價值澄清法的發展甚早，且被普遍用來協助青少年正向的價值
觀發展，其效標總共有幾個？(A) 6個；(B) 7個；(C) 8個；(D) 9
個。

( ) 127. 下列何者為價值澄清法的重要效標之一？(A) 單一行動；(B) 否
定所做的抉擇；(C) 重複行動；(D) 從單一可能選擇中抉擇。

( ) 128. 瑞斯（Rice, 1995）認為宗教包括五個層面，何者並非其分類？
(A) 儀式層面；(B) 經驗層面；(C) 智能層面；(D) 情緒層面。

( ) 129. 大隻佬是宗教狂熱份子，其較不可能具有何種性格？(A) 好追根
究底；(B) 理想主義；(C) 好傻；(D) 好天真

( ) 130. 近年來，西方工業國家青少年參加教會活動人數普遍下降，而
青少年參與宗教活動最大的作用力在於？(A) 同儕的壓力；(B)
師長的導引；(C) 信仰的力量；(D) 父母的參與情形。

（　）131. 道德教育形式多樣，其中效果最佳的為何種取向？(A) 內在取向；(B) 功利取向；(C) 外在取向；(D) 宗教取向。

（　）132. 下列對宗教三大要素之敘述，何者為非？(A) 宗教常因生活問題之思索而起；(B) 宗教儀式大多都是尚智的；(C) 對人類現象的解釋常訴於權威；(D) 對人類真實生活的重新解釋。

（　）133. 據郭爾保（L. Kohlberg）的論點，道德的發展具有哪兩種特性？(A) 普遍性、連續性；(B) 普遍性、內在性；(C) 內在性、間歇性；(D) 間歇性、普遍性。

（　）134. 以女性觀點的道德發展論中，其最高層次的道德發展是？(A) 個人生存的道德；(B) 均等的道德；(C) 自我犧牲的道德；(D) 泛愛的道德。

（　）135. 公民社會如要存在，個體必須相信或是力行的事項，下列何者為非？(A) 支持正義；(B) 擁有民主社會秩序的價值觀；(C) 無限擴張的權力；(D) 履行個人義務。

（　）136. Kohlberg認為道德發展的理論應該為何？(A) 著重於道德行為的推理甚於道德行為本身；(B) 著重於道德行為本身甚於道德行為的推理；(C) 道德行為的推理及道德行為本身應並重；(D) 以上皆非。

（　）137. Kohlberg的道德推理層次與階段下列配對何者正確無誤？(A) 第二階段為他律道德階段；(B) 第三階段為人際間尋求認可階段；(C) 第四階段為社會契約、功能與個人權利階段；(D) 以上皆非。

（　）138. 在Kohlberg和他的同僚長期研究國小和國中學生道德行為推理中，發現國小學生的推理比較偏向某些導向，下列何者為非？(A) 樂趣取向(B) 刻板印象；(C) 同理心；(D) 將別人的需求貼上標籤。

（　）139. 根據研究，並非所有的青少年都有相似的道德推理層次，和下

列哪項有關？(A) 社會經驗；(B) 性別；(C) 家庭成員；(D) 以上皆是。

（　）140. 有關男女之間的道德推理行為差異，下列何者為非？(A) 女性青少年比男性青少年展現更多關懷別人的道德；(B) 男性較有人情味；(C) 女性較擔心傷害到別人；(D) 男性較關心休閒活動。

（　）141. 與自我強化目標相較，誰的正向社會行為含有社會性整合目標？(A) 男性；(B) 女性；(C) 兩者皆有；(D) 兩者皆無。

（　）142. 在Kohlberg的道德推理層次與階段當中，推理形式的內容為「個人不考量他人或確認他人與自己不同的利益」是屬於什麼層次？(A) 前習俗期；(B) 習俗期；(C) 中習俗期；(D) 後習俗期。

（　）143. 在Kohlberg的道德推理層次與階段當中，推理形式的內容為「能知覺個人與他人的人際關係，能感受其分享、贊同，與期待他人行為」是屬於什麼層次？(A) 前習俗期；(B) 習俗期；(C) 中習俗期；(D) 後習俗期。

（　）144. 在Kohlberg的兩難情境當中，他所注重的，以及通常判斷一個人是否有道德的依據是由什麼決定？(A) 行為；(B) 事情的後果；(C) 動機；(D) 心情。

（　）145. 他律道德（heteronomous morality）是屬於哪個時期？(A) 前習俗期；(B) 習俗期；(C) 中習俗期；(D) 後習俗期。

（　）146. 能考慮法律觀點，並能認知其衝突，察覺統整概念上的困境是屬於哪個時期？(A) 前習俗期；(B) 習俗期；(C) 中習俗期；(D) 後習俗期。

（　）147. 在青少年早期，兩性當中，哪一個性別在道德推理上比較有進展？(A) 男性；(B) 女性；(C) 以上皆是；(D) 以上皆非。

（　）148. 道德推理與行為是由青少年所接觸的人來型塑其道德，那麼下列何者與青少年的道德建立的關聯較少？(A) 父母；(B) 同儕；(C) 警察；(D) 個人經驗產生。

（　）149. 下列哪個環境下的青少年會有較少的行為問題？(A) 三代同堂的大家庭；(B) 戰亂地區；(C) 多流血暴動地區；(D) 恐怖主義盛行的地區。

（　）150. 「在個體經歷一些重要傷害後，引起的心理不適」這種症狀稱為什麼？(A) 憂鬱症；(B) 躁鬱症；(C) 精神分裂；(D) 創傷後壓力症候群。

（　）151. 各國青少年對於『壞孩子』行為的認知皆有所不同，但何者情況最為嚴重？(I) 美國-缺乏自我控制；(II) 中國-反社會行動；(III) 日本-破壞人際和諧。(A) 美國；(B) 中國；(C) 日本；(D) 以上皆是。

（　）152. 公共政策的焦點應該在於使家庭具有提供孩子各種需求，以下何者不包括在內？(A) 界限和期望；(B) 社會心理和安全需求；(C) 鼓勵成長和正向價值觀；(D) 經濟支援和工作需求。

（　）153. J. Piaget在《兒童道德判斷》中討論道德推理過程，強調兒童一開始只是以何種結果來判斷對錯？(A) 思想主觀結果；(B) 思想客觀結果；(C) 行為主觀結果；(D) 行為客觀結果。

（　）154. 依據少年事件處理法的規定：少年觸犯刑罰法律，且所犯最輕本刑為五年以上有期徒刑之罪者得以受刑事處份。但於少年犯罪時未滿幾歲者，不適用之？(A) 6歲；(B) 12歲；(C) 14歲；(D) 16歲。

（　）155. Benson認為可以運用資產（發展性資產）來促進青少年正向發展，下列何者屬於資產？(A) 個人（健康的自我辨識）；(B) 家庭（教養風格）；(C) 社區；(D) 以上皆是。

（　）156. Benson又認為資產可分為二十種外在資產，二十種內在資產，下面何種資產屬於外在資產？(A) 學習投入；(B) 正向的價值觀；(C) 家庭的支持；(D) 正向自我認同。

（　）157. 承上題，擁有越多資產的青少年，將會呈現怎樣的狀況？(A) 酒

精濫用；(B) 憂鬱及自殺；(C) 正向健康發展；(D) 缺乏自信心。

（　）158. Scales等人測量其展能的概念，其中包含七個屬性：學校成功、領導、多元價值、生理健康、幫助他人、延緩滿足和克服逆境，這些屬性跟Benson所提出來的資產有何關聯？(A) 成反比；(B) 成正比；(C) 毫無關聯。

（　）159. Benson及其同僚相信青少年需要內外在屬性的資產，透過其研究，共陳述出二十種外在資產，以下何者<u>不屬於</u>同一類型？(A) 家庭界限；(B) 學校界限；(C) 鄰居界限；(D) 在家時間。

（　）160. Benson及其同僚相信青少年需要內外在屬性的資產，透過其研究，共陳述出二十種內在資產，以下何者<u>不屬於</u>同一類型？(A) 自尊；(B) 人際能力；(C) 目標感；(D) 個人為來的正向感。

（　）161. Leffert等人發現，青少年擁有越多資產，則以下何種情形可能越少？(A) 酒精濫用；(B) 自殺；(C) 暴力；(D) 以上皆是。

（　）162. 青少年憂鬱症明顯症狀，何者<u>為非</u>？(A) 心情頹喪；(B) 依賴性增加；(C) 性的興趣減少；(D) 徹夜狂歡。

（　）163. 五C指的是青少年正向發展的五個屬性，下列何者<u>不屬於</u>？(A) 能力；(B) 自信；(C) 勇氣；(D) 關懷。

（　）164. 承上題，下列何者關於五C的配對錯誤？(A) 同情、社會正義－關懷；(B) 社會與行為技巧－自信；(C) 與人們正向連結－連結；(D) 正直和道德－品格。

（　）165. Damon制定了一套章程，內容為「使青少年和成人據以系統性地促進青少年正向結果發展的社會組織團體，借此使公民社會得以維持與繁榮」，是一種社區可以採納用以提供青少年健康發展的框架，其名稱為何？(A) 青少年章程；(B) 公民社會章程；(C) 道德發展章程；(D) 社區發展章程。

（　）166. 下列哪種情況的青少年會比較有正向的道德觀念？(A) 參加許多服務性社團；(B) 家人給予許多關懷；(C) 自我尊重並尊重他

人；(D) 以上皆是。

（　）167. 兒童道德判斷發展的最重要早期研究者即是？(A) Lawrence Kohlberg；(B) Durkheim；(C) Carol Gilligan；(D) Jean Piaget。

（　）168. 請選出下列關於Piaget的道德發展理論敘述正確者？(I)首先會產生約束的道德，接著產生合作的道德；(II)在道德判斷上會從他律期進展到自律期；(III)判斷之所以形成的動機或理由，最初是依據主觀判斷，其次則是客觀判斷；(IV)隨著年齡增長會由客觀責任轉移到主觀責任，儘管兩種歷程有所重疊，但後者並不會取代前者；(V)人們從前運思思維進展到運思思維，並從前道德判斷進展到道德判斷。(A) (I)(II)(V)；(B) (I)(II)(IV)；(C) (II)(III)(V)；(D) (I)(IV)(V)。

（　）169. 下列關於J. Piaget的道德發展理論中的敘述何者為非？(A) 兒童道德判斷的轉變與其認知成長及社會關係的變化有所相關；(B) 青少年的道德判斷可立基於Piaget所謂的平衡；(C) 互惠式懲罰是按過失性質懲罰，由自我加諸的懲罰；(D) 兒童會以其所能見到的損壞或傷害來判斷犯規的嚴重性，發展出內在正義的概念，而再年長些，他們能了解到規則是依據社會輿論共識所訂定和維續的。

（　）170. 請選出下列關於Kohlberg道德發展的三層級描述正確者？(I)層級排列順序是成規前期的道德推理→自律期的道德推理→循規期的道德推理；(II)成規前期的道德推理會隨著年齡成長而消退；(III)自律期的道德推理在10到13歲之間會有明顯地增加，而在13到16之間還會有更多增加；(IV)循規期的道德推理13歲前呈現平穩狀態，於13歲後會持續地增加；(V)道德思維的發展是一種漸進而連續的歷程。(A) (I)(II)(V)；(B) (II)(III)(IV)；(C) (I)(III)(IV)；(D) (II)(III)(V)。

（　）171. 請將Kohlberg道德發展的三層級中的六階段排列出正確的發展順

序。(I)避罰服從取向；(II)社群合約取向；(III)順從法規取向；(IV)相對功力取向；(V)普同原則取向；(VI)尋求認可取向。(A) (I)(IV)(VI)(III)(II)(V)；(B) (II)(I)(III)(VI)(V)(IV)；(C) (III)(I)(IV)(VI)(II)(V)；(D) (I)(VI)(III)(IV)(V)(II)。

（　）172. 下列關於Kohlberg道德發展理論的敘述何者為非？(A) 成規前期的道德推理以酬賞和懲罰為基礎；(B) 避罰服從取向期間人們的行事動機是想要得到回饋與未來的利益；(C) 尋求認可取向期間人們的行事動機是為了獲得別人的認可；(D) 社群合約取向期間人們認為個體的行為應顧及更多大眾的福祉。

（　）173. 下列關於Kohlberg道德發展的三層級中的六階段的敘述何者正確？(A) 循規其道德推理亦稱為原則式道德考量；(B) 普同原則推理類型的人們採取避免自我疚責的行為，其道德取向奠基於自主且普同的正義原則；(C) 幾乎所有的兒童和許多青少年都是循規其道德推理者；(D) Kohlberg強調階段概念在不同文化情境下有著不同的順序序列。

（　）174. 下列何者並非Kohlberg所認為會影響兒童道德發展的變項？(A) 道德的後設認知；(B) 智力；(C) 觀點取替；(D) 具體思維能力。

（　）175. 下列關於Gilligan的道德推理理論敘述何者有誤？(A) 其研究強調性別相似的偏誤；(B) 婦女在第一層級想到的都是自我的利益與存活；(C) 認為女性的道德判斷層級並不低於男性，而是反映女性在看待道德議題時有不同的觀點；(D) 對於道德判斷，男人強調的是公正，婦女卻重視他人的關懷及敏察於別人的感受和權利。

（　）176. 下列何者並非Fabes與Carlo等人描繪了青少年利社會和道德行為的影響主要因素？(A) 青春期狀態；(B) 人格；(C) 同情心；(D) 文化與民族。

（　）177. 下列關於家庭因素與道德學習間的敘述何者有誤？(A) 對父母有

情緒性依賴與強烈情緒依附的幼兒會發展出較堅固的良知；(B) 兒童對某位父母的認同程度會因其與該位父母之間互動的總量而變動；(C) 女生的道德自律與判斷發展的比男生快，其道德發展也比較成熟；(D) 父母自身成為有道德的人是很重要的，那樣才能提供子女值得追尋的身教楷模。

( ) 178. Sutherland和Cressey的區辨聯結理論簡述了助長道德和犯罪學習的各種情形，其間提到一份關係的衝擊程度會因下列何者而有所變化？(I)優先順序；(II)強度與頻率；(III)持續時間；(IV)時期與階段。(A) (I)(II)(IV)；(B) (I)(III)(IV)；(C) (I)(II)(III)；(D) (II)(III)(IV)。

( ) 179. 下列何者是青少年宗教信仰的單一且最重要決定因素？(A) 父母的行為與信仰；(B) 同儕的信仰；(C) 學校教育；(D) 神學信念的內涵。

( ) 180. 下列關於青少年的宗教信仰描述何者有誤？(A) 當父母信仰不同時，母親對其子女信仰的影響通常比父親來的多；(B) 女性子孫比男性子孫有較虔誠的宗教信仰；(C) 多數青少年上教堂與虔誠程度會隨著年紀增長而逐漸降低；(D) 婚姻及親子的衝突可能會抑制宗教觀對青少年的傳遞。

( ) 181. 家庭關係會創造出一種氣氛，進而助長或抑制青少年吸收父母的價值觀。請選出下列敘述正確者？(A) 高支持與控制的父母會教養出與其價值觀相似的子女；(B) 高支持但低控制的父母可能教養出與其價值觀相似的子女；(C) 低支持但高控制的父母會教養出其價值觀較為相似的子女；(D) 以上皆非。

( ) 182. 下列何人與其他社會學習理論學者認為，價值與規則的內化是透過認同與模仿而達成的？(A) Bandura；(B) Simon；(C) Rice；(D) Arcus。

( ) 183. 青少年不良行為是青少年滿幾歲前所犯的過錯，同樣的過錯對

成年人而言就是一種罪行？(A) 十五歲；(B) 十六歲；(C) 十八歲；(D) 二十歲。

（　）184. 下列有關於同儕與參照團體對青少年價值觀的影響敘述何者<u>有誤</u>？(A) 父母會對其子女的道德發展施加極大的影響作用；(B) 若沒有犯行同儕團體的鼓惑，其偏差價值觀就會鬆動而轉成主觀的價值觀；(C) 同儕的影響力會漸漸增加；(D) 青少年在反抗父母的疏忽與拒絕時，主要都是轉向尋求同儕支持。

（　）185. 關於電視對青少年的影響，下列敘述何者<u>有誤</u>？(A) 相較於學校和休閒活動，觀看電視時心跳速率是比較慢的；(B) 電視對青少年價值體系與行為的形塑，會有重要的影響衝擊；(C) 過度觀看電視會造成實體性閱讀所不會引起的麻木；(D) 電視不只導致暴力行為也引起更多的毒品與酒精濫用。

（　）186. 下列關於電視及其他大眾媒體形式的廣告對青少年造成的影響何者<u>為非</u>？(A) 如報紙和雜誌等都是強而有力的社會化工具；(B) 電視會使兒童處在完全被動的狀態；(C) 收看電視的人置身在一個能迅速解放而享受愉悅的不真實世界裡；(D) 電視廣告所提及的社會與個人問題及其提供的解決方法適宜。

（　）187. 下列何者是個人、人際與社會領域所表現出的利社會行為？(A) 同理心；(B) 價值觀；(C) 道德；(D) 善良。

（　）188. 關於道德教育，下列敘述何者<u>有誤</u>？(A) Allport認為教師的自我揭露將可引領學生做自我探索；(B) Kohlberg認為教師的適當角色是要藉由鼓勵對真實檔案評量的自由探討、參與及思考，進而激發學生個人道德判斷的發展；(C) Kohlberg認為兒童時期的道德教育，是促成成熟道德推理的自然發展歷程之激發因素；(D) 公立學校對年輕人的價值觀影響不大。

（　）189. 對於價值澄清法，下列敘述何者<u>有誤</u>？(A) 價值觀教育的一種方式，幫助學生開始懂得察覺自己的信念與價值觀；(B) 價值澄

清法在教學時可運用如強迫二選一的問題、條列清單與優先考量或排序等策略；(C) 價值澄清法取向重視的是價值觀的內容；(D) 在教導價值觀的方法不可行的情形之下，目前學校都是採取稱為價值澄清法的取向。

( ) 190. 下列何者並非Kirschenbaum在進階價值澄清上用來描述價值澄清歷程的向度？(A) 感覺；(B) 融合；(C) 溝通；(D) 行動。

( ) 191. 道德成長與發展開始於？(A) 兒童期早期；(B) 兒童期晚期；(C) 青少年早期；(D) 青少年時期。

( ) 192. 學校在道德教育上扮演重要的角色，下列敘述何者為非？(A) 道德勸說及定義價值觀；(B) 強調個性品格的發展；(C) 價值澄清；(D) 透過社區服務來學習。

( ) 193. 下列何人驗證了Piaget的推論並將其有效地應用在青少年身上？(A) Gilligan；(B) Bengtson；(C) Robins；(D) Kohlberg。

( ) 194. 關於Kohlberg的道德推理六階段中，其中哪一階段的道德推理者相信情有可原的狀況？(A) 普同原則取向；(B) 社群合約取向；(C) 尋求認可取項；(D) 避罰服從取向。

( ) 195. 關於Kohlberg理論的評論，下列何者有誤？(A) 階段的轉變總是向上依序發展的；(B) 較高層級就有優秀德行的說法是不確實的；(C) 沒有任何一項道德判斷層級的評估能被使用來預測道德行為；(D) 其理論最嚴重的挑戰是其對女性的偏誤。

( ) 196. Gilligan的道德推理理論主要描述的是？(A) 性相似的偏誤；(B) 性別角色；(C) 階層差異；(D) 女性動機的轉變。

( ) 197. 與利社會行為相反的是？(A) 反社會行為；(B) 損社會行為；(C) 礙社會行為；(D) 害社會行為。

( ) 198. 下列何者非傳媒帶給青少年不佳的價值觀？(A) 性；(B) 不成熟的理想化；(C) 媒體的商業營利；(D) 英雄化。

( ) 199. 下列何者屬於Five Cs之一？(A) Competence；(B) Communication；

(C) Concentration；(D) Combination。

（　）200. 個人不考量他人或確認他人與自己不同的利益之道德推理形式
稱之為？(A) 他律道德；(B) 自律道德；(C) 雙率道德；(D) 沒有
道德。

（　）201. 筱雯聽到媽媽對她說：「妳讓我很失望！」筱雯很怕失去媽媽
對她的信任，接連幾週特別循規蹈矩。筱雯的道德思考符合郭
爾保（L. Kohlberg）的道德發展理論的哪一階段（level）？(A)
避罰服從取向；(B) 相對功利取向；(C) 尋求認可取向；(D) 遵守
法規取向。【96高級中等以下學校及幼稚園教師資格檢定】

（　）202. 國二的小華平常喜歡占同學便宜，為了改變小華這個不好的習
慣，根據郭爾保（L. Kohlberg）的觀點，以下哪一種是較佳的方
式？(A) 將小華轉介到輔導室進行輔導；(B) 協助小華與同儕進
行互動與協調；(C) 由老師對小華進行較為緊密的管控；(D) 找
小華的爸媽到學校簽訂不再犯契約。【98高級中等以下學校及
幼稚園教師資格檢定】

（　）203. 高二的小松熱衷投入志工服務，例如：飢餓三十、慈濟志工…
等活動。小松期許自己成為社會問題的救贖者，希望藉由奉獻
犧牲來達成他的濟世理想。他較符合下列哪一種現象？(A) 約拿
情結（Jonah complex）；(B) 優越情結（superiority complex）；
(C) 彌賽亞情結（Messianic complex）；(D) 伊底帕斯情結
（Oedipus complex）。【99高級中等以下學校及幼稚園教師資
格檢定】

（　）204. 根據皮亞傑（J. Piaget）的觀點，青少年在同儕間產生密切互動
與合作，因而發展出下列哪一項道德？(A) 生存道德（survival
morality）；(B) 自律道德（autonomous morality）；(C) 習俗
道德（conventional morality）；(D) 他律道德（heteronomous
morality）。【99高級中等以下學校及幼稚園教師資格檢定】

（　）205. 下列何者是自我統整（self-identity）較差的青少年，在道德發展方面較會產生的現象？(A) 較少的關懷行為；(B) 較少的抗拒行為；(C) 較多的自重行為；(D) 較多的內控行為。【100高級中等以下學校及幼稚園教師資格檢定】

（　）206. 國三的文玲說：「我不想樂捐，因為這種『善行』浪費太多募來的錢，而我想要資助的對象卻只能得到一點點而已。」根據依艾森柏格（N. Eisenberg）所提出的利社會道德推理（prosocial moral reasoning）的層次，文玲的說法屬於下列何者？(A) 需求取向；(B) 贊同取向；(C) 同理取向；(D) 內化價值取向。【100高級中等以下學校及幼稚園教師資格檢定】

（　）207. 當青少女在遊戲中出現爭議時，不傾向發展如何公平解決歧異與訂出遊戲規則，而傾向結束遊戲，顯示延續友情重於延續遊戲。此為下列哪一位學者的發現與主張？(A) 班都拉（A. Bandura）；(B) 蘇利萬（H. Sullivan）；(C) 基里民（C. Gilligan）；(D) 郭爾保（L. Kohlberg）。【100高級中等以下學校及幼稚園教師資格檢定】

（　）208. 連老師問國二的梅芬為何信奉某一宗教？梅芬回答說：「我的父母是該教的教徒，所以我也是該教的教徒。」試問梅芬對宗教理念的統合狀態（identity status）屬於下列何者？(A) 迷失型統合；(B) 早閉型統合；(C) 未定型統合；(D) 定向型統合。【101高級中等以下學校及幼稚園教師資格檢定】

（　）209. 郭爾保（L. Kohlberg）認為協助青少年道德發展最關鍵的社會經驗是下列哪一項？(A) 實地操作的機會；(B) 同理關懷的機會；(C) 角色取替的機會；(D) 觀摩學習的機會。【101高級中等以下學校及幼稚園教師資格檢定】

（　）210. 在青少年發展過程中，需要對宗教信仰、性倫理、人生價值等作各種選擇，否則會形成負向的自我認定（negative identity）。

這是下列哪一位學者所提出的理論？(A) 葛拉瑟（W. Glasser）的現實治療理論；(B) 佛洛依德（S. Freud）的精神分析理論；(C) 郭爾保（L. Kohlberg）的道德認知發展理論；(D) 艾瑞克森（E. Erikson）的心理社會發展理論。【102高級中等以下學校及幼稚園教師資格檢定】

（　）211. 國三的瑋瑋對於人、事、物都有自己的價值觀和信念，不再完全受到父母的影響。這是屬於下列哪一種心理分離（psychological separation）現象？(A) 情緒獨立（emotional independence）；(B) 態度獨立（attitudinal independence）；(C) 功能獨立（functional independence）；(D) 衝突獨立（conflictual independence）。【102高級中等以下學校及幼稚園教師資格檢定】

（　）212. 小美認為身為教師應該盡力付出，為了獲得家長的認同，她經常下班後還在工作。根據基里良（C. Gilligan）的道德發展理論，小美處於下列哪一個階段？(A) 均等的道德；(B) 個人生存的道德；(C) 自我犧牲的道德；(D) 相互依存的道德。【103高級中等以下學校及幼稚園教師資格檢定】

（　）213. 青少年的道德發展包含道德情緒，下列哪一項是屬於道德情緒的敘述？(A) 道德的知與行是一致的；(B) 道德知識是道德判斷的基礎；(C) 道德判斷是能分辨是非善惡；(D) 個人行為導致他人不幸會耿耿於懷。【103高級中等以下學校及幼稚園教師資格檢定】

（　）214. 關於青少年道德發展的特徵，下列哪一項較不適當？(A) 逐漸採用二分法；(B) 會開始作假設性的思考；(C) 會質疑成人提供的答案；(D) 不再依賴權威人物的看法。【104高級中等以下學校及幼稚園教師資格檢定】

（　）215. 下列哪一項不是基里良（C. Gilligan）所提出的道德發展階段？(A) 均等的道德；(B) 個人良心的道德；(C) 個人生存的道德；

(D) 自我犧牲的道德。【104高級中等以下學校及幼稚園教師資格檢定】

( ) 216. 八年級某班學生發生集體虐待流浪狗、捉弄烏龜等類似行為。下列哪一項輔導策略最不適用？(A) 教師帶領全班討論生命議題；(B) 全班進行愛校服務打掃校園；(C) 將學生分組進行道德推理的討論；(D) 全班討論班規中納入愛護動物的規定。【105高級中等以下學校及幼稚園教師資格檢定】

( ) 217. 徐老師使用價值澄清法，協助學生在學測後選填大學科系志願。關於價值澄清法之目的，下列何者正確？甲、強調評價的歷程；乙、灌輸特定的價值觀；丙、重視價值觀的內容；丁、察覺所重視的信念與行為；戊、權衡各種可能的利弊得失。(A) 甲乙丙；(B) 甲丁戊；(C) 乙丙戊；(D) 丙丁戊。【105高級中等以下學校及幼稚園教師資格檢定】

解　答

1.(A)　2.(D)　3.(B)　4.(C)　5.(A)　6.(B)　7.(B)　8.(B)　9.(D)　10.(A)

11.(A)　12.(C)　13.(A)　14.(A)　15.(C)　16.(B)　17.(C)　18.(C)　19.(C)　20.(B)

21.(D)　22.(A)　23.(D)　24.(C)　25.(B)　26.(B)　27.(B)　28.(B)　29.(A)　30.(B)

31.(B)　32.(D)　33.(A)　34.(D)　35.(B)　36.(C)　37.(C)　38.(D)　39.(B)　40.(B)

41.(D)　42.(A)　43.(C)　44.(B)　45.(C)　46.(A)　47.(A)　48.(B)　49.(C)　50.(C)

51.(C)　52.(D)　53.(B)　54.(C)　55.(C)　56.(C)　57.(B)　58.(C)　59.(C)　60.(B)

61.(D)　62.(C)　63.(D)　64.(C)　65.(B)　66.(D)　67.(D)　68.(A)　69.(B)　70.(C)

71.(B)　72.(D)　73.(C)　74.(C)　75.(C)　76.(A)　77.(B)　78.(A)　79.(A)　80.(A)

81.(B)　82.(D)　83.(B)　84.(C)　85.(D)　86.(C)　87.(B)　88.(D)　89.(B)　90.(D)

91.(D)　92.(A)　93.(D)　94.(C)　95.(B)　96.(D)　97.(C)　98.(C)　99.(A)　100.(D)

101.(B)　102.(D)　103.(C)　104.(C)　105.(B)　106.(B)　107.(A)　108.(D)　109.(C)　110.(B)

111.(D)　112.(A)　113.(B)　114.(C)　115.(D)　116.(A)　117.(B)　118.(A)　119.(D)　120.(B)

121.(D)　122.(A)　123.(C)　124.(A)　125.(B)　126.(B)　127.(C)　128.(D)　129.(C)　130.(D)

131.(A)　132.(B)　133.(A)　134.(B)　135.(C)　136.(A)　137.(B)　138.(C)　139.(D)　140.(B)

141.(C)　142.(A)　143.(B)　144.(C)　145.(A)　146.(D)　147.(B)　148.(C)　149.(A)　150.(D)

151.(A)　152.(D)　153.(D)　154.(C)　155.(D)　156.(C)　157.(C)　158.(B)　159.(D)　160.(B)

161.(D)　162.(D)　163.(C)　164.(B)　165.(A)　166.(D)　167.(D)　168.(A)　169.(B)　170.(D)

171.(A)　172.(B)　173.(B)　174.(D)　175.(A)　176.(C)　177.(C)　178.(C)　179.(A)　180.(A)

181.(A)　182.(A)　183.(C)　184.(B)　185.(A)　186.(D)　187.(C)　188.(C)　189.(C)　190.(B)

191.(A)　192.(A)　193.(D)　194.(B)　195.(A)　196.(D)　197.(A)　198.(D)　199.(A)　200.(A)

201.(C)　202.(B)　203.(C)　204.(B)　205.(A)　206.(D)　207.(C)　208.(B)　209.(C)　210.(D)

211.(B)　212.(C)　213.(D)　214.(A)　215.(B)　216.(B)　217.(B)

索引

第十章

青少年的生涯與休閒發展與輔導

重點整理

1. 在青少年發展階段，個人面臨下列的工作、職業、生涯發展上的課題：
   (1)需要培養工作知能；(2)需要作生涯探索；(3)嘗試作生涯規劃；(4)建立生涯價值觀。

2. 青少年生涯發展的理論頗多，主要可以歸納為：(1)社會理論；(2)發展理論；(3)特質因素理論；(4)動機理論。

3. 青少年生涯發展社會理論以社會學理論為基礎，認為青少年的生涯發展受到環境中的社會體制所影響。舒波與巴西瑞奇（Super & Bachrach, 1957）認為個人的生涯發展受到下列各種社會體制的影響：(1)家庭、學校與教會；(2)同儕關係、鄰居、種族團體；(3)地理區域、社會階層、種族背景；(4)文化中的自由企業、價值觀念與道德規範。

4. 生涯發展理論雖然也承認社會因素的作用，但更強調發展特徵與生涯轉折的探討。發展理論主要的學者有金滋伯（E. Ginzberg）等人、哈維葛斯特（R. J. Havighurst）與舒波（Super, 1967）等，皆有其發展的階段理論。

5. 特質因素理論認為職業與人格密切關聯，人格類型是職業選擇的基礎，個人的職業選擇與人格類型必需切合。荷倫德（Holland, 1972）認為芸芸眾生可以歸納成六種類型：(1)實際型；(2)智慧型；(3)社會型；(4)傳統型；(5)企業型；(6)藝術型。另外，荷倫德（Holland, 1972）也將環境

模式歸納成同樣的六個類型。

6. 動機理論學者相信，內在與外在動機與需求，直接影響個人的職業抉擇。

7. 動機理論主要的代表人物是馬斯洛（A. Maslow），其建立的心理需求階層圖備受推崇。

8. 影響青少年生涯發展的主要因素，包括：(1)父母；(2)同儕；(3)學校；(4)社會；(5)文化；(6)工作機會；(7)個人特質因素等。其中父母影響青少年生涯發展的途徑主要有以下五項：(1)繼承；(2)幼年生活的影響；(3)學徒訓練；(4)父母的角色楷模；(5)父母的要求與限制；(6)間接影響。個人特質因素則以：(1)智力；(2)成就；(3)興趣；(4)人格的作用較大。

9. 對多數在學的青少年而言，半時的工作是獲得工作經驗的主要來源，但打工是利弊互見的：打工給予了青少年新的自我辨識定位，新的責任與獨立的期望、新而崇高的同儕地位；但也會剝奪在校學習時間、減少參與課外活動的機會、限制做作業的時間。

10. 可從下列方向減少打工給青少年所帶來的害處：(1)學校與工商企業合作；(2)協助青少年降低工作壓力與調適壓力，尤其要留意青少年的行為反應；(3)減少青少年的打工時間。

11. 高流動率、給薪低、權職小、聲望低通常是青少年工作的特徵。

12. 青少年甚多未升學者，可能立即面臨就業的問題，但青少年出去找工作者有過半數未能進入工作世界中而形成失業，可見青少年初次謀職頗有困難，也顯示青少年並不受就業市場的歡迎與接納。其可能原因有：(1)職業觀念影響；(2)待遇偏低；(3)缺乏技術；(4)兵役問題；(5)地區失衡。

13. 生涯教育的目的係提供有計畫的教育經驗，以增進青少年的生涯發展與為未來的生涯作準備。以學生的生涯教育來看，由幼稚園至高中畢業，生涯教育的重點與要素包含了八大項目：(1)自我覺察；(2)教育覺察；(3)生涯覺察；(4)經驗覺察；(5)作決定；(6)起始能力；(7)就業技巧；(8)態

度與價值。

14. 生涯教育的功能與結果，相對於生涯教育的要素與結果也有八項：(1)自我辨識與認定；(2)教育的認定；(3)生涯認定；(4)經驗的了解；(5)生涯決定；(6)就業技巧；(7)生涯安置；(8)自我與社會滿足。

15. 學校諮商員或輔導老師是屬於推動青少年生涯發展的主力角色，需要發揮下列四個功能：(1)協調；(2)溝通；(3)諮詢；(4)連接。在具體方面，學校輔導教師可以直接為學生提供下列的服務：(1)生涯諮商：可區分成五個層次，分別是訊息、自我引導的活動、諮商員合作與選擇性處遇模式，以及團體與個別諮商等等；(2)生涯評估：生涯評估主要有利用標準化測驗與非標準化測驗兩種方式；(3)諮詢、資源提供與聯絡。

16. 生涯發展是終生與連續發展的歷程，故於青少年時期作適當的生涯探索與生涯規劃乃極為必要。青少年生涯規劃的重點有：(1)自我認識；(2)認識工作世界；(3)確認自我的工作價值觀；(4)評估環境因素。

17. 對青少年而言，由於仍處於學習階段，如果學生踴躍的參與正當的休閒活動，對於學生亦具有下列的功能：(1)使學生有機會體驗成就與能力；(2)促進創造力與自我表達；(3)使學生自我成長與自我界定；(4)使學生自我實現與發現個人的人生意義；(5)發展個人特質與人格；(6)發展人際與社會技巧；(7)達到或維持心理健康；(8)促進學業進步。

18. Bammel & Bammel（1996）認為休閒有三個主要功能：(1)鬆弛；(2)娛樂；(3)人格發展。

19. 魏特與比修普（Witt & Bishop, 1970）甚早就將休閒的功能歸為四大類：(1)傾洩作用（catharsis）；(2)鬆弛作用（relaxation）；(3)補償作用（compensation）；(4)工作類化（task generalization）。

20. 青少年休閒活動具有下列的積極功能：(1)允許青少年從事安全的試驗；(2)提供角色演練；(3)學習負責任的社會行為；(4)促進認知發展；(5)取代遊戲在兒童期的地位，促進身心各方面的發展。

21. 青少年休閒輔導的三層面模式為：(1)情感層面；(2)行為層面；(3)認知層

面。青少年休閒諮商的四個步驟，可視為青少年休閒諮商的過程：(1)聚會；(2)探索；(3)行動；(4)結束。

22. 以國內現況而言，推展青少年休閒輔導工作尚需有下列各方面的配合措施：(1)觀念的溝通與調整；(2)取締或規範不當休閒場所；(3)加強休閒教育；(4)增強輔導專業人員的休閒輔導能力；(5)增設青少年休閒場所，並增加青少年適宜的休閒活動；(6)青少年矯治機構也應重視休閒輔導。

試題演練

（　）1. 下列哪行業是荷倫德（Holland, 1972）所稱的社會型的人格？(A) 農夫；(B) 老師；(C) 行政助理；(D) 音樂家。

（　）2. 根據Holland's career typology of vocational behavior以下敘述何者為非？(A) 可區分為以下六種類型：實用、研究、藝術、社會、企業、傳統型；(B) 個人的行為決定於其人格與環境的交互作用；(C) SDS量表不易受到社會期望及刻板觀念的影響；(D) 具有五個中心思想：一致、分化、認同、適配、估算性。【91年台南縣國中教師甄試】

（　）3. 以下哪一心理測驗是依據何倫類型論（Holland Typology）而編製的？(A) 生涯興趣量表；(B) 賴氏人格測驗；(C) 我喜歡做的事；(D) 工作氣質測驗。【92年臺北市國中教師甄試】

（　）4. 在從事生涯輔導工作時，如果你發現有位學生偏好在秩序井然的情境中工作、不喜歡處理模糊不明的要求、且具有文書處理方面的特長，你會判斷他是下列哪一生涯類型？(A) 傳統型（Conventional）；(B) 實際型（Realistic）；(C) 社會型（Social）；(D) 企業型（Enterprising）。【90年台南縣國中小學教師甄試】

（　）5. 如果有學生是因為受老師嘲笑而拒絕上學，根據馬斯洛（Abraham Maslow）的動機階層論，這位學生拒學是基於何種需求未獲滿足？(A) 自我實現；(B) 審美鑑賞；(C) 認知需求；(D) 自尊需求。【93 年臺灣地區輔原教師甄試】

（　）6. 在學校從事生涯輔導工作時，如果你發現有位學生喜歡研究性質的活動，愛對問題深思，擁有科學、數學及抽象思考的能力，你會判斷他是下列哪一生涯類型？(A) 傳統型；(B) 實際型；(C) 智慧型；(D) 企業型。

（　）7. 針對國一學生，以下哪一項活動設計不符合Super的生涯發展論？(A) 實施並解釋生涯興趣量表的施測結果，讓學生知道自己屬於哪一種生涯類型，並確認自己的生涯目標；(B) 設計親子溝通的活動，讓學生了解父母對自己的觀察與期待，做為學生自我了解的參考；(C) 鼓勵學生從校內外各種學藝或體能活動的參與過程，發現自己的興趣與特殊性向；(D) 鼓勵學生比較自己在不同領域課程的學習過程與學習結果，進一步發現自己的能力與性向。【93年臺北市國中教師甄試】

（　）8. 依據馬斯洛（A. Maslow）需求層級論：(I)安全需求；(II)自我實現的需求；(III)生理需求；(IV)隸屬和愛的需求；(V)自尊的需求，由低至高排出正確的層級？(A) (II)(III)(IV)(I)(V)；(B) (III)(V)(II)(IV)(I)；(C) (III)(I)(IV)(V)(II)；(D) (I)(IV)(III)(V)(II)。

（　）9. 下列哪種行業是何倫（Holland）所稱的傳統型的人格？(A) 秘書；(B) 勞工；(C) 輔導人員；(D) 推銷員。

（　）10. 在馬斯洛（A. Maslow）的需求層級論中，下列何者的需要層次較低？(A) 自尊的需求；(B) 生理需求；(C) 安全需求；(D) 自我實現的需求。

（　）11. 下列對青少年休閒活動的陳述何者較為正確？(I)休閒是青少年紓解升學壓力的生活方式；(II)青少年休閒行為之一是打電玩；(III)

臺灣青少年的休閒生活時間充裕且自主；(IV)臺灣父母、家長大都配合青少年的休閒需求。(A) (I)(II)；(B) (III)(IV)；(C) (I)(III)(IV)；(D) (II)(III)(IV)。【95高級中等以下學校及幼稚園教師資格檢定】

( ) 12. 在從事國中生生涯輔導時，以下哪一項不是我們主要的輔導方向？(A) 自我特質與價值觀的了解；(B) 相關測驗與職業資料的收集；(C) 及早選擇自己的職業或工作；(D) 培養應變、彈性與決策的技巧。【95高級中等以下學校及幼稚園教師資格檢定】

( ) 13. 依據Super的生涯發展理論，國中生是屬於哪一個發展階段？(A) 生涯成長期；(B) 生涯探索期；(C) 生涯維持期；(D) 生涯建立期。【95高級中等以下學校及幼稚園教師資格檢定】

( ) 14. 下列對「生涯諮商」（career counseling）的敘述，哪一項是正確的？(A) 生涯諮商僅處理與個人職業選擇有關的問題；(B) 生涯諮商指在學校以外機構所提供的生涯服務；(C) 生涯諮商的關注焦點在於提供與工作世界有關的資訊；(D) 生涯諮商歷程常與個人諮商歷程相互重疊，無法截然二分。【95高級中等以下學校及幼稚園教師資格檢定】

( ) 15. 目前青少年對外打工的情形日益普遍，而對青少年所帶來的益處何者為非？(A) 獲得職業訓練機會；(B) 教導個人自主；(C) 減少同儕相處時間；(D) 增加社會責任感。

( ) 16. 影響青少年生涯發展的因素不包括下列哪一項？(A) 父母；(B) 個人因素；(C) 社會文化與工作機會；(D) 工作與學校。

( ) 17. 青少年需要學習規劃求學時間與承擔責任，並需要增加工作經驗與選擇一項職業為經濟獨立作準備，是依照哪位學者所提出的職業發展論點？(A) 哈維葛斯特（R.J. Havighurst）；(B) 佛洛伊德（S . Freud）；(C) 艾瑞克森（E.H. Erikson）；(D) 卡特爾（Cattell）。

( ) 18. 青少年個人因素是影響生涯發展的一項因素，其中<u>不包含</u>哪種作用？(A) 成就；(B) 人格；(C) 文化；(D) 智力。

( ) 19. 青少年打工固然可以使青少年目前的生活較為富裕，但立即的影響<u>不包括</u>下列哪一項？(A) 減少課業學習時間；(B) 對學校的功課感到興趣；(C) 花較少時間完成家庭作業；(D) 減少課外活動參與時間。

( ) 20. 目前青少年對外打工的情形日益普遍，而對青少年所帶來的害處何者為是？(A) 學到不良習性；(B) 增加課外活動參與時間；(C) 增加課業學習時間；(D) 增加同儕相處時間。

( ) 21. 學校輔導工作是屬於誰的工作職責？(A) 輔導老師／輔導專業人員；(B) 班級導師；(C) 學校行政人員；(D) 全校教職人員。

( ) 22. 下列有關輔導工作原則的敘述，何者為是？(A) 只要有耐心與愛心，人人都能從事輔導工作；(B) 輔導扮演白臉，如慈母；訓導扮演黑臉；如嚴父；(C) 輔導是學校教育的全部；(D) 輔導員的職責在於助人自助。

( ) 23. 從高中學生的需求為考量，學校輔導工作應集中在哪類型的輔導？(A) 生活輔導；(B) 教育輔導；(C) 生涯輔導；(D) 偏差行為輔導。

( ) 24. 學校輔導工作內容中，屬於直接服務的是哪一項？(A) 資訊服務；(B) 諮詢服務；(C) 自我評鑑；(D) 調查研究。

( ) 25. 在輔導工作中提供資訊與建議給予當事人有關的重要他人（如父母、教師、朋友），使其對當事有充分的了解並獲得必要的助人知識與技能，稱為：(A) 衡鑑服務；(B) 資訊服務；(C) 諮商服務；(D) 諮詢服務。

( ) 26. 學校輔導工作的三大範疇，下列何者為<u>錯誤</u>？(A) 生活輔導；(B) 情緒輔導；(C) 學習輔導；(D) 職業輔導。

( ) 27. 生涯諮商與輔導<u>不包括</u>哪一個？(A) 生涯規劃；(B) 生涯決定；

(C) 生涯適應；(D) 生涯事業。

（　）28. 學校輔導教師可以在學生生涯發展上，提供服務的<u>不包括</u>下列哪一項？(A) 生涯諮商；(B) 諮詢，資源提供；(C) 借錢消災；(D) 生涯評估。

（　）29. 小名是位國中生，對未來生涯的事情懵懵懂懂，這時他可以在學校尋找誰來幫他解惑？(A) 同學；(B) 班級導師；(C) 全校教職人員；(D) 校友。

（　）30. 小明現在高三，畢業之後的生涯發展途徑<u>不包括</u>哪途徑？(A) 遊手好閒；(B) 大專教育；(C) 成人延續教育；(D) 就業。

（　）31. 小花想要在生涯資訊上得到更多的訊息，下列哪些相關社區機構<u>不適合</u>？(A) 救國團；(B) 幫派；(C) 獅子會；(D) YMCA。

（　）32. 小華在國中畢業後沒有繼續升學，打算先進入市場就業，下列何者<u>並非</u>青少年勞工尋找工作較常透過的管道？(A) 政府考試分發；(B) 親友介紹；(C) 求職應徵廣告；(D) 師長引介。

（　）33. 吉布生與米契爾（Gibson & Mitchell）指出這一代的青年往往對生涯機會有不切實際的期望，是屬於何種世代？(A) 廣告世代；(B) 電腦世代；(C) 電視世代；(D) 網路世代。

（　）34. 青少年的生涯改變模式以何者為中心？(A) 生涯改變或發展與決定；(B) 自我評估；(C) 生涯認同；(D) 工作尋求與安置。

（　）35. 休閒諮商無法為我們帶來以下何種幫助？(A) 增進自主性；(B) 增加就業機會；(C) 增強個人能力；(D) 建立統整感。

（　）36. 小明是在學國中生，以工作觀點來看，他的工作是什麼？(A) 打工賺錢；(B) 課業學習；(C) 公務人員；(D) 家管。

（　）37. 下列何者<u>並非</u>魏特與比修普（Witt & Bishop）所歸類的休閒功能之一？(A) 傾洩作用；(B) 鬆弛作用；(C) 自律作用；(D) 工作類化。

（　）38. 當有些人面臨不知如何運用下班後時間或不懂得娛樂與放鬆的情

況，應尋求何種諮商服務？(A) 就業諮商；(B) 復健諮商；(C) 家
庭諮商；(D) 休閒諮商。

（　）39. 青少年能從何處多方面體驗人生與探索自己的樂趣，並均衡各項
發展任務？(A) 學校教育；(B) 休閒活動；(C) 家庭生活；(D) 社
會經驗。

（　）40. 下列何者不是非標準化的職業評量方式？(A) 觀察法；(B) 軼事
法；(C) 同儕評估法；(D) 職業測驗量表。

（　）41. 下列何者不是輔導教師在學校教職員與學生、家長之間所扮演的
角色？(A) 代理人；(B) 資源人；(C) 顧問；(D) 諮詢者。

（　）42. 下列何者非與青少年諮商時，進立投契關係的四步驟？(A) 聚
會；(B) 探索；(C) 結束；(D) 鼓勵。

（　）43. 下列何者非學生輔導工作中，休閒諮商與輔導受關切程度遠低於
情感與學業輔導之原因？(A) 校園中學生學習問題被置於首位；
(B) 家長不鼓勵子女花太多時間於休閒上；(C) 學生課餘已有太多
休閒時間；(D) 諮商與輔導人員這方面知識有待加強。

（　）44. 下列何人曾提出青少年休閒輔導的三層面模式與四步驟？(A) 培
斯塔洛齊（J.H.Pestalozzi）；(B) 皮爾斯（Pierce）；(C) 羅艾斯齊
（Loesch）；(D) 福祿貝爾（Froebel）。

（　）45. 青少年休閒輔導的三層面模式，以下何者為非？(A) 認知層面；
(B) 情感層面；(C) 技能層面；(D) 行為層面。

（　）46. 下列何者非青少年六個情感因素之一？(A) 期望；(B) 理想；(C)
態度；(D) 價值。

（　）47. 青少年休閒輔導三層面中之行為層面，所涉及之行為因素，以下
何者為非？(A) 教育；(B) 環境；(C) 生理；(D) 個人。

（　）48. 下列何者非休閒諮商輔導之主要目的？(A) 促進個人豐富人生；
(B) 自我實現之達成；(C) 個人成就之前導作用；(D) 個人成長與
休閒活動之選擇。

（　）49. 何者曾依休閒活動的關係類型和目標，提出休閒諮商模式？(A) 艾力克遜（E.H.Erikson）；(B) 羅艾斯齊（Loesch）；(C) 羅吉斯（C.Rogers）；(D) 汀斯里夫婦（Tinsley & Tinsley）。

（　）50. 依國內現況而言，推展青少年休閒輔導工作所須配合措施，以下何者為非？(A) 教師應配合課程實施；(B) 青少年矯治機構應重視休閒輔導；(C) 增強輔導人員之休閒輔導能力；(D) 取締不良場所。

（　）51. 青少年不當休閒活動中，目前最嚴重最主要的問題為？(A) 社交技巧退步；(B) 沉迷電玩及網路；(C) 缺乏休閒活動；(D) 人際關係疏離。

（　）52. 心理學家馬斯洛（A. Maslow）指出人有多種需求，下列何者為非？(A) 生理；(B) 安全；(C) 愛與隸屬；(D) 服從規範。

（　）53. 根據金滋伯（E. Ginzberg）之生涯發展理論，十一歲至十八歲的青少年會進入生涯選擇的試驗階段，此階段可再分成四個時期，下列何者正確？(A) 能力、價值觀、興趣、決定；(B) 興趣、能力、價值觀、轉換；(C) 興趣、探索、驗證、決定；(D) 價值觀、興趣、能力、評估。【95年度高級中等以下學校及幼稚園教師資格檢定】

（　）54. 根據金茲伯（Ginzberg）的職業發展試驗期，開始覺察並培養對某些職業的興趣是幾歲？(A) 十一、二歲；(B) 十二至十四歲；(C) 十五、六歲；(D) 十七、八歲。【94年基隆市國中教師甄選一輔導科】

（　）55. 在進行生涯抉擇時，下列有關測驗結果的說明何者正確？(A) 興趣測驗有最明確的結果，應最優先採用；(B) 性向測驗分數高可預測將來在該領域一定會成功；(C) 性向測驗分數低可預測將來在該領域很可能不會成功；(D) 人格測驗在生涯抉擇過程不重要，無需參考。【95年桃園縣國中教師甄選一輔導科】

（　）56. 哪一項<u>不是</u>在學校生涯輔導工作中應特別注意的？(A) 配合現實環境的考慮；(B) 擴大個人的生活接觸面；(C) 培養學生準備與思考的能力；(D) 價值觀念的澄清與建立。

（　）57. 教師透過動態的晤談，以了解學生的情況並提供協助的過程稱為：(A) 輔導；(B) 心理治療；(C) 諮商；(D) 診斷。

（　）58. 在舒伯（Super）提出結晶化之觀點中，何者並<u>不是</u>青少年階段之生涯發展任務中的一點？(A) 能分辨、分析自己的個性及情緒；(B) 能善用資源；(C) 能察覺現在與未來之關係；(D) 能掌握對自己生涯偏好之資訊。

（　）59. 下列哪一項<u>不包括</u>在正確、健康的價值觀之建立中？(A) 選擇適切的生活目標；(B) 不確定的自我觀念建立；(C) 發展健全的人際關係；(D) 社會關懷。

（　）60. 克萊帝斯（Crites）參考舒伯（Super）之生涯成熟向度，運用其不同之向度，個體於不同向度之反應程度及生涯成熟之指標，轉化成一系統化之模式，下列何者<u>非</u>其因素群？(A) 生涯抉擇之一致性；(B) 生涯抉擇之整合力；(C) 生涯抉擇之現實感；(D) 生涯抉擇之過程。

（　）61. 休閒活動對於青少年身心發展具有重大影響，下列敘述何者<u>較不適當</u>？(A) 青少年成長過程中，休閒活動是陶冶性情，發展自我的一個途徑；(B) 休閒活動是青少年交朋友，建立同儕團體與參與標準的機會；(C) 青少年應致力於課業或成就的追求，休閒生活則有礙青少年的進步，甚至容易使得青少年習於逸樂，不利於未來的生涯發展；(D) 休閒活動具有調劑、紓解生活壓力的意義。

（　）62. 對青少年而言，由於仍在就學階段，若學生踴躍參與休閒活動，對於學生<u>不具</u>下列哪項功能？(A) 促進創造力與自我表達；(B) 有正當理由減少讀書時間；(C) 發展人際與社會技巧；(D) 發展個人特質與人格。

（　）63. 金茲伯格（Ginzberg, 1951）將青少年前期之生涯發展分為兩個階段，其將「能力發展階段」界定為幾歲？(A) 11-12歲；(B) 12-13歲；(C) 13-14歲；(D) 14-15歲。

（　）64. 根據艾力克遜（E. Erikson）提出心理社會發展階段認為，人生每個階段都有其既定的任務，而青少年時期的發展任務是下列何者？(A) 分析vs.角色扮演；(B) 認同vs.角色混淆；(C) 了解vs.角色互換；(D) 信任vs.角色互動。

（　）65. 羅艾斯齊（Loesch, 1981）曾提出.青少年休閒輔導有三層面模式，下列何者為非？(A) 情感層面；(B) 理性層面；(C) 行為層面；(D) 認知層面。

（　）66. 何人認為芸芸眾生及環境模式可以歸納成六種類型：(I)實際型；(II)智慧型；(III)社會型；(IV)傳統型；(V)企業型；(VI)藝術型？(A) 羅伊（Roe）；(B) 克萊帝斯（Crites）；(C) 金滋伯（E. Ginzberg）；(D) 荷倫德（Holland）。

（　）67. 個人一生之中所擁有的各種職位、角色、任務，以及其他與工作有關之經驗與活動的總合稱之為？(A) 職業；(B) 休閒；(C) 生涯；(D) 工作。

（　）68. 個人工作之餘或下班後的時間，也就是不從事工作的時間，稱為？(A) 休閒；(B) 生涯；(C) 假期；(D) 休假。

（　）69. 個人生涯與休閒興趣發展的關鍵時期為？(A) 嬰幼兒階段；(B) 青少年階段；(C) 成年階段；(D) 老年階段，其對個人一生的發展與適應影響深遠。

（　）70. 下列何者不是青少年生涯發展的理論基礎？(A) 社會理論；(B) 發展理論；(C) 特質因素理論；(D) 傳統理論。

（　）71. 以社會理論為基礎，學者認為青少年的生涯發展受到環境中的何種體制所影響？(A) 發展體制；(B) 社會體制；(C) 地區體制；(D) 種族體制。

（　）72. 哈維葛斯特（R. J. Havighurst）的發展任務論點中認為個人生涯發展包含四個階段，下列何者為非？(A) 自我認同階段；(B) 工作習慣獲得階段；(C) 真實工作認同階段；(D) 成為生產工作者階段。

（　）73. 一句古老的諺語－「物以類聚」是哪一位學者的理論？(A) 羅伊（Roe）的理論；(B) 荷倫德（Holland）的理論；(C) 哈維葛斯特（Havighurst）的理論；(D) 舒波（Super）的理論。

（　）74. 小英是一個男性化、不善交際、情緒穩定與唯物論的人，其符合荷倫德（Holland）提出的何種人格特質？(A) 智慧型；(B) 實際性；(C) 社會型；(D) 傳統型。

（　）75. 阿明是一位喜歡教育、治療與宗教職業的人，平常他喜歡從事傳教、管理、社區服務、音樂、閱讀、戲劇等活動，請問他是符合荷倫德（Holland）提出的哪一種人格特質？(A) 社會型；(B) 智慧型；(C) 傳統型；(D) 藝術型。

（　）76. 內在和外在的動機與需求，直接影響個人的職業抉擇，請問動機理論主要的代表人物是誰？(A) 荷倫德（Holland）；(B) 馬斯洛（Maslow）；(C) 舒波（Super）；(D) 哈維葛斯特（Havighurst）。

（　）77. 學校輔導教師可以直接為學生提供服務，以下何者為非？(A) 生涯諮商；(B) 生涯評估；(C) 職業選擇；(D) 諮商、資源提供與聯絡。

（　）78. 下列何者不是青少年生涯規劃的重點？(A) 推銷少年自我；(B) 自我認識；(C) 認識工作世界；(D) 確認自我的工作價值觀。

（　）79. 下列何者非國人最期望建設之休閒設施為何？(A) 運動場所；(B) 社區廟會；(C) 圖書館；(D) 活動中心。

（　）80. 國內青少年休閒目前最為嚴重的問題是哪一項？(A) 看電視；(B) 打球；(C) 網路沉迷；(D) 爬山。

（　）81. 協助個人認知休閒資源與訊息，增加休閒知識與技巧，解決休閒
生活相關問題，稱之為？(A) 課後輔導；(B) 生活輔導；(C) 休閒
輔導；(D) 生命輔導。

（　）82. 哈維葛斯特（R. J. Havighurst）認為個人生涯的發展有四個階
段，請問，下列哪一階段會形成個人的工作與遊戲有關的習慣，
並且學習組織時間與能源，年齡約在10至15歲之間？(A) 成為生
產工作者階段；(B) 真實工作認同階段；(C) 工作習慣獲得階段；
(D) 向重要他人認同階段。

（　）83. 哈維葛斯特（R. J. Havighurst）認為個人生涯的發展有四個階
段，請問，下列哪一階段會對真實的工作加以認同，並且為某一
職業作準備，年齡約在15-20歲之間？(A) 成為生產工作者階段；
(B) 真實工作認同階段；(C) 工作習慣獲得階段；(D) 向重要他人
認同階段。

（　）84. 欣怡常以創造藝術作品的方式來處理環境中的事務，並以主觀的
印象與幻想解決問題，請問，以荷倫德（Holland, 1972）特質因
素理論中，欣怡是屬於哪一類型的人？(A) 企業型；(B) 藝術型；
(C) 智慧型；(D) 社會型。

（　）85. 存希喜好科學性的職業和理論性的工作，在平常也喜歡閱讀與蒐
集，也喜好代數、外文，以及其他有創造性的活動，請問，以荷
倫德（Holland, 1972）特質因素理論中，存希是屬於哪一類型的
人？(A) 企業型；(B) 藝術型；(C) 智慧型；(D) 社會型。

（　）86. 馬斯洛（A. Maslow）認為人類有七大需求，請問，人有滿足慾
望，追求理想與發展潛能的需求是屬於哪一需求？(A) 生理的需
求；(B) 自尊的需求；(C) 安全的需求；(D) 自我實現的需求。

（　）87. 醫生的兒女由於看到父母擁有較高的聲望與酬賞，自然而然的
會想進入父母相同的職業領域。另一方面，子女可能看父母在
工作上的低聲望與低報酬，而想進入與父母不同的職業領域中，

請問，由於父母的職業關係而影響子女對職業的選擇是屬於哪種
作用？(A) 間接作用；(B) 直接作用；(C) 要求作用；(D) 補償作
用。

（　）88. 青少年需要學習規劃求學時間與承擔責任，並且需要增加工作經
驗，並選擇某一項職業以為經濟獨立作準備，此一職業理論是由
何人所提出？(A) 馬斯洛（Maslow）；(B) 荷倫德（Holland）；
(C) 哈維葛斯特（Havighurst）；(D) 舒波（Super）。

（　）89. 打工固然可以使青少年目前的生活較富裕，但下列哪些影響為
非？(A) 物質化；(B) 可能學到社會不良習性；(C) 對學校功課的
興趣減少；(D) 有較多時間完成家庭作業。

（　）90. 下列何者不是青少年工作經驗的益處？(A) 增加社會責任；(B) 增
加自我信賴；(C) 增加對工作的輕視態度；(D) 增加受僱可能。

（　）91. 青少年甚多未升學者，可能立即面臨就業的問題，但青少年初次
找工作者有過半數未能進入工作世界中而形成失業，可見青少年
初次謀職頗有困難，也顯示青少年並不受就業市場的歡迎與接
納，其下列原因何者為非？(A) 待遇偏低；(B) 地區均衡；(C) 缺
乏技術；(D) 職業觀念影響。

（　）92. 下列何者非青少年的工作特徵？(A) 低流動率；(B) 職權小；(C)
聲望低；(D) 給薪低。

（　）93. 下列關於打工的敘述何者正確？(A) 小育認為打工給予自己新的
責任與獨立的期望；(B) 竹本覺得打工可以成為他養家餬口的主
來源；(C) 真山覺得打工時間愈長對他的在學成績會愈有幫助；
(D) 森田說他可以藉由打工慢慢的升上總經理的位置。

（　）94. 使學生認識到基本知能發展的重要性，並且能掌握知識內容，以
便達成生涯目標，是屬於生涯教育重點與要素中的哪一項？(A)
自我覺察；(B) 生涯覺察；(C) 經濟覺察；(D) 教育覺察。

（　）95. 使個人在休閒活動中所獲得的特定或人際技能應用到類似的人生

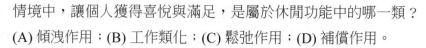

情境中，讓個人獲得喜悅與滿足，是屬於休閒功能中的哪一類？
(A) 傾洩作用；(B) 工作類化；(C) 鬆弛作用；(D) 補償作用。

（　）96. 若根據羅伊（Roe, 1957）的生涯發展社會理論，身為機械工程師的阿貴會覺得他的父母有什麼特質？(A) 接納；(B) 排斥；(C) 要求；(D) 愛。

（　）97. 克萊帝斯（Crites, 1958）認為何處需要提供青少年建立「職業」價值觀的機會，使他們進一步做生涯選擇？(A) 學校；(B) 社會；(C) 教會；(D) 家庭。

（　）98. 身為高中生的園子（18歲）現階段的生涯發展是處在哈維葛斯特（R. Havighurst）發展理論的哪一個階段？(A) 成為生產工作者階段；(B) 工作習慣獲得階段；(C) 真實工作認同階段；(D) 向重要他人認同階段。

（　）99. 主張特質因素理論的荷倫德（Holland, 1972）認為選擇職業是人格的一種表現，其職業抉擇理論可能奠基於哪一句諺語？(A) 熟能生巧；(B) 君子不器；(C) 鶴立雞群；(D) 物以類聚。

（　）100. 下列何者的順序符合馬斯洛（A. Maslow）由低到高的需求階層理論？(A) 安全、自尊、審美、自我實現；(B) 生理、智慧成就、自尊、自我實現；(C) 自尊、安全、審美、隸屬；(D) 隸屬、安全、審美、自尊。

（　）101. 下列何者不是影響青少年生涯發展的主要因素？(A) 同儕；(B) 社會；(C) 婚姻；(D) 父母。

（　）102. 下列何者不是青少年生涯發展中父母帶給青少年影響的原因？(A) 克紹箕裘；(B) 幼年時期對於父母的工作與職業耳濡目染；(C) 父母對子女進行學徒式訓練；(D) 父母親的虔誠的信仰。

（　）103. 青少年打工的不良影響是？(A) 增加課外活動的參與時間；(B) 增加物質主義；(C) 增加教育經驗；(D) 增進代間和諧。

（　）104. 何者不是多數青少年初次謀職困難的原因？(A) 人際關係不佳；

(B) 缺乏專業技術；(C) 工作機會分布失衡；(D) 兵役問題。

（　）105. 由低到高，各教育階段的生涯輔導輔導重點的順序為何？(I)生
涯準備；(II)生涯探索；(III)生涯覺察；(IV)生涯安置(A) (I)(II)
(III)(IV)；(B) (II)(I)(III)(IV)；(C) (III)(II)(I)(IV)；(D) (IV)(III)(II)
(I)。

（　）106. 何者不是輔導老師在學生生涯發展中的功能？(A) 和家長溝通；
(B) 聯絡社區機構；(C) 和教務處協調；(D) 幫學生補習。

（　）107. 在1995年，吉布生與米契爾（Gibson & Mithchell）曾指出這一
代的青少年往往對於生涯機會有不切實際的期望，且過於本位
主義看待生涯工作，是屬於什麼世代？(A) 網路；(B) 電視；(C)
手機；(D) 電玩。

（　）108. 國三的小兔現階段的生涯規劃重點不包括？(A) 確定自己的未來
一生職業；(B) 評估現階段政治、經濟等因素；(C) 確認自我的
工作價值觀；(D) 了解自己的興趣。

（　）109. 高一的龍馬和同學一起打網球，不具備正當休閒的何種功能？
(A) 發洩情緒；(B) 發展人際；(C) 自我實現；(D) 賺取外快。

（　）110. 下列何者無益於臺灣目前青少年休閒輔導工作的推展？(A) 取締
不當休閒場所；(B) 加強輔導專業人員的休閒輔導能力；(C) 注
意感化院的休閒輔導；(D) 減少美術課的節數。

（　）111. 下列何者不是青少年休閒活動的積極功能？(A) 提供角色演練的
機會；(B) 允許青少年從事安全地試驗；(C) 造成偏差行為；(D)
促進身心發展。

（　）112. 高二的金田一的生涯教育重點應該是什麼？(A) 自我覺察；(B)
經濟覺察；(C) 教育覺察；(D) 生涯覺察。

（　）113. 青少年生涯規劃的特性不包括？(A) 孤立性；(B) 試驗性；(C) 主
動性；(D) 持續性。

（　）114. 17歲的琪琪已經建立了對工作世界的基本態度，這是舒波

（Super）生涯發展理論五階段中的哪一個階段？(A) 明確階段；(B) 穩定階段；(C) 具體階段；(D) 執行階段。

（　）115. 金茲伯（E. Ginzberg）認為進入現實階段的生涯發展有何特徵？(A) 幻想化；(B) 具體化；(C) 多元化；(D) 嘗試化。

（　）116. 下列哪一位學者主張幼年生活經驗對個人職業的選擇有決定性的影響？(A) 荷倫德（Holland）；(B) 羅伊（Roe）；(C) 史考特（Stott）；(D) 史努比（Snoopy）。

（　）117. 關於休閒的描述，下列何者正確？(A) 工作比休閒還要重要；(B) 19世紀浪漫主義的興起也帶來了休閒諮商的概念；(C) 價值觀會左右青少年的休閒活動；(D) 休閒對心智成長沒有幫助。

（　）118. 學校如何幫助學生減少打工的害處？(A) 辦理建教合作；(B) 增加打工時間；(C) 增加作業；(D) 忽視學生的雇主。

（　）119. 下列哪一位學者主張內在與外在的動機左右直接影響個人職業的選擇？(A) 霍爾（Hall）；(B) 馬克白（Macbeth）；(C) 皮亞傑（Piaget）；(D) 馬斯洛（Maslow）。

（　）120. 輔導老師與國三的阿發試圖建立投契關係，在休閒諮商過程稱作什麼？(A) 探索；(B) 聚會；(C) 結束；(D) 行動。

（　）121. 探索青少年與他人在一起的目前與預期行為特性，是羅艾斯齊（Loesch, 1981）青少年輔導行為層面中的什麼行為因素？(A) 個人；(B) 生理；(C) 社會；(D) 環境。

（　）122. 協助學生做自我探索、自我規劃是生涯諮商五層次中哪一個層次？(A) 自我引導的活動；(B) 選擇性處遇模式；(C) 諮商員合作；(D) 訊息提供。

（　）123. 下列生涯評估的方式何者使用標準化測驗？(A) 同儕評估；(B) 觀察；(C) 父母約談；(D) 職業興趣測驗。

（　）124. 臺灣地區年輕或教育程度較低者應用何者就業方式的比率較高？(A) 應徵廣告；(B) 他人介紹；(C) 公職考試；(D) 自行創

業。

（　）125. 因為青少年具有_____的心智架構，所以他們的_____是一個可實現其生活目標與計畫的途徑。(A) 心理，職業；(B) 生理，學業；(C) 哲理，學業；(D) 哲理，職業。

（　）126. 對於青少年而言，_____的意義變成是獲得進入成人世界的權利。(A) 出去工作；(B) 職業選擇；(C) 社經地位；(D) 升學。

（　）127. 「現實妥協理論」由何者提出？(A) Holland；(B) Cottfrendson；(C) Ginzberg；(D) Lewin。

（　）128. 「現實妥協理論」強調職業的選擇是一個包括許多_____所組成的長期過程。(A) 大的決定；(B) 他人的意見；(C) 小的決定；(D) 自我的認知。

（　）129. 「現實妥協理論」的第二階段為何？(A) 想像階段；(B) 實踐階段；(C) 試驗階段；(D) 能力階段。

（　）130. 承上題，此階段發生於何時？(A) 7歲；(B) 8～10歲；(C) 11～17歲；(D) 18～21歲。

（　）131. 下列何者並非屬於「試驗階段」？(A) 興趣時期；(B) 價值觀的時期；(C) 具體化時期；(D) 轉換的階段。

（　）132. 青少年在_____進行密集的搜尋以能獲取更多的知識。(A) 搜索時期；(B) 探索時期；(C) 找尋時期；(D) 專門化時期。

（　）133. 下列何者非幻想階段兒童的特微？(A) 發生在11歲；(B) 不注重需求；(C) 兒童想要成為的工作者具有迷人的魅力；(D) 兒童所選擇的工作生涯是不容易辨識的。

（　）134. 劃定界限是基於_____和_____做出一個可接受的生涯選擇。(A) 興趣，能力；(B) 興趣，價值觀；(C) 生理，價值觀；(D) 心理，能力。

（　）135. 「修改個人的生涯選擇以貼近現實條件」所指為何？(A) 妥協；(B) 調適；(C) 選擇；(D) 協調。

( ) 136. 下列敘述何者為是？(A) Holland提出了七種人格類型；(B) 職業
環境理論注重環境與人格類型對人們職業選擇的影響；(C) 人們
的職業選擇一定受環境的影響；(D) 職業環境理論在男性的應用
上難於女性。

( ) 137. 下列何者非Holland提出的人格類型？(A) 經驗型；(B) 研究型；
(C) 實用型；(D) 企業型。

( ) 138. 下列敘述何者為是？(A) Castellion發現父親對工作的感受即可預
測青少年的生涯志向；(B) 比起低社經地位的家庭，高社經地位
的父母多數會直接將其技巧傳授給子女；(C) 子女繼承其父母的
事業，稱為直接繼承；(D) 年輕人們相信他們的父母沒有權力干
涉他們的生涯決定。

( ) 139. 下列敘述何者為非？(A) 家庭功能被定義為家庭能達成目標的能
力；(B) 青少年對父母經驗有較強的情感依附，可增加其生涯的
發展性；(C) 父母可能經由孩子達到替代性的生活；(D) 青少年
認為生涯的決定最終在於自己，父母不需要介入。

( ) 140. 研究指出，工作階層_____流動的青少年，會依賴父母及朋友
的影響。(A) 往上；(B) 往下；(C) 水平；(D) 靜止。

( ) 141. 老師在何時對學生的升學發揮關鍵的影響力？(A) 高中前期；
(B) 高中中期；(C) 高中後期；(D) 大學時期。

( ) 142. 下列敘述何者為是？(A) 傳統男性被認為適合從事教職；(B) 從
事服務業的女性仍以2比1遠高於男生；(C) 關於認知差異，在性
別上有著明顯的智力差異；(D) 最初，女孩比男孩有較高的生涯
期待。

( ) 143. 結構性阻礙指的是外在的_____強加於女性生涯成功的限制。
(A) 職業區分；(B) 性別歧視；(C) 工作競爭；(D) 兩性規範。

( ) 144. _____起於女孩被社會化成要有女人樣。(A) 規範性阻礙；(B)
性別性阻礙；(C) 規範性差異；(D) 認知差異。

（　）145. 認為「女性不能夠進入管理階層或是其他高社經地位是因為她們不同於男生」的原因在於？(A) 規範性阻礙；(B) 性別差異；(C) 規範性差異；(D) 認知差異。

（　）146. 青少年生涯決定所受到的影響有哪些？(I)智力；(II)興趣；(III)性向；(IV)社經地位；(V)工作機會；(VI)工作熟悉度。(A) (I)(V)(IV)；(B) (II)(III)(IV)(VI)；(C) (II)(III)(IV)(V)(VI)；(D) (I)(II)(III)(IV)(V)(VI)。

（　）147. 父母對子女的生涯選擇有何影響？(I)提供其子女機會；(II)提供行為楷模；(III)表示其滿意或不滿意的看法；(IV)提供金錢幫助。(A) (IV)；(B) (II)(III)(IV)；(C) (I)(II)(III)；(D) (I)(II)(III)(IV)。

（　）148. 關於智力測驗對職業的影響，何者有誤？(A) 智力與個體的抉擇能力存有明顯的關係；(B) 高智慧是個體就業的保障；(C) 智力與理想志向的層級有關；(D) 智力與個體是否有能力成就其職業相關。

（　）149. 下列敘述何者為是？(A) 興趣與天資才能具有高度相關；(B) 工作機會與興趣是相對等的；(C) 白領階級的職業持續增加；(D) 自我引導探索系統是依據興趣來測量其與不同職業間的配對。

（　）150. 下列課程類型何者並非今日學生主要的選擇？(A) 具名望；(B) 專業的；(C) 具有機會的；(D) 人文取向。

（　）151. 關於文化對職業的假設，何者有誤？(A) 群體經營的職業是較好的；(B) 公司職位的重要性取決於公司的大小；(C) 個人服務是卑微的；(D) 白領階級的工作是較優秀的。

（　）152. 下列敘述何者是非裔青少年失業的原因？(I)缺乏訓練、技巧、經驗；(II)證照制度的限制；(III)最低薪資的規定；(IV)缺乏教育。(A) (I)(II)；(B) (III)(IV)；(C) (I)(II)(III)(IV)；(D) (II)(III)(IV)。

（　）153. 下列敘述何者是中輟生失業的原因？(A) 缺乏工作能力；(B) 最低薪資的規定；(C) 缺乏教育；(D) 缺少必要的證照。

（　）154. 「性別角色」（gender role）是＿＿＿和＿＿＿的一套行為，與既定的兩性角色相關。(A) 歷史、文化；(B) 習俗、社會；(C) 社會、文化；(D) 語言、教育。

（　）155. Super將生涯發展分為五個階段，試問：15-24歲屬於：(A) 成長期；(B) 探索期；(C) 建立期；(D) 維持期。

（　）156. 承上題，何者便成為青少年時期角色選擇的關鍵？(A) 人際關係；(B) 雙親認同；(C) 刻板印象；(D) 打工兼差。

（　）157. 關於青少年時期「打工」的益處，何者為非？(A) 體驗成年人的生活；(B) 幫助他們成為更好的人；(C) 提升內在的價值；(D) 賺取生活費是主因。

（　）158. 高二的許樂喜歡寫作，想要利用課餘時間到出版社打工增廣見聞，但又考慮一些因素，至今仍下不了決定。請問青少年就業容易產生何種問題？(A) 更有擔當；(B) 同儕跟自己借錢；(C) 剝奪專注於課業的時間；(D) 可以認識更多人。

（　）159. 「性別強化」理論基於一種理念，認為青少年接受男性或女性的社會化經驗，＿＿＿是重要因素與關鍵。(A) 同儕友伴；(B) 自我期許；(C) 家庭架構；(D) 社會脈絡。

（　）160. 青少年至什麼時期，性別角色較不刻板化、富彈性？(A) 初期；(B) 中期；(C) 中後期；(D) 後期。

（　）161. 性別強化發生率而言，較易發生在？(A) 父子；(B) 母子；(C) 父女；(D) 兄弟。

（　）162. 現在愈來愈多的女性可求在工作領域中追求成功，試問，男性投入於家庭工作的比率是？(A) 逐年增加；(B) 未見提升；(C) 急速下降。

（　）163. 青少年工作的特徵是：(I)高流動率；(II)薪水可觀；(III)性質穩

定；(IV)可以呼風喚雨；(V)跑腿打雜階層；(VI)聲望不高：(A) (I)(II)(IV)；(B) (I)(II)(V)；(C) (I)(V)(VI)；(D) (II)(III) (IV)。

（　）164. 楊老師想讓班上同學討論學生打工的優缺點，特地在班會召開發表會。以下四位所述，何者<u>有誤</u>？(I)小賢：打工可以認識很多人，也能學到許多做事的能力；(II)阿豪：女生通常很早就開始打工；(III)小馬：大致而言，打工與學校行為發生率無關；(IV)小怡：打工有助於學業成績的提升。(A) 阿豪；(B) 小賢；(C) 小馬；(D) 小怡。

（　）165. 何者通常<u>不是</u>女性被期待的職業角色？(A) 護士；(B) 軍人；(C) 教師；(D) 家庭主婦。

（　）166. 性別角色是指表現出適當的男性、女性的行為類型，其中<u>不包括</u>下列哪一項？(A) 情感；(B) 態度；(C) 區分；(D) 外型。

（　）167. Erikson的理論中，屬於學前期階段的「成功」是下列何者？(A) 自動自發；(B) 精力充沛；(C) 友愛親密；(D) 辨識自我。

（　）168. 為了解決自我危機，必須對意識形態全心全意投入稱為：(A) 專注；(B) 投入；(C) 融合；(D) 忠誠。

（　）169. 布洛曼（Broverman）針對性別角色刻板化印象分為哪兩類？(A) 性別、外型打扮；(B) 能力展現、成就；(C) 溫暖表達、能力；(D) 個性異同、成就。

（　）170. Marcia提出四種自我辨識的類型，其中何者為邁向辨識有成的必經過程？(A) 迷失型；(B) 未定型；(C) 混淆型；(D) 早閉型。

（　）171. 國民中小學九年一貫課程提出的「六大議題」，下列何者為非？I 人權教育；II 性別平等教育；III 環境教育；IV 終生教育；V 生涯發展教育；VI 家政教育；VII 資訊教育。(A) III；(B) VI；(C) IV；(D) VII。

（　）172. 許多青少年具有高度刺激尋求動機，追求有冒險性和高刺激性活動，不喜歡受拘束和限制。美國Farley稱之為：(A) A型人格；

(B) B型人格；(C) T型人格；(D) O型人格。

( ) 173. 性別角色最早的增強者是：(A) 同儕；(B) 雙親；(C) 自我；(D) 社區。

( ) 174. 個人具備追求成功的欲望極高，力求完美，為何種人格特質？(A) A型人格；(B) B型人格；(C) T型人格；(D) O型人格。

( ) 175. 在生涯規劃的方法中，何者不屬於便捷規劃法？(A) 櫥窗遊走法；(B) 系統規劃法；(C) 自然發生法；(D) 刻板印象法。

( ) 176. 高自尊的青少年，對於自己的打工與課業之平衡，較可能有何種情形產生？(A) 害怕無法兼顧；(B) 無法適當調適壓力；(C) 顧此失彼；(D) 有信心做好。

( ) 177. 國民中學實施各種性向測驗與透過教師觀察，協助學生了解自己的能力、性向與興趣，作為選擇未來進路的依據，這是為了發揮中等教育何種功能？(A) 統整；(B) 分化；(C) 陶冶；(D) 試探。【93年高雄縣國中教師甄選】

( ) 178. 下列何者是A. Maslow所說的基本需求或匱乏性需求（Deficiency）？(A) 自我實現的需求；(B) 知的需求；(C) 愛與隸屬的需求；(D) 美的需求。【93年臺南市市立國民中學教師甄選】

( ) 179. A. Maslow所提出的需求層次論中，下列何者屬最高層次？(A) 自我實現；(B) 生理；(C) 安全；(D) 愛與隸屬。【93年台中市國中教師甄選】

( ) 180. 德國文化哲學大師斯普朗格（E. Spranger）認為哪一類人格類型最具有教育愛，且最適合從事教育工作？(A) 理論型人格；(B) 審美型人格；(C) 宗教型人格；(D) 社會型人格。【93年臺北縣國中教師甄選】

( ) 181. 張老師原本開一輛五年的中古車上班，上星期買了一台進口新車，他的同事看到都好羨慕，他則滿臉得意且滔滔不絕地向好奇的同事，介紹新車的性能。若以馬斯洛（A. Maslow）的需求

層次論觀之，張老師買車的目的主要在追求何種需求的滿足？
(A) 安全需求；(B) 社會需求；(C) 自尊需求；(D) 自我實現需求。【94年臺南縣國中教師甄選】

( )182. 當純美說：「我很害怕，因為我不小心丟了壹佰元」，教師在進行師生溝通時，下列何種比較符合 「同理心」的口語敘述？(A) 妳在哪裡丟掉的，為什麼會不小心？；(B) 沒關係，別急！再仔細想一想在哪裡掉的；(C) 妳丟掉壹佰元，所以擔心爸媽會責罵妳；(D) 沒關係，別擔心！我們一起來找找看。

( )183. 父母與子女的教育程度和職業類別具有高度的相似性，這種現象稱為？(A) 階級再製；(B) 文化資本；(C) 地位世襲；(D) 功績主義。【94年桃園縣國中教師甄選】

( )184. 人本心理學派取向的老師或諮商員所必須具備的三種能力何者為是？(A) 無條件關懷、自我負責、反省成長；(B) 無條件關懷、良好人際技巧、以學生為中心；(C) 無條件關懷、真誠且一致、有同理心；(D) 無條件關懷、有同理心、反省成長。

( )185. 請在閱讀下列的對話之後，判斷對話中的諮商員是屬於哪一個學派？個案：那就是為什麼我要去的原因，因為我不在乎會發生什麼事！諮商員：嗯，嗯。那就是為什麼你要去的原因，因為你真的不在乎你自己。你就是什麼都不在乎，可是，我想要告訴你─我在乎你，我也在乎發生什麼事。個案：（沉默了三十秒）（迸出了兩行熱淚和不可理解的嗚咽）。(A) 完形學派；(B) 溝通分析學派；(C) 理情治療學派；(D) 當事人中心學派。

( )186. 由諮詢者覺察問題、界定問題、蒐集資料、選擇介入途徑、進而與本問題有關的人共同解決問題的諮詢模式是下列何種方式？(A) prescriptive mode；(B) mediation mode；(C) collaboration mode；(D) provision mode。

（　）187. 在挑戰e世代人才培育計畫中，其中一項議題為「活力青少年養成」，請問其主要是為了培養青少年的什麼能力？(A) 國際語英語能力；(B) 學術能力；(C) 藝術與體育能力；(D) 技術能力。

（　）188. 馬斯洛（A. Maslow）認為人類生存的目的在於？(A) 知的需求；(B) 美的需求；(C) 自尊需求；(D) 自我實現需求。

（　）189. 傾聽的技術，在一般諮商的四個階段中，最適合運用的，是屬於哪個階段？(A) 涉入階級；(B) 探索階段；(C) 了解階段；(D) 行動階段。

（　）190. 十四歲的倡翰評估自己在數理上的能力很強，但運動能力很不好。根據金滋伯（E. Ginzberg）在「發展性生涯選擇理論」（developmental career choice theory）上的看法，倡翰是在哪一個生涯選擇階段？(A) 實現期；(B) 探索期；(C) 幻想期；(D) 理想期。【94高級中等以下學校及幼稚園教師資格檢定】

（　）191. 佑心是國中輔導老師，她帶領一個「國中生生涯探索」團體，下列何者是該團體輔導轉換階段的主要任務？(A) 協助成員彼此建立初步的認識；(B) 凝聚成員對團體的向心力；(C) 討論團體規約；(D) 解決成員困擾。【94高級中等以下學校及幼稚園教師資格檢定】

（　）192. 根據舒伯（D. Super）的生涯發展理論，青少年階段最重要的發展重點為何？(A) 讓自己的能力、興趣和自我概念能充分的發展；(B) 多瞭解自己的興趣和能力，以及工作世界的面貌；(C) 從一些工作的經驗中考慮職業和自我興趣的配合；(D) 爭取不同的工作經驗，建立正向自我概念與信心。【97高級中等以下學校及幼稚園教師資格檢定】

（　）193. 大林是一位中學生，最近常沉迷於網咖、電玩中，上課顯得無精打采，課業成績也退步很多，他的導師發現後打算來輔導大林。下列何者最容易造成大林負向的自我認同、輔導成效較

差？(A) 提供大林有益的價值觀及生涯定向的指引；(B) 大林上網咖被發現後必須至輔導室接受輔導；(C) 以大林為例，向班上學生說明上網咖的壞處；(D) 陪大林運動，以紓解他的情緒與課業的壓力。【97高級中等以下學校及幼稚園教師資格檢定】

（　）194. 口才好的小夫，常常說服胖虎和大雄加入他策劃的活動，並且輕易地號召其他人的參與。請問小夫有下列哪一類型的人格特質？(A) 實際型；(B) 社會型；(C) 企業型；(D) 智慧型。

（　）195. 加油站、機械工廠、農地、建築工地與理髮店等等是屬於哪一類型的機構？(A) 實際型；(B) 社會型；(C) 企業型；(D) 智慧型。

（　）196. 青少年個人因素是影響其生涯發展的另一項因素，請問下列哪一項非其因素之一？(A) 智力；(B) 成就；(C) 興趣；(D) 性向。

（　）197. 以學生的生涯教育來看，由幼稚園至高中畢業，生涯教育的重點與要素包含了八大項目，「使學生認識到基本知能發展的重要性，並且能掌握知識內容，以便達成生涯目標」是屬於下列哪一項？(A) 自我覺察；(B) 教育覺察；(C) 生涯覺察；(D) 態度與鑑賞。

（　）198. 承上題，「協助學生發展內在的價值體系，以便能承擔適當的生涯角色，使工作的參與能得到滿足」是屬於下列哪一項？(A) 自我覺察；(B) 教育覺察；(C) 生涯覺察；(D) 態度與鑑賞。

（　）199. 「對現階段政治、經濟、勞動條件、社會與文化因素能有較深入的了解」是屬於青少年生涯規劃的哪個重點？(A) 自我認識；(B) 認識工作世界；(C) 確認自我的工作價值觀；(D) 評估環境因素。

（　）200. 十四歲的伯翰評估自己在數理上的能力很強，但運動能力很不好。根據金滋伯（E. Ginzberg）在「發展性生涯選擇理論」（developmental career choice theory）上的看法，伯翰是在哪一

個生涯選擇階段？(A) 實現期；(B) 探索期；(C) 幻想期；(D) 理想期。【96高級中等以下學校及幼稚園教師資格檢定】

( ) 201. 佑心是國中輔導老師，她帶領一個「國中生生涯探索」團體，下列何者是該團體輔導轉換階段的主要任務？(A) 協助成員彼此建立初步的認識；(B) 凝聚成員對團體的向心力；(C) 討論團體規約；(D) 解決成員困擾。【96高級中等以下學校及幼稚園教師資格檢定】

( ) 202. 根據舒伯（D. Super）的生涯發展理論，青少年階段最重要的發展重點為何？(A) 讓自己的能力、興趣和自我概念能充分的發展；(B) 多了解自己的興趣和能力，以及工作世界的面貌；(C) 從一些工作的經驗中考慮職業和自我興趣的配合；(D) 爭取不同的工作經驗，建立正向自我概念與信心。【97高級中等以下學校及幼稚園教師資格檢定】

( ) 203. 關於人格量表的敘述，下列何者不正確？

	非常同意	同意	沒意見	不同意	非常不同意
1. 我可以打不聽我的話的人					
2. 我討厭同學不遵守學校規定					

(A) 是採用投射技術所編製的；(B) 作答易受到社會讚許的影響；(C) 其結果可以量化；(D) 受試者可能隱藏自己的真正想法。【96高級中等以下學校及幼稚園教師資格檢定】

( ) 204. 性向與成就測驗的比較，何者最正確？(A) 成就測驗比性向測驗更常用來預測未來表現；(B) 性向測驗比成就測驗較具「特定性」；(C) 性向測驗比成就測驗的測驗範圍通常較大；(D) 性向測驗可用來瞭解學生在校學習狀況。【97高級中等以下學校及幼稚園教師資格檢定】

（　）205. 對青少年生涯輔導採個人中心論的描述，下列何者正確？(A) 受現象學和存在主義影響；(B) 此中心理論屬規範性取向研究；(C) 最適合當事人受困於選擇太多；(D) 認為做決定是調整再調整的歷程。【98高級中等以下學校及幼稚園教師資格檢定】

（　）206. 後現代取向的生涯輔導較少使用職涯測驗是基於下列何種概念？(A) 強調融入主流文化；(B) 相信生涯專家指引；(C) 重視生涯故事敘說；(D) 藉由測驗找尋適性分配。【98高級中等以下學校及幼稚園教師資格檢定】

（　）207. 高二的家誠對於化學很感興趣，經常每天獨自在實驗室花上十幾個小時做化學實驗。根據賀倫德（J. Holland）的人格類型理論（personality type theory），他屬於下列哪一種類型的人？(A) 社會型（social type）；(B) 實用型（realistic type）；(C) 研究型（investigative type）；(D) 傳統型（conventional type）。【99高級中等以下學校及幼稚園教師資格檢定】

（　）208. 下列哪一位學者認為，性別、工作層級和工作領域等向度，對青少年職業抱負的發展，具有決定性的影響？(A) 舒伯（D. Super）；(B) 葛佛森（L. Gottfredson）；(C) 金滋伯（E. Ginzberg）；(D) 鐵德門（D. Tiedeman）。【99高級中等以下學校及幼稚園教師資格檢定】

（　）209. 下列哪一個描述符合特質論（trait-factor approach）的生涯發展觀點？(A) 只要我想要當個好老師，不論我原先是個怎樣的人，動機會決定一切；(B) 中學老師有很多種可能，不論哪一種人，只要夠努力都會是個好老師；(C) 要當好中學老師一定要有某些特質，我相信自己的性向可以讓我當個好老師；(D) 好老師有很多種，不論我的特質是否適合，工作磨練會讓我成為一個好老師。【100高級中等以下學校及幼稚園教師資格檢定】

（　）210. 在團體輔導過程中，領導者鼓勵成員給予彼此回饋，下列有關

回饋的敘述，何者最為適當？(A) 他的作為讓我覺得不舒服；
(B) 你說話的語氣非常地柔和；(C) 當時你不看我而且也不說
話；(D) 他沒有認真看待角色扮演的問題。【100高級中等以下
學校及幼稚園教師資格檢定】

（　）211. 根據克朗博茲（J. Krumboltz）的說法，試問，「如果我不能找
到一份最喜歡的工作，寧可等待機會」是屬於下列哪一類的信
念？(A) 世界觀的類推；(B) 自我觀察的類推；(C) 決定方法與結
果的類推；(D) 生涯滿意所需條件的類推。【100高級中等以下
學校及幼稚園教師資格檢定】

（　）212. 國二的杰明在校學習認真，成績優異。根據五大人格特
質理論，杰明的人格特質比較屬於下列何者？(A) 神經質
（neuroticism）；(B) 友善性（agreeableness）；(C) 嚴謹性
（conscientiousness）；(D) 開放性（openness to experience）。
【102高級中等以下學校及幼稚園教師資格檢定】

（　）213. 青少年比兒童發展出較強的自我意識，知覺到自我和他人的差
異，進而形成特定的職業抱負。這是下列哪一位學者的主張？
(A) 舒伯（D. Super）；(B) 賀倫德（J. Holland）；(C) 奧蘇貝爾
（D. Ausubel）；(D) 葛佛森（L. Gottfredson）。【102高級中等
以下學校及幼稚園教師資格檢定】

（　）214. 某高中為輔導股長成立「自我成長團體」，在團體發展過程中
出現成員彼此爭辯、對領導者的帶領方向也有所質疑。這是屬
於團體發展中的哪一個階段？(A) 初期階段；(B) 轉換階段；(C)
工作階段；(D) 結束階段。【102高級中等以下學校及幼稚園教
師資格檢定】

（　）215. 高三的大宣面臨生涯的選擇，經一番思考後，他決定要念輔
導學系，以後要當輔導老師。根據舒伯（D. Super）有關職業
目標（occupational goals）的概念，他現在正處於哪一階段？

(A) 穩定（stabilization）；(B) 明確（specification）；(C) 鞏固（consolidation）；(D) 執行（implementation）。【103高級中等以下學校及幼稚園教師資格檢定】

（　）216. 旅居英國的服裝設計師小剛，從小愛玩芭比娃娃，喜歡拿針線為娃娃縫衣服，未滿18歲時，就懂得做時尚生意。根據賀倫德（J. Holland）的生涯類型論（theory of career typology），他的人格類型可能為何？(A) 藝術型、企業型；(B) 藝術型、實際型；(C) 企業型、社會型；(D) 研究型、傳統型。【103高級中等以下學校及幼稚園教師資格檢定】

（　）217. 下列哪一種測驗屬於「典型表現測驗」（typical performance test）？(A) 智力測驗；(B) 興趣測驗；(C) 成就測驗；(D) 性向測驗。【104高級中等以下學校及幼稚園教師資格檢定】

（　）218. 根據舒伯（D. Super）的觀點，就青少年階段的生涯發展，下列哪一項較不重要？(A) 選擇特定職業；(B) 嘗試某些工作；(C) 運用資訊自我探索；(D) 擴大對職業的視野。【104高級中等以下學校及幼稚園教師資格檢定】

（　）219. 高一的小剛喜歡收養流浪狗、幫助班上弱勢的同學，並利用假日到家庭扶助中心當義工。根據賀倫德（J. Holland）生涯類型論，小剛較屬於下列哪一種類型？(A) 研究型；(B) 實際型；(C) 社會型；(D) 傳統型。【105高級中等以下學校及幼稚園教師資格檢定】

（　）220. 教師請國中學生訪問自己的父母，以了解父母所從事的職業。這是協助學生進行哪一個面向的生涯探索？(A) 工作世界；(B) 個別差異；(C) 社會環境；(D) 自我覺察。【105高級中等以下學校及幼稚園教師資格檢定】

（　）221. 高三的阿正到輔導室進行與生涯相關的心理測驗，希望藉此了解自己。以測驗的主要功能而言，下列何者較不適合？(A) 興趣

量表能幫助阿正了解自己的職業偏好；(B) 成就測驗可以幫助阿正了解自己的空間能力；(C) 人格測驗有助於阿正探索自己的特質、動機、需求等；(D) 大學學系探索量表可以提供阿正適合就讀學系的資訊。【105高級中等以下學校及幼稚園教師資格檢定】

（　）222. 某高中導師發現一些學生對數理學科信心不足，可能因而限制了職業選擇的範圍。根據社會認知生涯理論，此現象與下列何者最有關聯？(A) 工作人格；(B) 職業興趣；(C) 自我效能；(D) 生涯成熟。【105高級中等以下學校及幼稚園教師資格檢定】

（　）223. 阿健在廣泛的職業選擇中，逐漸能察覺到自己感興趣的職業範圍，而且會考量到職業對社會的貢獻性。根據金滋伯（E. Ginzberg）的生涯發展階段論，阿健屬於下列哪一個階段？(A) 價值階段（value stage）；(B) 試探階段（tentative stage）；(C) 興趣發展階段（interest stage）；(D) 能力發展階段（capacity stage）。【105高級中等以下學校及幼稚園教師資格檢定】

（　）224. 阿健在嘗試各種職業角色的過程中，雖然感到焦慮，但卻勇於承擔及持續探尋。根據馬西亞（C. Marcia）的理論，阿健屬於下列哪一種認同狀態？(A) 認同迷失（identity diffusion）；(B) 認同早閉（identity foreclosure）；(C) 認同未定（identity moratorium）；(D) 認同定向（identity achievement）。【105高級中等以下學校及幼稚園教師資格檢定】

（　）225. 十二年國教推動適性輔導，根據舒伯（D. Super）生涯發展理論，下列哪一項活動較不符合國中學生的需求？(A) 技藝教育學程；(B) 多元才藝活動；(C) 校園徵才博覽會；(D) 高中職體驗課程。【106高級中等以下學校及幼稚園教師資格檢定】

解 答

1.(B)　2.(C)　3.(A)　4.(A)　5.(D)　6.(C)　7.(A)　8.(C)　9.(A)　10.(B)

11.(A)　12.(C)　13.(B)　14.(D)　15.(C)　16.(D)　17.(A)　18.(C)　19.(B)　20.(A)

21.(D)　22.(D)　23.(C)　24.(A)　25.(D)　26.(B)　27.(D)　28.(C)　29.(C)　30.(A)

31.(B)　32.(A)　33.(C)　34.(A)　35.(B)　36.(B)　37.(C)　38.(D)　39.(B)　40.(D)

41.(A)　42.(D)　43.(C)　44.(C)　45.(C)　46.(B)　47.(A)　48.(C)　49.(D)　50.(A)

51.(B)　52.(D)　53.(B)　54.(A)　55.(C)　56.(C)　57.(C)　58.(A)　59.(B)　60.(B)

61.(C)　62.(B)　63.(C)　64.(B)　65.(B)　66.(D)　67.(C)　68.(A)　69.(B)　70.(D)

71.(B)　72.(A)　73.(B)　74.(B)　75.(A)　76.(B)　77.(C)　78.(A)　79.(B)　80.(C)

81.(C)　82.(C)　83.(B)　84.(B)　85.(C)　86.(D)　87.(A)　88.(C)　89.(D)　90.(C)

91.(B)　92.(A)　93.(A)　94.(D)　95.(B)　96.(B)　97.(A)　98.(C)　99.(D)　100.(A)

101.(C)　102.(D)　103.(B)　104.(A)　105.(C)　106.(D)　107.(B)　108.(A)　109.(D)　110.(D)

111.(C)　112.(D)　113.(A)　114.(C)　115.(B)　116.(B)　117.(C)　118.(A)　119.(D)　120.(B)

121.(C)　122.(A)　123.(D)　124.(B)　125.(D)　126.(A)　127.(C)　128.(C)　129.(D)　130.(C)

131.(C)　132.(B)　133.(D)　134.(B)　135.(A)　136.(B)　137.(A)　138.(C)　139.(D)　140.(A)

141.(C)　142.(D)　143.(B)　144.(A)　145.(D)　146.(D)　147.(C)　148.(B)　149.(C)　150.(D)

151.(A)　152.(C)　153.(D)　154.(C)　155.(B)　156.(D)　157.(C)　158.(C)　159.(D)　160.(B)

161.(A)　162.(B)　163.(C)　164.(A)　165.(B)　166.(D)　167.(A)　168.(D)　169.(C)　170.(B)

171.(C)　172.(C)　173.(B)　174.(A)　175.(B)　176.(D)　177.(D)　178.(C)　179.(A)　180.(D)

181.(B)　182.(D)　183.(A)　184.(C)　185.(D)　186.(B)　187.(C)　188.(D)　189.(A)　190.(B)

191.(B)　192.(B)　193.(C)　194.(C)　195.(A)　196.(D)　197.(B)　198.(D)　199.(D)　200.(B)

201.(B)　202.(B)　203.(A)　204.(C)　205.(A)　206.(C)　207.(C)　208.(B)　209.(C)　210.(B)

211.(D)　212.(C)　213.(D)　214.(B)　215.(B)　216.(A)　217.(B)　218.(A)　219.(C)　220.(A)

221.(B)　222.(C)　223.(A)　224.(C)　225.(C)

第十一章 家庭對青少年發展的影響

重點整理

1. 家庭與學校是青少年社會化的兩個重要場所，青少年各層面的發展幾乎都受到家庭的影響。

2. 家庭是親子所結合而成的社會性群體，藉由緊密的健康人際互動養成子女積極的社會行為、情感以及自我控制。家庭基本上是兩個人以上因血統、婚姻或收養關係而生活在一起的團體，主要目的在養育兒女與滿足人類的需求。

3. 家庭的重要功能：(1)生育的功能；(2)情愛的功能；(3)經濟的功能；(4)保護的功能；(5)教育的功能；(6)休閒娛樂的功能。

4. 現代家庭變遷的重要特徵：(1)家庭往都市集中：(2)家庭結構改變；(3)生育率下降，離婚率增高；(4)生活水準提高、家庭日益富裕；(5)職業婦女增加；(6)家庭遷徙頻繁；(7)家庭整體性與結構性的改變。

5. Donald J. Hernandez提出了美國兒童在二十世紀的八項改革：(1)雙親農村家庭的消失與單親家庭的成長；(2)家中兄弟姐妹人數減少；(3)父母教育程度增加；(4)母親投入勞動市場增加；(5)父親全職工作狀況改變；(6)單親、女性當家的家庭增加；(7)「Ozzie and Harriet」（歐吉和哈麗雅特，《OZ家庭秀》影集）家庭的減少；(8)普遍貧困的兒童再現。

6. 在1950年代，核心家庭是典型的家庭結構，擁有兩位親生父母，二至三位子女。至今，只有五分之一的家庭符合這個結構。

7. 儘管青少年階段同儕的影響力日增，但父母的角色與功能對青少年仍頗爲重要；另外，祖父母在單親家庭中亦扮演重要的角色。

8. 良好的父母婚姻品質對於青少年發展有積極的影響，並且與其正向的同儕關係和情緒適應間有相關。

9. 當父母的婚姻品質低落時，對於青少年子女有重大的影響；許多研究發現，父母的離婚對於青少年在社會、學業、人格適應等領域的發展有消極的影響。

10. 面臨經濟壓力的家庭將使生活其中的兒童面臨行爲及健康上的危險，父母可能感受到經濟狀況的壓力並導致沮喪情緒。

11. 母親投入職場與否對於青少年的社交及情緒發展並無不良影響；但青少年的適應狀況與其母親是否能妥善扮演好職場及家庭角色具有明顯相關。

12. 艾爾德（Elder, 1962）最早將父母教養類型分爲七個類型：(1)獨斷；(2)權威；(3)民主；(4)公平；(5)寬容；(6)放任；(7)忽視。

13. 貝克（Becker, 1964）提出對父母的教養行爲的假設性模式。教養行爲可以區分爲三個層面：(1)限制對寬容；(2)焦慮情緒投入對冷靜疏離；(3)溫暖對敵意。

14. 馬寇比與馬丁（Maccoby & Martin, 1983）將父母的教養方式分爲四個基本類型：(1)權威教養型；(2)獨斷教養型；(3)寬容溺愛教養型；(4)寬容冷漠教養型。

15. 雪佛（Schaefer, 1959）也以二個層面四個向度的方式提出父母管教類型；(1)第一個層面是控制或權威；其可以再分爲高度自主與高度控制的二個極端；(2)第二個層面是情感或愛；其可以再區分爲高度敵意與高度情感二個極端。在此四個極端之中，又可涵蓋六類教養行爲：(1)寬容；(2)民主─權威；(3)溺愛；(4)占有；(5)權威；(6)疏離與冷淡。

16. 依據奧斯柏（Ausubel, 1954）的論點，在正常發展行程上，青少年就像一顆衛星，在自己能獨立自主以前，環繞著父母親而繞行，個體依賴父

母，並接受密集的社會化。奧斯柏（Ausubel, 1954）認為非衛星化有兩種普遍的類型：(1)低度價值化；(2)過度價值化。

17. 親子溝通常見的問題類型有三類：(1)低度反應的溝通；(2)不良品質的溝通；(3)不一致或矛盾的溝通。

18. 阿德勒（A. Alder）認為家庭團體的社會心理結構就像是一個「家庭星座」，在家庭星座中，父母與子女形成複雜的互動關係。每當孩子出生，家庭環境會立即有所變動，而不同出生序或排行的孩子會有不同的人格特質。

19. 兒童與青少年對父母離婚有五種心理轉變的歷程：(1)否認階段；(2)憤怒階段；(3)協議階段；(4)沮喪階段；(5)接受階段。

20. 班級教師與輔導教師是輔導父母離婚青少年的二個主力。班級教師的輔導策略有：(1)瞭解學生家庭結構與狀況；(2)注意學生情緒變化；(3)注意日常用語；(4)制止學生的不當排擠或諷刺；(5)隨時提供建議與協助。輔導教師的輔導策略有：(1)當班級教師的顧問；(2)進行個別諮商；(3)認知與閱讀輔導；(4)進行團體諮商；(5)追蹤輔導。

21. 青少年早婚的輔導對策：(1)進行有效的婚前輔導與性教育；(2)社會福利政策的配合。

22. 青少年同居的六種類型：(1)短暫同居型；(2)喜歡與方便型；(3)親密關係型；(4)預備結婚型；(5)試婚型；(6)婚姻替代型。

試題演練

（　）1. Diana Baumrind提出的子女管教類型，下列何者為非？(A) 獨裁型（authoritarian）；(B) 放任型（permissive）；(C) 溺愛型（indulgent）；(D) 威信型（authoritative）。

（　）2. Donald J. Hernandez提出了美國兒童在二十世紀的八項改革，何者

為非？(A) 雙親農村家庭的消失與單親家庭的成長；(B) 父親全職工作狀況改變；(C) 普遍貧困的兒童再現；(D) 家庭中兄弟姊妹人數增加。

( ) 3. 家庭具有的重要功能，下列何者<u>為非</u>？(A) 情愛功能；(B) 經濟功能；(C) 保健功能；(D) 制約的功能。

( ) 4. 現代家庭變遷的特徵，下列何者<u>為非</u>？(A) 職業婦女減少；(B) 家庭結構改變；(C) 家庭往都市集中；(D) 家庭遷徙頻繁。

( ) 5. 愛爾德（Elder, 1962）將父母教養類型分為七個類型，下列何者<u>為非</u>？(A) 民主；(B) 自由；(C) 放任；(D) 忽視。

( ) 6. 馬寇比與馬丁 （Maccoby & Martin, 1983） 以綜合的方法將父母的教養方式分為四個基本題型，下列何者<u>為非</u>？(A) 寬容冷漠教養型；(B) 寬容忽視教養型；(C) 獨斷教養型；(D) 權威教養型。

( ) 7. 艾德沃特 （Atwater, 1996）認為親子溝通常見的問題類型有三類，下列何者<u>為非</u>？(A) 複雜或矛盾的溝通；(B) 不一致或矛盾的溝通；(C) 低度反應的溝通；(D) 不良品質的溝通。

( ) 8. 核心家庭中，有三個主要的次級系統，下列何者<u>為非</u>？(A) 手足次級系統；(B) 親子次級系統；(C) 夫妻次級系統；(D) 血緣次級系統。

( ) 9. 父母離婚所衍生的問題，下列何者<u>為非</u>？(A) 父母離婚兒童的監護權歸屬；(B) 離婚父母再婚；(C) 父母離婚兒童與青少年的求學方式；(D) 家庭危機與離婚父母的適應。

( ) 10. 父母離婚兒童與青少年對父母離婚的反應，有五種心裡轉變的歷程，下列何者<u>為非</u>？(A) 協議階段；(B) 失望階段；(C) 否認階段；(D) 接受階段。

( ) 11. 班級教師輔導父母離婚的兒童與青少年，下列何者<u>為非</u>？(A) 注意學生的情緒變化；(B) 監控學生的交友狀況；(C) 注意日常用語；(D) 隨時提供建議與協助。

（　）12. 青少年同居有六種類型，下列何者為非？(A) 喜歡與方便型；(B) 短暫同居型；(C) 婚姻享受型；(D) 預備結婚型。

（　）13. 輔導教師輔導父母離婚的兒童與青少年的輔導策略，下列何者為非？(A) 進行家族治療；(B) 進行個別諮商；(C) 進行團體諮商；(D) 追蹤輔導。

（　）14. 青少年早婚的原因，下列何者為非？(A) 性刺激與懷孕；(B) 家庭與社會條件；(C) 學業與家庭社經水準較高；(D) 過早約會與社會壓力。

（　）15. 早婚青少年可能遭遇的困難，下列何者為非？(A) 生活適應困難；(B) 過早當父母親；(C) 家人反對的壓力；(D) 財力壓力。

（　）16. 成功的婚姻與家庭需要某些條件，下列條件何者為非？(A) 夫妻有穩定的工作與正常收入；(B) 夫妻有成熟的社會與人際關係；(C) 對子女的養育與教育具有基本的知能；(D) 對婚姻家庭有不同的見解與目標。

（　）17. 青少年同居會產生許多問題，下列何者為非？(A) 父母的態度問題；(B) 性問題；(C) 社會邊緣化問題；(D) 情感問題。

（　）18.「有些青少年同居男女會以假裝的夫妻出面承租房子，但倘若他們的真正關係被發現，房東多半不再出租」這是屬於青少年同居所產生的哪個問題？(A) 住居所問題；(B) 性問題；(C) 社會邊緣化問題；(D) 情感問題。

（　）19. 青少年與其父母的衝突事件可以涉及五種領域，下列何者為非？(A) 人際關係；(B) 學校事務；(C) 社交生活與習慣；(D) 價值與道德。

（　）20. 單親家庭青少年形成的主因有數項，下列何者為非？(A) 父母一方死亡；(B) 父母分居或離婚；(C) 未婚媽媽所生養的之青少年；(D) 寄養家庭之青少年。

（　）21. 親子間的衝突只有靠良好的親子溝通才能化解，下列何種方法為

非？(A) 信任；(B) 付出愛與關懷；(C) 傾聽、了解與增多談話機會；(D) 疼愛。

（　）22. 請問下列者不是Ozzie and Harriet家庭？(A) 完整的家庭；(B) 未離婚的家庭；(C) 一對父母及兩個小孩的家庭；(D) 破碎的家庭。

（　）23. 請問下列者為Donald J. Hernadez提出之美國兒童在二十世紀的八項變革？(A) 農村家庭增加；(B) 單親家庭減少；(C) 家庭中兄弟姐妹人數增加；(D) 父母教育程度增加。

（　）24. 請問下列者非貧窮帶給青少年之影響？(A) 較差的成績；(B) 服用毒品比例較高；(C) 較易憂鬱；(D) 社交能力較強。

（　）25. 請問祖父母在何種家庭扮演的角色可能最重要？(A) 家裕家庭；(B) 雙親家庭；(C) 一般家庭；(D) 單親家庭。

（　）26. 請問下列何者為父母婚姻的紛爭所造成之青少年內在性問題？(A) 攻擊他人；(B) 飆車；(C) 偷盜；(D) 沮喪。

（　）27. 請問下列何者為父母婚姻的紛爭所造成之青少年外在性問題？(A) 攻擊他人；(B) 沮喪；(C) 焦慮；(D) 煩惱。

（　）28. 請問下列何者為良好的父母婚姻品質對青少年所帶來的影響？(A) 消極的情緒適應；(B) 飆車；(C) 偷盜；(D) 良好的同儕關係。

（　）29. 請問下列何者非為父母離婚對青少年的負面影響？(A) 學業不佳；(B) 人格適應不良；(C) 社交能力較差；(D) 樂觀、開朗、積極進取。

（　）30. 請問下列何者非離婚家庭及繼父母家庭中青少年較常有之情況？(A) 低度親子互動；(B) 易與母親有歧異存在；(C) 低度父母監督；(D) 良好的教育環境。

（　）31. 請問下列何者非為父母離婚初期青少年之反應？(A) 更多的行為及情緒障礙；(B) 學業表現差；(C) 同儕互動問題；(D) 侵犯及反抗行為消失。

（　）32. 請問母親在工作及母親兩個角色之間難以取得平衡稱之為？(A)

角色緊張；(B) 角色適應；(C) 角色互換；(D) 角色輪調。

（　）33. 請問下列何者可能為青少年出現問題的來源？(A) 缺乏監督；(B) 母親就業；(C) 規律作息；(D) 誠信守時。

（　）34. 小明的父親有越來越多時間陪小明相處，因此父子的感情越來越好，請問下列何者為改變全職父親工作狀況之原因？(A) 父親工作薪水優沃；(B) 母親就業情況明顯成長；(C) 父親工作上有成就感；(D) 父親工作升遷管道暢通。

（　）35. 請問下列何種家庭結構比較可能對青少年的學業有不良影響？(A) 小康家庭；(B) 核心家庭；(C) 雙薪家庭；(D) 單親家庭。

（　）36. 有關收養家庭之青少年下列何者為非？(A) 智能普遍不足；(B) 心理測驗的分數與常模可能無差別；(C) 領養男孩退縮行為可能較高；(D) 領養女孩的內向行為與社會問題可能較高。

（　）37. 請問有關家庭結構，下列何者為非？(A) 具多樣性；(B) 具有適合所有人之理想結構；(C) 對青少年具有強大的影響；(D) 單親家庭也可能培養出心智健全的青少年。

（　）38. 請問由某一代影響另一代在價值、信念，以及社會期望行為的適應過程稱之為？(A) 價值化；(B) 期望強化；(C) 社會化；(D) 物質化。

（　）39. 小丸子的同班同學關口對著小丸子說：我昨天又被罰青蛙跳了，只是因為我沒有服從我爸爸的要求而已。請問關口的父親是屬於哪一類型？(A) 獨裁型；(B) 威信型；(C) 溺愛型；(D) 忽略型。

（　）40. 念三年四班的花輪是家中的獨生子，於是他的父母對花輪想要的東西，都是有求必應。請問花輪的父親是屬於哪一類型？(A) 獨裁型；(B) 威信型；(C) 溺愛型；(D) 忽略型。

（　）41. 一批遠從阿茲瑪麗亞星球出發的移民群來到阿布拉多星球後，放棄了他們原先民族的習俗，吸收了阿布拉多民族的信念與文化，這樣一連串的改變，稱之為？(A) 教化；(B) 養化；(C) 涵化；(D)

消化。

（　）42. 青少年社會化具有下列特徵：(I)青少年的社會化是一種學習的歷程；(II)社會化反映了文化的期望與刻板印象；(III)不同文化與不同世代間的文化期望有差異存在；(IV)社會化是一個複雜的歷程。以上特徵是哪位學者指出的？(A) 艾力克遜（Erikson, 1968）；(B) 都賽克（Dusek, 1996）；(C) 哈維葛斯特（Harvighurst, 1972）；(D) 瑞斯（Rice, 1993）。

（　）43. 艾德沃特（Atwater, 1996）認為親子溝通常見的問題類型有哪三類？(I)低度反應的溝通；(II)威脅性的溝通；(III)不良品質的溝通；(IV)不一致或矛盾的溝通。(A) (I)(II)(III)；(B) (I)(II)(IV)；(C) (I)(III)(IV)；(D) (II) (III)(IV)。

（　）44. 青少年社會化的重要任務有哪些？(I)能夠獨立；(II)辨識自我；(III)適應「性」的成熟；(IV)學習做一個大人；(V)提高競爭力。(A) (II)(III)(IV)(V)；(B) (I)(III)(IV)(V)；(C) (I)(II)(IV)(V)；(D) (I)(II)(III)(IV)。

（　）45. 家庭溝通中最普通的類型為哪些？(I)滾輪式；(II)軸輪式；(III)全頻道溝通式。(A) (I)(II)(III)；(B) (I)(II)；(C) (II)(III)；(D) (I)(III)。

（　）46. 軸論式的溝通法是以家中哪位成員為主軸？(A) 父親；(B) 母親；(C) 兒子；(D) 女兒。

（　）47. 小華想買輛機車，但小華的父母卻內心已有定見，不願意購買，但仍樂意聽聽他為何想買機車的想法。這符合艾爾德所區分的父母教養類型的哪一類？(A) 權威型；(B) 民主型；(C) 公平型；(D) 獨斷型。

（　）48. 下列何者是人類社會的基本初級團體，更是人類社會化的第一個單位？(A) 社團；(B) 家庭；(C) 學校；(D) 安親班。

（　）49. 下列何者不是家庭的重要功能？(A) 情愛的功能；(B) 娛樂的功

能；(C) 溝通的功能；(D) 保護的功能。

（　）50. 高二的政賢是學校棒球隊的王牌投手，長得高頭大馬帥氣挺拔，每次出場比賽，學校同學都很熱情的到處為他加油，更有一堆學妹粉絲追著他要簽名要照片。不過，他的父母親卻從來沒有到場為他加油過，每次都說他們很忙，也看不懂球賽。政賢的心裡存在著一抹陰影，因為得不到父母的重視與肯定，即使在學校贏得再多的掌聲，都沒有什麼意義與價值。政賢期望於父母的是哪一種關係？(A) 心理上的自主（psychological autonomy）；(B) 連結（connection）；(C) 規範（regulation）；(D) 依附（attachment）。【95高級中等以下學校及幼稚園教師資格檢定】

（　）51. 家庭成為一個生產的單元，成員能夠出外賺錢，分擔家計，是家庭中的哪一項功能？(A) 生育功能；(B) 教育功能；(C) 經濟功能；(D) 保護功能。

（　）52. 下列何者不是現代家庭變遷的特徵？(A) 職業婦女數量增加；(B) 家庭遷徙頻率繁多；(C) 家庭都往都市集中；(D) 家中老人地位提高。

（　）53. 貝克將父母的教養行為區分為三個層次，請問依此模式，欲將子女教養成較禮貌、少攻擊性及順從的子女，其教養行為該如何結合？(A) 溫暖且有寬容；(B) 寬容但有敵意；(C) 溫暖但有限制；(D) 限制且有敵意。

（　）54. 艾爾德（Elder, 1962）將父母教養分為七種類型，何種類型是提供女充分的機會，使孩子能自我作決定，但仍保有最後權威的類型？(A) 獨斷類型；(B) 民主類型；(C) 寬容類型；(D) 權威類型。

（　）55. 請問下列哪一位學者曾經以「衛星理論」解釋青少年階段親子關係的轉變？(A) 阿德勒；(B) 奧斯伯；(C) 艾德沃特；(D) 吉諾特。

( ) 56. 將父母的教養類型分為權威教養型、獨斷教養型、寬容溺愛教養型及寬容冷漠教養型的學者為：(A) 烏格明與寧可福；(B) 梅鐸和卡霍伊；(C) 馬寇和馬丁；(D) 達門和哈特。

( ) 57. 國中二年級學生小勝與父母的關係良好，常常會跟爸媽分享生活上快樂及挫折的感受，而且當同學誘惑他從事不當行為時，如抽菸、作弊，小勝都會想到父母知道會不高興，而打消念頭。依據社會控制理論而言，是哪一個「社會鍵」產生作用抑制偏差行為的發生？(A) 參與（involvement）；(B) 信念（belief）；(C) 抱負（commitment）；(D) 依附（attachment）。【95高級中等以下學校及幼稚園教師資格檢定】

( ) 58. 艾爾德（Elder, 1962）將父母教養分為七種類型，何種類型是父母允許子女為自己作決定，而且父母喜歡聆聽子女的看法，並提供建議？(A) 獨斷類型；(B) 民主類型；(C) 寬容類型；(D) 權威類型。

( ) 59. 宋代王安石有《傷仲永》一文，仲永是一個天才兒童，卻終日被父親帶出去在鄉里間炫耀，當成滿足自己內心虛榮的工具。依奧斯柏的理論觀點，就孩子的角色分類是屬於：(A) 衛星化；(B) 近似衛星化；(C) 低度價值化；(D) 過度價值化。

( ) 60. 請問下列哪一位學者認為家庭團體的社會心理結構就像是一個「家庭星座」？(A) 阿德勒；(B) 奧斯伯；(C) 艾德沃特；(D) 吉諾特。

( ) 61. 下列有關青少年對父母親的依附關係之說法，何者正確？(A) 焦慮型依附的青少年因怕被父母拋棄，而與同儕更能建立親密關係；(B) 安全型依附的青少年有壓力時，因無父母親的依附關係而易憂鬱；(C) 安全型依附的青少年在同儕友誼上亦會較佳；(D) 逃避型依附的青少年通常有較高之自尊。【94高級中等以下學校及幼稚園教師資格檢定】

（　）62. 馬寇比與馬丁（Maccoby & Martin, 1983）以綜合方式將父母的教養方式分為四個基本類型，何者是包含較高程度的父母接納，以及合理程度的父母控制？(A) 威信教養型；(B) 獨斷教養型；(C) 寬容與溺愛教養型；(D) 寬容冷漠教養型。

（　）63. 請問下列哪一位學者認為不同出生序或排行的青少年會有不同的人格特徵？(A) 阿德勒；(B) 奧斯伯；(C) 艾德沃特；(D) 吉諾特。

（　）64. 兒童及青少年對父母離婚的反應其心理轉變的歷程有：(I)協議；(II)否認；(III)接受；(IV)憤怒；(V)沮喪等五項，其正確的順序為何？(A) (I)(II)(III)(IV)(V)；(B) (II)(IV)(I)(V)(III)；(C) (II)(IV)(V)(I)(III)；(D) (IV)(V) (II)(I)(III)。

（　）65. 馬寇比與馬丁（Maccoby & Martin, 1983）以綜合方式將父母的教養方式分為四各基本類型，何者易養成青少年依賴、順從、過度盲目、叛逆、敵對等態度？(A) 權威教養型；(B) 獨斷教養型；(C) 寬容與溺愛教養型；(D) 寬容冷漠教養型。

（　）66. 媽媽常常使用威脅、體罰、控制零用錢的方式來管束小華，請問這是何種父母教養方式？(A) 權威教養型；(B) 獨斷教養型；(C) 溺愛教養型；(D) 冷漠教養型。

（　）67. 下列哪一項並「不屬於」班級教師輔導父母離異之青少年的方式：(A) 注意學生情緒變化；(B) 認知與閱讀輔導；(C) 制止學生的不當排擠或諷刺；(D) 隨時提供建議或協助。

（　）68. 在青少年個體化的過程中（individuation process），與父母之間的關係，下列何者較為適當？(A) 頻繁的衝突與爭吵，只求不再受父母掌控；(B) 崇拜父母，認為他們無所不能；(C) 在分離之間還保有情感的連結；(D) 無關係可言，因為同儕是主要情感支持的來源。【94高級中等以下學校及幼稚園教師資格檢定】

（　）69. 兩代間在思想觀念與價值態度上存在一種明顯的差距，親子兩代

之間的不同，稱之為：(A) 代間差距；(B) 衝突；(C) 歧見；(D) 投射作用。

（　）70. 下列何種教養型的父母容易使青少年產生自卑與自我拒絕的態度？(A) 權威教養型；(B) 獨斷教養型；(C) 溺愛教養型；(D) 冷漠教養型。

（　）71. 志明和春嬌是大學同學，交往半年，同居在一起，兩人也深愛著對方，但仍未有組織家的打算。因此兩人是屬於何種的同居類型？(A) 預備結婚型；(B) 喜歡和方便型；(C) 試婚型；(D) 親密關係型。

（　）72. 承上題，轉眼間志明和春嬌大學畢業了，由於某些因素二人打算以同居代替正式的婚姻，也沒有打算取得法律的認可，試問這是屬於何種同居類型？(A) 婚姻替代型；(B) 試婚型；(C) 喜歡與方便型；(D) 親密關係型。

（　）73. 離婚後家庭倘若父親或母親再婚，會形成：(A) 混合式家庭；(B) 混亂式家庭；(C) 整合式家庭；(D) 多重式家庭。

（　）74. 小明常常感受到被遺棄的感覺，平常都不遵守規定，在學校時常令老師感到頭痛，請問這是何種教養型父母所造成的？(A) 權威教養型；(B) 獨斷教養型；(C) 溺愛教養型；(D) 冷漠教養型。

（　）75. 學生小英最近在班上都不說話，身上有多處瘀傷，作業也沒有按時繳交，於是老師電詢家長，家長說這是家務事，老師不用過問；如果老師就此不再追問，但後來發現小英已嚴重受其父親虐待，老師可能觸犯什麼法？(A) 教師法；(B) 教師輔導與管教辦法；(C) 家暴防治法；(D) 家庭教育法。

（　）76. 典型的溝通方式是何種溝通，代表雙方都傳送不一致的訊息？(A) 軸輪式溝通；(B) 全方位溝通；(C) 雙向束縛式溝通；(D) 雙向互動式溝通。

（　）77. 阿德的父母最近離婚了，學校老師最近發現阿德都無心上課。請

問這是阿德在面臨父母離異，哪一個階段的心理歷程？(A) 憤怒階段；(B) 協議階段；(C) 沮喪階段；(D) 接受階段。

（　）78. 母親常常抱怨「沒有人幫忙做家事」，依艾德沃特（Atwater, 1996）的說法，這樣並不能激起家庭成員負起責任來。這是屬於哪一類型的親子溝通障礙？(A) 不良品質的溝通；(B) 過度反應的溝通；(C) 不一致或矛盾的溝通；(D) 低度反應的溝通。

（　）79. 孩子聽話是為了得到父母的獎賞，這種行為動機稱為？(A) 成就動機；(B) 生理性動機；(C) 外在動機；(D) 內在動機。【92台南縣國民中學教師甄選】

（　）80. 根據調查，青少年與其父母最常見的衝突來源有許多，下列何者為非？(A) 電話的使用；(B) 約會；(C) 金錢的花用；(D) 家中的佈置。

（　）81. 今早媽媽生氣對曉莉說：「都沒有人幫忙做家事」，但是曉莉聽到媽媽的話後卻仍然無動於衷，請問她們的親子溝通出現了何種問題？(A) 低反應度的溝通；(B) 不良品質的溝通；(C) 不一致的溝通；(D) 雙向束縛的溝通。

（　）82. 下列哪位學者提出子女管教可歸納為威信型（authoritative）、獨裁型（authoritarian）及放任型（permissive）三者？(A) Diana Baumrind；(B) Maccoby；(C) Martin；(D) Collins。

（　）83. 奧斯柏等人（Ausubel, 1954; Ausubel & Sullivan, 1970）曾以何種理論解釋與分析青少年階段親子關係的轉變與青少年追求自主的過程？(A) 恆星理論；(B) 衛星理論；(C) 太陽理論；(D) 銀河理論。

（　）84. 下列何者是青少年「非衛星化」中的「溺愛型」？(A) 低度價值化；(B) 中度價值化；(C) 高度價值化；(D) 過度價值化。

（　）85. 小寶的父母強迫他在下課之後必須馬上回家，不得和朋友在外遊玩，逐漸小寶越來越不懂得和朋友相處，試問小寶的父母屬於下

列哪一種「疏忽」的類型？(A) 情緒疏忽；(B) 社會疏忽；(C) 道德疏忽；(D) 智能疏忽。

（　）86. 班級家長座談會時，林太太抱怨學校舉辦太多的活動，而忽略學生的學業成績，因此他的小孩基本學力測驗才沒考好。請問林太太使用了下列何種「防衛機制」？(A) 昇華行為；(B) 合理化行為；(C) 反向行為；(D) 投射行為。【95台南縣國民中學教師甄選】

（　）87. 近年來青少年出現了許多現象，影響廣泛而不可忽視，有時也嚴重造成社會問題，下列何者並非青少年現今所引發的現象？(A) 同居；(B) 吸毒；(C) 低學歷；(D) 沉迷網路。

（　）88. 小鄭和莉莉兩個是好朋友，只是為了分租房間而住在一起，就好像電影影集「三人行」的情景，共享傢俱與其他生活必需品，其生活方式近似結婚的夫妻。請問這是屬於何種同居類型？(A) 短暫同居型；(B) 喜歡與方便型；(C) 親密關係型；(D) 婚姻替代型。

（　）89. 青少年所期望與需要的父母親應具有三種特質，下列何者為非？(A) 親子之間的連結；(B) 給予心理的自主；(C) 對孩子的行為仍保有監督；(D) 表達意見的自由。

（　）90. 大明不想聽到媽媽的碎碎念，所以放學便立刻回家做功課。媽媽運用哪一個行為法則？(A) 剝奪式懲罰；(B) 正增強；(C) 施予式懲罰；(D) 負增強。

（　）91. 有關詹森（R. E. Johnson）解釋青少年犯罪的歷程，下列何者錯誤？(A) 良好的依附關係可預防青少年偏差行為；(B) 青少年犯罪真正成因是出自學校教育；(C) 父母的關愛是人格發展的基石；(D) 親子疏離的青少年易受同儕影響。【93雲林縣國民中學教師甄選】

（　）92. Lerner於1994年指出下列選項中，哪兩個是促使年輕人可能生活

在完整核心家庭或單親家庭等不同家庭結構的重要因素？(I)社會階層；(II)文化水平；(III)個人價值；(IV)經濟資源。(A) (I)(II)；(B) (I)(IV)；(C) (II)(III)；(D) (II)(IV)。

(　) 93. 下列哪個選項<u>不是</u>Hernandez所提出的二十世紀美國兒童所經歷的八項變革？(A) 家庭中兄弟姐妹人數減少；(B) 父母教育程度增加；(C) 母親投入勞動市場增加；(D) 單親、女性當家的家庭減少。

(　) 94. 離婚家庭中的親子關係較無階層區分，且這種家庭的兒童也通常較為_____。(A) 晚熟；(B) 早熟；(C) 幼稚；(D) 依賴。

(　) 95. 父母婚姻的紛爭對於青少年的內部性問題與外部性問題都有顯著的影響，下列哪個選項的敘述是<u>錯誤的</u>？(A) 內部性問題是由個人內在心理或個人情緒問題引起；(B) 外部性問題是因為外在環境而產生的問題，但不包含與他人接觸後所顯現的徵狀；(C) 內部性問題包含沮喪、憂鬱；(D) 外部性問題包含攻擊行為。

(　) 96. 下列何者<u>不是</u>父母離婚對於青少年的影響？(A) 女生的適應狀況比男生好；(B) 女生對於父母離婚通常表現的比較積極；(C) 對於男生的影響較女生明顯；(D) 此影響是長遠的。

(　) 97. 「教養」二字，就生物性觀點而言，是_____生物撫育其後代成長的活動，使其後代得以生存、再製、成熟及社會化的過程。(A) 異種；(B) 混種；(C) 同種；(D) 特種。

(　) 98. _____型的特點，是父母採溫暖的態度，但嚴格使用規則來促使孩子順從規範，採非體罰的方式，並強調言行合一？(A) 威信型；(B) 權威型；(C) 放任型；(D) 獨裁型。

(　) 99. _____型的特點乃父母的態度是不溫暖的，其所訂定的規定是壓迫的、嚴格的要求子女遵守，對於違規行為採行體罰？(A) 威信型；(B) 權威型；(C) 放任型；(D) 獨裁型。

(　) 100. Maccoby與Martin針對Baumrind所提出的放任型，更加明確的分

為哪兩型？(A) 放縱型與忽略型；(B) 漠視型與溺愛型；(C) 忽略型與溺愛型；(D) 放縱型與漠視型。

( ) 101. _____型的父母並不知曉子女的行動，彼此也未保持密切關係？(A) 放縱型；(B) 漠視型；(C) 忽略型；(D) 溺愛型。

( ) 102. 父母採取_____型管教方式的青少年，會有較高的社交能力及較少的心理或行為問題？(A) 威信型；(B) 權威型；(C) 放任型；(D) 獨裁型。

( ) 103. 父母採取_____型管教方式的青少年，會有較低的社交能力及較高的心理或行為問題？(A) 放縱型；(B) 漠視型；(C) 忽略型；(D) 溺愛型。

( ) 104. 對威信型的父母而言，_____是一項重要的管教特質，父母親越嚴格的_____與子女問題和違規行為越少有相關存在。(A) 體罰；(B) 訓練；(C) 責罵；(D) 監控。

( ) 105. 兒童時期的_____與日後年輕時期的攻擊行為及成年之後的婚姻暴力有相關存在。(A) 體罰；(B) 訓練；(C) 責罵；(D) 監控。

( ) 106. _____歲至_____歲是青少年最容易與其母親在獨立行為議題上產生歧見的年紀？(A) 12、15；(B) 13、17；(C) 12、17；(D) 13、15。

( ) 107. 下列關於父母與青少年彼此間的關係與期待，何者敘述錯誤？(A) 父母與青少年對於如何以及何時做出適當決定是很容易達成共識的；(B) 青少年期孩子的教養就是個人權威持續受到挑戰；(C) 青少年會慢慢察覺做決定的控制權漸漸回到自己手上而非父母手上；(D) 所有的青少年與父母都希望在青少年階段後，可以成為更獨立的個體。

( ) 108. 下列關於父母對青少年行為的態度敘述何者為非？(A) 父母若對子女的行為抱持贊成或支持的積極性態度，子女通常會覺得自己具有控制問題的能力；(B) 父母仇視或不認同子女行為時，青

少年會覺得機會或運氣才是掌握自己生命的關鍵；(C) 消極的親子關係顯示親子之間情感的緊密與連結，對父母與子女都是有利的；(D) 當青少年覺得自己與父母的相處是安全的，他們在同儕之間會顯得更有自信。

(　) 109. 良好的親子關係所帶給青少年的影響，下列哪個選項為非？(A) 青少年在國中轉折階段，會有較少的沮喪和憂慮；(B) 會讓親子間有較少的凝聚力；(C) 青少年會有積極的自我信念；(D) 青少年會有較少的問題行為和情緒。

(　) 110. 下列選項哪個敘述是錯誤？(A) 親子衝突將導致青少年對於自己有消極的想法，甚至導向自殺的結果；(B) 青少年女孩初經階段較不容易與父母產生衝突；(C) 母女間的爭吵，最後導致正面情緒較少和較多的消極特質；(D) 青少年間的衝突也與社會性問題相關。

(　) 111. 在1950年代，_____家庭是典型的家庭結構，擁有兩位親生父母，二至三位子女。(A) 複合式家庭；(B) 團體式家庭；(C) 核心家庭；(D) 隔代家庭。

(　) 112. _____在單親家庭中，扮演極為重要的角色，特別是由女性維持家計的單親家庭。(A) 祖父母；(B) 阿姨；(C) 舅舅；(D) 曾祖父母。

(　) 113. 下列對於父母問題行為對子女的影響敘述，何者錯誤？(A) 父母親若有精神性的失序行為將會影響青少年反社會或敵視社會行為的出現；(B) 父母若有酗酒的問題則青少年也會有濫用酒精的情形出現；(C) 父母的藥物濫用問題將影響青少年在行為、認知及自尊上一系列的問題產生；(D) 父母的情感距離遙遠者，青少年通常顯得愉悅且充滿自信。

(　) 114. 何處是個人最先接觸社會的的團體，更是形成個人人格的主要場所？(A) 家庭；(B) 幼稚園；(C) 學校；(D) 同儕。【96高級中

等以下學校及幼稚園教師資格檢定】

( ) 115. 家庭教育法第十二條規定，國中每學年應實施幾小時以上的家庭教育課程及活動？(A) 3；(B) 4；(C) 5；(D) 6。

( ) 116. 單親家庭青少年形成的原因很多，以下何者為最主要原因？(A) 父母分居；(B) 父母離婚；(C) 父母死亡；(D) 未婚媽媽所生養之青少年。

( ) 117. 青少年面臨最嚴重的壓力事件為以下何者？(A) 父母離婚；(B) 父母分居；(C) 父母死亡；(D) 未婚媽媽所生養之青少年。

( ) 118. 我國意外事故死亡人數與外國相比均屬偏高，且意外死亡者平均年齡在40歲左右，請問以下何種情況最有可能發生？(A) 造成單親家庭；(B) 離婚率降低；(C) 離婚率升高；(D) 國人再婚率升高。

( ) 119. 核心家庭中有三個主要的次級系統，以下何者為非？(A) 夫妻；(B) 親子；(C) 手足；(D) 綜合。

( ) 120. 父母離婚後，會產生新的次級系統，以下何者為是？(A) 對青少年影響最大的是手足次級系統；(B) 對青少年影響最大的是單一父母與子女間的次級系統；(C) 次級系統之間不會交互影響；(D) 通常青少年在父母離婚後都適應良好。

( ) 121. 以時間作分析，青少年所面對父母離婚的過程有以下哪些？(I)父母離婚前階段；(II)父母離婚時階段；(III)父母離婚後階段；(IV)父母再婚階段。(A) (I)(III)；(B) (I)(III)(IV)；(C) (I)(II)(III)；(D) (I)(II)(III) (IV)。

( ) 122. 蘭丸的父母最近常常為了監護權有爭執，蘭丸因為兩面不討好，所以對未來感到很焦慮。請問蘭丸面對父母的離婚過程為哪一個階段？(A) 父母離婚前；(B) 父母離婚時；(C) 父母離婚後；(D) 父母再婚。

( ) 123. 湯瑪士正在唸國中，父母最近一直在冷戰，而且他常聽到他們

吵架互揭瘡疤，似乎某一方有外遇。請問湯瑪士所目前的狀況何者為非？(A) 父母很久沒簽聯絡簿；(B) 三餐不繼；(C) 沒有零用錢；(D) 數理科目進步。

( )　124.「通常是超過個人所能處理的事件」，這段敘述是指以下何者？(A) 時機；(B) 轉機；(C) 危機；(D) 先機。

( )　125. 對於離婚之後的家庭，以下敘述何者為非？(A) 每個人都有段緊張時期；(B) 父母身體健康不受影響；(C) 父母內心痛苦持續兩年以上；(D) 父母因為離婚感到罪惡。

( )　126. 灰姑娘跟白雪公主碰到不好的後母，像這樣的故事層出不窮，使我們認為繼父母都是邪惡的。請問此種想法稱為什麼？(A) 以偏概全；(B) 刻板印象；(C) 假裝愚蠢；(D) 個人神話。

( )　127. 小呆的父母最近要協議離婚，小呆把自己孤立，甚至開始變得退縮。請問小呆對父母離婚的反應為以下何種階段？(A) 否認；(B) 憤怒；(C) 沮喪；(D) 接受。

( )　128. 以下何者不是青少年對父母離婚心理轉變的階段？(A) 否認；(B) 協議；(C) 沮喪；(D) 悲傷。

( )　129. 如果你是班導，要正確輔導一名父母離婚的青少年，以下何者為非？(A) 了解學生家庭結構與狀況；(B) 注意日常用語；(C) 制止學生的不當排擠；(D) 學生有問題時提供建議。

( )　130. 昌浩跟彰子在十八歲時步入禮堂，請問他們早婚的原因可能會有以下何者？(A) 學業與家庭社經水準較高；(B) 對婚姻的憧憬；(C) 情緒與社會發展成熟；(D) 較晚約會與社會壓力。

( )　131. 小葉是個熱血的輔導教師，他打算輔導父母離婚的萬太。以下敘述何者為是？(A) 萬太的情況嚴重，小葉必須隱瞞父母；(B) 小葉使用團體諮商無效；(C) 小葉告知萬太，父母離婚並不可恥；(D) 離婚對萬太的影響只是一時的。

( )　132. 有一對早婚夫妻，兩人被迫輟學，無法應付職場生涯，且因為

不夠成熟而無法應付婚姻問題。請問以下敘述最為適當？(A) 過早當父母親；(B) 財力壓力；(C) 人際關係適應困難；(D) 生活適應困難。

( ) 133. 志高與友友兩人早婚，面臨收入不穩定，職業發展受限，夫妻倆常常為金錢起爭執，使婚姻適應困難。針對這樣的情況，以下選項何者最為洽當？(A) 過早當父母親；(B) 財力壓力；(C) 人際關係適應困難；(D) 生活適應困難。

( ) 134. 父母離婚，兒童會因為何種原因而有不同反應？(A) 性別；(B) 年齡；(C) 成就；(D) 認知。

( ) 135. 青少年同居會有很多問題，如：(I)住居所問題；(II)朋友的態度問題；(III)社會的標籤問題；(IV)情感問題；(V)家事問題。以上選項正確者為？(A) (I)(II)(III)(IV)；(B) (I)(II)(IV)(V)；(C) (I)(III)(IV)(V)；(D) (II)(III)(IV)(V)。

( ) 136. 通常青少年同居者會有以下情況，何者為非？(A) 親子關係較差；(B) 父母影響力深遠；(C) 被遺棄或被迫早婚；(D) 未婚媽媽。

( ) 137. 通常大學生都屬於此種同居關係，男女之間有親密關係，也有情感的投入，但是他們通常不會有長遠的家庭與婚姻計畫。請問以上敘述應該為何種青少年同居類型？(A) 短暫同居；(B) 親密關係；(C) 試婚；(D) 婚姻替代。

( ) 138. 下列哪一位學者最先將父母教養類型分為獨斷、民主、權威、公平、寬容、放任和忽視七類型？(A) 貝克；(B) 艾爾德；(C) 奧司伯基；(D) 艾德渥特。

( ) 139. 大雄的父母允許大雄自己做決定，並且喜歡聆聽大雄的看法，也會給予大雄建議，請問大雄的父母屬於哪種類型的父母？(A) 民主；(B) 權威；(C) 寬容；(D) 放任。

( ) 140. 貝克（Becker, 1964）為探討父母教養行為對子女影響的學者之

一，他的最大貢獻乃是對父母的教養行為提出何種模式的類型
圖？(A) 永久性模式；(B) 假設性模式；(C) 未來性模式；(D) 暫
時性模式。

（　）141. 貝克（Becker, 1964）的教養行為可以分為三個層面，以下何者
為非？(A) 限制對寬容；(B) 焦慮情緒投入對冷靜疏離；(C) 溫暖
對敵意；(D) 獨斷對放任。

（　）142. 奇雅能發展出高度的自我接納與個人控制，並且較不需要從其
他權威人物或同儕之間獲得認可或讚賞，並且能以合理與負責
任的態度表現個人的行為，請問奇雅的父母屬於哪種類型的父
母？(A) 獨斷教養型；(B) 寬容溺愛教養型；(C) 權威教養型；
(D) 寬容冷漠教養型。

（　）143. 胖虎的媽媽，因為胖虎不願意幫她顧雜貨店，便時常施以體
罰，甚至以不給胖虎零用錢作為威脅，忽略胖虎的休閒心理需
求，使胖虎只好對他媽媽的要求陽奉陰違，請問胖虎的母親屬
於哪種類型？(A) 寬容放任型；(B) 寬容溺愛型；(C) 獨斷教養
型；(D) 權威教養型。

（　）144. 何種家庭的青少年比其他類型家庭青少年更容易逃家或離家？
(A) 權威教養型；(B) 寬容冷漠型；(C) 寬容溺愛型；
(D) 獨斷教養型。

（　）145. 以下對於馬寇比與馬丁（Maccoby & Martin, 1983）教養類型的
歸類，何者有誤？(A) 權威與獨斷型歸類為「要求與控制型」；
(B) 寬容溺愛與寬容冷漠歸類為「不要求與不控制型」；(C) 權
威與寬容溺愛歸類為「不接納反應型」；(D) 獨斷與寬容冷漠歸
類為「拒絕不反應型」。

（　）146. 青少年在青少年期將對父母的依賴，轉向為對其他人的依賴，
如：學校老師、教練，尤其是同儕身上，根據「衛星理論」這
稱之為？(A) 結束衛星化；(B) 脫離衛星化；(C) 重新衛星化；

(D) 非衛星化。

( ) 147. 關於奧斯貝爾（Ausubel, 1954）衛星理論的觀點，以下何者正確？(A) 親子之間並非人人都可以建立衛星化的關係；(B)「非衛星化」有兩種普遍的類型，一為低度價值化；二為限制的價值化；(C) 被拒絕或低度價值化的青少年不會順從父母；(D) 過度價值化的父母非常看重孩子的價值。

( ) 148. 青少年脫離衛星化的主要三種機轉，<u>不包括</u>下列何者？(A) 重新衛星化；(B) 試著贏得地位；(C) 進行探索；(D) 調整情緒。

( ) 149. 家庭溝通的兩種普通類型，為以下哪兩種？(I)捲軸式溝通；(II)螺旋式溝通；(III)全頻道溝通；(IV)雙向式溝通。(A) (I)(II)；(B) (II)(III)；(C) (I)(III)；(D) (I)(IV)。

( ) 150. 小夫的媽媽經常抱怨：「沒有人幫忙洗碗」、「沒有人去收衣服」等，小夫的媽媽不能掌握信息，無法激發全家人負起責任的態度，這屬於哪種問題溝通類型？(A) 低度反應的溝通；(B) 不良品質的溝通；(C) 不一致或矛盾的溝通；(D) 雙向束縛的溝通。

( ) 151. 關於親子溝通的原則，下列何者<u>為非</u>？(A) 以真誠的態度建立家庭溝通的基本規準；(B) 家庭成員應以「同理心」傾聽對方感受，並不加以批判；(C) 少批評與告誡，多關心與愛；(D) 多使用「你訊息」做溝通，以表示自己對家人的關懷。

( ) 152. 青少年與其父母親的衝突事件主要涉及的領域，何者<u>為非</u>？(A) 理想與成就；(B) 學校事物；(C) 責任；(D) 價值與道德

( ) 153. 下列哪位學者認為：家庭團體的社會心理結構就像一個「家庭星座」，在家族星座中，父母有如日月，子女有如星星，形成複雜的互動關係？(A) 阿德勒；(B) 艾德渥特；(C) 布魯姆；(D) 艾爾德。

( ) 154. 不同出生順序往往會造就不同的人格特徵，下列敘述何者<u>為</u>

非？(A) 長子因為最先得寵，擁有較多愛，所以容易成為領導者，因此形成權威和保守的心態；(B) 次子較會力爭上游，對未來較具希望，並具有競爭性；(C) 排行中間的青少年容易成為問題青少年，乃是因為自大的心理；(D) 老么所受保護過多，所以較為驕縱。

( )155. 哪兩個場所是青少年社會化的重要場所？(I)家庭；(II)學校；(III)社會；(IV)自然。(A) (II)(III)；(B) (I)(II)；(C) (II)(IV)；(D) (I)(III)。

( )156. 何者為個人社會化的第一單位與人類社會的基本初級團體？(A) 學校；(B) 家庭；(C) 同儕；(D) 自然。

( )157. 近來時傳「虐童事件」，使幼童身心受到嚴重戕害，此乃何種家庭功能喪失？(A) 經濟的功能；(B) 教育的功能；(C) 保護的功能；(D) 教育的功能。

( )158. 家庭最初形成的主要目的為何？(A) 有所歸依；(B) 生養子女；(C) 承諾；(D) 讓愛延續。

( )159. 關於家庭變遷的特徵，下列何者有誤？(A) 家庭往郊區集中；(B) 傳統大家庭日趨式微；(C) 生育率降低，離婚率增高；(D) 生活水準提高。

( )160. 職業婦女增加不會造成以下何種情況？(A) 家庭責任沒有重新分配，職業婦女必須兼顧家事與工作；(B) 鑰匙兒童的增加；(C) 青少年所受的關注減少；(D) 父親權威降低。

( )161. 永澤不會遵守規則與規約，常會表現被拒絕的憤怒，並且強烈要求他人讚賞，自我接納與控制能力也較低，請問永澤可能在哪種類型家庭下成長？(A) 權威教養型；(B) 獨斷教養型；(C) 寬容冷漠教養型；(D) 寬容溺愛教養型。

( )162. 下列何者不是青少年的人格特質？(A) 理想樂觀；(B) 滿足於現狀；(C) 想要長大；(D) 喜歡嘗試新事物。

（　）163. 依照托曼（Toman, 1970）的看法，排行老大者與其他較晚出生的弟妹之間有所差異下列何者為非？(A) 較有創造力；(B) 較穩定的情緒，婚姻滿意度高；(C) 有較成功的經濟；(D) 能深思熟慮不任性。

（　）164. 輪軸網路式的溝通方法，以何者為主軸？(A) 小孩；(B) 父親；(C) 母親；(D) 祖父。

（　）165. 建構自己的意見、有自己的隱私，以及自己做出決定的自由，請問是心理上的何種特質？(A) 自尊；(B) 自主；(C) 自信；(D) 自給。

（　）166. 下列何者為青少年與家庭成員之間的情感的類型之一？(A) 正向情感；(B) 叛逆情感；(C) 反抗情感；(D) 革命情感。

（　）167. 小明與家庭成員的總是爭執不休，並且冷漠彼此而無視對方，請問這是何種家庭成員間的情感類型？(A) 正向情感；(B) 負向情感；(C) 反抗情感；(D) 服從情感。

（　）168. 在青少年與父母間的相處，哪一種支持方式格外的重要，並對於其在生活上滿意程度是正相關的？(A) 物質的支持；(B) 外在的支持；(C) 金錢的支持；(D) 內在的支持。

（　）169. 小華是個有愛心的人，並且容易相信他人，並坦誠率真的與他人相處，請問他與父母的依附風格，往往是哪一種？(A) 焦慮型；(B) 逃避型；(C) 安全型；(D) 溫暖型。

（　）170. 小安與朋友間的相處總是無法信任別人，恐懼遭到拋棄，時刻需要被提醒自己是被愛的，請問他與父母的依附風格，往往是哪一種？(A) 焦慮型；(B) 逃避型；(C) 安全型；(D) 溫暖型。

（　）171. 小咪總是孤立自我，對於萬事保持冷漠疏遠的態度，恐懼遭到傷害，請問他與父母的依附風格，往往是哪一種？(A) 焦慮型；(B) 逃避型；(C) 安全型；(D) 溫暖型。

（　）172. 下列何者非屬於依附風格？(A) 焦慮型；(B) 逃避型；(C) 安全

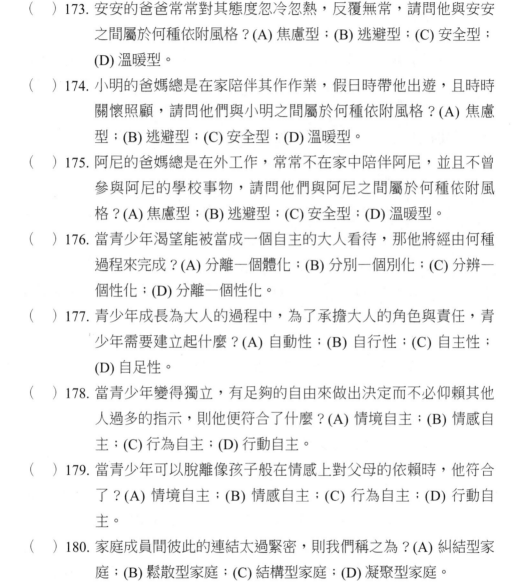

型；(D) 溫暖型。

（　）173. 安安的爸爸常常對其態度忽冷忽熱，反覆無常，請問他與安安之間屬於何種依附風格？(A) 焦慮型；(B) 逃避型；(C) 安全型；(D) 溫暖型。

（　）174. 小明的爸媽總是在家陪伴其作作業，假日時帶他出遊，且時時關懷照顧，請問他們與小明之間屬於何種依附風格？(A) 焦慮型；(B) 逃避型；(C) 安全型；(D) 溫暖型。

（　）175. 阿尼的爸媽總是在外工作，常常不在家中陪伴阿尼，並且不曾參與阿尼的學校事物，請問他們與阿尼之間屬於何種依附風格？(A) 焦慮型；(B) 逃避型；(C) 安全型；(D) 溫暖型。

（　）176. 當青少年渴望能被當成一個自主的大人看待，那他將經由何種過程來完成？(A) 分離一個體化；(B) 分別一個別化；(C) 分辨一個性化；(D) 分離一個性化。

（　）177. 青少年成長為大人的過程中，為了承擔大人的角色與責任，青少年需要建立起什麼？(A) 自動性；(B) 自行性；(C) 自主性；(D) 自足性。

（　）178. 當青少年變得獨立，有足夠的自由來做出決定而不必仰賴其他人過多的指示，則他便符合了什麼？(A) 情境自主；(B) 情感自主；(C) 行為自主；(D) 行動自主。

（　）179. 當青少年可以脫離像孩子般在情感上對父母的依賴時，他符合了？(A) 情境自主；(B) 情感自主；(C) 行為自主；(D) 行動自主。

（　）180. 家庭成員間彼此的連結太過緊密，則我們稱之為？(A) 糾結型家庭；(B) 鬆散型家庭；(C) 結構型家庭；(D) 凝聚型家庭。

（　）181. 下列何者敘述為非？(A) 當孩子年紀越長家庭的凝聚力越緊密；(B) 在孩提時候家庭的凝聚力是最緊密的；(C) 當孩子走入社會後，家庭的凝聚力通常降到低點；(D) 凝聚力的多寡與孩子年齡

相關。

( ) 182. 家庭成員間彼此冷漠、隔離的家庭，我們稱之為？(A) 糾結型家庭；(B) 鬆散型家庭；(C) 結構型家庭；(D) 凝聚型家庭。

( ) 183. 小兔的父母對於她所有的事物都代替她作決定，不容她有所疑問，請問她父母的管教方式是屬於何種方式？(A) 獨斷專權；(B) 民主威信；(C) 寬容溺愛；(D) 反覆無常。

( ) 184. 小花的父母從未給予她任何限制，從未管教或責罵，請問她父母的管教方式屬於？(A) 獨斷專權；(B) 民主威信；(C) 寬容溺愛；(D) 反覆無常。

( ) 185. 下列何種家庭管教方式是對於青少年最為正向的？(A) 獨斷專權；(B) 民主威信；(C) 寬容溺愛；(D) 反覆無常。

( ) 186. 小咩遇到困難常能與父母互相溝通，父母也鼓勵她為自己負責，學習獨立自主，請問她父母的管教方式屬於？(A) 獨斷專權；(B) 民主威信；(C) 寬容溺愛；(D) 反覆無常。

( ) 187. 「言教不如身教」是強調何者的重要性？(A) 父母威嚴；(B) 父母性格；(C) 父母典範；(D) 父母威信。

( ) 188. 青少年期的社會世界最重要的角色為？(A) 家庭；(B) 同儕；(C) 學校；(D) 老師。

( ) 189. 對於兒童與青少年來說，家庭功能的核心為？(A) 懲處方式；(B) 獎賞方式；(C) 教養方式；(D) 娛樂方式。

( ) 190. 由一對父母及一位或以上的兒童組成的家庭稱作什麼？(A) 單親家庭；(B) 雙薪家庭；(C) 複合式家庭；(D) 完整核心家庭。

( ) 191. 美國多數青少年及兒童再社會化過程中可能經歷一種以上型態的家庭，原因為何？(A) 高度離婚率；(B) 少子化現象；(C) 低生育率；(D) 未婚生子率高。

( ) 192. 描述二十世紀美國兒童所經歷的八項變革的學者是？(A) Donald J. Hernandz；(B) Harriette Pipes McAdoo；(C) Ronald；(D)

Taylor；(D) Hoksbergen。

（　）193. Hernandezru將何種關係當做家庭結構及功能或社會制度的改變中的變項？(A) 手足關係；(B) 親子關係；(C) 父母關係；(D) 沒有關係。

（　）194. 依據美國研究，生活於不同家庭下的青少年對其影響最大的是？(A) 學業成績；(B) 同儕關係；(C) 輟學；(D) 家庭衝突。

（　）195. 美國都市非裔青少年生長在何種家庭下所獲得的支持最多？(A) 雙薪家庭；(B) 繼父（母）家庭；(C) 單親爸爸；(D) 單親媽媽。

（　）196. 貧困對兒童影響的最大的問題是什麼？(I)智力；(II)健康；(III)行為；(IV)心理。(A) (I)(II)；(B) (II)(III)；(C) (II)(IV)；(D) (I)(III)。

（　）197. 據美國研究，祖父母對何種家庭提供較好的支持？(A) 完整核心家庭；(B) 雙薪家庭；(C) 繼父（母）家庭；(D) 單親媽媽家庭。

（　）198. 母親就業對青少年的影響為何？(A) 沒有太大影響；(B) 青少年適應問題；(C) 親子關係；(D) 青少年的行為及態度。

（　）199. 一個人因扮演兩種角色而造成的不平衡稱為什麼？(A) 角色衝突；(B) 角色緊張；(C) 精神分裂；(D) 角色轉換。

（　）200. 工作外出的母親常因扮演哪兩種角色而感到困難？(A) 工作與教育；(B) 工作與母親；(C) 母親與教育；(D) 母親與媳婦。

（　）201. 父母親外出工作常造成青少年單獨在家，此對青少年造成負面問題的主要原因為何？(A) 害怕孤單；(B) 無人教育；(C) 遭禁足；(D) 缺乏監督。

（　）202. Maccoby及Martin在家Baumrind的放任型再細分為哪兩個類型？(A) 溺愛型及冷漠型；(B) 忽略型及冷漠型；(C) 不管型及冷漠型；(D) 溺愛型及忽略型。

（　）203. 父母缺乏溫暖的態度，以嚴格堅定的範圍要求子女。此類父母強調自己在家庭的權利。此種管教方式為？(A) 威信型；(B) 獨

裁型；(C) 溺愛型；(D) 放任型。

（　）204. 父母對於訂定的規則沒有堅持，而是採取自由放任的態度對待子女，通常溺愛子女，並以同儕關係看待子女。此種管教方式為？(A) 溺愛型；(B) 忽略型；(C) 放任型；(D) 威信型。

（　）205. 父母以縱容和寬容的態度面對子女的行為。此種管教方式為？(A) 溺愛型；(B) 放任型；(C) 忽略型；(D) 威信型。

（　）206. 父母對於子女採取不注意的、不關心的態度。此種管教方式為？(A) 溺愛型；(B) 放任型；(C) 忽略型；(D) 獨裁型。

（　）207. 父母以溫暖的態度及合理的規則來促進子女遵守服從規範，採用非體罰的方式，並強調規定的一致性。此種管教方式為？(A) 縱容型；(B) 威信型；(C) 獨裁型；(D) 放任型。

（　）208. 何種管教方式對子女的心理、行為及社交能力較好？(A) 縱容型；(B) 獨裁型；(C) 威信型；(D) 溺愛型。

（　）209. 威信型管教方式的父母，何者為其重要的管教特質？(A) 監控；(B) 懲罰；(C) 禁足；(D) 跟蹤。

（　）210. 獨裁型管教方式的父母，何者為其重要的管教特質？(A) 監控；(B) 體罰；(C) 辱罵；(D) 禁足。

（　）211. 根據研究，體罰對於青少年及成人後的影響為何？(A) 抽菸及酗酒；(B) 販毒及吸毒；(C) 攻擊行為及婚姻暴力；(D) 偷竊及詐騙。

（　）212. 何者為一種文化改變的過程，某一個團體放棄自己的價值或習俗，適應其他文化的過程？(A) 調適；(B) 同化；(C) 平衡；(D) 涵化。

（　）213. 哪個年紀的子女最容易與其母親在獨立行為議題上產生歧見？(A) 11-13；(B) 13-15；(C) 15-17；(D) 17-19。

（　）214. 下列何種教養方式與青少年缺乏自我控制有關？(A) 權威與縱容；(B) 縱容與民主；(C) 忽視與權威；(D) 忽視與縱容。【94高

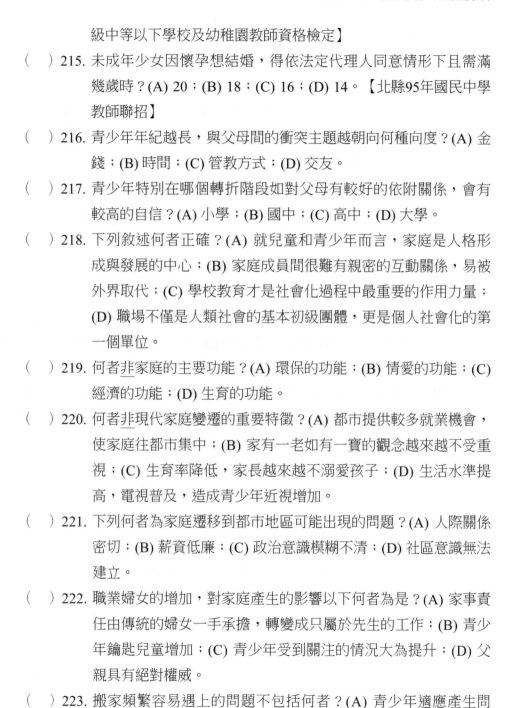

級中等以下學校及幼稚園教師資格檢定】

（　）215. 未成年少女因懷孕想結婚，得依法定代理人同意情形下且需滿
　　　　幾歲時？(A) 20；(B) 18；(C) 16；(D) 14。【北縣95年國民中學
　　　　教師聯招】

（　）216. 青少年年紀越長，與父母間的衝突主題越朝向何種向度？(A) 金
　　　　錢；(B) 時間；(C) 管教方式；(D) 交友。

（　）217. 青少年特別在哪個轉折階段如對父母有較好的依附關係，會有
　　　　較高的自信？(A) 小學；(B) 國中；(C) 高中；(D) 大學。

（　）218. 下列敘述何者正確？(A) 就兒童和青少年而言，家庭是人格形
　　　　成與發展的中心；(B) 家庭成員間很難有親密的互動關係，易被
　　　　外界取代；(C) 學校教育才是社會化過程中最重要的作用力量；
　　　　(D) 職場不僅是人類社會的基本初級團體，更是個人社會化的第
　　　　一個單位。

（　）219. 何者非家庭的主要功能？(A) 環保的功能；(B) 情愛的功能；(C)
　　　　經濟的功能；(D) 生育的功能。

（　）220. 何者非現代家庭變遷的重要特徵？(A) 都市提供較多就業機會，
　　　　使家庭往都市集中；(B) 家有一老如有一寶的觀念越來越不受重
　　　　視；(C) 生育率降低，家長越來越不溺愛孩子；(D) 生活水準提
　　　　高，電視普及，造成青少年近視增加。

（　）221. 下列何者為家庭遷移到都市地區可能出現的問題？(A) 人際關係
　　　　密切；(B) 薪資低廉；(C) 政治意識模糊不清；(D) 社區意識無法
　　　　建立。

（　）222. 職業婦女的增加，對家庭產生的影響以下何者為是？(A) 家事責
　　　　任由傳統的婦女一手承擔，轉變成只屬於先生的工作；(B) 青少
　　　　年鑰匙兒童增加；(C) 青少年受到關注的情況大為提升；(D) 父
　　　　親具有絕對權威。

（　）223. 搬家頻繁容易遇上的問題不包括何者？(A) 青少年適應產生問

題；(B) 容易發生不良性行為；(C) 不利於人際的發展；(D) 失去同伴而情緒受影響。

(　) 224. 美國社會顯著改變的家庭現象中，有些現象臺灣社會可能與其日益相似，但不包括下列何者？(A) 太太更為神經質；(B) 婚姻以外的性行為增加；(C) 家庭成員的個人主義和自由增加；(D) 家庭教育轉移。

(　) 225. 在父母教養方式和青少年發展中，誰最早將父母教養類型分為七個類型？(A) 烏格朋；(B) 艾爾德；(C) 奧斯柏；(D) 阿德勒。

(　) 226. 哪一型的父母會提供子女充分的機會，使他們自己作決定，但仍保有最後的權威？(A) 權威型；(B) 公平型；(C) 寬容型；(D) 民主型。

(　) 227. 貝克（Becker, 1964）提出的三個教養層面中，不包括何者？(A) 占有對自由；(B) 限制對寬容；(C) 焦慮情緒對冷靜疏離；(D) 溫暖對敵意。

(　) 228. 溺愛在雪佛（Schaefer, 1959）的父母管教類型中涵蓋於哪兩個極端？(A) 高敵意與高控制；(B) 高自主與高情感；(C) 高控制與高情感；(D) 高自主與高敵意。

(　) 229. 在馬寇比與馬丁（Maccoby & Martin, 1983）的父母教養類型圖中屬於接納與反應的有哪兩種？(A) 權威與獨斷；(B) 獨斷與寬容冷漠；(C) 權威與寬容溺愛；(D) 寬容溺愛與寬容冷漠。

(　) 230. 在衛星理論中提到青少年發展階段，親子間的衛星關係逐漸的由何者取代？(A) 脫離衛星化；(B) 重建衛星化；(C) 衛星化；(D) 近似衛星化。

(　) 231. 依照衛星理論，若父母的態度為接納型，行為表現為限制保護，則兒童的分類屬於何者？(A) 過度衛星化；(B) 近似衛星化；(C) 衛星化；(D) 低度價值化。

(　) 232. 下列家庭溝通的類型中，何者敘述正確？(A) 全頻道溝通中母親

與其子女的溝通管道通常較父親暢通；(B) 輪軸式溝通雖然較費時間，但卻能使家庭成員得到較大滿足；(C) 全頻道式手足之間情感通常發展不良；(D) 輪軸式溝通是以母親為主軸，向不同成員作聯繫溝通。

( ) 233. 溝通未能充分反映真正情緒，使自己矛盾、扭曲主題、言行突然改變，或使用未完成語句等，是屬於哪種親子溝通常見的問題類型？(A) 不良品質的溝通；(B) 不一致或矛盾的溝通；(C) 低度反應的溝通；(D) 世代差距的溝通。

( ) 234. 下列何者屬於中年世代的人格特徵？(A) 活在當下，未來不明確，過去不顯著；(B) 顧及現實，有時會懷疑人生；(C) 對已擁有的事物批判，渴望改革；(D) 理想樂觀。

( ) 235. 青少年與父母的衝突事件主要涉及哪些領域？(I)社交生活與習慣；(II)職業成就；(III)責任；(IV)身體發育；(V)學校事務(A) (II)(IV)(V)；(B) (I)(II)(III)；(C) (III)(IV)(V)；(D) (I)(III)(V)。

( ) 236. 青少年親子間最常見的衝突來源為何？(A) 道德與態度；(B) 約會；(C) 汽車使用；(D) 作家事。

( ) 237. 根據托曼（Toman, 1970）的看法，排行老大者和其他較晚出生弟妹的差異不包括下列何者？(A) 有較成功的經濟；(B) 較有創造力；(C) 經常自我中心，導致失去自信；(D) 情緒較穩定，婚姻滿意度高。

( ) 238. 姊妹中最年長的姊姊通常不具有哪種人格特質？(A) 柔順的；(B) 有自信；(C) 有創造力；(D) 霸道的。

( ) 239. 典型核心家庭的父母離婚後，再婚前不會存在下列何種系統？(A) 單一父母與子女次級系統；(B) 前夫妻次級系統；(C) 探視權父母親與子女次級系統；(D) 繼手足次級系統。

( ) 240. 在青少年所面對的父母離婚過程中，對兒童與青少年最大的影響在於當事人雙方常會以子女作為武器來對抗對方是屬於哪一

階段？(A) 父母離婚前階段；(B) 父母離婚時階段；(C) 父母離婚後階段；(D) 父母再婚後階段。

（　）241. 何者提出「沒有無受害者的離婚」的觀點？(A) 納得生；(B) 希澤琳頓；(C) 泰德；(D) 懷特。

（　）242. 後母為何總是被認為是邪惡的？(A) 通俗故事的描寫，造成刻板化印象；(B) 社會上後母十之八九有虐童行為；(C) 後母只照顧自己的親生子女，不理會非親生子女的生活起居；(D) 後母只做表面功夫給親生父親看，私底下反差很大。

（　）243. 會將父母離婚歸因於自責是屬於哪一個年齡組的兒童或青少年？(A) 學前期；(B) 潛伏期前期；(C) 潛伏期後期；(D) 青少年期。

（　）244. 聽到父母要離婚時，會排斥父母要離婚的事實，擴展成孤立的反應模式，因此學得退縮行為的兒童與青少年是處於下列何種階段？(A) 憤怒階段；(B) 沮喪階段；(C) 否認階段；(D) 協議階段。

（　）245. 青少年早婚主要原因不包括下列何者？(A) 學業與社經水準較低下；(B) 情緒與社會發展不成熟；(C) 對婚姻的憧憬；(D) 宗教信仰的控制。

（　）246. 青少年早婚可能遭遇的困難不包括下列何者？(A) 財力壓力；(B) 人際關係適應困難；(C) 過度的性生活；(D) 過早當父母親。

（　）247. 成功的婚姻與家庭不需要哪些條件？(A) 夫妻有相似的個性及興趣；(B) 父母婚姻相當美滿；(C) 有正常的收入；(D) 有應付危機的能力。

（　）248. 以同居替代正式的婚姻，雙方也無計畫取得法律認可，只希望以雙方生活在一起的方式同居是屬於哪一種類型？(A) 喜歡與方便型；(B) 試婚型；(C) 預備結婚型；(D) 婚姻替代型。

（　）249. 青少年對父母親所期待重要的特質？(A) 不會監視孩子們的的行

為；(B) 幫助孩子遠離反社會行為；(C) 一種介於父母與子女之間溫暖、關愛、變動、關懷的連結；(D) 綿綿密密的保護。

(　) 250. 父母表達正向的支持態度，<u>不會</u>對青少年產生什麼樣的影響？(A) 高自尊；(B) 高學業成就；(C) 高智商；(D) 道德養成容易。

(　) 251. 當子女的出生間隔過於靠近，父母親對孩子的教養方式中懲罰的比例顯現？(A) 會不斷下降；(B) 不會改變；(C) 週期性起伏；(D) 會升高。

(　) 252. 在青春期，與父母溝通可能會惡化到某種程度。青少年認為和比較幼小的時候相比他們花在與父母親互動的時間減少了。他們願意告訴父母的資訊量降低，同時與父母溝通往往也變得困難。這是出自：(A) Kagan and Schneider；(B) Benton；(C) Bradely；(D) Beaumont。

(　) 253. Masselam, Marcus and Stunkard認為和諧的親子關係具有哪些重要要素？(A) 共鳴；(B) 監督；(C) 溝通；(D) 注重隱私。

(　) 254. 能將他人的思慮、想法與感覺都如同發生在自己身上一般的感受能力？(A) 定位思考；(B) 相對思考；(C) 情感再製；(D) 同理心。

(　) 255. 家庭成員間的正向情感是指？(A) 溫暖；(B) 孤獨；(C) 冷靜；(D) 疏離。

(　) 256. 青少年會透過多樣的策略，藉以表達出他們渴望的關愛，下何者<u>為非</u>？(A) 互相信任；(B) 關懷；(C) 掛念；(D) 疏離。

(　) 257. 根據Young, Miller, Norton, and Hill所以提出的支持類型判斷，鼓勵、欣賞、信任、關懷是屬於何種支持？(A) 外顯支持；(B) 動態支持；(C) 情感支持；(D) 內在支持。

(　) 258. 無條件的接納是愛的一個重要成分，語出何處？(A) Bomar and Sabatelli；(B) Barber and Thomas；(C) Felson and Zielinski；(D) Josselson。

（　）259. 小孩與照顧他們的人之間聯繫的名詞稱為青少年的什麼？(A) 迷戀風格；(B) 聯繫風格；(C) 依附風格；(D) 穿隧風格。

（　）260. 個體擁有父母親持續而不間斷的的溫暖照顧，這樣的人也容易相信他人，坦率而真誠的面對他人，是屬於何種依戀的類型？(A) 安全型；(B) 焦慮型；(C) 逃避型；(D) 信任型。

（　）261. 根據Rice and Whaley三種類型的青少年在何種情況下會產生明顯的差異性？(A) 面對壓力；(B) 享受情愛；(C) 自顧歡愉；(D) 向外發展。

（　）262. 青少年希望與父母有所區隔，成為一個：(A) 獨立不唯一的個體；(B) 獨立且唯一的個體；(C) 不獨立但唯一的個體；(D) 不獨立不唯一的個體。

（　）263. 根據Feldman and Wood，自主性有幾種？(A) 1種；(B) 2種；(C) 3種；(D) 4種。

（　）264. 下列何者為Feldman and Wood所界定的自主性？(A) 偏向自主；(B) 象徵自主；(C) 行為自主；(D) 相對自主。

（　）265. 若是家庭中的成員太過傾向於連結的那一方，是屬於哪一種家庭類型？(A) 結構型；(B) 系統型；(C) 傾斜型；(D) 糾結型。

（　）266. 不同的父母有不同的引導以及管理孩子的方式，下列何者為非？(A) 獨斷專權；(B) 民主威信；(C) 寬容平等；(D) 反覆無常。

（　）267. 當衝突發生時，其焦點可能落在五種範圍中的一種，何者為非？(A) 生理循環；(B) 社交生活與風俗；(C) 責任感；(D) 家庭。

（　）268. 女孩與父親帶著競爭性的爭吵最常見於何時期？(A) 兒童期；(B) 青少年前期；(C) 青少年中期；(D) 青少年晚期。

（　）269. 男孩與父親帶著競爭性的爭吵最常見於何時期？(A) 兒童期；(B) 青少年前期；(C) 青少年中期；(D) 青少年晚期。

（　）270. 對於孩童的虐待包含兒童虐待與兒童疏忽，何者<u>為非</u>？(A) 性虐待；(B) 精神壓迫；(C) 偶發性的肢體暴力攻擊；(D) 情緒傷害。

（　）271. 兒童疏忽是最常見的虐待形式，共有幾種常見的形式？(A) 二種；(B) 三種；(C) 四種；(D) 五種。

（　）272. 無法提供適當的衣著是屬於何種疏忽？(A) 情緒疏忽；(B) 智能疏忽；(C) 生理疏忽；(D) 社會疏忽。

（　）273. 表現出不適切的關心照顧是屬於何種疏忽？(A) 生理疏忽；(B) 智能疏忽；(C) 社會疏忽；(D) 情緒疏忽。

（　）274. 女性亂倫的接觸對象比例最高的是？(A) 父親；(B) 祖父；(C) 繼父；(D) 堂表兄弟。

（　）275. 青少年與中年人的人格差異頗大，何者為青少年的人格特質？(A) 功能主義者；(B) 理想主義者；(C) 共產主義者；(D) 現實主義。

（　）276. 父母親通常會有一種讓他們覺得自己與他人相比消息落後的狀況稱為？(A) 文化脫離；(B) 文化遲滯；(C) 文化遷移；(D) 文化傾動。

（　）277. 親子間的凝聚力有相當大的比重決定於？(A) 子女成就；(B) 子女社交；(C) 子女年紀；(D) 子女智商。

（　）278. 何時家庭的凝聚力降到最低？(A) 青少年初期；(B) 青少年中期；(C) 青少年晚期；(D) 走入社會期。

（　）279. 年長的青少年與父母之間的距離，比起較為年幼的青少年，大約增加了幾%？(A) 50%；(B) 60%；(C) 70%；(D) 80%。

（　）280. 兄弟姊妹之間的年齡差距在幾歲或以上，則他們會像獨生子般的生長？(A) 3歲；(B) 4歲；(C) 5歲；(D) 6歲。

（　）281. 國二的小高曾經是個中輟生。雖然學校歷盡各種方式把小高找回來上課，但是小高在班上過的並不開心。因為班上的導師認為小高對學習沒興趣，又曾中輟，對班上其他同學有負面的

影響，所以對小高的一舉一動非常挑剔。這讓小高對老師更加不滿，常常故意和老師作對。下列哪一種理論可以解釋小高這樣的行為？(A) 差別機會論（differential opportunity theory）；(B) 增強論（reinforcement theory）；(C) 標籤論（labeling theory）；(D) 差別聯結論（differential association theory）。

【97高級中等以下學校及幼稚園教師資格檢定】

( ) 282. 青少年覺知自己是社會的一份子，並以平等的態度關切他人福祉，可以以下列阿德勒（A. Adler）個體心理學（individual psychology）的哪一種概念予以說明？(A) 社會興趣（social interest）；(B) 家庭星座（family constellation）；(C) 追求卓越（striving for superiority）；(D) 生活型態（style of life）。【97高級中等以下學校及幼稚園教師資格檢定】

( ) 283. 父母對青少年子女會以溫暖與負責任方式鼓勵其適度獨立，並常願意與子女溝通協商。這是屬於下列何種父母教養方式？(A) 權威民主（authoritative）型；(B) 寬容放任（permissive）型；(C) 溺愛（spoiled）型；(D) 獨斷（authoritarian）型。【98高級中等以下學校及幼稚園教師資格檢定】

( ) 284. 父母婚姻暴力常導致下列哪一項青少年內向性行為問題？(A) 違規；(B) 害怕；(C) 攻擊；(D) 破壞。【98高級中等以下學校及幼稚園教師資格檢定】

( ) 285. 就讀高中的大明與父母有嚴重的溝通不良情形，大明的父母總是喜歡命令大明去讀書。大明的父母想要改變這樣的溝通情形，於是求教於心理學家。下列心理學家所提出的方案中，哪一個較能使父母有效的改善與大明的溝通？(A) 鼓勵大明自己獨立完成後，再告訴父母；(B) 鼓勵大明說出心中想法，並且與父母討論；(C) 鼓勵大明尋找同儕的支持，避免與父母衝突；(D) 鼓勵大明要乖乖聽話，因為不聽老人言，吃虧在眼前。【98高

級中等以下學校及幼稚園教師資格檢定】

（　）286. 危機樹理論是以較全面的觀點，包含微觀及鉅觀的角度解釋學生中途輟學的原因，並以土壤、樹根、樹幹、樹枝、花果樹葉來比喻不同的個人、社會環境因素與危機少年。危機樹理論所指的「樹根」部分是比喻哪一影響因素？(A) 家庭與學校；(B) 社會環境；(C) 個人特質；(D) 社區環境。【98高級中等以下學校及幼稚園教師資格檢定】

（　）287. 國一的阿肯點鞭炮驚嚇家中的小花貓，父親看見後大聲斥責：「這星期罰你禁足！」試問父親對他採用何種管教方式？(A) 權威法；(B) 放任法；(C) 誘導法；(D) 撤回關愛法。【99高級中等以下學校及幼稚園教師資格檢定】

（　）288. 小妍是國中生，希望能被父母視為獨立自主的大人，她會經過下列何種過程來達成？(A) 說服（persuasion）；(B) 行為塑造（shaping）；(C) 印象整飾（imaging）；(D) 分離-個體化（separation-individuation）。【100高級中等以下學校及幼稚園教師資格檢定】

（　）289. 國二的伯翰點燃鞭炮驚嚇家中的小花貓，父親看到後說：「你看，小花貓被你嚇壞了，如果牠受傷，我們全家都會很難過，你去關心牠吧！」父親宜採用下列何種管教方式使伯翰的道德發展更趨成熟？(A) 限制法；(B) 誘導法；(C) 權威法；(D) 撤回關愛法。【102高級中等以下學校及幼稚園教師資格檢定】

（　）290. 以政的父母對他的管教是以溫暖的態度和堅定的要求教導他遵從規範。根據包姆林（D. Baumrind）的觀點，這比較屬於下列哪一種方式？(A) 溫暖型（warmth style）；(B) 威信型（authoritative style）；(C) 獨裁型（authoritarian style）；(D) 不一致型（inconsistent style）。【104高級中等以下學校及幼稚園教師資格檢定】

(　　) 291. 關於青少年自我發展的敘述，下列哪一項較為適當？(A) 青少年的自尊和成就動機無關；(B) 提早決定未來志向者屬於達成認同；(C) 父母的情感關係與青少年的自我效能感無關；(D) 父母對青少年採取嚴格的管教將影響其自尊心。【104高級中等以下學校及幼稚園教師資格檢定】

解　答

1.(C)	2.(D)	3.(D)	4.(A)	5.(B)	6.(B)	7.(A)	8.(D)	9.(C)	10.(B)
11.(B)	12.(C)	13.(A)	14.(C)	15.(C)	16.(D)	17.(C)	18.(A)	19.(A)	20.(D)
21.(D)	22.(D)	23.(D)	24.(D)	25.(D)	26.(D)	27.(A)	28.(D)	29.(D)	30.(D)
31.(D)	32.(A)	33.(A)	34.(B)	35.(D)	36.(A)	37.(B)	38.(C)	39.(A)	40.(C)
41.(C)	42.(B)	43.(C)	44.(D)	45.(C)	46.(B)	47.(A)	48.(B)	49.(C)	50.(B)
51.(C)	52.(D)	53.(C)	54.(B)	55.(B)	56.(C)	57.(D)	58.(C)	59.(D)	60.(A)
61.(C)	62.(A)	63.(A)	64.(B)	65.(B)	66.(B)	67.(B)	68.(C)	69.(A)	70.(D)
71.(D)	72.(A)	73.(A)	74.(D)	75.(C)	76.(C)	77.(B)	78.(D)	79.(C)	80.(D)
81.(A)	82.(A)	83.(B)	84.(D)	85.(B)	86.(B)	87.(C)	88.(B)	89.(D)	90.(D)
91.(B)	92.(B)	93.(D)	94.(A)	95.(B)	96.(B)	97.(C)	98.(A)	99.(D)	100.(C)
101.(C)	102.(A)	103.(C)	104.(D)	105.(A)	106.(D)	107.(A)	108.(C)	109.(B)	110.(B)
111.(C)	112.(A)	113.(D)	114.(A)	115.(B)	116.(C)	117.(C)	118.(A)	119.(D)	120.(B)
121.(C)	122.(B)	123.(D)	124.(C)	125.(B)	126.(B)	127.(A)	128.(D)	129.(D)	130.(B)
131.(C)	132.(D)	133.(B)	134.(B)	135.(C)	136.(B)	137.(B)	138.(B)	139.(C)	140.(B)
141.(D)	142.(C)	143.(C)	144.(B)	145.(C)	146.(C)	147.(A)	148.(D)	149.(C)	150.(A)
151.(D)	152.(A)	153.(A)	154.(C)	155.(B)	156.(B)	157.(C)	158.(B)	159.(A)	160.(A)
161.(D)	162.(B)	163.(B)	164.(C)	165.(B)	166.(A)	167.(B)	168.(D)	169.(C)	170.(A)
171.(B)	172.(D)	173.(A)	174.(C)	175.(B)	176.(A)	177.(C)	178.(C)	179.(B)	180.(A)
181.(A)	182.(B)	183.(A)	184.(C)	185.(B)	186.(B)	187.(C)	188.(A)	189.(C)	190.(D)
191.(A)	192.(A)	193.(B)	194.(C)	195.(D)	196.(B)	197.(D)	198.(A)	199.(B)	200.(B)
201.(D)	202.(D)	203.(B)	204.(C)	205.(A)	206.(C)	207.(B)	208.(C)	209.(A)	210.(B)
211.(C)	212.(D)	213.(B)	214.(D)	215.(C)	216.(A)	217.(B)	218.(A)	219.(A)	220.(C)
221.(D)	222.(B)	223.(B)	224.(A)	225.(B)	226.(D)	227.(A)	228.(C)	229.(C)	230.(A)
231.(B)	232.(D)	233.(A)	234.(B)	235.(D)	236.(D)	237.(D)	238.(A)	239.(D)	240.(B)
241.(B)	242.(A)	243.(A)	244.(C)	245.(D)	246.(C)	247.(B)	248.(D)	249.(B)	250.(C)
251.(D)	252.(D)	253.(C)	254.(D)	255.(A)	256.(D)	257.(D)	258.(A)	259.(C)	260.(A)

261.(A) 262.(B) 263.(B) 264.(C) 265.(D) 266.(C) 267.(A) 268.(B) 269.(D) 270.(C)

271.(D) 272.(C) 273.(D) 274.(D) 275.(B) 276.(B) 277.(C) 278.(D) 279.(C) 280.(D)

281.(C) 282.(A) 283.(A) 284.(B) 285.(B) 286.(A) 287.(A) 288.(D) 289.(B) 290.(B)

291.(D)

第十二章

同儕、學校與社會對青少年發展的影響

重點整理

1. 同儕係指同年齡的友群而言。青少年階段最明顯的轉變之一即係同儕的影響力大增，父母的影響力相對的減低。此種情況也符合奧斯柏（Ausubel, 1954）所提出的「衛星化」與「脫離衛星化」的論點，青少年在追求獨立與自主的過程當中，逐漸離開受父母保護，甚至限制的軌道。

2. 青少年選擇同儕的態度與其父母教導的相一致，因此，青少年的態度和價值觀有相當的一致性，多數的青少年與其父母及同儕有相同的教育計畫。

3. 父母親和同儕可以相互支持青少年發展健康的行為及發展，當其中一個脈絡發生問題，另一個可以互補。

4. 社會比較歷程乃個人以社會標準而非以物理標準和他人作比較的現象。人的一生有三種主要的社會比較現象：(1)與相似的他人作比較；(2)與不相似他人作比較；(3)時間性比較。

5. 青少年的社會比較分為五個主要類別：(1)向上比較；(2)積極事例的比較；(3)向下比較；(4)相似比較；(5)範圍建立。此外，青少年亦可能有三種特殊的社會比較：(1)目標比較；(2)飽足；(3)與不相似他人作比較。

6. 社會化比較的作用有下列各項：(1)成功與失敗認定；(2)酬賞性質。而社會比較訊息可以區分為三類：(1)行為比較：(I)人對人的比較；(II)一般

常模。(2)心理建構：(I)人格特質；(II)行為傾向或規則；(3)地位；(4)態度；(5)活動。

7. 同儕友誼具有下列的功能：(1)分享相同的興趣；(2)分享新的人生感受；(3)共同解決生活問題；(4)共享隱私與秘密；(5)相互幫助與扶持；(6)協助解決人際衝突；(7)減低個人身心改變所帶來的不安全感與焦慮；(8)重新界定自己與獲得力量；(9)能夠更順利的進入成人社會；(10)避免心理上的孤單與寂寞。

8. 在同儕關係上比較貧乏的青少年可能輟學、從事犯罪活動或是遭遇心理或行為上的問題。

9. 影響青少年友誼形成與發展的因素有下列四大項：(1)性別與年齡；(2)身體吸引力；(3)社會活動；(4)個人特質。

10. 友誼的三大面向包含：只有朋友、只有一位朋友、友誼的品質。

11. 社會技巧是個人在社會情境中能利用被社會接受與肯定的方式與他人互動，同時使個人、他人或相互之間獲益的能力。青少年的社會技巧可區分為：(1)同儕相關技巧；(2)成人相關技巧；(3)自我相關技巧三大要素，其中同儕相關技巧又可分為社會互動技巧與社會因應技巧兩部分。

12. 同儕團體係三個以上相同年齡層青少年所組合而成具互動特質的群體。綜合各方面的研究，青少年同儕團體形成的因素有：(1)獲取力量，增強自己；(2)逃避孤獨與寂寞；(3)評估與澄清自己；(4)逃避責任與工作。

13. 青少年同儕團體具有下列的功能：(1)替代家庭的功能；(2)穩定性影響；(3)獲得自尊；(4)得到行為的標準；(5)有安全感；(6)有演練的機會；(7)示範的機會。羅傑斯（Rogers, 1977）更把青少年同儕團體的功能歸納為下列九大功能：(1)雷達功能；(2)取代父親的功能；(3)支持獨立的功能；(4)建立自我的功能；(5)心理依附；(6)價值取向的功能；(7)地位設定；(8)負向認定；(9)逃避成人的要求。

14. 青少年同儕團體的結構隨著年齡而改變，唐費（Dunphy, 1972; 1990）將青少年同儕團體的組織發展過程區分為五個階段：(1)第一階段：為孤立

的同性小黨；(2)第二階段：開始形成聚眾性的團體；(3)第三階段：為聚眾性團體的過渡時期；(4)第四階段：為完全發展的聚眾性團體；(5)第五階段：聚眾瓦解期。

15. 次級文化就是次文化社會成員所共享的一組規範、信念、價值、態度與生活方式。青少年次級文化的形成主要有三個模式加以解釋：(1)心理源生模式；(2)文化轉換模式；(3)行為模式。

16. 青少年的次級文化包括了下列的要素：(1)親近；(2)獨特的價值與規範；(3)同儕團體認同；(4)聖雄式的領導；(5)渴求自主；(6)溝通的特殊管道；(7)特殊的語言。

17. 青少年偏差次級文化是在次文化之外所形成的反抗傳統、反抗權威、反社會行為或犯罪的文化組體。幫派是有組織與凝聚力的偏差次級文化。青少年的幫派具有下列的特徵：(1)幫派是統整的；(2)幫派經驗到衝突；(3)幫派有結構性；(4)幫派有一定的大小；(5)幫派不試圖去改變社會標準。

18. 青少年幫派由於目的不一、成員不同，形成不同的類型，常見的幫派有下列不同類型：(1)社交幫派；(2)非行幫派；(3)暴力幫派；(4)男性家長次文化型；(5)衝突趨向次文化型；(6)吸毒次文化型；(7)半職業性竊盜次文化型；(8)中等階層非行次文化型。

19. 由統計資料可以發現：(1)國內青少年極大部分均在求學當中；(2)國內青少年的求學人數與比率都有逐年增高的趨勢；(3)由於國內各級學校、科系所都在增多當中，故青少年的就學與升學管道將更形寬廣。

20. 影響青少年學校教育成就的因素非常多，下列是主要的因素：(1)學校教師；(2)學校大小與班級結構；(3)課程及其他因素。

21. 甘普（Gump, 1980）基於生態心理學的研究，強調對於學校相關問題之研究，必須考慮三個層面：(1)物理環境；(2)人的因素；(3)行為類型或行動結構。

22. 如何進行有效的常規管理，乃是一般教師關切的焦點，以下四種常規管

理方法值得教師們多多應用：(1)金氏方法；(2)葛拉澤方法；(3)瓊森方法；(4)亞泰二氏方法。

23. 學校效能的提昇係指學校整體性、結構性與有效性的改善學習環境，使學校成為增進學生智能、社會與其他層面充分發展的場所，以下是一些學者的建議：(1)賽澤方法；(2)有選擇性的學校。

24. 臺灣近年來在經濟與社會建設上的進步與發展，舉世公認。但社會進步同時也帶來了下列的不良影響：(1)社會不正當與非法場所增多；(2)社會風氣不佳；(3)社會福利不健全；(4)文化貧乏與色情泛濫；(5)大眾傳播品質不佳。

25. 社區對青少年發展的影響最受關注的有下列幾項：(1)地理環境因素；(2)社會文化因素；(3)貧窮與文化不利因素。

試題演練

( ) 1. Rubin等人指出「可以經由社會複雜的各種層面：在＿＿＿＿內、在＿＿＿＿間、在＿＿＿＿內，以及＿＿＿＿內了解青年與同儕相處的經驗」。空格內容依序應為？(I)互動；(II)團體；(III)個體；(IV)關係。(A) (III)(I)(IV)(II)；(B) (II) (IV) (I)(III)；(C) (II)(III)(IV)(I)；(D) (I)(III)(IV)(II)。

( ) 2. 在持久性的社會交換下，整合兩個個體的行為，稱作什麼？(A) 關係；(B) 互動；(C) 團體；(D) 群體。

( ) 3. 對兩個個體彼此熟知且承諾下，有持續的互動，受到兩個個體過去互動及未來期望的影響，稱作什麼？(A) 關係；(B) 互動；(C) 團體；(D) 群體。

( ) 4. 個體能影響他人，或基於相同興趣、環境，將互動的個體集合起來稱作什麼？(A) 關係；(B) 互動；(C) 團體；(D) 群體。

（　）5. 不同團體的關係，如：最好的朋友、親密的朋友、黨派、群體或戀愛關係稱作什麼？(A) 社會網絡；(B) 友誼關係；(C) 同儕團體；(D) 相異群體。

（　）6. 同儕聲望可分為幾種不同類型？(A) 3種；(B) 4種；(C) 5種；(D) 6種。

（　）7. 兩種正、負提名的數量都是較多的同儕聲望稱作什麼？(A) 受歡迎的；(B) 被拒絕的；(C) 被忽略的；(D) 受爭議的。

（　）8. 當個體受到他人，認可相互影響的網絡中，形成自願和互惠的關係，並存於其他關係的網絡中，稱作什麼？(A) 社會；(B) 友誼；(C) 群體；(D) 互動。

（　）9. 友誼的特殊面向包含其是＿＿＿＿的、＿＿＿＿的關係，且存在於其他關係脈絡中。(I)互動；(II)自願；(III)群體；(IV)互惠。上列選項何者正確？(A) (I)(IV)；(B) (II)(III)；(C) (II)(IV)；(D) (I)(III)。

（　）10. 相同類型的個體集合的團體，可能會花時間相處，也可能沒有，此為？(A) 關係；(B) 互動；(C) 團體；(D) 群體。

（　）11. 聚眾通常是由群體中的次團體（＿＿＿＿人或多人組成），以相同的認同或興趣將此一組織緊密的連結，是具有排他性的團體。(A) 2；(B) 3；(C) 4；(D) 5。

（　）12. 聚眾中的成員數與心理上的＿＿＿＿與＿＿＿＿的能力有關。(A) 幸福感與因應壓力；(B) 穩定感與因應壓力；(C) 幸福感與承受壓力；(D) 穩定感和承受壓力。

（　）13. 青少年社會網絡的主要目的是提供什麼？(A) 安定力量；(B) 社會支持；(C) 價值觀；(D) 適應能力。

（　）14. 在青少年女生之中，哪兩類型的青少年比其他類型的女生感到較少的壓力？(A) 受爭議、受歡迎；(B) 平均組、被忽視；(C) 受歡迎、平均組；(D) 受歡迎、被忽視。

（　）15. 哪類型的青少年女生比其他女生容易成為年輕小媽媽？(A) 受爭

議；(B) 平均組；(C) 被拒絕；(D) 被忽視。

( ) 16. 友誼的三大面向為何？(I)只要有朋友；(II)有一個朋友；(III)有很多朋友；(IV)友誼的品質；(V)友誼的多寡。(A) (I)(II)(IV)；(B) (I)(III)(IV)；(C) (I)(II)(V)；(D) (I)(III)(V)。

( ) 17. 青少年致力於下列哪些特質的友誼，將有助於正向積極自尊的發展？(I)流動性；(II)穩定性；(III)投入程度；(IV)沒有異常行為。(A) (I)(II)(IV)；(B) (I)(III)(III)；(C) (II)(III)(IV)；(D) (I)(III)(IV)。

( ) 18. 相較之下哪個時期的青少年，擁有較少的朋友，同性朋友變得更重要，朋友成為支持與忠告之來源？(A) 青少年前期；(B) 青少年早期；(C) 青少年中期；(D) 青少年晚期。

( ) 19. 與雙親具有高度親密感的青少年通常有_____自尊、_____沮喪及_____冒險情形。空格內容依序應為：(I)低；(II)高。(A) (I)(I)(II)；(B) (II)(I)(I)；(C) (II)(I)(II)；(D) (I)(II)(II)。

( ) 20. Larson與Richards利用青少年對電子設備的興趣，創造一種觀察青少年行為的新方法為？(A) 行為觀察法；(B) 事件抽樣法；(C) 事件分析法；(D) 興趣檢測法。

( ) 21. 下列哪個時期會在異性友伴上花較多的時間？(A) 青少年前期；(B) 青少年早期；(C) 青少年中期；(D) 青少年晚期。

( ) 22. 小清因為與小義發生衝突而感到尊嚴受損，後來參加課輔社團獲得社員的支持而提升，就此事件來說，下列何者是決定青少年自尊塑造的主要原因？(A) 學業成就；(B) 父母教養；(C) 同儕友誼；(D) 價值觀念。【97高級中學以下學校及幼稚園教師資格檢定】

( ) 23. 在整體社會文化中，青少年附屬團體所特有的生活格調與行為方式稱之為？(A) 青少年次團體；(B) 青少年次文化；(C) 青少年附屬體；(D) 青少年次人生。【97高級中等以下學校及幼稚園教師資格檢定】

（　）24. 學生在學校及班級的環境裡，有意或無意中經由團體活動或社會
關係，習得知識、規範、價值或態度，這是？(A) 潛在課程；(B)
空無課程；(C) 核心課程；(D) 學校本位課程。【96中區五縣市政
府教師甄選】

（　）25. 「教師教學態度比教學內容更重要；教師行為比要求學生行為更
重要」，以上敘述在強調何種課程的重要性？(A) 潛在課程；(B)
非正式課程；(C) 空白課程；(D) 經驗課程。【96台東縣國民中學
教師甄試】

（　）26. 正式學校教育之所以能發揮功效，是具備充足的要素，下列何者
不是學校教育的基本要素？(A) 受教者；(B) 受教者的父母；(C)
施教者；(D) 課程。【95澎湖縣國民中學教師甄選】

（　）27. 下列何者是處理學生偏差行為的適切方式？(A) 立即懲處，以免
後患；(B) 掌握線索，施予關懷；(C) 克制情緒，任其發展；(D)
告知家長，請其轉學。【95金門縣國民中學教師聯合甄選】

（　）28. 以下有關學生次文化的敘述何者有誤？(A) 學生次文化是個人與
團體交互作用的結果，可視為學生對學校的適應方式；(B) 學生
次文化是學校文化的一部分；(C) 學生次文化是構成潛在課程的
重要內容；(D) 學生次文化是背離成人價值的反智文化。【95桃
園縣國民中學教師甄選】

（　）29. 哪一種班級座位排列，適合教師進行講述教學法、表演課、問題
討論教學的教學法進行？(A) 直列式；(B) 圓桌式；(C) 馬蹄型；
(D) 梯形。

（　）30. 下列敘述何者有誤？(A) 同儕團體不利於兒童社會化；(B) 同儕
團體出於自願組合居多；(C) 同儕團體組成是一種同類意識（we
feeling）；(D) 同儕團體的影響因年齡增長而加深。【96學年度
南區國中教師甄選策略聯盟試題】

（　）31. 學校效能（school effectiveness）的研究旨在探討學校的：(A) 外

部因素；(B) 中間因素；(C) 內部因素；(D) 國際因素 對學生學習產生的影響。【臺北縣96 學年度國民中學教師聯合甄選筆試試卷】

( ) 32. 學校效能的研究旨在探討下列何者對於學生學習產生的影響？(A) 家庭；(B) 學校；(C) 社區；(D) 自我期望。

( ) 33. 對於潛在課程的描述，以下何者正確？(A) 潛在課程的觀念會改變；(B) 潛在課程的影響不及明顯課程深遠；(C) 潛在課程常是認知性質的；(D) 潛在課程通常具學術性。【96臺北市市立國民中學正式教師暨代理教師聯合甄選】

( ) 34. 存在於學校中的各種儀式制度、班級規約、組織氣氛與次級文化等均會對學生產生影響，其屬於下列何種課程？(A) 空白課程；(B) 非正式課程；(C) 潛在課程；(D) 同位課程。【96臺北市市立國民中學正式教師暨代理教師聯合甄選】

( ) 35. 下列關於塑造良好班級氣氛途徑，何者為非？(A) 給予學生較高的期望；(B) 教師採折衷式領導；(C) 教師要培養幽默感；(D) 師生間搭起溝通的橋樑。【93嘉義市國民中學教師聯合甄選】

( ) 36. 下面哪一選項屬於潛在課程？(A) 國文、英文；(B) 師生互動、學校物理環境；(C) 週會、班會；(D) 資訊教育、兩性教育。【93雲林縣國民中學候用教師暨代理教師甄選】

( ) 37. 賽爾門（Selman, 1980）將友誼概念分為四個階段，根據賽氏的研究，青少年對友誼的看法大約落在階段三。階段三主要的友誼特徵是？(A) 自主又相互依賴的關係；(B) 親密與分享；(C) 順境中的合作；(D) 單向友誼。【94年度高級中等以下學校及幼稚園教師資格檢定】

( ) 38. 哪位學者提出社會比較理論主張社會比較是人類的基本驅力（drive），人類有評估自己的能力或意見的需求？(A) 范士庭傑；(B) 馬西亞；(C) 皮亞傑；(D) 班都拉。

（　）39. 下列選項，何謂指的是在次文化以外所形成的反抗傳統，反抗權威，反社會行為或犯罪的文化組體？(A) 同儕團體；(B) 青少年偏差次級文化與幫派；(C) 社會文化；(D) 種族團體。

（　）40. 下列何者指的是青少年生活方式的總和、是青少年社群成員所認同分享的觀念價值態度以及作法的體現是青少年所適從的行動準則？(A) 青少年文化；(B) 成人群體；(C) 青少年偏差次級文化與幫派；(D) 種族團體。

（　）41. 下列選項，何者指的是由朋友組成結合緊密的一小撮人，這一群朋友相處的時間及多，而且往往過長？(A) 社交孤立者；(B) 群夥；(C) 死黨；(D) 社交團體。

（　）42. 下列選項，何者指的是用來確認自己是團體的一分子，以簡略表達，保有隱私，促進凝聚力且為了對成人保密使用的語言？(A) 黑話；(B) 俚語；(C) 術語；(D) 母語。

（　）43. 下列何者並非影響青少年學校成就的主要因素？(A) 學校教師；(B) 課程(C) 學校大小與班級結構；(D) 社區因素。

（　）44. 下列何者是提出青少年犯罪是工人家庭次文化的一種反應？(A) 柯恩（Cohen）；(B) 佩斯基（Persky）；(C) 都賽克（Dusek）；(D) 瑞斯（Rice）。

（　）45. 下列選項，何者是指學生的行為問題都是出必有因，因此教師必須診斷學生問題的起源，協助學生了解自己行為的本質？(A) 金氏方法（Kindsvatter's Method）；(B) 葛拉澤（Glasser's Method）；(C) 瓊森方法（Joson's Method）；(D) 亞泰二氏方法（Adelman and Taylor Methods）。

（　）46. 青少年階段最明顯的轉變之一是何者的影響力大增？(A) 父母；(B) 同儕；(C) 兄弟姊妹；(D) 老師。

（　）47. 以下何人所提出的「衛星化」、「脫離衛星論」的論點說明青少年在追求獨立自主的過程中，逐漸離開父母的保護、甚至限制的

軌道？(A) 金滋伯；(B) 哈維葛斯特；(C) 奧斯伯；(D) 都賽克。

（　）48. 每個人時時刻刻拿自己和他人做比較，此種以社會標準而非以物理標準和他人做比較的現象稱為？(A) 社會比較歷程；(B) 補償作用；(C) 自我引導；(D) 辨識危機。

（　）49. 根據舒斯與木倫（Suls and MuLLen, 1982）的論點，人一生有幾種主要的社會比較現象？(I)與相似的他人做比較；(II)與不相似的他人做比較；(III)時間性比較。(A) (I)(II)；(B) (I)(III)；(C) (II)(III)；(D) (I)(II)(III)。

（　）50. 根據雪爾澤（Seltzer, 1980）的預測，以下何者錯誤？(A) 青少年會利用甚多的參照團體，參照團體只有一、兩個；(B) 家長是青少年主要的影響來源；(C) 同儕將是青少年重要影響的來源；(D) 新的參照團體也會是強而有力的的影響根源。

（　）51. 雪爾澤（Seltzer, 1980）將青少年的社會比較分為五種類別，(I)向上比較；(II)積極事例的比較；(III)向下比較；(IV)相似比較；(V)範圍確立。以下何者的假設性功能可以增強自我認同與滿足效果？(A) (I)；(B) (IV)；(C) (III)；(D) (V)。

（　）52. 承上題，以下何者的假設性功能使青少年有了評估和成就的方向感，使一個人可以達到顛峰？(A) (I)；(B) (IV)；(C) (III)；(D) (V)。

（　）53. 男女性別的差異和社會發展關係密切，青春期女生所追求的是＿＿＿＿，男生所追求則是＿＿＿＿＿？(A) 親密，地位；(B) 安全感，認同感；(C) 家庭，事業；(D) 愛情，課業。

（　）54. 青少年同儕團體的形成，以哪種因素為主要原因？(A) 生理因素；(B) 心理因素；(C) 感情因素；(D) 同理心。

（　）55. 青少年團體有以下幾種功能，以下何者錯誤？(A) 穩定性功能；(B) 獲得自尊；(C) 有演練的機會；(D) 產生同理心。

（　）56. 根據羅傑斯（Rogers, 1977）的觀點，青少年可以經由同儕獲得反

射，知道自己的行為表現，進而作某些調整，這種現象稱之為？
(A) 自我實現的需求；(B) 雷達功能；(C) 心理依附；(D) 價值取
代功能。

( ) 57. 青少年同儕團體形成的主要原因之一在於他們對成人或其他人有
著不滿和敵意，使青少年故意參加同儕團體，使他們可以獲得保
護傘，免於被支配和控制，此現象稱之為？(A) 心理依附；(B) 建
立自我的功能；(C) 負向認定；(D) 價值取代功能。

( ) 58. 唐費（Dunphy, 1972; 1990）認為某一階段青少年大多是孤立的同
性小黨，又稱為聚眾前期，請問是為哪一階段？(A) 1；(B) 2；
(C) 3；(D) 4。

( ) 59. 承上題，群眾性團體開始有分崩離析的傾向，混合性的團體中，
逐漸有成雙成對的男女小團體出現，此一時期稱為？(A) 群眾性
團體的過渡時期；(B) 完全發展的群眾性團體；(C) 聚眾瓦解期；
(D) 群眾性團體的發展時期。

( ) 60. 青少年次級文化主要有三種模式，以下何者為非？(A) 心理源生
模式；(B) 文化轉換模式；(C) 行為模式；(D) 道德理論模式。

( ) 61. 次級文化團體中通常會有一些領袖，來決定團體的走向，而這些
領袖須具備以下哪幾種特點？(I)顯著性；(II)優越性；(III)自信；
(IV)強勢；(V)社會敏感度。(A) (I)(II)(III)；(B) (I)(IV)；(C) (I)(II)
(III)(V)；(D) (III)(IV)(V)。

( ) 62. 幫派是有組織與凝聚力的偏激次級文化，以下關於青少年幫派的
特徵何者為非？(A) 幫派有一定的大小；(B) 幫派是分散的；(C)
幫派不試圖去改變社會標準；(D) 幫派有結構性。

( ) 63. 影響青少年的學校成就，以下何者為非？(A) 學校教師；(B) 學校
大小和班級結構；(C) 課程因素；(D) 學生性別。

( ) 64. 有效教師共有五個校標，以下何者為非？(A) 教學具有工作取
向，努力達成學習目標；(B) 使學生產生競爭心理，提升學習績

效；(C) 使多數學生獲得成功和感到滿足；(D) 教學活動富有變
化。

( ) 65. 絕大部分的老師無法理解低階社經水準青少年的興趣和喜好是由
於什麼原因？(A) 無法兼顧每一位學生；(B) 渴望提升學生素質；
(C) 大部分老師來自於中產階級；(D) 班級結構的影響。

( ) 66. 甘普（Gump, 1980）認為學生班級情境中的社會行為和社會關係
三大力量影響，以下何者為非？(A) 物理環境；(B) 心理因素；
(C) 人的因素；(D) 教室運作模式。

( ) 67. 假定學生的行為問題都事出有因，面對學生的偏差行為不能只
強迫學生順從師長而已，請問是哪一觀點的看法？(A) 葛拉澤方
法；(B) 金氏方法；(C) 亞泰二氏方法；(D) 賽澤方法。

( ) 68. 以「沒有失敗的學校」一書聞名的為？(A) 葛拉澤；(B) 泰勒；
(C) 亞德曼；(D) 瓊森。

( ) 69. 強調學校教育要「減少中央化的權威」為以下何人？(A) 葛拉
澤；(B) 泰勒；(C) 賽澤；(D) 瓊森。

( ) 70. 以下何人認為青少年犯錯就是工人家庭次文化的一種反應，工人
家庭青少年強調立即的享受，但中產階級為主流的學校卻強調延
緩享受。(A) 柯恩；(B) 泰勒；(C) 賽澤；(D) 瓊森。

( ) 71. 關於青少年交叉壓力（cross-pressure）之來源，下列敘述何者正
確？(A) 父母和同儕之間；(B) 青少年團體之間；(C) 師長與同儕
之間；(D) 學校與家庭之間。【97年高級中學以下學校及幼稚園
教師資格檢定】

( ) 72. 列拜恩與莫蘭（Levine and Moreland, 1987）曾以三層面分類方
法對社會比較做歸類，而比較的類別下列何者為非？(A) 比較類
型；(B) 社會情境；(C) 時間性情境；(D) 空間性情境。

( ) 73. 次級文化就是次文化社會成員所共享的：(A) 價值態度、生活方
式；(B) 生活環境、家庭社經地位；(C) 服飾穿著、團體活動類

型；(D) 膚色種族、地域環境。

（　）74. 青少年階段最明顯的轉變之一是：(A) 同儕影響力大增，父母影
響力大增；(B) 同儕影響力大增，父母影響力大減；(C) 同儕影
響力大減，父母影響力大增；(D) 同儕影響力大減，父母影響力大
減。

（　）75. 下列哪一句現代用語是用來形容經不起壓力的青少年族群？(A)
月光族；(B) 麵龜族；(C) 紅唇族；(D) 草莓族。

（　）76. 以下何者對青少年情緒的描述是正確的？(I)情緒影響心理，對生
理的影響不大；(II)負向情緒過多影響人際交往；(III)學校恐懼症
是對學習感到恐懼的情緒反應；(IV)父母的過度保護有助於學生
的情緒發展。(A) (II)(III)(IV)；(B) (I)(IV)；(C) (II)(III)；(D) (I)(II)
(III)(IV)。

（　）77. 青少年生活方式的總合是指？(A) 青少年文化；(B) 同儕團體；
(C) 親子關係；(D) 青少年群體。

（　）78. 青少年次文化主要存在於 _____ 內，這樣的文化建構出一種小會
社，大多數重要的互動都發生在本身範圍內。(A) 家庭；(B) 小學
學校；(C) 中等學校；(D) 大學校園。

（　）79. 下列哪個特徵非網路成癮的徵兆？(A) 一直想著剛剛上網時發生
的事情；(B) 上網時間經常較原來預期的長很多；(C) 常想到用網
路來解決生活及學習上的問題；(D) 當離線或不能上網時，會覺
得不安、易怒、沮喪或暴躁。

（　）80. 羅艾斯齊（Loesch）曾提出青少年休閒輔導的三層面模式，在青
少年的休閒諮商上注重青少年的心理能力探索，以助於青少年在
休閒活動中獲得心智成長，這是屬於何者層面？(A) 情感層面；
(B) 行為層面；(C) 認知層面；(D) 探索層。

（　）81. Bronfenbrenner 生態學模式指出影響青少年發展的生態系統，其
中涉及社會文化、意識型態的是？(A) 微系統；(B) 中系統；(C)

外系統；(D) 巨系統。

（　）82. 青少年生涯發展的理論頗多，主要可歸納為下列理論，何者為非？(A) 社會理論；(B) 價值理論；(C) 動機理論；(D) 特質因素理論。

（　）83. 下列哪一個敘述正確？(A) 親子間的互動品質與同儕團體影響力呈現相對等關係；(B) 親子間的互動品質與同儕團體影響力呈現相反關係；(C) 遭父母親限制的青少年比較不容易受到同儕影響；(D) 同儕影響力不會產生偏差行為。

（　）84. 青少年群體可以分成_____和_____群體 (A) 正式、非正式；(B) 正常、非正常；(C) 大、小；(D) 男生、女生。

（　）85. 由朋友組成、結合緊密的一撮人，這一群朋友相處時間極多，往往過長，上述的概念為：(A) 兄弟姊妹；(B) 同班同學；(C) 同窗好友；(D) 死黨。

（　）86. 最常被青少年濫用的物質是菸草，菸草在十二歲至十七歲是使用的高峰期。有關青少年抽菸的敘述，下列何者較不正確？(A) 青少年抽菸是想讓自己看起來很成熟、有魅力；(B) 除非家人和同儕戒菸，否則青少年很難戒菸；(C) 青少年早期抽菸的習慣與自尊心、地位需求有關；(D) 青少年抽菸與情緒問題較沒有關聯性。

（　）87. 輔導與諮商的發展從過去被動滿足個人的需求與解決個人的問題及危機，到主動協助個人因應環境壓力，以預防問題發生，請問此種觀點所指為何？(A) 指導式諮商（directive counseling）；(B) 非指導式諮商（non-directive counseling）；(C) 心理衛生諮商（mental health counseling）；(D) 長期諮商（long-term counseling）。

（　）88. 吳老師是輔導室的輔導老師，也是小新班上的科任老師，有一天小新主動到輔導室找輔導老師晤談，剛好吳老師是該時段值班的

輔導老師，請問此時吳老師應該如何處理？(A) 直接與小新進行諮商；(B) 轉介至適當的輔導老師進行諮商；(C) 先與小新建立諮商關係；(D) 先晤談一段時間再評估是否轉介。

（　）89. 目前哪些物品在青少年的生活中扮演舉足輕重的角色？(A) 服裝、髮型；(B) 服裝、機車、電腦、手機；(C) 手機、電腦、相機；(D) 電腦、服裝、髮型。

（　）90. 對青少年而言，何者最重要的功能是確保他們的認同感與同儕團體的歸屬感？(A) 服裝；(B) 手機；(C) 電腦；(D) 髮型。

（　）91. 青少年次文化並非都是跟物質層面有關。使用最新的　　　　和聆聽同儕所讚賞的音樂，也有助於讓青少年覺得自己是次文化的一部份。(A) 網路遊戲；(B) 手機；(C) 俚語；(D) mp3。

（　）92. 根據研究指出，12-15歲的女孩順從父母程度　　　　順從同儕的程度。然而隨著年齡的增長，同儕的影響力　　　　。(A) 低於、減少；(B) 高於、增加；(C) 高於、減少；(D) 低於、增加。

（　）93. 有關青少年情緒輔導的敘述，下列何者較正確？(A) 青少年的情緒問題多半來自於「血氣方剛」與衝動性格；(B) 情緒輔導的目標就是協助青少年消除情緒，這樣就不會情緒失控；(C) 如果青少年的IQ夠高，那他的EQ相對也不會太低；(D) 面對青少年適應問題時，處理問題背後的情緒往往比問題解決更為關鍵。

（　）94. 英文中，adolescence society的中文意義為何？(A) 青少年社會化；(B) 青少年群體；(C) 青少年文化；(D) 青少年社會角色。

（　）95. 何者強調同儕團體的順從性，以及與成人相反的價值觀？(A) 青少年社會；(B) 青少年群體；(C) 青少年次文化；(D) 青少年社會化。

（　）96. 對於父母親的觀點傾向上，如果父母雙方都採同樣方向，青少年則　　　　於該方向發展。(A) 傾向；(B) 反對；(C) 尊重；(D) 拒絕。

（　）97. 對於國中生來說，學生們認為在適應學校生活方面，父母的影響力＿＿＿＿同儕。(A) 小於；(B) 等於；(C) 大於；(D) 以上皆非。

（　）98. 隨著年齡的增長，同儕影響力＿＿＿＿而父母影響力＿＿＿＿。(A) 減弱、增強；(B) 增強、增強；(C) 減弱、減弱；(D) 增強、減弱。

（　）99. 男性比女性更易與父母親唱反調，但女性與父母意見不合的情形，往往發生於年紀何時？(A) 較小；(B) 較大；(C) 成人；(D) 中年。

（　）100. 在青少年一成人意見相左之處，＿＿＿＿與＿＿＿＿是格外注意的範疇。(A) 言語、表現；(B) 認知、表現；(C) 思想、性行為；(D) 藥物、性行為。

（　）101. 青春期＿＿＿＿的青少年對於性的態度，較青春期早期的青少年及其父母更加開放。(A) 中期；(B) 中、晚期；(C) 晚期；(D) 早、中期。

（　）102. ＿＿＿＿通常是在描述由校外青少年為社交目的所聚合而成，但結構鬆散少有機會參與正式建構的社交關係網絡的團體。(A) 正式的青少年群體；(B) 非正式的青少年群體；(C) 以上皆是；(D) 以上皆非。

（　）103. 青少年是否被青少年群體所接受、是否積極參與青少年群體，受到本身＿＿＿＿的影響。(A) 社經背景；(B) 教育程度；(C) 運動成績；(D) 以上皆非。

（　）104. 在正式的學校次系統當中是由＿＿＿＿所營造出來的。(I)學校行政；(II)教職員；(III)學校課程；(IV)校規。(A) (I)(II)；(B) (II)(III)；(C) (II)(III)(IV)；(D) (I)(II)(III)(IV)。

（　）105. 青少年校際運動競賽的提倡者強調競賽的好處有哪些？(I)提升自主權；(II)自我確認；(III)增加社交機會；(IV)發展技巧。(A) (I)(II)；(B) (II)(III)；(C) (II)(III)(IV)；(D) (I)(II)(III)(IV)。

（　）106. ＿＿＿＿＿是由朋友組成、結合緊密的一小撮人，這一群朋友相處時間極多？(A) 聯盟；(B) 死黨；(C) 群夥；(D) 群體。

（　）107. 死黨的特色是成員在：(I)年齡；(II)性別；(III)種族；(IV)社會；(V)興趣；(VI)參與活動類型。上列選項正確的有：(A) (I)(II)(IV)(V)；(B) (II)(III)(IV)(V)(VI)；(C) (II)(III)(IV)(VI)；(D) (I)(II)(III)(IV)(V)(VI)。

（　）108. 在日常生活中，哪些物品在青少年生活當中舉足輕重？(A) 服裝；(B) 汽車；(C) 電話；(D) 以上皆是。

（　）109. 下列何者為青少年用來發現並表達個人身分定位的一項主要工具？(A) 金錢；(B) 汽車；(C) 服裝；(D) 房子。

（　）110. 下列何者為青少年用來表達對成人世界中某些特定道德和價值觀的反叛？(A) 服裝；(B) 髮型；(C) 服裝與髮型；(D) 以上皆非。

（　）111. 根據課本內容，下列何者論述正確？(A) 在同儕間受歡迎者，其不易親近；(B) 不被同儕喜歡者，通常卻是頭腦聰明、運動也傑出；(C) 受爭議組的青少年比其他女生更容易成為年輕小媽媽；(D) 同儕地位與學業成就無關。

（　）112. 在青少年階段汽車已成為青少年生活的重要物品，理由為何？(I)地位的象徵；(II)自由與機動性的工具；(III)力量與男子氣概的象徵；(IV)已變成一種嗜好；(V)表達敵意和憤怒的工具。(A) (I)(II)(IV)(V)；(B) (II)(III)(IV)(V)；(C) (II)(III)(IV)；(D) (I)(II)(III)(IV)(V)。

（　）113. 服裝的重要性隨著青少年的年紀增長而＿＿＿＿？(A) 遞增；(B) 不變；(C) 遞減；(D) 以上皆非。

（　）114. 在青少年文化的非物質層面中，音樂是青少年文化的重要部分，何者為青少年聽音樂的原因？(I)有助於放鬆；(II)能為社交活動助興；(III)打發無聊；(IV)神經緊繃。(A) (I)(II)；(B) (II)

(III)；(C) (II)(III)(IV)；(D) (I)(II)(III)。

( ) 115. 亞德爾曼與泰勒（Adelman & Taylor, 1983）認為假如學生有＿＿＿，那麼學生的表現會出其預料的好。(A) 規律的運動；(B) 充足的睡眠；(C) 強烈的學習動機；(D) 強烈的道德感。

( ) 116. 收看太多音樂電視節目可能＿＿＿？(A) 助長負面的態度；(B) 助長正面的態度；(C) 壓抑負面的態度；(D) 以上皆非。

( ) 117. 哪一個群體組合最具有排他性？(A) 群體；(B) 組織；(C) 聚落；(D) 聚眾。

( ) 118. 與早期青少年相比，青少年晚期擁有＿＿＿朋友。(A) 較多；(B) 較少；(C) 相似；(D) 較親密。

( ) 119. 下列何者非為友誼三大面向？(A) 只要有朋友；(B) 有一個朋友；(C) 友誼的品質；(D) 有許多同好。

( ) 120. 下列何者非為青少年同儕聲望類型？(A) 被忽略的；(B) 被拒絕的；(C) 受爭議的；(D) 被困惑的。

( ) 121. 青少年同儕聲望類型中，獲得多數正向提名與極少數負向提名為何者類型？(A) 受歡迎；(B) 平均組；(C) 受爭議；(D) 被忽略。

( ) 122. 學者Rubin指出友誼有四種特色，下列何者為非？(A) 友誼是互惠的；(B) 友誼是個體間的自願關係；(C) 友誼存在於其他網絡中；(D) 友誼是變動的。

( ) 123. 青少年同儕聲望類型中，兩種正、負向提名的數量皆是較少的為何者類型？(A) 受歡迎；(B) 平均組；(C) 受爭議；(D) 被忽略。

( ) 124. 根據哈特（S. Harter）的研究發現，下列有關青少年自覺的何種條件最能預測其整體自尊（overall self-esteem）的高低？(A) 認知能力；(B) 社經地位；(C) 外在吸引力；(D) 運動能力。

( ) 125. 根據學者觀點，下列何者論述錯誤？(A) 青少年良好同儕關係

與學業能力有關；(B) 不被同儕喜歡者，易較具有攻擊性與破壞性；(C) 女生友誼比男生更加親密；(D) 同儕地位與自尊無關。

( )126. 提升學校效能有許多方法，其中賽澤（Sizer, 1984）的方法是強調？(A) 減少中央化的權威；(B) 增進學生素質；(C) 改善上課時數；(D) 以上皆非。

( )127. 下列何者非影響青少年友誼形成與發展的因素？(A) 性別與年齡；(B) 身體吸引力；(C) 家庭社經地位；(D) 個人特質。

( )128. 影響青少年學校教育成就的因素非常多，其主要因素為何？(A) 學校教師；(B) 學校大小與班級結構；(C) 課程與其他因素；(D) 以上皆是。

( )129. 學者唐費（Dunphy, 1972; 1990）將青少年同儕團體的組織發展過程區分五個階段，聚眾瓦解期為第幾階段？(A) 第2階段；(B) 第3階段；(C) 第4階段；(D) 第5階段。

( )130. 同儕友誼不具有下列哪一功能？(A) 分享新的人生感受；(B) 分享相同興趣；(C) 更順利進入成人社會；(D) 幫忙把馬子。

( )131. 下列不是為青少年同儕團體的功能？(A) 替代家庭功能；(B) 穩定性影響；(C) 示範機會；(D) 組織非營利組織。

( )132. 青少年同儕聲望類型中，兩種正、負向提名的數量皆獲得多數的為何者類型？(A) 受歡迎；(B) 平均組；(C) 受爭議；(D) 被忽略。

( )133. 下列何者在青少年早期，最常提供支持的人？(A) 父母；(B) 同儕；(C) 老師；(D) 紅粉知己。

( )134. 下列何者非青少年階段，友誼發展的標準？(A) 穩定性；(B) 同質性；(C) 承諾；(D) 缺乏異常行為。

( )135. 下列何者不是青少年團體形成的因素？(A) 獲取力量、增強自己；(B) 逃避孤獨與寂寞；(C) 逃避責任與工作；(D) 物以類聚。

( )136. 青少年常認為他們自己的態度處於這一世代其他人與＿＿＿＿的

世代之間。(A) 父母；(B) 同性朋友；(C) 同儕；(D) 社會。

（　）137. 下列何者在青少年晚期，最常提供支持的人？(A) 父母；(B) 同性朋友；(C) 老師；(D) 紅粉知己。

（　）138. 較年長的青少年多以_____來描述他們的朋友。(A) 興趣與喜好；(B) 自我認同；(C) 自我中心；(D) 人格或價值觀。

（　）139. 下列何者論述正確？(A) 受歡迎男、女生皆較有良好學業表現；(B) 不被同儕喜歡者，不易具有攻擊性與破壞性；(C) 男生友誼比女生更加親密；(D) 同儕地位與自尊無關。

（　）140. 青少年同儕聲望類型中，聲望在正向或負向提名上不會顯現出極端值特徵，此為何種類型？(A) 受歡迎；(B) 平均組；(C) 受爭議；(D) 被忽略。

（　）141. 早期青少年多藉由_____來描述朋友。(A) 特殊行為特徵；(B) 個性與外表；(C) 興趣與喜好；(D) 人格或價值觀。

（　）142. 下列何者在青少年晚期，最常提供支持的人？(A) 父母；(B) 同性朋友；(C) 老師；(D) 紅粉知己。

（　）143. 學者唐費（Dunphy, 1972; 1990）將青少年同儕團體的組織發展過程區分五個藉段，「聚眾團體的過渡期」為第幾階段？(A) 第2階段；(B) 第3階段；(C) 第4階段；(D) 第5階段。

（　）144. 青少年同儕聲望類型中，兩種正、負向提名的數量皆獲得多數的為何者類型？(A) 受歡迎；(B) 平均組；(C) 受爭議；(D) 被忽略。

（　）145. 青少年在追求獨立與自主的過程當中，父母親取向會如何？(A) 下降；(B) 上升；(C) 不變；(D) 先升後降。

（　）146. 青少年在追求獨立與自主的過程當中，同儕取向會？(A) 下降；(B) 上升；(C) 不變；(D) 先升後降。

（　）147. 「衛星化」與「脫離衛星化」的論點，指的是青少年在追求獨立與自主的過程當中，逐漸_____父母保護與限制的軌道。(A)

依靠；(B) 求助；(C) 脫離；(D) 厭惡。

（　）148. 根據舒絲與木倫的論點，人的一生中有三種主要的社會比較現
象，請問是哪三種？(I)與相似的他人作比較；(II)與不相似的他
人作比較；(III)時間性的比較；(IV)抽象性比較；(V)物理性的比
較。(A) (I)(II)(III)；(B) (I) (II)(V)；(C) (II)(III)(IV)；(D) (I)(IV)
(V)。

（　）149. 根據舒絲與木倫的論點，「與相似的他人作比較」；此種比較
由出生開始到青春期呈現_____的趨勢，之後隨著年齡增加而
_____。(A) 下降、上升；(B) 水平、上升；(C) 上升、降低；
(D) 上升、維持一個穩定的水平。

（　）150. 根據舒絲與木倫的論點，「與不相似的他人作比較」；此種比
較在_____與_____兩個時期形成兩個高峰。(A) 青少年期、中
年階段；(B) 兒童期、中年階段；(C) 兒童期、青少年期；(D) 青
少年期、老年。

（　）151. 根據舒絲與木倫的論點，「時間性的比較」這類的比較是個人
對不同時段內的自我表現所進行的比較。此種的比較隨著年齡
的增加而呈現甚麼樣的曲線？(A) 鐘型；(B) 雙峰行；(C) 水平
型；(D) 上升型。

（　）152. 范式庭傑提出「社會比較理論」，根據此理論，_____是人類
的基本驅力。(A) 社會比較；(B) 同心圓比較；(C) 高斯比較；
(D) 環境生態比較。

（　）153. 范式庭傑提出「社會比較理論」，根據此理論，人們會透過客
觀或物理性的基礎，來評估自己能力的高低或是評估自己的行
為是否適當，但是當欠缺客觀標準時，人通常會以他人提供的
社會比較訊息，作為評估自己的標準。而_____的他人，最容
易被當作社會比較的對象。(A) 條件高於自己；(B) 條件低於自
己；(C) 條件與自己相似；(D) 背景與自己相似。

（　）154. 雪爾澤（Seltzer, 1980）將青少年的社會比較分為五個主要類別，以下的選項中有哪些是屬於這五個類別之中的比較？(I)向上；(II)積極事例；(III)向下；(IV)內化；(V)認知。(A) (I)(II)(III)(IV) (V)；(B) (I)(II)(III)(IV)；(C) (I)(II)(III)；(D) (I)(II)。

（　）155. 雪爾澤將青少年的社會比較分為五個主要類別，以下的選項中有哪些是屬於這五個類別之中的比較？(I)技能；(II)情境；(III)認知；(IV)相似；(V)範圍建立。(A) (I)(II)(III)(IV) (V)；(B) (I)(II)(III)(IV)；(C) (I)(II)(III)；(D) (I)(II)。

（　）156. 社會比較的訊息可以區分為五類：(I)行為，包含人對人比較與一般常模比較；(II)心理建構，包含人格特質與行為的傾向；(III)地位；(IV)態度；(V)活動。請問「家豪跑得比尼科基慢」，這樣的比較屬於？(A) (I)；(B) (II)；(C) (III)；(D) (IV)。

（　）157. 社會比較的訊息可以區分為五類：(I)行為、包含人對人比較與一般常模比較；(II)心理建構、包含人格特質與行為的傾向；(III)地位；(IV)態度；(V)活動。請問「小夫這個人真的很不上進又懶惰」與「胖虎這個人真的很愛指揮別人」這類比較是屬於？(A) (I)；(B) (II)；(C) (III)；(D) (IV)。

（　）158. 青少年一般來說在14歲時可以找到親近的朋友，女生的友誼比男生_____，但女生友誼的持久性比男生_____。(A) 穩固、低；(B) 穩固、高；(C) 還不穩定、高；(D) 還不穩定、低。

（　）159. 在青少年初期時，青少年的最好朋友幾乎都是_____，且有_____。(A) 同性、類似的家庭背景與興趣；(B) 同性、個性上的異質性；(C) 異性、類似的家庭背景與類似的興趣；(D) 異性、個性上的異質性。

（　）160. 「社會技巧」其實就是：(A) 說話的藝術；(B) 自我表達能力；(C) 人際交往的技巧；(D) 區分自我與他人有何不同的能力。

（　）161. 沃克等人（Walker et al., 1988）又將「社會技巧」區分為哪三種

技巧：(I)同儕相關、(II)成人相關、(III)自我相關、(IV)晚輩相關。(A) (I)(II)(IV)；(B) (II)(III)(IV)；(C) (I)(II)(III)；(D) (I)(II)(IV)。

（　）162. 下列「社會技巧」與對應的內容的配對，哪一組是錯誤的？(A) 同儕相關技巧—有效的處理團體壓力；(B) 同儕相關技巧—能擴展與同儕的對話；(C) 成人相關技巧—有效處理不安與沮喪；(D) 自我相關技巧—接受行為的後果。

（　）163. 「社會技巧訓練」就是在提供正向的學習機會，使接受教導的人可以透過　　　　等有系統的歷程，以便表現出適當的社會技巧與行為。(A) 觀察、模仿、演練；(B) 接受、調適、演練；(C) 觀察、討論、驗證；(D) 觀察、模仿、再造。

（　）164. 青少年同儕團體行成的因素有哪些？(I)獲取力量、增強自己（自信）；(II)逃避孤獨與寂寞；(III)評估與澄清自己；(IV)逃避責任與工作。(A) (I)(II)(III)(IV)；(B) (II)(III)(IV)；(C) (I)(III)(IV)；(D) (I)(II)(IV)。

（　）165. 青少年同儕團體具有何種功能？(I)替代家庭的功能；(II)獲得自尊；(III)得到行為的標準；(IV)有安全感；(V)有演練成人活動的機會。(A) (II)(III)(IV)(V)；(B) (III)(IV)(V)；(C) (I)(II)(III)；(D) (I)(II)(III)(IV)(V)。

（　）166. 青少年同儕團體的結構隨著年齡而改變，唐費將青少年的組織發展過程區分為五個階段，請依正確順序排列。(I)眾性團體的過渡期；(II)完全發展的眾性團體；(III)開始形成眾性團體；(IV)眾聚瓦解期；(V)為孤立的同性小黨。(A) (I)(II)(III)(IV)(V)；(B) (V)(II)(I)(III)(IV)；(C) (V)(II)(I)(III)(IV)；(D) (V)(III)(I)(II)(IV)。

（　）167. 青少年次級文化的「形成」模式有三種，請問是哪三種？(I)心理源生模式；(II)文化轉換模式；(III)行為模式；(IV)同儕團體認同模式；(V)特殊語言模式。(A) (I)(II)(III)；(B) (III)(IV)(V)；(C)

(II)(III)(IV)；(D) (III)(IV)(V)。

( ) 168. 青少年次級文化的「形成」模式之中，有一個談論到，青少年次級文化常在於模仿上一代的次級文化，請問這是哪種「青少年級文化的形成模式」？(A) 文化轉換模式；(B) 心理源生模式；(C) 行為模式；(D) 僑團體認同模式。

( ) 169. 青少年次級文化的「形成」模式之中，有一個談論到，青少年的次級文化可以視為一系列嘗試錯誤行為的結果，假如行為受到增強就很容易持續下去，請問這是哪種「青少年級文化的形成模式」？(A) 文化轉換模式；(B) 心理源生模式；(C) 行為模式；(D) 同僑團體認同模式。

( ) 170. 青少年次級文化的「形成」模式之中，有一個談論到，次級文化常因多數人有相似的適應問題所引發的，有共同問題的人容易聚集在一起克服問題，請問這是哪種「青少年級文化的形成模式」？(A) 心理源生模式；(B) 文化轉換模式；(C) 行為模式；(D) 同僑團體認同模式。

( ) 171. 青少年次級文化包含了下列哪些要素？(I)親近；(II)獨特的價值與規範；(III)同僑團體的認同；(IV)聖雄式的領導；(V)特殊的語言。(A) (I)；(B) (I)(II)；(C) (I)(II)(III)；(D) (I)(II)(III)(IV)(V)。

( ) 172. 何者是有組織與凝聚力的的偏差次級文化？(A) 幫派；(B) 嬉皮；(C) 社團；(D) 樂團。

( ) 173. 青少年的幫派具有下列哪些特徵？(I)幫派是統整的；(II)幫派經驗到衝突；(III)幫派有結構性；(IV)幫派有一定的大小；(V)幫派不試圖改變社會標準。(A) (I)(II)(III)(IV)(V)；(B) (II)(III)(IV)(V)；(C) (III)(IV)(V)；(D) (IV)(V)。

( ) 174. 甘普（Gump, 1980）基於生態心理學的研究，強調對於學校相關問題之研究必須考慮三個層面，請問是哪三個？(I)時間變項；(II)地理位置；(III)物理環境；(IV)人的因素；(V)行為類型

或行動結構。(A) (I)(II)(III)；(B) (II)(III)(IV)；(C) (III)(IV)(V)；
(D) (I)(II)(V)。

(　) 175. 甘普（Gump, 1980）基於生態心理學的研究，強調對於學校相
關問題之研究必須考慮三個層面，請問下列配對，何組是正確
的？(I)物理環境-無生命的因素，例如建築與座位的安排等等；
(II)行為類型或行動結構-教師與學生的互動情形，又稱為「教
室運動模式」；(III)人的因素-大致可歸類成老師與學生兩大因
素；(IV)人的因素-例如教學方法與學生的特質。(A) (III)(IV)；
(B) (I)(II)；(C) (I)(II)(III)(IV)；(D) (I)(II)(III)。

(　) 176. 班級對學生的影響除了在智能方面外，對青少年的學習成就與
社會能力發展都有關鍵的影響力，其影響要素被歸列為哪四
項？(I)班級結構；(II)班級密度；(III)座位安排；(IV)鄰近原則；
(V)學生常規。(A) (II)(III)(IV)(V)；(B) (I)(III)(IV)(V)；(C) (I)(II)
(III)(IV)；(D) (I)(II)(IV)(V)。

(　) 177. 如果在某班級之中，其中某一個人獲得了成就，這樣同時也會
增加別人獲得成就的機會，而且個人的成功與他人的成功同時
並進，請問這樣的班級的結構可稱為何種的酬賞結構？(A) 公平
性；(B) 組織性；(C) 競爭性；(D) 合作性。

(　) 178. 如果在某班級之中，其中有一個同學接受酬賞的機會增加，就
會減少其他同學獲得酬賞的機會，請問這樣的班級的結構可稱
為何種的酬賞結構？(A) 公平性；(B) 組織性；(C) 競爭性；(D)
合作性。

(　) 179. 合作性團體其成員相互間的社會關係為何？(I)凝聚力強；(II)易
產生負向的情感；(III)較少社會孤獨者；(IV)有較高的社會接
納。(A) (I)(II)(III)(IV)；(B) (I)(II)(III)；(C) (I)(III)(IV)；(D) (II)
(III)(IV)。

(　) 180. 哈普特（Hartup）指出在教室人口密度越高，學生會減少＿＿＿＿＿

而增加_____。(A) 社會活動、攻擊行為；(B) 偏差行為、學習動機；(C) 談話活動、學業成績；(D) 活動、注意力 。

( ) 181. 「鄰近原則」指出_____是所有吸引理論的要素。(A) 趨近；(B) 遠離；(C) 相似；(D) 好奇 。

( ) 182. 針對學生偏差行為的問題，如果老師從診斷學生問題的起源著手，協助學生了解自己行為的本質，並輔導他們以替代的方式表現不同的行為，請問這位老師是運用哪種「常規管理方法」？(A) 金氏方法；(B) 葛拉澤方法；(C) 瓊森方法；(D) 亞泰二氏方法。

( ) 183. 葛拉澤（W. Glasser），他認為學生行為規範的成功在於？(A) 嚴厲的管教；(B) 體罰；(C) 學生要相信自己不會失敗；(D) 優良的班級氣氛。

( ) 184. 瓊森（Johnson, 1978）認為學校教育最重要且無可取代的是何者？(A) 師生之間密切與溫暖的互動；(B) 道德的培養；(C) 社會技能之練習；(D) 合作的價值。

( ) 185. 在整體社會文化中，青少年附屬團體所特有的生活格調與行為方式稱為？(A) 青少年次團體；(B) 青少年次文化；(C) 青少年附屬體；(D) 青少年次人生。【97高級中等以下學校及幼稚園教師資格檢定】

( ) 186. 班上同學對國二的小強有兩種不同的看法，有一些同學很喜歡他的幽默、風趣且樂意幫別人打抱不平，但有一些同學則覺得他很臭屁、說話很無聊，並且很愛管別人閒事。根據同儕聲望的分類，小強是屬於哪一類型的人？(A) 受歡迎的（popular）；(B) 被拒絕的（rejected）；(C) 被忽略的（neglected）；(D) 受爭議的（controversial）。【97高級中等以下學校及幼稚園教師資格檢定】

( ) 187. 剛入學的國一新生小楊在校完全不願開口講話，父母告知導師

小楊被診斷為「選擇性緘默」。導師最適合採取下列哪一種作法？(A) 不用擔心，安靜一點的學生有助班上的秩序；(B) 盡量在上課時主動點他發言，提供練習的機會；(C) 明訂賞罰規則，有發言就給鼓勵，不回答就處罰；(D) 先接納他可以不講話，但善用同儕與老師的資源影響他。【98高級中等以下學校及幼稚園教師資格檢定】

(　) 188. 國二的筱雯因為升學考試壓力過大，於是常沉迷於網路世界中尋求暫時的解脫，下列何種輔導策略較適當？(A) 指出筱雯沉迷網路是不負責任的行為；(B) 接納筱雯未做家庭作業的藉口，並與之討論；(C) 諮商師要評判筱雯行為的對錯，以建立成功的認同；(D) 鼓勵筱雯每天做自己喜歡的嗜好，例如：冥想或繪畫。【99高級中等以下學校及幼稚園教師資格檢定】

(　) 189. 青少年會不斷減低對父母的認同，而轉向尋求同儕支持。下列關於同儕對青少年道德發展的敘述，何者不正確？(A) 同儕中偏差的價值觀會成為就學或就業的阻抗力；(B) 青少年同儕之間不會鼓勵從事正向而利社會的行動；(C) 若沒有同儕的蠱惑，偏差的價值觀就會鬆動而轉成常規的價值觀；(D) 長期且密切地與犯罪同儕相處的青少年，較一般青少年更容易出現犯罪行為。【100高級中等以下學校及幼稚園教師資格檢定】

(　) 190. 下列哪一項敘述並非青少年階段的發展特徵？(A) 對同性別的角色學習較多；(B) 希望擺脫父母的約束而追求獨立；(C) 因歸屬感的需求使得從眾性較為明顯；(D) 家庭的影響力逐漸大於同儕間影響力。【104高級中等以下學校及幼稚園教師資格檢定】

(　) 191. 八年級的小花無法跟同儕建立良好關係，張老師建議她在人際相處上可以主動分享自己的事情。張老師給予小花的是下列哪一種社會支持？(A) 情緒性；(B) 工具性；(C) 訊息性；(D) 行為性。【104高級中等以下學校及幼稚園教師資格檢定】

（　）192. 小美的朋友皆為同性別，只有死黨中最活潑的友人與異性互有交往。請問小美的朋友聚群較屬於下列哪一期？(A) 前聚群期（the precrowd stage）；(B) 初聚群期（the beginning of the crowd）；(C) 聚群過渡期（the crowd in structural transition）；(D) 聚群瓦解期（the beginning of crowd disintegration）。【104高級中等以下學校及幼稚園教師資格檢定】

（　）193. 玉文在第三次團體時說：「本來我不想參加，但是從這幾次分享中才知道其實每個人都有類似的問題。」玉文的體會反映其獲得下列哪一種輔導成效？(A) 普同感；(B) 利他性；(C) 注入希望；(D) 人際學習。【105高級中等以下學校及幼稚園教師資格檢定】

（　）194. 在第一次團體結束時，李老師說：「今天我們都分享了自己的故事，下次讓我們一起來想想如何面對這些困境。」李老師使用「我們」的描述主要想達到下列哪一個目的？(A) 行為模仿；(B) 團體凝聚；(C) 發展社會技巧；(D) 減少團體衝突。【105高級中等以下學校及幼稚園教師資格檢定】

（　）195. 下列哪一項敘述顯示團體領導者使用「連結」（linking）的技巧？(A)「希望大家可以針對今天討論的主題發言。」；(B)「還沒有發言的人也可以說說自己的看法。」；(C)「有人建議要用小組的方式進行討論，其他人的意見呢？」；(D)「小美剛才分享的，聽起來和小陳的感受類似，大家覺得呢？」。【105高級中等以下學校及幼稚園教師資格檢定】

（　）196. 陳老師的班上轉入一位新住民學生，下列哪一種措施較適合協助他融入班級？(A) 提醒同學不要欺負弱勢學生；(B) 提醒該生要融入主流的文化；(C) 不對該生的議題提出任何討論；(D) 請同學分享不同文化的生活習慣。【106高級中等以下學校及幼稚園教師資格檢定】

（　）197. 小哲不太擅長交朋友，在人群中常感到孤單，他在導師的推薦下，參加人際關係成長團體。小哲在團體中得到許多體會與學習，也更了解自己。下列敘述何者錯誤？(A) 小哲發現原來不是只有自己這樣，此稱為「普同感」；(B) 小哲很佩服某位成員，也參考他的思考及作為，這是「行為模仿」；(C) 小哲看到其他成員的改善，增加了自己的勇氣，此即團體的「利他性」；(D) 小哲在團體中說出自己的困擾，感到被團體接納，這是「團體凝聚力」。【106高級中等以下學校及幼稚園教師資格檢定】

（　）198. 小哲不太擅長交朋友，在人群中常感到孤單，他在導師的推薦下，參加人際關係成長團體。小哲在團體中坦露自己的人際困境，下列關於輔導教師所使用的團體輔導技巧，何者正確？(A)「每次當你與同學吵架時，你心裡有哪些想法？」這是自我揭露的技巧；(B)「我感覺你在說這件事時仍感到生氣，我們聽聽其他夥伴的想法。」這是澄清的技巧；(C)「我聽到你和同學間的互動，會隨著對方心情好壞而不同，這讓你覺得很為難。」這是反映的技巧；(D)「我聽出小哲的想法與其他夥伴不同，說說看，大家希望討論哪個部分呢？」這是積極傾聽的技巧。

【106高級中等以下學校及幼稚園教師資格檢定】

解 答

1.(A)	2.(B)	3.(A)	4.(C)	5.(A)	6.(C)	7.(D)	8.(B)	9.(C)	10.(D)
11.(B)	12.(A)	13.(B)	14.(D)	15.(A)	16.(A)	17.(C)	18.(D)	19.(B)	20.(B)
21.(A)	22.(C)	23.(B)	24.(A)	25.(A)	26.(B)	27.(B)	28.(D)	29.(C)	30.(A)
31.(C)	32.(B)	33.(A)	34.(C)	35.(A)	36.(B)	37.(B)	38.(A)	39.(B)	40.(A)
41.(C)	42.(C)	43.(D)	44.(A)	45.(A)	46.(B)	47.(C)	48.(A)	49.(D)	50.(A)
51.(B)	52.(A)	53.(A)	54.(B)	55.(D)	56.(B)	57.(C)	58.(A)	59.(C)	60.(D)
61.(C)	62.(B)	63.(D)	64.(B)	65.(C)	66.(B)	67.(B)	68.(A)	69.(C)	70.(A)
71.(A)	72.(D)	73.(A)	74.(B)	75.(D)	76.(C)	77.(A)	78.(C)	79.(C)	80.(C)
81.(D)	82.(B)	83.(B)	84.(A)	85.(D)	86.(D)	87.(C)	88.(B)	89.(B)	90.(A)
91.(C)	92.(B)	93.(D)	94.(B)	95.(C)	96.(A)	97.(C)	98.(D)	99.(A)	100.(D)
101.(B)	102.(B)	103.(A)	104.(D)	105.(D)	106.(B)	107.(D)	108.(D)	109.(C)	110.(C)
111.(C)	112.(D)	113.(C)	114.(D)	115.(C)	116.(A)	117.(D)	118.(B)	119.(D)	120.(D)
121.(A)	122.(D)	123.(D)	124.(C)	125.(D)	126.(A)	127.(C)	128.(D)	129.(D)	130.(D)
131.(D)	132.(C)	133.(A)	134.(B)	135.(D)	136.(A)	137.(B)	138.(D)	139.(A)	140.(B)
141.(A)	142.(B)	143.(B)	144.(C)	145.(A)	146.(B)	147.(C)	148.(A)	149.(C)	150.(B)
151.(C)	152.(A)	153.(C)	154.(C)	155.(D)	156.(A)	157.(B)	158.(A)	159.(A)	160.(C)
161.(C)	162.(C)	163.(A)	164.(A)	165.(D)	166.(D)	167.(A)	168.(A)	169.(C)	170.(A)
171.(D)	172.(A)	173.(A)	174.(C)	175.(C)	176.(C)	177.(D)	178.(C)	179.(C)	180.(A)
181.(A)	182.(A)	183.(C)	184.(A)	185.(B)	186.(D)	187.(D)	188.(D)	189.(B)	190.(D)
191.(C)	192.(C)	193.(A)	194.(B)	195.(D)	196.(D)	197.(C)	198.(C)		

第十三章

青少年的偏差行為與防治

重點整理

1. 青少年的偏差行為係指青少年從事偏離常態的行為表現，偏離行為通常具有下列特質：(1)行為表現與多數人的行為表現方式不同；(2)行為妨害公共秩序與安全；(3)行為對個人或他人造成損害；(4)與大人規定和期望的行為方式不符。

2. 青少年偏差行為與犯罪的成因有：(1)人格因素：包含：(I)一般人格狀況、(II)T形人格；(2)社會技巧與生活適應；(3)學業成就；(4)同儕影響；(5)社會的影響；(6)生理、心理與社會聯合性因素。

3. 青少年危險行為的四個主要範疇為：(1)藥物與酒精的使用與濫用；(2)不安全的性與青少年懷孕；(3)學校成就低落及失敗輟學；(4)不良行為與暴力犯罪。

4. 青少年階段對身心危害最大的是藥物濫用問題，所謂藥物即指一般藥品、違禁藥品、麻醉及迷幻藥物，以及其他國內俗稱的毒品等一切物質。青少年的抽菸與喝酒是物質濫用的一種，他們常是藥物濫用的前奏。

5. 促使青少年抽菸有四個主要原因：(1)青少年過早暴露於大量的香菸廣告之中；(2)青少年由抽菸的父母與成人中模仿而得；(3)部分受到同儕的壓力；(4)與青少年想要滿足自尊及獲得地位有關。就個人而言，抽菸有下列的作用：(1)消除緊張；(2)已形成無意識的習慣；(3)強迫性口腔活動；

(4)尼古丁成癮。

6. 香菸上癮被認爲與其他藥物上癮一樣難以戒除，目前有四個理論可以解釋抽菸的成癮性：(1)尼古丁效果固著理論；(2)尼古丁規則理論；(3)多重規則模式；(4)波氏理論。

7. 防止青少年抽菸的方法主要有下列各項：(1)反菸教育；(2)反菸的訴求必須是積極的；(3)坦承的告訴青少年眞相；(4)反菸教育儘可能由學生領袖與學生本身發起；(5)反菸教育必須及早推行；(6)協助學生探索自己；(7)教學方法多樣性。而目前在戒菸矯治上較被常使用的策略有：(1)尼古丁口香糖；(2)嫌惡治療；(3)操作制約；(4)多重模式治療。

8. 從各種資料可發現喝酒之青少年有較多的心理與情境作用，故要防止青少年喝酒可能需要有積極的社會替代性活動，使青少年不至於感到無聊，而想要喝酒。另外也要注意同儕的關係以免不當模仿與受到社會壓力或遭遇人際衝突而養成喝酒習慣。

9. 至於已經形成酒癮的青少年可以使用：(1)自我監控；(2)訂契約；(3)環境重建等策略協助他們戒除。

10. 青少年藥物濫用的原因極爲複雜，下列是主要的使用類型：(1)試驗性的使用；(2)社會消遣性的使用；(3)環境與情境的使用；(4)激烈的藥物使用；(5)強迫性使用。另外，青少年第一次使用藥物的原因有下列五項：(1)好奇；(2)追求快樂與感官滿足；(3)社會壓力；(4)減低緊張、焦慮、壓力或逃避問題；(5)增加個人能力。此外，家庭與社會因素也會促使青少年的藥物吸食行爲。

11. 青少年藥物濫用者是一個試驗、習慣與依賴的歷程，在此歷程中，共有五個階段：(1)是偶然性與社會性的使用；(2)由初始的低度忍受，再增高使用的忍受度與力量；(3)增加藥物使用以影響成就、使用的冒險性乃提高；(4)經常性與高度性的使用；(5)形成社會孤立，養成妥協性格以保有既有習慣。相對的，對青少年藥物使用者的戒除、復原與復健也有對應的五個階段。

12. 青少年藥物濫用的種類主要可以分為四大類：(1)鎮靜催眠藥物；(2)麻醉性藥物；(3)刺激物；(4)迷幻藥物。

13. 青少年藥物濫用者目前主要的治療策略有下列各項：(1)心理諮商與治療；(2)家族治療；(3)美沙酮治療；(4)治療社區與自助團體。

14. 憂鬱與自殺二者密切關聯，同樣是青少年常遭遇的問題。一般說來，青少年憂鬱症者在：(1)情緒方面；(2)動機方面；(3)認知方面；(4)生理方面具有明顯的症狀。另外，青少年的某些行為表現事實上即是憂鬱的症狀之一，例如：(1)無法集中注意力；(2)逃家；(3)性活動；(4)無聊與不安；(5)攻擊行為與犯罪。

15. 自殺是一種有意迅速結束自己生命的行為。青少年的自殺行為分為四個階段：(1)階段一：問題的長期歷史；(2)階段二：青少年期問題的誘發；(3)階段三：漸進的社會孤立；(4)階段四：希望幻滅。

16. 綜合而言，青少年的自殺或意圖自殺有四大類原因：(1)人格問題；(2)家庭問題；(3)同儕問題；(4)社會因素。

17. 青少年憂鬱與自殺的防治策略有下列各項：(1)注意青少年的行為表現；(2)增加青少年因應問題的技巧；(3)對青少年給予適當的社會支持。

18. 同性戀包括兩個主要類型：(1)同性性體驗：指與同性的同儕或成人有了性經驗；(2)同性戀傾向：指只是喜歡與同性有親密關係，並尋求此種性安排，但尚未發生性關係。

19. 青少年有同性戀傾向或屬於同性戀經驗者，個人內在有難以避免的衝突存在，同性戀青少年處理自己的性情感有三個主要類型：(1)壓抑；(2)隱藏；(3)公開。

20. 同性戀雖是可以被接受的一種方式，但基於青少年教育與輔導的觀點而言，同性戀仍不值得鼓勵，在防治上，下列是可供參考的策略：(1)提供充分男女交往機會；(2)避免男女分班與分校；(3)家庭與學校需有適當的性別角色教育；(4)宣導同性戀的危險性與後果。

21. 青少年娼妓問題的防治上，以下是可行策略：(1)家庭與社會的教育及宣

導；(2)廣設青少年中途之家；(3)就業訓練的加強；(4)對青少年娼妓的諮商輔導。

22. 從諮商與輔導的觀點而言，學生常見的行為問題主要可以分為三大題：(1)內向性問題；(2)外向性行為；(3)違規犯過行為。依照美國精神醫學會所出版的；《心智失常診斷與統計手冊》第四版的分類，行為失常可以分為四大類：(1)反抗性失常；(2)注意力不足與過動性失常；(3)適應性失常；(4)反社會人格失常。

23. 青少年問題行為有兩個面向，內向性問題導因於個人，會影響認知、心理與情緒功能；外向性問題導因於外在他人與社會情境，有些問題行為兼具外向性與內向性；內向性問題與外向性問題皆有很高的併發症。

24. 女性青少年表現出較多的內向性問題行為，較少的外向性行為問題。

25. 青少年與兒童失常的原因分為下列四大因素：(1)原生性因素：又分為：(I)遺傳與染色體因素；(II)神經系統因素；(III)體質與氣質性因素；(2)家庭與社會因素；(3)學校因素；(4)社會、文化與文化轉換因素。

26. 青少年行為失常的一些處理與防治策略如下：(1)進行社會技巧訓練；(2)加強補救教學，設法提高學生學業成就；(3)有效的使用行為改變技術；(4)加強親師聯繫與家長諮商輔導；(5)建立有效的輔導網路。

試題演練

(　) 1. 下列何者不是偏差行為具有的特質？(A) 行為表現與多數人不同；(B) 行為妨害公共秩序與安全；(C) 行為對個人他人造成損害；(D) 符合大人的規定與期望。

(　) 2. 青少年的偏差行為與犯罪問題的成因不包含哪個因素？(A) 個人；(B) 朋友；(C) 家庭；(D) 社團。

(　) 3. 提出疏離症狀來探討青少年的行為問題的是哪位學者：(A) 皮亞

傑；(B) 杜威；(C) 布魯姆；(D) 肯尼斯頓。

（　）4. T型性格是由哪一位學者所提出？(A) 亞里斯多德；(B) 肯尼斯頓；(C) 查克曼；(D) 查克斯。

（　）5. 在刺激尋求中所謂的HSS是指：(A) 高刺激尋求者；(B) 中刺激尋求者；(C) 無刺激尋求者；(D) 低刺激尋求者。

（　）6. 在刺激尋求中所謂的LSS是指：(A) 高刺激尋求者；(B) 中刺激尋求者；(C) 無刺激尋求者；(D) 低刺激尋求者。

（　）7. 法利的T型性格與下列何者相似？(A) 高刺激尋求者；(B) 中刺激尋求者 ；(C) 無刺激尋求者；(D) 低刺激尋求者。

（　）8. 認為社會技巧與社會功能關係密切，曾以三個圖形來說明適應良好與否的相關因素的學者是？(A) 利柏曼；(B) 麥克阿瑟；(C) 約翰林；(D) 仙納。

（　）9. 青少年在學校學業成就不包括哪個因素？(A) 曠課；(B) 朋友；(C) 班級不良行為；(D) 學業成就。

（　）10. 卡氏等人（Kratcoski & Kratcoski）的研究指出，青少年不良行為的起源在於？(A) 朋友；(B) 老師；(C) 長輩；(D) 父母親。

（　）11. 青少年功能失常者具有四大特質不包括哪一個特質？(A) 生理方面；(B) 家庭方面；(C) 情緒方面；(D) 態度方面。

（　）12. 米勒（Miller, 1982）研究中發現的暴力幫派的活動目標在於？(A) 金錢財富；(B) 夢想；(C) 尋求聲望；(D) 女人。

（　）13. 促使青少年抽菸的主要因素不包括下列何者？(A) 青少年過早暴露於大量的香菸廣告之中；(B) 青少年由抽菸的父母與成人中模仿而得；(C) 部分受到社會大眾的壓力；(D) 青少年想滿足自尊與地位。

（　）14. 下列哪一個不是解釋抽菸成癮性的理論？(A) 尼古丁效果固著理論；(B) 單一規則模式理論；(C) 尼古丁規則理論；(D) 波氏理論。

（　）15. 青少年持續抽菸的原因<u>不包括</u>下列哪一項？(A) 緊張的鬆弛；(B) 社交壓力；(C) 內分泌期衝動；(D) 尼古丁上癮。

（　）16. 教師在課堂上處罰學生不良行為的方式，會影響到目睹此一處罰的其他學生的行為，此種現象一般稱之為？(A) 月暈效應；(B) 霍桑效應；(C) 漣漪效應；(D) 比馬龍效應。

（　）17. 抽菸的防治最好是由誰作起？(A) 父母；(B) 朋友；(C) 青少年；(D) 親威。

（　）18. 反菸教育在哪個時期推行最好？(A) 國小；(B) 國中；(C) 高中；(D) 大學。

（　）19. 下列哪一種戒菸矯治策略兼顧各種治療策略的應用？(A) 尼古丁口香糖；(B) 多重模式；(C) 操作制約；(D) 嫌惡治療。

（　）20. 下列何者<u>不是</u>酒精濫用概分的程度？(A) 偶發性飲酒過量；(B) 時常性飲酒過量；(C) 習慣性飲酒過量；(D) 酒精成癮。

（　）21. 喝酒的情境因素下列何者是最多人的因素？(A) 憂鬱心情不好；(B) 人際衝突；(C) 社會壓力；(D) 無聊。

（　）22. 當小明的父母不滿足其買玩具的要求時，結果導致小明坐在地上發脾氣，大吼大叫，引起店內顧客及店員的反感及困擾，此屬Martin及Pear行為分類的哪一種？(A) 缺陷行為；(B) 正常行為；(C) 過量行為；(D) 挑釁行為。

（　）23. 媽媽有時候說：「大雄你這麼大了還在看卡通，關起電視去讀書。」有時候又說：「大雄你太小，不可以一個人去看電影。」大雄常常覺得心理衝突，既不被算做大人，又不能做小孩原來能做的事。下列哪一種理論勾勒出青少年所處的情況？(A) 米德（M. Mead）的人類學觀點；(B) 黎溫（K. Lewin）的場地理論；(C) 霍爾（G. Hall）的風暴論；(D) 哈維葛斯特（R. Havighurst）的發展任務論。【97高級中等以下學校及幼稚園教師資格檢定】

（　）24. 小陳的媽媽在十八歲時就生下小陳，受他媽媽的影響，他總是很

依賴別人，對自己缺乏自信。下列哪一個名詞或理念可以說明這種現象？(A) 家庭投射歷程；(B) 家庭凝聚關係；(C) 家庭界線混淆；(D) 家庭功能喪失。

（　）25. 青少年藥物成癮之治療策略<u>不包括</u>？(A) 心理諮商與治療；(B) 家族治療；(C) 自我治療；(D) 治療社區與自助團體。

（　）26. 青少年的憂鬱<u>症狀不包括</u>？(A) 情緒；(B) 外貌；(C) 生理；(D) 認知。

（　）27. 下列哪一種性格被認為是與青少年偏差行為有關係的人格因素？(A) X型性格；(B) S型性格；(C) T型性格；(D) O型性格。【92雲林國民中學教師甄試】

（　）28. 許多青少年具有高度刺激尋求動機，喜歡追求具有冒險性和高度刺激的活動，不喜歡受拘束和控制，美國學者法利稱之為？(A) A型人格；(B) B型人格；(C) T型性格；(D) O型性格。

（　）29. 賈寇布斯（Jacobs, 1971）曾將青少年的自殺行為分為幾個階段？(A) 四個階段；(B) 五個階段；(C) 六個階段；(D) 七個階段。

（　）30. 賈寇布斯（Jacobs, 1971）的青少年的自殺行為的第一個階段是？(A) 希望幻滅；(B) 青少年期問題的誘發；(C) 問題的長期歷史；(D) 漸進的社會孤立。

（　）31. 青少年的自殺或意圖自殺四大類原因<u>不包括</u>下列哪個選項？(A) 社會因素；(B) 自然因素；(C) 同儕問題；(D) 人格問題。

（　）32. 尼爾森鐘斯（Nelson-Jones, 1993）曾提出問題處理訓練模式，共有五個階段，請問第五個階段是什麼？(A) 界定問題；(B) 告知自己；(C) 行動與評估；(D) 面對問題。

（　）33. 在1973年首先將同性戀排除於心理疾病之外的是哪個精神醫學會？(A) 英國精神醫學會；(B) 德國精神醫學會；(C) 法國精神醫學會；(D) 美國精神醫學會。

（　）34. 在美國及世界各地青少年每天都面臨死亡的威脅，這些威脅<u>不包</u>

括哪些？(A) 營養不良；(B) 蔓延性的貧窮問題；(C) 不安全性行為；(D) 戰爭。

( ) 35. 在18個主要工業化國家裡，貧窮兒童的比例哪一個國家最高？(A) 美國；(B) 英國；(C) 德國；(D) 日本。

( ) 36. 在美國孩童每天都會有：(A) 一個25歲以下的青年人受HIV病毒傳染而死；(B) 一個20歲以下的兒童或青少年自殺；(C) 一個高中未畢業的媽媽產下嬰兒；(D) 一個孩子因暴力犯罪被捕。

( ) 37. 兒童晚期與青少年的四項主要危險包括下列哪項？(A) 藥物與酒精的使用與濫用；(B) 低學業成就、學校挫敗經驗與退學；(C) 偏差行為、犯罪與暴力；(D) 以上皆是。

( ) 38. 青少年外向性問題是被他人所引導，其行為不包括下列哪個選項？(A) 攻擊；(B) 放火；(C) 毫無節制的家庭衝突；(D) 藥物成癮。

( ) 39. 內向性行為是指個體自己並影響其心理、認知與情緒功能，其行為不包括下列哪個選項？(A) 無精打采；(B) 不安害怕；(C) 焦慮；(D) 無防護的性關係。

( ) 40. 中國青少年認為下列哪項和「壞孩子」行為最有關係？(A) 缺乏自我控制；(B) 破壞人際和諧；(C) 反社會行動；(D) 以上皆是。

( ) 41. 來自荷蘭的青少年認為，涉及問題行為的青少年對於下列哪項並非抱有負向知覺？(A) 家庭；(B) 社會；(C) 學校；(D) 同儕團體。

( ) 42. 在紐約鬧區每天大約有三百個青少年進行一種四階段的信心重建計畫方案，請問是下列哪項方案？(A) YMCA青年會；(B) 門路方案；(C) Jackie Robinson肢體文化中心；(D) 華盛頓就業中心。

( ) 43. 幫派是青少年社會行為充分表現的同儕團體，這些青少年團體之所以存在的原因不包括下列哪個選項？(A) 創造地位、安全與歸屬感；(B) 提供金錢來源；(C) 提供打發時間；(D) 獲得新經驗的

管道。

（　　）44. 青少年逃家行為有著不同的個別及社會背景，逃家與街頭流連的青少年，在哪方面的能力較弱，何者為非？(A) 閱讀；(B) 語言；(C) 數學；(D) 寫作。

（　　）45. 逃家青少年由於許多原因被迫露宿街頭，輔導方案在世界各地興起以解決青少年面臨的問題，請問下列哪些並非模範方案？(A) 美國華盛頓的全國方案；(B) 巴西首都巴西利亞的全國方案；(C) 哥倫比亞首都波哥大的方案；(D) 肯亞首都奈洛比的方案。

（　　）46. 美國青少年非法藥物使用中，哪一種藥物青少年使用最多？(A) 興奮劑；(B) 吸入劑；(C) 大麻；(D) 鎮靜劑。

（　　）47. 青少年物質使用與濫用的行為，對下列並無直接關係？(A) 個人人格特質；(B) 媒體的渲染；(C) 父母互動；(D) 同儕關係。

（　　）48. 青少年女性知覺自己家庭是溫暖型或管理型時反而容易出現一些行為，下列何者為非？(A) 憂鬱與焦慮；(B) 喝酒行為；(C) 使用興奮劑或鎮定劑；(D) 遇到問題時會抽菸。

（　　）49. 父母教養風格與青少年物質使用有關，據研究指出，知覺家庭管教型態屬於哪一種時較不容易出現喝酒、抽菸等行為？(A) 威信型；(B) 忽略型；(C) 獨裁型；(D) 放任型。

（　　）50. 父母親的宗教信仰也與青少年物質使用有關，請問下列何者為真？(A) 母親家族的信仰越虔誠，青少年越少出現喝酒行為；(B) 母親家族的無信仰，青少年越少出現喝酒行為；(C) 母親家族的信仰越虔誠，青少年越容易出現喝酒行為；(D) 以上皆非。

（　　）51. 下列選項中，哪項敘述是正確的？(A) 女性青少年比男性青少年表現較少內向性行為問題與較少的外向性行為問題；(B) 女性青少年比男性青少年表現較多內向性行為問題與較少的外向性行為問題；(C) 女性青少年內向性行為與外向性行為都高於男性青少年；(D) 男女性青少年並無明顯不同。

（　）52. 青少年的憂鬱感發生，常出現的原因不包括哪項因素？(A) 人際連接性；(B) 同儕社會接受程度；(C) 金錢上的煩惱；(D) 身體吸引力。

（　）53. 國三學生奇偉是一位很聰明的孩子，在各方面的表現良好，但為什麼常做危險的事情，原因包括哪些？(I)父母疏於管教；(II)生活經驗不足；(III)認為自己是世界的中心；(IV)假裝自己已經獨立。(A) (II)(III)；(B) (II)(III)(IV)；(C) (I)(III)(IV)；(D) (I)(II)(III)(IV)。

（　）54. 下列敘述何者錯誤？(A) 相較於外向性問題行為，內向性行為與脈絡及個人特質兩變項有關；(B) 親子關係不佳或接受精神病治療的青少年，通常會有物質濫用的違常、反社會行為及偏執的個性；(C) 青少年內向性問題較為常見的是有負向自尊；(D) 男性較女性青少年表現出較多心理症狀

（　）55. 對下列哪一個國家而言，種族因素決定青少年貧窮情況維持時間的長短？(A) 英國；(B) 美國；(C) 韓國；(D) 德國。

（　）56. 關於青少年犯罪與暴力事件，下列敘述何者為非？(A) 犯罪年齡層愈升愈高；(B) 青少年加入幫派情況日益嚴重；(C) 問題擴展至藥物買賣暴力、地盤爭鬥、街頭暴力；(D) 是最受關心的公共議題。

（　）57. 下列名詞解釋者何者錯誤？(A) 「腐爛的蘋果」是指富有青少年發展問題；(B) 「虞犯」從事雖不違法，但有犯罪之虞的行為；(C) 「併發」兩種或更多的問題或危險行為或是症狀同時發生；(D) 「憂鬱」是一種情緒問題，其特徵為無精打采、昏睡、情感遲鈍。

（　）58. 對於區別暫時性與永久性貧窮，最佳指標是：(A) 文化因素；(B) 環境因素；(C) 情緒因素；(D) 種族因素。

（　）59. 關於青少年不良行為之敘述，下列何者正確？(A) 過早進入兩性

混雜社會團體的早熟男性青少年，是不良行為發生的高危險群；
(B) 同儕背景不會與家庭變項合併，同時影響不良行為；(C) 家庭
因素與青少年犯罪無關；(D) 不良青少年除了心理與行為上的表
徵外，社會因素也與問題行為有關。

（　）60. 青少年知覺下列哪一對象抽菸，會影響其抽菸行為？(A) 同儕；
(B) 父母；(C) 老師；(D) 媒體。

（　）61. 青少年喝酒與其他物質使用行為會造成青少年的三大死因，但<u>不</u>
<u>包括</u>下列哪項？(A) 意外身亡；(B) 殺人；(C) 心理疾病；(D) 自
殺。

（　）62. 被歸類為不良行為的青少年有一種比犯罪更明顯的特徵是：(A)
社會關係差；(B) 同儕關係差；(C) 人際關係差；(D) 家庭關係
差。

（　）63. 青少年的性行為所發生的諸如：未婚懷孕與生產問題是何種屬性
行為？(A) 介於虞犯與犯罪行為；(B) 介於虞犯與法律行為；(C)
介於虞犯與社會關係問題；(D) 以上皆是。

（　）64. 青少年抽菸、喝酒與藥物使用議題則屬於？(A) 介於虞犯與犯罪
行為；(B) 介於虞犯與法律行為；(C) 介於虞犯與社會關係問題；
(D) 以上皆是。

（　）65. 紐約布魯克林所提供危機中青少年教育、文化與運動機會是屬
於下列何種方案？(A) 「Jackie Robinson肢體文化方案」；(B)
YMCA青年會方案；(C) 出路方案；(D) 全國方案。

（　）66. 下列哪一項<u>不是</u>青少年逃家的原因類型？(A) 被父母趕出家門；
(B) 因為父母死亡或離婚而遭遺棄；(C) 被父母性虐待而離家；
(D) 青少年沒事找事做。

（　）67. 青少年情感上的疏離包含哪些？(I)無力感；(II)無意義感；(III)缺
乏規範。(A) (I)(III)；(B) (I)(II)(III)；(C) (I)(II)；(D) (II)(III)。

（　）68. 多數的青少年在逃家之前會出現大量問題行為。下列何者<u>為非</u>？

(A) 無法和同儕和睦相處；(B) 情緒易感焦慮和沮喪；(C) 學習遲緩；(D) 對人生看法積極樂觀。

( ) 69. 「喜好立即追求滿足的尋歡作樂者。…她們受到父母無節制的褒獎，而且從未受到任何限制。一旦她們的家庭發現情況有異並開始設限，這些女孩便心生反叛而逃家。」是用來描述下列哪一型的逃家少女？(A) 焦慮的逃家者；(B) 擔心受怕的逃家者；(C) 無根的逃家者；(D) 無來由的逃家者。

( ) 70. 「來自問題百出的家庭，她們往往必須操作居家瑣事、照顧弟妹，同時還得為家計擔憂……。她們因而暫時離家，通常持續幾個小時或一整夜，訴苦對象往往是朋友的母親。」是用來描述下列哪一型的逃家少女？(A) 焦慮的逃家者；(B) 擔心受怕的逃家者；(C) 無根的逃家者；(D) 無來由的逃家者。

( ) 71. 「為了逃避父親或繼父的性侵犯而離開家，為了避免與會對她們性虐待的父親單獨相處，她們盡可能的不待在家中，如果在家他們會請朋友陪伴。」是用來描述下列哪一型的逃家少女？(A) 焦慮的逃家者；(B) 擔心受怕的逃家者；(C) 無垠的逃家者；(D) 無來由的逃家者。

( ) 72. 「想要旅行追求冒險事蹟，彰顯自己的獨立自主。他們會告訴父母親他們的去處，通常是以便條告知，並在未經允許的情況下離開，他們大多會自行返家。」是用來描述下列哪一型的逃家者？(A) 焦慮的逃家者；(B) 擔心受怕的逃家者；(C) 逃家歷險者；(D) 逃家逃避者。

( ) 73. 「通常在他們所認為的重大議題上與父母親有衝突：與某位男孩約會、宵禁時間過早…他們偷溜出門，從事被禁止的活動，然後再偷溜回家……。」是用來描述下列哪一型的逃家者？(A) 逃家尋求社交樂趣者；(B) 擔心受怕的逃家者；(C) 逃家歷險者；(D) 逃家逃避者。

（　）74. 「通常因家庭瑣事、擇友諸如此類問題與父母親有較嚴重的衝突，所以他們想藉由逃家來操縱父母親，以回家為條件迫使父母答應他們的要求。」是用來描述下列哪一型的逃家者？(A) 處於危險邊緣的逃家者；(B) 逃家操縱者；(C) 逃家歷險者；(D) 逃家逃避者。

（　）75. 「在家中經歷甚至更多的衝突和緊張，經常叫囂、動手動腳或摔東西…他們在逃家前先藉藥物或酒精來逃避問題。」是用來描述下列哪一型的逃家者？(A) 處於危險邊緣的逃家者；(B) 逃家操縱者；(C) 逃家歷險者；(D) 逃家逃避者。

（　）76. 「離家躲避父母或繼父母不時施加在他們身上的肉體或性虐待，他們的父母或繼父母時常處於酒醉狀態…青少年在被毆打的威脅下，逃家事件通常會提早發生。」是用來描述下列哪一型的逃家者？(A) 處於危險邊緣的逃家者；(B) 逃家操縱者；(C) 逃家歷險者；(D) 逃家逃避者。

（　）77. 流落街頭的青少年為了獲得金錢常從事：(I)毒品交易；(II)商店行竊；(III)竊盜；(IV)賣淫。下列何者正確？(A) (I)(II)；(B) (II)(III)(IV)；(C) (I)(II)(III)(IV)；(D) (I)(IV)。

（　）78. 以下哪些是青少年早期被退學的徵象？(I)不按時上課；(II)低度的學習能力和低度的閱讀能力；(III)不被同學接受；(IV)紀律問題。(A) (I)(III)；(B) (I)(II)(III)(IV)；(C) (II)(IV)；(D) (I)(III)(IV)。

（　）79. 下列何者為影響青少年學生學業表現的主要因素？(A) 老師要求；(B) 父母規定；(C) 自己喜歡；(D) 同儕影響力。

（　）80. 對於現今的青少年而言，誘發犯罪行為的助因為何？(A) 對於學校生活感到乏味無趣；(B) 他人的想法；(C) 家庭的要求；(D) 富裕享樂的文化價值及生活方式。

（　）81. 成績不良的學生有下列哪些共同特質？(I)消極的論調；(II)樂觀其成；(III)高度焦慮；(IV)自卑。(A) (II)(IV)；(B) (II)(III)；(C) (I)

(III)(IV)；(D) (I)(II)(III)。

( ) 82. 下列何者對個人決定是否留在學校有重要影響？(A) 經濟條件；(B) 老師和校長；(C) 自己；(D) 學校硬體設備。

( ) 83. 下列何者是青少女最常見的退學原因之一？(A) 懷孕和結婚；(B) 單純不想上學；(C) 和父母出國遊玩。

( ) 84. 下列何者是預測自殺發生的兩項最重要指標？(A) 長期失眠；(B) 憂鬱和先前有過自殺經驗；(C) 會規律運動；(D) 生活作息正常。

( ) 85. 研究發現有自殺念頭的大學生具備下列哪三樣共同特徵？(I)與父母之間關係不良；(II)與同儕之間關係不良；(III)對於自己與未來深感無助。(A) (II)(III)；(B) (I)(III)；(C) (I)(II)；(D) (I)(II)(III)。

( ) 86. 下列何者非影響青少年犯罪的因素？(A) 同儕影響；(B) 在校表現；(C) 家庭背景；(D) 學校老師。

( ) 87. 在青少年矯治系統的方法中，有一種被稱為「代幣制度」，而「代幣制度」現在已有重大突破，該方式強調？(A) 全天參與學校和社區服務；(B) 全天待在矯治機構接受輔導；(C) 全天候的正面學習環境；(D) 自我成長模式。

( ) 88. 對於青少年犯罪的矯治系統中，將犯罪的青少年送去下列何處是最糟的改造方式？(A) 訓練學校；(B) 監獄；(C) 牧場；(D) 教會。

( ) 89. 對於青少年犯罪，下列何處是少年犯全面性矯治計畫中不可或缺的項目？(A) 個體與團體的諮商和治療；(B) 攀岩；(C) 學校教育課程學習；(D) 大地遊戲。

( ) 90. 在非醫療目的下，藥物劑量使用不當或是不當服用藥物的方式稱為？(A) 藥物服用；(B) 藥物使用；(C) 藥物濫用；(D) 藥物作用。

( ) 91. 青少年第一次嗑藥，大多出自何種原因？(A) 家長引誘；(B) 好奇心；(C) 電視宣導；(D) 同儕壓力。

（　）92. 在促成藥物濫用的所有危險中，下列何種因素是最重要的？(A) 學校老師課堂宣導；(B) 模仿明星偶像；(C) 家庭因素；(D) 政府態度。

（　）93. 下列何者非影響青少年吸菸原因？(A) 好奇心；(B) 同儕壓力；(C) 父母教導；(D) 同儕壓力。

（　）94. 青少年持續抽菸的因素為何？(I)紓解緊張；(II)不知不覺間養成習慣；(III)與社交和快樂做聯想；(IV)身體對尼古丁上癮。(A) (I)(II)(III)(IV)；(B) (II)(III)(IV)；(C) (I)(II)(IV)；(D) (I)(II)(III)。

（　）95. 青少年的飲酒型態通常以什麼為範本？(A) 同儕；(B) 社區中的成年人；(C) 電視節目；(D) 外國朋友。

（　）96. 被濫用的藥物通常有哪幾種？(I)麻醉劑；(II)興奮劑；(III)鎮靜劑；(IV)迷幻劑。(A) (I)(III)(IV)；(B) (I)(II)(III)(IV)；(C) (II)(III)(IV)；(D) (I)(II)(III)。

（　）97. 在美國最常被濫用的藥次依次是酒精、菸草和_____？(A) 海洛因；(B) 古柯鹼；(C) 大麻；(D) 嗎啡。

（　）98. 治療藥物濫用的方法有哪些？(I)專業諮詢；(II)精神照護；(III)家庭系統治療；(IV)治療性的社區治療。(A) (I)(IV)；(B) (II)(III)；(C) (I)(II)(IV)；(D) (I)(II)(III)(IV)。

（　）99. 韋柏（Weber）認為權威依其來源可分為三種類型，分別是精神感召權威、法理權威及下列何者？(A) 團體權威；(B) 專業權威；(C) 傳統權威；(D) 理論權威。

（　）100. 各國青少年對於「壞孩子」行為的認知皆有所不同，但何者情況最為嚴重？(I)美國-缺乏自我控制；(II)中國-反社會行動；(III)日本-破壞人際合諧。(A) 美國；(B) 中國；(C) 日本；(D) 以上皆是。

（　）101. 青少年不良行為是青少年滿幾歲前所犯的過錯，同樣的過錯對成年人而言就是一種罪行？(A) 十五歲；(B) 十六歲；(C) 十八

歲；(D) 二十歲。

( ) 102. 下列青少年問題行為中，何類屬於外向性問題？(A) 憂鬱；(B) 攻擊；(C) 焦慮；(D) 焦躁。

( ) 103. 從事雖不違法，但有犯罪之虞的行為，通稱為？(A) 虞犯；(B) 虞罪；(C) 共犯；(D) 同謀。

( ) 104. 具有多重危險因子的環境，通常稱作什麼？(A) 卑劣性環境；(B) 毒性環境；(C) 劣等性環境；(D) 社會性有毒環境。

( ) 105. 經歷嚴重壓力後表現出的心理行為不適症狀通常稱為何？(A) 挫敗後壓力症候群；(B) 中傷後壓力症候群；(C) 創傷後壓力症候群；(D) 失敗後壓力症候群。

( ) 106. 下列哪個不是青少年時期主要的危險行為？(A) 藥物與酒精的濫用；(B) 不安全性行為、青少年懷孕與青少年父母；(C) 低學業成就、學校挫敗及退學；(D) 總是很晚才回家。

( ) 107. 有關憂鬱症的敘述下列何者有誤？(A) 女生多於男生；(B) 通常經歷過嚴重性的失落；(C) 女生傾向於外向的懲罰；(D) 16至17歲是青少年憂鬱的高峰。

( ) 108. 青少年自殺行為分為四個階段，請依序排列：(I)青少年期問題的誘發；(II)漸近的社會孤立；(III)問題的長期歷史；(IV)希望幻滅。(A) (I)(II)(III)(IV)；(B) (I)(III) (II)(IV)；(C) (III)(II) (IV)(I)；(D) (III) (I)(II)(IV)。

( ) 109. 下列敘述何者不正確？(A) 「虞犯」，表示從事雖不違法，但有犯罪之虞的行為；(B) 創傷壓力症候群，指的是經歷嚴重壓力後表現出的心理行為不適症候；(C) 以上皆非；(D) 以上皆是。

( ) 110. 下列青少年的行為表現何者非憂鬱症的症候之一？(A) 無法集中注意力；(B) 性活動；(C) 同性戀；(D) 攻擊行為。

( ) 111. 不具社會技巧的人具有的特徵何者為非？(A) 較少引發性的會談；(B) 花較長的時間去對別人作反應；(C) 不會利用他人；(D)

提供較少的回答。

（　）112. 下列有關於青少年女性的敘述，何者正確？(A) 青少年女性表現出較多的內向性問題行為，較少的外向性行為；(B) 青少年女性加入幫派的比例逐漸上升中；(C) 青少年女性較易受到同儕的影響；(D) 以上皆是。

（　）113. 下列哪些和青少年過度的物質使用有關？(I)父母的教養風格；(II)同儕；(III)宗教信仰；(IV)個人適應環境特質。(A) (II)；(B) (I) (II)；(C) (I)(II)(III)；(D) (I)(II)(III)(IV)。

（　）114. 青少年初期，青少年熱切希望獲得同儕接納，尤其害怕被同儕視為什麼？(A) 膽小鬼；(B) 報馬仔；(C) 龜毛；(D) 三腳貓。

（　）115. 關於青少年憂鬱，下列何者描述較不適當？(A) 男性罹患憂鬱症的可能性高過女性；(B) 憂鬱的青少年經常會有自殺的念頭；(C) 無聊也是憂鬱的症候之一；(D) 憂鬱症通常也會胃口減低。
【94高級中等以下學校及幼稚園教師資格檢定】

（　）116. 逃家導致其他不良行為，下列何者敘述較不適當？(A) 賣淫；(B) 非法使用藥物；(C) 暴力攻擊；(D) 暴露狂。

（　）117. 性攻擊不良行為中不包含何者？(A) 性接觸；(B) 性威脅；(C) 語言騷擾；(D) 自慰。

（　）118. 兒童晚期與青少年四項主要危險行為，下列何者敘述較不適當？(A) 低學業成就，學校挫敗經驗與退學；(B) 安全性行為；(C) 犯罪與暴力；(D) 藥物與酒精的使用與濫用。

（　）119. 青少年問題行為因素中何者不屬於外向性問題？(A) 不良行為，犯罪與暴力；(B) 逃家；(C) 憂鬱；(D) 藥物與酒精的使用與濫用。

（　）120. 青少年問題行為因素中何者屬於內向性問題？(A) 不良行為，犯罪與暴力；(B) 逃家；(C) 精神症等心理疾病；(D) 結黨成派。

（　）121. 關於青少年自殘與自殺，何者不正確？(A) 許多青少年曾想過自

我傷害，但大部分只是想想而已；(B) 絕望與憂鬱；(C) 精神症等心理疾病；(D) 親密的親子關係。

( ) 122. 何者物質並非在青少年物質使用與濫用的種類當中？(A) 含糖飲料；(B) 菸；(C) 酒；(D) 毒品。

( ) 123. 關於青少年暴力問題，何者不正確？(A) 攜帶刀槍械；(B) 引發自殺；(C) 青少年也是暴力犯罪的受害者；(D) 增進同儕間友誼。

( ) 124. 青少年不良問題行為的產生因素中，何者不正確？(A) 判斷能力弱；(B) 單親家庭；(C) 高攻擊性的同儕；(D) 良好的人際關係。

( ) 125. 逃家的青少年大多抗拒家庭，將父母視為？(A) 疏離者；(B) 夥伴；(C) 支持者；(D) 朋友。

( ) 126. 青少年內向性的行為問題，最主要因素為何？(A) 老師；(B) 同儕；(C) 家庭父母；(D) 媒體。

( ) 127. 青少年問題行為發展中何者較不會對青少年的內向性與外向性行為產生影響？(A) 文化背景；(B) 貧窮；(C) 網路；(D) 家庭。

( ) 128. 下列何者為處理學生不當行為的預防方法？(A) 審慎安排教學活動；(B) 建立教師的權威；(C) 對學生採取放任式的領導；(D) 只注意少數愛搞怪的同學。

( ) 129. 個體一生之中身心發展與改變最大的階段為下列哪一個階段？(A) 兒童期；(B) 青少年期；(C) 中年期；(D) 老年期。

( ) 130. 最常被引用來描繪逃家少女的典型之一「無根的逃家者」，關於其解釋，下列敘述何者較不適當？(A) 指的是，喜好立即追求滿足的尋歡作樂者；(B) 指的是，來自有多重問題的家庭和逃家者；(C) 指的是，為了逃避性或身體虐待的逃家者。

( ) 131. 請問下列何者提出「將逃家者依親子衝突連續體（continum）依序排列」的分類法？(A) S. Freud；(B) A. R. Robert；(C) J. Piaget；(D) Rice。

（　）132. 下列敘述何者<u>不正確</u>？(A)「逃家歷險者」想要旅行追求冒險事蹟，彰顯自己的獨立自主；(B)「逃家操縱者」通常因家庭瑣事、擇友諸如此類問題與父母親有較嚴重的衝突，以回家為條件迫使父母答應他們的要求；(C)「逃家逃避者」在家中經歷更多的衝突和緊張，經常叫囂動手動腳或摔東西。在逃家前常先藉藥物或酒精來逃避問題；(D)「處於危險邊緣的逃家者」通常在他們所認為的重大議題上與父母有衝突：宵禁時間過早或不讓他們參加重要的活動等。

（　）133. 下列何者為Rotheram-Borus與其同事所描繪的無家青少年所需要的服務型態？(A) 短期緊急庇護收容所；(B) 教育介入；(C) 過渡性的自立更生計畫；(D) 以上皆是。

（　）134. 低社經地位與青少年較早退學有正面關聯，下列何者為可能的原因？(I)來自低社經地位家庭的學生常缺乏正面的父母影響力；(II)老師往往對低社經地位家庭的青少年有偏見，對較高社經地位的學生表現出優惠特遇；(III)低社經地位的學生言語表達能力很好；(IV)低社經地位青少年所受到的同儕影響往往是反學校以及帶有犯罪傾向的影響。(A) (I)(II)(IV)；(B) (I)(III)(IV)；(C) (II)(III)(IV)；(D) (I)(II)(III)(IV)。

（　）135. 在學業自信上，何者較容易受到社交因素的影響？(A) 男生；(B) 女生；(C) 都一樣；(D) 都不會受到此因素影響。

（　）136. 大多數成績不良的學生有5種共同特質可以辨識，下列何者<u>不是</u>其共同特質？(A) 自卑；(B) 消極的論調；(C) 體力好；(D) 高度焦慮。

（　）137. 關於學生的「疏離」，下列敘述何者<u>錯誤</u>？(A) 會產生所謂的「無力感」；(B) 會產生所謂的「無意義感」；(C) 會有「缺乏規範」的現象；(D) 以上皆非。

（　）138. 根據臺灣衛生署的統計，下列何者<u>不是</u>青少年死亡前三名因

素？(A) 心臟性疾病；(B) 自殺；(C)惡性腫瘤；(D) 意外事故。

（　）139. 下列關於憂鬱的敘述何者錯誤？(A) 在校表現不良的學生為憂鬱
的高危險群；(B) 過動症、學習障礙的學生產生憂鬱的風險也非
常高；(C) 經歷過憂鬱期的男孩，相較於女孩，比較容易將沮喪
的情緒延續到成年期；(D) 相較於成年人，青少年的憂鬱更常引
發身體疾病。

（　）140. 研究發現有自殺念頭的大學生大多具備3項共同特徵。關於其共
同特徵，下列敘述何者錯誤？(A) 經濟壓力；(B) 與父母之間關
係不良；(C) 與同儕之間關係不良；(D) 對於自己與未來深感無
助。

（　）141. 下列何者是引發青少年自殺熱潮的主要因素？(A) 好玩；(B) 易
受暗示影響；(C) 對社會感到失望；(D) 順應潮流。

（　）142. 下列敘述何者錯誤？(A) 有時企圖自殺是一求救訊號，目的在引
起注意或同情；(B) 得知他人自殺不僅增加失落感，更可能解除
青少年個人對於自殺的抑制；(C) 以上皆非；(D) 以上皆是。

（　）143. 青少年犯罪的主要心理因素包括哪些？(I)父母間的關係；(II)人
格因素（諸如低自尊）；(III)缺乏愛；(IV)缺乏親密的異性朋
友；(V)較嚴重的神經狀態。(A) (I)(II)(III)(IV)；(B) (II)(III)(IV)
(V)；(C) (I)(II)(IV) (V)；(D) (I)(II)(III)(V)。

（　）144. 關於少年犯罪，下列敘述何者錯誤？(A) 大多數少年犯都在少年
法庭受審，其用意是為了輔導，改造他們；(B) 少年犯意謂少年
人的違法犯紀，少年多半指16歲以下的犯人；(C) 身分犯罪，違
反適用於年幼者的法律，例如未成年飲酒；(D) 以上皆是。

（　）145. 下列敘述何者最為適當？(A) 青少年犯罪者的酗酒比例較一般青
少年高；(B) 對於大多數青少年晚期的女性（18～20歲），會因
寂寞而增加使用酒精的機會；(C) 父母親的控制度與飲酒行為之
間也有反面的線性關係；(D) 以上皆是。

（　）146.青少年藥物濫用者主要的治療策略下列何者<u>不正確</u>？(A) 心理諮商與治療；(B) 家族治療；(C) 尼古丁治療；(D) 治療社區與自助團體。

（　）147.青少年持續抽菸的原因，下列何者<u>有誤</u>？(A) 尼古丁上癮；(B) 與社交壓力有關；(C) 兩性期的衝動；(D) 緊張的鬆弛。

（　）148.有關於青少年抽菸的防治，下列敘述何者正確？(A) 反菸教育儘可能由校長與教師發起；(B) 反菸教育應以單一教學方法進行，讓學生容易接受；(C) 反菸教育應依照事實正確陳述，必要時可用恐嚇的方法制止青少年抽菸；(D) 反菸教育必須及早推行。

（　）149.根據藥物濫用的問題以下何者<u>不正確</u>？(A) 是對青少年階段危害最大的問題；(B) 抽菸與喝酒不是藥物濫用的一種；(C) 指沒有經醫生治療，使用法律禁制的藥物；(D) 在多數國家被視為偏差行為，有些則視為犯罪行為。

（　）150.青少年喝酒一預防方案可以分為三級，下列何者敘述屬於「次級預防」（secondary prevention）？(A) 預防青少年喝酒行為的發生；(B) 及早鑑定與處理飲酒失常者；(C) 消除或調整引發喝酒的因素；(D) 充分的處理與治療行為失常者。

（　）151.下列有關現代青少年的敘述哪項正確？(A) 青少年面臨最大的壓力來自學校課業；(B) 犯罪青少年的父母多採取民主的管教態度；(C) 少年有心事時，多半找父母或師長傾訴；(D) 青少年發生首次性行為的年齡上升。

（　）152.以下何者可能是青少年藥物濫用的前兆？(A) 罵三字經；(B) 抽菸與喝酒；(C) 吸安非他命；(D) 打架鬧事。

（　）153.日前全國反毒會議上，教育部及民間團體都對青少年使用新興毒品的問題表達憂心並提出警告。請問根據「毒品危害防制條例」，下列何者<u>不正確</u>？(A) 俗稱快樂丸、搖頭丸的MDMA；(B) 俗稱K他命、卡門的Ketamine；(C) 俗稱液體快樂丸、X液體

的GHB；(D) 俗稱RU486之墮胎藥的Mifepriston。

( ) 154. 青少年持續抽菸的主要原因以下何者<u>不正確</u>？(A) 緊張的鬆弛；
(B) 口腔鬆動；(C) 尼古丁上癮；(D) 引人注意。

( ) 155. 防範青少年的犯罪違法行為可由以下途徑著手，何者<u>不正確</u>？
(A) 提高青少年的學業成就；(B) 增加青少年對學校的密切程
度；(C) 建立青少年良好的價值觀；(D) 鼓勵青少年多交朋友。

( ) 156. 青少年最容易受以下何者的影響產生犯罪的行為？(A) 兄弟姊
妹；(B) 親戚；(C) 同儕；(D) 電視節目。

( ) 157. 下列有關現代青少年的敘述哪項正確？(A) 青少年面臨最大的
壓力來自學校課業；(B) 犯罪青少年的父母多採取民主的管教態
度；(C) 少年有心事時，多半找父母或師長傾訴；(D) 青少年發
生首次性行為的年齡上升。

( ) 158. 青少年相關問題包含以下幾種？(A) 抽菸喝酒與藥物濫用；(B)
憂鬱與自殺；(C) 性違常與娼妓；(D) 以上皆是。

( ) 159. 青少年偏差行為與犯罪的成因，<u>不包含</u>以下何者？(A) 青少年的
人格因素；(B) 社會技巧與生活適應；(C) 師長的教唆；(D) 同儕
影響。

( ) 160. 下列何者<u>非</u>「疏離症狀」之人格特徵？(A) 不信任別人；(B) 無
神論；(C) 人際疏離；(D) 悲觀。

( ) 161. 哪個階段是刺激尋求傾向最高的時期？(A) 青少年；(B) 老年
期；(C) 中壯年；(D) 通常不一定。

( ) 162. 個體因刺激尋求強度的不同，可以區分為哪兩類？(A) LSS和
HSS；(B) PTT和PPT；(C) OAK和CSS；(D) GAS和CAS。

( ) 163. 哪個學者在美國「今日心理學」雜誌上發表以兩個字母描
述個體對刺激的需求強度？(A) 米勒（Miller）；(B) 法利
（Farley）；(C) 利柏曼（Liberman）；(D) 史密斯（Smith）。

( ) 164. 有關T型性格下列選項何者正確？(A) T-喜歡安定生活的族群；

(B) t-具有LSS傾向的人；(C) t-喜歡尋求刺激的族群；(D) 多數的人會有明顯的傾向顯示出T或t屬性。

( ) 165. 以下哪一個活動經驗無法看出高刺激尋求者及低刺激尋求者的差異性？(A) 看限制級影片；(B) 開快車或飆車；(C) 唬爛；(D) 跳土風舞。

( ) 166. 不具社會技巧的人沒有下列哪一項特徵？(A) 較少引發性的會談；(B) 常和團體中的其他人起衝突；(C) 花較長時間對別人做反應；(D) 在與人的對話中無法顯示同意、讚賞、興趣。

( ) 167. 依據利柏曼（Liberman, 1989）的觀點，將壓力源與生理弱點擺在天平的左方，則右方應該是：(A) 醫療；(B) 社會支持；(C) 社會技巧；(D) 以上皆是。

( ) 168. 防範青少年犯罪不可以從哪一途徑著手？(A) 增加父母的愛和關懷；(B) 提高青少年的學業成就；(C) 增加學校附近網咖的數量；(D) 建立青少年良好的價值觀。

( ) 169. 哪位學者認為青少年的偏差行為本質不在傷害無辜的人，並將青少年分為不良行為幫派和暴力幫派？(A) 米勒（Miller）；(B) 仙納（Senna）；(C) 利柏曼（Liberman）；(D) 史密斯（Smith）。

( ) 170. 承上題，此兩種幫派的不同點在於？(A) 不良幫派不會做出違法的事；(B) 暴力幫派的活動目的在傷害別人；(C) 不良幫派只在校園內尋找受害者；(D) 暴力幫派的活動目標在尋求聲望跟個人滿足。

( ) 171. 克勞德與沃林（Cloward & Ohlin, 1960）認為如何能減低青少年犯罪？(A) 讓青少年加入幫派；(B) 讓他們對自己的行為具有羞恥心並協助解決適應上的困難；(C) 無視於他們犯的錯，一概的原諒；(D) 提供無限的經濟援助。

( ) 172. 促使青少年抽菸的原因為何？(A) 香菸廣告過度把抽菸的形象美

化；(B) 青少年將抽菸當作成人的象徵而模仿；(C) 受到同儕的壓力，擔心被認為是膽小鬼；(D) 以上皆是。

( ) 173. 就個人而言，抽菸的原因沒有下列何者？(A) 使心臟機能更為強健；(B) 已成為反射性的動作，難以戒除；(C) 尼古丁成癮；(D) 可能與口腔期未充分滿足有關。

( ) 174. 香菸內不包含以下何者？(A) 一氧化碳；(B) 二氧化硫；(C) 尼古丁；(D) 古丁尼。

( ) 175. 哪項對青少年來說不算是吸菸的誘因？(A) 電視人物以抽菸顯示某種獨特的個性吸引青少年模仿；(B) 同性的父母抽菸；(C) 家中較年幼的弟妹抽菸；(D) 大眾媒體鼓勵吸菸之訊息。

( ) 176. 目前在戒菸矯正上較常被使用的策略包含哪些？(I)尼古丁口香糖；(II)隔離治療；(III)操作制約；(IV)多重模式治療；(V)嫌惡治療；(VI)行為矯正。(A) (I)(III)(IV)(V)；(B) (I)(III)(V)(VI)；(C) (II)(VI)；(D) (I)(II)(III)(IV)。

( ) 177. 喝酒帶來的不良影響可能包括下列哪個選項？(A) 殺人或自殺，或者酒醉後的意外事件；(B) 慢性疾病；(C) 酒醉後會有的暴力攻擊行為；(D) 以上皆是。

( ) 178. 青少年喝酒的情境因素居於首位的是什麼？(A) 社會壓力；(B) 人際衝突；(C) 無聊；(D) 緊張。

( ) 179. 一般來說青少年喝酒的預防方案可分為三級，正確的有？(A) 初級預防－消除引發喝酒的因素；(B) 次級預防－治療行為失常者；(C) 三級預防－及早鑑定及處理飲酒失常者；(D) 四級預防－將有飲酒行為的青少年集中管教。

( ) 180. 當發現青少年有喝酒之習慣時可以如何加以輔導？(A) 誠實檢討自己的喝酒行為；(B) 態度要冷靜堅定並一致；(C) 當良好的傾聽者；(D) 以上皆是。

( ) 181. 以下何者為非？(A) 青少年可能因為好奇濫用藥物；(B) 同儕在

吸食藥物時，常有人為證明自己與眾不同而不參與，這種人是膽小鬼；(C) 為了減低焦慮，有些青少年會以藥物當作工具；(D) 青少年易感受到用藥物的快樂而一再嘗試。

（　）182. 青少年藥物濫用的種類主要分為四大類：(I)鎮靜催眠藥物—嗎啡、鴉片；(II)麻醉性藥物—巴比妥鹽、麻茮；(III)刺激物—尼古丁；(IV)迷幻藥物—STD、LSD。正確的有？(A) (I)(II)(III)；(B) (II)(III)；(C) (III)(IV)；(D) (I)(III)(IV)。

（　）183. 眼結膜嚴重充血，幻覺，食慾增加，注意力無法集中，容易有挫折感。上述現象可能是哪種藥物濫用的影響：(A) 強力膠；(B) 大麻；(C) 安非他命；(D) 鴉片。

（　）184. 體重減輕，徹夜不眠，心跳加快，失眠，嘔吐，滿臉青春痘。上述現象可能是哪種藥物濫用的影響？(A) 強力膠；(B) 大麻；(C) 安非他命；(D) 鴉片。

（　）185. 身上或頭髮有有機溶劑的味道，經常洗頭，四肢發抖，記憶力喪失。上述現象可能是哪種藥物濫用的影響？(A) 強力膠；(B) 大麻；(C) 安非他命；(D) 鴉片。

（　）186. 關節處血管有針刺的痕跡，常常打呵欠，流眼淚，瞳孔略為放大，體重減輕。上述現象可能是哪種藥物濫用的影響？(A) 強力膠；(B) 大麻；(C) 安非他命；(D) 嗎啡。

（　）187. 預防青少年藥物濫用的方法沒有以下哪個選項？(A) 立法限制非法藥品的販賣；(B) 從小學習用非法藥物以產生抗體；(C) 讓青少年接受防治教育；(D) 對青少年作心理輔導排除心理困擾。

（　）188. 憂鬱症好發於青少年族群，又其中最普遍的年紀為？(A) 國小升國中階段；(B) 國中生；(C) 中學階段；(D) 大學生。

（　）189. 憂鬱症常使人出現異常的行為，但不包含以下何者：(A) 逃家；(B) 以性活動作為解決憂鬱的方法；(C) 專注於課業；(D) 具有攻擊傾向。

（　）190. 對青少年娼妓的防治有以下策略，何者為非？(A) 家庭與社會的教育及宣導；(B) 廣設青少年中途之家；(C) 就業訓練的加強；(D) 立法嚴懲青少年賣淫行為。

（　）191. 行為失常可以分為幾大類？(I)一般性失常；(II)過動性失常；(III)適應性失常；(IV)精神失常；(V)反社會人格失常；(VI)反抗性失常。(A) (II) (III)(V)(VI)；(B) (I)(II)(III)(IV)；(C) (I)(III)(V)(VI)；(D) (III)(IV)(V)(VI)。

（　）192. 以下何者正確？(A) 青少年行為失常不會是先天缺陷，通常都是後天環境造成；(B) 父母離異，管教失當有可能造成青少年行為失常；(C) 行為失常的人都是因為自我控制能力不足導致的；(D) 文化因素不可能會是造成青少年行為失常的原因。

（　）193. 社會技巧訓練是利用一套有計畫且明確的教導方案，使青少年學習待人接物的道理。其步驟不包含哪個選項？(A) 示範教導；(B) 角色扮演；(C) 催眠；(D) 酬賞。

（　）194. 香菸上癮跟其他藥物一樣難以戒除，目前有哪些理論可以解釋抽菸的成癮性？(I)尼古丁效果顧著理論；(II)尼古丁規則理論；(III)多重規則模式；(IV)波氏理論。(A) (I)(II)(IV)；(B) (I)(II)(III)；(C) (II)(III) (IV)；(D) (I)(II)(III)(IV)。

（　）195. 青少年自殺或意圖自殺下列何者非其原因？(A) 家庭問題；(B) 基因問題；(C) 同儕因素；(D) 社會因素。

（　）196. 青少年行為失常的處理及防治措施，何者為非？(A) 校園廣設監視器監視青少年行為；(B) 加強補救教學；(C) 加強親師聯繫及家長諮商；(D) 建立有效的輔導網路。

（　）197. 下列何者非青少年偏差行為特質？(A) 行為表現和多數人的行為表現方式不同；(B) 不積極的幫助他人；(C) 行為對他人造成損害；(D) 行為妨害公共秩序安全。

（　）198. 「從事雖不違法，但仍有犯罪之虞的行為」是指什麼？(A) 虞

犯；(B) 累犯；(C) 罪犯；(D) 初犯。

（　）199. 下列何者<u>不</u>為青少年危險行為的主要範疇？(A) 藥物濫用；(B) 安全的性；(C) 暴力犯罪；(D) 失敗輟學。

（　）200. 下列敘述何者正確？(A) 貧窮不會影響青少年的危險行為；(B) 男性青少年會表現出較多的內向性問題行為；(C) 青少年通常嘗試一種以上的危險行為；(D) 青少年問題行為不會在群體中發生。

（　）201. 最常被青少年濫用的物質是菸草，菸草在十二歲至十七歲是使用的高峰期。有關青少年抽菸的敘述，下列何者<u>較不</u>正確？(A) 青少年抽菸是想讓自己看起來很成熟、有魅力；(B) 除非家人和同儕戒菸，否則青少年很難戒菸；(C) 青少年早期抽菸的習慣與自尊心、地位需求有關；(D) 青少年抽菸與情緒問題較沒有關聯性。【96高級中等以下學校及幼稚園教師資格檢定】

（　）202. 小凱日前家中發生火災，當時他目睹父親嚴重燒傷，小凱出現強烈恐懼、緊張、夢魘、麻木等症狀，且症狀持續已逾一個月，小凱的症狀較符合下列哪一種問題類型？(A) 強迫性疾患；(B) 創傷後壓力症；(C) 畏避型人格；(D) 精神分裂症。【96高級中等以下學校及幼稚園教師資格檢定】

（　）203. 關於文化與青少年問題行為之間的關係，下列哪一項敘述最為正確？(A) 青少年問題行為和文化之間並沒有關連性；(B) 青少年問題行為的界定具有客觀的標準；(C) 學校問題是預測青少年問題行為的最重要因子；(D) 不同國家的青少年對「壞孩子」的看法具有差異。【97高級中等以下學校及幼稚園教師資格檢定】

（　）204. 從發展病理學的觀點來看青少年的心理疾病，下列哪一項敘述<u>不正確</u>？(A) 大部分疾病的本質是穩定，不會隨著年齡而改變；(B) 某些疾病的盛行率會隨著年齡而改變；(C) 反社會行為比較

傾向於連續性；(D) 對青少年心理疾病作診斷時，要考慮發展常模。【97高級中等以下學校及幼稚園教師資格檢定】

（　）205. 老師觀察到國一的小明在教室裡總是坐不住，腳常不自覺擺動，老師問問題時題目還未問完就無法控制而舉手，叫他起來又不知道要說什麼。小明的狀況最有可能診斷為以下何種病症？(A) 精神分裂症（Schizophrenia）；(B) 注意力缺陷過動症（ADHD）；(C) 亞斯柏格症（Asperger's Syndrome）；(D) 強迫症（Obsessive-compulsive Disorder）。【97高級中等以下學校及幼稚園教師資格檢定】

（　）206. 國二的志成常逃學，並在外到處惹事生非。他具有下列何種人格特徵？(A) 外向型；(B) 反社會型；(C) 利社會型；(D) 非社會型。【98高級中等以下學校及幼稚園教師資格檢定】

（　）207. 國二的小明有抽菸、酗酒等不良習性。下列哪一種技術用來改正該不良習性較為有效？(A) 隔離法（time-out）；(B) 代幣法（token economy）；(C) 內隱嫌惡法（covert aversion）；(D) 系統減敏感法（systematic desensitization）。【98高級中等以下學校及幼稚園教師資格檢定】

（　）208. 高二的大華喜好探求新奇、不確定的事物，也很喜歡從事一些冒險的活動。根據法利（F. Farley）的觀點，他比較傾向下列何種性格？(A) T型性格；(B) A型性格；(C) B型性格；(D) C型性格。【99高級中等以下學校及幼稚園教師資格檢定】

（　）209. T型人格（Type T Personality）被認為與青少年偏差行為及犯罪行為有密切關係。下列何者不符合此一人格的特性？(A) 偏好高刺激性的活動；(B) 偏好高穩定性的活動；(C) 喜歡高複雜性的活動；(D) 喜歡高冒險性的活動。【100高級中等以下學校及幼稚園教師資格檢定】

（　）210. 阿仁是中學教師，有自己的部落格，他喜歡在網誌上書寫自己

與學生談話的心得，有時候也會轉貼一些預防自殺的心理衛生教育訊息。下列關於阿仁作法的敘述，何者最為適當？(A) 很恰當，因為中學生沒時間與老師談話，可以透過網路訊息自我輔導；(B) 恰當，因為來自網路預防自殺的心理衛生訊息可以提供多元的觀點，供學生參考；(C) 不恰當但可以應用，雖然會有洩露學生身分的疑慮，但可以幫助更多人；(D) 不恰當，因為沒有經過確認心理衛生資訊的正確性和適切性，恐怕會誤導學生。【100高級中等以下學校及幼稚園教師資格檢定】

(　) 211. 下列哪些人格特質與敵意有明顯關聯？甲、外控型（external locus of control）；乙、內控型（internal locus of control）；丙、A型行為類型（Type A behavior pattern）；丁、B型行為類型（Type B behavior pattern）。(A) 甲丙；(B) 甲丁；(C) 乙丙；(D) 乙丁。【100高級中等以下學校及幼稚園教師資格檢定】

(　) 212. 有同理心障礙（empathetic dysfunction）的青少年，較有可能發生下列何者？(A) 逃家；(B) 低自尊；(C) 自殺行為；(D) 反社會行為。【100高級中等以下學校及幼稚園教師資格檢定】

(　) 213. 下列哪一項並非青少年憂鬱症之症狀？(A) 異常的飲食現象；(B) 負向的認知模式；(C) 把責任推卸給別人；(D) 不正常的睡眠習慣。【101高級中等以下學校及幼稚園教師資格檢定】

(　) 214. 柯拉法（J. Kalafa）提出情緒感受（feeling）、行為反應（action）、改變（change）及預兆（threat）的FACT自殺警告訊號，對青少年自殺防治工作有何重要的啟示？(A) 青少年自殺是無法預防的；(B) 真正想自殺的人是不會發出訊號的；(C) 常提到有關死亡的話題是人之常情；(D) 青少年在採取自殺手段前通常會有預警。【101高級中等以下學校及幼稚園教師資格檢定】

(　) 215. 為青少年朋友提供諮商、諮詢服務，是屬於下列哪一種形式的輔導工作？(A) 初級預防；(B) 次級預防；(C) 診斷治療；(D) 危

機適應。【101高級中等以下學校及幼稚園教師資格檢定】

（　）216. 某教授為了驗證其「自編憂鬱量表」之效度，採用已經廣泛使用的「貝克憂鬱量表」總分與「自編憂鬱量表」得分之皮爾森積差相關係數來驗證，此作法稱為下列何者？(A) 區辨效度；(B) 聚斂效度；(C) 內容效度；(D) 效標關聯效度。【101高級中等以下學校及幼稚園教師資格檢定】

（　）217. 當學生遭遇重大事件，例如：被性侵害、家人意外死亡、重大天災造成親人或同學死傷、同儕意外死傷等等，都可能出現一些複合極端的情緒反應，此與下列哪一種症候最接近？(A) 體化症（somatic disorder）；(B) 情感轉移（transference）；(C) 隔離/孤立作用（isolation）；(D) 創傷後壓力症候群（post-traumatic stress disorder）。【101高級中等以下學校及幼稚園教師資格檢定】

（　）218. 輔導老師為酗酒的學生安排戒酒團體輔導方案，在團體輔導中討論他們意志消沉的原因與處理壓力的方法，以期改正該不良習性。這是屬於下列哪一種模式？(A) 醫療模式；(B) 道德模式；(C) 心理學模式；(D) 基因或遺傳模式。【102高級中等以下學校及幼稚園教師資格檢定】

（　）219. 小米和四位好朋友在手臂上刺了玫瑰花的刺青。下列對於這件事的敘述何者最不恰當？(A) 小米可能已經加入幫派，需要轉學以改變環境；(B) 小米可能處在以同一圖案代表團體認同的次文化環境中；(C) 小米可能為了保有同儕的友誼，即使不喜歡也不好反對；(D) 小米可能處於同性密友期，這個做法是小團體間的忠誠象徵。【105高級中等以下學校及幼稚園教師資格檢定】

（　）220. 九年級的瑋文最近學業成績下滑，神情憂愁，導師注意到瑋文手腕上有許多道的新舊刀痕。導師最不宜對瑋文進行下列哪一項處理？(A) 告知瑋文的父母請他們多注意；(B) 直接詢問瑋文

這些刀痕的由來；(C) 將瑋文轉介至輔導室尋求協助；(D) 先做觀察等重複發生後再介入。【106高級中等以下學校及幼稚園教師資格檢定】

解　答

1.(D)　2.(B)　3.(D)　4.(C)　5.(A)　6.(D)　7.(A)　8.(A)　9.(B)　10.(D)

11.(B)　12.(C)　13.(C)　14.(B)　15.(D)　16.(C)　17.(C)　18.(A)　19.(B)　20.(B)

21.(D)　22.(A)　23.(B)　24.(A)　25.(C)　26.(B)　27.(C)　28.(C)　29.(A)　30.(C)

31.(B)　32.(C)　33.(D)　34.(D)　35.(A)　36.(A)　37.(D)　38.(D)　39.(D)　40.(C)

41.(B)　42.(B)　43.(B)　44.(B)　45.(A)　46.(C)　47.(C)　48.(A)　49.(A)　50.(A)

51.(B)　52.(C)　53.(B)　54.(D)　55.(B)　56.(A)　57.(A)　58.(D)　59.(D)　60.(A)

61.(C)　62.(A)　63.(C)　64.(B)　65.(A)　66.(D)　67.(B)　68.(D)　69.(C)　70.(A)

71.(B)　72.(C)　73.(A)　74.(B)　75.(D)　76.(A)　77.(C)　78.(B)　79.(D)　80.(D)

81.(C)　82.(A)　83.(A)　84.(B)　85.(C)　86.(D)　87.(C)　88.(B)　89.(A)　90.(C)

91.(B)　92.(C)　93.(C)　94.(A)　95.(A)　96.(B)　97.(C)　98.(D)　99.(C)　100.(D)

101.(C)　102.(B)　103.(A)　104.(D)　105.(C)　106.(D)　107.(C)　108.(D)　109.(C)　110.(C)

111.(C)　112.(D)　113.(D)　114.(A)　115.(A)　116.(D)　117.(D)　118.(B)　119.(C)　120.(C)

121.(D)　122.(A)　123.(D)　124.(D)　125.(A)　126.(C)　127.(C)　128.(A)　129.(B)　130.(A)

131.(B)　132.(D)　133.(D)　134.(A)　135.(B)　136.(C)　137.(D)　138.(A)　139.(C)　140.(A)

141.(B)　142.(C)　143.(D)　144.(B)　145.(D)　146.(D)　147.(C)　148.(D)　149.(B)　150.(B)

151.(A)　152.(B)　153.(D)　154.(D)　155.(D)　156.(C)　157.(A)　158.(D)　159.(C)　160.(B)

161.(A)　162.(A)　163.(B)　164.(B)　165.(D)　166.(B)　167.(D)　168.(C)　169.(A)　170.(D)

171.(B)　172.(D)　173.(A)　174.(B)　175.(C)　176.(A)　177.(D)　178.(C)　179.(A)　180.(D)

181.(B)　182.(C)　183.(B)　184.(C)　185.(A)　186.(D)　187.(B)　188.(C)　189.(C)　190.(D)

191.(A)　192.(B)　193.(C)　194.(D)　195.(B)　196.(A)　197.(B)　198.(A)　199.(B)　200.(C)

201.(D)　202.(B)　203.(D)　204.(A)　205.(B)　206.(B)　207.(C)　208.(A)　209.(B)　210.(D)

211.(A)　212.(D)　213.(C)　214.(D)　215.(B)　216.(D)　217.(D)　218.(C)　219.(A)　220.(D)

第十四章
青少年犯罪防治與諮商輔導

重點整理

1. 青少年犯罪理論有下列幾種：(1)學習理論；(2)低階文化論；(3)中性化技術；(4)標籤理論；(5)社會結構論；(6)人格理論。

2. 「中性化技術」係指青少年犯罪者為自己的行為合理化與辯護。其要點有五：(1)責任否定；(2)傷害否定；(3)被害者否定；(4)譴責譴責他們的人；(5)要求高度忠誠。

3. 「標籤理論」認為青少年的偏差行為基本上是由社會所製造出來的，社會統治階層對於何者是偏差行為，何者為非，具有界定、分類與懲罰的權力。因此，犯罪是由權威者的反應所造成的。

4. 墨頓（Merton, 1957）認為社會結構影響犯罪，而社會中有五類的人：(1)順從型；(2)革新型；(3)儀式型；(4)退縮型；(5)叛逆型。

5. 青少年犯罪可分為三大類：(1)隱藏的青少年犯；(2)官方青少年犯罪紀錄；(3)虞犯。

6. 臺灣一般犯罪的特徵：(1)近十年來臺灣犯罪顯著增多；(2)犯罪類別以竊盜、違反麻醉品管制條例、賭博為最多；(3)刑案發生的時間間隔十分密集；(4)青少年犯罪比例升高；(5)愈都市化的地區有較高的犯罪狀況。

7. 青少年犯罪的教育方案可分為四個階段：(1)青少年犯罪前的預防教育；(2)判決前後的教育；(3)替代性教育方案；(4)重返社會教育。

8. 所謂「四D計畫」即是美國對少年法庭提出的四個革新重點：(1)去罪犯

化；(2)適宜的司法程序；(3)非機構化；(4)多樣化。

9. 在犯罪青少年的個別矯治與復健上，以行為改變技術最為有效，另外個別與團體諮商與心理治療也可以有效的協助犯罪青少年自我探索與自我成長。

10. 較嚴重缺陷與不良習性的青少年則應送至精神與醫療處所加以矯治或勒戒。

試題演練

（ ）1. 注重反應式心理治療，強調治療是人對人的關係，是羅吉斯（C. Rogers）論著與思想的發展中的哪個階段？(A) 非指導治療階段；(B) 反映與澄清階段；(C) 個人中心階段；(D) 權利探討階段。

（ ）2. 個人中心諮商理論的哲學基礎中，認為人有「形成性傾向」與何者的兩大可能性？(A) 實現傾向；(B) 個人中心傾向；(C) 追求完美傾向；(D) 追求成長傾向。

（ ）3. 羅吉斯（C. Rogers）的理論以「自我」為關注的焦點，所以又稱何者？(A) 當事人理論；(B) 人本理論；(C) 完形理論；(D) 自我理論。

（ ）4. 下列敘述何者為非？(A) 心理的不適應來自於個體否定重要的知覺與感官經驗；(B) 心理的適應來自於個體將所有的知覺與感官經驗以象徵性的方式融入了自我結構之中，並與自我概念一致；(C) 多數的行為無法由個體加以調適，並形成自我結構的一部分；(D) 任何與自我組織或結構不一致的經驗，會被視為是一種威脅，此種知覺愈多，自我結構就愈頑固。

（ ）5. 下列何者非羅吉斯（C. Rogers）指出諮商必要的條件？(A) 注意；(B) 同理心；(C) 真誠、一致性；(D) 積極關注。

（　）6. 當事人開始面質自己的個人結構，並重新建構自我與反應個人信念，是屬當事人經歷的哪一歷程？(A) 諮商關係中改變情感；(B) 在關係中改變問題；(C) 改變個人結構；(D) 改變自我溝通。

（　）7. 當事人中心學派對諮商的貢獻何者有誤？(A) 強調輔導員與當事人之間關係的重要性；(B) 當事人在諮商關係中被認為是被動的角色；(C) 確認輔導員的態度，如真誠一致、接納、無條件積極關注對方等；(D) 對諮商做有系統的評估與研究。

（　）8. 依據完形諮商的概念，諮商員在處理個案的心理困擾時，個案不會出現下列哪一項行為？(A) 躲避行為；(B) 自我覺察；(C) 自我支持（self-support）的神經質行為；(D) 自我防衛（ego-defense）或自我限制（self-limiting）行為。

（　）9. 在完形諮商中使用空椅法（empty chair）的目的為何？(A) 對話的目的是要讓個案同時聽到兩種不同「我」的心聲，進而能接納不同的我；(B) 對話的目的在於協助個案「投射」另外一個我，進而使個案發現哪一個我是他真正的我；(C) 對話的目的在於協助個案發現潛意識的衝突是什麼，進而出現自我洞察；(D) 對話的目的在於協助個案發現自己的未完成事件，進而協助個案在當下去經驗。

（　）10. 完形諮商認為人往往採取某些因應方式去接觸環境並經驗自己的存在，下面哪一句個案說的話是屬於「空我」（confluence）？(A)「我不會把我對父親的感覺說出來，因為…」；(B)「我寧願自己吃虧，也不願別人受委屈…」；(C)「我一定要考取輔導研究所…」；(D)「你上次不是提到要去報考暨大的輔諮所嗎？…」。

（　）11. 完形諮商認為一個心理有困擾的人會在現實生活中以怎樣的角色出現？(A) 一個不斷尋找生命意義的角色；(B) 一個試圖在生命中尋找定點角色的人；(C) 以過去生活中的受害人（victim）角色出

現；(D) 一個能夠有效運用自我支持（self-support）的力量，例如：知道/運用自己的缺點。

( ) 12. 下列何者<u>不是</u>完形治療對空椅法的看法？(A) 可以協助當事人充分經驗內在衝突；(B) 主要運用的是角色扮演及對話的技術以協助當事人感覺內在經驗；(C) 目的在協助當事人能改變個人內在不良或不被喜歡的特質；(D) 是協助當事人外化內攝的方法之一。

( ) 13. 完形治療最受稱道的是發展了無數生動、可行的技術與策略，常用技術何者<u>為非</u>？(A) 對話遊戲與空椅技術；(B) 誇張；(C) 演練；(D) 示範及解析。

( ) 14. 在完形治療法中，皮爾斯認為神經症就是不良適應的主要症狀，其原因有下，何者<u>為非</u>？(A) 發展了攻擊性；(B) 為維持生活適應；(C) 為維持均衡狀態；(D) 人與環境互動產生了問題。

( ) 15. 完形諮商在協助當事人覺察時有四個基本原則，何者<u>為非</u>？(A) 現實原則；(B) 我與你；(C) 行為教導和示範；(D) 運用覺察之連續體。

( ) 16. 完形治療法認為人類內在心理形式就是哪一種模式，人類的心靈會有統合的經驗，但也會有敵對的關係？(A) 衝突模式；(B) 衝動模式；(C) 衝進模式；(D) 衝力模式。

( ) 17. 完形人格理論的另一個重要概念是每個人都是由有機體與環境場所分化而成，人經由區分自己與他人的不同，在將自己與他人聯結，而顯現出人的存在，此概念稱為？(A) 場主區分；(B) 場地區分；(C) 場屋區分；(D) 場規區分。

( ) 18. 下列何者<u>並非</u>諮商心理層面助人活動的特質之一？(A)「有計畫的」（planned）；(B)「有目的的」（purposeful）；(C)「審慎的」（deliberate）；(D)「專業性的」（professional）。

( ) 19. 哪一型態的人與環境之間缺乏疆界，也不能覺察人我之間的界

限，因此也不能與他人適當的接觸，他們也過於要求與別人一
致，無法忍受人我之間的歧異？(A) 投射型；(B) 合流型；(C) 彎
曲型；(D) 彎腰型。

（　）20. 當個人一直退步、容許社會侵害他們的權益、或對他們有過度要
求，或個人與社會嚴重疏離，就是典型的：(A) 神經症；(B) 情緒
症；(C) 妄想症；(D) 健忘症。

（　）21. 下列哪一個治療法相信人的行為都是經由學習而來的，因此對行
為的改變基本上較為樂觀？(A) 行為治療法；(B) 精神分析治療
法；(C) 完形治療；(D) 個人中心諮商。

（　）22. 行為取向諮商中廣泛被應用的技術，目的在於擴展當事人對替代
性的行為的覺察度或獲得較具體的印象是：(A) 行為契約法；(B)
角色扮演法；(C) 代幣法；(D) 爆炸法。

（　）23. 多拉與米勒的人格理論相信人的行為是學習而來，所有的學習
不管簡單與複雜都包含有「驅力」（drive）、線索（cue）、
反應（response）與何者？(A) 增強（reinforcemant）；(B) 探索
（exploration）；(C) 刺激（stimulus）；(D) 關懷（care）等四個
要素。

（　）24. 克倫伯茲（Krumbholtz, 1976）曾具體列出行為治療的三大目標，
下列何者為非？(A) 轉換不適應行為；(B) 學習作決定的歷程；
(C) 防止問題產生；(D) 改變生活習慣。

（　）25. 理性情緒行為治療法時常採取「快速救火、主動」與何者的諮
商？(A) 訓誨、教訓；(B) 指導、說服；(C) 關懷、愛；(D) 對
抗、挑戰的哲學式的方法學。

（　）26. 敘事治療將問題外化以後，接著透過精心設計的何種方式協助
當事人去「評估」問題對其生活及人際關係的影響程度？(A) 問
話；(B) 評斷；(C) 相信；(D) 成功認同。

（　）27. 現實治療師鼓勵當事人行動，透過行動產生「成功經驗」，進而

滿足自身的需求,這就是現實治療所謂的?(A) 追求成功;(B) 負責的行為;(C) 解決個人問題的傾向;(D) 目標導向性。

( ) 28. 敘事治療強調用何者和「好奇」的眼光去「看」個案的生命:(A) 欣賞;(B) 自卑感;(C) 關懷;(D) 負責。

( ) 29. 現實治療法是融合何種現象學與何者取向的心理治療理論?(A) 哲學觀點;(B) 存在主義論點;(C) 阿德勒主要哲學觀點;(D) 教育觀點。

( ) 30. 葛拉澤(W. Glasser)最著名的一本書?(A) 辨識的社會;(B) 心靈車站;(C) 班級中的控制理論;(D) 沒有失敗的學校。

( ) 31. 下列何者非現實治療法中談到,滿足人的心理需求的四大類?(A) 隸屬需求;(B) 權力需求;(C) 自由需求;(D) 學習需求。

( ) 32. 下列何者非建構BOP模式的三種系統之一?(A) 控制系統;(B) 感覺系統;(C) 知覺系統;(D) 比較系統。

( ) 33. 下列何者非現實治療法中的人格成長與發展的課題之一?(A) 責任感;(B) 行為控制;(C) 自我功能;(D) 學習。

( ) 34. 影響治療者投入程度的因素,下列何者為非?(A) 個人的責任感;(B) 自我表露的意願;(C) 保持同情心的能力;(D) 接受不完美的意願。

( ) 35. 下列哪個原則不被視為諮商的歷程?(A) 投入;(B) 不用懲罰;(C) 接受藉口;(D) 永不放棄。

( ) 36. 下列何者非現實治療法常用技術?(A) 面質;(B) 角色扮演;(C) 幽默;(D) 間接教導法。

( ) 37. 目的是在使當事人覺得諮商師關心他的,是哪一個技術?(A) 控制知覺;(B) 角色扮演;(C) 面質;(D) 支持。

( ) 38. 下列何者非現實治療法的獨特之處?(A) 重視個人的責任與承諾;(B) 注意現實;(C) 注重成功認定感的培養;(D) 注重潛意識的歷程。

（　）39. 基里蘭等人認為現實治療有兩大歷程，一是諮商環境的安排或布置，另一則是？(A) 思想與行為的再導向；(B) 策略與技術的運用；(C) 促進改變；(D) 諮商人員的專業程度。

（　）40. 下列何者是現實治療最受批評的地方？(A) 應用範圍廣；(B) 治療歷程太多道德與價值判斷；(C) 有簡化人生複雜性的危險；(D) 以現實為焦點，忽略潛意識歷程。

（　）41. Carl Roges認為個案之所以能出現信任（trust）和有勇氣（courage）面對自己，是因為？(A) 諮商員提供無條件的再保證，使個案因而充滿自信；(B) 諮商員提供個案成功的經驗，從而建立正確的自我概念；(C) 諮商員應用解釋的技巧，使個案出現自我洞察；(D) 諮商員能與個案建立親密、相互尊重的人際經驗。

（　）42. 對Carl Rogers而言，所謂「同理的瞭解」<u>不應該</u>以下列哪一個方式表達，請指出來。(A) 我想你有自己的看法去做這個決定；(B) 我了解你不想出國唸書的感受，其實妳害怕失去你的男朋友；(C) 失去親人的感受，正如妳說的，很茫然的感覺；(D) 不被信任的感覺真的很不舒服。

（　）43. Carl Rogers認為一個功能運作充分的人（fully functioning person）是因為？(A) 是因為一個人能瞭解自己的潛能，運用自己的能力，朝向充分發展/建構自我而努力；(B) 是因為一個人能發現自己的弱點，進而建構獨特的（unique）自我；(C) 是因為一個人能對經驗開放（openness to experience），發現自己的潛能，進而自我負責；(D) 是因為一個人能瞭解自己的命運（fate），進而能朝向自我實現而努力。

（　）44. 下列哪一句描述<u>不符合</u>Rogers當事人中心諮商理論？(A) 人無法接觸真實的自我（real self），是因為個人的存在／價值（condition of worth）必須符合他人的條件；(B) 經由他人言語或價值觀念的內化（introjection），個人開始與真實自我疏離；(C)

人的心理困擾來自於個人無力與自己的經驗對話，進而失去了自我覺察的能力；(D) 負向的／歪曲的自我概念增強了個人無價值或無能的感受，導致個人心理不適應的發生。

( ) 45. 依據Rogers的理論，假如個案告訴你他最近染上某種惡習，下列哪一句是諮商員的正確反應？(A) 告訴他這種惡習對身體有害；(B) 微笑的說：「沒關係，只要能改就行了！」；(C) 靜靜的聽他說，並表示你的了解；(D) 個案是在什麼情況下染上這種惡習的。

( ) 46. Rogers認為「人是活在他自己的現象界裡」，這個概念深刻的影響了Rogers的什麼治療思維？(A) 人是透過個人與他人互動的經驗場域，來重新修正自我的存在表現方式；(B) 人是經由對自我現象界的認知，發現自我錯誤的存在，進而產生洞察；(C) 人是經由治療者協助個案對現象界的評估，進而出現自我負責的能量；(D) 人是透過自我現象界的探索，發現個人主觀存在的事實，包括意義與價值。

( ) 47. 下列對同理心的描述何者最正確？(A) 人同此心，心同此理；(B) 設身處地為對方著想；(C) 進入對方的內在世界理解與感受；(D) 己所不欲，勿施於人。

( ) 48. 在初次個別諮商時，下列哪個選項是錯誤的？(A) 與當事人建立和諧關係；(B) 等待當事人提供此次談話的架構；(C) 協助當事人說出他想談的問題；(D) 對當事人的情緒變化要敏銳，並作反應適度滿足其需求。

( ) 49. 下列哪一個不是行為學派用來解釋條件化學習的歷程的四個基本行為理論？(A) 古典制約學習理論；(B) 操作制約學習理論；(C) 模仿學習；(D) 家庭學習理論。

( ) 50. 在行為學派中行為的形成的方程式中以B代表行為，P代表個人知覺，E代表環境。就是行為是個人與環境交互作用的函數是下列

哪一個公式：(A) B = *f*(P・E)；(B) P = *f*(B・E)；(C) E = *f*(B・P)；(D) B = *f*(LSP)。

（　）51. 佩辰進入高中後開始顯現「自戀型人格障礙」（narcissistic personality disorder），請問下列何者是自戀型人格障礙的特徵？(A) 傾向於對小事情反應過度；(B) 對可能被人拒絕過分敏感；(C) 誇張地顯示自己的重要性；(D) 敏感多疑、嫉妒、不信任人。

（　）52. 國三學生奇偉最近的行為突然大幅轉變，父母帶至精神科看醫生，被診斷為精神分裂症，他最可能會有哪些行為改變？(I)突然變得比以前過動；(II)思考障礙；(III)疑心過敏；(IV)有睡眠障礙。(A) (II)(III)；(B) (II)(III)(IV)；(C) (I)(III)(IV)；(D) (I)(II)(III)(IV)。

（　）53. 一位教師能夠設身處地去站在學生立場思考問題，稱為：(A) 同理心；(B) 自我開放；(C) 具體化；(D) 澄清。

（　）54. 最受承認的精神疾病的診斷和統計的便覽疾病分類著重於：(A) 疾病生物學原因；(B) 與疾病有關的行為描述；(C) 文化對疾病所造成的影響；(D) 疾病對他人最猛烈或最不平常的衝擊。

（　）55. 利用例子去幫助病人改變不好的行為的治療形式是建立在何種學習理論之上？(A) 社會學習理論；(B) 古典制約；(C) 操作性的學習理論；(D) 生命學習理論。

（　）56. 下列何種治療是根據由錯誤看法、信仰、或思想所造成不適應行為的形勢？(A) 間接治療；(B) 合理的情感治療；(C) 心理治療；(D) 操作性治療。

（　）57. 下列哪項不是A型人格的特徵？(A) 慢條斯理；(B) 非常好強；(C) 具有敵意；(D) 易得冠狀動脈心臟病。

（　）58. 教導資賦優異或智能不足的學生，最重要的是實施何種教育？(A) 創造力教育；(B) 合作學習；(C) 課後輔導；(D) 個別化教育。

（　）59. 在諮商工作上，強調運用學生本身有利資源與成功經驗，逐步引

發積極有效的改變，以解決學生本身所面臨難題，屬於下列哪一項諮商學派？(A) 個人中心諮商；(B) 認知行為諮商；(C) 問題解決諮商；(D) 焦點解決諮商。

（　）60. 下列何者是以一般學生為對象，藉著團體的力量來幫助個人了解自己，增進人際關係，發展潛能？(A) 團體治療；(B) 團體諮商；(C) 團體輔導；(D) 團體行動

（　）61. 下列何者不是輔導的原則？(A) 輔導要指導和建議被輔導者應循的方法；(B) 輔導是一種專業工作；(C) 輔導的對象是全體學生；(D) 輔導的過程是讓學生自我了解、自我輔導與自我發展。

（　）62. 學校輔導中心可以提供社區家長各種資訊服務和輔導活動，讓家長和學校、學生之間形成密切聯繫幫助學生成長，此一專業服務可稱為？(A) 諮詢；(B) 諮商；(C) 評量；(D) 評鑑。

（　）63. 輔導工作依性質可以分成哪三類？(A) 學習輔導、職業輔導、發展輔導；(B) 預防輔導、發展性輔導、治療性輔導；(C) 生活輔導、學習輔導、就業輔導；(D) 生活輔導、升學輔導、生涯輔導。

（　）64. 輔導工作為了新生而設計，協助其應付新環境挑戰的是：(A) 安置；(B) 定向；(C) 資料；(D) 追蹤服務。

（　）65. 青少年學生的輔導應強調：(A) 診斷先於預防；(B) 治療先於發展；(C) 發展先於診斷；(D) 預防先於診斷。

（　）66. 教育部為因應「建立學生輔導新體制」所採取的具體行動方案是：(A) 融合教育；(B) 親職教育；(C) 春暉專案；(D) 教訓輔三合一。

（　）67. 班級常規輔導有消極與積極的目的，下列何者不是積極的目的？(A) 養成民主精神；(B) 培養學生自治的能力；(C) 養成良好習慣；(D) 維持學習場所。

（　）68. 國中學生未經請假，不明原因，連續幾日未到校上課，即應通報

為中輟生？(A) 二日；(B) 三日；(C) 四日；(D) 五日。

（　）69. 教師能在學生學業、生活、情感不知所措時，適時給予接納、關懷、同等心等技巧，讓學生能走出陰霾，這是具有下列何種教師角色表現？(A) 訓練者；(B) 諮商員；(C) 引導者；(D) 人道主義。

（　）70. 下列哪一種治療法，最強調「成功認同」與「失敗認同」？(A) 現實治療；(B) 溝通分析；(C) 完形治療；(D) 存在治療。

（　）71. 兒童的遊戲治療中的遊戲行為可比為成人傳統治療中的什麼？(A) 催眠；(B) 夢的分析；(C) 投射作用；(D) 自由聯想。

（　）72. 當學生說：「我很害怕，因為我不小心丟了一百元！」，教師在進行師生溝通時，下列何種較為符合「同理心」的口語敘述？(A) 你在哪丟掉的，為什麼不小心；(B) 沒關係，別急！再仔細想一想在哪裡丟掉的；(C) 沒關係，別擔心！我們一起找找看；(D) 你丟掉一百元，所以擔心爸媽會責備你。

（　）73. 學生：「有時我感到很不好過」。老師：「你可不可以說的更仔細些？比方最近一次的感覺是何時出現的？」以上的對話，老師所使用何種技巧？(A) 同理；(B) 立即性；(C) 解釋；(D) 具體化。

（　）74. 一位教師能夠設身處地的去體會學生的心理感受稱為：(A) 同理心；(B) 同情心；(C) 真誠；(D) 接納。

（　）75. 17歲的美美不喜歡刺激冒險的活動，面對不熟悉的情境或陌生的人總會讓他感到不安。假日時，除了從事幾項自己有興趣的活動外，他並不熱衷於追求刺激變化。他覺得，過著平靜規律的生活就很滿足了。根據上面的描述，美美較偏向於哪一種性格？(A) O型性格；(B) A型性格；(C) T型性格；(D) t型性格。

（　）76. 讀國三的阿明休閒活動的參與主要受何者的影響？(A) 家人；(B) 同學；(C) 訊息；(D) 以上皆是。

（　）77. 就青少年生涯發展之輔導中，我們輔導的首要工作為：(A) 推銷少年自我；(B) 定位少年未來；(C) 澄清少年自我；(D) 宣導快樂的重要。

（　）78. 小華經常上網咖，如何去輔導他從事正當休閒活動，培養其興趣？(A) 有舉辦各式比賽，鼓勵小華參加；(B) 老師在校分小組，出作業報告形成讀書會；(C) 多與小華交談，從中給予幫助；(D) 以上皆是。

（　）79. 羅艾斯齊（Loesch）曾提出青少年休閒輔導的三層面模式，在青少年的休閒諮商上注重青少年的心理能力探索，以助於青少年在休閒活動中獲得心智成長，這是屬於何者層面？(A) 情感層面；(B) 行為層面；(C) 認知層面；(D) 探索層面。

（　）80. 根據佛洛伊德（S. Freud）的性發展階段理論，青少年是處於哪一階段？(A) 口腔期；(B) 性器期；(C) 兩性期；(D) 潛伏期。

（　）81. 讀國三的小勇常因生活壓力、挫折而肚子痛、頭痛、心悸、氣悶等謂之？(A) 壓抑症；(B) 身心症；(C) 神經症；(D) 精神症。

（　）82. 心理社會發展論提及青少年時期的發展危機為：(A) 自主行動對羞怯懷疑；(B) 友愛親密對孤癖疏離；(C) 勤奮進取對自貶自卑；(D) 自我統合對角色混亂。

（　）83. 下列何者非常見青少年的問題？(A) 消極反抗傾向；(B) 完美主義；(C) 消極逃避；(D) 愛好運動。

（　）84. 宋老師要輔導班上讀國三的小庭，下列何者是輔導最佳的方式？(A) 多聽少說；(B) 強力駁斥；(C) 避免交談；(D) 以上皆非。

（　）85. 青少年階段最明顯的轉變之一是？(A) 同儕影響力大增，父母影響力大增；(B) 同儕影響力大增，父母影響力大減；(C) 同儕影響力大減，父母影響力大增；(D) 同儕影響力大減，父母影響力大減。

（　）86. 青少年幫派具有許多特徵，下列何者是正確的？(I)幫派有結構

性；(II)幫派是統整的；(III)幫派經驗到衝突；(IV)幫派試圖改變社會標準。(A) (I)(III)；(B) (I)(II)；(C) (III)(IV)；(D) (I)(II)(III)(IV)。

（　）87. 學校將嚴重適應不良學生安置在特殊班級或提供特殊課程，或是轉介給精神科醫生進行個別治療，這是屬於何種性質的輔導？(A) 診斷；(B) 發展；(C) 預防；(D) 諮商。

（　）88. 學生小英最近在班上都不說話，身上有多處瘀傷，作業也沒有按時繳交，於是老師電詢家長，家長說這是家務事，老師不用過問；如果老師就此不再追問，但後來發現小英已嚴重受其父親虐待，老師可能觸犯什麼法？(A) 教師法；(B) 教師輔導與管教辦法；(C) 家暴防治法；(D) 家庭教育法。

（　）89. 下列有關中輟學生的輔導，何者最正確？(A) 學校教訓輔三方面要共同努力；(B) 處理中輟生的最好方式是讓他回到原班級；(C) 學生未到校五日，必須通報中輟；(D) 教師要想辦法收留逃家的中輟生。

（　）90. 下列何者不為諮商理論的基礎？(A) 人格發展；(B) 行為發展；(C) 最終產物；(D) 諮商員的角色。

（　）91. 古典心理分析的創始人是？(A) 佛洛伊德；(B) 阿德勒；(C) 蘇利文；(D) 艾里克森。

（　）92. 佛洛伊德（S. Freud）認為有三種不同的察覺水準會影響人格的發展，下列何者為非？(A) 意識；(B) 潛意識；(C) 前意識；(D) 後意識。

（　）93. 佛洛伊德（S. Freud）認為人格主要有三者組成，下列何者為非？(A) 本我；(B) 自我；(C) 非我；(D) 超我。

（　）94. 下列何者為心理分析學派的治療方式？(I)自由聯想；(II)移情作用；(III)解釋；(IV)夢的解析；(V)抗拒作用的分析。(A) (I)(III)(IV)(V)；(B) (I)(II)(IV)(V)；(C) (I)(II)(III)(IV)；(D) (I)(II)(III)(IV)

(V)。

（　）95. 自我心理分析強調？(A) 自我效能；(B) 自我實現；(C) 自我功能；(D) 自我強度。

（　）96. 自我心理分析的代表人物是？(A) 哈特曼；(B) 荷妮；(C) 阿德勒；(D) 佛洛姆。

（　）97. Kroeber將自我機能分成哪些？(I)衝動之實利；(II)認知功能；(III)控制功能。(A) (I)(II)；(B) (II)(III)；(C) (I)(III)；(D) (I)(II)(III)。

（　）98. 下列何者為自我諮商的技巧？(I)諮商員開始的行為；(II)歷程的控制；(III)轉移；(IV)反轉移；(V)診斷；(VI)自我防衛。(A) (I)(II)(III)(IV)(V)；(B) (I)(II)(III)(IV)(V)(VI)；(C) (I)(II)(IV)(V)(VI)；(D) (I)(III)(IV)(V)(VI)。

（　）99. 個體心理學的創始人？(A) 佛洛伊得；(B) 阿德勒；(C) 荷妮；(D) 哈特曼。

（　）100. 在與未成年青少年進行諮商或實施心裡測驗時，須先徵求當事人及其家長的同意，方能進行，這是尊重青少年的哪一個權利？(A) 受益權；(B) 自主權；(C) 要求忠誠權；(D) 免受傷害權。【96高級中等以下學校及幼稚園教師資格檢定】

（　）101. 在諮商工作上，強調運用學生本身的有利資源與成功經驗，逐步引發積極有效的改變，以解決學生本身所面臨的難題，屬於下列哪一項諮商學派？(A) 個人中心諮商；(B) 認知行為諮商；(C) 問題解決諮商；(D) 焦點解決諮商。【90台南縣國中小教師代課教師甄試】

（　）102. 老師拿了一張肺癌病人的X光照片給未滿18歲的小明觀看，使其不再想接近香菸，這是何種心理治療？(A) 行為治療法；(B) 代幣法；(C) 砂遊治療法；(D) 認知治療法。

（　）103. 焦點解決短期心理諮商（Solution-Focused Brief Therapy. SFBT）十分重視將輔導目標放在運用學生個人的資源，來協助

他們改變，因此下列哪一類問話方式是SFBT常用到的技巧？(A) 太厲害了，你是如何辦到的？(B) 你昨天為什麼沒有來上課？ (C) 你是不是對任課老師有什麼不滿，所以你才會上課睡覺？ (D) 如果老師做些什麼，你就會願意繼續把你的功課完成？【96 高級中等以下學校及幼稚園教師資格檢定】

(　) 104. 下列何者<u>不是</u>正式進行系統減敏法（systematic desensitization） 之前的準備工作？(A) 建立焦慮層次表；(B) 讓個案接受肌肉放 鬆訓練；(C) 引導個案想像不同焦慮情境配合鬆弛訓練；(D) 熟 悉操作膚電反應（生理回饋）記錄器。【96高級中等以下學校 及幼稚園教師資格檢定】

(　) 105. 有關青少年情緒輔導的敘述，下列何者較正確？(A) 青少年的 情緒問題多半來自於「血氣方剛」與衝動性格；(B) 情緒輔導的 目標就是協助青少年消除情緒，這樣就不會情緒失控；(C) 如果 青少年的IQ 夠高，那他的EQ 相對也不會太低；(D) 面對青少年 適應問題時，處理問題背後的情緒往往比問題解決更為關鍵。 【96高級中等以下學校及幼稚園教師資格檢定】

(　) 106. 教師詢問學生：「這個星期發生了哪些事？」教師的問話屬於 下列哪一個選項？(A) 同理心；(B) 簡述語意；(C) 開放式問 ； (D) 面質。【96高級中等以下學校及幼稚園教師資格檢定】

(　) 107. 在精神分析與心理動力學派的諮商技術中，對於當事人移情 作用、抗拒或潛意識壓抑的經驗，常透過何種技術分析？(A) 面質；（confrontation）；(B) 無條件積極關注（unconditional positive regard）；(C)駁斥（disputing）；(D) 詮釋（interpretation）。 【96高級中等以下學校及幼稚園教師資格檢定】

(　) 108. 李同學在期末考時準備不周全，他批評老師試題出得不妥當有 失公平，以致他考得不理想。請問李同學是使用下列何種防衛 機制？(A) 合理化作用；(B) 反向作用；(C) 補償作用；(D) 昇華

作用。【96高級中等以下學校及幼稚園教師資格檢定】

（　）109. 剛上七年級的小忠，在第一次月考前一天緊張到一直跑廁所，母親問他：「為什麼這麼害怕考試？」他回答：「老師一定是出我不會的題目，我一定都不會寫，考完我一定是全班最後一名。」根據認知治療：（Cognitive therapy）觀點，下列哪一種認知扭曲造成小忠的焦慮？(A) 二分法（Dichotomization）；(B) 災難化（Catastrophizing）；(C) 過度類化（overgeneralization）；(D) 錯誤標籤化（mislabeling）。【96高級中等以下學校及幼稚園教師資格檢定】

（　）110. 輔導與諮商的發展從過去被動滿足個人的需求與解決個人的問題及危機，到主動協助個人因應環境壓力，以預防問題發生，請問此種觀點所指為何？(A) 指導式諮商：（directive counseling）；(B) 非指導式諮商（non- directive counseling）；(C) 心理衛生諮商（mental health counseling）；(D) 長期諮商（long-term counseling）。【96高級中等以下學校及幼稚園教師資格檢定】

（　）111. 在國中服務的佩珊老師，以「天下本無事，庸人自擾之」、「有志者事竟成」等觀點協助某位受困於自我挫敗的學生，請問佩珊老師的協助處理方式與下列何種諮商學派的核心概念較為接近？(A) 理性情緒行為治療學派（rational-emotive behavior therapy）；(B) 精神分析治療學派（psychoanalytic therapy）；(C) 行為治療學派：（behavior therapy）；(D) 女性主義取向（feminist approach）。【96高級中等以下學校及幼稚園教師資格檢定】

（　）112. 阿德勒（A. Alder）個體心理學的重要主張，下列何者為錯誤？(A) 追求卓越；(B) 自卑情結；(C) 生活方式；(D) 人權自主。

（　）113. 吳老師是輔導室的輔導老師，也是小新班上的科任老師，有一

天小新主動到輔導室找輔導老師晤談，剛好吳老師是該時段值班的輔導老師，請問此時吳老師應該如何處理？(A) 直接與小新進行諮商；(B) 轉介至適當的輔導老師進行諮商；(C) 先與小新建立諮商關係；(D) 先晤談一段時間再評估是否轉介。【96高級中等以下學校及幼稚園教師資格檢定】

（　）114. 下列諮商學派中，何者最強調解決―建構（solution-building）的概念？(A) 焦點解決；(B) 認知行為；(C) 完形取向；(D) 當事人中心。【97高級中等以下學校及幼稚園教師資格檢定】

（　）115. 小安是九年級的女生，她很不喜歡上學、上課也不專心、常常打瞌睡與學習動機低落。若是採用現實治療理論來協助小安，最適當的會談焦點為何？(A) 深入分析小安不喜歡讀書的原因；(B) 了解小安的潛意識抗拒學校的原因；(C) 深究小安的過去經驗與學習動機的關係；(D) 討論小安解決目前學校困境的看法。【97高級中等以下學校及幼稚園教師資格檢定】

（　）116. 國二的小高曾經是個中輟生。雖然學校歷盡各種方式把小高找回來上課，但是小高在班上過的並不開心。因為班上的導師認為小高對學習沒興趣，又曾中輟，對班上其他同學有負面的影響，所以對小高的一舉一動非常挑剔。這讓小高對老師更加不滿，常常故意和老師作對。下列哪一種理論可以解釋小高這樣的行為？(A) 差別機會論；（Differential opportunity theory）；(B) 增強論（reinforcement theory）；(C) 標籤論（labeling theory）；(D) 差別聯結論（Differential association theory）。【97高級中等以下學校及幼稚園教師資格檢定】

（　）117. 小玉在心理輔導過程中，會不自覺地將她過去對母親的感受，轉到輔導老師的身上，這是哪一種現象？(A) 反移情作用；(B) 抗拒作用；(C) 移情作用；(D) 認知謬誤。【97高級中等以下學校及幼稚園教師資格檢定】

（　）118. 精神分析學派認為下列哪一種情形會對心理健康最有負面影響？(A) 自我未能適當協調本我與超我的衝突；(B) 面對痛苦現實，暫時以自我防衛機制面對焦慮；(C) 面對移情現象，突破並分析浮現上來的感覺；(D) 分析夢境裡呈現出的被壓抑的情緒。【97高級中等以下學校及幼稚園教師資格檢定】

（　）119. 青少年學生的輔導應強調？(A) 診斷先於預防；(B) 治療先於發展；(C) 發展先於診斷；(D) 預防先於診斷。

（　）120. 「少年事件處理法」第二條規定本法適用於十二歲以上，未滿十八歲之人。但依第五十四條規定：少年轉介輔導處分及保護處分之執行，至多執行至滿幾歲為止？(A) 二十；(B) 二十一；(C) 二十五；(D) 三十。【95高級中等以下學校及幼稚園教師資格檢定】

（　）121. 專業的輔導人員透過個別或團體的方式，協助當事人自我探索、自我了解及實際行動，以獲得發展。這是指下列哪一項輔導工作？(A) 安置服務；(B) 諮詢服務；(C) 諮商服務；(D) 定向服務。

（　）122. 對於諮詢和諮商的描述，下列何者有誤？(A) 諮詢和諮商目標都在增進組織和個人的整治；(B) 諮詢是直接的介入，諮商是間接的服務；(C) 諮詢和諮商都需要同理；(D) 「誰是案主？」是諮詢和諮商的倫理爭論之一。【95臺北市立國民中學教師聯合甄選】

（　）123. 學校輔導室可提供家長各種資訊服務，協助家長輔導自己的子弟，此種專業服務稱為？(A) 諮商；(B) 諮詢；(C) 治療；(D) 診斷。【95桃園縣國民中學教師甄試】

（　）124. 諮商的對象為？(A) 心理失常者；(B) 生理失常者；(C) 精神病；(D) 一般人。

（　）125. 諮商理論中的認知、行為與行動取向論不包含哪一項？(A) 行為

諮商；(B) 理性情緒治療；(C) 完形治療法；(D) 現實治療法。

（　） 126. 奧肯認為諮商有三層面，何者<u>不屬於</u>？(A) 階段；(B) 關係；(C) 技巧；(D) 課題。

（　） 127. 諮詢與諮商主要的區別是：(A) 溝通技巧；(B) 問題類別；(C) 機構性質；(D) 專業資格。【95中區縣市政府教師甄選】

（　） 128. 精神分析法使用的策略<u>不包含</u>？(A) 自由聯想；(B) 角色扮演；(C) 夢的解析；(D) 移情。

（　） 129. 依規定，國民中小學之輔導工作由下列何人負責？(A) 全體教師；(B) 導師；(C) 輔導教師；(D) 訓育人員及輔導教師。

（　） 130. 行為治療法的技巧<u>不包含</u>？(A) 解析法；(B) 系統減敏法；(C) 行為契約法；(D) 角色扮演。

（　） 131. 輔導青少年減低負向的情緒方法中，將引發恐懼、焦慮、憤怒的刺激在短時間內大量呈現，使青少年對負向刺激原失去敏感度的方法，稱為何種方法？(A) 系統減敏法；(B) 操作法；(C) 示範法；(D) 洪水法。【93雲林縣中學代理教師甄選】

（　） 132. 團體輔導與團體諮商，兩個常被放在一起討論，下列哪一個說法為對？(A) 團體輔導適用於班級輔導；(B) 團體諮商最好是定時的提供給所有的學生；(C) 團體諮商是透過正確的訊息與強調認知功能，間接達到改變行為與態度的目的；(D) 以上皆是。

（　） 133. 下列哪一類學生最容易透過學習診斷與輔導顯現輔導成效？(A) 高智商高成就者；(B) 低智商低成就者；(C) 低智商高成就者；(D) 高智商低成就者。

（　） 134. 在進行學校輔導方案的規劃時，方案目標是否達成的評鑑標準應以何者為依歸？(A) 是否符合教育行政單位的要求；(B) 是否獲得校長的支持；(C) 教師是否熱衷參與；(D) 學生的需求是否獲得滿足。

（　） 135. 進行學校輔導需求評估時，何者<u>不</u>是主要考慮的因素？(A) 學校

所屬社區的社會文化生態；(B) 校長的辦學理念；(C) 教師關切的學生主要困擾問題；(D) 學生自認的主要困擾問題。

（　）136. 某生關注生命意義與死亡議題，在學校輔導三級預防體制中應屬哪一個等級的工作範圍？(A) 初級預防；(B) 次級預防；(C) 三級預防；(D) 診斷治療。

（　）137. 確認一個人沒有覺察到的潛在能力，鼓勵發展潛在能力，提供訊息，協助個人在教育生涯決策時做決定，預測成就水準，協助性向分類。這是指哪一類的測驗？(A) 智力測驗；(B) 性向測驗；(C) 人格測驗；(D) 學科測驗。

（　）138. 導師轉介個案給輔導教師，並於輔導教師與學生會談後前來打聽學生談話的內容，此時輔導教師應該：(A) 據實以告，並肯定導師的認真負責；(B) 說明保密的原則與目的，婉拒導師的要求；(C) 視該名導師保密的可能性決定告知多少內容；(D) 嚴詞拒絕，並適時導正該名老師不尊重學生隱私的態度。

（　）139. 「由於校園自殺的悲劇除了造成了一個年輕生命的消失，甚至還會造成被留下的年輕族群遺族及死者的整個人際社群（包括學校），飽受震驚與悲創的煎熬而造成重大的影響」，此觀點是在特別強調自殺危機處置中哪一階段的處理？(A) 預防；(B) 介入；(C) 後續介入；(D) 以上皆非。

（　）140. 關於青少年中性特質的發展何者正確？(A) 對女性青少年而言，擁有較多的男性特質能讓女性有利於社會適應；(B) 中性特質是指兼有男性特質與女性特質，依照情境而表現出適宜的特質；(C) 有研究顯示有中性化特質的人較無法調適，心理適應差；(D) Bem 研究發現，中性化的男性會隨年齡增加而減少，中性化的女性隨年齡增加而增加。

（　）141. 針對青少年的如色情成癮症等，可採取的輔導策略中，以下何者較為<u>不適當</u>？(A) 了解其對學生的誘惑力；(B) 直接昭告班級

同學以制止之；(C) 助其了解問題的嚴重性；(D) 戒斷其接觸的機會。

（　）142. 青少年自我辨識有成者的特徵，<u>不包括</u>何者？(A) 行為成熟穩定；(B) 對自己的界定的確定；(C) 為自己訂定切合實際的目標；(D) 與父母有相似的價值觀。

（　）143. 在防治幫派入侵校園的對策上，何者<u>有誤</u>？(A) 學校可鼓勵青少年參與社團活動、社交技巧訓練等等；(B) 學校加強校園安全維護措施，包括加強照明設備、校園出入口不宜太多等；(C) 學校的具體做法包括幫派間仲裁、外展方案等；(D) 警政司法的措施有辨識幫派活動、紀錄幫派人數與活動等。

（　）144. 教師在教學或輔導的過程中對學生所抱持的特定期望，常常會對學生的自我期望及行為產生影響，進而導致學生實現教師對學生的期望。這是什麼現象？(A) 比馬龍效應；(B) 霍桑效應；(C) 月暈效應；(D) 萊斯拖夫效應。

（　）145. 導師如果發現女學生疑似被家人性侵害，應如何處理？(A) 馬上通報；(B) 評估真實性與危急性再處理；(C) 避免涉入學生家務事；(D) 立即進行家庭訪視。

（　）146. 下列哪一個治療理論認為治療關係是幫助個案解決問題最重要的管道？(A) 溝通分析；(B) 完形治療；(C) 人際歷程；(D) 現實治療。

（　）147. 下列對於防衛機制的敘述何者正確？(A) 有外遇的先生限制自己太太外出，怕紅杏出牆，是為投射作用；(B) 一位內心軟弱的人，卻裝出冷漠強硬的姿態，為認同作用；(C) 王曉明在校被老師責罵，回家後罵弟弟，弟弟拿玩具出氣，為補償作用；(D) 對自己外貌感到很自卑者努力健身，為合理化作用；(E) 李大同921地震時在外求學，返家後，一直未尋獲因山崩走山，失去聯絡的父母，多年來一直不認為父母已經去世，是為退化作用。

（　）148. 下列何者<u>不是</u>諮商保密的例外情況？(A) 學生受到家長暴力對待；(B) 學生有自殺意念，但無具體計畫；(C) 學生計畫和他人談判很可能相互鬥毆；(D) 學生在父母不知情的狀況下懷孕。

（　）149. 針對青少年的如色情成癮症等，可採取的輔導策略中，以下何者較為<u>不適當</u>？(A) 了解其對學生的誘惑力；(B) 直接昭告班級同學以制止之；(C) 助其了解問題的嚴重性；(D) 戒斷其接觸的機會。

（　）150. 下列何者不是網路成癮者的症狀？(A) 每日長時間使用電腦；(B) 一旦上網很難自行關機或下線；(C) 不上網會有精神不濟的現象；(D) 因過度使用電腦而出現睡眠不足及乾眼症。

（　）151. 學生常常採用下列何種策略，來作為他課業遲交、遊手好閒或故意偷懶不努力用功而使其成績不好為藉口？(A) 自我效能；(B) 自我跛足；(C) 自我意識；(D) 自我歸因。

（　）152. 依規定，相關人員在執行職務時知道有兒童及少年保護事件，應立即以任何方式通報當地主管機關，請問以下哪個選項的事件<u>不需要</u>立即通報？(A) 對兒童或少年行拐騙、綁架、買賣、質押或以其為擔保之行為；(B) 兒童或少年充當酒家、特種咖啡茶室、限制級電子遊戲場及其他涉及賭博、色情、暴力等足以危害其身心健康場所之侍者；(C) 兒童或少年嚴重精神疾病，有傷害他人之虞者；(D) 兒童或少年違反媒體分級辦法，對其提供或播送有害其身心發展之出版品、影片或光碟等物品。

（　）153. 有自殺傾向的人可能會有以下哪些特徵？(A) 放棄或轉送貴重的東西；(B) 心中充滿死亡與瀕死的念頭；(C) 有自殺的企圖或動作；(D) 以上皆是。

（　）154. 校園內憂鬱的學生有逐漸增加的趨勢。按照W. Glasser的說法，憂鬱的原因來自於？(A) 學生的選擇；(B) 課業的壓力；(C) 自律神經不穩定；(D) 腦部病變。

（　）155. 少年事件處理法之保護處分，<u>不包括</u>下列何者？(A) 訓誡並得予以假日生活輔導；(B) 交付安置於適當之福利或教養機構輔導；(C) 令感化教育處所施以感化教育；(D) 少年身體或精神狀態顯有缺陷者，令入相當處所實施治療。

（　）156. 以下對中輟生的輔導方案何者正確？(A) 告知導師能發現與通報，即完成其角色任務；(B) 若能以「外展」行動使中輟生復學，即完成中輟生輔導工作；(C) 積極將中輟生安置於中途學校是最好的安置選擇；(D) 中輟生的復學適應是最重要的輔導重點，需兼顧個別化、彈性化及多元化的原則。

（　）157. 對於校園精神疾患學生的輔導，以下何者<u>不正確</u>？(A) 需請家長轉介精神科醫師進行診斷；(B) 追蹤學生處理穩定服藥的相關議題；(C) 協助家長如何接納與處理學生的狀況；(D) 在學生就醫的問題妥善處理後，即該生個案輔導工作即可告一個段落。

（　）158. 依據刑法二二七條，與未滿幾歲的男女性交，屬違法行為？(A) 16歲；(B) 18歲；(C) 20歲；(D) 無此規定。

（　）159. 當你輔導的學生告知你說家長希望他不要上學而去打工賺錢，是屬於哪一類的虐待？(A) 身體虐待；(B) 精神虐待；(C) 性虐待；(D) 疏忽。

（　）160. 下列何者<u>並非</u>是國中青少年輔導工作的主要功能？(A) 協助青少年有能力做自我抉擇，並能解決個人的問題；(B) 協助青少年了解自己與尋找伴侶，並能學習解決與伴侶間的問題；(C) 協助青少年學習人際交往技巧及其性質，並達到良好的社會適應；(D) 協助青少年發展良好的道德、良心與價值觀念。

（　）161. 輔導教師於進行學生生涯諮商時說：「是什麼讓你這麼想當護士？」學生：「我知道我不夠勇敢，但是我很想幫助別人。」於是輔導老師說：「你說你不夠勇敢，但是我不太知道你有什麼證據說你是不夠勇敢？」這樣的對話，比較可能發生諮商過

程的哪一個階段？(A) 探索階段；(B) 洞察階段；(C) 行動階段；(D) 結束階段。

（　）162. 欲了解學生學習某種事物潛在的能力時，可以給予學生何種類型的心理測驗？(A) 人格測驗；(B) 生涯興趣測驗；(C) 性向測驗；(D) 成就測驗。

（　）163. 在客體關係理論中，如果於分離/個別化階段的發展有礙，可能會發展出什麼樣問題的學生？(A) 品行疾患者；(B) 邊緣性人格者；(C) 反社會人格者；(D) 自戀型人格。

（　）164. 許多網路成癮少年可能是因為成績不理想，在課業上缺乏成就感，故將注意力轉到一個能讓他發揮自己能力開創一番豐功偉業的網路遊戲中，並由遊戲中建立起的成就感，來減低現實學業生活中的無力感和焦慮的發生。此為何種心理因素所致？(A) 安全需求；(B) 補償作用；(C) 替代作用；(D) 認同作用。

（　）165. 曉芳在學校的行為持續變得越來越怪異，其他同學羞於與她為伍且捉弄她；她似乎真的不記得她們的嘲笑。她常說著荒謬的話，經常茫然凝視窗外，她說有時會聽到聲音。這孩子可能是：(A) 創傷後壓力（PTSD）；(B) 憂鬱症（depression）；(C) 精神分裂症；(D) 以上皆非。

（　）166. 對於青少年藥物濫用的說法下列何者為非？(A) 好奇往往是第一次濫用藥物的原因；(B) 所謂的戒斷現象是指因停止用藥，身體對藥物的依賴出現的不舒服症狀；(C) 大多數的藥癮患者的特質是物質需求高、喜歡炫耀；(D) 對於藥物依賴者的矯治需要從個人、家庭、社會等多方面著手。

（　）167. 可預期但不可避免的壓力情境是現代青少年感受挫折的主要來源，請問下列何者較屬於這類型的壓力情境？(A) 抽菸對身體的危害；(B) 車禍奪去心愛的母親；(C) 家庭問題和學校課業壓力；(D) 同儕鼓勵吸食安非他命。

（　）168. 下列何者對青少年情緒的描述是正確的？(I)情緒影響心理，對生理的影響不大；(II)負向情緒過多影響人際交往；(III)學校恐懼症是對學習感到恐懼的情緒反應；(IV)父母的過度保護有助於學生的發展。(A) (II)(III)(IV)；(B) (I)(IV)；(C) (II)(III)；(D) (I)(II)(III)(IV)。

（　）169. 國三生明明最近的行為突然大幅轉變，父母帶至精神科看醫生，被診斷為精神分裂症，他最可能會有哪些行為改變？(I)突然變得比以前過動；(II)思考障礙；(III)疑心過敏；(IV)有睡眠障礙。(A) (II)(III)；(B) (II)(III)(IV)；(C) (I)(III)(IV)；(D) (I)(II)(III)(IV)。

（　）170. 有關青少年情緒輔導的敘述，下列何者較正確？(A) 青少年的情緒問題多半來自於「血氣方剛」與衝動的性格；(B) 情緒輔導的目標就是協助青少年協助消除情緒，這樣就不會情緒失控；(C) 如果青少年的IQ夠高，那他的EQ相對也不會太低；(D) 面對青少年的適應問題，處理問題背後的情緒往往比問題解決更為關鍵。

（　）171. 最常被青少年濫用的物質是菸草，菸草在於十二歲至十七歲是使用的高峰期。有關青少年的抽菸敘述，下列何者較不正確？(A) 青少年抽菸是想讓自己看起來很成熟很帥氣；(B) 除非同儕戒菸否則青少年很難戒菸；(C) 青少年早期抽菸的習慣與自尊心、地位需求有關；(D) 青少年抽菸與情緒問題較沒有關聯性。

（　）172. 有關青少年的擔憂與焦慮情緒之敘述，下列何者較為正確？(A) 青少年所擔憂的事，有些看起來是微不足道的事；(B) 在焦慮時，個體的心跳會變慢，血壓會下降；(C) 擔憂和焦慮是青少年經過客觀觀察所得的感受；(D) 青少年最擔憂的是未來是否有美滿的家庭。

（　）173. 小炎日前家中發生火災，當時他目睹父親嚴重燒傷，小炎出現

強烈恐懼、緊張、夢魘、麻木等症狀，且症狀已持續一個月，小炎的症狀較符合下列哪一類型？(A) 強迫性疾患；(B) 創傷後壓力症；(C) 畏避型人格；(D) 精神分裂症。

(　) 174. 下列何者非青少年的司法程序約有的主要步驟？(A) 就年齡區分；(B) 犯罪之舉證；(C) 少年法庭受理；(D) 審後調查。

(　) 175. 下列哪項不是史考特（Stott, 1982）的青少年罪犯分類？(A) 逃避與興型；(B) 遠離家庭型；(C) 友善型；(D) 虛張聲勢型。

(　) 176. 下列何者非功能論者所認為犯罪現象的要素？(A) 犯罪行為是社會化的結果；(B) 犯罪具有文化共通性；(C) 高階層比低階層更容易犯罪；(D) 不管社會主義或資本主義社會，因工業化與科層化的不同而有不同的犯罪。

(　) 177. 下列何者非標籤理論中的九項基本假設？(A) 犯罪行為不是與生俱來的；(B) 犯罪的界定是由一般人所執行的；(C) 一個人成為罪犯不在於他違犯法律，而只在於被權威者定為罪犯而已；(D) 行為「被查獲」是標籤作用過程的開始。

(　) 178. 柏格斯與亞克斯（Burgess & Akers, 1966）也另外提出了「不同聯結增強理論」用以補充不同聯結理論的不足。下列何者非此一理論中的七個要項？(A) 犯罪行為是依照操作制約學習的規則所學得的；(B) 犯罪行為的學習主要發生在對團體具增強作用的團體中；(C) 特殊類別的犯罪是學習而來的；(D) 犯罪行為的學習包括特定的技術、態度、逃避過程等。

(　) 179. 下列何者不是蘇澤蘭（Sutherland, 1960）不同聯結理論的九個要項？(A) 犯罪行為是學習而來的，學習因素甚於心理作用；(B) 犯罪行為的學習發生在親密的個人團體中；(C) 特定取向的動機與驅力是來自於對法典有利與不利的界定；(D) 犯罪行為是在與他人互動溝通過程中所學習而來的。

(　) 180. 在一個青少年團體中，團體領導者邀請一名容易對人出現疑心

的成員，依序走到其他成員的面前，一一對著他們說：「我不能信任你，所以不敢跟你交朋友」。這樣的輔導方式是基於哪一種理論學派？(A) 完形治療；(B) 阿德勒治療；(C) 認知治療；(D) 現實治療。【97高級中等以下學校及幼稚園教師資格檢定】

（　）181. 「夢是通往統整的捷徑」，這是下列哪個理論的觀點？(A) 完形諮商法；(B) 理情諮商法；(C) 存在主義諮商法；(D) 心理分析諮商法。【98高級中等以下學校及幼稚園教師資格檢定】

（　）182. 下列何人提出「自動化思想」（automatic thoughts）與「認知扭曲」（cognitive distortions）的觀點？(A) 貝克（A. Beck）；(B) 艾理斯（A. Ellis）；(C) 葛拉塞（W. Glasser）；(D) 佛洛依德（S. Freud）。【98高級中等以下學校及幼稚園教師資格檢定】

（　）183. 下列何種成癮行為的解釋模式較重視心理治療，而非以藥物治療為主？(A) 角色模式；(B) 適應模式；(C) 疾病模式；(D) 生活方式模式。【98高級中等以下學校及幼稚園教師資格檢定】

（　）184. 敘事治療（narrative therapy）為重要的後現代諮商理論，發展了許多重要的問話技巧來輔導案主，以解構並重寫其生命故事。試問「你做這件事時採取哪些步驟？首先做什麼？然後呢？」是屬於下列哪一種問話？(A) 意義性的問話；(B) 發展故事的問話；(C) 開啟空間的問話；(D) 較喜歡的選擇的問話。【101高級中等以下學校及幼稚園教師資格檢定】

（　）185. 許先生是一位諮商師，他運用了「空椅技術」（empty chair technique）來幫助案主進行「對話練習」（dialogue exercise），以整合案主內心的衝突與矛盾。這是屬於下列哪一種學派的治療方法？(A) 完形治療法（gestalt therapy）；(B) 阿德勒治療法（Adlerian therapy）；(C) 當事人中心療法（client-centered therapy）；(D) 理性情緒治療法（rational-emotive therapy）。【101高級中等以下學校及幼稚園教師資格檢定】

（　）186. 團體成員甲：「團體中有些人真靠不住。」領導者：「我不清楚你的意思，可不可以說清楚點。」試問領導者的回應技術為下列何者？(A) 面質；(B) 具體化；(C) 同理心；(D) 立即性。
【101高級中等以下學校及幼稚園教師資格檢定】

（　）187. 下列哪一句話較<u>不適合</u>助人專業者使用？(A) 為什麼你沒有好好準備考試？(B) 發生了什麼讓你難以準備功課？(C) 你對這一次考試的表現感覺如何？(D) 當準備功課時心裡頭在想些什麼？
【101高級中等以下學校及幼稚園教師資格檢定】

（　）188. 國三的麗文在電視上看到非洲的難民，內心感到非常難過，她因此加入國際救難組織，從事助人的工作，以減輕她內心的不舒服。根據依森柏格（N. Eisenberg）的利社會道德推理（prosocial moral reasoning）的理論，麗文屬於哪一個層次？(A) 需求取向；(B) 同理取向；(C) 贊同取向；(D) 內化價值取向。
【101高級中等以下學校及幼稚園教師資格檢定】

（　）189. 根據我國少年事件處理法（民國94年5月15日修正）第五十四條規定，少年轉介輔導處分及保護處分之執行，至多執行至滿幾歲為止？(A) 十五歲；(B) 十七歲；(C) 十九歲；(D) 二十一歲。
【102高級中等以下學校及幼稚園教師資格檢定】

（　）190. 教師以系統減敏感法來協助大明放鬆身體，進而克服考試焦慮。這是應用下列哪一種方法？(A) 古典制約的交互抑制；(B) 社會學習的觀察學習；(C) 操作制約的增強原理；(D) 操作制約的消弱原理。【102高級中等以下學校及幼稚園教師資格檢定】

（　）191. 下列哪一種諮商療法，強調每個人為自己做了選擇，就應該為自己的行為、想法及感受負責？(A) 貝克（A. Beck）認知治療（cognitive therapy）；(B) 葛拉瑟（W. Glasser）現實治療（reality therapy）；(C) 史金納（B. Skinner）行為治療（behavioral therapy）；(D) 佛洛依德（S. Freud）精神分析治療

（psychoanalysis therapy）。【103高級中等以下學校及幼稚園教師資格檢定】

（　）192. 依據我國現行的「少年事件處理法」，所謂的少年者，是指什麼年齡階段的人？(A) 十歲以上十二歲未滿之人；(B) 十二歲以上十八歲未滿之人；(C) 十四歲以上二十歲未滿之人；(D) 十六歲以上二十歲未滿之人。【103高級中等以下學校及幼稚園教師資格檢定】

（　）193. 筱君擔心考試成績不佳，故意考試遲到。上述現象屬於下列何者？(A) 自我延緩（self-delay）；(B) 社會閒散（social-loafing）；(C) 自我抗拒（self-deprecation）；(D) 自我跛足（self-handicapping）。【103高級中等以下學校及幼稚園教師資格檢定】

（　）194. 關於現實治療對移情的看法，下列何者較為正確？(A) 移情是治療中不可避免的現象；(B) 治療師鼓勵並接受當事人的移情；(C) 移情是當事人逃避責任的一種方式；(D) 治療師運用移情探討當事人過去的重要經驗。【103高級中等以下學校及幼稚園教師資格檢定】

（　）195. 玟珊覺得自己的外型在班上顯得瘦小不起眼，因而特別努力以獲得好成績。根據心理分析學派的觀點，這比較屬於下列哪一種防衛機轉？(A) 補償作用；(B) 否認作用；(C) 昇華作用；(D) 替代作用。【104高級中等以下學校及幼稚園教師資格檢定】

（　）196. 下列哪一種治療取向認為，個體的情感如果沒有充分表達或體驗，將會影響現實生活，進而妨礙與他人的接觸？(A) 完形治療；(B) 敘事治療；(C) 存在主義治療；(D) 女性主義治療。【104高級中等以下學校及幼稚園教師資格檢定】

（　）197. 下列哪一項並非現實治療的特徵？(A) 治療聚焦於當下；(B) 強調個人的責任；(C) 重視個體的症狀；(D) 拒絕移情的觀點。

【104高級中等以下學校及幼稚園教師資格檢定】

（　）198. 「什麼樣的生活是你想要的？」、「你正在做什麼？」、「你上星期做了什麼？」、「最近什麼事妨礙你達成想要的？」上述問題是下列哪一個學派最常使用的問法？(A) 認知行為學派(B) 個人中心學派(C) 現實治療學派(D) 精神分析學派。【105高級中等以下學校及幼稚園教師資格檢定】

（　）199. 方華正在教學實習，每次上臺試教前，他都會懷疑自己為什麼想要投入教師的生涯？到底教育的意義與目的為何？他最適合參加下列哪一類型的團體輔導？(A) 會心團體；(B) 正念團體；(C) 夢工作團體；(D) 存在主義團體。【106高級中等以下學校及幼稚園教師資格檢定】

（　）200. 在人際互動團體中，有位成員正在分享經驗時，部分成員卻在閒聊。團體領導者：「團體開始時，我們就有共同約定，有人發言時要尊重及專心傾聽。」這是下列哪一種團體帶領的技巧？(A) 阻止；(B) 面質；(C) 設限；(D) 同理心。【106高級中等以下學校及幼稚園教師資格檢定】

（　）201. 小喬是一位身心狀況不穩定的九年級學生，輔導教師在會談中詢問：「你在哪裡能得到安心與自在？請在腦海中想像一個圖像，並說明給我聽。」藉此了解小喬的「獨特世界」，以釐清他的需求與理想。這樣的做法屬於下列哪一種治療取向？(A) 敘事治療；(B) 現實治療；(C) 完形治療；(D) 焦點解決短期治療。【106高級中等以下學校及幼稚園教師資格檢定】

（　）202. 森森對人群有嚴重的焦慮感，李老師想透過系統減敏法降低他的焦慮感，請選出正確的實施順序：甲、實施放鬆訓練；乙、確定焦慮階層；丙、在想像中試驗；丁、在現實中驗證。(A) 甲→乙→丙→丁；(B) 乙→甲→丙→丁；(C) 丙→丁→乙→甲；(D) 丁→乙→丙→甲。【106高級中等以下學校及幼稚園教師資格檢

定】

（　）203. 世界各國對青少年的刑罰政策，下列何者為非？(A) 宜教不宜罰；(B) 預防與教育甚於報復；(C) 青少年有「虞犯」處理規定；(D) 青少年犯得宣告褫奪公權。

（　）204. 不同聯結理論認為犯罪行為是：(A)學習而來的；(B) 生物作用；(B) 家庭欠缺溫暖；(D) 朋友間犯意聯絡。

（　）205. 不同聯結理論認為犯罪行為的學習包含：犯罪技巧；它有時是簡單的技巧；有時是複雜的技巧；以及何者？(A) 犯罪的動機與驅力；(B) 不合理態度；(C) 犯罪家族因素；(D) 慣犯。

（　）206. 犯罪取向的同儕團體具有三個指標：1.犯罪認同；2.聯結性喜好；以及3.是何者？(A) 興趣；(B) 智力；(C) 忠誠；(D) 家世。

（　）207. 低階層文化的青少年他們之所以犯罪是因為他們的特質使他們容易犯罪，下列何者是其中之一？(A) 敵意；(B) 低EQ；(C) 粗獷；(D) 好打抱不平。

（　）208. 低階青少年渴求刺激與冒險，喜歡參與賭博、打架等危險性的活動，他們也會捉弄女性。此特質是：(A) 好勝；(B) 興奮；(C) 自主；(D) 過動。

（　）209. 低階青少年通常較相信命運，他們喜歡預測未來。因為他們具有下列何種特質？(A)自主；(B) 精明；(C) 命運；(D) 憤世。

（　）210. 中性化技術（techniques of neutralization）係指青少年犯罪者為自己的行為辯解的心理作用。下列何者正確？(A) 被害者否定；(B) 相信命運；(C) 不會譴責別人；(D) 任勞任怨。

（　）211. 標籤理論將偏差行為可以區分為幾類？(A) 二類；(B) 三類；(C) 四類；(D) 五類。

（　）212. 標籤理論當行為者被何種處置之後，他就成為罪犯？(A) 懲罰；(B) 烙印；(C) 排斥；(D) 獎勵。

（　）213. 標籤理論認為行為何者是標籤作用過程的開始？(A) 被指指點

點；(B) 被掩蓋；(C) 被查獲；(D) 被低估。

（ ）214. 美國社會學家墨頓（Merton, 1957）認為社會結構影響犯罪，在社會中有五類的人；下列何者為非？(A) 順從型（conformity）；(B) 革新型（innovation）；(C) 儀式型（ritualist）；(D) 情人型（lovers）。

（ ）215. 功能論者認為犯罪現象具有下列的要素：1.犯罪行為是社會化的結果。2.低階層比高階層更容易犯罪，因為其社會化機制較不佳。以及何者？(A) 社區環境不良，欠缺教育設施；(B) 低階層有較多人被捕，因為他們常犯罪；(C) 父母親過度寵愛；(D) 他們常犯罪，是因為朋友誘騙。

解　答

1.(C)　2.(A)　3.(D)　4.(C)　5.(A)　6.(C)　7.(B)　8.(C)　9.(A)　10.(A)

11.(C)　12.(D)　13.(D)　14.(B)　15.(C)　16.(A)　17.(B)　18.(B)　19.(B)　20.(A)

21.(A)　22.(B)　23.(A)　24.(D)　25.(B)　26.(A)　27.(B)　28.(A)　29.(B)　30.(D)

31.(D)　32.(B)　33.(C)　34.(C)　35.(C)　36.(D)　37.(D)　38.(D)　39.(C)　40.(B)

41.(D)　42.(B)　43.(C)　44.(A)　45.(C)　46.(A)　47.(C)　48.(C)　49.(D)　50.(A)

51.(C)　52.(B)　53.(A)　54.(B)　55.(A)　56.(B)　57.(A)　58.(D)　59.(D)　60.(C)

61.(A)　62.(A)　63.(B)　64.(B)　65.(D)　66.(D)　67.(D)　68.(B)　69.(B)　70.(A)

71.(C)　72.(D)　73.(D)　74.(A)　75.(D)　76.(D)　77.(C)　78.(D)　79.(C)　80.(C)

81.(B)　82.(D)　83.(D)　84.(A)　85.(B)　86.(A)　87.(D)　88.(C)　89.(A)　90.(C)

91.(A)　92.(D)　93.(C)　94.(D)　95.(C)　96.(A)　97.(D)　98.(A)　99.(B)　100.(B)

101.(D)　102.(A)　103.(A)　104.(D)　105.(D)　106.(C)　107.(D)　108.(A)　109.(B)　110.(C)

111.(A)　112.(D)　113.(B)　114.(A)　115.(D)　116.(C)　117.(C)　118.(A)　119.(D)　120.(B)

121.(C)　122.(B)　123.(B)　124.(D)　125.(C)　126.(B)　127.(A)　128.(B)　129.(A)　130.(A)

131.(D)　132.(A)　133.(D)　134.(D)　135.(B)　136.(A)　137.(B)　138.(B)　139.(C)　140.(B)

141.(B)　142.(D)　143.(C)　144.(A)　145.(A)　146.(C)　147.(A)　148.(B)　149.(B)　150.(A)

151.(B)　152.(C)　153.(D)　154.(A)　155.(D)　156.(D)　157.(D)　158.(A)　159.(D)　160.(B)

161.(B)　162.(C)　163.(B)　164.(B)　165.(C)　166.(C)　167.(C)　168.(C)　169.(B)　170.(D)

171.(D)　172.(A)　173.(B)　174.(D)　175.(C)　176.(C)　177.(B)　178.(B)　179.(A)　180.(A)

181.(A)　182.(A)　183.(B)　184.(B)　185.(A)　186.(B)　187.(A)　188.(B)　189.(D)　190.(A)

191.(B)　192.(B)　193.(D)　194.(C)　195.(A)　196.(A)　197.(C)　198.(C)　199.(D)　200.(A)

201.(B)　202.(B)　203.(D)　204.(A)　205.(A)　206.(C)　207.(C)　208.(B)　209.(C)　210.(A)

211.(A)　212.(B)　213.(C)　214.(D)　215.(B)

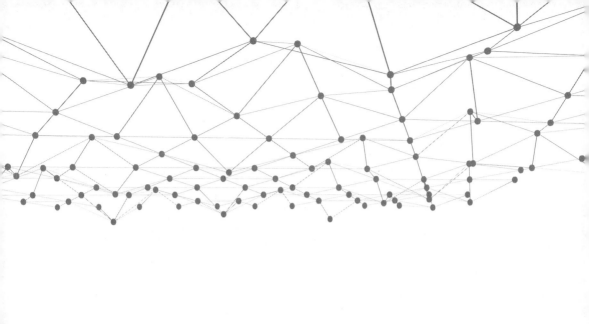

附　錄

少年事件處理法

修正日期：民國94年05月18日

第一章　總則

第 1 條　爲保障少年健全之自我成長，調整其成長環境，並矯治其性格，特制定本法。

第 1-1 條　少年保護事件及少年刑事案件之處理，依本法之規定；本法未規定者，適用其他法律。

第 2 條　本法稱少年者，謂十二歲以上十八歲未滿之人。

第 3 條　左列事件，由少年法院依本法處理之：

一、少年有觸犯刑罰法律之行爲者。

二、少年有左列情形之一，依其性格及環境，而有觸犯刑罰法律之虞者：

(一) 經常與有犯罪習性之人交往者。

(二) 經常出入少年不當進入之場所者。

(三) 經常逃學或逃家者。

(四) 參加不良組織者。

(五) 無正當理由經常攜帶刀械者。

(六) 吸食或施打菸毒或麻醉藥品以外之迷幻物品者。

(七) 有預備犯罪或犯罪未遂而爲法所不罰之行爲者。

第 3-1 條　警察、檢察官、少年調查官、法官於偵查、調查或審理少年

事件時，應告知少年犯罪事實或虞犯事由，聽取其陳述，並應告知其有選任輔佐人之權利。

第　4　條　少年犯罪依法應受軍事審判者，得由少年法院依本法處理之。

第二章　少年法院之組織

第　5　條　直轄市設少年法院，其他縣（市）得視其地理環境及案件多寡分別設少年法院。

尚未設少年法院地區，於地方法院設少年法庭。但得視實際情形，其職務由地方法院原編制內人員兼任，依本法執行之。

高等法院及其分院設少年法庭。

第　5-1　條　少年法院分設刑事庭、保護庭、調查保護處、公設輔佐人室，並應配置心理測驗員、心理輔導員及佐理員。

第　5-2　條　少年法院之組織，除本法有特別規定者外，準用法院組織法有關地方法院之規定。

第　5-3　條　心理測驗員、心理輔導員及佐理員配置於調查保護處。心理測驗員、心理輔導員，委任第五職等至薦任第八職等。佐理員委任第三職等至薦任第六職等。

第　6　條　（刪除）

第　7　條　少年法院院長、庭長及法官、高等法院及其分院少年法庭庭長及法官、公設輔佐人，除須具有一般之資格外，應遴選具有少年保護之學識、經驗及熱忱者充之。

前項院長、庭長及法官遴選辦法，由司法院定之。

第　8　條　（刪除）

第　9　條　少年調查官職務如左：

一、調查、蒐集關於少年保護事件之資料。

二、對於少年觀護所少年之調查事項。

三、法律所定之其他事務。

少年保護官職務如左：

一、掌理由少年保護官執行之保護處分。

二、法律所定之其他事務。

少年調查官及少年保護官執行職務，應服從法官之監督。

第　10　條　調查保護處置處長一人，由少年調查官或少年保護官兼任，綜理及分配少年調查及保護事務；其人數合計在六人以上者，應分組辦事，各組並以一人兼任組長，襄助處長。

第　11　條　心理測驗員、心理輔導員、書記官、佐理員及執達員隨同少年調查官或少年保護官執行職務者，應服從其監督。

第　12　條　（刪除）

第　13　條　少年法院兼任處長或組長之少年調查官、少年保護官薦任第九職等或簡任第十職等，其餘少年調查官、少年保護官薦任第七職等至第九職等。

高等法院少年法庭少年調查官薦任第八職等至第九職等或簡任第十職等。

第三章　少年保護事件

第一節　調查及審理

第　14　條　少年保護事件由行為地或少年之住所、居所或所在地之少年法院管轄。

第　15　條　少年法院就繫屬中之事件，經調查後認為以由其他有管轄權之少年法院處理，可使少年受更適當之保護者，得以裁定移送於該管少年法院；受移送之法院，不得再行移送。

第　16　條　刑事訴訟法第六條第一項、第二項，第七條及第八條前段之規定，於少年保護事件準用之。

第 17 條　不論何人知有第三條第一款之事件者，得向該管少年法院報告。

第 18 條　檢察官、司法警察官或法院於執行職務時，知有第三條之事件者，應移送該管少年法院。

對於少年有監督權人、少年之肄業學校或從事少年保護事業之機構，發現少年有第三條第二款之事件者，亦得請求少年法院處理之。

第 19 條　少年法院接受第十五條、第十七條及前條之移送、請求或報告事件後，應先由少年調查官調查該少年與事件有關之行為、其人之品格、經歷、身心狀況、家庭情形、社會環境、教育程度以及其他必要之事項，提出報告，並附具建議。

少年調查官調查之結果，不得採為認定事實之唯一證據。少年法院訊問關係人時，書記官應製作筆錄。

第 20 條　少年法院審理少年保護事件，得以法官一人獨任行之。

第 21 條　少年法院法官或少年調查官對於事件之調查，必要時得傳喚少年、少年之法定代理人或現在保護少年之人到場。

前項調查，應於相當期日前將調查之日、時及處所通知少年之輔佐人。

第一項之傳喚，應用通知書，記載左列事項，由法官簽名；其由少年調查官傳喚者，由少年調查官簽名：

一、被傳喚人之姓名、性別、年齡、出生地及住居所。

二、事由。

三、應到場之日、時及處所。

四、無正當理由不到場者，得強制其同行。

傳喚通知書應送達於被傳喚人。

第 22 條　少年、少年之法定代理人或現在保護少年之人，經合法傳喚，無正當理由不到場者，少年法院法官得依職權或依少

年調查官之請求發同行書，強制其到場。但少年有刑事訴訟法第七十六條所列各款情形之一，少年法院法官並認為必要時，得不經傳喚，逕發同行書，強制其到場。

同行書應記載左列事項，由法官簽名：

一、應同行人之姓名、性別、年齡、出生地、國民身分證字號、住居所及其他足資辨別之特徵。但年齡、出生地、國民身分證字號或住居所不明者，得免記載。

二、事由。

三、應與執行人同行到達之處所。四、執行同行之期限。

第　23　條　同行書由執達員、司法警察官或司法警察執行之。

同行書應備三聯，執行同行時，應各以一聯交應同行人及其指定之親友，並應注意同行人之身體及名譽。

執行同行後，應於同行書內記載執行之處所及年、月、日；如不能執行者，記載其情形，由執行人簽名提出於少年法院。

第　23-1　條　少年行蹤不明者，少年法院得通知各地區少年法院、檢察官、司法警察機關協尋之。但不得公告或登載報紙或以其他方法公開之。

協尋少年，應用協尋書，記載左列事項，由法官簽名：

一、少年之姓名、性別、年齡、出生地、國民身分證字號、住居所及其他足資辨別之特徵。但年齡、出生地、國民身分證字號或住居所不明者，得免記載。

二、事件之內容。

三、協尋之理由。

四、應護送之處所。

少年經尋獲後，少年調查官、檢察官、司法警察官或司法警察，得逕行護送少年至應到之處所。

協尋於其原因消滅或顯無必要時，應即撤銷。撤銷協尋之通知，準用第一項之規定。

第 24 條 刑事訴訟法關於人證、鑑定、通譯、勘驗、證據保全、搜索及扣押之規定，於少年保護事件性質不相違反者準用之。

第 25 條 少年法院因執行職務，得請警察機關、自治團體、學校、醫院或其他機關、團體為必要之協助。

第 26 條 少年法院於必要時，對於少年得以裁定為左列之處置：

一、責付於少年之法定代理人、家長、最近親屬、現在保護少年之人或其他適當之機關、團體或個人，並得在事件終結前，交付少年調查官為適當之輔導。

二、命收容於少年觀護所。但以不能責付或以責付為顯不適當，而需收容者為限。

第 26-1 條 收容少年應用收容書。收容書應記載左列事項，由法官簽名：

一、少年之姓名、性別、年齡、出生地、國民身分證字號、住居所及其他足資辨別之特徵。但年齡、出生地、國民身分證字號或住居所不明者，得免記載。

二、事件之內容。

三、收容之理由。

四、應收容之處所。

第二十三條第二項之規定，於執行收容準用之。

第 26-2 條 少年觀護所收容少年之期間，調查或審理中均不得逾二月。但有繼續收容之必要者，得於期間未滿前，由少年法院裁定延長之；延長收容期間不得逾一月，以一次為限。收容之原因消滅時，少年法院應將命收容之裁定撤銷之。

事件經抗告者，抗告法院之收容期間，自卷宗及證物送交之日起算。

事件經發回者，其收容及延長收容之期間，應更新計算。

裁定後送交前之收容期間，算入原審法院之收容期間。

少年觀護所之組織，以法律定之。

第　27　條　少年法院依調查之結果，認少年觸犯刑罰法律，且有左列情
　　　　　　形之一者，應以裁定移送於有管轄權之法院檢察署檢察官：

一、犯最輕本刑爲五年以上有期徒刑之罪者。

二、事件繫屬後已滿二十歲者。

除前項情形外，少年法院依調查之結果，認犯罪情節重大，
參酌其品行、性格、經歷等情狀，以受刑事處分爲適當者，
得以裁定移送於有管轄權之法院檢察署檢察官。

前二項情形，於少年犯罪時未滿十四歲者，不適用之。

第　28　條　少年法院依調查之結果，認爲無付保護處分之原因或以其他
　　　　　　事由不應付審理者，應爲不付審理之裁定。

少年因心神喪失而爲前項裁定者，得令入相當處所實施治
療。

第　29　條　少年法院依少年調查官調查之結果，認爲情節輕微，以不付
　　　　　　審理爲適當者，得爲不付審理之裁定，並爲下列處分：

一、轉介兒童或少年福利或教養機構爲適當之輔導。

二、交付兒童或少年之法定代理人或現在保護少年之人嚴加
　　管教。

三、告誡。

前項處分，均交由少年調查官執行之。

少年法院爲第一項裁定前，得斟酌情形，經少年、少年之法
定代理人及被害人之同意，命少年爲下列各款事項：

一、向被害人道歉。

二、立悔過書。

三、對被害人之損害負賠償責任。

前項第三款之事項，少年之法定代理人應負連帶賠償之責任，並得為民事強制執行之名義。

第　30　條　少年法院依調查之結果，認為應付審理者，應為開始審理之裁定。

第　31　條　少年或少年之法定代理人或現在保護少年之人，得隨時選任少年之輔佐人。

前項案件，選任輔佐人無正當理由不到庭者，少年法院亦得指定之。

犯最輕本刑為三年以上有期徒刑之罪，未經選任輔佐人者，少年法院應指定適當之人輔佐少年。其他案件認有必要者亦同。

前項案件，選任輔佐人無正當理由不到庭者，少年法院亦得指定之。

前兩項指定輔佐人之案件，而該地區未設置公設輔佐人時，得由少年法院指定適當之人輔佐少年。

公設輔佐人準用公設辯護人條例有關規定。

少年保護事件中之輔佐人，於與少年保護事件性質不相違反者，準用刑事訴訟法辯護人之相關規定。

第 31-1 條　選任非律師為輔佐人者，應得少年法院之同意。

第 31-2 條　輔佐人除保障少年於程序上之權利外，應協助少年法院促成少年之健全成長。

第　32　條　少年法院審理事件應定審理期日。審理期日應傳喚少年、少年之法定代理人或現在保護少年之人，並通知少年之輔佐人。

少年法院指定審理期日時，應考慮少年、少年之法定代理人、現在保護少年之人或輔佐人準備審理所需之期間。但經少年及其法定代理人或現在保護少年之人之同意，得及時開始審理。

第二十一條第三項、第四項之規定，於第一項傳喚準用之。

第 33 條　審理期日，書記官應隨同法官出席，製作審理筆錄。

第 34 條　調查及審理不公開。但得許少年之親屬、學校教師、從事少年保護事業之人或其他認爲相當之人在場旁聽。

第 35 條　審理應以和藹懇切之態度行之。法官參酌事件之性質與少年之身心、環境狀態，得不於法庭內進行審理。

第 36 條　審理期日訊問少年時，應予少年之法定代理人或現在保護少年之人及輔佐人陳述意見之機會。

第 37 條　審理期日，應調查必要之證據。
　　　　　少年應受保護處分之原因、事實，應依證據認定之。

第 38 條　少年法院認爲必要時，得爲左列處置：
　　　　　一、少年爲陳述時，不令少年以外之人在場。
　　　　　二、少年以外之人爲陳述時，不令少年在場。

第 39 條　少年調查官應於審理期日出庭陳述調查及處理之意見。
　　　　　少年法院不採少年調查官陳述之意見者，應於裁定中記載不採之理由。

第 40 條　少年法院依審理之結果，認爲事件有第二十七條第一項之情形者，應爲移送之裁定；有同條第二項之情形者，得爲移送之裁定。

第 41 條　少年法院依審理之結果，認爲事件不應或不宜付保護處分者，應裁定諭知不付保護處分。
　　　　　第二十八條第二項、第二十九條第三項、第四項之規定，於少年法院認爲事件不宜付保護處分，而依前項規定爲不付保護處分裁定之情形準用之。

第 42 條　少年法院審理事件，除爲前二條處置者外，應對少年以裁定諭知下列之保護處分：
　　　　　一、訓誡，並得予以假日生活輔導。
　　　　　二、交付保護管束並得命爲勞動服務。

三、交付安置於適當之福利或教養機構輔導。

四、令入感化教育處所施以感化教育。

少年有下列情形之一者，得於為前項保護處分之前或同時諭知下列處分：

一、少年染有菸毒或吸用麻醉、迷幻物品成癮，或有酗酒習慣者，令入相當處所實施禁戒。

二、少年身體或精神狀態顯有缺陷者，令入相當處所實施治療。

第一項處分之期間，毋庸諭知。

第二十九條第三項、第四項之規定，於少年法院依第一項為保護處分之裁定情形準用之。

第 43 條　刑法及其他法律有關沒收之規定，於第二十八條、第二十九條、第四十一條及前條之裁定準用之。

少年法院認供本法第三條第二款各目行為所用或所得之物不宜發還者，得沒收之。

第 44 條　少年法院為決定宜否為保護處分或應為何種保護處分，認有必要時，得以裁定將少年交付少年調查官為六月以內期間之觀察。

前項觀察，少年法院得徵詢少年調查官之意見，將少年交付適當之機關、學校、團體或個人為之，並受少年調查官之指導。

少年調查官應將觀察結果，附具建議提出報告。

少年法院得依職權或少年調查官之請求，變更觀察期間或停止觀察。

第 45 條　受保護處分之人，另受有期徒刑以上刑之宣告確定者，為保護處分之少年法院，得以裁定將該處分撤銷之。

受保護處分之人，另受保安處分之宣告確定者，為保護處分

之少年法院，應以裁定定其應執行之處分。

第　46　條　受保護處分之人，復受另件保護處分，分別確定者，後爲處分之少年法院，得以裁定定其應執行之處分。

依前項裁定爲執行之處分者，其他處分無論已否開始執行，視爲撤銷。

第　47　條　少年法院爲保護。

第　48　條　少年法院所爲裁定，應以正本送達於少年、少年之法定代理人或現在保護少年之人、輔佐人及被害人，並通知少年調查官。

第　49　條　文書之送達，適用民事訴訟法關於送達之規定。但對於少年、少年之法定代理人、現在保護少年之人或輔佐人，及被害人或其法定代理人不得爲左列之送達：

一、公示送達。

二、因未陳明送達代收人，而交付郵局以爲送達。

第二節　保護處分之執行

第　50　條　對於少年之訓誡，應由少年法院法官向少年指明其不良行爲，曉諭以將來應遵守之事項，並得命立悔過書。

行訓誡時，應通知少年之法定代理人或現在保護少年之人及輔佐人到場。

少年之假日生活輔導爲三次至十次，由少年法院交付少年保護官於假日爲之，對少年施以個別或群體之品德教育，輔導其學業或其他作業，並得命爲勞動服務，使其養成勤勉習慣及守法精神；其次數由少年保護官視其輔導成效而定。

前項假日生活輔導，少年法院得依少年保護官之意見，將少年交付適當之機關、團體或個人爲之，受少年保護官之指導。

第 51 條　對於少年之保護管束，由少年保護官掌理之；少年保護官應
　　　　　告少年以應遵守之事項，與之常保接觸，注意其行動，隨時
　　　　　加以指示；並就少年之教養、醫治疾病、謀求職業及改善環
　　　　　境，予以相當輔導。

　　　　　少年保護官因執行前項職務，應與少年之法定代理人或現在
　　　　　保護少年之人為必要之洽商。

　　　　　少年法院得依少年保護官之意見，將少年交付適當之福利或
　　　　　教養機構、慈善團體、少年之最近親屬或其他適當之人保護
　　　　　管束，受少年保護官之指導。

第 52 條　對於少年之交付安置輔導及施以感化教育時，由少年法院依
　　　　　其行為性質、身心狀況、學業程度及其他必要事項，分類交
　　　　　付適當之福利、教養機構或感化教育機構執行之，受少年法
　　　　　院之指導。

　　　　　感化教育機構之組織及其教育之實施，以法律定之。

第 53 條　保護管束與感化教育之執行，其期間均不得逾三年。

第 54 條　少年轉介輔導處分及保護處分之執行，至多執行至滿二十一
　　　　　歲為止。

　　　　　執行安置輔導之福利及教養機構之設置及管理辦法，由少年
　　　　　福利機構及兒童福利機構之中央主管機關定之。

第 55 條　保護管束之執行，已逾六月，著有成效，認無繼續之必要
　　　　　者，或因事實上原因，以不繼續執行為宜者，少年保護官得
　　　　　檢具事證，聲請少年法院免除其執行。

　　　　　少年、少年之法定代理人、現在保護少年之人認保護管束之
　　　　　執行有前項情形時，得請求少年保護官為前項之聲請，除顯
　　　　　無理由外，少年保護官不得拒絕。

　　　　　少年在保護管束執行期間，違反應遵守之事項，不服從勸導
　　　　　達二次以上，而有觀察之必要者，少年保護官得聲請少年法

院裁定留置少年於少年觀護所中，予以五日以內之觀察。

少年在保護管束期間違反應遵守之事項，情節重大，或曾受前項觀察處分後，再違反應遵守之事項，足認保護管束難收效果者，少年保護官得聲請少年法院裁定撤銷保護管束，將所餘之執行期間令入感化處所施以感化教育，其所餘之期間不滿六月者，應執行至六月。

第 55-1 條　保護管束所命之勞動服務為三小時以上五十小時以下，由少年保護官執行，其期間視輔導之成效而定。

第 55-2 條　第四十二條第一項第三款之安置輔導為二月以上二年以下。

前項執行已逾二月，著有成效，認無繼續執行之必要者，或有事實上原因以不繼續執行為宜者，負責安置輔導之福利或教養機構、少年、少年之法定代理人或現在保護少年之人得檢具事證，聲請少年法院免除其執行。

安置輔導期滿，負責安置輔導之福利或教養機構、少年、少年之法定代理人或現在保護少年之人認有繼續安置輔導之必要者，得聲請少年法院裁定延長，延長執行之次數以一次為限，其期間不得逾二年。

第一項執行已逾二月，認有變更安置輔導之福利或教養機構之必要者，少年、少年之法定代理人或現在保護少年之人得檢具事證或敘明理由，聲請少年法院裁定變更。

少年在安置輔導期間違反應遵守之事項，情節重大，或曾受第五十五條之三留置觀察處分後，再違反應遵守之事項，足認安置輔導難收效果者，負責安置輔導之福利或教養機構、少年之法定代理人或現在保護少年之人得檢具事證，聲請少年法院裁定撤銷安置輔導，將所餘之執行期間令入感化處所施以感化教育，其所餘之期間不滿六月者，應執行至六月。

第 55-3 條　少年無正當理由拒絕接受第二十九條第一項或第四十二條第

一項第一款、第三款之處分，少年調查官、少年保護官、少年之法定代理人或現在保護少年之人、少年福利或教養機構，得聲請少年法院核發勸導書，經勸導無效者，各該聲請人得聲請少年法院裁定留置少年於少年觀護所中，予以五日內之觀察。

第 56 條　執行感化教育已逾六月，認無繼續執行之必要者，得由少年保護官或執行機關檢具事證，聲請少年法院裁定免除或停止其執行。

少年或少年之法定代理人認感化教育之執行有前項情形時，得請求少年保護官為前項之聲請，除顯無理由外，少年保護官不得拒絕。

第一項停止感化教育之執行者，所餘之執行時間，應由少年法院裁定交付保護管束。

第五十五條之規定，於前項之保護管束準用之；依該條第四項應繼續執行感化教育時，其停止期間不算入執行期間。

第 57 條　第二十九條第一項之處分、第四十二條第一項第一款之處分及第五十五條第三項或第五十五條之三之留置觀察，應自處分裁定之日起，二年內執行之；逾期免予執行。

第四十二條第一項第二款、第三款、第四款及同條第二項之處分，自應執行之日起，經過三年未執行者，非經少年法院裁定應執行時，不得執行之。

第 58 條　第四十二條第二項第一款、第二款之處分期間，以戒絕治癒或至滿二十歲為止；其處分與保護管束一併諭知者，同時執行之；與安置輔導或感化教育一併諭知者，先執行之。但其執行無礙於安置輔導或感化教育之執行者，同時執行之。

依禁戒或治療處分之執行，少年法院認為無執行保護處分之必要者，得免其保護處分之執行。

第　59　條　少年法院法官因執行轉介處分、保護處分或留置觀察，於必
要時，得對少年發通知書、同行書或請有關機關協尋之。

少年保護官因執行保護處分，於必要時得對少年發通知書。

第二十一條第三項、第四項、第二十二條第二項、第二十三
條及第二十三條之一規定，於前二項通知書、同行書及協尋
書準用之。

第　60　條　少年法院諭知保護處分之裁定確定後，其執行保護處分所需
教養費用，得斟酌少年本人或對少年負扶養義務人之資力，
以裁定命其負擔全部或一部；其特殊清寒無力負擔者，豁免
之。

前項裁定，得為民事強制執行名義，由少年法院囑託各該法
院民事執行處強制執行，免徵執行費。

第三節　抗告及重新審理

第　61　條　少年、少年之法定代理人、現在保護少年之人或輔佐人，對
於少年法院所為下列之裁定有不服者，得提起抗告。但輔佐
人提起抗告，不得與選任人明示之意思相反：

一、第二十六條第一款交付少年調查官為適當輔導之裁定。

二、第二十六條第二款命收容之裁定。

三、第二十六條之二第一項延長收容之裁定。

四、第二十七條第一項、第二項之裁定。

五、第二十九條第一項之裁定。

六、第四十條之裁定。

七、第四十二條之處分。

八、第五十五條第三項、第五十五條之三留置觀察之裁定
及第五十五條第四項之撤銷保護管束執行感化教育之處
分。

九、第五十五條之二第三項延長安置輔導期間之裁定、第五項撤銷安置輔導執行感化教育之處分。

十、駁回第五十六條第一項聲請免除或停止感化教育執行之裁定。

十一、第五十六條第四項命繼續執行感化教育之處分。

十二、第六十條命負擔教養費用之裁定。

第　62　條　少年行為之被害人或其法定代理人，對於少年法院之左列裁定，得提起抗告：

一、依第二十八條第一項所為不付審理之裁定。

二、依第二十九條第一項所為不付審理，並為轉介輔導、交付嚴加管教或告誡處分之裁定。

三、依第四十一條第一項諭知不付保護處分之裁定。

四、依第四十二條第一項諭知保護處分之裁定。

被害人已死亡或有其他事實上之原因不能提起抗告者，得由其配偶、直系血親、三親等內之旁系血親、二親等內之姻親或家長家屬提起抗告。

第　63　條　抗告以少年法院之上級法院為管轄法院。

對於抗告法院之裁定，不得再行抗告。

第　64　條　抗告期間為十日，自送達裁定後起算。但裁定宣示後送達前之抗告亦有效力。

刑事訴訟法第四百零七條至第四百十四條及本章第一節有關之規定，於本節抗告準用之。

第　64-1　條　諭知保護處分之裁定確定後，有左列情形之一，認為應不付保護處分者，少年保護官、少年、少年之法定代理人、現在保護少年之人或輔佐人得聲請為保護處分之少年法院重新審理：

一、適用法規顯有錯誤，並足以影響裁定之結果者。

二、因發見確實之新證據，足認受保護處分之少年，應不付
　　保護處分者。

三、有刑事訴訟法第四百二十條第一項第一款、第二款、第
　　四款或第五款所定得為再審之情形者。

刑事訴訟法第四百二十三條、第四百二十九條、第四百三十
條前段、第四百三十一條至第四百三十四條、第四百三十五
條第一項、第二項、第四百三十六條之規定，於前項之重新
審理程序準用之。

為保護處分之少年法院發見有第一項各款所列情形之一者，
亦得依職權為應重新審理之裁定。

少年受保護處分之執行完畢後，因重新審理之結果，須受刑
事訴追者，其不利益不及於少年，毋庸裁定移送於有管轄權
之法院檢察署檢察官。

第 64-2 條　諭知不付保護處分之裁定確定後有左列情形之一，認為應諭
　　　　　　知保護處分者，少年行為之被害人或其法定代理人得聲請為
　　　　　　不付保護處分之少年法院重新審理：

一、有刑事訴訟法第四百二十二條第一款得為再審之情形
　　者。

二、經少年自白或發見確實之新證據，足認其有第三條行為
　　應諭知保護處分者。

刑事訴訟法第四百二十九條、第四百三十一條至第
四百三十四條、第四百三十五條第一項、第二項及第
四百三十六條之規定，於前項之重新審理程序準用之。

為不付保護處分之少年法院發見有第一項各款所列情形之一
者，亦得依職權為應重新審理之裁定。

第一項或前項之重新審理於諭知不付保護處分之裁定確定
後，經過一年者不得為之。

第四章　少年刑事案件

第　65　條　對於少年犯罪之刑事追訴及處罰，以依第二十七條第一項、第二項移送之案件爲限。

刑事訴訟法關於自訴之規定，於少年刑事案件不適用之。

本章之規定，於少年犯罪後已滿十八歲者適用之。

第　66　條　檢察官受理少年法院移送之少年刑事案件，應即開始偵查。

第　67　條　檢察官依偵查之結果，對於少年犯最重本刑五年以下有期徒刑之罪，參酌刑法第五十七條有關規定，認以不起訴處分而受保護處分爲適當者，得爲不起訴處分，移送少年法院依少年保護事件審理；認應起訴者，應向少年法院提起公訴。依第六十八條規定由少年法院管轄之案件，應向少年法院起訴。

前項經檢察官爲不起訴處分而移送少年法院依少年保護事件審理之案件，如再經少年法院裁定移送，檢察官不得依前項規定，再爲不起訴處分而移送少年法院依少年保護事件審理。

第　68　條　（刪除）

第　69　條　對於少年犯罪已依第四十二條爲保護處分者，不得就同一事件再爲刑事追訴或處罰。但其保護處分經依第四十五條或第四十七條之規定撤銷者，不在此限。

第　70　條　少年刑事案件之偵查及審判，準用第三章第一節及第三節有關之規定。

第　71　條　少年被告非有不得已情形，不得羈押之。少年被告應羈押於少年觀護所。

於年滿二十歲時，應移押於看守所。

少年刑事案件，於少年法院調查中之收容，視爲未判決前之

　　　　　　羈押，準用刑法第四十六條折抵刑期之規定。

第　72　條　少年被告於偵查審判時，應與其他被告隔離。但與一般刑事
　　　　　　案件分別審理顯有困難或認有對質之必要時，不在此限。

第　73　條　審判得不公開之。
　　　　　　第三十四條但書之規定，於審判不公開時準用之。
　　　　　　少年、少年之法定代理人或現在保護少年之人請求公開審判
　　　　　　者，除有法定
　　　　　　不得公開之原因外，法院不得拒絕。

第　74　條　法院審理第二十七條之少年刑事案件，對於少年犯最重本刑
　　　　　　十年以下有期徒刑之罪，如顯可憫恕，認為依刑法第五十九
　　　　　　條規定減輕其刑仍嫌過重，且以受保護處分為適當者，得免
　　　　　　除其刑，諭知第四十二條第一項第二款至第四款之保護處
　　　　　　分，並得同時諭知同條第二項各款之處分。
　　　　　　前項處分之執行，適用第三章第二節有關之規定。

第　75　條　（刪除）

第　76　條　（刪除）

第　77　條　（刪除）

第　78　條　對於少年不得宣告褫奪公權及強制工作。
　　　　　　少年受刑之宣告，經執行完畢或赦免者，適用關於公權資格
　　　　　　之法令時，視為未曾犯罪。

第　79　條　刑法第七十四條緩刑之規定，於少年犯罪受三年以下有期徒
　　　　　　刑、拘役或罰金之宣告者適用之。

第　80　條　少年受刑人徒刑之執行，應注意監獄行刑法第三條、第八條
　　　　　　及第三十九條第二項之規定。

第　81　條　少年受徒刑之執行而有悛悔實據者，無期徒刑逾七年後，有
　　　　　　期徒刑逾執行期三分之一後，得予假釋。
　　　　　　少年於本法施行前，已受徒刑之執行者，或在本法施行前受

徒刑宣告確定之案件於本法施行後受執行者，準用前項之規定。

第 82 條　少年在緩刑或假釋期中應付保護管束，由少年法院少年保護官行之。

前項保護管束之執行，準用第三章第二節保護處分之執行之規定。

第五章　附則

第 83 條　任何人不得於媒體、資訊或以其他公示方式揭示有關少年保護事件或少年刑事案件之記事或照片，使閱者由該項資料足以知悉其人為該保護事件受調查、審理之少年或該刑事案件之被告。

違反前項規定者，由主管機關依法予以處分。

第 83-1 條　少年受第二十九條第一項之轉介處分執行完畢二年後，或受保護處分或刑之執行完畢或赦免三年後，或受不付審理或不付保護處分之裁定確定後，視為未曾受各該宣告。

少年法院於前項情形應通知保存少年前科紀錄及有關資料之機關，將少年之前科紀錄及有關資料予以塗銷。

前項紀錄及資料非為少年本人之利益或經少年本人同意，少年法院及其他任何機關不得提供。

第 83-2 條　違反前條規定未將少年之前科紀錄及有關資料塗銷或無故提供者，處六月以下有期徒刑、拘役或新台幣三萬元以下罰金。

第 83-3 條　外國少年受轉介處分、保護處分或緩刑期內交付保護管束者，得以驅逐出境代之。

前項驅逐出境，得由少年調查官或少年保護官，向少年法院聲請，由司法警察機關執行之。

第　84　條　少年之法定代理人或監護人，因忽視教養，致少年有觸犯刑罰法律之行為，或有第三條第二款觸犯刑罰法律之虞之行為，而受保護處分或刑之宣告，少年法院得裁定命其接受八小時以上五十小時以下之親職教育輔導。

　　　　　　拒不接受前項親職教育輔導或時數不足者，少年法院得裁定處新臺幣三千元以上一萬元以下罰鍰；經再通知仍不接受者，得按次連續處罰，至其接受為止。其經連續處罰三次以上者，並得裁定公告法定代理人或監護人之姓名。

　　　　　　前項罰鍰之裁定，得為民事強制執行名義，由少年法院囑託各該地方法院民事執行處強制執行之，免徵執行費。

　　　　　　第一項及第二項罰鍰之裁定，受處分人得提起抗告，並準用第六十三條及刑事訴訟法第四百零六條至第四百十四條之規定。

　　　　　　少年之法定代理人或監護人有第一項前段情形，情況嚴重者，少年法院並得裁定公告其姓名。

　　　　　　前項裁定不得抗告。

第　85　條　成年人教唆、幫助或利用未滿十八歲之人犯罪或與之共同實施犯罪者，依其所犯之罪，加重其刑至二分之一。

　　　　　　少年法院得裁定命前項之成年人負擔第六十條第一項教養費用全部或一部，並得公告其姓名。

第 85-1 條　七歲以上未滿十二歲之人，有觸犯刑罰法律之行為者，由少年法院適用少年保護事件之規定處理之。

　　　　　　前項保護處分之執行，應參酌兒童福利法之規定，由行政院會同司法院訂定辦法行之。

第　86　條　本法施行細則，由司法院會同行政院定之。

　　　　　　少年保護事件審理細則，由司法院定之。

　　　　　　少年保護事件執行辦法，由行政院會同司法院定之。

少年不良行為及虞犯之預防辦法，由內政部會同法務部、教育部定之。

第　87　條　本法自中華民國六十年七月一日施行。

本法修正條文自公布日施行。

兒童及少年福利與權益保障法

修正日期：民國104年12月16日

第一章　總則

第 1 條　爲促進兒童及少年身心健全發展，保障其權益，增進其福利，特制定本法。

第 2 條　本法所稱兒童及少年，指未滿十八歲之人；所稱兒童，指未滿十二歲之人；所稱少年，指十二歲以上未滿十八歲之人。

第 3 條　父母或監護人對兒童及少年應負保護、教養之責任。對於主管機關、目的事業主管機關或兒童及少年福利機構、團體依本法所爲之各項措施，應配合及協助之。

第 4 條　政府及公私立機構、團體應協助兒童及少年之父母、監護人或其他實際照顧兒童及少年之人，維護兒童及少年健康，促進其身心健全發展，對於需要保護、救助、輔導、治療、早期療育、身心障礙重建及其他特殊協助之兒童及少年，應提供所需服務及措施。

第 5 條　政府及公私立機構、團體處理兒童及少年相關事務時，應以兒童及少年之最佳利益爲優先考量，並依其心智成熟程度權衡其意見；有關其保護及救助，並應優先處理。

兒童及少年之權益受到不法侵害時，政府應予適當之協助及保護。

第　6　條　本法所稱主管機關：在中央為衛生福利部；在直轄市為直轄市政府；在縣（市）為縣（市）政府。

第　7　條　本法所定事項，主管機關及目的事業主管機關應就其權責範圍，針對兒童及少年之需要，尊重多元文化差異，主動規劃所需福利，對涉及相關機關之兒童及少年福利業務，應全力配合之。

主管機關及目的事業主管機關均應辦理兒童及少年安全維護及事故傷害防制措施；其權責劃分如下：

一、主管機關：主管兒童及少年福利政策之規劃、推動及監督等相關事宜。

二、衛生主管機關：主管婦幼衛生、生育保健、早產兒通報、追蹤、訪視及關懷服務、發展遲緩兒童早期醫療、兒童及少年身心健康、醫療、復健及健康保險等相關事宜。

三、教育主管機關：主管兒童及少年教育及其經費之補助、特殊教育、學前教育、安全教育、家庭教育、中介教育、職涯教育、休閒教育、性別平等教育、社會教育、兒童及少年就學權益之維護及兒童課後照顧服務等相關事宜。

四、勞工主管機關：主管未滿十五歲之人勞動條件維護與年滿十五歲或國民中學畢業少年之職業訓練、就業準備、就業服務及勞動條件維護等相關事宜。

五、建設、工務、消防主管機關：主管兒童及少年福利與權益維護相關之建築物管理、公共設施、公共安全、建築物環境、消防安全管理、遊樂設施、親子廁所盥洗室等相關事宜。

六、警政主管機關：主管兒童及少年人身安全之維護及觸法

預防、失蹤兒童及少年、無依兒童及少年之父母或監護人之協尋等相關事宜。

七、法務主管機關：主管兒童及少年觸法預防、矯正與犯罪被害人保護等相關事宜。

八、交通主管機關：主管兒童及少年交通安全、幼童專用車檢驗、公共停車位等相關事宜。

九、通訊傳播主管機關：主管兒童及少年通訊傳播視聽權益之維護、內容分級之規劃及推動等相關事宜。

十、戶政主管機關：主管兒童及少年身分資料及戶籍等相關事宜。

十一、財政主管機關：主管兒童及少年福利機構稅捐之減免等相關事宜。

十二、金融主管機關：主管金融機構對兒童及少年提供財產信託服務之規劃、推動及監督等相關事宜。

十三、經濟主管機關：主管兒童及少年相關商品與非機械遊樂設施標準之建立及遊戲軟體分級等相關事宜。

十四、體育主管機關：主管兒童及少年體育活動等相關事宜。

十五、文化主管機關：主管兒童及少年藝文活動、閱聽權益之維護、出版品及錄影節目帶分級等相關事宜。

十六、其他兒童及少年福利措施，由相關目的事業主管機關依職權辦理。

第　8　條　下列事項，由中央主管機關掌理。但涉及中央目的事業主管機關職掌，依法應由中央目的事業主管機關掌理者，從其規定：

一、全國性兒童及少年福利政策、法規與方案之規劃、釐定及宣導事項。

二、對直轄市、縣（市）政府執行兒童及少年福利之監督及協調事項。

三、中央兒童及少年福利經費之分配及補助事項。

四、兒童及少年福利事業之策劃、獎助及評鑑之規劃事項。

五、兒童及少年福利專業人員訓練之規劃事項。

六、國際兒童及少年福利業務之聯繫、交流及合作事項。

七、兒童及少年保護業務之規劃事項。

八、中央或全國性兒童及少年福利機構之設立、監督及輔導事項。

九、其他全國性兒童及少年福利之策劃及督導事項。

第　9　條　下列事項，由直轄市、縣（市）主管機關掌理。但涉及地方目的事業主管機關職掌，依法應由地方目的事業主管機關掌理者，從其規定：

一、直轄市、縣（市）兒童及少年福利政策、自治法規與方案之規劃、釐定、宣導及執行事項。

二、中央兒童及少年福利政策、法規及方案之執行事項。

三、兒童及少年福利專業人員訓練之執行事項。

四、兒童及少年保護業務之執行事項。

五、直轄市、縣（市）兒童及少年福利機構之設立、監督及輔導事項。

六、其他直轄市、縣（市）兒童及少年福利之策劃及督導事項。

第　10　條　主管機關應以首長為召集人，邀集兒童及少年福利相關學者或專家、民間相關機構、團體代表及目的事業主管機關代表，協調、研究、審議、諮詢及推動兒童及少年福利政策。

前項兒童及少年福利相關學者、專家及民間相關機構、團體代表不得少於二分之一，單一性別不得少於三分之一。必要

時，並得邀請少年代表列席。

第　11　條　政府及公私立機構、團體應培養兒童及少年福利專業人員，
　　　　　　並應定期舉辦職前訓練及在職訓練。

第　12　條　兒童及少年福利經費之來源如下：

一、各級政府年度預算及社會福利基金。

二、私人或團體捐贈。

三、依本法所處之罰鍰。

四、其他相關收入。

第　13　條　主管機關應每四年對兒童及少年身心發展、社會參與、生活
　　　　　　及需求現況進行調查、統計及分析，並公布結果。

第二章　身分權益

第　14　條　胎兒出生後七日內，接生人應將其出生之相關資料通報衛生
　　　　　　主管機關備查；其為死產者，亦同。

接生人無法取得完整資料以填報出生通報者，仍應為前項之
通報。

衛生主管機關應將第一項通報之新生兒資料轉知戶政主管機
關，由其依相關規定辦理；必要時，戶政主管機關並得請求
主管機關、警政及其他目的事業主管機關協助。

第一項通報之相關表單，由中央衛生主管機關定之。

第　15　條　從事收出養媒合服務，以經主管機關許可之財團法人、公私
　　　　　　立兒童及少年安置、教養機構（以下統稱收出養媒合服務
　　　　　　者）為限。

收出養媒合服務者應評估並安排收養人與兒童、少年先行共
同生活或漸進式接觸。

收出養媒合服務者從事收出養媒合服務，得向收養人收取服
務費用。

第一項收出養媒合服務者之資格條件、申請程序、許可之發給、撤銷與廢止許可、服務範圍、業務檢查與其管理、停業、歇業、復業、第二項之服務、前項之收費項目、基準及其他應遵行事項之辦法，由中央主管機關定之。

第 16 條　父母或監護人因故無法對其兒童及少年盡扶養義務而擬予出養時，應委託收出養媒合服務者代覓適當之收養人。但下列情形之出養，不在此限：

一、旁系血親在六親等以內及旁系姻親在五親等以內，輩分相當。

二、夫妻之一方收養他方子女。

前項收出養媒合服務者於接受委託後，應先為出養必要性之訪視調查，並作成評估報告；評估有出養必要者，應即進行收養人之評估，並提供適當之輔導及協助等收出養服務相關措施；經評估不宜出養者，應即提供或轉介相關福利服務。

第一項出養，以國內收養人優先收養為原則。

第 17 條　聲請法院認可兒童及少年之收養，除有前條第一項但書規定情形者外，應檢附前條第二項之收出養評估報告。未檢附者，法院應定期間命其補正；逾期不補正者，應不予受理。

法院認可兒童及少年之收養前，得採行下列措施，供決定認可之參考：

一、命直轄市、縣（市）主管機關、兒童及少年福利機構、其他適當之團體或專業人員進行訪視，提出訪視報告及建議。

二、命收養人與兒童及少年先行共同生活一段期間；共同生活期間，對於兒童及少年權利義務之行使或負擔，由收養人為之。

三、命收養人接受親職準備教育課程、精神鑑定、藥、酒癮

　　檢測或其他維護兒童及少年最佳利益之必要事項；其費
　　用，由收養人自行負擔。

四、命直轄市、縣（市）主管機關調查被遺棄兒童及少年身
　　分資料。

依前項第一款規定進行訪視者，應評估出養之必要性，並給
予必要之協助；其無出養之必要者，應建議法院不爲收養之
認可。

收養人或收養事件之利害關係人亦得提出相關資料或證據，
供法院斟酌。

第 18 條　父母對於兒童及少年出養之意見不一致，或一方所在不明
　　　　　時，父母之一方仍可向法院聲請認可。

經法院調查認爲收養乃符合兒童及少年之最佳利益時，應予
認可。

法院認可或駁回兒童及少年收養之聲請時，應以書面通知直
轄市、縣（市）主管機關，直轄市、縣（市）主管機關應爲
必要之訪視或其他處置，並作成紀錄。

第 19 條　收養兒童及少年經法院認可者，收養關係溯及於收養書面契
　　　　　約成立時發生效力；無書面契約者，以向法院聲請時爲收養
　　　　　關係成立之時；有試行收養之情形者，收養關係溯及於開始
　　　　　共同生活時發生效力。

聲請認可收養後，法院裁定前，兒童及少年死亡者，聲請程
序終結。收養人死亡者，法院應命直轄市、縣（市）主管
機關、兒童及少年福利機構、其他適當之團體或專業人員爲
評估，並提出報告及建議，法院認收養於兒童及少年有利益
時，仍得爲認可收養之裁定，其效力依前項之規定。

第 20 條　養父母對養子女有下列行爲之一者，養子女、利害關係人或
　　　　　主管機關得向法院請求宣告終止其收養關係：

一、有第四十九條各款所定行為之一。

二、違反第四十三條第二項或第四十七條第二項規定，情節
重大。

第 21 條 中央主管機關應保存出養人、收養人及被收養兒童及少年之
身分、健康等相關資訊之檔案。

收出養媒合服務者及經法院交查之直轄市、縣（市）主管機
關、兒童及少年福利機構、其他適當之團體或專業人員，應
定期將前項收出養相關資訊提供中央主管機關保存。

辦理收出養業務、資訊保存或其他相關事項之人員，對於第
一項資訊，應妥善維護當事人之隱私，除法律另有規定外，
應予保密。

第一項資訊之範圍、來源、管理及使用辦法，由中央主管機
關定之。

第 22 條 主管機關應會同戶政、移民主管機關協助未辦理戶籍登記、
無國籍或未取得居留、定居許可之兒童、少年依法辦理有關
戶籍登記、歸化、居留或定居等相關事項。

前項兒童、少年於戶籍登記完成前或未取得居留、定居許可
前，其社會福利服務、醫療照顧、就學權益等事項，應依法
予以保障。

第三章　福利措施

第 23 條 直轄市、縣（市）政府，應建立整合性服務機制，並鼓勵、
輔導、委託民間或自行辦理下列兒童及少年福利措施：

一、建立早產兒通報系統，並提供追蹤、訪視及關懷服務。

二、建立發展遲緩兒童早期通報系統，並提供早期療育服
務。

三、辦理兒童托育服務。

四、對兒童、少年及其家庭提供諮詢服務。

五、對兒童、少年及其父母辦理親職教育。

六、對於無力撫育其未滿十二歲之子女或受監護人者，視需要予以托育、家庭生活扶助或醫療補助。

七、對於無謀生能力或在學之少年，無扶養義務人或扶養義務人無力維持其生活者，予以生活扶助、協助就學或醫療補助，並協助培養其自立生活之能力。

八、早產兒、罕見疾病、重病兒童、少年及發展遲緩兒童之扶養義務人無力支付醫療費用之補助。

九、對於不適宜在家庭內教養或逃家之兒童及少年，提供適當之安置。

十、對於無依兒童及少年，予以適當之安置。

十一、對於因懷孕或生育而遭遇困境之兒童、少年及其子女，予以適當之安置、生活扶助、醫療補助、托育補助及其他必要協助。

十二、辦理兒童課後照顧服務。

十三、對結束安置無法返家之少年，提供自立生活適應協助。

十四、辦理兒童及少年安全與事故傷害之防制、教育、宣導及訓練等服務。

十五、其他兒童、少年及其家庭之福利服務。

前項第六款至第八款及第十一款之托育、生活扶助及醫療補助請領資格、條件、程序、金額及其他相關事項之辦法，分別由中央及直轄市主管機關定之。

第一項第十款無依兒童及少年之通報、協尋、安置方式、要件、追蹤之處理辦法，由中央主管機關定之。

第 24 條　文化、教育、體育主管機關應鼓勵、輔導民間或自行辦理兒

童及少年適當之休閒、娛樂及文化活動，提供合適之活動空間，並保障兒童及少年有平等參與活動之權利。

目的事業主管機關對於辦理前項活動著有績效者，應予獎勵表揚。

第 25 條　直轄市、縣（市）主管機關應辦理居家式托育服務之管理、監督及輔導等相關事項。

前項所稱居家式托育服務，指兒童由其三親等內親屬以外之人員，於居家環境中提供收費之托育服務。

直轄市、縣（市）主管機關應以首長為召集人，邀集學者或專家、居家托育員代表、兒童及少年福利團體代表、家長團體代表、婦女團體代表、勞工團體代表，協調、研究、審議及諮詢居家式托育服務、收退費、人員薪資、監督考核等相關事宜，並建立運作管理機制，應自行或委託相關專業之機構、團體辦理。

第 26 條　居家式托育服務提供者，應向直轄市、縣（市）主管機關辦理登記。

居家式托育服務提供者應年滿二十歲並具備下列資格之一：

一、取得保母人員技術士證。

二、高級中等以上學校幼兒保育、家政、護理相關學程、科、系、所畢業。

三、修畢托育人員專業訓練課程，並領有結業證書。

直轄市、縣（市）主管機關為辦理居家式托育服務提供者之登記、管理、輔導、監督及檢查等事項，應自行或委託相關專業機構、團體辦理。

居家式托育服務提供者對於前項之管理、輔導、監督及檢查等事項，不得規避、妨礙或拒絕，並應提供必要之協助。

第一項居家式托育服務提供者之收托人數、登記、輔導、管

理、撤銷與廢止登記、收退費規定及其他應遵行事項之辦法，由中央主管機關定之。

第 26-1 條　有下列情事之一，不得擔任居家式托育服務提供者：

一、曾犯妨害性自主罪、性騷擾罪，經緩起訴處分或有罪判決確定。但未滿十八歲之人，犯刑法第二百二十七條之罪者，不在此限。

二、曾犯毒品危害防制條例之罪，經緩起訴處分或有罪判決確定。

三、有第四十九條各款所定行為之一，經有關機關查證屬實。

四、行為違法或不當，其情節影響收托兒童權益重大，經主管機關查證屬實。

五、罹患精神疾病或身心狀況違常，經直轄市、縣（市）主管機關委請相關專科醫師二人以上諮詢後，認定不能執行業務。

六、受監護或輔助宣告，尚未撤銷。

前項第五款原因消滅後，仍得依本法規定申請擔任居家式托育服務提供者。

有第一項各款情事之一者，直轄市、縣（市）主管機關應命其停止服務，並強制轉介其收托之兒童。已完成登記者，廢止其登記。

第 26-2 條　與居家式托育服務提供者共同居住之人，有下列情事之一者，居家式托育服務提供者以提供到宅托育為限：

一、有前條第一項第一款、第二款或第四款情形之一。

二、罹患精神疾病或身心狀況違常，經直轄市、縣（市）主管機關委請相關專科醫師二人以上諮詢後，認定有妨害托育服務提供之虞。

前項第二款經直轄市、縣（市）主管機關認定事實消失，居家式托育服務提供者仍得依本法提供居家式托育服務。

第 27 條 政府應規劃實施兒童及少年之醫療照顧措施；必要時，並得視其家庭經濟條件補助其費用。

前項費用之補助對象、項目、金額及其程序等之辦法，由中央主管機關定之。

第 28 條 中央主管機關及目的事業主管機關應定期召開兒童及少年事故傷害防制協調會議，以協調、研究、審議、諮詢、督導、考核及辦理下列事項：

一、兒童及少年事故傷害資料登錄。

二、兒童及少年安全教育教材之建立、審核及推廣。

三、兒童及少年遊戲與遊樂設施、玩具、用品、交通載具等標準、檢查及管理。

四、其他防制機制之建立及推動。

前項會議應遴聘學者專家、民間團體及相關機關代表提供諮詢。學者專家、民間團體代表之人數，不得少於總數二分之一。

第 29 條 下列兒童及少年所使用之交通載具應予輔導管理，以維護其交通安全：

一、幼童專用車。

二、公私立學校之校車。

三、短期補習班或兒童課後照顧服務班及中心之接送車。

前項交通載具之申請程序、輔導措施、管理與隨車人員之督導管理及其他應遵行事項之辦法，由中央教育主管機關會同交通主管機關定之。

第 30 條 疑似發展遲緩、發展遲緩或身心障礙兒童及少年之父母或監護人，得申請警政主管機關建立指紋資料。

前項資料，除作為失蹤協尋外，不得作為其他用途之使用。

第一項指紋資料按捺、塗銷及管理辦法，由中央警政主管機關定之。

第　31　條　政府應建立六歲以下兒童發展之評估機制，對發展遲緩兒童，應按其需要，給予早期療育、醫療、就學及家庭支持方面之特殊照顧。

父母、監護人或其他實際照顧兒童之人，應配合前項政府對發展遲緩兒童所提供之各項特殊照顧。

第一項早期療育所需之篩檢、通報、評估、治療、教育等各項服務之銜接及協調機制，由中央主管機關會同衛生、教育主管機關規劃辦理。

第　32　條　各類社會福利、教育及醫療機構，發現有疑似發展遲緩兒童，應通報直轄市、縣（市）主管機關。直轄市、縣（市）主管機關應將接獲資料，建立檔案管理，並視其需要提供、轉介適當之服務。

前項通報流程及檔案管理等相關事項之辦法，由中央主管機關定之。

第　33　條　兒童及孕婦應優先獲得照顧。

交通及醫療等公、民營事業應提供兒童及孕婦優先照顧措施。

國內大眾交通運輸、文教設施、風景區與康樂場所等公營、公辦民營及民營事業，應以年齡為標準，提供兒童優惠措施，並應提供未滿一定年齡之兒童免費優惠。

前項兒童優惠措施之適用範圍及一定年齡，由各目的事業主管機關定之。

第　33-1　條　下列場所附設之公共停車場，應保留百分之二之汽車停車位，作為孕婦、育有六歲以下兒童者之停車位；汽車停車位

未滿五十個之公共停車場，至少應保留一個孕婦、育有六歲
以下兒童者之停車位。但汽車停車位未滿二十五個之公共停
車場，不在此限：

一、提供民眾申辦業務或服務之政府機關（構）及公營事
　　業。

二、鐵路車站、航空站及捷運交會轉乘站。

三、營業場所總樓地板面積一萬平方公尺以上之百貨公司及
　　零售式量販店。

四、設有兒科病房或產科病房之區域級以上醫院。

五、觀光遊樂業之園區。

六、其他經各級交通主管機關公告之場所。

前項停車位之設置地點、空間規劃、使用對象與方式及其他
應遵行事項之辦法，由中央交通主管機關會商建設、工務、
消防主管機關定之。

第 33-2 條　下列場所應規劃設置適合六歲以下兒童及其照顧者共同使用
　　　　　　之親子廁所盥洗室，並附設兒童安全座椅、尿布臺等相關設
　　　　　　備：

一、提供民眾申辦業務或服務之場所總樓地板面積五千平方
　　公尺以上之政府機關（構）。

二、營業場所總樓地板面積五千平方公尺以上之公營事業。

三、服務場所總樓地板面積五千平方公尺以上之鐵路車站、
　　航空站及捷運交會轉乘站。

四、營業場所總樓地板面積一萬平方公尺以上之百貨公司及
　　零售式量販店。

五、設有兒科病房之區域級以上醫院。

六、觀光遊樂業之園區。

前項場所未依第三項前段所定辦法設置親子廁所盥洗室者，

直轄市、縣（市）建築主管機關應命其所有權人或管理機關負責人限期改善；其設置確有困難者，得由所有權人或管理機關負責人提具替代改善計畫，申報直轄市、縣（市）建築主管機關核定，並核定改善期限。

第一項親子廁所盥洗室之設備項目與規格及其他應遵行事項之辦法，由中央建築主管機關定之。相關商品標準之建立，由中央經濟主管機關定之。本條自中華民國一百零四年十一月二十七日修正之文公布後二年施行。

第 34 條 少年年滿十五歲或國民中學畢業，有進修或就業意願者，教育、勞工主管機關應視其性向及志願，輔導其進修、接受職業訓練或就業。

教育主管機關應依前項規定辦理並督導高級中等以下學校辦理職涯教育、勞動權益及職業安全教育。

勞工主管機關應依第一項規定提供職業訓練、就業準備、職場體驗、就業媒合、支持性就業安置及其他就業服務措施。

第 35 條 雇主對年滿十五歲或國民中學畢業之少年員工應保障其教育進修機會；其辦理績效良好者，勞工主管機關應予獎勵。

第 36 條 勞工主管機關對於缺乏技術及學歷，而有就業需求之少年，應整合教育及社政主管機關，提供個別化就業服務措施。

第 37 條 高級中等以下學校應協調建教合作機構與學生及其法定代理人，簽訂書面訓練契約，明定權利義務關係。

前項書面訓練契約之格式、內容，中央教育主管機關應訂定定型化契約範本與其應記載及不得記載事項。

第 38 條 政府應結合民間機構、團體鼓勵兒童及少年參與學校、社區等公共事務，並提供機會，保障其參與之權利。

第 39 條 政府應結合民間機構、團體鼓勵國內兒童及少年文學、視聽出版品與節目之創作、優良國際兒童及少年視聽出版品之引

進、翻譯及出版。

第 40 條 政府應結合或鼓勵民間機構、團體對優良兒童及少年出版品、錄影節目帶、廣播、遊戲軟體及電視節目予以獎勵。

第 41 條 為確保兒童及少年之遊戲及休閒權利，促進其身心健康，除法律另有規定者外，國民小學每週兒童學習節數不得超過教育部訂定之課程綱要規定上限。

中央目的事業主管機關應邀集兒童及少年事務領域之專家學者、民間團體代表參與課程綱要之設計與規劃。

第 42 條 為確保兒童及少年之受教權，對於因特殊狀況無法到校就學者，家長得依國民教育法相關規定向直轄市、縣（市）政府申請非學校型態實驗教育。

第四章　保護措施

第 43 條 兒童及少年不得為下列行為：

一、吸菸、飲酒、嚼檳榔。

二、施用毒品、非法施用管制藥品或其他有害身心健康之物質。

三、觀看、閱覽、收聽或使用有害其身心健康之暴力、血腥、色情、猥褻、賭博之出版品、圖畫、錄影節目帶、影片、光碟、磁片、電子訊號、遊戲軟體、網際網路內容或其他物品。

四、在道路上競駛、競技或以蛇行等危險方式駕車或參與其行為。

五、超過合理時間持續使用電子類產品，致有害身心健康。

父母、監護人或其他實際照顧兒童及少年之人，應禁止兒童及少年為前項各款行為。

任何人均不得供應第一項第一款至第三款之物質、物品予兒

童及少年。

任何人均不得對兒童及少年散布或播送第一項第三款之內容或物品。

第　44　條　新聞紙以外之出版品、錄影節目帶、遊戲軟體應由有分級管理義務之人予以分級；其他有事實認定影響兒童及少年身心健康之虞之物品經目的事業主管機關認定應予分級者，亦同。

任何人不得以違反第三項所定辦法之陳列方式，使兒童及少年觀看或取得應列為限制級之物品。

第一項物品之分級類別、內容、標示、陳列方式、管理、有分級管理義務之人及其他應遵行事項之辦法，由中央目的事業主管機關定之。

第　45　條　新聞紙不得刊載下列有害兒童及少年身心健康之內容。但引用司法機關或行政機關公開之文書而為適當之處理者，不在此限：

一、過度描述（繪）強制性交、猥褻、自殺、施用毒品等行為細節之文字或圖片。

二、過度描述（繪）血腥、色情細節之文字或圖片。

為認定前項內容，報業商業同業公會應訂定防止新聞紙刊載有害兒童及少年身心健康內容之自律規範及審議機制，報中央主管機關備查。

新聞紙業者經舉發有違反第一項之情事者，報業商業同業公會應於三個月內，依據前項自律規範及審議機制處置。必要時，得延長一個月。

有下列情事之一者，主管機關應邀請報業商業同業公會代表、兒童及少年福利團體代表以及專家學者代表，依第二項備查之自律規範，共同審議認定之：

一、非屬報業商業同業公會會員之新聞紙業者經舉發有違反
　　第一項之情事。

二、報業商業同業公會就前項案件逾期不處置。

三、報業商業同業公會就前項案件之處置結果，經新聞紙刊
　　載之當事人、受處置之新聞紙業者或兒童及少年福利團
　　體申訴。

第　46　條　為防止兒童及少年接觸有害其身心發展之網際網路內容，由
通訊傳播主管機關召集各目的事業主管機關委託民間團體成
立內容防護機構，並辦理下列事項：

一、兒童及少年使用網際網路行為觀察。

二、申訴機制之建立及執行。

三、內容分級制度之推動及檢討。

四、過濾軟體之建立及推動。

五、兒童及少年上網安全教育宣導。

六、推動網際網路平臺提供者建立自律機制。

七、其他防護機制之建立及推動。

網際網路平臺提供者應依前項防護機制，訂定自律規範採取
明確可行防護措施；未訂定自律規範者，應依相關公（協）
會所定自律規範採取必要措施。

網際網路平臺提供者經目的事業主管機關告知網際網路內容
有害兒童及少年身心健康或違反前項規定未採取明確可行防
護措施者，應為限制兒童及少年接取、瀏覽之措施，或先行
移除。

前三項所稱網際網路平臺提供者，指提供連線上網後各項網
際網路平臺服務，包含在網際網路上提供儲存空間，或利用
網際網路建置網站提供資訊、加值服務及網頁連結服務等功
能者。

第 46-1 條　任何人不得於網際網路散布或傳送有害兒童及少年身心健康之內容，未採取明確可行之防護措施，或未配合網際網路平臺提供者之防護機制，使兒童及少年得以接取或瀏覽。

第 47 條　兒童及少年不得出入酒家、特種咖啡茶室、成人用品零售店、限制級電子遊戲場及其他涉及賭博、色情、暴力等經主管機關認定足以危害其身心健康之場所。

父母、監護人或其他實際照顧兒童及少年之人，應禁止兒童及少年出入前項場所。

第一項場所之負責人及從業人員應拒絕兒童及少年進入。

第一項之場所應距離幼兒園、國民中小學、高中、職校二百公尺以上，並檢附證明文件，經商業登記主管機關登記後，始得營業。

第 48 條　父母、監護人或其他實際照顧兒童及少年之人，應禁止兒童及少年充當前條第一項場所之侍應或從事危險、不正當或其他足以危害或影響其身心發展之工作。

任何人不得利用、僱用或誘迫兒童及少年從事前項之工作。

第 49 條　任何人對於兒童及少年不得有下列行為：

一、遺棄。

二、身心虐待。

三、利用兒童及少年從事有害健康等危害性活動或欺騙之行為。

四、利用身心障礙或特殊形體兒童及少年供人參觀。

五、利用兒童及少年行乞。

六、剝奪或妨礙兒童及少年接受國民教育之機會。

七、強迫兒童及少年婚嫁。

八、拐騙、綁架、買賣、質押兒童及少年。

九、強迫、引誘、容留或媒介兒童及少年為猥褻行為或性

交。

十、供應兒童及少年刀械、槍砲、彈藥或其他危險物品。

十一、利用兒童及少年拍攝或錄製暴力、血腥、色情、猥褻或其他有害兒童及少年身心健康之出版品、圖畫、錄影節目帶、影片、光碟、磁片、電子訊號、遊戲軟體、網際網路內容或其他物品。

十二、迫使或誘使兒童及少年處於對其生命、身體易發生立即危險或傷害之環境。

十三、帶領或誘使兒童及少年進入有礙其身心健康之場所。

十四、強迫、引誘、容留或媒介兒童及少年為自殺行為。

十五、其他對兒童及少年或利用兒童及少年犯罪或為不正當之行為。

第 50 條 孕婦不得吸菸、酗酒、嚼檳榔、施用毒品、非法施用管制藥品或為其他有害胎兒發育之行為。

任何人不得強迫、引誘或以其他方式使孕婦為有害胎兒發育之行為。

第 51 條 父母、監護人或其他實際照顧兒童及少年之人，不得使六歲以下兒童或需要特別看護之兒童及少年獨處或由不適當之人代為照顧。

第 52 條 兒童及少年有下列情事之一者，直轄市、縣（市）主管機關得依其父母、監護人或其他實際照顧兒童及少年之人之申請或經其同意，協調適當之機構協助、輔導或安置之：

一、違反第四十三條第一項、第四十七條第一項規定或從事第四十八條第一項禁止從事之工作，經其父母、監護人或其他實際照顧兒童及少年之人盡力禁止而無效果。

二、有偏差行為，情形嚴重，經其父母、監護人或其他實際照顧兒童及少年之人盡力矯正而無效果。

前項機構協助、輔導或安置所必要之生活費、衛生保健費、學雜費、代收代辦費及其他相關費用，由扶養義務人負擔；其收費規定，由直轄市、縣（市）主管機關定之。

第 53 條　醫事人員、社會工作人員、教育人員、保育人員、教保服務人員、警察、司法人員、移民業務人員、戶政人員、村（里）幹事及其他執行兒童及少年福利業務人員，於執行業務時知悉兒童及少年有下列情形之一者，應立即向直轄市、縣（市）主管機關通報，至遲不得超過二十四小時：

一、施用毒品、非法施用管制藥品或其他有害身心健康之物質。

二、充當第四十七條第一項場所之侍應。

三、遭受第四十九條各款之行為。

四、有第五十一條之情形。

五、有第五十六條第一項各款之情形。

六、遭受其他傷害之情形。

其他任何人知悉兒童及少年有前項各款之情形者，得通報直轄市、縣（市）主管機關。

直轄市、縣（市）主管機關於知悉或接獲通報前二項案件時，應立即進行分級分類處理，至遲不得超過二十四小時。

直轄市、縣（市）主管機關受理第一項第五款案件後，應於四日內提出調查報告；受理第一項其他各款案件後，應於三十日內提出調查報告。

第一項及第二項通報人之身分資料，應予保密。

第一項至第四項通報、分級分類處理及調查之辦法，由中央主管機關定之。

第 54 條　醫事人員、社會工作人員、教育人員、保育人員、教保服務人員、警察、司法人員、移民業務人員、戶政人員、村

（里）幹事、村（里）長、公寓大廈管理服務人員及其他執行兒童及少年福利業務人員，於執行業務時知悉兒童及少年家庭遭遇經濟、教養、婚姻、醫療等問題，致兒童及少年有未獲適當照顧之虞，應通報直轄市、縣（市）主管機關。

直轄市、縣（市）主管機關於接獲前項通報後，應對前項家庭進行訪視評估，並視其需要結合警政、教育、戶政、衛生、財政、金融管理、勞政、移民或其他相關機關提供生活、醫療、就學、托育及其他必要之協助。

前二項通報及協助辦法，由中央主管機關定之。

第 54-1 條　兒童之父母、監護人或其他實際照顧兒童之人，有違反毒品危害防制條例者，於受通緝、羈押、觀察、勒戒、強制戒治或入獄服刑時，司法警察官、司法警察、檢察官或法院應查訪兒童之生活與照顧狀況。

司法警察官、司法警察、檢察官、法院就前項情形進行查訪，知悉兒童有第五十三條第一項各款情形及第五十四條之情事者，應依各該條規定通報直轄市、縣（市）主管機關。

第 55 條　兒童及少年罹患性病或有酒癮、藥物濫用情形者，其父母、監護人或其他實際照顧兒童及少年之人應協助就醫，或由直轄市、縣（市）主管機關會同衛生主管機關配合協助就醫；必要時，得請求警政主管機關協助。

前項治療所需之費用，由兒童及少年之父母、監護人負擔。但屬全民健康保險給付範圍或依法補助者，不在此限。

第 56 條　兒童及少年有下列各款情形之一，非立即給予保護、安置或為其他處置，其生命、身體或自由有立即之危險或有危險之虞者，直轄市、縣（市）主管機關應予緊急保護、安置或為其他必要之處置：

一、兒童及少年未受適當之養育或照顧。

二、兒童及少年有立即接受診治之必要，而未就醫。

三、兒童及少年遭遺棄、身心虐待、買賣、質押，被強迫或
　　引誘從事不正當之行為或工作。

四、兒童及少年遭受其他迫害，非立即安置難以有效保護。

疑有前項各款情事之一，直轄市、縣（市）主管機關應基於
兒童及少年最佳利益，經多元評估後加強必要之緊急保護、
安置或為其他必要之處置。

直轄市、縣（市）主管機關為前項緊急保護、安置或為其他
必要之處置時，得請求檢察官或當地警察機關協助之。

第一項兒童及少年之安置，直轄市、縣（市）主管機關得辦
理家庭寄養、交付適當之兒童及少年福利機構或其他安置機
構教養之。

第　57　條　直轄市、縣（市）主管機關依前條規定緊急安置時，應即通
　　　　　　報當地地方法院及警察機關，並通知兒童及少年之父母、監
　　　　　　護人。但其無父母、監護人或通知顯有困難時，得不通知
　　　　　　之。

　　　　　　緊急安置不得超過七十二小時，非七十二小時以上之安置不
　　　　　　足以保護兒童及少年者，得聲請法院裁定繼續安置。繼續安
　　　　　　置以三個月為限；必要時，得聲請法院裁定延長之，每次得
　　　　　　聲請延長三個月。

　　　　　　繼續安置之聲請，得以電訊傳真或其他科技設備為之。

第　58　條　前條第二項所定七十二小時，自依前條第一項規定緊急安置
　　　　　　兒童及少年之時起，即時起算。但下列時間不予計入：

一、在途護送時間。

二、交通障礙時間。

三、其他不可抗力之事由所生之遲滯時間。

第　59　條　直轄市、縣（市）主管機關、父母、監護人、受安置兒童及

少年對於第五十七條第二項裁定有不服者，得於裁定送達後十日內提起抗告。

對於抗告法院之裁定不得再抗告。聲請及抗告期間，原安置機關、機構或寄養家庭得繼續安置。

安置期間因情事變更或無依原裁定繼續安置之必要者，直轄市、縣（市）主管機關、父母、原監護人、受安置兒童及少年得向法院聲請變更或撤銷之。

直轄市、縣（市）主管機關對於安置期間期滿或依前項撤銷安置之兒童及少年，應續予追蹤輔導至少一年。

第 60 條 安置期間，直轄市、縣（市）主管機關或受其交付安置之機構或寄養家庭在保護安置兒童及少年之範圍內，行使、負擔父母對於未成年子女之權利義務。

法院裁定得繼續安置兒童及少年者，直轄市、縣（市）主管機關或受其交付安置之機構或寄養家庭，應選任其成員一人執行監護事務，並負與親權人相同之注意義務。直轄市、縣（市）主管機關應陳報法院執行監護事項之人，並應按個案進展作成報告備查。

安置期間，兒童及少年之父母、原監護人、親友、師長經直轄市、縣（市）主管機關同意，得依其約定時間、地點及方式，探視兒童及少年。不遵守約定或有不利於兒童及少年之情事者，直轄市、縣（市）主管機關得禁止探視。

直轄市、縣（市）主管機關為前項同意前，應尊重兒童及少年之意願。

第 61 條 安置期間，非為貫徹保護兒童及少年之目的，不得使其接受訪談、偵訊、訊問或身體檢查。

兒童及少年接受訪談、偵訊、訊問或身體檢查，應由社會工作人員陪同，並保護其隱私。

第　62　條　兒童及少年因家庭發生重大變故，致無法正常生活於其家庭者，其父母、監護人、利害關係人或兒童及少年福利機構，得申請直轄市、縣（市）主管機關安置或輔助。

前項安置，直轄市、縣（市）主管機關得辦理家庭寄養、交付適當之兒童及少年福利機構或其他安置機構教養之。

直轄市、縣（市）主管機關、受寄養家庭或機構依第一項規定，在安置兒童及少年之範圍內，行使、負擔父母對於未成年子女之權利義務。

第一項之家庭情況改善者，被安置之兒童及少年仍得返回其家庭，並由直轄市、縣（市）主管機關續予追蹤輔導至少一年。

第二項及第五十六條第四項之家庭寄養，其寄養條件、程序與受寄養家庭之資格、許可、督導、考核及獎勵之規定，由直轄市、縣（市）主管機關定之。

第　63　條　直轄市、縣（市）主管機關依第五十六條第四項或前條第二項對兒童及少年為安置時，因受寄養家庭或安置機構提供兒童及少年必要服務所需之生活費、衛生保健費、學雜費、代收代辦費及其他與安置有關之費用，得向扶養義務人收取；其收費規定，由直轄市、縣（市）主管機關定之。

第　64　條　兒童及少年有第四十九條或第五十六條第一項各款情事，或屬目睹家庭暴力之兒童及少年，經直轄市、縣（市）主管機關列為保護個案者，該主管機關應於三個月內提出兒童及少年家庭處遇計畫；必要時，得委託兒童及少年福利機構或團體辦理。

前項處遇計畫得包括家庭功能評估、兒童及少年安全與安置評估、親職教育、心理輔導、精神治療、戒癮治療或其他與維護兒童及少年或其他家庭正常功能有關之協助及福利服務

方案。

處遇計畫之實施，兒童及少年本人、父母、監護人、其他實際照顧兒童及少年之人或其他有關之人應予配合。

第 65 條 依本法安置兩年以上之兒童及少年，經直轄市、縣（市）主管機關評估其家庭功能不全或無法返家者，應提出長期輔導計畫。

前項長期輔導計畫得委託兒童及少年福利機構或團體為之。

第 66 條 依本法保護、安置、訪視、調查、評估、輔導、處遇兒童及少年或其家庭，應建立個案資料，並定期追蹤評估。

因職務上所知悉之秘密或隱私及所製作或持有之文書，應予保密，非有正當理由，不得洩漏或公開。

第 67 條 直轄市、縣（市）主管機關對於依少年事件處理法以少年保護事件、少年刑事案件處理之兒童、少年及其家庭，應持續提供必要之福利服務。

前項福利服務，得委託兒童及少年福利機構或團體為之。

第 68 條 直轄市、縣（市）主管機關對於依少年事件處理法交付安置輔導或感化教育結束、停止或免除，或經交付轉介輔導之兒童、少年及其家庭，應予追蹤輔導至少一年。

前項追蹤輔導，得委託兒童及少年福利機構或團體為之。

第 69 條 宣傳品、出版品、廣播、電視、網際網路或其他媒體對下列兒童及少年不得報導或記載其姓名或其他足以識別身分之資訊：

一、遭受第四十九條或第五十六條第一項各款行為。

二、施用毒品、非法施用管制藥品或其他有害身心健康之物質。

三、為否認子女之訴、收養事件、親權行使、負擔事件或監護權之選定、酌定、改定事件之當事人或關係人。

四、為刑事案件、少年保護事件之當事人或被害人。

行政機關及司法機關所製作必須公開之文書，除前項第三款或其他法律特別規定之情形外，亦不得揭露足以識別前項兒童及少年身分之資訊。

除前二項以外之任何人亦不得於媒體、資訊或以其他公示方式揭示有關第一項兒童及少年之姓名及其他足以識別身分之資訊。

第一、二項如係為增進兒童及少年福利或維護公共利益，且經行政機關邀集相關機關、兒童及少年福利團體與報業商業同業公會代表共同審議後，認為有公開之必要，不在此限。

第　70　條　直轄市、縣（市）主管機關就本法規定事項，必要時，得自行或委託兒童及少年福利機構、團體或其他適當之專業人員進行訪視、調查及處遇。

直轄市、縣（市）主管機關、受其委託之機構、團體或專業人員進行訪視、調查及處遇時，兒童及少年之父母、監護人、其他實際照顧兒童及少年之人、師長、雇主、醫事人員及其他有關之人應予配合並提供相關資料；必要時，該直轄市、縣（市）主管機關並得請求警政、戶政、財政、教育或其他相關機關或機構協助，被請求之機關或機構應予配合。

為辦理各項兒童及少年補助與扶助業務所需之必要資料，主管機關得洽請相關機關（構）、團體、法人或個人提供之，受請求者有配合提供資訊之義務。

主管機關依前二項規定所取得之資料，應盡善良管理人之注意義務，確實辦理資訊安全稽核作業，其保有、處理及利用，並應遵循個人資料保護法之規定。

第　71　條　父母或監護人對兒童及少年疏於保護、照顧情節嚴重，或有第四十九條、第五十六條第一項各款行為，或未禁止兒童及

少年施用毒品、非法施用管制藥品者，兒童及少年或其最近尊親屬、直轄市、縣（市）主管機關、兒童及少年福利機構或其他利害關係人，得請求法院宣告停止其親權或監護權之全部或一部，或得另行聲請選定或改定監護人；對於養父母，並得請求法院宣告終止其收養關係。

法院依前項規定選定或改定監護人時，得指定直轄市、縣（市）主管機關、兒童及少年福利機構之負責人或其他適當之人爲兒童及少年之監護人，並得指定監護方法、命其父母、原監護人或其他扶養義務人交付子女、支付選定或改定監護人相當之扶養費用及報酬、命爲其他必要處分或訂定必要事項。

前項裁定，得爲執行名義。

第 72 條　有事實足以認定兒童及少年之財產權益有遭受侵害之虞者，直轄市、縣（市）主管機關得請求法院就兒童及少年財產之管理、使用、收益或處分，指定或改定社政主管機關或其他適當之人任監護人或指定監護之方法，並得指定或改定受託人管理財產之全部或一部，或命監護人代理兒童及少年設立信託管理之。

前項裁定確定前，直轄市、縣（市）主管機關得代爲保管兒童及少年之財產。

第一項之財產管理及信託規定，由直轄市、縣（市）主管機關定之。

第 73 條　高級中等以下學校對依少年事件處理法交付安置輔導或施以感化教育之兒童及少年，應依法令配合福利、教養機構或感化教育機構，執行轉銜及復學教育計畫，以保障其受教權。

前項轉銜及復學作業之對象、程序、違反規定之處理及其他應遵循事項之辦法，由中央教育主管機關會同法務主管機關

定之。

第　74　條　法務主管機關應針對矯正階段之兒童及少年，依其意願，整合各主管機關提供就學輔導、職業訓練、就業服務或其他相關服務與措施，以協助其回歸家庭及社區。

第五章　福利機構

第　75　條　兒童及少年福利機構分類如下：

一、托嬰中心。

二、早期療育機構。

三、安置及教養機構。

四、心理輔導或家庭諮詢機構。

五、其他兒童及少年福利機構。

前項兒童及少年福利機構之規模、面積、設施、人員配置及業務範圍等事項之標準，由中央主管機關定之。

第一項兒童及少年福利機構，各級主管機關應鼓勵、委託民間或自行創辦；其所屬公立兒童及少年福利機構之業務，必要時，並得委託民間辦理。

直轄市、縣（市）主管機關為辦理托嬰中心托育服務之輔導及管理事項，應自行或委託相關專業之機構、團體辦理。

第　76　條　第二十三條第一項第十二款所稱兒童課後照顧服務，指招收國民小學階段學童，於學校上課以外時間，所提供之照顧服務。

前項兒童課後照顧服務，得由各該教育主管機關指定國民小學辦理兒童課後照顧服務班；或由鄉（鎮、市、區）公所、私人、團體申請設立兒童課後照顧服務中心辦理之。

前項兒童課後照顧服務班與兒童課後照顧服務中心之申請、設立、收費項目、用途與基準、管理、設施設備、改制、人

員資格與不適任之通報、資訊蒐集、查詢及其他應遵行事項之辦法，由中央教育主管機關定之。

直轄市、縣（市）主管機關為辦理兒童課後照顧服務班及中心，應召開審議會，由機關首長或指定之代理人為召集人，成員應包含教育學者專家、家長團體代表、婦女團體代表、公益教保團體代表、勞工團體代表與兒童及少年福利團體代表等。

第　77　條　托嬰中心應為其收托之兒童辦理團體保險。

前項團體保險，其範圍、金額、繳費方式、期程、給付標準、權利與義務、辦理方式及其他相關事項之辦法，由直轄市、縣（市）主管機關定之。

第　78　條　兒童及少年福利機構之業務，應遴用專業人員辦理；其專業人員之類別、資格、訓練及課程等之辦法，由中央主管機關定之。

第　79　條　依本法規定發給設立許可證書，免徵規費。

第　80　條　直轄市、縣（市）教育主管機關應設置社會工作人員或專任輔導人員執行本法相關業務。

前項人員之資格、設置、實施辦法，由中央教育主管機關定之。

第　81　條　有下列情事之一者，不得擔任兒童及少年福利機構或兒童課後照顧服務班及中心之負責人或工作人員：

一、曾犯妨害性自主罪、性騷擾罪，經緩起訴處分或有罪判決確定。但未滿十八歲之人，犯刑法第二百二十七條之罪者，不在此限。

二、有第四十九條各款所定行為之一，經有關機關查證屬實。

三、罹患精神疾病或身心狀況違常，經主管機關委請相關專

　　　　　　科醫師二人以上諮詢後，認定不能執行職務。

　　　　主管機關或教育主管機關應主動查證兒童及少年福利機構或兒童課後照顧服務班及中心負責人是否有前項第一款情事；兒童及少年福利機構或兒童課後照顧服務班及中心聘僱工作人員之前，亦應主動查證。

　　　　現職工作人員有第一項各款情事之一者，兒童及少年福利機構或兒童課後照顧服務班及中心應即停止其職務，並依相關規定予以調職、資遣、令其退休或終止勞動契約。

第　82　條　私人或團體辦理兒童及少年福利機構，以向當地主管機關申請設立許可者為限；其有對外勸募行為或享受租稅減免者，應於設立許可之日起六個月內辦理財團法人登記。

　　　　未於前項期間辦理財團法人登記，而有正當理由者，得申請核准延長一次，期間不得超過三個月；屆期不辦理者，原許可失其效力。

　　　　第一項申請設立許可之要件、程序、審核期限、撤銷與廢止許可、督導管理、停業、歇業、復業及其他應遵行事項之辦法，由中央主管機關定之。

第　83　條　兒童及少年福利機構或兒童課後照顧服務班及中心，不得有下列情形之一：

一、虐待或妨害兒童及少年身心健康。

二、供給不衛生之餐飲，經衛生主管機關查明屬實。

三、提供不安全之設施或設備，經目的事業主管機關查明屬實。

四、發現兒童及少年受虐事實，未向直轄市、縣（市）主管機關通報。

五、違反法令或捐助章程。

六、業務經營方針與設立目的不符。

七、財務收支未取具合法之憑證、捐款未公開徵信或會計紀錄未完備。

八、規避、妨礙或拒絕主管機關或目的事業主管機關輔導、檢查、監督。

九、對各項工作業務報告申報不實。

十、擴充、遷移、停業、歇業、復業未依規定辦理。十一、有其他情事，足以影響兒童及少年身心健康。

第 84 條 兒童及少年福利機構不得利用其事業為任何不當之宣傳；其接受捐贈者，應公開徵信，並不得利用捐贈為設立目的以外之行為。

主管機關應辦理輔導、監督、檢查、獎勵及定期評鑑兒童及少年福利機構並公布評鑑報告及結果。

前項評鑑對象、項目、方式及獎勵方式等辦法，由主管機關定之。

第 85 條 兒童及少年福利機構停辦、停業、歇業、解散、經撤銷或廢止許可時，對於其收容之兒童及少年應即予適當之安置；其未能予以適當安置者，設立許可主管機關應協助安置，該機構應予配合。

第六章 罰則

第 86 條 接生人違反第十四條第一項規定者，由衛生主管機關處新臺幣六千元以上三萬元以下罰鍰。

第 87 條 違反第十五條第一項規定，未經許可從事收出養媒合服務者，由主管機關處新臺幣六萬元以上三十萬元以下罰鍰，並公布其姓名或名稱。

第 88 條 收出養媒合服務者違反依第十五條第四項所定辦法中有關業務檢查與管理、停業、歇業、復業之規定者，由許可主管機

關通知限期改善，屆期未改善者，處新臺幣三萬元以上十五萬元以下罰鍰，並得按次處罰；情節嚴重者，得命其停辦一個月以上一年以下，並公布其名稱或姓名。

依前項規定命其停辦，拒不遵從或停辦期限屆滿未改善者，許可主管機關應廢止其許可。

第　89　條　違反第二十一條第三項、第五十三條第五項、第六十六條第二項或第六十九條第三項而無正當理由者，處新臺幣二萬元以上十萬元以下罰鍰。

第　90　條　違反第二十六條第一項規定未辦理居家式托育服務登記者，處新臺幣六千元以上三萬元以下罰鍰，並命其限期改善。屆期未改善者，處新臺幣六千元以上三萬元以下罰鍰，並命其於一個月內將收托兒童予以轉介，未能轉介時，由直轄市、縣（市）主管機關協助轉介。

前項限期改善期間，直轄市、縣（市）主管機關應即通知家長，並協助居家式托育服務提供者，依家長意願轉介，且加強訪視輔導。

拒不配合第一項轉介之命令者，處新臺幣六千元以上三萬元以下罰鍰，直轄市、縣（市）主管機關並應強制轉介其收托之兒童。

第一項限期改善期間，居家式托育服務提供者不得增加收托兒童。違反者，處新臺幣六千元以上三萬元以下罰鍰，並得按次處罰；直轄市、縣（市）主管機關並應強制轉介其收托之兒童。

違反第二十六條第四項規定，或依第五項所定辦法有關收托人數、登記或輔導結果列入應改善而屆期未改善之規定者，處新臺幣六千元以上三萬元以下罰鍰，並得按次處罰，其情節重大或經處罰三次後仍未改善者，得廢止其登記。

　　　　　　　經依前項廢止登記者，自廢止之日起，一年內不得辦理登記
　　　　　　　爲居家式托育服務提供者。

　　　　　　　違反第二十六條之一第三項規定，不依直轄市、縣（市）主
　　　　　　　管機關之命令停止服務者，處新臺幣六萬元以上三十萬元以
　　　　　　　下罰鍰，並得公布其姓名。

第 90-1 條　　違反第二十九條第二項所定辦法規定而有下列各款情形之一
　　　　　　　者，由教育主管機關處公私立學校校長、短期補習班或兒童
　　　　　　　課後照顧服務中心負責人新臺幣六千元以上三萬元以下罰
　　　　　　　鍰，並命其限期改善，屆期未改善者，得按次處罰：

　　　　　　　一、以未經核准或備查之車輛載運學生。
　　　　　　　二、載運人數超過汽車行車執照核定數額。
　　　　　　　三、未依學生交通車規定載運學生。
　　　　　　　四、未配置符合資格之隨車人員隨車照護學生。

　　　　　　　違反第三十三條第三項及第四項所定適用範圍及一定年齡
　　　　　　　者，各目的事業主管機關得處新臺幣六千元以上三萬元以下
　　　　　　　罰鍰，並命其限期改善，屆期未改善者，得按次處罰。

第 90-2 條　　違反第三十三條之一規定者，由直轄市、縣（市）交通主管
　　　　　　　機關命其限期改善，屆期未改善者，處所有權人或管理機關
　　　　　　　負責人新臺幣一萬元以上五萬元以下罰鍰，並得按次處罰至
　　　　　　　其改善完成爲止。

　　　　　　　違反第三十三條之二第二項規定未改善、未提具替代改善計
　　　　　　　畫或未依核定改善計畫之期限改善完成者，由直轄市、縣
　　　　　　　（市）建築主管機關處所有權人或管理機關負責人新臺幣一
　　　　　　　萬元以上五萬元以下罰鍰，並命其限期改善；屆期未改善
　　　　　　　者，得按次處罰至其改善完成爲止。

　　　　　　　第一項規定自中華民國一百零四年十一月二十七日修正之條
　　　　　　　文公布後三年施行；前項規定自中華民國一百零四年十一月

二十七日修正之條文公布後五年施行。

第　91　條　父母、監護人或其他實際照顧兒童及少年之人，違反第四十三條第二項規定，情節嚴重者，處新臺幣一萬元以上五萬元以下罰鍰。

供應酒或檳榔予兒童及少年者，處新臺幣一萬元以上五萬元以下罰鍰。

供應毒品、非法供應管制藥品或其他有害身心健康之物質予兒童及少年者，處新臺幣六萬元以上三十萬元以下罰鍰。

供應有關暴力、血腥、色情或猥褻出版品、圖畫、錄影節目帶、影片、光碟、電子訊號、遊戲軟體或其他物品予兒童及少年者，處新臺幣二萬元以上十萬元以下罰鍰。

違反第四十三條第四項規定者，除新聞紙依第四十五條及第九十三條規定辦理外，處新臺幣五萬元以上二十五萬元以下罰鍰，並公布其姓名或名稱及命其限期改善；屆期未改善者，得按次處罰；情節嚴重者，並得由主管機關移請目的事業主管機關勒令停業一個月以上一年以下。

第　92　條　新聞紙以外之出版品、錄影節目帶、遊戲軟體或其他經主管機關認定有影響兒童及少年身心健康之虞應予分級之物品，其有分級管理義務之人有下列情形之一者，處新臺幣五萬元以上二十五萬元以下罰鍰，並命其限期改善，屆期未改善者，得按次處罰：

一、違反第四十四條第一項規定，未予分級。

二、違反依第四十四條第三項所定辦法中有關分級類別或內容之規定。

前項有分級管理義務之人違反依第四十四條第三項所定辦法中有關標示之規定者，處新臺幣三萬元以上十五萬元以下罰鍰，並命其限期改善，屆期未改善者，得按次處罰。

違反第四十四條第二項規定者，處新臺幣一萬元以上五萬元以下罰鍰，並公布其姓名或名稱及命其限期改善；屆期未改善者，得按次處罰。

第 93 條　新聞紙業者未依第四十五條第三項規定履行處置者，處新臺幣三萬元以上十五萬元以下罰鍰，並限期命其履行；屆期仍不履行者，得按次處罰至履行為止。經主管機關依第四十五條第四項規定認定者，亦同。

第 94 條　網際網路平臺提供者違反第四十六條第三項規定，未為限制兒童及少年接取、瀏覽之措施或先行移除者，由各目的事業主管機關處新臺幣六萬元以上三十萬元以下罰鍰，並命其限期改善，屆期未改善者，得按次處罰。

違反第四十六條之一之規定者，處新臺幣十萬元以上五十萬元以下罰鍰，並公布其姓名或名稱及命其限期改善；屆期未改善者，得按次處罰；情節嚴重者，並得勒令停業一個月以上一年以下。

第 95 條　父母、監護人或其他實際照顧兒童及少年之人，違反第四十七條第二項規定者，處新臺幣一萬元以上五萬元以下罰鍰。

場所負責人或從業人員違反第四十七條第三項規定者，處新臺幣二萬元以上十萬元以下罰鍰，並公布場所負責人姓名。

第 96 條　父母、監護人或其他實際照顧兒童及少年之人，違反第四十八條第一項規定者，處新臺幣二萬元以上十萬元以下罰鍰，並公布其姓名。

違反第四十八條第二項規定者，處新臺幣六萬元以上三十萬元以下罰鍰，公布行為人及場所負責人之姓名，並命其限期改善；屆期未改善者，除情節嚴重，由主管機關移請目的事業主管機關命其歇業者外，命其停業一個月以上一年以下。

第　97　條　違反第四十九條各款規定之一者，處新臺幣六萬元以上三十萬元以下罰鍰，並得公布其姓名或名稱。

第　98　條　違反第五十條第二項規定者，處新臺幣一萬元以上五萬元以下罰鍰。

第　99　條　父母、監護人或其他實際照顧兒童及少年之人違反第五十一條規定者，處新臺幣三千元以上一萬五千元以下罰鍰。

第　100　條　醫事人員、社會工作人員、教育人員、保育人員、教保服務人員、警察、司法人員、移民業務人員、戶政人員、村（里）幹事或其他執行兒童及少年福利業務人員，違反第五十三條第一項規定而無正當理由者，處新臺幣六千元以上三萬元以下罰鍰。

第　101　條　（刪除）

第　102　條　父母、監護人或實際照顧兒童及少年之人有下列情形者，主管機關應命其接受四小時以上五十小時以下之親職教育輔導：

一、未禁止兒童及少年為第四十三條第一項第二款行為者。

二、違反第四十七條第二項規定者。

三、違反第四十八條第一項規定者。

四、違反第四十九條各款規定之一者。

五、違反第五十一條規定者。

六、使兒童及少年有第五十六條第一項各款情形之一者。

依前項規定接受親職教育輔導，如有正當理由無法如期參加，得申請延期。

不接受親職教育輔導或拒不完成其時數者，處新臺幣三千元以上三萬元以下罰鍰；經再通知仍不接受者，得按次處罰至其參加為止。

依限完成親職教育輔導者，免依第九十一條第一項、第

九十五條第一項、第九十六條第一項、第九十七條及第九十九條處以罰鍰。

第 103 條　廣播、電視事業違反第六十九條第一項規定，由目的事業主管機關處新臺幣三萬元以上十五萬元以下罰鍰，並命其限期改正；屆期未改正者，得按次處罰。

宣傳品、出版品、網際網路或其他媒體違反第六十九條第一項規定，由目的事業主管機關處負責人新臺幣三萬元以上十五萬元以下罰鍰，並得沒入第六十九條第一項規定之物品、命其限期移除內容、下架或其他必要之處置；屆期不履行者，得按次處罰至履行為止。

前二項經第六十九條第四項審議後，認為有公開之必要者，不罰。

宣傳品、出版品、網際網路或其他媒體無負責人或負責人對行為人之行為不具監督關係者，第二項所定之罰鍰，處罰行為人。

本法中華民國一百零四年一月二十三日修正施行前，宣傳品、出版品、廣播、電視、網際網路或其他媒體之負責人違反第六十九條第一項規定者，依修正前第一項罰鍰規定，處罰該負責人。無負責人或負責人對行為人之行為不具監督關係者，處罰行為人。

第 104 條　兒童及少年之父母、監護人、其他實際照顧兒童及少年之人、師長、雇主、醫事人員或其他有關之人違反第七十條第二項規定而無正當理由者，處新臺幣六千元以上三萬元以下罰鍰，並得按次處罰至其配合或提供相關資料為止。

第 105 條　違反第七十六條或第八十二條第一項前段規定，未申請設立許可而辦理兒童及少年福利機構或兒童課後照顧服務班及中心者，由當地主管機關或教育主管機關處新臺幣六萬元以上

三十萬元以下罰鍰及公布其姓名或名稱，並命其限期改善。

於前項限期改善期間，不得增加收托安置兒童及少年，違者處其負責人新臺幣六萬元以上三十萬元以下罰鍰，並得按次處罰。

經依第一項規定限期命其改善，屆期未改善者，再處其負責人新臺幣十萬元以上五十萬元以下罰鍰，並命於一個月內對於其收托之兒童及少年予以轉介安置；其無法辦理時，由當地主管機關協助之，負責人應予配合。不予配合者，強制實施之，並處新臺幣六萬元以上三十萬元以下罰鍰。

第　106　條　兒童及少年福利機構違反第八十二條第一項後段規定者，經設立許可主管機關命其立即停止對外勸募之行為而不遵命者，由設立許可主管機關處新臺幣六萬元以上三十萬元以下罰鍰，並得按次處罰且公布其名稱；情節嚴重者，並得命其停辦一個月以上一年以下。

第　107　條　兒童及少年福利機構或兒童課後照顧服務班及中心違反第八十三條第一款至第四款規定情形之一者，由設立許可主管機關處新臺幣六萬元以上三十萬元以下罰鍰，並命其限期改善，屆期未改善者，得按次處罰；情節嚴重者，得命其停辦一個月以上一年以下並公布其名稱。

未經許可從事兒童及少年福利機構或兒童課後照顧服務班及中心業務，經當地主管機關或教育主管機關依第一百零五條第一項規定命其限期改善，限期改善期間，有第八十三條第一款至第四款規定情形之一者，由當地主管機關或教育主管機關依前項規定辦理。

第　108　條　兒童及少年福利機構或兒童課後照顧服務班及中心違反第八十三條第五款至第十一款規定之一者，經設立許可主管機關命其限期改善，屆期未改善者，處新臺幣三萬元以上十五

萬元以下罰鍰，並得按次處罰；情節嚴重者，得命其停辦一個月以上一年以下，並公布其名稱。

依前二條及前項規定命其停辦，拒不遵從或停辦期限屆滿未改善者，設立許可主管機關應廢止其設立許可。

第 109 條 兒童及少年福利機構違反第八十五條規定，不予配合設立許可主管機關安置者，由設立許可主管機關處新臺幣六萬元以上三十萬元以下罰鍰，並強制實施之。

第七章 附則

第 110 條 十八歲以上未滿二十歲之人，於緊急安置等保護措施，準用本法之規定。

第 111 條 直轄市、縣（市）主管機關依本法委託安置之兒童及少年，年滿十八歲，經評估無法返家或自立生活者，得繼續安置至年滿二十歲；其已就讀大專校院者，得安置至畢業為止。

第 112 條 成年人教唆、幫助或利用兒童及少年犯罪或與之共同實施犯罪或故意對其犯罪者，加重其刑至二分之一。但各該罪就被害人係兒童及少年已定有特別處罰規定者，從其規定。

對於兒童及少年犯罪者，主管機關得獨立告訴。

第 113 條 以詐欺或其他不正當方法領取本法相關補助或獎勵費用者，主管機關應撤銷原處分並以書面限期命其返還，屆期未返還者，移送強制執行；其涉及刑事責任者，移送司法機關辦理。

第 114 條 扶養義務人不依本法規定支付相關費用者，如為保護兒童及少年之必要，由主管機關於兒童及少年福利經費中先行支付。

第 115 條 本法修正施行前已許可立案之兒童福利機構及少年福利機構，於本法修正公布施行後，其設立要件與本法及所授權辦

法規定不相符合者，應於中央主管機關公告指定之期限內改善；屆期未改善者，依本法規定處理。

第 116 條　本法施行前經政府核准立案之課後托育中心應自本法施行之日起二年內，向教育主管機關申請改制完成為兒童課後照顧服務班及中心，屆期未申請者，應廢止其設立許可，原許可證書失其效力。

前項未完成改制之課後托育中心，於本條施行之日起二年內，原核准主管機關依本法修正前法令管理。

托育機構之托兒所未依幼兒教育及照顧法規定改制為幼兒園前，原核准主管機關依本法修正前法令管理。

第 117 條　本法施行細則，由中央主管機關定之。

第 118 條　本法除中華民國一百年十一月三十日修正公布之第十五條至第十七條、第二十九條、第七十六條、第八十七條、第八十八條及第一百十六條自公布六個月後施行，第二十五條、第二十六條及第九十條自公布三年後施行外，自公布日施行。

( ) 1. 注重反應式心理治療，強調治療是人對人的關係，是羅吉斯論著與思想的發展中的那個階段？(A) 非指導治療階段；(B) 反映與澄清階段；(C) 個人中心階段；(D) 權利探討階段。

( ) 2. 個人中心諮商理論的哲學基礎中，認為人有「形成性傾向」與何者的兩大可能性？(A) 實現傾向；(B) 個人中心傾向；(C) 追求完美傾向；(D) 追求成長傾向。

( ) 3. 羅吉斯的理論以「自我」為關注的焦點，所以又稱何者？(A) 當事人理論；(B) 人本理論；(C) 完形理論；(D) 自我理論。

( ) 4. 下列敘述何者為非？(A) 心理的不適應來自於個體否定重要的知覺與感官經驗；(B) 心理的適應來自於個體將所有的知覺與感官經驗以象徵性的方式融入了自我結構之中，並與自我概念一致；(C) 多數的行為無法由個體加以調適，並形成自我結構的一部分；(D) 任何與自我組織或結構不一致的經驗，會被視為是一種威脅，此種知覺愈多，自我結構就愈頑固。

( ) 5. 下列何者非羅吉斯指出諮商必要的條件？(A) 傾聽；(B) 同理心；(C) 真誠、一致性；(D) 積極關注。

( ) 6. 當事人開始面質自己的個人結構，並重新建構自我與反應個人信念，是屬當事人經歷的哪一歷程？(A) 諮商關係中改變情感；(B) 在關係中改變問題；(C) .改變個人結構；(D) 改變自我溝通。

（　）7. 當事人中心學派對諮商的貢獻何者為誤？(A) 強調輔導員與當事人之間關係的重要性；(B) 當事人在諮商關係中被認為是被動的角色；(C) 確認輔導員的態度，如真誠一致、接納、無條件積極關注對方等；(D) 對諮商做有系統的評估與研究。

（　）8. 依據完形諮商的概念，諮商員在處理個案的心理困擾時，個案不會出現下列哪一項行為？(A) 躲避行為；(B) 自我覺察；(C) 自我支持（self-support）的神經質行為；(D) 自我防衛（ego-defense）或自我限制（self-limiting）行為。

（　）9. 在完形諮商中使用空椅法（empty chair）的目的為何？(A) 對話的目的是要讓個案同時聽到兩種不同「我」的心聲，進而能接納不同的我；(B) 對話的目的在於協助個案「投射」另外一個我，進而使個案發現哪一個我是他真正的我（real self）；(C) 對話的目的在於協助個案發現潛意識的衝突是什麼，進而出現自我洞察；(D) 對話的目的在於協助個案發現自己的未完成事件，進而協助個案在當下去經驗。

（　）10. 完形諮商認為人往往採取某些因應方式去接觸環境並經驗自己的在，下面哪一句個案說的話是屬於「空我」（confluence）？(A) 「我不會把我對父親的感覺說出來，因為…」；(B) 「我寧願自己吃虧，也不願別人受委屈…」；(C) 「我一定要考取輔導研究所…」；(D) 「你上次不是提到要去報考暨大的輔諮所嗎？…」。

（　）11. 完形諮商認為一個心理有困擾的人會在現實生活中以怎樣的角色出現？(A) 一個不斷尋找生命意義的角色；(B) 一個試圖在生命中尋找定點（a：nchor point）角色的人；(C) 以過去生活中的受害人（victim）角色出現；(D) 一個能夠有效運用自我支持（self-support）的力量，例如：知道/運用自己的缺點。

（　）12. 下列何者不是完形治療對空椅法的看法：(A) 可以協助當事人充

分經驗內在衝突；(B) 主要運用的是角色扮演及對話的技術以協助當事人感覺內在經驗；(C) 目的在協助當事人能改變個人內在不良或不被喜歡的特質；(D) 是協助當事人外化內攝的方法之一。

( )13. 完形治療最受稱道的是發展了無數生動、可行的技術與策略，常用技術何者為非？(A) 對話遊戲與空椅技術；(B) 誇張；(C) 演練；(D) 示範及解析。

( )14. 在完形治療法中，皮爾斯認為神經症就是不良適應的主要症狀，其原因有下，何者為非？(A) 發展了攻擊性；(B) 為維持生活適應；(C) 為維持均衡狀態；(D) 人與環境互動產生了問題。

( )15. 完形諮商在協助當事人覺察時有四個基本原則，何者為非？(A) 現實原則；(B) 我與你；(C) 行為教導和示範；(D) 運用覺察之連續體。

( )16. 完形治療法認為人類內在心理形式就是那一種模式，人類的心靈會有統合的經驗，但也會有敵對的關係？(A) 衝突模式；(B) 衝動模式；(C) 衝進模式；(D) 衝力模式。

( )17. 完形人格理論的另一個重要概念，每個人都是由有機體與環境場所分化而成，人經由區分自己與他人的不同，在將自己與他人聯結，而顯現出人的存在：(A) 場主區分；(B) 場地區分；(C) 場屋區分；(D) 場規區分。

( )18. 哪一型態的人與環境之間缺乏疆界，也不能覺察人我之間的界限，因此也不能與他人適當的接觸，他們也過於要求與別人一致，無法忍受人我之間的歧異？(A) 投射型；(B) 合流型；(C) 彎曲型；(D) 彎腰型。

( )19. 當個人一直退步、容許社會侵害他們的權益、或對他們有過度要求，或個人與社會嚴重疏離，就是典型的：(A) 神經症；(B) 情緒症；(C) 妄想症；(D) 健忘症。

（　）20. 下列哪一個治療法相信人的行為都是經由學習而來的，因此對行為的改變基本上較為樂觀？(A) 行為治療法；(B) 精神分析治療法；(C) 完形治療；(D) 個人中心諮商。

（　）21. 行為取向諮商中廣泛被應用的技術，目的在於擴展當事人對替代性的行為的覺察度或獲得較具體的印象是：(A) 行為契約法；(B) 角色扮演法；(C) 代幣法；(D) 爆炸法。

（　）22. 多拉與米勒的人格理論相信人的行為是學習而來，所有的學習不管簡單與複雜都包含有「驅力」（drive）、線索（cue）、反應（response）與何者？(A) 增強（reinforcemant）；(B) 探索（exploration）；(C) 刺激（stimulus）；(D) 關懷（care）等四個要素。

（　）23. 克倫伯茲（Krumbholtz, 1976）曾具體列出行為治療的三大目標，下列何者為非？(A) 轉換不適應行為；(B) 學習作決定的歷程；(C) 防止問題產生；(D) 改變生活習慣。

（　）24. 理性情緒治療法時常採取「快速救火、主動」與何者的諮商？(A) 訓誨、教訓；(B) 指導、說服；(C) 關懷、愛；(D) 對抗、挑戰的哲學式的方法學。

（　）25. 敘事治療將問題外化以後，接著透過精心設計的何種方式協助當事人去「評估」問題對其生活及人際關係的影響程度？ (A) 問話（White）；(B) 評斷；(C) 相信；(D) 成功認同」（success identity）。

（　）26. 現實治療師鼓勵當事人行動，透過行動產生「成功經驗」，進而滿足自身的需求，這就是現實治療所謂的？(A) 追求成功；(B) 負責的行為；(C) 解決個人問題的傾向；(D) 目標導向性。

（　）27. 敘事治療強調用「？」和「好奇」的眼光去「看」個案的生命：(A) 欣賞；(B) 自卑感；(C) 關懷；(D) 負責。

（　）28. 現實治療法是融合何種現象學與何者的行為與真取向的心理治療

理論？(A) 哲學觀點；(B) 存在主義論點；(C) 阿德勒主要哲學觀點；(D) 教育觀點。

（　）29. 葛拉澤（William Glasser）最著名的一本書？(A) 辨識的社會；(B) 心靈車站；(C) 班級中的控制理論；(D) 沒有失敗的學校。

（　）30. 下列何者非現實治療法中談到，滿足人的心理需求的四大類？(A) 隸屬需求；(B) 權力需求；(C) 自由需求；(D) 學習需求。

（　）31. 下列何者非建構BOP模式的三種系統之一？(A) 控制系統；(B) 感覺系統；(C) 知覺系統；(D) 比較系統。

（　）32. 下列何者非現實治療法中的人格成長與發展的課題之一？(A) 責任感；(B) 行為控制；(C) 自我功能；(D) 學習。

（　）33. 影響治療者投入程度的因素，下列何者為非？(A) 個人的責任感；(B) 自我表露的意願；(C) 保持同情心的能力；(D) 接受不完美的意願。

（　）34. 下列哪個原則不被視為諮商的歷程？(A) 投入；(B) 不用懲罰；(C) 接受藉口；(D) 永不放棄。

（　）35. 下列何者非現實治療法常用技術？(A) 面質；(B) 角色扮演；(C) 幽默；(D) 間接教導法。

（　）36. 目的是在使當事人覺得諮商師關心他的，是哪一個技術？(A) 控制知覺；(B) 角色扮演；(C) 面質；(D) 支持。

（　）37. 下列何者非現實治療法的獨特之處？(A) 重視個人的責任與承諾；(B) 注意現時；(C) 注重成功認定感的培養；(D) 注重潛意識的歷程。

（　）38. 基里蘭等人認為現實治療有兩大歷程，一是諮商環境的安排或佈置，另一則是：(A) 思想與行為的再導向；(B) 策略與技術的運用；(C) 促進改變；(D) 諮商人員的專業程度。

（　）39. 下列何者是現實治療最受批評的地方？ (A) 應用範圍廣；(B) 治療歷程太多道德與價值判斷；(C) 有簡化人生複雜性的危險；(D)

以現時為焦點，忽略潛意識歷程。

（　）40. Carl Roges認為個案之所以能出現信任（trust）和有勇氣（courage）面對自己，是因為：(A) 諮商員提供無條件的再保證，使個案因而充滿自信；(B) 諮商員提供個案成功的經驗，從而建立正確的自我概念；(C) 諮商員應用解釋的技巧，使個案出現自我洞察；(D) 諮商員能與個案建立親密、相互尊重的人際經驗。

（　）41 對Carl Rogers而言，所謂「同理的瞭解」不應該以下列哪一個方式表達，請指出來：(A) 我想你有自己的看法去做這個決定；(B) 我瞭解你不想出國唸書的感受，其實妳害怕失去你的男朋友！(C) 失去親人的感受，正如妳說的，很茫然的感覺；(D) 不被信任的感覺真的很不舒服。

（　）42. Carl Rogers認為一個功能運作正常的人（fully functioning person）是因為：(A) 是因為一個人能瞭解自己的潛能，運用自己的能力，朝向充分發展/建構自我而努力；(B) 是因為一個人能發現自己的弱點，進而建構獨特的（unique）自我；(C) 是因為一個人能對經驗開放（openness to experience），發現自己的潛能，進而自我負責；(D) 是因為一個人能瞭解自己的命運（fate），進而能朝向自我實現而努力。

（　）43. 下列哪一句描述不符合Rogers當事人中心諮商理論？(A) 人無法接觸真實的自我（real self），是因為個人的存在/價值（condition of worth）必須符合他人的條件；(B) 經由他人言語或價值觀念的內化（introjection），個人開始與真實自我疏離；(C) 人的心理困擾來自於個人無力與自己的經驗對話，進而失去了自我覺察的能力；(D) 負向的/歪曲的自我概念增強了個人無價值或無能的感受，導致個人心理不適應的發生。

（　）44. 依據Rogers的理論，假如個案告訴你他最近染上某種惡習，下列

哪一句是諮商員的正確反應？(A) 告訴他這種惡習對身體有害；
(B) 微笑的說：「沒關係，只要能改就行了！」；(C) 靜靜的聽
他說，並表示你的瞭解；(D) 個案是在什麼情況下染上這種惡習
的。

( ) 45. Rogers認為「人是活在他自己的現象界裡」，這個概念深刻的
影響了Rogers的什麼治療思維？(A) 人是透過個人與他人互動的
經驗場域，來重新修正自我的存在表現方式；(B) 人是經由對自
我現象界的認知，發現自我錯誤的存在，進而產生洞察；(C) 人
是經由治療者協助個案對現象界的評估，進而出現自我負責的
能量；(D) 人是透過自我現象界的探索，發現個人主觀存在的事
實，包括意義與價值。

( ) 46. 下列對同理心的描述何者最正確？(A)人同此心，心同此理；(B)
設身處地為對方著想；(C)進入對方的內在世界理解與感受；(D)
己所不欲，勿施於人。

( ) 47. 在初次個別諮商時，下列哪個選項是錯誤的？(A) 與當事人建立
和諧關係；(B) 等待當事人提供此次談話的架構；(C) 協助當事人
說出他想談的問題；(D) 對當事人的情緒變化要敏銳，並作反應
適度滿足其需求。

( ) 48. 下列哪一個不是行為學派用來解釋條件化學習的歷程的四個基本
行為理論？(A) 古典制約學習理論；(B) 操作制約學習理論；(C)
模仿學習；(D) 家庭學習理論。

( ) 49. 在行為學派中行為的形成的方程式中以B代表行為，P代表個人
知覺，E代表環境。就是行為是個人與環境交互作用的函數是下
列哪一個公式？(A) B=f(P.E)；(B) P=f(B.E)；(C) E=f(B.P)；(D)
B=f(LSP)。

( ) 50. 關於青少年憂鬱，下列何者描述較不適當？(A) 男性罹患憂鬱症
的可能性高過女性；(B) 憂鬱的青少年經常會有殺念頭；(C) 無聊

也是憂鬱的症候之一；(D) 憂鬱症通常也會胃口減低。

( ) 51. 下列何者是提升青少年自我概念發展的輔導作法：(1)強調失敗的經驗 (2)對於不當行為提出指正，但不批評個人 (3)鼓勵與自己的過去競爭(4)提供成功的經驗：(A) (1)(3)(4)；(B) (1)(2)(3)；(C) (1)(3)(4)；(D) (1)(2)(3)(4)。

( ) 52. 青少年比其他人生階段更容易遭遇到適應問題，因此是最需要加以輔導的階段，關於此時期輔導工作最主要的目標敘述，下列何者正確？(A) 成就、矯治與技能三層次；(B) 技能、成就與發展三層次；(C) 預防、矯治與發展三層次；(D) 預防、技能與成就三層次。

( ) 53. 佩辰進入高中後開始顯現「自戀型人格障礙」(narcissistic personality disorder)，請問下列何者是自戀型人格障礙的特徵？(A) 傾向於對小事情反應過度；(B) 對可能被人拒絕過分敏感；(C) 誇張地顯示自己的重要性；(D) 敏感多疑、嫉妒、不信任人。

( ) 54. 國三學生奇偉最近的行為突然大幅轉變，父母帶至精神科看醫生，被診斷為精神分裂症，他最可能會有哪些行為改變？(甲)突然變得比以前過動 (乙)思考障礙 (丙)疑心過敏 (丁)有睡眠障礙：(A) 乙丙；(B) 乙丙丁；(C) 甲丙丁；(D) 甲乙丙丁。

( ) 55. 一位教師能夠設身處地去站在學生立場思考問題，稱為：(A) 同理；(B) 自我開放；(C) 具體化；(D) 澄清。

( ) 56. 最受承認的精神疾病的診斷和統計的便覽疾病分類著重於：(A) 疾病生物學原因；(B) 與疾病有關的行為描述；(C) 文化對疾病所造成的影響；(D) 疾病對他人最猛烈或最不平常的衝擊。

( ) 57. 利用例子去幫助病人改變不好的行為的治療形式是建立在何種學習理論之上？(A) 社會學習理論；(B) 古典制約；(C) 操作性的學習理論；(D) 生命學習理論。

( ) 58. 下列何種治療是根據由錯誤看法、信仰或思想所造成不適應行為

的形勢？(A) 間接治療；(B) 合理的情感治療；(C) 心理治療；(D) 操作性治療。

（　）59. 下列哪項不是A型人格的特徵？(A) 慢條斯理；(B) 非常好強；(C) 具有敵意；(D) 易得冠狀動脈心臟病。

（　）60. 教導資賦優異或智能不足的學生，最重要的是實施何種教育？(A) 創造力教育；(B) 合作學習；(C) 課後輔導；(D) 個別化教育。

（　）61. 下列對「生涯諮商」（Career counseling）的敘述，哪一項是正確的？(A) 生涯諮商僅處理與個人職業選擇有關的問題；(B) 生涯諮商指在學校以外機構所提供的生涯服務；(C) 生涯諮商的關注焦點在於提供與工作世界有關資訊；(D) 生涯諮商歷程常與個人諮商歷程相互重疊，無法截然二分。

（　）62. 在諮商工作上，強調運用學生本身有利資源與成功經驗，逐步引發積極有效的改變，以解決學生本身所面臨難題，屬於下列哪一項諮商學派？(A) 個人中心諮商；(B) 認知行為諮商；(C) 問題解決諮商；(D) 焦點解決諮商。

（　）63. 下列何者是以一般學生為對象，藉著團體的力量來幫助個人了解自己，增進人際關係，發展潛能？(A) 團體治療；(B) 團體諮商；(C) 團體輔導；(D) 團體行動。

（　）64. 國民中學的學校輔導工作應以何種學生為對象？(A) 適應不良者；(B) 身心障礙者；(C) 全體學生；(D) 低社經背景。

（　）65. 下列何者不是輔導的原則？(A) 輔導要指導和建議被輔導者應循的方法；(B) 輔導是一種專業工作；(C) 輔導的對象是全體學生；(D) 輔導的過程是讓學生自我瞭解、自我輔導與自我發展。

（　）66. 學校輔導中心可以提供社區家長各種資訊服務和輔導活動，讓家長和學校、學生之間形成密切聯繫幫助學生成長，此一專業服務可稱為：(A) 諮詢；(B) 諮商；(C) 評量；(D) 評鑑。

（　）67. 輔導工作依性質可以分成哪三類？(A) 學習輔導、職業輔導、發

展輔導；(B) 預防輔導、發展性輔導、治療性輔導；(C) 生活輔導、學習輔導、就業輔導；(D) 生活輔導、升學輔導、生涯輔導。

（　）68. 輔導工作為了新生而設計，協助其應付新環境挑戰的是：(A) 安置；(B) 定向；(C) 資料；(D) 追蹤服務。

（　）69. 青少年學生的輔導應強調： (A) 診斷先於預防；(B) 治療先於發展；(C) 發展先於診斷；(D) 預防先於診斷。

（　）70. 教育部為因應「建立學生輔導新體制」所採取的具體行動方案是：(A) 融合教育；(B) 親職教育；(C) 春暉專案；(D) 教訓輔三合一。

（　）71. 班級常規輔導有消極與積極的目的，下列何者不是積極低目的？ (A) 養成民主精神；(B) 培養學生自治的能力；(C) 養成良好習慣；(D) 維持學習場所。

（　）72. 國中學生未經請假，不明原因，連續幾日未到校上課，即應通報為中輟生？(A)二日；(B) 三日；(C) 四日；(D) 五日。

（　）73. 教師透過動態的晤談，以了解學生的情況並提供協助的過程：(A) 輔導；(B) 心理治療；(C) 諮商；(D) 診斷。

（　）74. 教師能在學生學業、生活、情感不知所措時，適時給予接納、關懷、同等心等技巧，讓學生能走出陰霾，這是具有下列何種教師角色表現？(A) 訓練者；(B) 諮商員；(C) 引導者；(D) 人道主義。

（　）75. 下列哪一種治療法，最強調「成功認同」與「失敗認同」？(A) 現實治療；(B) 溝通分析；(C) 完形治療；(D) 存在治療。

（　）76. 兒童的遊戲治療中的遊戲行為可比為成人傳統治療中的：(A) 催眠；(B) 夢的分析；(C) 投射作用；(D) 自由聯想。

（　）77. 當學生說：「我很害怕，因為我不小心丟了一百元！」，教師在進行師生溝通時，下列何種較為符合「同理心」的口語敘述？(A)

你在哪丟掉的，為什麼不小心！；(B) 沒關係，別急！再仔細想一想在哪裡丟掉的；(C) 沒關係，別擔心！我們一起找找看；(D) 你丟掉一百元，所以擔心爸媽會責備你。

(　) 78. 學生：「有時我感到很不好過」。老師：「你可不可以說的更仔細些？比方最近一次的感覺是何時出現的？」以上的對話，老師所使用何種技巧？(A) 同理；(B) 立即性；(C) 解釋；(D) 具體化。

(　) 79. 一位教師能夠設身處地的去體會學生的心理感受稱為：(A)同理心；(B) 同情心；(C) 真誠；(D) 接納。

(　) 80. 17歲的美美不喜歡刺激冒險的活動，面對不熟悉的情境或陌生的人總會讓他感到不安。假日時，除了從事幾項自己有興趣的活動外，他並不熱衷於追求刺激變化。他覺得，過著平靜規律的生活就很滿足了。根據上面的描述，美美較偏向於哪一種性格？(A)O型性格 (B)a型性格；(C) T型性格；(D) t型性格。

(　) 81. 讀國三的阿明休閒活動的參與主要受何者的影響？(A) 家人；(B) 同學；(C) 訊息；(D) 以上皆是。

(　) 82. 就青少年生涯發展之輔導中，我們輔導的首要工作為：(A) 推銷少年自我；(B) 定位少年未來；(C) 認清少年自我；(D) 宣導快樂的重要。

(　) 83. 小華經常上網咖，如何去輔導他從事正當休閒活動，培養其興趣？(A) 有舉辦各式比賽，鼓勵小華參加；(B) 老師在校分小組，出作業報告形成讀書會；(C) 多與小華交談，從中給予幫助；(D) 以上皆是。

(　) 84. 羅艾斯齊（Loesch）曾提出青少年休閒輔導的三層面模式，在青少年的休閒諮商上注重青少年的心理能力探索，以助於青少年在休閒活動中獲得心智成長，這是屬於何者層面？(A) 情感層面；(B) 行為層面；(C) 認知層面；(D) 探索層。

（　）85. 根據佛洛伊德（S. Freud）的性發展階段理論，青少年是處於哪一階段？(A) 口腔期；(B) 性器期；(C) 兩性期；(D) 潛伏期。

（　）86. 讀國三的小勇常因生活壓力、挫折而肚子痛、頭痛、心悸、氣悶等謂之：(A) 壓抑症；(B) 身心症；(C) 神經症；(D) 精神症。

（　）87. 心理社會發展論提及青少年時期的發展危機為：(A) 自主行動對羞怯懷疑；(B) 友愛親密對孤癖疏離；(C) 勤奮進取對自貶自卑；(D) 自我統合對角色混亂。

（　）88. 有關青少年情緒發展的特徵，下列何者較為適當？ (A) 情緒易怒、易發，情緒發作延長時間較兒童時期短；(B) 情緒的感受性和社會的、文化的、想像的、和抽象的事物有關；(C) 情緒的表達方式已能和成人一樣平穩；(D) 無法掩飾情緒的內在感受，心裡感受到的情緒就會表現出來。

（　）89. 下列何者非常見青少年的問題？ (A) 消極反抗傾向；(B) 完美主義；(C) 消極逃避；(D) 愛好運動。

（　）90. 宋老師要輔導班上讀國三的小庭，下列何者是輔導最佳的方式？(A) 多聽少說；(B) 強力駁斥；(C) 避免交談；(D) 以上皆非。

（　）91. 青少年階段最明顯的轉變之一是：(A) 同儕影響力大增，父母影響力大增；(B) 同儕影響力大增，父母影響力大減；(C) 同儕影響力大減，父母影響力大增；(D) 同儕影響力大減，父母影響力大減。

（　）92. 青少年幫派具有許多特徵，下列何者是正確的？(1)幫派有結構性(2)幫派是統整的 (3)幫派經驗到衝突 (4)幫派試圖改變社會標準：(A) (1)(1)(3)；(B) (1)(2)；(C) (3)(4)；(D) (1)(2)(3)(4)。

（　）93. 教師或父母以身作則，為青少年提供良好的楷模，將有助於青少年良心的發展，並提早建立個人的理想。以上敘述說明了佛洛伊德（S. Freud）所提哪一項人格發展的要素？(A) 本我；(B) 自我；(C) 超我；(D) 自尊。

（　）94. 淑敏擔任國一的導師，接手新班級時，習慣先調查學生的家庭背景資料，並特別針對單親家庭學生予以關懷性輔導。就預防的概而言，淑敏所做的輔導工作是屬於下列何者？(A) 初級預防；(B) 二級預防；(C) 三級預防；(D) 潛在預防。

（　）95. 學校將嚴重適應不良學生安置在特殊班級或提供特殊課程，或是轉介給精神科醫生進行別治療，這是屬於何種性質的輔導？ (A) 診斷；(B) 發展；(C) 預防；(D) 諮商。

（　）96. 學校輔導中心可以提供社區家長各種資訊服務和輔導活動，讓家長和學校、學生之間形成密切聯繫，幫助學生成長。這項專業服務最符合下列哪一項工作的範疇？ (A) 諮詢；(B) 諮商；(C) 諮議 (D治療。

（　）97. 學生小英最近在班上都不說話，身上有多處瘀傷，作業也沒有按時繳交，於是老師電詢家長，家長說這是家務事，老師不用過問；如果老師就此不再追問，但後來發現小英已嚴重受其父親虐待，老師可能觸犯什麼法？ (A) 教師法；(B) 教師輔導與管教辦法；(C) 家暴防治法；(D) 家庭教育法。

（　）98. 下列有關中輟學生的輔導，何者最正確？ (A) 學校教訓輔三方面要共同努力；(B) 處理中輟生的最好方式是讓他回到原班級；(C) 學生未到校五日，必須通報中輟；(D) 教師要想辦法收留逃家的中輟生。

解 答

1.(C)	2.(A)	3.(D)	4.(C)	5.(A)	6.(C)	7.(B)	8.(C)	9.(A)	10.(A)
11.(C)	12.(D)	13.(D)	14.(B)	15.(C)	16.(A)	17.(B)	18.(B)	19.(A)	20.(A)
21.(B)	22.(A)	23.(D)	24.(B)	25.(A)	26.(B)	27.(A)	28.(B)	29.(D)	30.(D)
31.(B)	32.(C)	33.(C)	34.(C)	35.(D)	36.(D)	37.(D)	38.(C)	39.(B)	40.(D)
41.(B)	42.(C)	43.(A)	44.(C)	45.(A)	46.(C)	47.(C)	48.(D)	49.(A)	50.(A)
51.(A)	52.(C)	53.(C)	54.(B)	55.(A)	56.(B)	57.(A)	58.(B)	59.(A)	60.(D)
61.(D)	62.(D)	63.(C)	64.(C)	65.(A)	66.(A)	67.(B)	68.(B)	69.(D)	70.(D)
71.(D)	72.(B)	73.(C)	74.(B)	75.(A)	76.(C)	77.(D)	78.(D)	79.(A)	80.(D)
81.(D)	82.(C)	83.(D)	84.(C)	85.(C)	86.(B)	87.(D)	88.(B)	89.(D)	90.(A)
91.(B)	92.(A)	93.(C)	94.(A)	95.(D)	96.(C)	97.(C)	98.(A)		

國家圖書館出版品預行編目資料

高分達陣青少年發展與適性輔導衝刺／黃德祥
著. －－二版.－－臺北市：五南圖書出版
股份有限公司, 2023.07
面；　公分
ISBN 978-626-343-828-6（平裝）

1.CST: 青少年　2.CST: 青少年問題　3.CST:
青少年輔導

544.67　　　　　　　　　112001422

1BOH

高分達陣青少年發展與適性輔導衝刺

作　　　者 ― 黃德祥（309）

發 行 人 ― 楊榮川

總 經 理 ― 楊士清

總 編 輯 ― 楊秀麗

副總編輯 ― 王俐文

責任編輯 ― 金明芬

封面設計 ― 王麗娟

出 版 者 ― 五南圖書出版股份有限公司

地　　　址：106臺北市大安區和平東路二段339號4樓

電　　　話：(02)2705-5066　　傳　真：(02)2706-6100

網　　　址：https://www.wunan.com.tw

電子郵件：wunan@wunan.com.tw

劃撥帳號：01068953

戶　　　名：五南圖書出版股份有限公司

法律顧問：林勝安律師

出版日期：2018年 8 月初版一刷
　　　　　2021年10月初版三刷
　　　　　2023年 7 月二版一刷

定　　　價：新臺幣720元

經典永恆・名著常在

五十週年的獻禮 —— 經典名著文庫

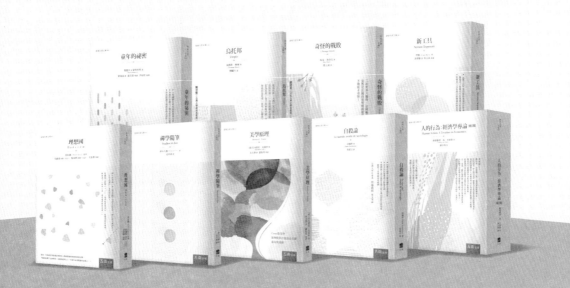

五南，五十年了，半個世紀，人生旅程的一大半，走過來了。

思索著，邁向百年的未來歷程，能為知識界、文化學術界作些什麼？

在速食文化的生態下，有什麼值得讓人雋永品味的？

歷代經典・當今名著，經過時間的洗禮，千錘百鍊，流傳至今，光芒耀人；

不僅使我們能領悟前人的智慧，同時也增深加廣我們思考的深度與視野。

我們決心投入巨資，有計畫的系統梳選，成立「經典名著文庫」，

希望收入古今中外思想性的、充滿睿智與獨見的經典、名著。

這是一項理想性的、永續性的巨大出版工程。

不在意讀者的眾寡，只考慮它的學術價值，力求完整展現先哲思想的軌跡；

為知識界開啟一片智慧之窗，營造一座百花綻放的世界文明公園，

任君遨遊、取菁吸蜜、嘉惠學子！